Jack's Life

Patrick McGilligan

Jack's Life

Jack Nicholson
Eine Biografie

Henschel Verlag
Berlin 1994

Übersetzung aus dem Amerikanischen von Ulrike Seeberger

Die Deutsche Bibliothek – CIP-Einheitsaufnahme
McGilligan, Patrick:
Jack's Life: Jack Nicholson; eine Biografie / Patrick McGilligan [Übers. aus dem Amerikan. von Ulrike Seeberger] – 1. Aufl. – Berlin: Henschel Verl., 1994
Einheitssacht. : Jack's Life ⟨dt⟩
ISBN 3-89487-205-5

Originalausgabe bei W.W. Norton & Company, Inc. New York und London 1994

1. Auflage
Lektorat: Jürgen Bretschneider
Umschlaggestaltung: Typossatz Hans Spörri
Typographie: Günter Hennersdorf
Gesamtherstellung: Offizin Andersen Nexö Leipzig GmbH

ISBN 3-89487-205-5

Dank für die Überlassung von Abbildungen und Zitaten:

Dorothy Rose und Alec Byrne/Metro News Features
für Familienfotos der Nicholsons.

William B. Winburn für TV-Videoprints.
Fred Clarke für die TV-Videoprints von *The Little Shop of Horrors.*

Jacob Brackman, Jeff Corey, Gail Dawson, David Kramarsky,
Nancy Wilsea Hawley, Jeremy Larner, Fred Roos,
Richard Rush für Foto-Leihgaben.

Lynn Bernay, Jonathan Epaminondas, Toby Carr Rafelson,
Mark Sherman für individuelle Genehmigungen.

Academy of Motion Picture Arts and Sciences; Archive Photos
(Diane Cooper); British Film Institute; Collector's Bookstore;
Eddie Brandt's Saturday Matinee; Fotos International;
Hollywood Book & Poster Company; Lincoln Center Library
of the Performing Arts; Museum of Modern Art Stills Archives
(Mary Corliss); Jerry Ohlinger's; SIPA (Ruby Ray);
Photofest (Ron Mandelbaum); Sports Illustrated
(Serena Palmieri); USC Cinema-Television Library
and Archives of Performing Arts (Ned Comstock);
Wide World Photos (Don Bowden).

Für Barry Brown

Inhalt

Ein Schauspieler ist der ideale Camus'sche
existentielle Held.
Denn wenn das Leben absurd ist,
… dann ist ein Mensch, der mehrere Leben lebt,
in einer viel besseren Lage als einer,
der nur eines lebt.

Jack Nicholson. »The New York Times«, 1986

Man versucht, rätselhaft zu bleiben.
Das ist mein Job: *andere* Leute zu sein.

Jack Nicholson. »Sports Illustrated«, 1986

Meine Filme sind für mich ein einziges langes Buch,
mein geheimes Handwerkszeug,
alles Autobiografie.

Jack Nicholson. »American Film«, 1986

Prolog

THE MOVING CIRCLE
Juli 1968

Eines späten Abends im September 1967 versuchte sich Peter Fonda in einem Hotelzimmer in Toronto zu entspannen. Der Tag war lang und hektisch gewesen, voller Interviews, um Werbung für seinen neuesten Film, *The Trip*, zu machen. Das Drehbuch stammte von Jack Nicholson, den damals aber nur wenige kannten. *The Trip* ist ein durchaus authentischer, ehrlicher Film, eine Huldigung an psychedelische Drogen. Nach Fondas Meinung hatte er jedoch unter zu vielen Skript- und Schnittkompromissen gelitten, die man mit dem in seinen Augen bewußt bürgerlichen und zu sehr auf den Kassenerfolg bedachten Regisseur Roger Corman eingegangen war.

Fonda störte es, daß er hier für eine Sache Werbung machte, von der er nicht hundertprozentig überzeugt war. Er trank ein Bier oder einen Scotch mit Soda. Dann nahm er ein paar Schlaftabletten, vielleicht rauchte er auch einen Joint: Was genau geschah, läßt sich nicht mehr sagen, die Erinnerung daran ist verblaßt.

Fondas Blick fiel auf ein Foto, das jemand in seinem Zimmer zurückgelassen hatte und das er signieren sollte. Das Bild zeigte ihn und einen zweiten Schauspieler, Bruce Dern, auf ihren Harley-Davidsons – ein Standfoto aus einem der Filme, die den Sohn Henry Fondas zu einem höchst erfolgreichen Star von Low-Budget-Produktionen gemacht hatten.

Plötzlich durchzuckte es Fonda. Er hatte die Vision eines Films über drogendealende Biker, eines »modernen Western«, wie es in einer Fonda-Biografie heißt: »Zwei Einzelgänger, die quer durchs Land fahren; Männer, die einen Coup landen und sich dann in ihr Utopia zurückziehen.« Die Biker sollten »gebrochene Helden« sein, »Suchende« – in zeitgemäßer Anspielung auf jene Rollen, die sein Vater Henry Fonda in klassischen Western verkörpert hatte.

Fonda nahm seine Gitarre und begann den Donovan-Song »Fat Angel« zu klimpern, in dem es um einen geheimnisvollen Mann geht, der – auf einem silbernen Motorrad – »das Glück in der Pfeife« bringt. Donovans Musik inspirierte Fonda, und er stellte sich für seinen Film einen ähnlichen Soundtrack vor mit aktuellen Rock 'n' Roll-Songs.

Aufgeregt rief er seinen Freund, den Schauspieler Dennis Hopper, an, der in *The Trip* die Nebenrolle eines kleinen Dealers spielt. Wie üblich hatte Roger Corman für *The Trip* noch einige Szenen zu drehen gehabt, als er schon zu einem anderen Film gerufen worden war. Deshalb hatte er Hopper einen Kamerastab überlassen und ihn gemeinsam mit Fonda in die kalifornische Wüste geschickt, wo sie für die LSD-Montagen Einstellungen mit Christussymbolik drehen sollten. Durch dieses Erlebnis hatten die beiden Lust bekommen, selbst hinter der Kamera zu stehen, statt wieder einen Corman-Schinken zu drehen.

Fonda holte Hopper in Kalifornien aus dem Bett, um ihn sofort in den Plan für seinen Film einzuweihen. Noch ganz verschlafen, begeisterte sich Hopper zunehmend für Fondas Idee, während der sich weiter seinen »Motorradwestern« ausmalte.

»Klingt ja fabelhaft, aber wie willst du das machen?«

»Du führst Regie, ich bin der Produzent, wir beide spielen. So sparen wir Geld.«

»Hör mal«, sagte Hopper – und er ließ sich die gewagten Worte förmlich auf der Zunge zergehen –, »der Coup, das muß aber ein *Kokain*-Deal sein«.

Dann rätselten sie noch, wer das Buch schreiben könnte, da sie ja beide keine Autoren waren. Fonda schlug Terry Southern vor, einen anderen Freund aus der Alternativszene. Er galt schon als lebende Legende, unter anderem wegen seiner Beteiligung an dem schlüpfrigen Bestseller *Candy* (einer modernen Fassung von »Candide«) und seinem Drehbuch für eine so erfolgreiche Produktion wie Kubricks *Dr. Strangelove*. Der Name Southerns auf dem Skript würde sofort Eindruck machen.

Es ist bezeichnend für Jack Nicholsons damaligen Status in Hollywood, daß Fonda und Hopper überhaupt nicht an ihn dachten – weder als Autor noch als Schauspieler. Zu der Zeit war Nicholson 31 Jahre alt, hatte lange Haare und einen Strubbelbart. Mit seiner schlanken, jungenhaften Figur wirkte er in natura charmanter und attraktiver als in all den Rollen, die er seit zehn Jahren in unbedeutenden und schnell vergessenen Filmen gespielt hatte. Fonda kannte Nicholson, er schätzte Jacks Drehbuch für *The Trip* sehr. Hopper war Nicholson seit zehn Jahren immer wieder in Coffeeshops, auf diversen Parties oder im Studio über den Weg gelaufen. Doch keinem von beiden war eingefallen, ihn in ihre Pläne für den »Motorradwestern« einzubeziehen. Nicholson gehörte zwar schon seit langem zur Szene, aber er war nur am Rande beteiligt gewesen. Er hatte einfach nicht ihr Niveau.

Als aufrichtiger Schauspieler voller Ideale war Peter Fonda aus demselben Holz geschnitzt wie sein Vater. Nach den zuckersüßen *Tammy*-Streifen am Beginn seiner Karriere hatte er schnell die Nase voll von den großen Studios und wechselte zu den Low-Budget-Produktionen. Dennis Hopper war von Anfang an ein Außenseiter und hatte sich seit Mitte der fünfziger Jahre – als er in Nicholas Rays *Rebel Without a Cause* eine Rolle spielte und sich mit James Dean anfreundete – in Hollywood herumgetrieben.

Wie so oft bei Freundschaften in Hollywood, waren Fonda und Hopper auch familiär verbunden, was den Draht zwischen ihnen und ihre berufliche Zusammenarbeit noch verstärkte. Hoppers Frau Brooke Hayward war mit Fonda aufgewachsen; sie waren praktisch wie Geschwister. Brookes Mutter, die Schauspielerin Margaret Sullavan, war die Frau Henry Fondas, bevor sie den legendären Agenten und Produzenten Leland Hayward (der immer Henry Fondas Agent geblieben ist), heiratete. Brooke Hayward war an einigen der frühen Sitzungen beteiligt, in denen auf dem Tennisplatz von Peter Fondas Haus in Los Angeles die Ideen für den »Motorradwestern« entwickelt wurden. Nach ihrer Scheidung von Hopper stieg dann ihr Bruder William Hayward als Ko-Produzent ein.

Fonda und Hopper entwarfen ihre eigenen Hauptrollen. Fonda würde den grüblerischen »Sucher« Wyatt (alias Captain America) spielen, Hopper dagegen seinen überdrehten Kumpel Billy, eine Hippie-Version von Gabby Hayes. Die beiden würden eine Ladung harter Drogen an den Mann bringen, der Polizei entwischen und dann auf ihren aufgemotzten Harleys von West nach Ost quer durch Amerika fahren, Kommunen und Bordelle besuchen und schließlich beim Mardi Gras in New Orleans völlig abheben.

Von Hopper stammte die Idee für einen dritten Charakter, der als eine Art Gegenspieler der Bikerhelden fungieren sollte. Terry Southern zufolge, der die Figur entwickelte, wollte Hopper einen Vertreter des Establishments haben, »ziemlich typisch, aber auch ein bißchen Außenseiter und letzten Endes sympathisch«. So entstand George Hanson, der versoffene Südstaaten-Rechtsanwalt, den die beiden Biker unterwegs treffen, und der als erster von den dreien stirbt. Hanson, so Hopper, verkörperte »das festgefahrene Amerika, das dabei ist, sich selbst umzubringen«.

Um die Rolle speziell auf den knurrigen New Yorker Schauspieler Rip Torn zuzuschneiden, nahm Southern Anleihen von einer Romanfigur, die bei William Faulkner wiederholt vorkommt – vom Rechtsanwalt Gavin Stevens (»ein Charakter, den Hopper nicht kannte«, wie Southern sagt).

Southerns Aufgabe bestand darin, Fondas und Hoppers lose Ideen zu einer zusammenhängenden Struktur zu fügen. Southern fiel auch der Titel ein, auf den der Film sonst keinen Bezug nimmt. Fälschlicherweise wird er meist als Ausdruck für die Überlandfahrt mit dem Motorrad verstanden. Aber eigentlich – so erklärte es Fonda – ist *easy rider* in der Umgangssprache »der Alte von einer Hure, kein Zuhälter, sondern der Typ, der mit der Puppe lebt. Weil der den *easy ride* (leichtes Spiel) hat. Tja, soweit ist es mit Amerika gekommen. Die Freiheit ist eine Hure geworden, und wir alle machen einen *easy ride*«.

Ende 1967 setzten sie sich dann in New York zu richtigen Skript-Beratungen zusammen. Southern schaffte es, eine Fassung von einem Dutzend Seiten zusammenzubasteln, mit Anmerkungen und zusätzlichen Szenen; zugleich entstand auch eine Reihe von Bandaufzeichnungen, die die Handlung in groben Zügen wiedergab. »Das Skript war lausig, aber die Aufnahmen waren Spitze, und deshalb ließen wir sie rumgehen«, meinte Fonda in einem Interview.

Mit dem Buch in der einen Hand und den Aufnahmen in der anderen machten die Regie- und Produzentenneulinge Hopper und Fonda nun in Hollywood die Runde, versuchten ihr Projekt unterzubringen. Mit wenig Erfolg, da das Treatment arge Lücken aufwies, und Hopper auf Produzenten eher abschreckend wirkte, wenn er mit rotfunkelnden Augen und wedelnden Armen auf sie einschrie.

Roger Cormans Tür stand ihnen allerdings offen, und der schien von der Idee begeistert, den Film mit seiner Firma »American International Pictures« (A.I.P.) zu produzieren. Das Team Fonda-Hopper gefiel ihm; vor allem Fonda war ein bewährter Kassenmagnet. Die Rolle des Südstaaten-Rechtsanwalts wollte Corman mit Bruce Dern besetzen, einem Schauspieler vom Schlage Rip Torns. Dern bekam immer die Rollen, die Jack Nicholson, der gleichfalls zum Corman-Stall gehörte, gerne gehabt hätte.

In direkten Gesprächen mit Fonda und Hopper schwafelte Corman jedoch um eine Entscheidung herum. Sein Partner Samuel Z. Arkoff hegte Zweifel an dem Projekt; so recht konnte er sich nicht erwärmen für eine Geschichte über Bikerhelden, die mit Todesdrogen handelten. Zudem bestand Arkoff auf dem Recht, Hopper zu ersetzen, falls der unerfahrene Regisseur den Drehplan nicht einhalten würde.

Nicholson war immer in der Nähe, hing ständig in Cormans Büro herum. Einerseits stand er zu jener Zeit auf einem Tiefpunkt seines Lebens, andererseits hatte seine Karriere aber auch eindeutig wieder einen Aufschwung genommen. Nachdem er zehn Jahre lang Rollen hinterhergelaufen war, fühlte er sich als Schauspieler ausgebrannt und hatte sich auf das Schreiben und Produzieren gestürzt. Hier konnte er wirklich Erfolge vorweisen, nicht nur das Drehbuch für *The Trip* stand dafür. Auch an dem Skript für *Psych-Out* hatte er mitgeschrieben, und in diesem von Richard Rush, ebenfalls einem A.I.P.-Regisseur, inszenierten Film eine Rolle übernommen. Außerdem hatte er sich im Hintergrund als Ko-Autor und Ko-Produzent von *Head* betätigt, dem ersten Kinofilm mit den aus dem Fernsehen bekannten Pilzköpfen, den »Monkees«.

Nur in seltenen Momenten sah es so aus, als hätte er noch immer den inneren Drang, Schauspieler zu werden. Den meisten Freunden schien es, als wäre er glücklich und zufrieden hinter der Kamera. Aber Jack hatte immer noch ein As im Ärmel. Er wußte, so Corman, von den *Easy Rider*-Besprechungen und schielte sehnsüchtig auf die Rolle des George Hanson.

Als Jack hörte, daß Corman und Arkoff sich bitten ließen, schlug er Fonda und Hopper vor, *Easy Rider* dem aufstrebenden Team von »Raybert Productions« vorzulegen, die den Film mit den »Monkees« produzierten.

»Raybert« – das waren Bob Rafelson und Bert Schneider. Rafelson, Regisseur von *Head,* stand als kreative Kraft hinter den »Monkees«; Schneider war im Film Business aufgewachsen. Sein Vater saß seit vielen Jahren im Vorstand von »Columbia Pictures«, sein Bruder war Produktionschef. Schneider war ein Außenseiter mit Beziehungen.

Das »Raybert«-Team trug Schlaghosen und rauchte Pot. Fonda und Hopper verstanden sich auf Anhieb mit ihnen. Nicholson und Rafelson machten den Vertrag klar. Dabei wies Jack darauf hin, daß *The Wild Angels,* ein früherer Biker-Film mit Fonda in der Hauptrolle, bei einem 350.000 Dollarbudget fünf Millionen eingespielt hatte. *The Trip* hatte 400.000 Dollar gekostet und bis dato vier Millionen eingebracht. Fonda galt daher als John Wayne der Motorradstreifen, und *Easy Rider* würde »zum *Stagecoach* der Motorradfilme werden«, so Nicholson. Das Publikum wartete nur darauf.

Wieviel Geld würden Fonda und Hopper denn brauchen?, fragte Schneider.

325.000 Dollar, lautete ihre Antwort.

Gemacht, sagte Schneider, und stellte persönlich einen Scheck aus, um die Produktion ins Rollen zu bringen.

Der schnelle Entschluß verblüffte Fonda. »Raybert« schwamm im »Monkees«-Geld, und so kam es, daß der – wie sie meinten – schrägste Film des Jahrzehnts mit den Einnahmen aus einer der kläglichsten TV-Serien der sechziger Jahre finanziert wurde.

Schneider flog nach New York, um die Verleih-Zusage von den Columbia-Bossen zu erhalten, nicht zuletzt von seinem Vater Abe Schneider, der im Vorstand der Dachorganisation »Columbia Pictures Industries« saß. Er hatte drei Low-Budget-Filme im Gepäck: *Too Soon to Love, Hell's Angels on Wheels* und *Psych-Out*. Alle drei waren von Richard Rush inszeniert, und zufälligerweise spielte Jack Nicholson in allen eine Rolle. Schneider sagte den Columbia-Bossen, daß er bei *Easy Rider* das gleiche Feeling wollte – mehr Richard Rush als Roger Corman –, und daß der Film beim Publikum garantiert Anklang finden würde. Schneider bekam seine Zusage.

Ehe die Dreharbeiten von *Easy Rider* losgingen, führten Schneider und Rafelson dem Stab und den Schauspielern die drei Richard Rush-Filme vor: »Wir machen einen Dick Rush-Streifen«, lautete ihr Mantra.

Bald schon zog sich Terry Southern als Autor zurück. Dern stieg gleichfalls aus (angeblich verlangte er zuviel Geld); deshalb wurde Torn verpflichtet. Der Rest der Besetzung rekrutierte sich aus Freunden und Bekannten der Corman-Raybert-Clique. Jack war noch immer nicht dabei.

Im Frühjahr 1968 flogen Fonda, Hopper und ein paar andere nach New Orleans, um dort mit einer 16mm Handkamera sowohl einige Karneval-Szenen beim Mardi-Gras als auch auf einem Friedhof Material für den LSD-Trip zu drehen. Nach ihrer Rückkehr und einer kurzen Unterbrechung sollten die Aufnahmen in Los Angeles beginnen, darunter der Drogendeal am Flughafen, mit dem die Geschichte anfangen sollte, und die Begegnung von Wyatt und Billy mit einer Hippie-Kommune (»Sie werden es schon schaffen«, ist ein Satz, den Fonda immer bedauert hat).

Inzwischen war die Stimmung zwischen Fonda und Hopper schon geladen. Berichte von Schreiduellen zwischen den beiden machten die Runde. Dann war noch die Rede von wilden Drogengelagen und Fonda-Hopper-*Close ups* auf Bauchnabel ...

Eines der drängendsten Probleme war die George-Hanson-Rolle. Fonda und Hopper baten Rip Torn, seine Gagenforderung zurückzuschrauben, um den Etat niedrig zu halten; die anderen Hauptdarsteller hatten – gegen Gewinnbeteiligung – die von der Filmschauspielergewerkschaft vorgeschriebenen Mindestgagen akzeptiert. Aber Torn stand noch nicht einmal vor der Kamera, als er bereits die Geduld verlor, während einer Dinner-Party aufsprang und angeblich zu Hopper sagte: »Ich mache deinen beschissenen Film nicht!«

Als die Szenen in Los Angeles abgedreht waren und die Produktion weiterziehen sollte, wollte – so Nicholson – »jeder jeden umbringen, in eine Anstalt stecken oder ganz einfach in die Pfanne hauen«. Rafelson hatte alle Hände voll mit *Head* zu tun, Schneider war ein Schreibtischtyp – und so fiel Nicholson die Rolle des Schlichters zu, schließlich hatte er genug Produktionserfahrung aus seiner Arbeit mit Roger Corman und Monte Hellman. Auf Jacks Vorschlag hin nutzte Schneider die Pause in Los Angeles, um als neuen Kameramann den Ungarn Laszlo Kovacs zu engagieren, der es glänzend verstand, Schwierigkeiten bei Außenaufnahmen zu meistern. Zugleich wurde mit Paul Lewis noch ein findiger Aufnahmeleiter eingestellt; beide hatten gerade *Psych-Out* beendet.

Nach Rip Torns Koller war die Rolle George Hansons wieder einmal unbesetzt. Jack war ohnehin ständig auf dem Set, warum sollte nicht er den Part übernehmen? Man fragt sich, ob Nicholson das nicht die ganze Zeit über schon im Sinn gehabt hatte. Fonda wollte es auf einen Versuch ankommen lassen; Jack könnte ja ganz nützlich sein, und schließlich half er bei ein paar von Fondas Dialogen mit.

Hopper dagegen widersetzte sich vehement. Er hatte von allem seine bestimmten Vorstellungen, und ihm schien Nicholson für die Rolle ungeeignet. Da die erste Szene mit George Hanson im Südwesten spielt, wollte Hopper jemanden, der so wirkt, als käme er auch vom Land, mit einem starken texanischen Akzent. »Ich hatte Jack noch nie in einer solchen Rolle gesehen«, meinte Hopper, »für mich war er ein Hollywood-Fatzke, keine Landpomeranze«. Hopper sagte nein, Rafelson und Schneider bestanden auf dem Vorschlag.

Nicholson spielte blendend den Zauderer. Henry Jaglom berichtete, daß Jack auf dem ganzen Weg zum »Columbia«-Friseur lauthals zeterte, weil er sich seine Strubbelhaare schneiden und den Bart abscheren lassen sollte. Er sei Filmemacher, kein Schauspieler, soll er zu Jaglom gesagt haben, der ihm das glaubte (und heute noch glaubt): »Wenn er überhaupt je ein Star werden wollte, dann war es zumindest damals das letzte, woran er dachte.« – Es muß eine der besten Szenen gewesen sein, die Jack je geliefert hat!

Bei »Western Costume« wühlte Nicholson stundenlang herum und stellte sich seine Garderobe zusammen, die dem äußeren Erscheinungsbild der Rolle entsprach – etwas ganz Entscheidendes für seine Methode. Er suchte sich einen Seersucker-Anzug aus, Hosenträger, ein dunkelbraunes Unterhemd, einen goldbemalten Footballhelm und Teampullover und eine einfache, runde Brille. So eine Brille, wie sie sein Vater (zumindest der Mann, ein Alkoholiker, den er für seinen Vater hielt) getragen hatte. Das war eines der Geheimnisse dieser Rolle. Jack liebte Geheimnisse, im Leben wie im Film. Die Requisiten sollten ihm helfen, sich daran zu erinnern, daß ein Alkoholiker nicht immer ausfällig werden mußte – er konnte auch nett und höflich und nur leicht benebelt sein. In diesem Sinne schwang bei Nicholson Ähnliches mit wie bei Peter Fonda: Er spielte seinen Vater.

Jack blieb keine Zeit, einen echten Akzent einzuüben. So dachte er an Lyndon B. Johnson, das Scheitern des Liberalismus, und entschloß sich zu einer Art ›Präsidenten-Näseln‹. Die Anspielung ist im Film kaum zu merken. Jack geht überhaupt mit Akzenten eher nachlässig um – New Jersey hat seine Stimme zu sehr geprägt. Außerdem war das ziemlich egal.

Mittlerweile waren alle bei den Außenaufnahmen im Südwesten. Jack flog auch hin. Hopper hatte keine andere Wahl, als pragmatisch zu sein, und so begann die Freundschaft der beiden mit dem gemeinsamen Erlebnis in der Art eines völlig bizarren Aufnahmerituals in eine Burschenschaft.

In Taos, New Mexico, schluckten Hopper und Nicholson LSD und wurden mit einem Wagen des Teams zur Krypta von D.H. Lawrence am Fuße eines Berges gefahren. Während die halluzinogene Droge ihre Wirkung entfaltete, blieben die beiden einige Stunden da sitzen, theoretisierten über D.H. Lawrence, schauten sich die Bäume an, unterhielten sich über Kunst, das Wesen des Genies und die Schwierigkeiten der Menschen, offen über ihre Gefühle zu sprechen. (Im Film beschwört George Hanson D. H. Lawrence schon nach seinem ersten Morgenschluck aus der Whiskeyflasche.)

Während sie vor dem Granitgrab von Lawrences Frau lagen, betrachteten sie fasziniert vermeintliche Insekten, die über ihren Köpfen schwärmten. »Wir sprachen über die Insekten und sagten, daß wir eigentlich auch welche sind«, erinnerte sich Hopper in einem Interview. »Dann gingen wir mit einem wunderschönen Mädchen zu den heißen Quellen. Es war Nacht, wir sind geschwommen, rannten dann wieder die Straße entlang und erzählten uns gegenseitig, was wir doch für Genies wären.«

Als sie mit dem Wagen zurückkamen, zog Hopper mit dem Mädchen davon; Nicholson ging in sein Motelzimmer. Er blieb aber wach und belauerte argwöhnisch den Raum, im Glauben, gleich von Indianern angegriffen zu werden. Er blieb lange sitzen und lauschte dem Rauschen des Fernsehers. Als der Morgen heraufdämmerte, zog er los und kletterte auf einen Baum, um den Sonnenaufgang zu betrachten. Sein Blick fiel auf große weiße Steine, die sich in wilde Pferde verwandelten. Ganz erfüllt von diesen – wie er sagte – »phantastischen Emotionen«, kletterte er wieder herunter und rannte auf offener Weide einer Herde Kühe hinterher. Er fand dabei ein quietschendes Schweinekotelett, ein Hundespielzeug aus Plastik, das er einsteckte und fast die gesamte Drehzeit über bei sich trug.

Als er merkte, wie spät es war, rannte er zurück, packte sein Kostüm zusammen und tauchte erschöpft, aber höchst vergnügt in der Stadt auf. Er erschien gerade rechtzeitig für seinen Anfangstext in der Gefängnisszene, den Moment in *Easy Rider*, da George Hanson den Kopf wendet und der Zuschauer zum ersten Mal Jack Nicholson sieht und ihn die Worte stammeln hört: »Ich glaube, ich hab gestern anständig einen draufgemacht. Ich muß mich verdammt gut amüsiert haben. Ich wünschte nur, ich könnte mich daran erinnern.«

In mancher Hinsicht *war* Jack George Hanson. Andererseits war Hanson, wie die meisten anderen Nicholson-Rollen – und wie Jack selbst –, eine komplexe Figur mit vielen skurrilen Elementen.

Beim Drehen schien Nicholson Fondas und Hoppers »Scheiß-auf-Amerika«-Einstellung zu entsprechen. Doch wenn der ungemein aufgeschlossene und beliebte Jack auch überall »dazupaßte«, so war er privat in manchen Positionen der Sixties weniger extrem als Fonda und Hopper. Politik und Revolution waren nicht seine Sache.

Drogen waren da ganz etwas anderes. Seiner Meinung nach waren sie segenbringend, von weltbewegender Bedeutung. Wie George Hanson wußte er, was es hieß, durch die Drogenkultur der Sechziger befreit zu werden.

»Mein Gefühl war, daß der Typ (George Hanson) ein Gefangener ist. Eingesperrt in all diese Zwänge. Er löst sich ... davon, genau wie jemand, der auf einen Trip geht. Es ist wie bei einem Drogentrip. Du wirst immer leichter und freier. Du kämpfst nicht mehr mit deinem inneren Ich, und du öffnest dich. Plötzlich bist du draußen, im freien Land. Das sind Gefühle, die ich alle auch selbst gehabt habe. Ich wollte zeigen, daß er ein echt wertvoller Mensch ist, den seine Umwelt einfach durcheinandergebracht hatte.«

Die denkwürdigsten Bilder in *Easy Rider* zeigen die Männerrunde unterwegs an den Lagerfeuern zwischen Taos, Süd-Texas und Louisiana. In der ersten dieser Szenen raucht George Hanson zum ersten Mal Pot und ergeht sich in einer ausführlichen Beschreibung von hochentwickelten Venus-Bewohnern, deren Anwesenheit auf der Erde von den Führern einer engstirnigen Gesellschaft verheimlicht wurde. Diese Gedanken brachten eine höchst willkommene komische Note in den Film.

Diese Szene hatte eine kuriose Vorgeschichte: Während der ersten Drehbuchsitzungen hatten Fonda und Hopper eine Schreibkraft beschäftigt, die aktives Mitglied eines UFO-Vereins war, dessen Anhänger behaupteten, sie könnten Kontakt mit Besuchern aus dem Weltraum aufnehmen. »Hin und wieder, während einer kreativen Pause, das heißt, wenn sie gerade nicht tippen mußte«, erinnerte sich Southern, »durften wir uns Vorträge darüber anhören, daß die ›Venusianer‹ in verschiedener Tarnung bereits unter uns waren, vor allem, um uns allgemein zu überwachen, hauptsächlich aber, um uns über die nukleare Massenvernichtung aufzuklären. Sie war so sehr von ihrer Anwesenheit überzeugt, und ihre Begeisterung war so ansteckend, das hat auf uns sehr gewirkt«.

Southern nahm ihre Monologe auf Band auf und machte eine Abschrift davon. Im Film scheinen George Hansons Überlegungen improvisiert; Fonda behauptete in Interviews, der Text stammte »direkt aus Dennis' Kopf«. (Hopper wähnte bei einem Drogentrip einmal ein UFO gesehen zu haben.) Southern allerdings ist da ganz anderer Meinung; er behauptet, die ›Venusianer‹-Abschrift zusammen mit seinem Teil des Drehbuchs an Hopper geschickt zu haben: »Ich nehme mal an, daß er nicht beides verloren hat.«

Eigentlich war Nicholsons Figur in Southerns Drehbuch am genauesten entwickelt. Beim Drehen der Lagerfeuer-Szenen hatte Jack die Seiten in den Mantel gestopft, um hin und wieder sein Gedächtnis aufzufrischen. »Ich glaube, von der ganzen Truppe habe ich mich am genauesten an den Text gehalten; letztten Endes habe ich mich aber am weitesten von der Figur entfernt, die ursprünglich im Skript vorgesehen war.«

Doch Jack hatte so seine Art, den Text auszuschmücken. Die komischen Ni-ck, Ni-ck, Nick-Gebärden, bei denen er wie ein Pelikan mit den Armen um sich schlägt, sind bei einer Lagerfeuer-Szene gleichsam aus dem Nichts entstanden. »Geklaut« waren sie von einem seiner engsten Freunde, den Jack mit dem Spitznamen »Reddog« belegte, und der nie in der Öffentlichkeit aufgetreten war. Nicholson hatte einen grenzenlosen Vorrat an Gesten und Manierismen, die er von anderen übernahm, und er setzte seinen Humor geschickt ein (manche würden sagen »in seiner unverbesserlichen Art«), um sonst eher fade Szenen zu beleben.

Obwohl Hopper als Regiedebütant einerseits ein Maximal-Chaot war, konnte er die Crew andererseits mit seinem Perfektionismus auch zum Wahnsinn bringen, wenn er Szenen immer und immer wiederholen ließ, um neue Nuancen herauszuarbeiten. Nicholson erzählte später in einem »Time«-Gespräch, die Truppe hätte bei den Lagerfeuer-Drehs 155 Joints geraucht ... Soweit seine Behauptung – damals konnte man damit öffentlich und laut angeben.

»Bei jeder neuen Einstellung, bei jedem neuen Take«, so Nicholson zum »Playboy«, »mußte ich fast einen ganzen Joint rauchen. Wir hatten regulären Stoff, ziemlich gutes mexikanisches Gras aus dem Staate Michoacán. Nun wird aber in dieser Sequenz der Übergang von ›nicht high‹ zu ›high‹ gezeigt. Aber nach dem ersten oder zweiten Take war's umgekehrt: Statt nüchtern anzufangen und erst am Ende so zu tun, als wäre ich bekifft, war ich da schon am Anfang völlig zu, mußte aber den Nüchternen markieren, und durfte dann erst langsam wieder werden, was ich die ganze Zeit über schon war: total zugekifft. Ein ziemlich ungewöhnliches Problem, eine Szene so umgedreht anzugehen ... Und während all dem kriegte Dennis hinter der Kamera hysterische Zustände. Einige Szenen, in denen ich wegschaue und versuche, mich zu beherrschen, sind eigentlich dadurch entstanden, daß ich Dennis im Gebüsch sah, wie er sich totlachte, während ich mich mühte, meine Lyndon Johnson-Nummer zu machen und mich zusammenzureißen«.

Die zweite Lagerfeuer-Szene, in der sich der Mord an George Hanson bereits andeutet, war kein heiteres Zwischenspiel, sondern eher ein ein verhängnisvoller Augenblick. Der Film brauchte hier ein Thema, und da saß Jack wie bei Freunden im Wohnzimmer und verbreitete sich traurig drüber:

George (Nicholson): Weißt du – das war einmal ein verdammt gutes Land. Ich verstehe nicht, was schiefgelaufen ist.
Billy (Hopper): Hmm ... jeder hat Schiß, Mann. Das ist passiert, Mann. Wir kommen nicht mal in – na – zweite Klasse Hotels rein. Ich meine, zweite Klasse Motels. Verstehste? Die glauben, wir schneiden ihnen die Kehle durch oder sowas, Mann. Die haben Angst, Mann.
George: Nee, die haben keine Angst vor dir. Die haben Angst vor dem, was du für die darstellst.
Billy: Hey, Mann. Das einzige, was wir für die darstellen, ist jemand, der mal dringend zum Friseur muß.
George: Oh nein. Du stehst für die Freiheit.
Billy: Was zum Teufel stimmt nicht mit der Freiheit, Mann? Darum dreht sich doch alles.
George: Tja, das stimmt – darauf kommt's an, klar. Aber davon sprechen und sie leben – das sind zwei Paar Schuhe. Ich glaube, es ist ziemlich schwer, frei zu sein, wenn du auf dem Marktplatz eingekauft und verkauft wirst. Aber sag' das bloß nie jemandem, daß er nicht frei ist, sonst fangen sie ganz flott mit dem Schlachten an, nur um zu beweisen, daß sie's sind. Ja, sie reden mit dir und reden und reden, über die Freiheit des

Menschen – aber wenn sie einen freien Menschen sehen, dann kriegen sie's mit der Angst zu tun.

Als Jack diese Zeile sprach – »Weißt du, das war mal ein verdammt gutes Land. Ich verstehe nicht, was schiefgelaufen ist«, klang sie eher sanft als herb, eher enttäuscht als zynisch, ohne die Schwermut oder Verbitterung, die Rip Torn oder Bruce Dern ihr gegeben hätten.

Im nachhinein fiel Peter Fonda auf, daß es nicht Captain America war, sondern George Hanson – nicht Peter Fonda, sondern Jack Nicholson, der hier Henry Fonda nachahmte.

Jack spielte einen lupenreinen Amerikaner. »Er ist wirklich ein Patriot. Er sprach diese Zeile ... mit einer Überzeugung, die nur dann wirkt, wenn man daran glaubt ... Er hat sie gesprochen wie Henry. Auf seine Art ist er der Tom Joad unserer Zeit«, meinte Fonda in einem Interview, in Anspielung auf die herausragende Rolle, die sein Vater in *The Grapes of Wrath*, der John Ford-Verfilmung von John Steinbecks Roman »Die Früchte des Zorns«, gespielt hatte.

Nach sieben Wochen Drehzeit hatten Fonda und Hopper etwa 39.000 Meter Film.

Als sie wieder in Los Angeles waren, machte sich bald eine aufgeregte Stimmung breit. Es kursierten wilde Geschichten über Dreharbeiten im Zigeunerstil, über das Zusammentreffen von Hollywood-Schicki-Mickis mit echten Hinterwäldlern.

Das Material indes war hervorragend, die Aufnahmen sensationell. Bei der Produktion hatte man sich hohe Ansprüche gestellt – und alle erfüllt. Jeder hatte das Gefühl, daß dieser Film ein Erfolg werden könnte, etwas ganz Besonderes. Die Geschichte ging an den Nerv. Die Stimmung war genau richtig.

Anfangs wurden die Muster in einem Gebäude an der Highland Avenue in Hollywood montiert. Rafelson und Schneider wollten aber mehr Kontrolle über den Schnitt und forderten Fonda und Hopper in bestimmtem Ton auf, die Arbeit auf dem »Columbia«-Gelände fortzusetzen, wo sich – ganz in der Nähe des ›Filmthrons‹ von Schneiders Bruder – auch »Raybert Productions« eingerichtet hatten, die gerade zur neuen Firma BBS geworden waren.

Für den Cutter Donn Cambern war *Easy Rider* erst sein zweiter Film. Zuvor hatte er TV-Serien geschnitten, darunter einige Musikfolgen von »The Monkees«. Als Cambern mit der Arbeit begann, schauten ihm einige auf die Finger: Schneider und Rafelson, Hopper und Fonda, Henry Jaglom (der mit seinem dreieinhalbstündigen 8mm Home-Movie über die Folgen des Sechstage-Kriegs in Israel alle beeindruckt hatte), und schließlich auch Jack. Jack war nur inoffiziell dabei. Er war noch immer für nichts zuständig. Er war nur jedermanns Freund.

Hoppers innovativer Beitrag war das *flash editing*, die abgehackten Staccato-Schnitte, die wie Jalousien blitzten und die Szenen miteinander verbanden. Später widmete er seine Aufmerksamkeit mehr den bizarren Reisesequenzen, in denen er und Fonda auf ihren Harleys durch die Landschaft röhren.

Fonda arbeitete an der psychedelischen Friedhofsepisode, Jaglom konzentrierte sich auf die Kommune- und die Lagerfeuerszenen; Rafelson schnitt die Sequenz in der Kneipe auf dem Land, wo die einheimische Stammtischrunde die Helden schikaniert. Jack half überall, wo er gebraucht wurde, auch bei den Szenen, in denen er selbst mitspielte. (Er fügte die kurze Szene hinzu, in der George Hanson mit seinem Footballhelm bei Captain America auf dem Sozius mitfährt und dem Zuschauer zuwinkt. Ursprünglich hatte diese Geste dem Kamerateam gegolten.)

Der Schnitt war eine Gemeinschaftsarbeit mit heftigen Debatten und Kontroversen. Jeden Freitagnachmittag wurden der gesamten Gruppe die wichtigsten Passagen vorgeführt, und danach flogen die Fetzen. Stundenlang stritten sie, und die Auseinandersetzungen weiteten sich zu politischen und philosophischen Diskussionen aus.

Hatten doch die Schlagzeilen des Jahres 1968 den pessimistischen Ausgang des Films und die bittere Wahrheit ihrer kleinen »Wir-gegen-sie-Parabel« bestätigt. Während des Parteitags der Demokraten in Chicago knüppelte die Polizei auf der Straße Demonstranten nieder. Kandidaten, die für den Frieden eintraten, hatten keine Chance, und »Tricky« Dick Nixon wurde zum Präsidenten gewählt. Die Zahl der amerikanischen Todesopfer in Vietnam hatte die 30.000 überschritten.

Die Rohschnittfassung von *Easy Rider* dauerte mehr als vier Stunden – viel zu lang, das war allen klar. Beim Kürzen passierte dann aber etwas Merkwürdiges: Das Schwergewicht des Films verlagerte sich. Was ursprünglich nur eine gute Rolle gewesen war, entwickelte sich zu einer Starrolle: *Easy Rider* wurde Jacks Film. Als Zentralfigur und Märtyrer wurde er zweifellos eine überaus anziehende, beinahe magnetische Gestalt.

Fonda und Hopper mußten oft in den Hintergrund treten, und dem Film zuliebe taten sie es. Besonders Fonda lief Gefahr, mit seinem zurückhaltenden Stil in den Schatten gestellt zu werden. Bisweilen war es sehr mühselig, das Gleichgewicht zwischen den Charakteren zu halten. So war zum Beispiel in der Lagerfeuerszene mit den ›Venusianern‹ viel zu wenig Wyatt/Fonda, also mußte man, so Henry Jaglom, »zunächst Szenen mit Peter in ähnlicher Umgebung suchen, dann den Film kontern, damit er in die richtige Richtung schaute; außerdem mußte er gerade was sagen, damit es so aussieht, als ob er mit Jack spräche«.

»Aus Sicht des Cutters«, sagte Cambern, »würdest du immer auf Jack hin schneiden. Du würdest dich so oft wie möglich für Jack entscheiden. Ganz oft brachte Jack die Sache genau auf den Punkt, entweder mit seiner tollen Technik oder durch seinen Text«.

Der Film war immer noch zu lang. Man wurde müde beim Zuschauen. Schneider verhielt sich Hopper gegenüber loyal, selbst als der langsam aber sicher den vertraglich festgelegten Termin für den *directors cut* überschritt. Hopper fiel es schwer, sich von Überflüssigem zu trennen, immer wieder wollte er noch etwas Neues probieren. Der einzelne stellte sich gegen die Gruppe, und das Ergebnis war ein Patt.

Mit Nachdruck legte Schneider Hopper und den anderen nun nahe, sie sollten in Urlaub gehen, während er sich mit Cambern an die Arbeit machte. Er nahm viele Veränderungen an der Endfassung vor, war aber immer bemüht, die Absichten der anderen nicht aus dem Auge zu verlieren. Verschwunden (vielleicht für immer, es sei denn, es gibt eines Tages eine *directors cut*-Fassung auf Laserdisc) sind die langen, improvisierten Szenen im Café, am Lagerfeuer und während der Fahrt. Verschwunden ist auch eine aufwendige Verfolgungsjagd mit Polizei und Hubschrauber, die am Anfang des Films, nach dem Drogendeal, hätte stehen sollen.

Vier Wochen später kehrte Hopper zurück, sah sich den Film an und war zufrieden. Es blieb noch etwas Feinarbeit, aber im großen und ganzen war *Easy Rider* in einer Länge von etwa 94 Minuten fertiggestellt.

Die ganze Zeit über hatten alle Schallplatten ins Studio mitgebracht, die die Gruppe sich anhörte, um die passende Filmmusik auszuwählen. Sie kannten alle aktuellen Szene-Bands; manchmal hatten sie sogar dieselben Manager. Nicht nur Phil Spector (der den Rauschgifthändler zu Beginn des Films spielt), sondern auch andere Spitzen-Produzenten wie Lou Adler (»The Mamas and the Papas«) oder Richard Perry (Carly Simon) gehörten zum Freundeskreis der Filmleute.

Szenen wurden auf die hippsten Songs der Zeit geschnitten. Die Musiker der ausgewählten Titel wurden eingeladen, sich den Film anzusehen und den Einsatz ihrer Stücke gutzuheißen. »The Band« war so begeistert, daß sie anboten, den gesamten Soundtrack zu übernehmen, was dankend abgelehnt wurde.

Die einzige mürrische Anmerkung kam von Bob Dylan: »It's Alright Ma, I'm Only Bleeding« (mit der Zeile »He not busy being born is busy dying«) sollte eigentlich die tragische Schlußszene von *Easy Rider* musikalisch untermalen. Dylan meinte aber, es wäre ein prätentiöses Lied, nur ein Füllsel auf einem seiner Alben. Dylan beunruhigte Fonda auch mit der Bemerkung, das Ende des Films wäre auch so schon deprimierend genug. So wurde Dylans Song an eine andere Stelle verschoben, und Roger McGuinn von den »Byrds« schrieb dann »Ballad of Easy Rider«, die wunderschöne Hymne, die während des Nachspanns zu hören ist.

Erste Vorführungen für Familienmitglieder und Freunde fanden im Spätwinter 1969 statt. Der von Hopper und Nicholson verehrte Michelangelo Antonioni, der damals immer mal wieder in Hollywood war, um *Zabriskie Point* zu drehen, gehörte – wie der Regisseur Mike Nichols – zu den ersten Außenstehenden, die den Film zu sehen bekamen.

Auch Jane und Henry, die anderen berühmten Fondas, kamen treu und brav, um Peters Erstlingswerk anzuschauen. Henry

Fonda war sich nicht sicher, was er davon halten sollte: Ihm gefiel der Film zwar, aber er hätte gern gewußt, worum es eigentlich ging.[1]

Jane zeigte sich mehr beeindruckt, vielleicht nicht so sehr vom Film an sich, aber von einem der Schauspieler. Sie erzählte Bruce Dern, mit dem sie gerade *They Shoot Horses, Don't They?* drehte, daß sie gerade *Easy Rider* gesehen hätte, und wie großartig dieser neue Typ Jack Nicholson gewesen wäre. »Ja, sicher«, erwiderte Dern, »wieder so ein beschissener Motorradfilm. Erzähl' mir mehr; ich hab' nur etwa zwei Milliarden von den Dingern gedreht«.

Im Vorführraum auf dem »Columbia«-Gelände schauten sich Fonda, Hopper, Cambern und Schneider gemeinsam mit dem Top-Management von Marketing und Verwaltung den Film an. Unter ihnen auch ein leitender Angestellter, ein Senkrechtstarter namens Peter Guber, sowie Berts älterer Bruder Stanley, der Präsident von »Columbia Pictures«. Gespannt warteten alle auf die Reaktion eines kleinen, weißhaarigen Mannes, der ganz allein in der ersten Reihe saß. Der nun sechzigjährige Leo Jaffe, Chef von »Columbia Picture Industries«, war bereits seit Einführung des Tonfilms beim Studio. Er hatte gewiß schon viele seltsame Werke unter dem »Columbia«-Label gesehen, aber bestimmt noch nie einen Film wie *Easy Rider.*

Als der Film zu Ende war und die Lichter wieder angingen, stand Jaffe auf, drehte sich um, sah Stanley und die anderen an und sagte: *»I don't know what the fuck this picture means, but I know we're going to make a fuck of a lot of money!«* (»Ich hab keine blasse Ahnung, was zum Teufel dieser Streifen bedeuten soll, aber ich weiß, wir werden verdammt noch mal eine Scheißkohle damit scheffeln!«)

Eine Art Stromstoß ging durch den Raum.

Auf der Leinwand erschien die Liste der Nebendarsteller in alphabetischer Reihenfolge; nur Jack Nicholsons außergewöhnlicher Beitrag wurde durch die separate Erwähnung seines Namens und der Rolle besonders gewürdigt.

1 Später erklärte Henry Fonda der »New York Times«: »*Easy Rider* wird sicher kein Klassiker im Sinne von *Grapes of Wrath.* Aber ganz sicher bedeutet er den Anfang einer neuen *Art* von Film.«

Statt der sonst üblichen Werbesprüche Marke Sex und Gewalt fiel dann irgend jemandem der brillante Verkaufsslogan ein: »Ein Mann machte sich auf die Suche nach Amerika, konnte es aber nirgends finden.«

Schneider erreichte es durch seine Beziehungen, daß *Easy Rider* in der Kategorie der Erstlingsfilme beim Festival in Cannes lief. Inzwischen brodelte auch die Gerüchteküche. Die in Hollywood berüchtigten und übertriebenen Voraburteile wurden in diesem Fall von der Wirklichkeit noch übertroffen. Als der Film dann im ganzen Land in die Kinos kam, hatte die Mundpropaganda die Erwartungen bereits zu einer riesigen Flutwelle aufgepeitscht, und am 14. Juli 1969 brach *Easy Rider* – wie nur wenige Filme zuvor und auch seitdem – über Amerika herein. Die Filmindustrie wurde in den Grundfesten erschüttert.

Auf dem höchsten Kamm der Woge aber ritt mit strahlendem Siegerlächeln ein neuer Star, wild entschlossen, seine Chance zu nutzen.

1

BROKEN LINES
22. April 1937

Eigentlich heißt Jack in Wirklichkeit John J., und statt Nicholson könnte er genausogut John Doe (Otto Normalverbraucher) heißen, oder – wie sich die Sache inzwischen entwickelt hat – auch John Dough (der mit der Knete). In seiner Lebensgeschichte gibt es mehr als genug Namen – Spitznamen und Künstlernamen, angenommene Namen und falsche Namen. Der Stammbaum der Nicholsons ist ein einziges großes Rätsel, mit mehr irreführenden Hinweisen als *Chinatown*.

Ein ganz anderes Familienerbe schleppen die Nicholsons schon seit vielen Generationen mit sich herum: Geheimniskrämerei, Nomadisieren, Alkohol, Drogen, harten Existenzkampf und große Mißerfolge, schwache Männer und starke Frauen. Zu Hollywood gab es in der Familie keine Verbindungen, außer denen, die Jack selbst erfunden und eifrig genährt hat.

Daß aus John J. Nicholson, der unter bizarren Umständen auf die Welt kam und aufwuchs, einmal Jack Nicholson werden sollte, einer der hervorragendsten Schauspieler und größten Filmstars unserer Zeit, das ist eine typisch amerikanische Erfolgsstory, so typisch amerikanisch wie die Geschichte vom Holzfäller, der Präsident wurde.

Es ist eine Geschichte, deren Anfänge von Dickens sein könnten und die mit der Ironie eines Mark Twain zu Ende geht, mit langen Abschnitten von Henry Miller dazwischen.

Während seiner Kindheit nannte Jack, wie übrigens alle in der Nachbarschaft, Ethel May Rhoads Nicholson »Mud«. Wie so vieles andere in Nicholsons Leben hat auch diese Vorliebe für Spitznamen, die von Journalisten immer wieder angesprochen wird und unweigerlich in jedem Nicholson-Porträt auftaucht, ihre tiefen Wurzeln in seiner Kindheit. »Mud« ist die Kurzform von »Mudder« oder »Mutter«; in Wirklichkeit war Ethel May allerdings Jacks Großmutter: die große Matriarchin der Familie und Wahrerin aller ihrer Geheimnisse; das dunkelste nahm sie mit ins Grab.

Ethel May wurde am 9. März 1898 in Chester, Pennsylvania, als erstes und einziges Kind von William J. Rhoads und Mary Alice Wilkinson geboren, in einer kleinen Industriestadt an den Ufern des Delaware, südwestlich von Philadelphia.

Ethel Mays Mutter, Mary Alice Wilkinson, hatte noch dreizehn Geschwister. Ihre Eltern waren Ellen Harper, eine Haushaltsangestellte, und John J. Wilkinson, Vorarbeiter in einer Baumwollspinnerei, der seine Kinder erbarmungslos zur Arbeit antrieb, zur Not auch verprügelte. Wilkinson stammte aus England; seine Frau war zwar in Delaware County geboren, aber schottischer Herkunft.

Ethel Mays Vater stammte aus einer prominenten Familie am Ort, aus dem Zweig der Familie Alfred C. Rhoads; der Name soll sich ableiten von deutschen oder niederländischen Vorfahren, die »Roats« oder so ähnlich (»Roth«?) hießen. Alfred war Zeitungshändler und Ratsherr und spendete ständig Geld für irgendwelche guten Zwecke. Bei seinem Tod im Jahre 1932 hinterließ er ein Erbe von 24.000 Dollar. Die erste kleine Spur von Show Business im Stammbaum findet sich bei den Rhoads, genauer gesagt im Lebensweg von Hilbert, einem der drei Söhne Alfreds. Ehe er ein geregeltes Leben im Betrieb seines Vaters anfing und ein florierendes Geschäft als Zeitungshändler für den ganzen Bezirk aufbaute, war Hilbert C. Rhoads als Komödiant und Entertainer auf den Dampfern zwischen Pittsburgh und New Orleans herumgetingelt.

William war Alfreds ältester Sohn. Die Familie Rhoads lebte gegenüber von den Wilkinsons, und William ging mit Mary Alice auf das gleiche Gymnasium, die Morton School in Chester. Schon seit frühen Kindertagen waren sie ein Pärchen, und geheiratet haben sie – beide noch keine zwanzig – wahrscheinlich irgendwann in den späten 1890er Jahren. Kurz darauf gründete William zusammen mit seinem anderen Bruder James eine Firma. Die Rhoads Bros. – »Installationen, Heizung, Gas, Installateurbedarf, Sanitär, Heißwasserheizung« – waren hauptsächlich in Delaware County als Großhändler für Installateurbedarf tätig, dort übernahmen sie auch größere Arbeiten. Im Ersten Weltkrieg sicherten sie sich dann lukrative Regierungsaufträge und bauten in Chester Wohnungen für Angestellte des Verteidigungsministeriums.

Ethel May war erst sechs Jahre alt, als Mary Alice am 16. August 1904 im Alter von 25 Jahren an Lungentuberkulose starb. Hätte Ethel Mays Mutter damals nicht Ferien und einen Kuraufenthalt miteinander verbunden und ihre Schwester an der Atlantikküste bei Asbury Park, New Jersey, besucht, dies hätte eine »Philadelphia Story« werden können. So erbot sich Emma Wilkinson Reed, die älteste noch lebende Schwester im Clan der Wilkinsons, Ethel May zu sich zu nehmen und aufzuziehen. William Rhoads kam das sehr gelegen. Aus dieser Haltung sollte sich eine lange Familientradition bei den Nicholsons entwickeln: Nur zu gerne überließen die Männer den Frauen die Kinder.

Emma Wilkinson Reed, Ethel Mays Tante, Ersatzmutter und leuchtendes Vorbild, war das Musterbeispiel einer starken Frau. Sie lebte ein paar Meilen vom Meer entfernt in Whitesville, einem Unterbezirk von Neptune Township, damals wie heute etwas völlig anderes als Neptune (City). Dort zog sie nicht nur drei eigene Kinder groß, sondern auch Ethel May (die sie übrigens nie formell adoptierte) und zwei andere Wilkinson-Kinder, die zum großen Pech der Familie ihre Mutter mit jungen Jahren verloren hatten. Als sie die Verantwortung für Ethel May übernahm, war sie fast vierzig,

Tante Emma war eine kleine Frau mit einem großen Herzen. Sie trug Häubchen und Schürze, und schon seit ihrem achten Lebensjahr wußte sie nur zu gut, was harte Arbeit bedeutet. Ihr Mann kassierte an einem damals noch von Pferdewagen befahrenen »Highway« den Straßenzoll. Später gründete er zusammen mit seinem Sohn eine Firma, die Renovierungen übernahm, Maler- und Tapezier-, Dachdecker- und Stuckarbeiten. Zu den Kunden gehörten viele Sommerfrischler auf den hochherrschaftlichen Gütern in der Gegend um Deal, Elberon und Allenhurst. Darunter auch die protzigen, direkt am Meer gelegenen Sommerresidenzen der Astors, Guggenheims und Vanderbilts.

Tante Emma überwachte die Vor- und Nachbereitungen der Saison in diesen Residenzen, zu bestimmten Zeiten im Jahr schuftete sie dort von frühmorgens bis spätabends. Ehe sich die Familie Mitte der zwanziger Jahre endlich ein Auto zulegte, ging sie in der größten Sommerhitze täglich meilenweit zu Fuß zur Arbeit. Sie besorgte für andere Leute die Wäsche, putzte und kochte für sie. Sie hielt Hühner, und jeden Sonntag wanderte eins davon für das Mittagessen in den Topf. Wie viele andere Frauen in der Geschichte der Nicholsons war sie dafür berüchtigt, weitaus mehr zu schuften als die Männer. Ein bissiger Kommentar aus der Familie: »Ihr Mann war zwar der Anstreicher, aber *ihr* Haus hat *sie* selber anstreichen dürfen.«

Damals lag das Haus der Wilkinson Reeds eingebettet in eine idyllische ländliche Umgebung. Von den in der Nähe gelegenen Sand Hills hieß es, sie seien einmal das Meeresufer gewesen. Und die eigenen wie die adoptierten Kinder von Emma Wilkinson fanden denn auch weit landeinwärts Muscheln, die das bewiesen. Das Leben mag zwar ein ständiger harter Kampf gewesen sein, aber ganz besonders im Sommer war es auch ein großer Spaß, und dank Tante Emma war es voller Liebe.

Ethel May wuchs zu einer hübschen, mittelgroßen Brünetten heran, schlank und von honigsüßem Temperament. Sie war blitzgescheit und künstlerisch veranlagt, und als geschickte Näherin schon als Teenager eine gefragte Schneiderin und Putzmacherin. Sie kreierte kunstvoll verzierte Prachtkissen und reich geschmückte Lampenschirme, auch erwies sie sich als Talent im Ölmalen. Obwohl William Rhoads sich ganz in der Nähe, in Point Pleasant, niederließ, vernachlässigte er seine Tochter. Rhoads hatte sich zum vielbeschäftigten und ungeheuer wichtigen Präsidenten der Taylor Metal Co. hochgearbeitet und war, wie auch sein Vater, in die Politik gegangen, hatte es immerhin zum Stadtrat der Gemeinde gebracht. Nach seiner Wiederverheiratung interessierte er sich wenn möglich noch weniger für Ethel May. Sie ging nur ein paar Meilen weiter nördlich in die Neptune High

School, die sie 1918, als Zwanzigjährige, abschloß. Vielleicht war ihr Vater der letzte aus der Familie, der erfuhr, daß Ethel May bereits eine Romanze mit einem Burschen namens John J. Nicholson hatte. John J. war zwei Jahre jünger als Ethel May und lebte bei seiner Mutter in 1601 Monroe Street, ein paar Häuser von Tante Emma entfernt im gleichen Häuserblock.

Am 4. August 1918, ganze zwei Monate nach Ethel Mays High-School-Abschluß, heiratete sie John J. in einer katholischen Trauung in der Holy Spirit Church. Als Trauzeugen fungierten Ethel Mays Kusine Bella – Tante Emmas Tochter – und deren Ehemann Calvin Williams.

Es ist nicht belegt, daß William Rhoads bei der Hochzeit anwesend war. Andererseits deuten viele Anzeichen auf seinen Zorn über diese Verbindung. Wie die Familiensaga berichtet, soll er vor Wut gekocht haben, weil John J. ein irischer Katholik war. Rhoads selbst war, nach Jacks Aussage, ein »felsenharter« Pennsylvania-Methodist, der in Chester inmitten einer geschlossen irisch-katholischen Gemeinde aufgewachsen war und sich dort Vorurteile herangezüchtet hatte, auf denen er lebenslang stocksteif und stur beharrte.

Die katholische Trauung allein wäre also schon schlimm genug gewesen, darüber hinaus war Williams Zorn aber noch angestachelt worden, weil seine Tochter schwanger vor den Altar trat.

In jenen Tagen, als ledige Mütter gesellschaftlich noch keineswegs akzeptiert waren, rechneten die Klatschbasen, wenn ein frischvermähltes Paar mit einem Baby im Arm erschien, hämisch bis zum Hochzeitstag zurück. Ethel und John J. verzogen sich in die Anonymität von Pittsfield, Massachusetts, und boten Neptune in dieser Hinsicht keinerlei Gesprächsstoff mehr.

June Frances Nicholson kam am 5. November 1918 in Pittsfield zur Welt, knapp drei Monate nach der Hochzeit ihrer Eltern. In Pittsfield wurde John J. als »Fensterdekorateur« geführt; hier lebte er mit seiner jungen Frau und der kleinen Tochter einige Monate in der Nähe der Nicholson-Verwandtschaft, die nur zu gerne gelegentlich ein wenig aushalf.

William J. Rhoads änderte sein Testament ein Jahr nach Junes Geburt. Ethel Mays Vater starb im Sommer 1935 eines plötzlichen und gewaltsamen Todes, als er im Binnenkanal zwischen dem Manasquan-River und der Barnegat-Bay schwimmen ging, ihn ein vorbeifahrendes Schnellboot erfaßte und seine Arme völlig zermalmte. Bei der Testamentseröffnung stellte sich heraus, daß er das gesamte Vermögen seiner zweiten Frau hinterlassen und die Tochter praktisch enterbt hatte. So mußte sich Ethel May ohne die Hilfe eines Vater oder einer Mutter durchs Leben schlagen. Sie war weder das erste noch das letzte Mitglied der Nicholson-Familie, dem es so erging.

Auch John J. Nicholson trug ein Geheimnis mit sich herum. Es war dem von Ethel May und Jack ziemlich ähnlich und verfolgte ihn sein Leben lang .

Die Nicholsons kamen aus Großbritannien. Die Ehe zwischen Bridget Derrig Nicholson aus County Mayo in Irland und dem schottischen Schuster Joseph J. Nicholson wurde 1854 in Hyde in Kent (England) in einer katholischen Kirche geschlossen; der Ehe entstammten mindestens acht Kinder. Der älteste Sohn Joseph wurde in den 1880er Jahren nach Amerika geschickt, wo er bei Bridget Derrigs Schwester in Asbury Park wohnte. Kurz darauf starb in England sein Vater. Die Mutter kam 1887, als sie andere Nicholson-Kinder in Fall River, Massachusetts, besuchte, bei einem Hausfeuer ums Leben, als sie gerade Wäsche bügelte.

Die meisten Nicholson-Kinder ließen sich in Fall River nieder. Dort arbeiteten sie wie die Wilkinsons in der Textil- und Bauindustrie, wie viele andere der zahllosen irischen Einwanderer, die sich ihren Lebensunterhalt als Spinner und Weber, Maurer und Zimmerleute verdienten. Joseph ließ sich in New Jersey nieder, er arbeitete dort als Bremser auf der Philadelphia-Linie der New-York-Longbranch-Eisenbahn. Er arbeitete hart, genoß aber auch seine Freizeit und schaute sich mit großer Begeisterung Sportwettkämpfe an (das muß in der Familie liegen). Mit seinem Eisenbahnerfernglas, das er in der abgewetzten, glänzenden Ledertasche um den Hals trug, sah sich Joseph die Segelregatten im America's Cup vor der Küste New Jerseys an.

Irgendwann in den späten neunziger Jahren begegnete er Ella Lynch, die in Asbury Park ganz in seiner Nähe wohnte. Sie war die Tochter eines erst vor kurzem in die Vereinigten Staaten ausgewanderten irischen Bauern. Sie heirateten, und zwar vor einem katholischen Priester, denn Ella war fromme Katholikin.

John J. (J. für Joseph) war ihr einziges Kind. Er wurde (seiner Sterbeurkunde zufolge) 1899 in Staten Island geboren. Verwandte sagen allerdings, Joseph und Ella hätten den kleinen John J. *adoptiert* – ein Geheimnis, das außerhalb des engsten Familienkreises streng gehütet wurde. Jack hat als Junge nie etwas davon erfahren; vielleicht liest er es hier zum ersten Mal.

In jenen Tagen wurde eine Adoption nicht immer formalisiert, und Aufzeichnungen aus der Zeit sind so gut wie unauffindbar. Es kann sein, wie ein Familienmitglied vermutet, daß John J. (so wie es auch bei Ethel May der Fall war) der Sohn naher Verwandter auf der Lynch-Seite der Familie war, den Ella zu sich nahm und wie ihr eigenes Kind aufzog. Wenn sie unter sich waren, sagten die Nicholson-Frauen oft und gern, daß sie eigentlich *keine* Nicholsons wären, sondern Wilkinsons oder Lynchs.

In jedem Fall ist das irische Erbe, auf das sich so viele Artikel über Nicholson beziehen – die Zeitschrift »Cosmopolitan« nannte ihn einmal den sprichwörtlichen »Iren mit der schwarzen Seele, der sich im stillen Kämmerlein in existentieller Finsternis und Traurigkeit suhlt und an der Oberfläche flotte Sprüche klopft und Charme versprüht« –, nur ein ungewisser Bruchteil dieser geheimnisvollen Mischung. Und vielleicht hat Jack Nicholson keinen einzigen Tropfen echtes Nicholson-Blut.

John J. konnte sich an keine Vaterfigur halten, da Joseph früh – 1904 an Hitzschlag und Lähmung – gestorben war. Der Stammbaum der Nicholsons hat keine starken Vaterfiguren. Und doch sind in Jacks Filmen gerade die Vaterfiguren seltsam auffällig. Sie haben entscheidende Bedeutung in *Five Easy Pieces* und *The King of Marvin Gardens*; Vaterschaft ist auch ein grundlegendes Problem in vielen anderen Filmen, angefangen von *The Postman Always Rings Twice* und *The Border* bis hin zu *The Witches of Eastwick* und *Ironweed*; und sogar in *Easy Rider* sorgt sich George Hanson, der Bürgerrechtler und Rechtsanwalt aus den Südstaaten, um die Anerkennung vom guten alten Papa. Mütter dagegen, und das ist eigentlich genauso seltsam, tauchen in den Stories fast gar nicht auf, während sie doch aus der echten Familiengeschichte einfach nicht wegzudenken sind.

Ella zog John J. allein auf. Dieses alleinerziehende Elternhaus hatte er mit Ethel May gemein. Ella besaß wenig enge Freunde oder Verwandte, und sie widmete sich ganz ihrem Sohn und ihrer Religion. Als John J. und Ethel May in den frühen zwanziger Jahren mit dem Baby aus Pittsfield zurückkamen, zog Ella aus ihrem Haus aus und überließ es dem jungen Paar. Sie selbst lebte dann in einem winzigen Bungalow nebenan.

Zuerst kratzten die Nicholsons ihren Lebensunterhalt mühsam zusammen, die Zeiten waren mager. Aber Ethel May trieb sich selbst erbarmungslos an, wollte immer mehr und immer besser arbeiten. Sie war die Kraft, die Mann und Kinder in Bewegung hielt.

Außer dem alleinerziehenden Elternhaus hatten sie und John J. noch etwas gemeinsam – ihre künstlerische Ader. In den zwanziger Jahren, als June und ihre kleine, 1922 geborene Schwester Lorraine heranwuchsen, machte John J. stetige Fortschritte in seinem Beruf als Schaufensterdekorateur für große Warenhäuser. Schließlich arbeitete er für alle fünf Niederlassungen der Firma Steinbach in Asbury Park, dekorierte Schaufenster und entwarf Designs für ganze Abteilungen. Gelegentlich übernahm er auch Spezialaufträge für Geschäfte in New York City und gewann (so berichtet die Verwandtschaft) renommierte Preise dafür.

In dem, was die Verwandtschaft über John J. zu erzählen weiß, läßt sich Jack bereits vorausahnen: Er war ein umgänglicher, kumpelhafter Typ, mittelgroß und schlank, mit roten Haaren. Die meisten beschreiben ihn als freundlich, sanftmütig und lebenslustig. John J. war auch immer der flotte Modemann, in Jacks Erinnerung stets sorgfältig gekämmt. Während der alljährlichen Osterparade in Asbury Park schlenderte er genüßlich über die Boulevards. Das purpurrot flammende Halstuch von Francis Phelan in *Ironweed* ruft Erinnerungen an die unbeschwerteren Jahre in John J.s Leben herauf.

John J. brauchte ab und zu einen Tritt in den Allerwertesten, und Ethel May war nur zu bereit, ihm den zu geben. Sie war die Unternehmungslust in Person: In den späten zwanziger Jahren reiste sie nach Newark, um an einem Kosmetik-Kursus teilzunehmen, den ein Unternehmen kostenlos all denen anbot, die bereit waren, eine von den neumodischen Frisörmaschinen zu kaufen. Ethel May war in der näheren und weiteren Umgebung von Asbury Park eine der ersten, die ein Gerät für Heißdauerwellen betrieb. Aber zunächst raspelte sie die Ivory-Seife noch selbst und wusch ihren Kundinnen am Küchenspülstein die Haare. 1930 war sie allerdings in ihrem Wunschberuf bereits bestens etabliert. Sie und John J. konnten sich einen Bungalow in der 1410 Sixth Avenue (etwa eine Meile von der alten Nachbarschaft der Monroe Street entfernt) leisten. Dort richtete sie ihren Frisörsalon ein. Ins Firmenregister der Stadt trug sie sich als Kosmetikerin ein.

Schon von frühen Kindesbeinen an war June die große strahlende Hoffnung ihrer Eltern. Die jährliche Baby Parade von Asbury Park stand als wichtiges Ereignis im Veranstaltungskalender der Stadt. Sie fand entweder am letzten Augustwochenende oder zum Labor Day im Herbst statt. 1925 wurde June für den Wettbewerb kostümiert – und als Miss Charleston belegte sie in einer der Kategorien den sechsten Platz. Ein Zeitungsausschnitt aus dem Lokalblatt berichtet, daß »ihre Schönheit und Anmut die große Menschenmenge faszinierte, die diesem Ereignis beiwohnte«. (Ihre kleine Schwester Lorraine wurde in der gleichen Kategorie übrigens siebte.)

June blühte in den von der Kirchengemeinde organisierten Theateraufführungen vollends auf. Die ganze Familie stürzte sich mit Feuereifer in die Produktionen. Sogar John J. spielte eine kleine Rolle in einer musikalischen Komödie in zwei Akten mit dem Titel »The Sidewalks of New York«, einer wilden Mischung aus irischen Liedern, Gefühlsduseleien und Steptanz, die die Holy Spirit Players im Lyceum-Theater auf die Beine stellten. Auch hinter der Bühne erwies sich John J. (wie später Jack) als vielseitiges Talent – er übernahm zum Beispiel die Beschaffung und Herstellung der Requisiten.

Lorraine trottete immer brav hinterher, nahm die gleichen Privatstunden wie June, trat in den gleichen Amateur-Shows auf. Aber es stand immer fest, daß es die große Schwester war, die es einmal zu etwas Besonderem bringen würde. Lorraine entwickelte keinerlei Ehrgeiz, über New Jersey hinauszukommen; wenn doch, dann behielt sie ihn für sich, scheinbar zufrieden damit, daß sich June im Scheinwerferlicht ihrer Mutter sonnte. June sprühte nur so vor jugendlicher Frische und Begabung. Sogar in den finstersten Zeiten der Wirtschaftskrise kratzte Ethel May noch hundert Dollar zusammen und schickte June nach New York City, wo ihr Steptanznummern und irische Tänze auf den Leib geschneidert wurden.

Mit dreizehn hatte sie es bereits geschafft, als glitzerndes Sternchen in der Spalte »Nachtleben« der Zeitungen der nördlichen New Jersey-Küste aufzutauchen. Man sagte ihr dort nach, sie wäre »auf dem besten Wege, ganz offensichtlich unterwegs zum großen Ruhm«.

Ihre Spezialität war der Steptanz. Die Familie hatte eine Verbindung zu einem Herrn namens Eddie King angeknüpft, einem weltmännisch geschniegelten Bandleader und Pianisten, der sich außerdem auch als Lehrer in den Fächern Akrobatik, Schauspiel, Singen und Tanzen betätigte. 1931 waren zwei Nicholsons als Eigner des Tanzstudios Ecke Cookman Avenue/Bond Street in Neptune verzeichnet, wahrscheinlich entfernte Verwandte aus dem englisch-irischen Zweig der Familie. Im Jahr darauf sind als gemeinsame Besitzer Eddie King und June Nicholson eingetragen, obwohl June damals erst ganze vierzehn war.

King hatte sich auf Kinderstars spezialisiert. Er war der Gastgeber einer von WCAP jeden Samstagmorgen ausstrahlten Radiosendung, die Wunderkinder vorstellte (»Eddie King and His Radio Kiddies«), und alljährlich organisierte er auch eine Unterhaltungsshow, die »Juvenile Follies«. June war sein liebster Schützling; in der Radiosendung traten sie regelmäßig gemeinsam als »Molasses 'n' January« (»Zäher Sirup«) auf.

In der Gegend von Neptune hatten sie auch ihre Duo-Auftritte, mit allen möglichen Nummern von der Imitation berühmter Broadwaystars bis hin zum Modern Dance. King spielte Klavier, June sang mit ihrer klaren, kräftigen Altstimme, und zwischen die Songs wurden Tanznummern und flotte Sprüche eingestreut. Die beiden trugen golden schillernde, kunstvoll bestickte Kostüme (zweifellos Ethel Mays Werk). Eine ihrer Zugnummern war ein wilder Schritt-Tanz auf einer Treppe; in einer anderen Nummer tanzten sie mit aneinandergeketteten Füßen einen Shuffle. Manchmal traten sie als Topnummer in Amateurshows auf. Aber ab Mitte der dreißiger Jahre fanden sie immer öfter auch bezahlte Engagements. Meist tingelten sie durch die verschiedensten Vereine an der Nordküste von New Jersey – man sah sie im Elks Club, in der Hebrew Society, in der Holy Name Society, bei den Odd Fellows, bei Veranstaltungen der Elternpflegschaft, bei den Gold Star Mothers und im Boys Club. Zusammen mit anderen »Radiobabies« aus dem Hause King wirkten sie bei Eröffnungen von Kinopalästen in der Bezirkshauptstadt Freehold und in Asbury Park mit. Mit wachsendem Ruhm gastierten June und Eddie King auch regelmäßig im Ballsaal des Berkeley Carteret Hotels in Asbury Park, im Hotel Arnold in Point Pleasant und in der Riverview Tavern in Monmouth.

Eine Handvoll Verpflichtungen führte sogar über die Grenzen von New Jersey hinaus. Mehr als einmal traten sie im Pick and Pat Club in Bayside, Long Island, auf, wo sie im Programm als »Educated Feet« erschienen.

Public Relations war die große Stärke der Familie. Junes Handzettel, die sie sicherlich selbst schrieb, und die die findige Ethel May noch weiter ausschmückte, kündigten sie nicht mehr nur als »Asbury Parks feinste Tänzerin« an, jetzt wurde sie schon als »eine der führenden jungen Steptänzerinnen Amerikas« gepriesen.

Manches brauchte die Werbung gar nicht zu übertreiben. Junes Teenager-Schönheit beeindruckte alle. Sie hatte Tizianlocken, einen frischen, rosig-weißen Teint, tolle Beine. Und wie ihre Mutter war sie lieb und süß, aber stur.

Ebenso wie Ethel May war sie auch gescheit und altklug. Die High School vernachlässigte sie nicht. Sie schaffte es in die Liste der Jahrgangsbesten von Neptune, mit Spitzennoten in Englisch, Französisch, Latein und ›Zivilisationsgeschichte‹. June war im Schülerbeirat und im Theaterklub Marionettes aktiv, der einmal im Jahr eine Revue auf die Beine stellte.

Doch eigentlich zeigte sie keinerlei Interesse, irgend etwas – außer ihren Füßen – weiterzubilden. Sobald sie der gesetzlichen Schulpflicht entronnen war, ging sie 1934, am Ende ihres zweiten High-School-Jahres, als Sechzehnjährige ab und wurde Profi.

Junes Karriere war dazu verurteilt, eine Eintagsfliege zu bleiben. In der Erinnerung ihrer Familie mag sie als leuchtende Kometenbahn erscheinen, in Wirklichkeit jedoch blieb sie unerheblich und in den Anfängen stecken.

Dem heranwachsenden Jack kam June wie der »Inbegriff aller aufregenden Dinge« vor, er blickte zu ihr auf, fand sie »hinreißend und wunderschön«. Für ihn war sie die Verkörperung des Show Business, mit all den tollen Hoffnungen und dem strahlenden Glanz.

Anfangs, als June auf dem besten Wege schien, sich eine erfolgreiche Karriere zu bahnen, führte sie auch ein aufregendes Nomadenleben in den feinsten Kreisen der Gesellschaft. Zu ihren Bekanntschaften zählten die berühmtesten Leute jener Zeit – nicht nur Theaterstars, sondern auch Top-Gangster, Preisboxer und aufregende Piloten.

Als Vorwand für ihren Schulabgang mußte Junes erster und einziger Broadway-Auftritt herhalten, wo sie zu einem der vielen Chorusmädels in der Leonard-Sillman-Revue »Fools Rush In« gehörte. Diese Satire hatte im späten Dezember des Jahres 1934 im Playhouse in New York City Premiere, mit den Stars Imogene Coca und den Edwin Strawbridge Dancers, die in einer wirbelnden Sketch-Folge mit tropischen Anklängen über die Bühne tobten.

Lucky Luciano, ungekrönter König des organisierten Verbrechens, plante eine Investition und hing wie ein Schatten über der Produktion.

Obwohl sich einige Kritiker durchaus begeistert äußerten, hatte »Fools Rush In« nur eine jämmerlich kurze Laufzeit von vierzehn Aufführungen. (Sillman bezeichnete die Show später in seiner Autobiografie als »außerordentlich interessante Katastrophe«.) Die sechzehnjährige June Nicholson trat in zwei Nummern etwas in der Vordergrund und war ansonsten in den großen Tanznummern zu sehen. Näher als hier sollte sie dem großen Durchbruch im Show Business nie kommen.

Wieder zurück in New Jersey, tat sich June erneut mit Eddie King zusammen. Den größten Teil des Jahres 1935 dümpelten die beiden nur vor sich hin, mit dem einen oder anderen Profi-Auftritt dazwischen.

Durch Werbung am Ort war Eddie King ein gemachter Mann geworden. Mit neuen Schützlingen und einem neuen Geschäftspartner hatte er die Tanzschule vorangetrieben. Sie trug jetzt den leuchtenden Namen »Eddie King Studio« und wurde in ganz Monmouth County als die »führende Schule für Theaterkunst« angepriesen. King mit seiner schillernden, vielseitigen und anpassungsfähigen Persönlichkeit spielte den Zeremonienmeister bei allen möglichen Veranstaltungen. Manchmal mit June, manchmal mit anderen Schützlingen, arbeitete er sich kreuz und quer durch New Jersey, wurde auf den gleichen Programmzetteln geführt wie viele kommende Talente jener Zeit. Eines davon war Jackie Gleason, der seine frühen Jugendjahre in New Jersey vertingelte.

Die Regionalblätter behielten das dynamische Tanzduo im Auge. Die beiden waren leuchtende Sternchen an der Küste von New Jersey, und in seiner populären Klatschspalte der »Asbury Park Press« berichtete der Nachtklub-Reporter Stanley Brown, June Nicholson und Eddie King wären wohl nicht nur beim Tanz Partner. Die Presse munkelte, daß er ihr Galan wäre. Wer sie zusammen über die Tanzfläche wirbeln sähe, schrieb Brown, könnte »das gewisse Funkeln in ihren Augen« sehen.

Erst gegen Ende 1935 bekam June eine neue Chance in New York, diesmal als Tänzerin in der Tourneetruppe »Earl Carroll's Vanities«. Auf dem unvermeidlichen Publicity-Foto sitzt June auf einem Zentnergewicht und führt ihre schönen Beine und ein niedliches Lächeln vor. Der Tour, für die man sie verpflichtet hatte, lag »Earl Carroll's 1935 Sketch Book« zugrunde. Zuerst ging es nach Florida.

Anfang 1936 war June dann im Palm Island Club in Miami Beach »eines der 36 schönsten Mädchen der Welt«, die den tanzenden Rahmen um Starnummern aus New York und Europa bildeten: Tänzer, Hundedressuren, tanzende Akrobaten und Jongleure. Das Engagement dauerte drei Monate.

Auf Miami folgte Dallas, eine Show im Französischen Kasino, das in der Innenstadt neu aufgemacht hatte. Nach der grandiosen Eröffnung tat sich das Etablissement aber schwer; die Programme mit Komödianten, Sängern und Tänzern wechselten in rasender Folge. Im Sommer kehrte June wieder nach New Jersey zurück und brüstete sich am Strand mit all den Berühmtheiten, die sie auf der Tour kennengelernt hatte.

Eine davon war Gay Orlova, eine Tänzerin in Earl Carroll's Westküsten-Truppe, die damals überall in den Klubs ihren exotischen Fächertanz aufführte. Orlova war rein zufällig auch die Freundin von Lucky Luciano, und June erzählte allen, die es hören wollten, daß sie mit Orlova und dem berühmten Gangster auf du und du war. Junes vertrauter Umgang mit allen möglichen Berühmtheiten fand sogar im »New Jersey Record« seinen Niederschlag, wo der Theaterredakteur William J. Pratt vermerkte, daß man die achtzehnjährige June kürzlich »in Begleitung« von James J. Braddock, dem damaligen Schwergewichtsweltmeister, gesehen hatte.

Vielleicht hat sie sich wirklich im äußeren Dunstkreis der feinen Theatergesellschaft bewegt, ihre eigene Karriere blieb jedoch auf den Tanz beschränkt. So wird sie auch im Register von Neptune City geführt: als »Tänzerin«. Früher, in den Tagen von Ethel May, als Broadway und Vaudeville noch unumschränkt dominierten, hatte es so ausgesehen, als böte das Leben einer Tänzerin grenzenlosen Spaß und unbeschränkte Möglichkeiten. Jetzt durchlief die Welt des Show Business eine tiefe Talsohle und erlebte viele Veränderungen.

Die Vaudeville-Theater wurden weniger und weniger; die meisten echten Theater wurden in Kinos umgewandelt. Die paar, die sich noch Live-Shows leisten konnten, quetschten die Tanzgirls und kleinen Shownummern zwischen Filmvorführungen. Einer Bühnentänzerin bot sich nur noch wenig Gelegenheit, ihren Ehrgeiz auszuleben: Es blieb eigentlich nur Absatzklappern in der langen Reihe, als eine von vielen, als eines der Broadway-Babes, Hollywood-Honeys oder Gay-Paree-Mädels zwischen zwei Nachmittagsvorstellungen.

Als sich June gegen Ende des Sommers 1936 mit ihrem Agenten in Verbindung setzte, mußte sie feststellen, daß man sie genau in diese Reihen der Tanzgirls verbannt hatte, die vor Filmvorführungen in den Städten der amerikanischen Ostküste eingesetzt wurden. Im Oktober 1936 tanzte sie ihre Zeit im Fay's in Baltimore ab, in einer »der acht großen Super-Vaudeville-Nummern«, die man an Vorführungen des Films *Star for a Night* mit Claire Trevor angehängt hatte. Daß sie in der Hintergrund-

Truppe zu Pinky Lees »The Sailor and the Girls« mittanzte, hat einige Buch- und Zeitschriftenautoren veranlaßt, June Nicholson auf einmal als »zweiten Mann« in der pfiffigen Nummer des lispelnden Komödianten mit den Schlabberhosen zu bezeichnen und wild zu spekulieren, ob vielleicht Pinky Lee fünfzehn Jahre später hinter ihrem Umzug quer durch die Staaten nach Hollywood stand.

In Wirklichkeit konnte sich Pinky Lee, als er für dieses Buch befragt wurde, überhaupt nicht an June Nicholson erinnern. Für ihn war sie nur eines der Mädels in der langen Reihe anonymer Tanzgirls.

Der Sommer 1936 sollte die Wasserscheide in June Nicholsons Leben werden. Tagsüber faulenzte sie an den Stränden der Jerseyküste in der Sonne; abends standen Tanz und Romantik auf dem Programm. Der Mann, der ihr beides bieten konnte, hieß Don Furcillo-Rose. Sein vornehmer Doppelname ist wieder ein Exemplar für die Namensammlung: das »Rose« der Künstlername, »Furcillo« der richtige Nachname. Als Rose tanzte und sang er, manchmal als Leadsänger in Bands, die die Jerseyküste rauf und runter spielten. Es erscheint eigenartig, daß seine Auftritte in vielem Ähnlichkeit mit denen von Eddie King hatten: bis hin zu den gelegentlichen, reichlich zweifelhaften Nummern in Black-Minstrel Shows.

Furcillo-Rose war einige Jahre älter als June und hatte der kleinen Tänzerin mit dem süßen Gesichtchen bislang nicht sonderlich viel Aufmerksamkeit geschenkt, obwohl sie ja beide aus Neptune-Ocean Grove stammten und eigentlich viel gemeinsam hatten, zur gleichen Kirchengemeinde gehörten. Dons Vater war, wie Ethel May, Frisör gewesen. Victoria Rose, Dons Mutter, war gut mit Ethel May befreundet, und als June ihre Affäre mit Don anfing, schwärmte ihre kleine Schwester Lorraine gerade für dessen jüngsten Bruder Victor.

Don und June stürzten sich Hals über Kopf in eine Romanze, die den ganzen Sommer andauerte. Fotos der beiden Familien aus jener Zeit zeigen sie beim gemeinsamen Picknick am Strand: die beiden Brüder und Schwestern Arm in Arm; Ethel May und ihre Töchter auf dem Trittbrett von Furcillo-Roses Auto.

Lorraine war als blutjunger Teenager ziemlich in Victor verliebt. Ein anderer Furcillo-Bruder mochte Lorraine allerdings überhaupt nicht; er nahm Victor zur Seite und zog übel über sie her. Daran zerbrach die sich anbahnende Beziehung, und in Lorraines Kopf blieb nur ein nagender Zweifel zurück.

Inzwischen hatte sich Don Furcillo-Rose June Nicholson als die große Liebe seines Lebens eingeredet. Es kümmerte ihn dabei wenig, daß er schon mit einer anderen jungen Dame verheiratet und Vater eines kleinen Jungen war. Der Antrag auf Auflösung dieser Ehe lief bereits, und die kleinen Unebenheiten, so dachte er, würde man im Laufe der Zeit ausbügeln.

Im Frühherbst jedoch ging dieser Lauf der Zeit schlagartig zu Ende. June Nicholson war gerade wieder einmal mit einer Tanztruppe unterwegs, vielleicht in Baltimore, und stellte fest, daß sie schwanger war. Sie teilte Furcillo-Rose mit, daß er Vater würde. Der glaubte ihr und entschloß sich, June zur Frau zu nehmen, so wie es sich gehört. Eigentlich war er ja noch mit einer anderen verheiratet, aber er liebte June und meinte, irgendwie würde sich alles schon einrenken.

Im Herbst 1936 reisten Don und June nach Elkton, Maryland, wo sie dafür bezahlten, daß ihnen schnell und ohne große Umstände eine Heiratslizenz ausgestellt wurde. Furcillo-Rose sagt, er habe sich für diese Lizenz unter seinem richtigen Namen Donald Furcillo eingetragen, June habe ihren Künstlernamen verwendet, den sie sich erst kurz zuvor zugelegt hatte – den vage skandinavisch klingenden Namen »Nilson«, der auch wesentlich besser zu ihren frisch blondierten Haaren paßte.

Die Eheurkunde der beiden wurde nie gefunden, zumindest nicht als amtlich bestätigtes Dokument. Furcillo-Rose behauptet, durch eine Extrazahlung habe er die Eintragung ins Register verhindern können und die einzige Kopie behalten dürfen. Die Entscheidung, ob einer solchen »Eheschließung« irgendeine Rechtskraft zukommt – der Bräutigam noch verheiratet, wenn auch gerade beinahe wieder nicht verheiratet, die Braut unter ihrem Künstlernamen –, dafür wären wahrscheinlich einige komplizierte juristische Knoten aufzudröseln.

Nach der Zeremonie fuhren Don und June nach Neptune zurück, um sich »Muds Gardinenpredigt« anzuhören. Unterwegs einigten sie sich, Ethel May zu sagen, daß June schwanger war. Es blieb ihnen auch nicht viel anderes übrig, denn langsam konnte man es ohnehin sehen. Zugleich entschlossen sie sich, Ethel May nichts von ihrer heimlichen Heirat zu verraten.

In Interviews erinnerte sich Furcillo-Rose daran, wie er in seinem Dodge saß, mit June redete, wie beide die Variante probten, die sie von der Geschichte erzählen wollten.

Aber alle Strategien brachen widerstandslos zusammen, als sie von Angesicht zu Angesicht vor Ethel May standen.

Sie ging an die Decke: »Was hast du jetzt vor?«, fragte sie Furcillo-Rose.

Der antwortete Junes Mutter, daß er die aufrechte und ehrliche Absicht hätte, June zu heiraten, sobald seine erste Ehe aufgelöst wäre.

»Oh nein, kommt überhaupt nicht in Frage!«, schrie Ethel May. »Du bist schon verheiratet. Meine Tochter ruinierst du nicht auch noch. Du machst nicht alle meine Pläne zunichte!«

Furcillo-Rose erinnert sich klar und deutlich, wie Ethel May wieder und wieder geschrieen hat: »Oh nein, kommt überhaupt nicht in Frage! Du machst nicht alle meine Pläne zunichte!«

Danach gab es nur noch mehr Gezeter und noch mehr Vorwürfe. Ethel May weigerte sich, ihren Segen zu geben. Das Baby mußte einen anderen Vater als den verheirateten Furcillo-Rose haben!

Ethel May wußte so gut wie keine andere, mit welchem Makel eine unverheiratete Mutter behaftet war (schließlich war ihre eigene Eheschließung auch durch eine Schwangerschaft erheblich beschleunigt worden), ganz besonders für eine – zumindest nach außen hin – katholische Familie, und das auch noch in einer durch und durch katholischen Umgebung wie der Nordküste von New Jersey.

Ethel May brüllte. June heulte. Ethel May drohte Furcillo-Rose mit dem Prostitutionsgesetz, mit einem Gerichtsverfahren, mit Verführung Minderjähriger, und als ihr nichts anderes mehr einfiel, warf sie ihn kurzerhand aus dem Haus und aus Junes Leben.

Und June tat, was sie immer getan hatte: Sie fügte sich. Furcillo-Rose mußte die harte Wirklichkeit begreifen; er trottete betrübt davon, im Innersten seines Herzens fest davon überzeugt, daß zwischen ihm und June Gefühlsbande bestünden, die niemand würde zerreißen können.

Furcillo-Rose glaubte ganz ehrlich, daß er der Kindesvater wäre. Er berichtet, wie er June in den Monaten nach dem großen Krach und auch noch nach der Entbindung regelmäßig über Zwischenträger Geld geschickt hat. Ein gemeinsamer Freund, Arch DeAngelis erzählt, er habe June an »vereinbarten Orten« (wie etwa in Drugstores der Gegend) getroffen und ihr dort Briefumschläge mit Bargeld zugeschoben. DeAngelis fragte dann wohl: »Wie geht's denn so?«, und June antwortete: »Okay«, um sich dann liebevoll zu erkundigen: »Und wie geht's unserem Rumtreiber?« – sprich Furcillo-Rose.

Lange Zeit schickte Furcillo-Rose noch Geld, und June antwortete mit kleinen Briefen und Postkarten. Dann aber kam gar nichts mehr von ihr.

Drei Menschen hatten einen Pakt geschlossen: Ethel May und ihre beiden Töchter June und Lorraine. June sollte weggehen, so wie es auch Ethel May getan hatte. Das Kind sollte dann als Ethel Mays und John J.s Kind aufwachsen, und niemand würde etwas anderes vermuten. Die drei schworen einen heiligen Eid darauf.

Lorraine, gerade erst fünfzehn, erfuhr nur, was sie unbedingt wissen mußte, und Ethel May wußte nur, was June ihr erzählt hatte. Wenn man bedenkt, wie wenig Erfahrung auf sexuellem Gebiet man bei einem katholischen Teenager jener Tage voraussetzen darf, dann hat wahrscheinlich June selbst, falls sie damals wirklich mit mehr als einem Mann sexuelle Kontakte hatte, nicht gewußt, wer wirklich der Vater war.

Manche äußerten da so ihre Vermutungen. Natürlich hatten Nachbarn und Freunde etwas von Junes Schwangerschaft gemerkt. Freunde von Freunden begannen zu tuscheln und zu tratschen. Einige dachten, ganz klar müßte Don Furcillo-Rose der Vater sein. Andere meinten, es gäbe noch weitere mögliche Kandidaten, darunter auch Eddie King. Mehr als einer von den Leuten an der Nordküste hat das Gefühl, daß mit den Jahren die Ähnlichkeit zwischen Jack und Eddie King immer auffallender geworden ist.

Furcillo-Rose war aus dem Kreis der Nicholsons verbannt worden. Eddie King war eher unfreiwillig verschwunden, was seine Gründe hatte. Im Januar 1937 hatte ihn die Polizei im Auftrag der Einwanderungsbehörde verhaftet. Es stellte sich heraus, daß sein wahrer Name Eddie Kirschfield lautete, und der aus Lettland stammende Mann 1925 als Musiker auf der »SS Estonia« in die Vereinigten Staaten eingereist und nach Ablauf seines Visums einfach im Land geblieben war. Als 1932 seine Abschiebung angeordnet wurde, war er abgehauen und hatte sich in der Gegend von Asbury Park niedergelassen. Jetzt saß King einige Monate in Ellis Island in Einzelhaft, die Abschiebung hing immer noch wie ein Damoklesschwert über ihm.

Aus New Jersey gingen wahre Braiefffluten ein, die bestätigten, daß er ein braver Bürger sei und einen wertvollen Beitrag zum kulturellen Leben des Staates leiste. Das Verfahren gegen King wurde ausgesetzt, damit er gegen seine Ausweisung kämpfen konnte. Das letzte, was er unter diesen Umständen brauchen konnte, war Kleinstadttratsch über die Schwängerung eines Teenagers. Schließlich erfüllte er durch seine Heirat mit einer anderen Angestellten des Tanzstudios die Bedingungen, die ihm die Einbürgerung und damit die Rückkehr nach New Jersey ermöglichten.

Als Kings Abschiebungsdrama endlich vorüber war, hatten sich die Nicholsons schon lange aus der Gegend von Neptune verzogen. Furcillo-Rose glaubte, sie wären nach New York City gegangen und hätten dort bis zur Geburt des Kindes bei einer Kusine gewohnt. Nahen Verwandten wurde erzählt, daß Ethel May wieder schwanger sei und die ganze Familie bis zur Entbindung mit ihr in Florida lebe.

Es gibt veröffentlichte Quellen, denen zufolge das Baby im St. Vincent's oder Bellevue Hospital in New York City oder im Jersey Shore Medical Center in Neptune Township geboren wurde. Bis heute aber gibt es keine beglaubigte Urkunde für die Geburt eines Jack Nicholson, geboren als John Joseph Nicholson am 22. April 1937.

Ethel May erzählte allen, sie wäre Jacks Mutter. 1954, als Jack alt genug war, um Auto zu fahren und Papiere für seine Kalifornientour brauchte, stellte sie einen Antrag auf eine Geburtsurkunde. Als Geburtsort wurde damals eidesstattlich Neptune angegeben.

Alle fanden Ethel May zwar liebenswert, aber sie hatte auch Rückgrat für zwei. Wie ihre Tante Emma schreckte sie nicht davor zurück, mit beinahe vierzig noch einmal Mutterstelle an einem Säugling zu vertreten. Sie schlug sich und ihre Familie durch, indem sie einfach noch mehr Stunden als Friseuse arbeitete. »Sie schleppte alle auf ihrem Rücken mit, wie ein winziger Elefant, und irgendwie schien ihr das alles gar nichts auszumachen«, sagte Nicholson einmal in einem Interview. Nach seinen Worten war Ethel May »die Schutzheilige der Nachbarschaft«.

Obwohl viele Leute ihre Zweifel an Ethel Mays »Sohn« hegten, konnte eigentlich – außer den drei Nicholson-Frauen – nur eine einzige weitere Person sicher gewußt haben, daß Ethel May nicht Jacks Mutter war: John J., der angebliche Vater.

In Interviews hat Jack immer verlauten lassen, sein Vater hätte um die Zeit seiner Geburt herum den Haushalt verlassen. Nicholson meint, seine Mutter Ethel May habe John J. in den Suff getrieben, der dann sein Ruin werden sollte (»eine ganz persönliche Alkoholiker-Tragödie, die niemand vor mir verborgen hielt«).

Aber John J. war ja Nicholson, der Katholik, und seine Mutter Ella Nicholson, die immer noch in der Nähe wohnte, war sogar noch frommer als er. Ist es nicht vielleicht möglich, daß die ausgetüftelte Maskerade um Jacks Geburt, die ja auch in John J.s eigener Lebensgeschichte ihr Echo fand, daß dies der eigentliche Auslöser für seinen Alkoholismus war?

Vor 1937 war John J. allen Berichten zufolge ein guter Familienvater, ein Muster-Mitbürger (Mitglied der Freiwilligen Feuerwehr) und ein angesehener Geschäftsmann. Nicholson sagt, John J. habe immer erzählt, welch großes Ansehen er im Ort vor Jacks Geburt genoß als »toller Baseball-Spieler« (wie Francis Phelan, der in *Ironweed* als Vater versagt), der in den Matches auf der Feuerwache durch seine Leistungen glänzte. Dann aber hätte er nach einem Spiel den fatalen ersten Schluck Aprikosenschnaps getan und anschließend nie wieder aufgehört zu trinken.

Jetzt schlich sich John J. davon wie ein Schatten in der Dämmerung. Entweder packte er seine Sachen aus eigene Stücken, oder er wurde von Ethel May rausgeworfen (wie es Jack manchmal formuliert). Jedenfalls versuchte er sich dann in einer Reihe von kleinen Jobs: als Verkäufer, Mädchen für alles, Tellerwäscher, Schreiber in einem Holzlager ... Es war nicht leicht, ihm auf der Spur zu bleiben.

Wie Francis Phelan verwandelte sich auch John J. in eine Art Gespenst, das ab und zu im Haus der Nicholsons herumspukte, ziemlich selten und immer unerwartet auftauchte. Man konnte eigentlich nur sicher sein, daß er jedes Jahr zu Weihnachten erscheinen würde. Ein paarmal nahm er Jack auf kleine Expeditionen zu den Polo Grounds mit, wo sie sich Baseball ansahen. In einem der Spiele, erinnert sich Nicholson, schlug Mel Ott einen Home Run, ebenso wie ein gewaltiger Schlagmann mit Nicholsons eigenem Nachnamen, Bill »Swish« Nicholson. Damals spielten die Giants gegen die Cubs. Normalerweise waren die Nicholsons allerdings treue Yankee-Fans.

Eigentlich hatte niemand etwas gegen John J., am allerwenigsten Jack. In seiner Erinnerung ist er dieser »geheimnisvolle, angenehme, immer schick angezogene Mann«, ein »lächelnder Ire«. Manchmal nahm er Jack mit auf eine Kneipen-Tour, und Jack schlürfte unzählige Sarsaparillas, während John J. sich »fünfunddreißig kleine Dreisterne-Hennesseys« durch die Gurgel jagte. Der schwermütige Junge mochte John J. gern und schaute zu ihm auf.

Obwohl sie beide haargenau denselben Namen hatten, wurde Jack nie »Junior« genannt. Und Jack nannte John J. nie »Vater«. Er nannte ihn »Jack«.

Im Herbst 1940 fand ein wichtiges Ereignis statt, das Auswirkungen auf Jacks weiteres Leben hatte. In Neptune heiratete die achtzehnjährige Lorraine in einer schlichten standesamtlichen Feier George »Shorty« Smith, einen Mann, den sie noch aus der Grundschule kannte.

Shorty hatte auch bei Eddie King tanzen gelernt, und er war in seiner Jugend zusammen mit Lorraine in Schulaufführungen aufgetreten. Er war ein athletischer Typ, hatte es im Football bis ins All-State-Team geschafft. Wie schon Joseph J. Nicholson vor ihm, arbeitete auch er bei der Eisenbahn, als Bremser auf der Linie, die später einmal die Conrail Line wurde.

In der Nicholson-Familie wollte es schon immer die Tradition, daß die Elternrolle von dem gespielt wurde, der gerade zur Hand war. Lorraine übernahm den Löwenanteil am Kinderhüten des kleinen Jack, aber auch Shorty war immer da, vor allem am Anfang, als das junge Paar noch bei Ethel May wohnte.

Shorty war ein kurzangebundener, nüchterner Kerl und wurde für den kleinen Jungen »Ersatz-Vater-Held« – in den Worten des Schauspielers, dem das Wort »Ersatz« ja leicht von den Lippen geht.

»Ein einfacher Typ«, meinte Nicholson in einem Interview, »aber in meinem Kopf habe ich manches Gedicht über die höheren Empfindungen geschrieben, die er in mir geweckt hat, die er selbst aber in keiner Weise ausdrücken konnte ... Er war ein überschüssiger Bremser bei der Eisenbahn ..., der seinen Schnaps in Gin-Kneipen kippte und den ganzen Tag ohne Hemd rumsaß und Sprüche klopfte. Alle liebten Shorty«.

Zeitungsausschnitte von Shortys Football-Großtaten schmückten das Zimmer des Jungen, gleich daneben die Bilder von Bill Swiacki, dem All-American End bei Columbia, der 1947 das große Comeback gegen Army angeführt hatte. Ebenso Fotos von Charles »Choo-Choo« Justice, einem Halfback aus North Carolina und einem der hervorragendsten Running Backs im College Football, sowie von Joe Page, dem Reliever der Yankees, dem Helden der Baseballsaison 1949. Später dann auch von der Leinwand-Loreley Marilyn Monroe.

June blieb nicht lange genug da, um irgendeine Elternrolle zu übernehmen, ob als Ersatz oder wie auch immer. Sie machte sich kurz nach Jacks Geburt aus dem Staub, auf der Jagd nach ihrer flüchtigen Karriere.

Im Frühjahr 1938 war sie in Chicago zu sehen, mit Auftritten im College Inn, wo sie in einer »Snow White«-Revue tanzte, deren Premiere mit dem Start des gleichnamigen Disney-Films zusammenfiel. Sie hatte kurze Auftritte im Vaudeville, das in den letzten Zügen lag, in Miami, Dallas, Philadelphia und Baltimore.

Obwohl Ethel Mays Augen June immer noch als goldenes Traumkind sahen, hatten sich die Karriereaussichten völlig in Luft aufgelöst. Nach Jacks Geburt mag vielleicht auch ihr Interesse an der Karriere nur noch halbherzig gewesen sein.

1943 saß June in Ann Arbor, Michigan, fest. Dort verwandelte sie sich, in Nicholsons Erinnerung, in »die irisch-amerikanische Patriotin, das Mädel im Kontrollturm in Willow Run, dem zentralen Heimatsender für die Militärs im Zweiten Weltkrieg«.

Dies ist zwar nur ein inspirierter Schnappschuß aus einem imaginären Familienalbum, aber June hatte sich wirklich einen Job als Sekretärin am Flughafen von Ann Arbor gesucht. Dort begann sie auch eine Beziehung mit einem flotten Flieger namens Murray »Bob« Hawley Junior anzuknüpfen. Leute aus Neptune erinnern sich noch gut daran, wie Hawley ab und zu mit seinem kleinen Wasserflugzeug mit den zwei Schwimmkufen auf dem Shark River landete und June für einen kurzen Besuch zu Hause ablieferte. Hawley, mit seinem silberweißen Haar, rollte dann die Hosenbeine hoch und trug June vom Flugzeug an Land. Für die Augenzeugen in Neptune war das alles nach außen hin außerordentlich glanzvoll und sehr romantisch.

Hawley war ein paar Jahre älter als June und ein bekannter Testpilot. Er hatte schon mit sechzehn seinen Flugschein gemacht und seinen ersten Soloflug quer durch Amerika mit zwanzig absolviert. Er arbeitete in Willow Run in der Bomberfabrik der Ford Motor Company. Er testete Treibstoffe, Landegeräte, Propeller, Höhenruder und Zündersysteme für Militärflugzeuge und arbeitete direkt mit Colonel Charles Lindbergh zusammen. (Er wird auch in Lindberghs »Wartime Journals« erwähnt.)

Murray stammte aus einer alteingesessenen Connecticut-Familie. Sein Vater G.W.Hawley war ein bekannter Orthopäde (nicht »Gehirnchirurg«, wie es in vielen Büchern und Artikeln heißt, die sich auf Nicholsons entsprechende Aussage in zahlreichen Interviews beziehen). Er hatte einen Operationstisch mit integriertem Röntgengerät erfunden – eine große Erleichterung für die Knochenchirurgie. Hawley Senior lebte zwar nicht mehr, als June Murray kennenlernte, aber Murrays Mutter, ein ehemaliges Tanzgirl aus der Floradora-Truppe, war mit dem Ex-Tanzgirl aus New Jersey von ganzem Herzen einverstanden.

Murrays Liebesgeschichte mit June beschleunigte die Auflösung seiner gescheiterten ersten Ehe, und kurz nachdem in Reno Hawleys Scheidung ausgesprochen worden war, heirateten die beiden im Januar 1944. Das Lokalblatt aus Murrays Heimatort berichtete über die Hochzeit in der episkopalischen Kirche von Belleville, Michigan, und druckte auch eine zweispaltige Fotografie dieser mysteriösen June Nicholson ab, die es irgendwie geschafft hatte, den »attraktiven Salonlöwen und Flieger« an Land zu ziehen.

Lindbergs Anwesenheit bei der Hochzeitsfeier ist nicht auszuschließen. Auf jeden Fall muß der sechsjährige Jack dabeigewesen sein, denn Ethel May und Lorraine (die einzige Brautjungfer) waren Zeugen des Ehegelöbnisses.

Als kleiner Junge ist Jack mehr als einmal bei seiner »Schwester« und ihrem Mann in Michigan zu Besuch gewesen. In einem Interview erinnert er sich daran, einmal gesehen zu haben, wie Hawley eine in Neonfarben angestrichene Maschine ohne Propeller testete. Es handelte sich dabei um ein Kampfflugzeug der amerikanischen Luftwaffe, das für Flüge über die Eiskappe des Nordpols vorgesehen war.

An eine andere, eher traurige Begebenheit mit Jack entsinnt sich Nancy Hawley Wilsea, Murray Hawleys Schwester. Der Junge hatte einen Teil seiner Schulferien bei June verbracht, und als es Zeit wurde, wieder nach New Jersey aufzubrechen, fing er an, herzzerreißend zu schluchzen und Junes Bein zu umklammern. »Bitte, ich möchte hierbleiben!«, rief der kleine Junge laut und für alle Umstehenden deutlich hörbar: »Laßt euch nicht von ihr reinlegen, sie ist meine richtige Mutter!«

Dieser Ausbruch ließ Zweifel an Jacks Eltern aufkommen. Nancy Hawley Wilsea machte sich so ihre Gedanken, weil Jack in vieler Weise, in seiner sprühenden Persönlichkeit wie auch im Äußeren, wirklich große Ähnlichkeit mit June hatte.

Asbury Park war in den vierziger Jahren ein völlig anderer Ort als Asbury Park heute. Es war einer der besten Plätze, die man sich als Kind nur wünschen konnte.

Asbury Park war als Feriendomizil für Sommerfrischler geplant worden und galt als das Einkaufs-, Geschäfts- und Freizeitzentrum, als der religiöse und städtische Mittelpunkt der Nordküste von Jersey. Es bot ein beneidenswertes musikalisches und sportliches Programm, ganz zu schweigen vom jährlichen Rollschuh-Rennen. Zur Stadt gehörte der ganze Strand mit einer meilenlangen hölzernen Uferpromenade und mit Strandhäuschen. Erhöhte Sonnendecks und Stege, Angelpiers, unzählige Solarien und eine überdeckte Promenade säumten das Ufer. Der feine Sand, die sanft geschwungenen Buchten, die Kanäle ins Landesinnere hinein, all das zog viele Angler und Hummerfischer, die Besitzer von Yachten und Motorbooten hierher.

Der Ort war auch ideal für Rekonvaleszenten, die in ihren Rollstühlen hier und da auf der Promenade umherfuhren – wie später im Film *The King of Marvin Gardens*. Die Werbebroschüren der Stadt verbreiteten sich lautstark über die saubere Salzluft, »jodreich und daher gut gegen Kropf«. Das Klima war trocken; insbesondere gab es nie Nebel. Keine Fabrik, keine Luftverschmutzung, kein Staub trübte die reine Luft dieser Küstenstadt.

Zu jener Zeit zählte Asbury Park nur 14.981 ständige Einwohner, im Sommer schoß diese Zahl auf 150.000 hoch. Dazu noch geschätzte zwei Millionen Kurzzeittouristen pro Jahr, die von überallher kamen, besonders aus New York, Philadelphia und dem Nordteil New Jerseys. (Man gab ihnen den Spitznamen »Bennies«, weil sie anreisten, um den »Benefiz« der wohltuenden Sonnenstrahlen zu genießen.)

Asbury Park war zwar eine kleine Stadt, verfügte aber über direkte Straßen- und Zugverbindungen zu anderen Teilen der Ostküste; und Fahrten nach New York und Philadelphia waren kein Problem. Die Strandkultur glich der Südkaliforniens. Ein kleiner Junge konnte sich den ganzen Sommer lang Tag für Tag am Strand herumtreiben, den Möwen bei ihren Sturzflügen in die schaumgekrönten Wellen zusehen und an rein gar nichts denken, oder eben an alles mögliche.

Als Jack acht Jahre alt war, beschloß Ethel May, sich nun allmählich nach Besserem umzusehen. Die Familie zog daraufhin aus ihrem Haus in der 1410 Sixth Avenue in eine feinere Gegend und in ein geräumigeres Gebäude in der 2 Steiner Avenue um.

Einer der ungewöhnlicheren Aspekte in diesem Teil von New Jersey war, daß sich hier dicht bevölkerte Ballungsräume in streng abgegrenzte Nachbarschaften und Städte gliederten. Ein paar Blocks weiter in die eine oder andere Richtung, und man befand sich oft schon in einem völlig anderen Milieu und im nächsten Schulbezirk. Ganz oben in der Hierarchie von Asbury Park stand Ocean Grove, das dicht ans Meeresufer geschmiegt lag. Ganz unten waren die auch räumlich getrennten Häuserblocks und Strandabschnitte, in denen die Negerbevölkerung lebte. Dazwischen gab es unzählige feine Unterteilungen, die einem Außenstehenden ziemlich sinnlos erscheinen mochten, die aber im örtlichen Kastensystem eine bedeutende Rolle spielten.

Neptune hörte an der Fifth Avenue auf. Steiner Avenue lag schon jenseits der »Demarkationslinie« nach Neptune City. Wahrscheinlich ist »›wohlhabender‹ das falsche Wort, aber es war einfach ein bißchen netter für ein Kind« – so beschrieb Nicholson die Gegend einmal in einem Interview. »Mrs. Nicholson (Ethel May) hat den Unterschied kapiert.«

Nach dem Umzug nach 2 Steiner Avenue ging Jack auf eine bessere Schule, und Ethel May konnte sich eine feinere Kundschaft sichern. Das Haus selbst hatte eine gute Größe, zwei Stockwerke, mit Garage, an einer großzügigen, abgerundeten Straßenecke. Von dort aus konnte man den Shark River schon sehen und riechen. Route 35, die große Küstenstraße in Nord-Süd-Richtung, war nur ein paar Blocks entfernt.

Ethel Mays Geschäfte nahmen einen blühenden Aufschwung: Ihre großen Haartrockner standen jetzt auf der Sonnenterrasse. Jack hat oft gesagt, daß er in der Umgebung, in der er aufwuchs, immer von Frauen umgeben war, die frisiert wurden, immer ihrem Klatsch zuhörte, und daß er sich vielleicht deswegen in weiblicher Gesellschaft so ungeheuer wohl fühlt. Außerdem wurde er ja auch von zwei Frauen aufgezogen, von Lorraine und Ethel May, ohne die tägliche Präsenz eines Vaters, und so bildete sich in ihm diese lebenslange »Abhängigkeit von ihnen (den Frauen), daß ich sie immer für mich gewinnen wollte, weil doch von ihnen mein Überleben abhing«. (»Unter solchen Umständen«, betonte Nicholson in einem häufig zitierten Interview, »ist es eigentlich ein reines Wunder, daß aus mir keine Schwuchtel geworden ist«.)

Oft lockte der Sommer June zurück an die Jersey-Küste. Es gibt Bilder von Jack, wie er als kleiner Junge grinsend am Strand sitzt, von ihn anbetenden weiblichen Verwandten umringt: wie in den Werbefotos für *The Witches of Eastwick*, in denen Jack von einem Trio üppiger Schauspielerinnen eingerahmt ist. Schon früh lernte Jack, seine Frauen in der Familie zu unterhalten, Beziehungen zu ihnen aufzubauen, indem er seine fixe Zunge einsetzte und seinen Charme versprühte.

Er lernte auch früh, daß man Temperamentsausbrüche durchaus nutzbringend einsetzen konnte, um zu bekommen, was man wollte. Jahre später erzählte eine seiner Freundinnen der Zeitschrift »Cosmopolitan«, daß der für seine Wutanfälle auf der Leinwand berühmte Schauspieler sich voll Stolz an seinen ersten Zornesausbruch erinnerte. »Er war sechs Jahre alt und wollte die Aufmerksamkeit seiner Mutter erregen, aber die telefonierte gerade, und da legte er sich einfach auf den Boden und fing an, wild um sich zu treten und zu kreischen.« Eine andere Freundin, Michelle Phillips, beschwerte sich einmal, daß es für Nicholson beinahe schon eine Art Ritual war, ein paarmal in der Woche in Wutanfällen über unauffindbare Haus- oder Autoschlüssel durch die Gegend zu toben.

Als kleiner Junge, so bestätigt seine Schwester Lorraine, »hatte Jack ein Temperament, das das Haus wie ein Erdbeben bis in die Grundfesten erschütterte«. Wenn man ihn für ein kleines Vergehen bestraft hatte, stampfte er nach oben, hieb mit den Fäusten an die Wand, schlug an die Türen und schrie währenddessen ununterbrochen »O Mannomannomann!« Für sein Familienpublikum Terror und Unterhaltungsshow in einem.

»Jack konnte so wütend werden, daß er fast nicht mehr sprechen konnte…«, so Lorraine in einem Interview, »… wenn ich also sehe, wie er in *Five Easy Pieces* wütend und frustriert mit der Faust auf das Lenkrad eines Lastwagens einschlägt, oder wie er in *Carnal Knowledge* Ann-Margret beherrschte Beleidigungen an den Kopf schleudert, dann sind diese Szenen für mich die reinsten Rückblenden«.

Der Junge konnte manchmal allerdings auch genauso leise und schüchtern sein, wie bei anderen Gelegenheiten laut und rebellisch. Er war ein begeistertes Fernsehkind (die Nachbarn erinnern sich, daß Ethel May den ersten Fernseher im Block hatte). Er pflegte auch die typischen Jungen-Hobbies: Er sammelte Baseballkarten und las Comics (besonders gern die von DC, wo sein liebster Bösewicht, der redegewandte und trickreiche Joker erschien, und die von EC, blutrünstige und fantastische Comics, die auch Stephen King beeinflußten). Einmal sollte Jack im Lebensmittelgeschäft um die Ecke Brot und Milch einkaufen; doch das Geld wurde in andere Dinge investiert: Submariner, Human Torch, Captain Marvel und Batman. Als er nach Hause kam, wurden die Comics konfisziert, und er bekam eine Abreibung.

Jack machte alles, was kleine Jungen sonst so tun: Fischen, Flippern und alle nur möglichen Sportarten, besonders Basketball, Football und Baseball. Wenn Jack auch nicht gerade als zuverlässiger Schlagmann galt, als Feldspieler war er einsame Spitze. Ein Freund aus der Nachbarschaft erinnert sich, daß er für sein Team in Little League-Spielen immer Jack als ersten auswählte, weil der Junge ein so toller Schwindler war, der »immer für mindestens zwei Runs gut war, ehe wir überhaupt mit dem Schlagen angefangen hatten. Der konnte dir alles mögliche weismachen«.

Samstag war großer Kinotag. Ob es regnete oder schneite, die Kinder gingen ins Palace Theatre in Bradley Beach. Eine Nachmittagsvorstellung kostete neun Cents. Eine Schachtel »Good 'n' Plenties«-Lakritze sechs Cents und eine Tüte Popcorn zehn. Manchmal sammelten die Kinder Soda- und Bierflaschen und lösten das Pfand ein. Ethel May hatte auch ein Kästchen mit Kleingeld im Haus und nichts dagegen, wenn Jack ab und zu mal reingriff und sich genug für Eintrittskarten und ein paar Süßigkeiten herausangelte.

In Jacks Kinderzeit waren Serien sehr beliebt, Episoden mit Revolverhelden wie Roy Rogers und Dale Evans, Gene Autry und Hopalong Cassidy. Die Kinder versuchten, möglichst keine Fortsetzung zu verpassen. Wenn die Serie ein Western gewesen war, rannten Jack und seine Freunde danach gleich in den Wald hinter dem Kino, flitzten dort durch die Gegend und erschossen sich gegenseitig mit imaginären Revolvern.

Der erste Film, den Jack (mit sieben Jahren) nicht in einer Nachmittagsvorstellung sah und der bei ihm starken Eindruck hinterließ, war 1944 *Going My Way* mit Bing Crosby als Priester (das Vergnügen kostete ihn einen Vierteldollar). Wenn ihnen ein Film gefiel, blieben er und seine Freunde einfach sitzen und guckten ihn sich ein paarmal an. Angeblich hat er *The Babe Ruth Story* stolze fünfmal durchgehalten. Schon als Junge konnte Jack sein Publikum fesseln; so überredete er zum Beispiel seine Lehrerin in der Grundschule zu einem Klassenausflug ins Kino für *Thunderhead, Son of Flicka*, den zweiten Teil von *My Friend Flicka*. Wahrscheinlich hat er die literarischen Qualitäten des Stoffs als Argument ins Spiel gebracht.

Jacks Grundschule war die Theodore Roosevelt Elementary in Neptune City, nur ein paar Blocks von zu Hause entfernt. Im vierten Schuljahr, so Jack, hätte er sich wieder einmal danebenbenommen und daher neben der Tafel in der Ecke stehen müssen. Dort trieb er die Clownerei dann auf die Spitze und puderte sich das Gesicht mit Kreidestaub ein – ein Vorgeschmack auf den Joker. »Mit dem Betragen hatte ich schon immer Probleme.«

Die siebte Klasse konnte er übrigens wegen sehr guter Noten überspringen. Seine Lehrerin in der achten Klasse, Virginia Doyle, stand Jack besonders nahe. »Er hat eigentlich nie gesagt, daß er einmal ein großer Leinwandstar werden wollte«, erinnert sich Doyle, »aber er sprach unaufhörlich übers Schauspielen, und natürlich war er immer der erste, der sich meldete, wenn Freiwillige für irgendwelche Varieté-Shows gesucht wurden. Ich habe immer für mich gedacht, daß er einmal eine brillante Karriere in Public Relations oder in irgendeinem anderen Beruf machen müßte, in dem er mit Leuten zu tun hat ... Jack war nicht buchgescheit, eigentlich hat er sogar immer versucht, seine Gescheitheit herunterzuspielen. Er mochte das Hirni-Image gar nicht«. Freund und Feind, so die Lehrerin, hätte er »übermütige« Streiche gespielt. In der achten Klasse bekam er von jemandem einen echten 49er Football geschenkt, und den brachte er jeden Tag mit in die Schule. »Ich hab dann immer gesagt, Jack, laß das

Ding besser auf deinem Pult liegen, denn du weißt ja, wie es geht: Wenn du anfängst, damit im Klassenzimmer rumzuspielen, dann muß ich ihn dir wegnehmen. Und jedesmal antwortete er: ›Nein, geht schon in Ordnung. Ich laß ihn nur auf meinem Pult liegen bis zur Pause.‹ Doch sobald ich mich zur Tafel rumdrehte, schmiß er ihn natürlich mit ganzer Kraft quer durchs Klassenzimmer, und ich mußte ihn konfiszieren. Dann war er die ganze restliche Woche damit beschäftigt, mich einzuwickeln, damit ich den Ball vor Freitag wieder rausrückte. Freitag war nämlich der Tag, an dem normalerweise die konfiszierten Sachen an die Schüler zurückgegeben wurden. Er versuchte, mit mir zu feilschen, versprach zum Beispiel, alle möglichen Botengänge und kleinen Arbeiten zu übernehmen, und die ganze Sache entwickelte sich zu einer Art Standardwitz zwischen uns beiden.«

Die Varieté-Show der achten Klasse war eine Veranstaltung, mit der man Geld für den Klassenausflug nach Manhattan sammeln wollte. Jack im geschlitzten Rock und mit schulterfreier Bluse war der Anführer der Conga – lauter kleine Carmen Mirandas, die Rumbakugeln schüttelten und im Miniplayback die Frank-Sinatra-Version von »Managua, Nicaragua« mitsangen. Die Worte »Jeder Tag ist nur zum Spaß, jeder Tag Fiesta« klangen in den Ohren der Jungen sicher angenehm.

Trotz seines Humors und seiner Temperamentsausbrüche spürte Mrs. Doyle – in ihren langen Gesprächen mit dem Jungen – den tieferen Ernst, der darunterlag. »Im Grunde seines Herzens war er einer der ernstesten Jungen. Er war sehr unglücklich, von seinem Vater enttäuscht, und bei all seinen übermütigen Clownereien hatte ich eigentlich immer das Gefühl, daß sie nur eine große Traurigkeit überdecken sollten.«

1950 schloß Jack als Dreizehnjähriger die Grundschule ab. Alle putzen sich zu diesem Anlaß fein heraus; das Klassen-Abschlußfoto zeigt am Ende der dritten Reihe einen pummeligen, sommersprossigen Jack im Anzug, komplett mit Schlips und Nelke.

Jack hatte für die Abschlußfeier noch eine Sondernummer auf Lager: Alle Jungen aus der Abschlußklasse buddelten in den Gärten der Nachbarschaft Rosen aus, mit denen der Schulsaal für das Fest ausgeschmückt wurde. Und er überraschte seine Lieblingslehrerin damit, daß er für ihre Tochter, die einige Jahre jünger war als er, einen Geburtstagskuchen anschleppte. Eine andere liebevolle Geste hat Mrs. Doyle ihm nie vergessen: Jack organisierte eine Art Verschwörung, und alle großen Jungen forderten einer nach dem anderen ihre kleine Tochter zum Tanzen auf.

Auf dem Programm mit den Liedern, Hymnen und Mitwirkenden der große Parade steht auch verzeichnet, daß Jack Nicholson die »Class Prophecy« anstimmte. Niemand kann sich jedoch daran erinnern, was er als Prophet über die Zukunft der Klasse vorauszusagen hatte – geschweige denn über die Zukunft einzelner Mitschüler.

In Interviews oder in Gesprächen mit Freunden hat Nicholson das Thema Religion nur selten erwähnt. Die meisten der für dieses Buch Befragten äußerten ihr Erstaunen, als sie von seiner katholischen Erziehung in New Jersey (in den Fußstapfen von John J.) hörten.

1943 wurde er in der Church of the Ascension in Bradley Beach getauft, als Geburtsjahr ist hier 1938 und nicht 1937 angegeben; wahrscheinlich sind hier wieder einmal die Fakten ein wenig geschönt worden, diesmal für den Herrn Pfarrer.

Jack sang im Kirchenchor, ging zur Erstkommunion und wurde gefirmt. Sein Religionsunterricht endete mit dem Eintritt in die High School, aber Ethel May (übrigens die einzige in der Familie, die dem Katholizismus aus dem Weg gegangen und Protestantin geblieben war) achtete sorgsam darauf, daß June, Lorraine und Jack nach den Glaubensprinzipien erzogen wurden, auf die ihr ungeratener Gatte abonniert gewesen war.

1992 hat sich Nicholson einmal als Agnostiker bezeichnet, in der Zeitschrift »Vanity Fair« aber das überraschende Geständnis abgelegt, daß er als Kind »für sich selbst den Katholizismus gesucht« hätte und diese Religion die einzige wäre, die er bewunderte. Der Katholizismus, so Nicholson, wäre »die einzige offizielle dogmatische Unterweisung« gewesen, »die ich je hatte. Ich mochte die Religion. Es ist eine gescheite Religion«.

Wie andere Elemente seiner frühen Jahre hat auch der Katholizismus Eingang in Jacks Filme gefunden. Der Fatalismus, den die meisten seiner Charaktere an den Tag legen, könnte mit der

Religion seiner Kindertage zu tun haben. Die Schuldgefühle, die *Ironweed* durchtränken, sind so katholisch wie der Papst. Es ließe sich auch anführen, daß Nicholson besonders nach 1970 in der Wahl seiner Rollen eine Vorliebe für Figuren gezeigt hat, die gezielt an ein gesellschaftliches Verantwortungsgefühl appellieren, eine Ethik der Marke »Menschliche Familie«.

Vielleicht aber zeigt sich der stärkste katholische Einfluß auf Jacks Leben und Arbeit in seiner Ablehnung gewisser orthodoxer Regeln. Als er heranwuchs, war die Haltung der Kirche in Sachen Frauen und Familie, in Fragen des rechten Lebenswandels und der Sexualmoral unbeugsam. Jack hat es sich immer zur besonderen Aufgabe gemacht, die konventionelle Leinwandmoral heftig zu attackieren und in seinem Leben wie auch in seinen Filmen eine (gelinde gesagt) subversive Einstellung zu Frauen, Familie, Lebensführung und Sex an den Tag zu legen. Es gibt wohl kaum einen zeitgenössischen Filmstar, dem es mehr diebisches Vergnügen bereitet hat, rebellische Philosophien und renitentes Benehmen lautstark in Szene zu setzen.

Als Jack in die High School kommen sollte, verlagerte Ethel May Heim und Geschäft nach Spring Lake, etwa fünf Meilen weiter südlich an der Küstenstraße. Auf diese Weise gewann Jack etwas Abstand von der immer wilder und rauher werdenden Gegend von Asbury Park – und vom täglichen Umgang mit Leuten, die unter Umständen immer noch über Jack und über Junes lang vergangene Schwangerschaft tuschelten.

Spring Lake war die sprichwörtliche Stadt-in-der-die-Zeit-stillsteht, ein Ansichtskartenparadies, das sich um einen Binnensee herumdrängelt, nur ein Stückchen vom Meer entfernt, in der Saison so emsig geschäftig wie im Winter gespenstisch leer – wie das Hotel ohne Gäste in *The Shining*. Spring Lake hatte keine kommerziellen Vergnügungen zu bieten wie Asbury Park, keine Ferienpensionen und geplanten Veranstaltungen. Es war ein idyllisches Fleckchen am Meer mit spektakulären Bauten – Hotels, Badehäusern und den herrlichen Strandanwesen der Reichen, auf denen oft eine irische Fahne flatterte.

Alle diese kleinen Küstenstädte gehen ineinander über, aber auf der gesellschaftlichen Leiter der Nordküste schwebte eben

Spring Lake doch hoch über Neptune und Belmar, wenn auch einen Tick unter Sea Girt. (Es kam durchaus vor, daß die Kinder aus dem nur ein paar Meilen entfernten Sea Girt den ganzen Sommer lang ihre Freunde aus Spring Lake nicht zu Gesicht bekamen.) Außerdem gehörte Jack nun, da er in Spring Lake wohnte, zum Schulbezirk Manasquan und damit zum Einzugsbereich der besten High School der Gegend.

Die Nicholsons lebten weiter bescheiden in einem Haus ohne Fahrstuhl an der Warren Street, nur einen Steinwurf von der Eisenbahn entfernt. Auf der anderen Straßenseite lag eine öffentliche Grünanlage mit Musikpavillon. Ethel May bot hier den reichen Damen ihre Dienste als Friseuse an, und Jack hatte beides: Er konnte der Außenseiter sein, der sich unter die Creme der Gesellschaft mischt, oder der Jedermann, der lernt, sich überall anzupassen.

Keine Frage, er befand sich am unteren Ende der gesellschaftlichen Leiter. Seine Freunde hänselten ihn wegen der sperrigen Frisörgerätschaften, die bei ihm zu Hause herumstanden. In den vielen Interviews mit ihm ist jedoch kaum eine Spur von Klassenneid zu finden. Jack sah sein Leben aus der Sicht des Schauspielers, blickte von einem Beobachtungsposten aus auf die Welt. Und der Blick nach oben, der freie und ungezwungene Umgang mit allen, entpuppte sich als einzigartige Ausgangsposition für einen gescheiten Jungen und ruhelosen Geist.

Jack bemerkte Dinge, und er speicherte sie in seinem Gedächtnis ab. Diese Beobachtungen von Menschen sollten ihm später helfen, wenn er sich in seine Charaktere vertiefte; einzelne Charakterzüge, die er dann zu einer Persona zusammenbastelte, zu seiner ureigenen Mischung aus Persönlichkeit und Charakter.

Manasquan High School war in jedem Fall ein Schritt nach oben – ein großzügiges Schulgebäude, die neuesten Lehrmethoden, die Schüler vorwiegend Weiße aus gutbürgerlichen Verhältnissen. Für Jack öffnete sich eine neue Welt; er bemühte sich um Anpassung, arbeitete aber auch an einem möglichst auffälligen Rauhbein-Image.

Sein Lehrer für Heimatkunde und Geschichte im ersten High-School-Jahr erinnert sich lebhaft an den dreizehnjährigen Nicholson – »gut angezogen, oft mit Oberhemd und Krawatte, im

Gegensatz zu seinen eher schlampigen Klassenkameraden«, immer liebenswert und durch und durch höflich.

Dieses Oberhemd und die Krawatte im ersten High-School-Jahr kann man wohl getrost als die letzten leisen Bemühungen des jungen Jack Nicholson verzeichnen, es irgenwelchen Oberen recht zu machen. »Die Gleichaltrigen, das war alles«, hat Jack immer wieder über seine High-School-Zeit gesagt. In den High Schools im Amerika der Eisenhower-Ära ging es nur um eines: um Konformität.

Jacks Leben war meilenweit entfernt von dem der irisch-katholischen Rebellen, wie sie James T. Farrell in »Studs Lonigan« darstellt. Nicholson stand in seiner Jugend keineswegs hart am Rande der Kriminalität. Als er in der Filmfassung nun aber den Weary Reilly spielte, mußte er sich gewaltig aufblasen, um den wilden Mann zu markieren, und dann gab er sich viel wilder, als eigentlich auf der Leinwand glaubwürdig war. Und doch ist vielleicht der Vergleich mit Farrells Ansicht erlaubt, daß nach dem Scheitern besserer Einflüsse bei den Typen aus dem Lumpenproletariat, die er beschreibt, »die Straße der wirksamste Faktor in der Erziehung« wird.

Lorraine hatte inzwischen mit ihren eigenen Kindern alle Hände voll zu tun, und Ethel May hielt Jack an einer erstaunlich langen Leine. »Sie (meine Familie) ließen mich mehr oder weniger allein«, erzählte Nicholson der Zeitschrift »Good Housekeeping« über seine Teenagerzeit. »Ich war der einzige in der Schule, der nie nach Hause mußte – wenn ich nur anrief und Bescheid sagte, daß alles in Ordnung war.«

Jack hatte eine Klasse übersprungen und war daher ein Jahr jünger als die meisten Klassenkameraden. Er war ein pummeliger kleiner Kerl mit Schnittlauchhaaren und einem Riesenmund voller Zähne. Und gescheit – was ihm peinlich war, weil es einfach nicht als cool galt, zu gescheit zu sein.

Jahre später hörte ihn die Schauspielerin Ellen Burstyn einmal bei den Dreharbeiten für *The King of Marvyn Gardens* wortgewandt über ein Thema disputieren. Sie war verwundert darüber, wie umfassend und tiefgehend sein Verstand war, und rief erstaunt: »Meine Güte, Jack, du bist ja wirklich blitzgescheit.

Warum spielst du denn immer den Deppen?« Er antwortete: »Oh, Burst, ich hab doch so schon keinen, mit dem ich quatschen kann.«

»Was mir Jack zu verstehen geben wollte«, kommentierte Burstyn, »war, daß er sein Licht unter den Scheffel stellte, damit er jemand zum Spielen finden konnte. Ich glaube, das ist ein Hinweis auf seinen Charakter, auf die Persona, die er für sich entwickelt hat«.

Jack tauchte zwar im ersten und zweiten High-School-Jahr auf der Liste der Klassenbesten auf, in den folgenden Jahren erschien sein Name dort aber immer seltener. Es war eben überhaupt nicht cool, zu den Klassenbesten zu gehören. Jack hatte zwar nach wie vor ordentliche Noten, doch er ließ deutlich nach. Er meißelte, seinen eigenen Worten zufolge, am Image des »sommersprossigen Tunichtguts«, wurde berühmt-berüchtigt für seine Ulkereien und sein loses Mundwerk im Klassenzimmer.

George Bowers war sein Naturwissenschafts- und Sportlehrer. »Ich kann mich noch gut an ihn erinnern, immer in einer der hinteren Reihen, immer hingelümmelt, immer mit großer Klappe«, erinnert sich Bowers, der wie alle anderen Lehrer der Manasquan High School, die für dieses Buch befragt wurden, gleich hinzufügt, wie sehr er den angenehmen jungen Kerl mochte.

»Ich kann nur sagen, daß er ein prächtiger Kerl war, und sehr gescheit«, meint auch Hal Manson, Football-Trainer und Berater im Rules Club (eine Vereinigung, wo Schüler ihre Beschwerden und Nöte vorbringen konnten – Jack war Präsident dieser Vereinigung). »Aber ich glaube, er hat eigentlich nicht alles gegeben, was er hatte. Ich glaube, er hat sich gelangweilt. Und das Leben hat ihm so viel Spaß gemacht, daß er eben einfach etwas Schwung in die Sache bringen wollte.«

Den meisten seiner Freunde war überhaupt nicht klar, wie intelligent Jack war. Nur wenige hatten das Privileg, diese sorgfältig verborgene Seite seines Charakters kennenzulernen. »Er war eigentlich in gewissem Sinn ein richtiger kleiner Gelehrter«, glaubt Allan Keith, Spitzenathlet an der Schule und einer von Jacks Freunden, »aber er hat das immer ein bißchen runtergespielt, sogar damals schon«.

»Ich hab mich nie darüber einkriegen können, wie gescheit er war«, fügt Joseph »Dutch« Nichols, ein anderer Sportsfreund aus High-School-Tagen, hinzu. »Manchmal war er zwei Tage nicht in der Schule, und trotzdem hast du immer neben ihm sitzen wollen, weil er dir die verdammten Antworten vorsagen konnte. Er hat auch so wahnsinnig schnell lesen können, das hat mich immer wirklich beeindruckt.«

Eigentlich waren die High-School-Jahre das beste Training für den Filmschauspieler Nicholson: Er mußte dauernd jemanden spielen, der er eigentlich nicht war.

Hier bekam er auch den ersten seiner vielen Spitznamen: Nick. (Selbst heute nennen ihn seine Freunde aus der High School in der Erinnerung noch Nick.) Damals legte er sich auch die schleppende Sprechweise mit den merkwürdigen Betonungen zu. Er übernahm sie, sagen seine High-School-Freunde: von einem Kumpel aus der Manasquan High School, der für diesen Sprachstil berühmt-berüchtigt war.

Jack war einer der ersten, der sich die Haare zu einem »Entenbürzel« nach hinten schmalzte, der in Wildlederschuhen herumlief und die dunkle Sonnebrille trug, die lebenslang sein Markenzeichen werden sollte. In den oberen Klassen fing er dann an, weite Rollkragenpullover zu tragen, Bikerjacken und, wie er gern in Interviews erzählt, einen flachen, schwarzen Filzdeckel, den er (ob es nun stimmt oder nicht) angeblich bei einem Verkehrsunfall abgestaubt hatte, an dem ein Priester beteiligt war. »Ich stülpte mir den Hut ganz platt auf den Kopf, bis zur Krempe.« Er bildete sich ein, damit »was total Magisches« zu haben.

»Es war das Zeitalter des großen Bluffs«, sagt Nicholson über seine High-School-Jahre. »Cool sein war alles. Die Kragen hochgeschlagen, die Lider schwer. Du hast dir nie anmerken lassen, wenn dich was berührt hat.«

Der Teenager schien Strafaktionen nur so herauszufordern und aus tiefster Seele zu genießen; seine Strafarbeiten und Bußen trug er wie Ehrenzeichen am Revers. Jack wurde mehr als einmal vom Unterricht suspendiert, weil er Krach geschlagen, geflucht oder auf dem Schulhof geraucht hatte. In seinem zweiten High-School-Jahr hätte er jeden Tag nachsitzen müssen, brüstete er sich einmal in einem Interview.

Natürlich ist es *nicht* jeden Tag gewesen, und als Idealbesetzung für den Film *Blackboard Jungle* hätte er noch lange nicht getaugt. Mehr als ein Lehrer äußerte die feste Überzeugung, daß die coole Tour nur die Fassade war für ein sensibles Kerlchen, das bei seiner Altersgruppe Eindruck schinden wollte. Einige Lehrer meinen zum Beispiel, Jack habe Zigaretten eigentlich gar nicht gemocht; er fing einfach an zu rauchen, weil alle anderen es auch machten, und es eben cool war. Und doch ist Jack lebenslang Raucher geblieben.

Edgar M. Sherman, der Vertrauenslehrer und Dirigent des Schulorchesters, erinnert sich an Nicholson als »einen kleinen Teufel in mancher Hinsicht, nicht gerade bösartig, aber ein bißchen wie sein Charakter in *One Flew Over the Cuckoo's Nest*«. Des öfteren versteckte er sich während der Orchesterproben im Saal, um ab und zu wie ein Schachtelteufel aus den Arkaden hervorzuspringen und alle im Orchester zum Lachen zu bringen, dann aber blitzschnell wieder unterzutauchen, ehe sich der Dirigent umdrehen und den Schuldigen erwischen konnte. Manchmal, so Sherman, habe er selbst herzlich über Jacks Mätzchen lachen müssen, ehe er ihm dann zur Strafe Nachsitzen aufbrummte.

In einem Schuljahr war der Geschichtsunterricht gleich nach der Turnstunde, und Jack hatte es sich angewöhnt, immer erst nach dem Klingeln aufzutauchen. Das führte zu gewissen Unstimmigkeiten zwischen ihm und dem Lehrer Harry Morris. Eines Tages setzte Morris eine Klassenarbeit an, die pünktlich mit dem Klingeln anfangen sollte; wer zu spät kam, fiel durch. An diesem Tag erschien Jack auf die Minute pünktlich, aber noch im Turnzeug und mit breitestem Grinsen, als wolle er sagen: »Reingefallen!«

Morris konnte leichter mit diesem vorwitzigen Benehmen umgehen, weil ihm, wie übrigens auch einigen anderen Lehrern an der Manasquan High School, ein Geheimnis bekannt war. Als er eines Tages auf dem Weg zum Büro des Direktors war, wieder einmal wegen einer kleinen Strafpredigt für Jack, und im Beisein von Ethel May, da fing ihn der Direktor ab, nahm ihn zur Seite und informierte ihn im Vertrauen, daß es vielleicht »familiäre Gründe« dafür gäbe, wenn Jack sich in der Klasse so aufspielte.

Der Direktor riet ihm, ein bißchen nachsichtig mit dem Jungen zu sein. Er hätte Gerüchte gehört, die Frau im Büro, die in den Akten als Jack Nicholsons Mutter geführt wurde, wäre in Wirklichkeit seine Großmutter.

Im Unterricht gab sich Jack keine sonderliche Mühe, aber bei zwei Dingen, an denen ihm viel lag, beim Sport und bei seinen Freunden, da machte er Überstunden. Seit seiner Jugend ist beides innig miteinander verknüpft.

»Jack war keiner von den Helden«, kommentierte ein Freund von der High-School, George Anderson, »aber er freundete sich mit ihnen an«. Zu seinen Freunden zählten die Sportskanonen und Cheerleader, die in der Hackordnung von Manasquan ganz oben standen. High-School-Kultur war Sportkultur – Paraden während der Football-Saison, jeden Freitagnachmittag Fantreffen zur Stärkung der Moral der Sporttruppe, kumpelhafte Kameraderie der Sportsleute und Cheerleader im Bus auf dem Weg zu den abendlichen Spielen, und natürlich wilde Konkurrenz mit anderen High Schools. Bei den Sportskanonen und Cheerleaders gab es natürlich wieder Standesunterschiede: Einige Sportarten rangierten höher im Wert als andere (Football an allerroberster Stelle), und die Jungs im ersten Team waren natürlich was Besseres als die ewigen Reservisten. Und natürlich war ein Mädchen, das als Twirler den Stab herumzwirbeln durfte, was Besseres als ein simpler Cheerleader. Und als wichtigster Twirler von allen war die Drum Majorette die absolute Spitzen-Lady der Schule.

Ein eifriger Jack stürzte sich ins Football-Team der ersten High-School-Klasse. Schon seit der Grundschule liebte er Football. Als Halbwüchsiger hatte Dutch Nichols schon jahrelang in Teams am Ort gegen ihn gespielt. Er erinnert sich daran, daß er einmal bei einem Tackle aufblickte und in dem Haufen sich windender Leiber Jack sah, der in der Gegenmannschaft spielte. »Mensch, bleib ein bißchen länger unten«, japste ihm Jack zu, »dann sieht's aus, als wär's mein Tackle«.

In Manasquan spielten Jack und Dutch nun in der gleichen Mannschaft. Das Team der ersten Klasse mußte in jenem Jahr keine einzige Niederlage einstecken, wobei nicht alle an dieser tollen Leistung gleichermaßen beteiligt waren. Im ersten Jahr nahm die Schule nämlich jeden in die Mannschaft, wenn er nur fleißig zum Training kam. In Wirklichkeit war Jack jedoch viel zu mickrig, um irgendwas auszurichten. »Er war ein pummeliges kleines Kerlchen«, sagt George Bowers, der in dem Jahr Assistent des Trainers war, »wirklich nicht der athletische Typ«. Glasklar, daß Jack es nie in die Schulauswahl schaffen würde.

Also stürzte er sich auf Basketball, »die klassische Musik unter den Sportarten«, wie er einmal gesagt hat, die intelligenteste Sportart, seine Lieblingssportart, wenn er sich denn für eine entscheiden müßte.

Im ersten Jahr drückte Jack zumeist die Reservebank. Jahre später pflegte er sich damit zu brüsten, daß er in der High School der legendäre sechste Mann war, »der von der Reservebank kommt, das Team wieder auf die Füße stellt. So der Spielregisseur, eine Art zweiter Trainer auf dem Spielfeld«. Er vermittelt gern den Eindruck, daß er ein derart wirkungsvoller sechster Mann gewesen ist, daß er es auch in die National Basketball Association (NBA) hätte schaffen können. Das ist inzwischen Teil seiner Legende geworden. »Jack war der sechste Mann im Team«, wie es Kareem Abdul-Jabbar vom Hall of Fame Center in einer Autobiografie geschickt beschreibt, »in der Position, in der bei den Lakers Michael Cooper spielt«.

Jack brachte dieses leicht verfälschte Bild von sich selbst in seine erste eigene Regiearbeit, in *Drive, He Said* ein, wo es um College-Radikale und Basketball geht. In einer komischen Szene setzt der Trainer (Bruce Dern) in einem Übungsspiel unerwartet einen jungen Gerätewart ein, der den Starspieler (Bill Tepper) an die Wand spielt. Der Schriftsteller und Drehbuchautor Jeremy Larner berichtet, Nicholson habe auf dieser ein wenig absurden Szene beharrt, die in Larners Fassung des Drehbuchs nicht vorkam.

Eine weitere interessante Geschichte um das Basketball-Team der Manasquan High School ist gleichfalls Teil der Nicholson-Legende geworden. Sie spielt in Jacks zweitem High-School-Jahr, als er, wie der Spieler in *Drive, He Said*, nur noch Gerätewart war, der sich um die Statistik und die Körbe, die Bälle und die Trikots zu kümmern hatte. Seine Team-Loyalität grenzte an wilden Fanatismus, wird berichtet. Bei einem Spiel erregte das regelwidrige Verhalten des gegnerischen Teams den Zorn des treuen Gerätemeisters. Das Ende der Geschichte ist in unzähligen Artikeln über Nicholson in den verschiedensten Versionen erschienen. Eine Variante ist, daß »Jack sich in ihre (die gegnerische) Turnhalle schlich und dort eine große Musicbox zertrümmerte« (»Rolling Stone«); eine zweite, daß er »die Elektroanlage an der gegnerischen Anzeigetafel zerlegte« (»Time«). Die wohl maßgebliche Fassung stammt aus »Sports Illustrated«, wo zu lesen ist, Jack habe sich in die Ankleideräume des Gegners eingeschlichen und dort die Einrichtung mit einem Baseballschläger Marke Louisville Slugger bearbeitet. »Danach wurde er von der Beteiligung am Mannschaftssport in Manasquan ausgeschlossen«, heißt es in »Sports Illustrated« weiter.

Seine Freunde von der High School sind sich nicht sicher, ob diese Geschichte nun Dichtung oder Wahrheit ist. »Irgendwie ist es in die Geschichtsschreibung gekommen, aber ich bin wirklich nicht sicher, ob es passiert ist«, meint Allan Keith. »Ich glaube, es ist passiert, aber sicher bin ich mir nicht. Es könnte aber passiert sein.« Und Dutch Nichols sagt geheimnisvoll, daß es ganz sicher passiert ist, nur nicht haargenau so, wie das die verschiedenen Versionen beschreiben.

Wenn Jack so ein toller sechster Mann war, warum wurde er dann aber Gerätewart? Dutch, der allen Erzählungen zufolge wirklich eine der echten Sportbegabungen im Freundeskreis war, stellt sich hier ganz auf Jacks Seite. Jack habe »persönliche Probleme« mit dem Trainer gehabt, ohne Frage sei er jedoch ein verdammt guter Basketballer gewesen, schnell, ein guter Dribbler, ein starker Flügelspieler.

»Chubs« (wie Dutch Jack nannte) und Dutch provozierten manchmal Basketball-Wettkämpfe in der Gegend von Bangs Avenue, einem rauhen Viertel, das fast ausschließlich von Schwarzen bewohnt war. Für die Teenager war es Teil ihrer Wochenendroutine. Sie wanderten jeden Samstag und Sonntag über die Gleise nach Bangs Avenue und dribbelten dabei den Ball über die Schwellen. Dann spielten sie zwei gegen zwei. Nach dem klassischen Schema: Erst eins verlieren, dann die Einsätze erhöhen.

Nicholson, der sonst manchmal eher den Eindruck macht, mit Interviews zu geizen, hat sich gegenüber »Sports Illustrated« ausführlich über diese ruhmreichen Zeiten geäußert: »Dutch warf zuerst nur ein paar Bälle, nur so, traf nie, sollte so trottelig wie möglich dastehen Und dann kam Chubs und sah einfach nur wie Chubs aus ... nicht gerade hoch über dem Boden, mit diesen verrückten Augen und langsamer als der Verkehr im Sonntagsstau in Garden State.« Zuerst wetteten sie einen Dollar auf das erste Spiel und verloren. Dann spielten sie im zweiten vielleicht unentschieden. Und erhöhten dann den Einsatz im dritten Spiel auf vier, fünf Dollar, hauten ihre Gegner nach allen Regeln der Kunst in die Pfanne und machten sich mit ihrem Gewinn schleunigst aus dem Staub.

Dutch erzählte »Sports Illustrated«, daß die Gegner einmal verlangten, bereits nach der ersten Runde ausgezahlt zu werden. Das stand so nicht im Drehbuch, und Dutch kratzte sich verdattert am Kopf. Jack dachte blitzschnell nach und konterte: »Hab's Geld in der Socke. Wollt ihr ehrlich, daß ich jetzt die Turnschuhe auszieh und meine Socken und alles? Habt ihr echt keine Lust, noch'n Spiel zu spielen?«

Na okay, knurrten die andern, spielen wir noch eins. Dieses Mal ließen es Jack und Dutch aber nicht drauf ankommen und gewannen locker. Dann spielten sie das Revanchematch für fünf Dollar und gewannen wieder.

Auf dem Nachhauseweg über die Bahngleise meinte Dutch zu Jack: »Gott sei Dank hattest du das Geld in der Socke, Chubs, denn ich hatte keinen einzigen Cent.« Jacks Antwort: »Mensch Dutch, das einzige, was ich in der Socke hab, ist ein Loch.«

Jack und Dutch schoben auch sonst die eine oder andere Schwindelnummer. Sie gingen zum Beispiel zur Pferderennbahn in Monmouth und hörten sich die Wetten am 100-Dollar-Schalter an, flitzten dann ans 2-Dollar-Fenster und schlossen ihre eigenen Wetten ab. Zuverlässigen Berichten zufolge betrieb Jack noch in der High School ein florierendes Wettgeschäft mit Pennyeinsätzen, bei dem es um die Football-Ergebnisse der Gegend ging.

Die beiden Freunde spielten bei Kaplan's um Pfennigbeträge Flipper oder Pool-Billard. Jack war ein toller Poolspieler, aber vielleicht war Tischtennis sein bester Sport: Man erinnere sich nur an das teuflische Ping-Pong, das Jacks Charakter in *Five Easy Pieces* hinlegt. (Oft tobten bei den Dreharbeiten von Jacks Filmen erbitterte Ping-Pong-Schlachten hinter den Kulissen. Nur bei den Aufnahmen zu *The Passenger* nicht. Da versuchte der Schauspieler, ein paar Matches auf die Beine zu stellen, machte dann aber einen Rückzieher, als er merkte, daß der Regisseur Michelangelo Antonioni dazu neigte, in die Luft zu gehen, wenn er verlor. »Er behauptet immer, ein *unheimlicher* Top-Ping-Pong-Spieler zu sein«, erzählt Nicholson, »ich bin ein *heimlicher* Top-Ping-Pong-Spieler. Die Leute haben keine Ahnung, ob ich was tauge, aber ich bin verdammt gut. Er hat mich zu einem Match herausgefordert, als ich Stöckelschuhe anhatte und er Mokassins, und ich wußte gleich, hier wird ernsthaft Tischtennis gespielt, das ist kein Witz mehr. Ich habe abgelehnt. Ich habe mir gedacht, ganz gleich, wer hier verliert, es schadet in jedem Fall dem Film.«)

Tischtennis war der einzige Sport, den Jack in Manasqua High School länger durchhielt; viele Jahre war er Mitglied im Club.

Alle Jungen waren begeisterte Fans der Yankees. Die Dodgers waren okay, aber die Yankees einsame Spitze. Joe DiMaggio galt als Held der Nation. Im Basketball war Jack, wie alle, ein Fan der Boston Celtics. Die frühen fünfziger Jahre sind die Glanzzeit von Bob Cousy gewesen, dem Larry Bird jener Tage bei den Celtics.

Die Jungs taten sich oft zusammen, warfen ihr Geld in einen Topf und sahen sich Spiele an, machten sich mit dem Zug oder im Auto eines älteren Bruders auf den Weg nach New York. Sie beteten die Supersportler geradezu an.

Ein Typ von der Rio Grande University in Ohio namens Clarence »Bevo« Francis war ein echtes Phänomen. In seiner College-Karriere hatte »Bevo« einmal in einem einzigen Spiel 113 Punkte gemacht. Jack und Dutch fuhren nach New York, um Bevo spielen zu sehen. Als sie nach dem Spiel noch ein wenig vor dem Stadium herumlungerten, wer kam da in ihre Richtung gelaufen, wenn nicht der große Bevo höchstpersönlich. Sie sprachen ihn an; Bevo war ein netter Kerl vom Land, und er lud die beiden Teenager für den nächsten Tag nach Philadelphia ein, wo sein Team gegen Villanova spielen sollte.

Jack und Dutch waren hingerissen von dieser Einladung, setzten sich in den Zug nach Philadelphia, schleppten noch einen Klassenkameraden mit, den Hoffotografen der Manasquan High School. Während der Halbzeit besuchten sie Bevo im Umkleideraum und posierten zehn Minuten lang mit ihm beim Aufwärmtraining für Fotos. Es war wirlich eine tolle Sache, einen so berühmten Spieler hautnah persönlich kennenzulernen. Leider hatte der nervöse Fotograf vergessen, die Schutzkappe von der Linse zu nehmen, und keines der Fotos ist etwas geworden. Eine von den Geschichten, die Jack nie vergessen hat, und über die Dutch und er sich immer wieder schieflachen konnten.

Vielleicht haben diese Erfahrungen zu Jacks fester Überzeugung beigetragen, berühmte Leute sollten immer ansprechbar sein. Heutzutage spaziert Nicholson ohne Leibwächter oder großes Gefolge fröhlich durch riesige Menschenmengen – auch durch potentiell durchaus feindselige wie etwa bei Celtics-Lakers-Spielen in Boston Garden. Wenn man ihn in der richtigen Situation erwischt, ist er einer der großzügigsten Stars, verteilt freigiebig Autogramme, schüttelt Hände und grüßt mit freundlichem Hallo.

Es war eine Zeit der Unschuld. Drogen kannte man in der Teenager-Szene damals noch nicht. Das schlimmste, was einer machen konnte, war ab und zu mal die Schule zu schwänzen, sich ein Auto für eine Spritztour auszuleihen, Zigaretten zu rauchen und Bier zu trinken. Die meisten in Jacks Trupp waren gute Katholiken. Kaum einer ging mal mit einem Mädchen über Petting hinaus. Wenn von jemandem gemunkelt wurde, er hätte Geschlechtsverkehr gehabt, betrachtete man ihn mit einer Mischung aus Ehrfurcht und Neid.

Dennoch war einiges los für die Kids aus der Manasquan High School. Ab und zu einmal ein Konzert mit Joni James oder den »Four Aces« in der Asbury Park Convention Hall. Dann die Parties bei den Glückspilzen, die zu Hause im Keller einen Hobbyraum hatten oder deren Eltern einmal für ein Wochenende verreist waren. Und die Trips zu Klubs und Jazzkellern in New York City, wo man schon ab 18 völlig legal was zu trinken bekam. Der kleine, knubbelige Jack wurde von den Türstehern der Clubs in Manhattan nicht immer reingelassen. Dutch erinnert sich, daß einmal im Central Plaza Jack der einzige aus der Gruppe war, den man nach seinen Papieren fragte und dann nicht in den Club ließ. Während seine Freunde einen draufmachten, ist Jack den ganzen Abend lang im Fahrstuhl auf und ab gefahren und hat sich mit dem Fahrstuhlführer sein Bier geteilt. Nachher, als sie Jack dann wieder einsammelten, war er rundrum glücklich und zufrieden, denn er hatte sich mindestens genauso gründlich betrunken wie alle anderen.

(Nicholson hatte seine besten Einfälle, wenn er in Fahrstühlen auf und ab fuhr und mit einfachen Leuten rumhing. Gerald Ayres, Produzent des Films *The Last Detail*, erinnert sich, wie er einmal mit Jack in einem Hotel in Toronto einen Korridor entlangging. Ein uralter, verhutzelter Dienstmann trug ihre Koffer. Nicholson schenkte Ayres überhaupt keine Beachtung und redete die ganze Zeit nur mit dem Dienstmann. »Da kann er einfach nicht widerstehen. Es ist dann immer, als wäre man bei einer geheimen Logensitzung. Ganz bestimmt hat er drei Bemerkungen, die der Alte so im Vorbeigehen beim Kofferschleppen gemacht hat, später irgendwie verwenden können.«)

Freitags abends traf man sich im Spring Lake, einem Café im Keller der Stadtbücherei. Für die Waghalsigeren – denn man lief Gefahr, einmal jemand aus einem anderen Milieu zu treffen – kam samstags abends auch noch das Bel Mar in Frage, ein paar Meilen weiter nördlich an der Küste.

Alle erinnern sich voller Nostalgie an das Spring Lake. Hinten gab es ein Billardzimmer mit langen Bänken an der Wand. Die Musicbox dudelte irgendein Lied, etwa Tony Bennetts seidigglatte Aufnahme von »Blue Velvet«. Ein paar Erwachsene standen herum und versuchten ihr möglichstes, um nicht wie Tugendwächter auszusehen. Für heutige Verhältnisse waren alle ziemlich feierlich angezogen: die Mädchen in Rock und Pullover, mit Söckchen und Halbschuhen; die Jungen in karierten Hemden, Kordhosen mit Bügelfalte, Jackett, und mit dem dünnsten aller verfügbaren Schlipse.

Die Jungs versammelten sich für gewöhnlich um den Billardtisch oder hingen vor der Tür herum – zogen einander auf (darin war Jack natürlich ungeschlagener Meister), gaben an und quatschten dummes Zeug über Mädchen, erteilten fachmännisch Ratschläge zu einem Thema, von dem kaum einer von ihnen die leiseste Ahnung hatte.

Mädchen faszinierten sie. Sex, sündhaft und verboten, war das immerwährende, unerschöpfliche Thema.

Ein Dialog aus *Carnal Knowledge*, der in den späten vierziger Jahren spielt, greift den Gesprächston dieser Wortgeplänkel auf. Jack spielte zwar im Film die Rolle des Jonathan, eigentlich hätte er aber auch den Part des anderen spielen können:

JONATHAN: Also, weißt du, mit Mädchen muß man nur richtig reden. Du mußt ihr nur 'nen Witz erzählen.
SANDY: Welchen denn?
JONATHAN: Erzähl ihr von deiner traurigen Kindheit.
SANDY: Hm, nicht schlecht.
JONATHAN: Aber trag nicht zu dick auf.
SANDY: Nö ...
JONATHAN: Mach schon. Los, geh, du Penner! (Pause). Sonst geh ich!

Jack war ein guter Tänzer, aber ein bißchen zu schüchtern zum Auffordern. Er lümmelte sich, so schien es, genausogerne bei den Mädchen wie bei den Jungen rum und redete wie ein Wasserfall. Bei seinen Freunden gab er immer damit an, daß er zwar vielleicht keine Freundin hatte, dafür aber einen Haufen Freunde, die *zufällig* Mädchen waren. Ein paar von den Mädchen dachten allerdings, daß das nur ein Vorwand war, und er eigentlich ständig darauf wartete, daß eine von ihnen den ersten Schritt machte.

Sandra Hawes Frederick erinnert sich, daß Jack sie einmal zusammen mit einem anderen Mädchen nach einer Probe für die Schulaufführung von »The Curious Savage« zu Fuß nach Hause begleitet hat. Sie gingen ziemlich langsam, und als sie bei ihr zu Hause ankamen, war es schon lange dunkel und die Abendessenszeit war auch vorbei. Frederick wohnte in Sea Girt, eine Stadt weiter südlich als Spring Lake, und Jack mußte irgendwie wieder dorthin zurück. Das war ziemlich weit zu laufen, allein und in stockfinsterer Nacht. »Ich habe mir eigentlich erst später Gedanken darüber gemacht. Wie um alles in der Welt ist er bloß damals nach Hause gekommen?«

Als Nicholson nach *Easy Rider* berühmt wurde, hat er in einem »Time«-Gespräch gesagt, er hätte sich der Theatergruppe eigentlich nur angeschlossen, um sich mit den »Puppen« rumtreiben zu können, »nach der Schule mit Sandra proben und so«. Nach diesem Interview mußte Sandra Hawkes Frederick dann ziemliche Hänseleien über sich ergehen lassen ...

Die meisten aus der »in«-Gruppe hatten ihre Verabredungen. Einige aus Jacks Klasse gingen fest mit jemandem. Jack nicht. Die Fotos von Schulbällen, die es noch gibt, und die über die Jahre hinweg immer wieder in unzähligen Artikeln publiziert wurden, sind Momentaufnahmen von den wenigen Augenblicken, wo man Jack Nicholson einmal Arm in Arm mit einem Mädchen gesehen hat.

Diese Rendezvous mußte sich Jack praktisch schon ergaunern. Eine Freundin, Gail Blank Dawson, ging mit ihm zu einem Junior-Prom-Ball, und sie erinnert sich noch genau, wie sie statt der Pumps ganz flache Schuhe anziehen mußte, weil Jack so klein war. Damals wäre es einem Mädchen nicht im Traum eingefallen, größer als ihr Begleiter zu erscheinen. Das Denkwürdigste am Senior-Prom-Ball war für Jack wahrscheinlich nicht seine Ballpartnerin, sondern die Tatsache, daß er den größten Teil des Abends in der Badewanne verbrachte, wo seine Freunde verzweifelt versuchten, ihn mit kalten Wassergüssen wieder nüchtern zu kriegen. Im frühen Morgengrauen klingelte er Dutch zu Hause aus dem Schlaf und erkundigte sich weinerlich, ob vielleicht jemand den Kummerbund gefunden hätte, der zu seinem Miet-Smoking gehörte.

Jack hatte wirklich viele Freunde und Freundinnen. Zwar hatte er keine heißen Dates mit den Cheerleaders und war auch keine echte Sportskanone, dafür aber der sechste Mann der Gesellschaft, der unerläßliche Joker im Verein. »Er war immer sehr lustig«, sagt Allan Keith. »Immer. Man hat sich auf sein Kommen gefreut. Gruppenfeste ohne ihn, das gab's gar nicht.« Und doch erinnert sich niemand an eine spezielle Freundin oder an einen besten Freund.

Es sei denn an diesen dürren kleinen Kerl, der noch kleiner war als Jack, ein Junge namens Ken Kenney. Jack, mit seiner Vorliebe für leicht abfällige Spitznamen, nannte Kenney »Ant Titties«, wegen seiner winzigen Brustwarzen, über die sich Jack im Turnunterricht lustig machte. Mit der Zeit wurde dieser Name zu »Ant« verkürzt.

Ant gehörte eigentlich auch nicht zur Clique der Sportsleute und Cheerleader. Tatsächlich hatte keiner aus diesem Kreis überhaupt Notiz von ihm genommen, bis viele Jahre später überall davon die Rede war, Nicholson hätte ausgerechnet diesen Klassenkameraden nach Hollywood eingeladen und ihm dort einen Job gegeben. Ant ist das einzige Beispiel für einen Freund aus der New-Jersey-Vergangenheit, der auch später zu Jack gehalten hat (und umgekehrt).

Jack hat Ant gewissermaßen adoptiert. Wenn er nicht gerade mit Dutch seine kleinen Basketball-Schwindeleien machte oder mit den Jungens bei Wolley's über einem Hamburger blödes Zeug redete, dann war er bei Ant zu Hause in Manasquan.

Sie gingen zusammen ins Kino, tauschten Taschenbücher, hörten Platten und redeten über Musik. Ants Vater war Pianist in einer Cocktailbar, und bei ihm zu Hause waren eigentlich immer Leute aus dem Show Business zu Besuch, die interessante Gespräche führten. Ant konnte auch Klavier spielen. Manchmal hämmerte er dann seine fröhlichen Rhythmen, Jack saß einfach da, hörte zu und strahlte, und die Zeit verging wie im Flug.

Oder Jack und Ant waren bei Ethel May in Spring Lake, legten die neuesten heißen Rock 'n' Roll-Scheiben und Jazzplatten auf und dudelten sie von morgens bis abends (besonders gern mochten sie Louis Belsons »Skin Deep«; das spielten sie immer und immer wieder).

»Mud war es völlig egal, wie laut wir aufdrehten«, erinnert sich Kenney. »Wieviele andere Mütter haben so auf Rock 'n' Roll reagiert? Ich entsinne mich, daß dort immer viel gelacht wurde und es eine ganz fröhliche Atmosphäre war. Jack war von unglaublich viel Liebe umgeben.«

Alle waren sie völlig kinoverrückt. Jack und seine Freunde gehören zur letzten Generation, die mit den Nachmittagsvorstellungen groß wurde. Jede Stadt an der Küste hatte ihr eigenes Kino, in dem das Programm zweimal pro Woche wechselte. Die Clique wanderte also von Stadt zu Stadt und versuchte, alle neuen Filme zu sehen. Die High-School-Kids versammelten sich am Samstagnachmittag im Algonquin auf der Main Street von Manasquan. Manchmal kriegten Dutch und Jack Freikarten, weil sie versprochen hatten, nach der Vorstellung alle Sitze wieder hochzuklappen.

Eine Zeitlang verdingte er sich als Kartenabreißer und Pop-Corn-Verkäufer im Rivoli in Belmar. Sonst hatte er nicht viele Gelegenheitsjobs, an die sich die Leute erinnern können. Hier und da hat er den Rasen gemäht, eine kleine Weile als Caddie im Country Club gearbeitet. Aber Jobs zu haben war nicht cool. Den Kinojob hat er nicht eigentlich wegen des Taschengeldes übernommen, sondern weil er sich so immer die neuesten Filme ansehen konnte.

Niemand kann sich erinnern, daß Jack anders über Filme oder über Hollywood geredet hätte als alle anderen auch. Alle hatten ja gespannt verfolgt, wie Brando auf der Bildfläche erschienen war. Jack interessierte sich auch für einen anderen Star ganz besonders. Gail Dippel, eine der wenigen Freundinnen aus der High School, die über die Jahre hinweg mit Jack in Kontakt geblieben ist, weiß, daß er sehr viel Wert darauf legte, alle Filme mit einem Schauspieler zu sehen, der immer die aufrechten, ehrlichen Helden spielte: Henry Fonda. »Er versuchte, möglichst keinen Film mit Henry Fonda zu verpassen. Er mochte seinen Stil.«

Wie andere Mitglieder seiner Familie hatte auch Jack eine künstlerische Ader. Eine Seite seiner Persönlichkeit, die er jedoch herunterspielte.

Nur wenige Freunde wußten, daß er gerne zeichnete und malte. Im Unterricht machte er Blitzkarikaturen seiner Lehrer. Nicht besonders künstlerisch, aber begabt war er schon, genau wie Ethel May.

Nachdem er sich den Mannschaftssport aus dem Kopf geschlagen hatte, blieb Jack als Reporter dabei und berichtete in der Schulzeitung »Blue and Gray« über die Spiele. Er gehörte zu den wenigen, die ihre Artikel mit Namen zeichnen durften – darauf hatte er bestanden. (Nicht, daß er eine besondere Begabung gewesen wäre. In einem Bericht über ein Spiel, das die Schulauswahl »Big Blue« mit 70 : 47 verlor, schrieb Jack: »Obwohl man es dem Endergebnis nicht ansieht, das Spiel zwischen beiden Teams war hart umkämpft.«)

Sein Reporterjob erlaubte es ihm, sich weiterhin beim Taining und bei den Spielen im Dunstkreis der Spieler aufzuhalten. Einer von Jacks Helden war Bill Stern, ein fetziger Reporter bei NBC, der alle Spiele der Yankees kommentierte. Als Teenager hatte Jack den Traum, einmal Sportreporter oder Radiokommentator zu werden.

Den Monolog zur »Randall McMurphy World Series« in *One Flew Over the Cuckoo's Nest*, an dem Nicholson noch am Abend vor den Aufnahmen gearbeitet hat – den hatte er schon jahrelang immer wieder geprobt und ausgefeilt:

> »Koufax. Und Koufax kickt. Er trifft. Der Ball ist auf der Mitte! Base Hit! Richardson ist am ersten Mal vorbei, ist auf dem Weg zum zweiten. Der Ball ist weit am rechten Flügel. Davis will den Ball abfangen. Und Wurf! Richardson ist am ersten Mal vorbei, ist auf dem Weg zum zweiten! Richardson rutscht aus! Er ist da! Er ist in Sicherheit! Ein Double! Und er ist da! Sehen Sie sich diesen Richardson an! Am zweiten Mal! Koufax ist dick in der Scheiße! Bis zum Hals in der Scheiße, Mann! Weiter geht's. Trash ist der nächste Pitcher ...«

In vielen Interviews hat sich Nicholson gerne an seine Schreibversuche an der High School erinnert. Wenn er wieder einmal nachsitzen mußte, gab es als Strafe oft Tausend-Wort-Aufsätze zu schreiben. Dabei, behauptet er, hätte er sich so gelangweilt und nur so zum Spaß weit mehr geschrieben. »Damals wußte ich schon, das liest sowieso nie jemand. Ich hab dann immer alle möglichen fiesen Kommentare über Leute reingeschrieben, die in der Schule das Sagen hatten. Ich habe da richtig diese Typen entwickelt, einen guten Geist und seinen Jungen. Das ist eine von den Sachen, die ich wirklich nur zu gerne einmal irgendwo wiederfinden möchte.«

Schauspielen war gänzlich uncool. Aber sobald Jack dafür in Frage kam, meldete er sich für alle Theateraufführungen an der Schule. Sehr zum Grausen seiner Altersgenossen, wie er gerne anfügt.

Die dritte und vierte High-School-Klasse führte jedes Jahr ein Stück auf. In der dritten hatte Jack nur eine kleine Rolle in »Out of the Frying Pan« von Moss Hart. An die Aufführung im vierten Jahr erinnern sich jedoch alle: »The Curious Savage« von John Patrick. Das Stück spielt in einer Irrenanstalt, und Jack war einer der lautstarken Irren, der auf der Geige eine Bach-Variation fidelt, die aus ganzen zwei monoton gesägten Noten besteht.

Die zwei immer wiederholten Noten beschwören vielleicht den ideenlosen Schriftsteller in *The Shining* herauf, aber natürlich war Jacks Darstellung noch offensichtlicher ein Vorläufer für Randall McMurphy. Alle aus der High School, die die Inszenierung gesehen haben und sich dann zwanzig Jahre später *One Flew Over the Cuckoo's Nest* anschauten, kommentierten die große Ähnlichkeit.

Wäre aus dem Teenager auf der Bühne nicht so ein bedeutsamer Leinwandstar geworden, keiner hätte sich wohl groß Gedanken darüber gemacht. Der Schauspiellehrer Robert J. Craig, der Jack auch Algebra beibrachte (»und eins sage ich Ihnen, Jack war Klasse in Algebra«), ist der allererste, der ehrlich zugibt, damals Jacks außerordentliches Schauspieltalent nie richtig bemerkt zu haben.

»Die Rolle war ganz natürlich für ihn«, erinnert sich Sandra Frederick, die auch in »The Curious Savage« mitspielte. »Er war einfach er selbst«, ist auch Trainer George Bowers überzeugt. »Der spielt immer noch nur sich selbst. Jeder der ihn kennt, sagt das, daß er an sich kein wirklich guter Schauspieler ist.« »Das stimmt«, meint der Vertrauenslehrer Edgar Sherman. »Der hat sich einfach hingestellt und Jack Nicholson gespielt. Aber er konnte es. Er war ganz offensichtlich kein gewöhnlicher Schüler.«

Einer von seinen Sportlerfreunden, dem Jacks Vorstellung sehr gut gefallen hatte, nahm ihn im Saal zur Seite, um ihm das zu sagen. Dick Stoner, der ältere Bruder von Ross Stoner, einem von Jacks Kumpels, gab dem Jüngeren den ernstgemeinten Rat, es doch einmal mit Hollywood zu versuchen. Jack überraschte Stoner mit seiner Antwort: »Ehrlich gesagt, daran habe ich auch schon gedacht.«

Der Frühling 1954 und der Schulabschluß rückten näher, die Zeitung von Manasquan berichtete über die Aktivitäten der Abschlußklasse. Der Französischlehrer der High School war auch rasender Reporter vor Ort und schrieb für den »Coast Star« eine Spalte ›In der Stadt‹ über die Theateraufführungen, die Parties und die Zukunftspläne der Schulabgänger.

Viele wollten aufs College gehen. Die meisten würden wohl nie aus der Umgebung von New Jersey herauskommen; manche würden exakt die Jobs, die Leben und die Träume ihrer Eltern erben.

Jack war gerade siebzehn, ein Jahr jünger als die meisten Klassenkameraden. Im Jahrbuch sollte er als »gutmütig ... , enthusiastischer Verfasser dieser berühmten englischen Aufsätze« erscheinen. Er wurde zum stellvertretenden Klassensprecher gewählt, zum (Ko)-Klassenclown, zum besten Schauspieler. In Interviews verweist er gerne darauf (obwohl das allerdings im Jahrbuch nicht belegt ist), man habe ihn auch zum Klassen-Optimisten gewählt – und zum Klassen-Pessimisten.

Als Optimist redete Jack vom College, allerdings dachten viele, seine Familie würde sich die Studiengebühren unmöglich leisten können. Fast zwanghaft erklärt er seinen Interviewern immer wieder, daß er zu den oberen zwei Prozent in der überregionalen Aufnahmeprüfung für die University of Delaware zählte, die ihm dann auch ein Stipendium für ein Studium zum Chemie-Ingenieur anbot.

Er hatte den ganzen Sommer Zeit, darüber nachzudenken.

Die meisten Sportsleute hatten irgendwann einmal Jobs als Rettungsschwimmer bei der Wasserwacht. Für die Jungen in Jacks Altersklasse stellte es fast so eine Art Initiationsritus dar, einmal Lebensretter zu sein. Damit auch Jack endlich einer der »Sommerprinzen« am Bradley Beach werden konnte, bedurfte es eines Streiks, bei dem alle anderen regulären Rettungsschwimmer die Arbeit niederlegten. Nicholson spricht in seinen Interviews gern davon, wie er damals den Strand von einem Boot aus beobachtete, das knapp hinter den Brechern fest verankert lag. Da stand er im schwankenden Boot – Mister Cool im schwarzen Wollmantel (»ganz egal, wie heiß es war«) und mit weißer Schirmmütze, Nase und Lippen zum Sonnenschutz dick mit Zinkoxid eingeschmiert, das ganze noch von einer verspiegelten Sonnenbrille gekrönt. »Muß einer der komischsten Anblicke aller Zeiten gewesen sein«, gestand er Jahre später.

Die Existenz als Rettungsschwimmer »half mir bei den Frauen, die Mädchen blickten zu mir auf, wie ich da auf meiner Plattform saß; junge Mütter waren mir dankbar; Kinder betatschten mir begeistert die Füße«.

Regisseur eines Films zu sein, das ist ein bißchen wie bei der Wasserwacht, sinnierte er in einem anderen Interview. »Da mußt du auch so an die dreihundert Leute gleichzeitig im Auge behalten, und in dem einen Augenblick, wo du wegguckst, könnte was passieren – tut's ja normalerweise auch.«

Eines Tages sah Jack den Schauspieler Cesar Romero am Strand langspazieren. Er ging auf ihn zu, sagte ihm, wie begeistert er vom Kino sei, und fragte ihn, wie es in Hollywood denn so wäre. »Hollywood ist der furchtbarste Ort auf der ganzen Welt, wenn du keine Arbeit hast«, gab Romero zur Antwort. Später spielte er übrigens in der Fernsehfassung von »Batman« den Joker.

An einem anderen Tag ruderte Jack im Boot hinaus in die schäumende Brandung und half, einige erschöpfte Schwimmer zu retten. Auch diese Aktion wurde zu einer legendären Anekdote verarbeitet. Hunderte Male und in unzähligen Variationen erzählt, wurde sie Bestandteil der Mythologie und kam gleich nach Jacks Sturmlauf gegen die Anzeigentafel und/oder Musicbox des gegnerischen Teams.

»Rolling Stone« fängt eines seiner Porträts des Schauspielers so an: »Weit draußen im Atlantik tobte ein Orkan, die Wellen waren haushoch. Die Brandung war für Boote viel zu hoch, die Küstenwache hielt die Schwimmer nah am Strand. Südlich lag ein kleiner Pier, dahinter ein separates Stückchen Strand. Hier war ein eigenes Team der Küstenwache stationiert. Plötzlich riß eine tückische Strömung irgendwie elf Schwimmer mit sich hinaus in die offene See. Jack sprintete zum Strand, um ihnen zur Hilfe zu eilen ... Die anderen im Team bezweifelten, daß man es schaffen würde, aber Jack dachte, daß er ein Boot rausbringen könnte. Er pullte durch meterhohe Wellen, Wellen, die so steil waren, daß es manchmal aussah, als würde sich das Boot nur vertikal voranbewegen. Völlig erschöpft manövrierte er das Boot durch die Brecher in die klatschende Dünung, ruderte um den Pier herum und schaffte es schließlich, die letzten fünf Schwimmer einzusammeln.«[1]

Die »Asbury Park Press« brachte einen Schnappschuß von dieser Rettungsaktion (»eine tolle Aufnahme vom Boot oben auf der Krone einer riesigen Welle, Bug Richtung Himmel«) und machte viel Theater darum. Nur ein Bild war der Linse des Fotografen entgangen: Nicholson, der sich hinterher am Strand »die Seele aus dem Leib kotzte«.

Der Sommer war einsam, Jack dachte viel nach, sah dem Spiel der Wellen zu, beobachtete die Möwen beim Segeln und bei ihren Sturzflügen. Der Klassen-Pessimist in ihm hatte »all die üblichen Ängste eines Halbwüchsigen«. Was würde er wohl einmal werden? Mochten ihn die Mädchen? Hatte er das Zeug zu etwas Außergewöhnlichem?

Gegen Ende des Sommers war er sich noch immer über gar nichts im klaren. Kalifornien stach ihm in die Nase. Er hatte den heimlichen Traum, zum Film zu gehen, aber er traute sich nicht, diesen Traum irgend jemandem zu beichten. Und ausgerechnet in Kalifornien, in Los Angeles, hatte sich June niedergelassen.

Wenn Jack je Zweifel hegte, daß Ethel May seine wirkliche Mutter war, dann hatte er sie aus seinem Bewußtsein verdrängt. Einige Erwachsene in der Gegend wußten es besser oder vermuteten so manches, aber keiner von seinen High School-Freunden hatte auch nur die leiseste Ahnung. »Seine wirklichen Eltern waren einfach kein Thema,« meint Allan Keith.

Lorraine sprach mit Jack, drängte ihn, seine »Schwester« im Westen zu besuchen. »Schlag dir das College erst einmal für eine

1 Die Zeitschrift »Motion Pictures« (September 1975) erzählt die gleiche Geschichte, schreibt aber, daß es »sechs Leute« waren, die Jack bei dieser Gelegenheit rettete.

Weile aus dem Kopf und lebe ein bißchen«, riet sie ihm. »Jack, wenn du hier in Neptune bleibst, wo das Leben eine leichte Sache ist und wo dich jeder kennt, dann bleibst du immer und ewig Jackie Nicholson. Aber wenn du woandershin gehst«, ermutigte sie ihn, »dann bist du das, was du selbst für dich geschaffen hast«.

Lorraine lieh ihm Geld für das Flugticket. Ross Stoner und einige andere Freunde borgten Jack ebenfalls Geld für seinen Trip nach Westen. Die meisten hatten allerdings keine Ahnung, daß und warum er wegwollte. Sie würden für den Rest ihres Lebens in New Jersey bleiben. Daß ihm der Absprung gelang, war das erste Anzeichen für Jacks entschlossenen Charakter.

»Wir haben eigentlich nie gedacht, daß es Jack irgendwohin schaffen würde«, so Gil Kenney, früher High School-Sportler, jetzt Polizeichef in Brielle, New Jersey. »Er war ein Clown, er hat nie was ernst genommen.«

»Wir hatten keine Vorstellung von seinen wahren Wünschen«, gibt auch Allan Keith zu. »Eines Tages hab ich mich umgedreht, und da war er weg«, sagt Dutch Nichols. »Ohne Abschied.«

Im September 1954 kam Jack Nicholson in Los Angeles an, das bisher für ihn nur auf Landkarten, in Filmen und Büchern existiert hatte, als flimmerndes Bild und als Tagtraum. New Jersey versank in der Vergangenheit, die immer mit Zweideutigkeiten behaftet bleiben sollte. Eine Vergangenheit, von der er eines Tages herausfinden würde, daß sie zumindest teilweise nichts als ein einziger ausgeklügelter Betrug gewesen war.

Manchmal spricht Nicholson mit Wehmut von seinen Wurzeln in New Jersey. Dann wiederum, wenn er weniger auf der Hut ist, redet er beinahe mit Bitterkeit über seine Kindheit und Jugend in der engstirnigen Welt der Nordküste von Jersey. »Du hast ja ehrlich gesagt gar keine Vorstellung davon, was es bedeutet, in New Jersey zu leben«, sagte Nicholson einmal Jahre später leichthin zu einem Reporter, »ehe du nicht da weggehst. In vieler Weise ist das wirklich der sinnloseste Staat im Land«.

2

THE INNER MOTIVE FORCE 1954

June Nicholson und Murray Hawley bekamen in den ersten Jahren ihrer Ehe zwei Kinder, einen Sohn Murray Junior und eine Tochter Pamela. Die Ehe hielt keine zehn Jahre, dann wurde der Umgangston immer bissiger, und schließlich folgte die Scheidung.

In den vierziger Jahren zogen die Hawleys im Osten von einem Ort zum anderen. Murray war als Spezialpilot bei großen Flugzeugfirmen beschäftigt. Manchmal lebte die Familie in Buffalo oder ganz in der Nähe vom Heim der Hawleys in Connecticut. Jack bekam June, die nun den Namen Mrs. Murray Hawley trug, zu festgesetzten Zeiten und bei Familienfeiern zu sehen. Er erinnert sich genau, daß er die Hawleys in Stony Brook auf Long Island besuchte, wo sie den Sommer in den feinsten Kreisen verbrachten, »in einer sehr vornehmen Oberschicht-Atmosphäre«.

Zweifellos fühlte sich der Junge in Long Island doppelt als Außenseiter: zum einen wegen seiner ungemütlichen Beziehung zu June, zum anderen wegen des vornehmen Country-Club-Milieus. Eines der wenigen Projekte, deren Ablehnung Nicholson je bedauert hat, ist *The Great Gatsby*. Man hatte ihm die Titelrolle des geheimnisvollen Emporkömmlings Jay Gatsby angeboten, dessen zweifelhafte Machenschaften ihm zu großen Reichtümern verholfen und den Zutritt zur feinen Gesellschaft an der Nordküste von Long Island ermöglicht hatten.

Als der flottere, glattere Robert Redford den Part übernahm, beklagte die Kritikerin Molly Grant in einem Artikel, daß eigentlich Nicholson die Rolle hätte spielen sollen, denn »Gatsbys Geheimnis ist wie Nicholsons Geheimnis biografischer Natur, hat mit einer irgendwie unappetitlichen Vergangenheit, mit dubiosen Verbindungen zu tun«.

Bereits Anfang der fünfziger Jahre stand es schlecht um die Ehe der Hawleys. Wenn Murray nicht gerade im Flugzeug saß, trank er; und die Verwandtschaft wußte, daß June ihm durchaus das Wasser reichen konnte. Sie stritten erbittert, versöhnten sich tränenreich und trennten sich schließlich. Während die Rechtsanwälte die Scheidungspapiere vorbereiteten, lebte June für kurze Zeit wieder im alten Haus der Nicholsons an der Steiner Avenue in Neptune City, ganz in der Nähe von Ethel May. Sie sah Jack nicht oft: Er steckte bis über beide Ohren in seinen High School-Angelegenheiten und lebte in Spring Lake. Und schließlich hatte June auch mit ihren beiden Kindern alle Hände voll zu tun.

Don Furcillo-Rose hatte keinerlei Kontakt mehr zu ihr, obwohl er die Hoffnung nie ganz aufgab. Einmal sah er June im Monmouth Park Raceway, und sie rauschte an ihm vorbei, als könne sie sich nicht an ihn entsinnen, oder eher, als wolle sie sich nicht an Zeiten erinnern, die man am besten schnell vergißt. Furcillo-Rose war wie vor den Kopf geschlagen, wußte nicht, was er davon halten sollte. Dann leckte er seine Wunden und versuchte, sich June Nilson Nicholson Hawley aus dem Herzen zu reißen.

Furcillo-Rose sagt, er habe Jack, während der heranwuchs, nie aus den Augen verloren. Bei Jacks Firmung in der Auferstehungskirche habe er in einer der hinteren Kirchenbänke gesessen, bei den Schulaufführungen in Manasquan will er beobachtet haben, wie Jack in »Out of the Frying Pan« und »The Curious Savage« seine Gefühle auf der Bühne zum Ausdruck brachte. Dons Mutter sammelte sämtliche Zeitungsausschnitte und Fotos von Veranstaltungen, an denen Jack beteiligt war. Und immer, wenn dort Ethel May als Mutter des Jungen genannt war, strich sie den Namen durch und kritzelte »June« darüber.

Furcillo-Rose fuhr immer wieder einmal zur High School, wenn es am Nachmittag zum Schulschluß läutete. Er machte damals bereits Dorothy Roberts den Hof, und oft saß sie mit ihm im Auto, wenn er tief in seinem Sitz versank, verstohlen auf einen pummeligen kleinen Jungen wies, der die Treppen heruntergerannt kam, und voll Stolz verkündete: »Das ist mein Sohn!« Die spätere Mrs. Furcillo-Rose bekam dann die ganze lange Geschichte von Don und June zu hören – von Dons erster großer Liebe, vielleicht der Liebe seines Lebens – und von ihrem heimlichen Sohn Jack.

Frederick Traverso aus Ocean Grove, Roses »Kumpel aus alten Zeiten«, war Augenzeuge eines Zwischenfalls, bei dem das Geheimnis beinahe gelüftet worden wäre. Es gab in Neptune City einen Treff namens Mom's Kitchen, ein italienisches Restaurant. Von Zeit zu Zeit, so Traverso, habe John J. Nicholson dort irgendwelche Handlangerarbeiten verrichtet, Geschirr gespült, um sich finanziell über Wasser zu halten. Manchmal schaute Jack herein, um mit seinen Freunden eine Pizza zu essen. Und einmal war Furcillo-Rose, Traversos Erzählungen zufolge, gleichzeitig mit den beiden in Mom's Kitchen, mit Jack und mit John J. Nicholson, der nach außen hin, für den Anstrich der Wohlanständigkeit, als Jacks Vater ausgegeben wurde.

Traverso war damals mit Furcillo-Rose zusammen, und er bekniete seinen Freund, zu dem Jungen hinzugehen, ihm einen 50-Dollar-Schein in die Hand zu drücken und sich als sein Vater zu erkennen zu geben. Die Versuchung für Furcillo-Rose mag groß gewesen sein, aber schließlich weigerte er sich. Für ihn war es eine Frage des Stolzes geworden. Er hatte sich geschworen, bevor nicht June selbst Jack die Wahrheit gesagt hatte, wollte auch er sich dem Jungen nicht zu erkennen geben. Einige Freunde sind der Meinung, Furcillo-Rose habe sich in dieser Situation nicht besonders gut verhalten – nicht nur bei der Sache im italienischen Restaurant, sondern in der ganzen Angelegenheit. Er aber meint, daß er nicht gewußt hätte, wie er sich anders hätte verhalten sollen.

Jetzt, da June geschieden und allein auf sich gestellt war, schaffte sie als erste aus der Nicholson-Familie den klaren Bruch mit New Jersey. 1953 zog sie mit ihren Kindern aus der Hawley-Ehe nach Kalifornien. In einigen Artikeln steht, sie hätte noch einmal versucht, im Show Business Fuß zu fassen. In Wirklichkeit aber hatte sie die Nase voll vom Show Business, und ihre neue Arbeit hätte kaum banaler sein können. Über Beziehungen ihres Ex-Mannes hatte sie sich einen Posten als Sekretärin bei einer der großen Flugzeugfirmen in Süd-Kalifornien verschafft.

Noch immer war June eine Schönheit, inzwischen etwas schlanker, mit rötlichen Löckchen, die ihr blasses, sommersprossiges Gesicht einrahmten. Von ernsthaften Beziehungen mit Männern hatte sie auch die Nase voll.

Sicher war ihre Hand mit im Spiel, als Jack im Herbst 1954 nach Kalifornien kam; angeblich für einen kurzen Besuch wurde er nach Los Angeles gelockt. Kaum dort angekommen, zog der Schulabgänger mit in ihre kleine Wohnung in Inglewood. Er suchte sich einen Teilzeitjob in einem Spielzeugladen, spielte viel Billard, hing am Strand herum. »Es war fantastisch«, erinnert er sich an seine frühen Tage in Los Angeles, als er nur herumlungerte und praktisch nichts zu tun hatte. »Wie zu Hause.«

Wahrscheinlich lag es daran, daß er erstmals mit June allein zusammenlebte, ohne Ethel May als Schiedsrichterin und Schlichterin – jedenfalls gab es dauernd Spannungen. June nörgelte an ihm herum, er sollte endlich einen richtigen Job finden, als Sprungbrett in die Arbeitswelt. Beide hatten das gleiche jähzornige Temperament, sie stritten unablässig und brüllten sich an. Eines abends warf sie ihn kurzerhand nach dem Essen aus der Wohnung. Er war so wütend, daß er einfach loslief – von Inglewood über Baldwin Hills, weiter La Brea hinauf, bis er mit Blasen an den Füßen auf dem Sunset Boulevard landete. Es war sein erster Besuch in dem Stadtteil, der sich Hollywood nennt, weiter von Inglewood entfernt als Asbury Park von Spring Lake. »Wenn Sie wissen wollen, wie ich nach Hollywood gekommen bin«, flachste er 1991 in einem Interview, »zu Fuß. Komisch, was?«

Diese Wanderung war für Nicholson mehr als nur sein erster Besuch in Hollywood. Indem er die Stadt durchquerte, lernte er sie kennen und begann sie als seine neue Heimat zu sehen.

Nicholsons Freund, der Schriftsteller Robert Towne, hat das Los Angeles jener Tage liebevoll beschrieben, ehe Smog und städtischer Wildwuchs um sich griffen: als ein Paradies, »einen Ort von pastellfarbiger Schönheit, ausgebleicht und staubig, mit mageren Palmen und einer stechenden Sonne, mit scharf gezeichneten

Schatten auf den Gehsteigen«, wo man »am gleichen Tag, zur gleichen Zeit und am gleichen Ort heiße und kalte Luft, den Geruch der Wüste und den Geruch des Meeres« atmen könne.

Jack hat Los Angeles von Anfang an ins Herz geschlossen, und in Interviews verbreitet er sich heute begeistert darüber, wie wunderbar er es findet, dort nicht nur zu arbeiten, sondern auch zu leben. Er ergeht sich in lyrischen Lobgesängen über die »Raum-Zeit-Proportionen« dieser riesigen, buntscheckigen Stadt, die so aufregend anders ist, vor allem im Vergleich mit der Küste von New Jersey und ihren kleinen, wie Dominosteinen ordentlich aufgereihten Städtchen.

»Die Leute«, meint Nicholson. »kritteln immer an der L.A.-Empfindsamkeit rum. Sie denken, das ist alles versponnener Kram. Aber es hat was mit Weite zu tun. Wir haben eine Offenheit den Dingen gegenüber, die man mit der geographischen Lage erklären kann«.

In Los Angeles lag die eigene Vergangenheit in weiter Ferne, weit weg hinter den Bergen und Steppen, und für die neuen Freunde war sie völlig uninteressant. Man konnte seine Vergangenheit neu erfinden. Man konnte seine Zukunft neu erfinden. Eine Stadt der Möglichkeiten, der Ort, an dem man Filme träumte, an dem die Leute ihre Träume lebten.

Im Juli 1955 stand es fest: Jack war nicht mehr »nur zu Besuch«. Er blieb in Los Angeles, für immer und ewig, für gute und für schlechte Zeiten. Es war eine Art Ehe, die einzige, die er je auf Dauer einging.

Im Juli 1955 starb John J. Nicholson an Krebs, zweifellos hatte die Trunksucht seinen Tod noch beschleunigt. Es war ihm gesundheitlich schon eine ganze Weile immer schlechter gegangen, seine Tochter Lorraine sorgte in den letzten Lebensmonaten in der vertrauten Umgebung von Neptune für ihn.

Sein Sohn war beim Begräbnis einer der »Trauergäste, die man vermißte«. Er hatte gerade den besseren Job gefunden, zu dem ihn June immer gedrängt hatte, eine günstige Ausgangsposition in einem der berühmtesten Filmstudios, bei Metro-Goldwyn-Mayer (MGM). Jahre später erzählte Jack, er hätte einfach nicht genug Bares gehabt, um sich die Reise nach Neptune leisten zu können, zum katholischen Begräbnis des Mannes, den er immer noch für seinen Vater hielt. Die Kosten der Reise waren »unerschwinglich, oder doch zumindest so hoch, daß ich mir einreden konnte, daß sie unerschwinglich waren«.

Ethel May machte jetzt des öfteren in der Nebensaison ihren Schönheitssalon dicht und verbrachte immer mehr Zeit an der Westküste. Sie half June mit den Kindern und behielt Jack im Auge.

1954 eroberte Marlon Brando Hollywood und die Kritiker im Sturm. Der knüppelharte Film *On the Waterfront* sahnte bei den Oscar-Verleihungen ab: Bester Film, Beste Regie, Bester Hauptdarsteller, Beste Schauspielerin in einer Nebenrolle, Bestes Drehbuch nach Originalvorlage, Beste Schwarzweiß-Kameraführung. Den Zuschauern aber gefiel die saccharin-süße Sentimentalität von *White Christmas* besser – dieser Film wurde der Kassenschlager des Jahres.

Das einstmals so gewaltige Studiosystem Hollywoods war in den Grundfesten erschüttert: durch den Siegeszug des Fernsehens, durch die antikommunistische Hexenjagd und den Niedergang der großen Kinoketten; es zeigten sich Spuren von Verletzlichkeit und Überalterung.

Obwohl MGM in den dreißiger und vierziger Jahren »eine Filmfabrik von unerreichtem Prestige und nie dagewesenem Glanz« gewesen war (Ephraim Katz: »The Film Encyclopedia«), dümpelten die Studios nun in der Flaute dahin. Vom Produktionsleiter Dore Schary, dem Nachfolger des allmächtigen Louis B. Mayer, hieß es völlig zutreffend, seine Tage im Amt wären gezählt. Das riesige Terrain mit den hochkomplizierten Kulissenbauten und Tonstudios dämmerte im Dornröschenschlaf. Es wurden weniger Filme gedreht, und wenn, dann meist im Ausland, zum einen wegen des exotischen Reizes, zum anderen, um nicht die hohen Gewerkschaftslöhne zahlen zu müssen.

Der MGM-Komplex lag in Culver City, in der Nähe von Junes Wohnung. Jack füllte in der Personalabteilung des Studios ein Anmeldeformular aus und ging so lange immer wieder hin, bis er im Mai 1955 endlich einen Job bekam: als »Office Pinky« – Mädchen für alles oder Bürobote. Er verdiente 30 Dollar die Woche, und seine Hauptaufgabe bestand darin, als Botenjunge oder »Mittelsmann« zwischen MGM und dem Trickfilmstudio hin und her zu laufen.

Die Hauptstudios waren von dem zweistöckigen Trickfilmstudio durch die Overland Avenue getrennt; das Gebäude lag auf der anderen Straßenseite, an der Ecke zum Außengelände. Joseph Hanna und William Barbera arbeiteten mit ihrem Produzenten Fred Quimby als die führenden Köpfe in der Trickabteilung. Aus der immerwährenden Fehde zwischen einer Katze namens Tom und einer Maus namens Jerry hatten sie eine ungeheure Erfolgsstory gemacht. Jack diente Hanna und Barbera als Mädchen für alles, er rannte zwischen den Hauptstudios und dem Trickfilmstudio hin und her, trug Post aus, überbrachte kleine Nachrichten, besorgte die Zeichenmaterialien und ging Sandwiches holen.

Für einen Kinoverrückten konnte es keinen besseren Ort geben. Ab und zu leuchteten noch ein paar Zauberstunden vom Goldenen Zeitalter Hollywoods auf, gab es noch dann und wann glänzende Heldenepen und großartige Musicals. Gene Kelly, Ava Gardner und Robert Taylor gehörten zu den Sternen, die hell am Himmel von MGM erstrahlten, und zu den wichtigen Regisseuren, die während der fünfziger Jahre auf dem Gelände das Sagen hatten, zählten George Cukor, Stanley Donen und Vincente Minelli.

Die Angestellten konnten auf dem Gelände ihr Mittagessen verzehren, wo immer sie wollten: mal auf den Stufen eines alten braunen New Yorker Stadthauses, mal an den Ufern der Seine. Gene Kelly war besonders gut mit den Trickfilmern befreundet (schließlich hatte er ja in *Anchors Aweigh* mit der Zeichentrickmaus Jerry ein Tänzchen aufs Parkett gelegt). Er und andere Stars kamen immer mal wieder zu den Trickfilmvorführungen. Und wie alle anderen bei MGM schlichen sich auch die Leute vom Trickfilm gerne ein Weilchen davon und kibitzten bei den Live-Proben und Filmaufnahmen.

Jack fand bei den Trickfilmern gute Freunde; er blieb mit diesen Leuten jahrelang in Kontakt, und sie hätten ihn auch dann nicht vergessen, wenn er nicht so berühmt geworden wäre. Die Trickfilmabteilung galt als »große Familie« (so Assistent Lefty Callahan), und Jack mit seinen achtzehn Jahren war der Benjamin der Truppe – ein liebenswerter Verrückter mit einem gewinnenden Grinsen von Ohr zu Ohr.

»Stets hat er gelächelt, stets Blödsinn im Kopf gehabt«, berichtet Callahan vom jungen Nicholson. »Rotzfrech, aber nie so, daß man sich drüber aufgeregt hätte.«

Trickzeichner Erv Spence, einer der Hauptzeichner der Tom und Jerry-Serie und alt genug, um Jacks Vater zu sein, wurde einer seiner besten Freunde. Jack kam oft bei ihm im Büro vorbei, das gegenüber von Hanna und Barbera im zweiten Stock lag, und er piesackte den Zeichner absichtlich so lange, bis der endlich gereizt hochfuhr. Dann erschien das breite Grinsen auf Jacks Gesicht; er hatte erreicht, was er erreichen wollte: Spence auf die Nerven gehen.

Spence wiederum dachte sich seine eigenen Methoden aus, um Jack zu piesacken. Er machte Karikaturen von dem jungen Laufburschen, mit wild übertriebenen Zähnen, abstehenden Ohren und schläfrigen Augen. Die Bilder zeigte er Jack. Dann wurde dessen Grinsen noch breiter, platzte der Kerl fast vor Lachen. »Verdammt, das bin ja wirklich ich, Spence!«, gab er zu und schüttelte den Kopf. »Haargenau!«

June hatte angefangen, Golf zu spielen, und Jack lernte es jetzt ebenfalls. Er wurde Mitglied im Golfteam der MGM-Trickabteilung. Sie spielten in Turnieren in Fox Hills. Im Sommer gingen Jack und seine Trickfilmfreunde manchmal mittwochs abends auf den öffentlichen Golfplatz und spielten neun Löcher, solange es draußen hellblieb. Sport ist für Jack immer eine Methode gewesen, sich Freunde zu schaffen und Menschen für sich zu gewinnen.

Daß er golfte, war in der Presse weniger bekannt, ehe es fünfunddreißig Jahre später als Aufhänger für die Werbung zu *The Two Jakes* benutzt wurde. Für diesen Film absolvierte Jack mit einem Profi des Ojai-Klubs noch einmal einen Intensivkurs. In Interviews behauptete er, bislang in seinem Leben nur ein paar Runden gegolft zu haben. Eine Schlüsselszene spielt um das Jahr 1947 herum auf dem Fairway des Wilshire Country Club zwischen einem Herrn mittleren Alters, Jake Gittes (Nicholson), und dem anderen Jake (Harvey Keitel). Die Szene bietet übrigens auch ungewöhnliche Kameraeinstellungen aus der Perspektive des Golfballs.

Zu Hause in New Jersey waren alle Golfspieler in der High School aus Spring Lake Heights oder Deal gekommen, aus betuchteren Kreisen; die Eltern waren Mitglieder in den Country Clubs. Jack hatte den Sport damals nur aus der Sicht des Caddies kennengelernt. Aber in Los Angeles war Golf, wie alles andere, wesentlich offener, und außerdem konnte man im angenehmen Klima Südkaliforniens das ganze Jahr über spielen.

Jack hatte einen guten Schwung. Der Teenager Nicholson begann nicht nur mit dem Golfspielen, im Team der Trickfilmabteilung spielte er auch sehr anständig Bowling (diese Talente stellt er in *Five Easy Pieces* unter Beweis). Jack war, Lefty Callahan zufolge, auch der »Hausbuchmacher« des Trickfilm-Teams, er trug die Wetten vom Trickfilmstudio zu einem Kontaktmann im Hauptstudio. Jack kämmte die Rennen in Santa Anna und Hollywood Park durch, und dann zahlten vier Trickzeichner jeweils zwei Dollar als Wetteinsatz in die gemeinsame Kasse.

»Jack hat nie Geld dazugetan, denn er hat ja die Pferde ausgesucht und dann die Einsätze plaziert«, erinnert sich Callahan. »Er hat unsere acht Dollar Anfangskapital genommen und damit vier, fünf, manchmal sechs Monate gewettet. Wenn wir nachher das Geld wieder aufteilten, dann hatten wir wahrscheinlich immer noch die gleichen acht Dollar, aber zwischendrin die ganze Zeit einen Höllenspaß beim Spielen.«

Jack paßte wunderbar in die Trickfilmabteilung, mit seinem jungenhaften Tom-Sawyer-Charme und seinem »unbändigen Spaß am Leben«, wie Spence sagt. Außerdem hatte er Talent zum Zeichnen, eine Begabung, die auch Hanna und Barbera aufgefallen war, so daß sie ihm anboten, auf einem der unteren Posten in der Abteilung anzufangen. Nicholson dachte darüber nach und lehnte dann ab. Wie er meint, hatte ihn wohl damals schon der Schauspiel-Bazillus erwischt. Kaum einer von seinen Trickfilmfreunden konnte sich vorstellen, daß der Teenager irgendeinen brennenden Ehrgeiz verspürte oder es einmal zu einem Star der Spitzenklasse bringen würde. Dazu fehlte ihm das Aussehen, obwohl sich alle einig waren, die Persönlichkeit dazu hatte er ganz bestimmt.

Als sein Klassenkamerad von der Manasquan High School, Jon Epaminondas, im Herbst 1955 in Los Angeles ankam, hatte sich Jack schon sein erstes Auto zugelegt: einen zweitürigen 49er Studebaker mit Fließheck, schwarz und hochpoliert, Lefty Callahan abgekauft. Auch bei June war er ausgezogen. Jetzt lebte er über einer Autowerkstatt am Lincoln Boulevard in Culver City. Er teilte sich dieses Quartier mit einem anderen MGM-Mitarbeiter, einem Burschen aus der Requisitenabteilung, den er mit dem Spitznamen »Storeroom Roger« belegt hatte.

Die Wohnung war klein, beinahe spartanisch. Jack hatte damals schon angefangen, seine später legendäre LP-Sammlung zusammenzutragen, konnte sich jedoch noch keine anständige Stereoanlage leisten. Einen Fernseher besaß die Wohngemeinschaft auch nicht.

Epaminondas war ein Jahr älter als Nicholson, aber in der High School mit ihm in einer Klasse. Er war früher abgegangen und ein Jahr bei der Marine gewesen. Jetzt hatte er es sich in den Kopf gesetzt, in Kalifornien aus seinem attraktiven Äußeren und seinem muskulösen Körperbau Kapital zu schlagen und es einmal beim Film zu versuchen.

Als er sich dort mit seinem früheren Klassenkameraden traf, gestand er Jack, daß er gerne Filmschauspieler werden wollte. Die Antwort verblüffte ihn. »Ich auch!«, rief Jack. »Kannst du dir die Typen in Jersey vorstellen, die hätten mich doch gnadenlos durch den Kakao gezogen, wenn sie gedacht hätten, daß ich Filmstar werden wollte. Deswegen hab ich nie jemand erzählt, warum ich hierhergekommen bin.«

Eine ganz verschämte Beichte, als wäre die Schauspielerei, im Gegensatz zum Sport, keine richtige Beschäftigung für echte Männer. »Jack hat immer behauptet«, so der Produzent Fred Roos, der Nicholson einige Jahre später kennenlernte, »er sei nicht hierhergekommen, um Schauspieler zu werden. Er sagte immer, er wollte nur mal das Meer und die Filmstars sehen und ein bißchen Spaß haben.«

Epaminondas bemerkte gleich, daß sich Jack verändert hatte, sich weiter veränderte. Zum einen sah sein alter Klassenkamerad anders aus. Im Sommer 1954 war er schlanker geworden, wirkte dadurch ein ganzes Stück größer (allerdings hatte er mit dem Wachsen bei einem Meter siebenundsiebzig aufgehört). Er trug seine Haare jetzt buschig und nach hinten gekämmt. Und er war entschieden »kalifornischer« gekleidet.

Jack las viel: hochkarätige Romane in Paperbacks (lange Zeit trug er eine abgefingerte »Black Swan«-Taschenbuchausgabe von einem der letzten Thomas Mann-Romane mit sich herum) und Biografien berühmter Leute. Wie schon June war auch Jack fasziniert von prominenten Menschen, von Politikern und Staatsmännern genauso wie von Leuten aus dem Show Business oder Malern. Was unterschied sie vom Rest der Welt? Oder waren sie, wenn man sie verstand, gar nicht so anders als wir alle?

Damals waren Jacks Helden im Show Business Leute mit Verbindungen nach New Jersey: Frank Sinatra – »Jack nannte ihn ›the Rag – den Klamottenkönig‹, wegen seiner ausgesuchten Kleidung«, erinnert sich Epaminondas – und Jackie Gleason. Nicholson prophezeite damals, daß Gleason, der zu dem Zeitpunkt sein wahres Talent noch gar nicht in voller Bandbreite unter Beweis gestellt hatte, das Zeug zu einem großen Star hätte. Er interessierte sich auch für Gleasons musikalische Fähigkeiten (ob er vielleicht den Namen Gleason von June gehört hatte?) und hatte dessen Orchesterplatten schon für seine Sammlung entdeckt.

Die drei Freunde, Jack, Epaminondas und Storeroom-Roger, waren absolut kinosüchtig. Normalerweise diktierte Jack, wo es hinging. Er erweiterte ganz bewußt seinen Horizont, erlaubte sich zwar eine kleine Schwäche für die verrückten Filme mit Dean Martin und Jerry Lewis, bestand aber ansonsten darauf, daß sie sich nur die allerbesten amerikanischen Filme der Zeit wie *Picnic* oder *The Man with the Golden Arm* ansahen. Gleichzeitig schleppte Jack sie in ausländische Filme, in die neuesten Rossellinis und Viscontis oder in *Diaboliques* des französischen Regisseurs Henri-Georges Clouzot.

»Niemand wäre in New Jersey in einen Film wie *Diaboliques* gegangen«, meint Epaminondas. »Der wäre in New Jersey nicht mal gelaufen.«

Im übrigen hatte sich Jack nicht besonders verändert. Wenn er mit Mädchen zusammen war, spielte er immer noch den Clown und riß Witzchen. Doch in Wirklichkeit war er schrecklich schüchtern, genierte sich wegen der Akne auf seinem Rücken zu Tode und tat sich sehr schwer mit der üblichen Anmache. Er, Storeroom-Roger und Epaminondas waren drei einsame Halbwüchsige, die verzweifelt versuchten, bei den Mädels zu landen, und sie stellten sich nicht besonders geschickt dabei an.

Eines Tages hatten sie ein Treffen an Land gezogen, mit drei Mädchen aus einer Wohngemeinschaft, die in Las Vegas Tänzerinnen gewesen waren – eine Art formloses Dreier-Rendezvous. Sie besuchten die Mädchen in deren Wohnung. Jack nahm ein paar von seinen Schallplatten mit. Die Mädchen konnten natürlich viel besser tanzen, und von Jacks Humor waren sie nicht gerade hingerissen. Nur Jacks Mitbewohner schaffte es, sich ein bißchen näher an eine heranzupirschen, und wurde prompt rüde abgewiesen. Nachher saßen die drei zusammen, hechelten die Ereignisse des Tages noch einmal durch, tief betrübt über ihren Mangel an gesellschaftlicher Finesse.

Sie unternahmen diverse Pilgerfahrten zum Hollywood Palladium am Sunset Boulevard, wo man einfach hingehen *mußte*, wo alle berühmten Bands spielten, wo man rumhängen und vielleicht einmal ein Mädchen abschleppen konnte. Normalerweise hatten sie nach dem Eintritt und dem ersten Bier nicht mehr viel Geld übrig. Eines Abends beschlossen sie, sich ein bißchen zu schniegeln und warfen ihr restliches Kleingeld zusammen; es reichte gerade für einen Kamm.

Die drei (mit ihrem Gemeinschaftskamm) ließen ein prüfendes Auge über die Menge schweifen; Nicholson nahm all seinen Mut zusammen und forderte ein Mädchen auf. Er verschwand ein paar Minuten mit ihr, tanzte und schlängelte sich durch die Menge.

Plötzlich erschien er mit puterrotem Kopf wieder neben seinen beiden Freunden. »Wir müssen schnell hier raus! Ich muß sofort das Klo finden!«, rief Jack.

»Was ist denn los?«, erkundigten sich seine Freunde.

»Ich hab mit diesem Mädchen getanzt«, erklärte er, »und sie hat so eng getanzt, daß es mir gekommen ist, voll in die Hose!«

So war Jack Nicholson damals – er konnte nicht einmal einen langsamen Tanz aushalten, ohne (Jacks eigene Worte) »in das Mädchen abzuspritzen«.

Ironischerweise sah er inzwischen viel reifer aus. Seit er seinen Babyspeck verloren hatte, war er beinahe der typische, gutaussehende amerikanische Boy, der nette Junge von nebenan, der in allen Familienfilmen bei MGM seinen Standardauftritt absolvierte.

Im Studio hatte er es sich angewöhnt, die Hohen Herren beim Vornamen zu rufen (»etwa fünfzigmal am Tag«). Eines Tages, im Frühjahr 1956, fing er sich mit seinem »Hi, Joe!« einen etwas gründlicheren Blick des Produzenten Joseph Pasternak ein, der für seine seichten Musicalfilme mit Deanna Durbin bekannt war. Der fragte den jungen Büroburschen: »Na Kleiner, wie wär's, willst du zum Film?«

Pasternak lockte Jack mit Probeaufnahmen – und hatte ihn damit auf dem falschen Fuß erwischt. Zu allem Überfluß waren die Tests auch noch für den nächsten Tag angesetzt. Sie sollten zumindest teilweise aus einer romantischen Szene bestehen, in der Jack einem weiblichen Wesen, das nicht im Bild zu sehen ist, überzeugend seine Liebe gesteht.

Die ganze Nacht wanderte ein achtzehnjähriger Nicholson im Zimmer auf und ab und probte verzweifelt immer neue Variationen von »Judy, ich liebe dich«. Sein Mitbewohner und Epaminondas lachten sich schief. Jack klagte immer wieder: »Ich weiß nicht, wie zum Teufel ich das sagen soll. Verdammt nochmal, ich kann nicht mal ein Mädchen zum Tanzen auffordern, und nun soll ich auf einmal ›Judy, ich liebe dich‹ sagen!«

Die Probeaufnahmen gingen daneben. Pasternak teilte Jack mit, seine Stimme wäre scheußlich – er hatte immer noch dieses hohe Jersey-Näseln. Der Produzent, dessen lange Karriere in der europäischen Stummfilmzeit begonnen hatte, schlug ihm vor, in ein paar Sprech- und Schauspielstunden zu investieren. Es ging alles so rasend schnell, daß Jack gar keine Zeit fand, furchtbar am Boden zerstört zu sein.

Ein paar Tage später grüßte Jack (so berichtete er in einem »Time«-Interview) Pasternak auf dem Flur wieder mit »Hi, Joe!«. Der hielt inne, sah ihn an und brachte erneut das unsterbliche »Na Kleiner, wie wär's, willst du zum Film?« In der Titelgeschichte, die »Time« Nicholson 1974 widmete, heißt es dazu: »Wahrscheinlich war dieser kleine Anschauungsunterricht in Sachen zerschlagene Hoffnung und Gedächtnisschwund genau das richtige für Nicholsons ironischen Humor, und unter Umständen hat das auch seinen aggressiven Stolz angefacht.«

Jack grämte sich nicht zu sehr wegen der verpatzten Probeaufnahmen; aber das hatte nichts zu sagen, denn er spielte ja alles herunter. Bis zu diesem Zeitpunkt hatte er in Los Angeles noch nicht auf der Bühne gestanden, auch erst wenige Theaterstücke gesehen und keinen Unterricht genommen. Wenn sich einmal ab und zu eine Gelegenheit ergab – zum Beispiel ein MGM-Plakat mit Vorsprechterminen für Gruppenszenen und kleine Nebenrollen in *Tea and Sympathy* – dann debattierten die drei Freunde lang, verkündeten wortreich ihre Absicht, endlich was zu tun, verpaßten dann aber doch immer irgendwie die Gelegenheit.

Epaminondas und Nicholson sprachen ernsthaft über das Handwerk des Schauspielers. Jack war der Meinung, Hollywood hätte seinen Zenit überschritten, in den Filmen würde die Schauspielerei nicht ernstgenommen und nur an der Ostküste, in den Method Schools und am Broadway, würde ehrlich und ernsthaft gearbeitet. Er beharrte so sehr auf dieser Auffassung, daß er Epaminondas schließlich überzeugte. Der ging im Frühjahr 1956 von Los Angeles nach New York und schrieb sich in der etablierten American Academy of Dramatic Arts ein.

Als Epaminondas Jack fragte, ob er nicht mitkommen wolle, sagte Nicholson nein. Er wollte noch ein bißchen länger in Los Angeles aushalten.

Im Frühjahr 1956, nach seinen verpatzten Probeaufnahmen, unternahm Jack Nicholson, damals gerade neunzehn, seine ersten zaghaften Schritte in Richtung Beruf.

Er machte Hollywood und Sunset unsicher, die palmengesäumten Boulevards vor Schwab's Drugstore, Grauman's Chinese Theatre, Brown Derby und allen anderen Pilgerstätten, wo sich in Hollywood Touristen und hoffnungsvolle Jungtalente herumtrieben.

Jack legte sich einen Agenten zu, die ersten Hochglanzfotos entstanden, er wurde zu den ersten Besetzungsgesprächen eingeladen. Das schwierigste war eigentlich, einen Termin für so ein Gespräch zu ergattern. Falls es einmal klappte, dann ging es gewöhnlich um irgendeinen Independent mit Mini-Etat oder um eine Fernsehfolge.

Sein erster Agent war Fred Katz, ein Veteran aus Vaudeville-Zeiten (vielleicht hatte er irgendwann sogar einmal June unter Vertrag gehabt und nahm den jungen Anfänger aus Gefälligkeit unter seine Fittiche). Die beiden Fotos, die in diesem Jahr im Academy Players Directory, einer Art Versandhauskatalog für alle Studios und Produzenten, abgedruckt sind, zeigen zwei Seiten des jungen Unbekannten: Auf dem einen Bild schaut Jack mit eiskalten Augen hart und düster brütend; auf dem anderen strahlt der verschmitzt grinsende junge Schauspieler unverdünnte menschliche Wärme und Nettigkeit aus.

Jahre später stand in mehreren Artikeln, die Talentsucher von MGM hätten Jack empfohlen, sich im Players Ring umzusehen und dort erst einmal wertvolle Erfahrung zu sammeln. Andere Berichte behaupten, es seien Hanna und Barbera gewesen, die ihn zuerst auf den Ring aufmerksam machten, nachdem sie einmal begriffen hatten, daß Jack nicht daran interessiert war, bei ihnen Trickzeichner zu werden. Vielleicht war es auch sein Agent Fred Katz – es hätte wirklich jeder sein können. In und um Los Angeles kannte man den Ring einfach.

Nachdem die Studios aus Kostengründen ihre Schauspiellehrer und Talentklassen ersatzlos gestrichen hatten, schossen überall kleine Theatergruppen wie Pilze aus dem Boden. Seit 1950 hatte sich der Players Ring am Santa Monica Boulevard, knapp östlich von La Cienega, einen Ruf als eine der besten kleinen Theatertruppen in Los Angeles erobert. Der Ring war ein Ableger der älteren, etablierteren Circle Players. Das Klima war hier leidenschaftlich und idealistisch, hier konnte man als junger Niemand einfach hereinspazieren, sich auf der Bühne erproben und vielleicht die große Chance bekommen.

Zwar gehörte das Vorsprechen vor dem Komitee zum Aufnahmeritual (die Ring-Chefs erzählten gern die Geschichte, wie sie einmal eine junge, üppige, aber nicht gerade vor Talent strotzende Marilyn Monroe ablehnten), aber eigentlich wurde von einem bescheidenen Novizen nicht sonderlich viel verlangt. Meist reichte es, wenn man seine Bereitschaft zum Kloputzen signalisierte.

Jack trat dem Ring im Frühsommer 1956 bei. Als die legendäre Hollywood-Journalistin Louella O. Parsons einmal für einen Artikel über ein junges Starlet recherchierte, das sich in einer Ring-Produktion die ersten Sporen verdient hatte (es war die Schauspielerin Felicia Farr, die später Jack Lemmon heiratete), da bekam der Fotograf beim Besuch im Ring einen ganzen Haufen Ring-Novizen vor die Linse, darunter auch einen jungen, lächelnden Jack beim Kulissenmalen. Das Foto erschien denn auch prompt in einem Werbemagazin für Fuller-Pinsel!

Wenn man einmal im Ring war, dann gab es nichts mehr, nur noch Lerneifer und die Gier nach der Bühne. Es ging allein um den größeren Ruhm des Theaters. Eine Alles-oder-Nichts-Begeisterung und schrankenlose Liebe zum Schauspiel erfüllte den jungen Nicholson. Die Mitglieder des Theatervorstandes, von denen einige schon regelmäßig für den Film oder für das Fernsehen arbeiteten, spendeten einen Teil ihres Einkommens für die laufenden Kosten des Theaters.

Die Ring-Leute probten rund um die Uhr, sie machten alles, um die Show auf die Bretter zu stellen. Da waren zunächst einmal die großen Shows, sechs Tage pro Woche, dann spielten sie noch fleißig Nachmittagsproben, gaben samstags und sonntags zwei Kindervorstellungen und montags Improvisationsabende. Neben dem Haupttheater hatte der Ring zwei Häuserblocks entfernt noch ein zweites Theater, den Gallery Annex.

Die Räumlichkeiten waren trotz des guten Rufes, den der Ring genoß, alles andere als hochherrschaftlich. Hinter der Bühne ging es eng zu. Im Haupttheater fanden 150 Zuschauer Platz; die Bühne war klein und intim, nicht viel größer als ein mittleres Eßzimmer.

»Komisch, das wußte damals niemand, aber eigentlich war es die beste Vorbereitung für das Filmen, die man sich denken konnte«, meint Kathleen Freeman, die damals Produktionen bei den Ring Players betreute. (Freeman tauchte häufig in Filmen mit Dean Martin und Jerry Lewis auf und war im Fernsehen schon 1958 als ewig-neugierige Mrs. Wilgus Dauergast der »Donna Reed Show«.) »Hundertprozent richtig aus folgendem Grund: Wo immer man auch auf der Bühne war, irgend jemand hat einen immer angeschaut, man hatte gar keine Chance, sich irgendwohin zu verziehen oder sich auszuruhen, man mußte sich einfach völlig in die Produktion einbringen.«

Jack erledigte tagsüber weiter seinen Job als Büroburssche bei MGM, nachts arbeitete er beim Ring. Zum ersten Mal erscheint er im Mai 1956 in einem Ring-Programm, als einer von fünf Assistenten der Produktion »King of Hearts« im Haupttheater. Dann machte er Fortschritte in seiner Theaterlehre, gehörte zu den drei Assistenten bei einem anderen Stück, »The Fifth Season«, das parallel im Gallery Annex bis in den frühen Juli hinein gezeigt wurde.

»Beim Players Ring ist mir was sehr Gutes passiert. Ich bin zum Probelesen gegangen. Sie hatten immer zwei Produktionen (gleichzeitig), und für diese zwei Produktionen haben sie Probelesen für alle Rollen gemacht. Zwei Stücke, ganz gleich welche, da tauchte dann mehr oder weniger jeder Schauspieler in Hollywood auf, der gerade nicht direkt zu tun hatte. Ich habe sie alle lesen sehen. Das hat mich sehr ermutigt. Ich habe damals gemerkt, daß eigentlich niemand richtig gut gelesen hat. Und ich habe mir gesagt: das ist gar nicht so wild. Ab da schien mir der Berg nicht mehr ganz so unüberwindlich ... Es war irgendwie eine außergewöhnliche Situation, daß ein Schauspieler das in einer professionellen Umgebung zu sehen kriegte. Auf einmal erlebte ich die gleichen Schauspieler, die sich fast alle auch um Rollen in Fernsehshows und Filmen bewarben, und ich sah sie in der nacktesten und exponiertesten Situation, die es für einen Schauspieler nur geben kann, bei einer Leseprobe für eine Rolle. Und ich habe deswegen immer sehr gut gelesen.«

Ironischerweise war die erste und einzige Ring-Vorstellung, in der Nicholson auf der Bühne auftrat, ein so begehrtes Stück, daß MGM es kurz zuvor auf der anderen Straßenseite bereits verfilmt hatte: Robert Andersons »Tea and Sympathy«. Dennis Hopper hatte eine der Hauptrollen geprobt, ehe er ausfiel, weil er eine Rolle im Film übernahm. Hier lernte Nicholson den späteren Regisseur von *Easy Rider* kennen. Jack spielte eine kleine Nebenrolle, Phil, einen bergsteigenden Mitschüler, der in den ersten beiden Akten ein paar eingeworfene Zeilen zu sprechen hat. Seine Gage: 14 Dollar die Woche.

Viele von den Altstars im Film befanden sich damals auf dem Weg in die Rente oder verloren allmählich ihr Publikum, in Hollywood hieß das Zauberwort Jugend. Alle Studios und Agenten waren beständig auch im Players Ring auf der Suche nach vielversprechenden neuen Gesichtern. Als »Tea and Sympathy« nach zwei Monaten im September abgelaufen war, krallten sich die Talentsucher zwei auffallend gutaussehende junge Schauspieler, Michael Landon und Edd Byrnes, die auch in kleinen Rollen aufgetreten waren, für Hauptrollen in Fernsehproduktionen und Filmen. Landon und Byrnes wurden beide innerhalb der nächsten Jahre durch ihre Fernsehserien berühmt.

Für den jungen, linkischen Nicholson, der im Leben wesentlich anziehender war als auf der Bühne, konnte sich niemand erwärmen. »Als die Show vorbei war, kriegten die anderen alle Jobs in ihren eigenen Fernsehserien – nur ich hing immer noch rum und ›bereitete mich vor‹.«

Später, als Star, würde sich Jack seine ureigene Nische ausbauen: als bewußt ungewöhnlicher, unkonventioneller Hauptdarsteller. In den fünfziger Jahren machte er allerdings eher einen anderen Eindruck, war er nur eins von unzähligen anständigen, sauberen Gesichtern. Zehn Jahre lang wurde Nicholson im Players Directory als »jüngerer männlicher Hauptdarsteller« geführt. In dieser überfüllten Kategorie ganz sicher zu seinem Nachteil, denn er war weder so markig wie Little Joe in »Bonanza«, noch so scheinbar lässig wie Kookie im ultracoolen »77 Sunset Strip«.

Jack sah »ganz normal gut aus«, so Kathleen Freeman. »Wenn ich mich überhaupt aus der Zeit an ihn erinnere, dann als einen Typen, der es ganz bestimmt nicht zu was anderem als zu stinknormalen männlichen Hauptrollen bringen würde.«

Terence Kilburn, der frühere Kinderstar (*Goodbye, Mr. Chips*), der in »Tea and Sympathy« Regie führte, erinnert sich gut an Nicholson: »Er war eine auffallende Persönlichkeit, obwohl ich mich daran eher aus Gesprächen entsinne als von seinen Auftritten im Stück. Im Stück rannte er buchstäblich ein paarmal quer über die Bühne, zusammen mit anderen Jungen, und sie unterhielten sich über Tennis oder sonstwas. Er hatte ein wunderbares Lächeln, und ich dachte damals, er sieht ein bißchen wie Henry Fonda aus.«

»Dünn war er«, sagt Edd Byrnes. »Wir waren alle dünn! Er hatte eine Art komischen Akzent. Eigentlich erinnere ich mich nur, daß er wirklich das tollste Lächeln hatte, das ich je gesehen hatte.«

Wenn ihm schon kein Besetzungsdirektor auf die Schulter tippte, Jack eroberte sich schnell neue Freunde. Die wiesen ihn auf neue Türen hin, die für ihn offenstanden.

Die Fernsehshow, die in aller Munde war, wurde über NBC ausgestrahlt und hieß »Matinee Theater«, mit dem Gastgeber John Conte. »Matinee Theater« lief damals im zweiten Jahr; es war ein Programm, das an jedem Wochentag nachmittags von der Westküste live und in Farbe gesendet wurde. Kritiker verglichen es in seinem ehrgeizigen Angebot und in der Qualität mit den großen nationalen Repertoiretheatern. Mit seinen einstündigen Kurzfassungen von Shaw, Wilde, Ibsen, Poe, Shakespeare, Henry James, Huxley, Steinbeck und James Barrie erreichte der Produzent Albert McCleery jeden Tag sieben Millionen Zuschauer.

Angie Dickinson, Fay Spain und Will Hutchins gehörten zu den neuen Namen in der Show, die genug Staub aufwirbelten, um auf sich aufmerksam zu machen. Dean Stockwell, ein grüblerisch blickender junger Schauspieler, der nach seiner Karriere als Kinderstar eine Weile weg vom Fenster gewesen war, frischte seinen Ruhm mit einigen Auftritten im »Matinee Theater« wieder auf.

»Matinee Theater« produzierte so viele Shows, daß ein Schauspieler nicht einmal einen Agenten brauchte, um hier den Fuß in die Tür zu bekommen. Man rief nur einfach beim Besetzungsbüro an und bekam einen Termin für die Probeaufnahmen am Dienstagabend.

Die Serie funktionierte ganz genau wie der Players Ring nach dem Prinzip des Billigen Jakob: Die Hauptakzente lagen auf dem Drehbuch und der schauspielerischen Leistung. Requisiten und Kostüme waren vom Elementarsten, die Möblierung spärlich, im Hintergrund hing fast immer nur ein schwarzer Samtvorhang. Die Kameraführung war allerdings sorgfältig ausgearbeitet, wenn auch klaustrophobisch: viele Naheinstellungen, viele Aufnahmen über die Schulter.

Jacks erster überregionaler Auftritt fand am 3. September 1956 in einem Programm mit dem Titel »Are you listening?« statt, in dem Conrad Janis einen Dixieland-Trompeter darstellte, der aus dem Ruhm seines Vaters als Jazz-Virtuose Kapital schlägt. (Jahre später lernte das Fernsehpublikum Janis als Mindys Vater in der TV-Hit-Serie »Mork and Mindy« kennen.) Jack spielte einen der Söhne des Musikers und fiel nicht weiter auf. Auf der Besetzungsliste von neun Personen stand er an achter Stelle.

Typisch für sein Fernsehschicksal: Die Rolle war so winzig, die Produktion so rasend schnell vorbei, daß Nicholson niemandem im Gedächtnis blieb, nicht einmal seinen Mitspielern. Als Janis für dieses Buch über ihn befragt wurde, konnte er sich kaum daran erinnern, daß Nicholson mitgespielt hatte; viel besser war ihm im Gedächtnis geblieben, daß er ein paar Jahre später einmal gegen Jack Baseball gespielt hatte, und zwar in der Show-Business-League, die zu dieser Zeit überall in Los Angeles und im San Fernando Valley nördlich und südlich der Stadt fröhliche Urstände feierte.

Vom »Matinee Theater« war es nur ein kleiner Sprung zu einem anderen Fernsehprogramm, das in Los Angeles gedreht wurde und auch davon lebte, ständig neue junge Gesichter zu präsentieren: »Divorce Court«, eine Sendung, die am Mittwochabend als Konkurrenz zu den gediegeneren Programmen von Kraft und U.S. Steel lief. Es war Fernsehen für die Hauptsendezeit, das Konzept provokativ: Jeder Teil war so geplant, daß nicht einmal der Produzent hunderprozentig sicher sein konnte, wie die Scheidungsprozesse jeweils ausgehen würden.

Die streitenden Parteien bekamen drei Arten von Fakten. Einmal solche, aus denen sie ihren Charakter aufbauen konnten, des weiteren »Lügen«, die sie als Wahrheit verkaufen und schließlich »Geheimnisse«, die sie nach Kräften bis zum Kreuzverhör für sich behalten mußten. Als Gewinner hatte man begeisterte Freude zu spielen, als Verlierer mußte man zutiefst deprimiert sein. Es war fantastisches Improvisationstraining.

Nicholson trat mehr als einmal als Scheidungsgrund in »Divorce Court« auf. »Ich war der dreisteste Seitensprung am Ort«, brüstete er sich später gern in Interviews.

Die Produktionen in den Studios wurden immer weniger, daher waren die kleinen Theatertruppen und die Fernsehproduktionen lebenswichtig für junge Schauspieler und Schauspielerinnen, die sich in den fünfziger Jahren in Hollywood trollten. Zum einen konnten sie wertvolle Erfahrungen sammeln, zum anderen gab es beim Fernsehen gutes Geld, Gewerkschaftstarif: 350 Dollar die Woche, ein wahres Vermögen. Damals konnte man mit etwa 50 Dollar gut auskommen, und das lag immer noch unter der Mindestgrenze für Arbeitslosenunterstützung.

Nicholson schätzt, daß er in seinem ersten Profijahr als Schauspieler etwa 1.400 Dollar verdient hat.

Im Programm von »Tea and Sympathy« ist zu lesen: »Jack Nicholson spielt zum ersten Mal in einer professionellen Produktion; er hat in den letzten beiden Jahren am Players Ring studiert.« Diese Angaben sind wieder ein bißchen geschönt: Nicholson war zu diesem Zeitpunkt nicht einmal zwei Jahre in Kalifornien. Ganz zu schweigen davon, daß es am Players Ring kein richtiges formelles Studienprogramm gab, obwohl immer wieder versucht wurde, zwischen all die anderen Aktivitäten auch noch Lesungen und Workshops zu quetschen.

Joe E. Flynn war einer von denen, die manchmal mit den jungen Schauspielern Einzelszenen erarbeiteten und Diskussionsgruppen bildeten – faktisch einer von Nicholsons ersten Schauspiellehrern. Später wurde Flynn für seine TV-Darstellung des stürmischen Vorgesetzten von McHale in »McHale's Navy« berühmt, damals jedoch war er nicht sehr viel weiter als Jack selbst: nur einer von vielen hungerleidenden Schauspielern. »Joe war nicht nur Lehrer«, sagt Kathleen Freeman. »Er mußte sich auch als Schauspieler durchbeißen, wie alle anderen.«

Bei der Arbeit an den Einzelszenen hatte Jack Blut geleckt. Er hörte, daß es einen begeisterten Schauspiellehrer geben sollte, der in seiner Garage, die zu einem winzigen Theater umgebaut war, kleine Gruppen unterrichtete. Die Leute vom Ring redeten von diesem außergewöhnlichen Mann. Jacks Freundin Luana Anders, eine rotblonde Schöne aus Südkalifornien, die schon in vielen kleinen Theaterproduktionen und einigen B-Filmen mitgewirkt hatte (unter anderem in *Reform School Girl* von A.I.P.), arbeitete auch als Bote bei MGM. Sie drängte Jack, sich bei Jeff Corey einzuschreiben.

Coreys Ruf war phänomenal. Es hieß, sein Schauspielunterricht wäre der spannendste und anregendste in der Stadt.

Viel Auswahl gab es allerdings nicht. Die Studios schlossen eines nach dem anderen ihre Schauspielklassen. Die Theaterabteilungen an den verschiedenen Colleges waren extrem akademisch, buchtrocken und altmodisch. Die jungen Leute suchten jemanden, der sich in sie hineinversetzen konnte, der mit der Zeit ging und einen neuen Ansatz zu bieten hatte.

Jeff Corey war eigentlich Schauspiellehrer wider Willen. Seit den vierziger Jahren in der Filmbranche tätig (vielleicht hatte Jack ihn in Lieblingsfilmen seiner Kindheit gesehen, in *My Friend Flicka* oder *Wake of the Red Witch*), wurde er in Hollywood von seinen Kollegen als solider Schauspieler bewundert. Mit seinem stämmigen Körperbau, den buschigen Augenbrauen, der Adlernase und seiner weichfließenden, tragenden Stimme war er ein unvergeßlicher Charakterdarsteller.

Corey machte gerade Karriere, als er 1951 wegen seiner politisch linken Sympathien auf die Schwarze Liste gesetzt wurde. Er weigerte sich, vor dem Komitee für unamerikanische Aktivitäten (HUAC) klein beizugeben, was zur Folge hatte, daß er über zehn Jahre lang keinen Job mehr als Schauspieler bekam. Zuerst arbeitete er auf dem Bau; dann überredeten ihn Freunde, in der renovierten Garage hinter seinem Haus Schauspielunterricht zu geben (doch selbst als er schon Stunden gab, hat er sich noch in so mancher Woche beim Gräbenziehen etwas dazuverdient).

In seinem Unterricht während der frühen fünfziger Jahre erschienen Neulinge wie Carol Burnett, die damals noch an der UCLA-Universität studierte, aber auch gewiefte Profis wie Gary Cooper (mit dem Corey in *Bright Leaf* gespielt hatte); und dann – das war Coreys große Anziehungskraft – sogar der fieberhafte junge Schauspieler, den auf einmal alle nachahmen wollten: James Dean.

Corey machte keine Werbung. Er brauchte keine Reklame, brauchte sich nicht nach neuen Schülern umzusehen. Vorsprechen bei ihm war einfach und unkompliziert. Erst ein Gespräch, bei dem er den Neuling so gut wie möglich persönlich kennenlernen wollte, dann die Lesung eines klassischen oder modernen Textes. Bei seiner Bewertung künftiger neuer Schüler legte Corey

Wert auf eine positive Einstellung, auf Intelligenz und eine gesunde Energie. Es war ihm natürlich auch nicht gleichgültig, ob jemand bereit war, die kümmerliche Gebühr von zehn Dollar pro Monat zu zahlen und zweimal in der Woche aufzutauchen.

Jack kam im Frühjar 1957 zu ihm und fügte sich wunderbar ein. Coreys Haus und Schauspielstudio an der Cheremoya Avenue wurde für viele junge Leute, die in den fünfziger Jahren nach Hollywood strömten, ein zweites Zuhause. Alle waren jung, standen noch ganz am Anfang oder, falls sie Kinderstars gewesen waren, am Neubeginn ihrer Karriere. Ein paar wollten lieber ihren Lebensunterhalt mit Drehbuchschreiben verdienen und dachten, sie könnten in Coreys Unterricht ihre Schreibtechnik entwickeln. Viele kamen aus zerrütteten Familien und hatten gerade eine schmerzliche Vergangenheit hinter sich gelassen.

Früher einmal hatten die Studios jungen Leuten die Möglichkeit gegeben, sich persönlich und beruflich weiterzuentwickeln. Aber nun brauchten sie eine Alternative, eine Oase, eine Gemeinschaft. In Los Angeles waren sie alle desorientiert, geographisch und gefühlsmäßig.

»Viele von den jungen Leuten waren völlig durcheinander«, erinnert sich Corey, »und sie kamen nach Hollywood, wie Jack, lebten Gottweißwo, in irgendeinem Besenschrank an irgendeiner x-beliebigen Straße in irgendeiner Gegend. Unser Haus bot eine Zuflucht für sie. Es war ein wunderbares Haus – zwei Stockwerke, oben vier Schlafzimmer, weite Flure und Treppen und ein eingebautes Spielfeld ... Robert Blake und Jack Nicholson kamen immer lange vor dem Unterricht und trainierten auf meinem Handballplatz. Wir spielten Handball oder warfen Körbe. Robert erzählte mir, daß sie einmal ins Haus kamen, um die Toilette unter der Treppe im Untergeschoß zu benutzen. Sie schlichen sich durch den Flur und schauten verstohlen durch die Glastür in unser Eßzimmer. Jack sagte damals zu Bobby: ›Die Familie sitzt tatsächlich zusammen an einem Tisch und ißt.‹ Als wäre das was Besonderes. Ich war ziemlich verblüfft. Aber es ist wirklich erstaunlich, wieviele Schüler damals gesagt haben, daß sie nie mit ihrer Familie zusammen zu Abend gegessen hatten.«

Die Central Casting-Agentur hätte Corey als idealen Vater besetzen können. Für mehr als einen seiner Schüler war er – wie es die Schauspielerin Lynn Bernay formuliert – eine »Vaterfigur«. Im Unterricht immer sanft und verständnisvoll, wunderbar warmherzig und hilfsbereit, durch und durch ehrlich in seinen Reaktionen.

Seine Schüler wußten natürlich, daß ihn der McCarthy-Mob auf dem Gewissen hatte. Für sie war er ein Symbol des Widerstands gegen ein System, das auch viele von ihnen für veraltet und korrupt hielten. (So korrupt, daß gewisse Studios ihn zwar auf die Schwarze Liste gesetzt hatten, aber unter der Hand dann trotzdem ihre Vertragsschauspieler zu ihm ins Training schickten.) Seine saubere, ehrliche Gesinnung ließ in ihren Augen seine Persönlichkeit nur noch strahlender erscheinen.

Er war sicherlich der gebildetste Mann, den viele von ihnen je kennengelernt hatten, und immer versuchte er, auch philosophische Inhalte in den Unterricht einzubringen. Zu seinen Lieblingsthemen bombardierte er die Schüler mit Zitaten aus den verschiedensten geistigen Quellen, bis ihnen die Luft wegblieb. Aber er war kein bißchen pedantisch.

»Mir war völlig klar, daß hier viel gesunde Übertragung stattfand«, meint Corey. »Ich versuchte, einen guten Einfluß auf die jungen Leute zu nehmen. Wir sprachen nicht nur über die Schauspielerei, bei der Arbeit habe ich unweigerlich ab und zu einmal Bezug auf ›Oedipus Rex‹ oder die Bibel, die griechische Mythologie oder die Musik genommen, und ich habe sie angehalten, Gedichte zu lesen. Sie sollten ihren Horizont erweitern.«

Mit der Zeit erfand und verfeinerte Corey verschiedene fantasievolle Übungen, die Nicholson und viele andere über Jahre hinweg zum festen Bestandteil ihrer Schauspielkunst bei Film und Fernsehen gemacht haben.

Manchmal wurden die jungen Schauspieler aufgefordert, irgendeine körperliche Arbeit zu tun, damit sie lernten, eine Sache um ihrer selbst willen und ganz ehrlich und wahrhaftig zu machen. Während sie diese körperliche Arbeit ausführten, sollten sie vielleicht einen Song von Gershwin singen oder einen Monolog von Arthur Miller rezitieren. So lernten sie, ihre Rollen nicht durch »psychologische Verrenkungen« zu komplizieren. Und sie erfuhren, daß aus einer verlogenen Körperhaltung auch eine verlogene psychologische Haltung resultiert.

Gelegentlich mußten sich die Schauspielschüler auf eine der vielen Reproduktionen berühmter Gemälde konzentrieren, die im Klassenzimmer an der Wand hingen, oder sie sollten sich mit einem alten Möbelstück identifizieren und in freier Assoziation daraus ihre Charaktere entwickeln.

Corey hatte eine spezielle Übung, in der er eine Szene aus einem bekannten Stück nahm und die Schüler bat, diese Szene in einem anderen Zusammenhang neu zu schaffen. So konnte zum Beispiel eine Szene aus einem klassischen Stück als Dope-Deal uminterpretiert werden. Schauspieler (und zukünftige Drehbuchautoren) sollten so lernen, daß man eine Situation vom Gefühl her nie frontal angehen, sondern immer eher von der Seite beleuchten sollte.

»Mit anderen Worten«, so der Autor Robert Towne, der damals zusammen mit Nicholson Schüler Coreys war, »der Zusammenhang, in den er die Szene stellte, stand im krassen Gegensatz zum Text, und Aufgabe der Schauspieler war es nun, durch die Interpretation der verschiedenen Aktionen, die ihnen dazu so einfielen, eine reale Situation zu suggerieren, die in den Textzeilen in keiner Weise beschrieben wurde«.

Towne beobachtete Jack, wie er in Coreys Unterricht in solchen Szenen improvisierte; seine Schreibweise wurde stark dadurch beeinflußt. »Nicholsons Improvisationen waren fantasievoll. Wenn man ihm eine bestimmte Situation gab, dann improvisierte er nicht drauflos. Er redete erst einmal um das Problem herum. So muß gutes Schreiben sein: nie explizit. Nehmen wir mal eine ganz banale Situation: Ein Typ will ein Mädchen rumkriegen. Er redet über alles mögliche, angefangen von seiner Gummiente aus dem Kindergarten bis hin zum Essen auf dem Tisch oder was auch immer. Aber man weiß stets, er hat nur eins im Sinn, das Mädchen aufs Kreuz zu legen. Das ist fantasievoll, da kann man viel übers Schreiben lernen.«

Corey selbst hatte seine Schauspielkunst beim legendären Roman »Bud« Bohnen vom Group Theatre sowie beim jiddischen Schauspieler Jules Dassin gelernt, der später selbst Regisseur wurde (*Never on a Sunday*). Auch der in Rußland geborene

Michael Tschechow gehörte zu seinen Mentoren. Corey wollte nicht, daß Filmszenen nachgespielt wurden. Für ihn waren die besten Quellen gerade gut genug, Szenen aus bewährten, guten Theaterstücken. Die Arbeiten und Schriften von Konstantin Stanislawski, dem berühmten Schauspieler und Regisseur des Moskauer Künstlertheaters, waren seine Bibel, und er drängte die Studenten, dessen Abhandlung »Die Arbeit des Schauspielers an sich selbst ...« zu lesen.

Corey ritt jedoch Stanislawski und dessen Methode nicht zu Tode. Er favorisierte Improvisation und Spielereien. Entscheidet euch im Zweifelsfall für die bizarre Möglichkeit, ermunterte er seine Schüler. Seid unvorhersehbar. Setzt auf Lachen, wo ein anderer automatisch »Tränen« denken würde. Unterbrecht euch selbst mit plötzlichen, unerklärlichen Wutausbrüchen.

Seine grundlegende Theorie basierte, laut Nicholson, darauf, »daß du mit jedem Menschen, den du je spielen wirst, mindestens fünfundsiebzig Prozent gemeinsam hast, ob das nun Hitler oder Peter Pan ist. Was du finden mußt, das sind die fünfundzwanzig Prozent, wo ihr euch unterscheidet, und die mußt du spielen. Den Rest kannst du einfach vergessen, der ist sowieso schon da. Den könntest du nicht mal verlieren, wenn du wolltest«.

Vor allem, drängte Corey immer wieder, macht euch nicht undurchsichtig. Ahmt nicht andere nach. Entdeckt euch in der Rolle. Seid ihr selbst. Seid selbst die Direktoren in eurer eigenen Akademie.

Die perfekte Philosophie für eine Generation, die geradezu versessen auf Selbstentdeckung war ...

Einige Leute glauben sich zwar zu erinnern, daß Nicholson 1957/58 der glänzende Stern in Coreys Schauspielunterricht war (»Für mich«, meint Regisseur und Produzent Roger Corman, »war Jack auch als völlig unbekannter junger Mann der Beste in der Klasse.«), aber das scheint wohl eher hundertprozentige Sehschärfe im Rückblick zu sein. Die meisten anderen sagen, Jack sei in jenen Tagen noch eher ungehobelt und steif gewesen, enorm liebenswert, doch als Schauspieler sehr unreif – ungeheuer unreif. »Na ja, zu der Zeit war ich innerlich schon Feuer und Flamme«, so Nicholson in einem Interview, »aber nach außen war das nicht gerade deutlich sichtbar. Es war alles noch zugeschüttet, mit, na ja, mit der großen Schau«.

In einigen Sachen war Jack fantastisch, etwa in »Enthemmtheit«, dem schauspielerischen Äquivalent eines Tobsuchtsanfalls, bei dem er alle Gefühlsregister ziehen konnte, um tiefere Wahrheiten zu vermitteln. Das war für einen Anfänger ungewöhnlich. »Enthemmtheit« konnte sogar dem erfahrensten alten Hasen Probleme bereiten; es bedeutet, man mußte die Kontrolle verlieren. Je schriller die Stimmung, je höher die Drehzahl, desto selbstbewußter und kraftvoller schien Jack zu werden. Diese Eigenschaft hatte er sich in seinem bisherigen Leben antrainiert, und er setzte sie später in seinen besten und denkwürdigsten Arbeiten ein.

Die ganze Zeit über war sich Corey nicht sicher, was aus Nicholson werden sollte. »Ich habe immer gedacht, daß ein Teil von Jack im Grunde genommen sehr traurig war, nicht dunkel oder jammervoll traurig, sondern auf eine gute Art, so dynamisch traurig. Ich denke auch nicht, daß Traurigsein was Schlimmes ist. Trauer soll Elektra tragen.«

Oft schien Jack in den Übungen und Einzelszenen beinahe zaghaft. Corey war auch im Zweifel, was er von der »schon fast körperlich bleiernen Stimme« des Burschen halten sollte, die zu der langsamen, beinahe schläfrigen Sprechweise des jungen Mannes gehörte.

Tatsächlich hat Corey lange überlegt, ob er Nicholson nicht aus dem Unterricht rauswerfen sollte. Eines Tages nahm der Schauspiellehrer Jack mit auf einen Spaziergang um den Block und ermahnte ihn ernstlich, etwas mehr Schmiß und Schwung in seine Arbeit zu bringen.

Corey notierte in seinen Akten: »Jack Nicholson. Braucht mehr Poesie, mehr Schwung. Etwas untätig; mürrisch; sollte sich mehr begeistern. Kleinlich, kindisch, muß reifer werden, vielleicht mit liebevollem Fleiß; geht seine Ängste vor der Reife nicht an. Über eventuelles Ausscheiden sprechen. Ganz einsteigen oder ganz aussteigen!«

Gelegentlich griff Corey zu extremen Mitteln und warf einen Schüler aus der Klasse, denn er wollte niemand fälschlich ermuntern. Heute sagt der Schauspiellehrer allerdings, diese Drohung wäre seinerseits sicher zum Teil einfach Taktik gewesen – etwas, was er ab und zu tat, um einem jungen Kerl Feuer unterm Hintern zu machen.

»Das bedeutete nicht etwa, ich hätte gedacht, er könnte nicht spielen«, versichert Corey, »ich wollte ihm nur einen kleinen Anstoß geben ... Ich habe ihn als sehr angenehmen jungen Kerl in Erinnerung. Er war zwanzig, arbeitete im Postraum von MGM. Er hatte einen netten, anständigen Charakter, gute Arbeiterklasse. Er war kein reiches Bürschchen. Er war gute Mitte. Das mochte ich. Aber es wäre mir nicht im Traum eingefallen, mir irgendeinen von den jungen Leuten anzusehen und zu sagen ›Der Bursche bringt's mal zu was.‹ ...

Jack behauptet, ich hätte mal zu ihm gesagt: ›Du mußt mehr Poesie in deiner Arbeit zeigen‹, worauf er dann antwortete: ›Na ja, Jeff, vielleicht kannst du nur die Poesie in meiner Arbeit nicht erkennen.‹ Das ist dann in einem ›Time‹-Artikel veröffentlicht worden. Eine tolle, schlagfertige Antwort von Jack, aber ich kann mich nicht daran erinnern, daß ich das gesagt habe. Es kann sein, daß wir diese Diskussion im Zusammenhang mit einer ganz bestimmten Übung im Unterricht hatten – bei den lyrischen Skizzen aus Edgar Lee Masters ›Spoon River Anthology‹ ...

Jacks Sprechweise hat mir nie besonders gefallen, man hörte ja förmlich seine Stimmbänder schnarren. Das hat sich dann zu einer völlig entspannten, lockeren Redeweise entwickelt, und Jack hat das gut eingesetzt.«

Natürlich warf Corey Jack *nicht* raus. Im Gegenteil, in den nächsten zehn Jahren war Jack Dauergast in Unterricht dieser Art, suchte nach dem schauspielerischen Stein der Weisen, wanderte von einem Guru zum nächsten. Bei aller Improvisationsgabe ist er doch einer der am gründlichsten ausgebildeten Schauspieler, die die Filmgeschichte Hollywoods kennt.

Jack studierte zwei Jahre lang bei Corey, erst in Cheremoya, dann kurze Zeit am nächsten Wirkungsort Coreys, im Circle Theater an der El Centro. Anschließend hatte Jack verschiedene andere Lehrer, unter anderem auch Martin Landau und Eric Morris, einen Landau-Schüler (Nicholson wird als Autor für die

Einleitung zu einem von Morris' Schauspiel-Lehrbüchern, »No Acting, Please«, angeführt).

35 Jahre später weist Nicholson noch gern in Interviews darauf hin, wie gründlich er sich immer noch auf seine Rollen vorbereitet, mit den gleichen Übungen, wie er sie in den späten fünfziger und frühen sechziger Jahren gelernt hat.

Er recherchiert und liest ausführlich. Er macht Atemübungen und wärmt sich mit geträllerten Liedchen auf. Er schreibt alle seine Dialoge auf kleine Karteikarten und verzeichnet neben jedem Wort und jeder Redewendung eine Betonung oder einen Rhythmus.

Vor allem aber: Er zerpflückt das Drehbuch und versucht, das »Geheimnis« seines Charakters zu finden, »eine innere Gefühlsdynamik, eine Requisite, eine Aktion, die für ihn die Essenz dieser Persönlichkeit ist«, schreibt Ron Rosenbaum in der »New York Times« über Nicholson.

Coreys Unterricht war für ihn der Schmelztiegel, wo er all das lernte. Als seine Tochter Jennifer den Wunsch äußerte, Schauspielerin zu werden, schickte Nicholson sie zu Corey. Freunden gegenüber hat Jack oft gesagt, daß kein Tag verging, an dem er nicht darüber nachdachte, was er von Corey gelernt hat – nicht nur die Technik, sondern auch die Philosophie des Schauspielerberufs: »Schauspielerei, das heißt das Leben studieren, und in Coreys Unterricht habe ich gelernt, das Leben wie – und da zögere ich immer noch – wie ein Künstler zu betrachten.«

Die jungen Leute, die sich 1957/58 in Coreys Unterricht kennenlernten, entwickelten sich zu einer freundschaftlich und beruflich verbundenen Gruppe, wurden ein Teil des Roger Corman-Pools von Drehbuchautoren, Regisseuren und Schauspielern. In mancher Hinsicht die Vorhut einer ganz neuen Generation, die sich anschickte, im vertrottelten und völlig veralteten Hollywood das Ruder in die Hand zu nehmen.

Es gab für die Ausbildung keine bestimmten Anfangs- und Endtermine. Die Klassen – immer zwischen zwölf und achtzehn Schüler – gingen nahtlos ineinander über.

1957/58 waren zwei junge Schauspieler aus Coreys Unterricht drauf und dran, den großen Durchbruch zu Hauptrollen in Film und Fernsehen zu schaffen: Richard Chamberlain und James Coburn, sowie einer, der in nächster Zukunft seine eigene Fernsehserie aus der Taufe heben würde, Peter Brown (»Lawman«). Chamberlain brachte seinen Collegefreund Robert Towne mit, der aus San Pedro stammte, nun in Pomona im Hauptfach Englisch studierte. Towne versuchte sich parallel zum Schreiben auch ein wenig als Schauspieler.

Das gleiche galt für die aus Los Angeles stammende Carole Eastman, deren Familie irgendwelche obskuren Arbeiten in den Studios verrichtet hatte. Ihr Vater war Bühnenarbeiter, ihr Onkel Kameramann und ihre Mutter eine von Bing Crosbys Sekretärinnen. Eastman hatte, nach eigener Aussage, in der Hollywood High School »dauernd geschwänzt«. Sie wollte Profi-Tänzerin werden (sie hatte gerade einen Auftritt als Chorus-Girl in Stanley Donans *Funny Face)*; wegen eines gebrochenen Fußes mußte sie diesen Traum jedoch zumindest zeitweise auf Eis legen. Für sie blieb die Schauspielerei eine vorübergehende Laune, trotzdem erinnern sich ihre Klassenkameraden noch gut daran, wie himmlisch zart und intensiv sie die Lyrik von Edna St.Vincent Millay gelesen hat.

Zur Gruppe gehörten auch ein paar ehemalige Kinderstars, wie Robert Blake (an dessen Auftritte in den Kurzfilmen *Our Gang* sowie in den Western der »Red Rider«-Serie sich viele vielleicht noch entsinnen konnten, nicht zu vergessen seine Rolle als mexikanischer Junge in John Hustons *The Treasure of the Sierra Madre.*) Blake tauchte manchmal mit seiner Freundin, der jungen Schauspielerin Sandra Knight, in Coreys Unterricht auf. Auch Dean Stockwell, der übermütig plinkernde Star aus *The Boy With Green Hair,* war ein ehemaliges Filmwunderkind und jetziger Corey-Eleve. Stockwell, er war inzwischen Anfang zwanzig und hatte die große Schauspiel-Hoffnung Millie Perkins zur Freundin, arbeitete an einem Comeback. Die Presse war gerade dabei, ihn zum Nachfolger von James Dean hochzustilisieren.

Dann gab es da noch die hochgewachsene, grazile (sich allerdings selbst immer als »Butterkugel« bezeichnende) blonde Kellnerin, die gerne im Cabaret singen wollte, eine junge Dame mit Namen Sally Kellerman. Des weiteren Diane Varsi, hoffnungsvoller Star von *Peyton Place* mit einem Langzeitvertrag bei Twentieth-Century-Fox. Schließlich eine Schauspielerin aus einigen Corman-Filmen, die mit Monte Hellman, einem Produzenten experimenteller Theaterstücke, verheiratet war. Als Barboura O'Neill begann sie 1957 ihre Karriere in *Sorority Girl;* unter dem Namen Barboura Morris wurde sie später eine Art ständige Einrichtung bei A.I.P.

In der Klasse von 1957/58 wurden auch einige künftige Filmregisseure »herangezüchtet«, darunter Corey Allan (als junger Schauspieler hatte er in *Rebel Without a Cause* ein Beschleunigungsrennen gegen James Dean gefahren), dann Jud Taylor (der in unzähligen Folgen von »Star Trek« und in vielen beachtlichen Fernsehfilmen Regie führen würde) sowie Irvin Kershner (der mit B-Pictures anfing, sich dann aber zu größeren Produktionsetats bei Kassenschlagern wie *Star Wars: The Empire Strikes Back* hocharbeitete).

Einer der Regisseure und Produzenten hatte sich bereits einen Namen gemacht. Pfiffig wie er war, wollte er sich in Coreys Unterricht umsehen, um wertvolle Tips für seine Schauspieler mitzunehmen und darüber hinaus noch Namen und Telefonnummern von jederzeit verfügbaren jungen Talenten zu sammeln: typisch Roger Corman.

Coreys Klasse war der Kern, um den sich die Gruppe bildete. Einer aus der Klasse, John Herman Shaner, brachte einen Freund aus der Nachbarschaft in der Bronx mit, Don Devlin. Beide waren nicht auf den Mund gefallen und palaverten im typischen New Yorker Stil. B. J. Merholz zählte zu den wenigen, die es aus dem Mittleren Westen an die Westküste verschlagen hatte, er war ein echtes Boulevardgewächs und konnte stundenlang über einer Tasse Capuccino muntere Reden schwingen. Er gehörte zur improvisierten Film-Theater-Truppe der UCLA-Uni und machte alle anderen mit Will Hutchins bekannt.

John Hackett, ein Korea-Veteran, den es zur Schauspielerei gezogen hatte, war selbst im Film-Milieu aufgewachsen – die Mutter Schauspielerin, der Vater Kameramann. Hackett brachte immer einen Freund und College-Kumpel mit, Bill Tynan, ein anderes in Los Angeles heimisches Pflänzchen. Jack nannte Tynan ›Reddog‹. Reddog war eine echte Type, ein unterhaltsamer Geschichtenerzähler, dessen Eigenheiten (wie übrigens auch die vieler anderer Freunde) Jack bald imitierte und zu seinen eigenen machte.

»Manchmal, wenn Jack eine Geschichte erzählt, klingt er haargenau wie Tynan«, meint ein alter Freund. »Jack hat von vielen Leuten Eigenheiten aufgeschnappt, verarbeitet und übernommen, und manche Dinge, die man ihn auf der Leinwand machen sieht, die hat er von Reddog. Es ist einfach toll, wie er das alles in sich aufsaugt«.

Irgend jemand kannte einen hohlwangigen Schauspieler, der schon gute Charakterrollen spielte: einen Mann aus Kentucky, der früher einmal als Tabakpflücker gearbeitet hatte, einen Veteranen aus dem Zweiten Weltkrieg, der in Filmen wie *Proud Rebel* mit Allan Ladd unter dem Namen Dean Stanton aufgetreten war – später wurde daraus dann Harry Dean Stanton. Damals zog Stanton mit einem anderen Mann aus Kentucky herum, einem Charakterdarsteller namens Warren Oates, auch der ganz und gar nicht auf den Mund gefallen.

Robert Towne hatte zwei gute Freunde aus der Welt außerhalb des Show Business, die auch in den Kreis aufgenommen wurden und dem ganzen eine intellektuelle Dimension gaben: Edward Taylor, ein superintelligenter Rhodes-Stipendiat, der alle durch seine umfassende literarische Bildung beeindruckte, sowie ein anderer Freund vom Pomona College, James Strombotne, ein kalifornischer, in Süd-Dakota geborener Maler, in dessen mit expressionistischen Gemälden vollgestopftem Atelier in Pasadena Jack und seine Freunde häufige und gern gesehene Gäste waren. Als Nicholson später ernsthaft begann, Kunst zu sammeln, fing er mit Werken von Strombotne an.

Wenn Los Angeles seine Adoptiv-Heimatstadt war, dann waren diese Leute seine Adoptivfamilie, »meine Ersatzfamilie«, wie es Nicholson selbst oft in Interviews formuliert hat.

Zwar waren gescheite, atemberaubende Frauen wie Carole Eastman, Sally Kellerman, Lynn Bernay , Luana Anders und Millie Perkins die herausragenden Attraktionen dieser »Ersatzfamilie«, aber den passiv-aggressiven Ton gaben die Männer an, die die Gruppe dominierten. Die Männer hatten Dinge gemeinsam, die die Frauen nicht verbanden, zum Beispiel ihre obsessive

Begeisterung für den Sport, als Aktive oder Zuschauer. (Sie schafften es ohne weiteres, einen ganzen Tag lang über den UCLA-Basketball-Trainer John Wooden zu reden und zu schwärmen, was er doch für ein genialer Coach wäre.) Anders als Jack hatten viele von ihnen in High School-Teams gespielt, und so wie er war mehr als einer einmal bei der Küstenwacht gewesen.

Ein gesundes Konkurrenzdenken brachte ein bißchen Leben in die Kameraderie. Jeder dachte, er sähe besser aus als die anderen. Jeder dachte, er wäre ein besserer Schauspieler als die anderen. Um Baseball- und Basketball-Spiele wurden erbitterte Kämpfe geführt; ebenso um die Meinungen, Freundinnen und Karrieren.

»Jack hatte immer seine Kumpels«, sagt Dale Wilbourne, ein Maler und einer der ersten, die mit Jack eine Wohnung teilten. »Die Mädels, mit denen ich ihn gesehen habe, die mußten immer mit seinen Freunden um seine Aufmerksamkeit konkurrieren. Die Jungs haben immer mehr bestimmt, was wirklich abging ... Die waren alle völlig überkandidelt, redeten ohne Punkt und Komma wie die Wasserfälle, redeten schon über wilde Projekte, wenn ich noch mit dem Aufwachen beschäftigt war ...

Die Typen, die bei uns auftauchten, die hatten so ein bizarres, schlau-sarkastisches Spielchen, das sie da miteinander veranstalteten. Man mußte die ganze Zeit aufpassen wie ein Luchs. Sie redeten ständig darüber, wie sie so vorankamen, oder wie sie aussahen, oder was man so für körperliche Schwächen hatte. Da hatte einer eine Hakennase, schon war die Hakennase ein Gesprächsthema. Immer wollten sie eine Spur besser als die anderen sein.«

Nicholson war zwar relativ gesehen der Benjamin der Truppe, aber er schlug sich wacker. Seine Wurzeln in New Jersey leisteten da gute Dienste. Alle berichten, was für ein wettbewerbsfreudiger Kerl er war, beim Spielen und beim Sport; unermüdlich in jeder Diskussion, schnell und aalglatt. Was auch geschah, er gab seinen Standpunkt so schnell nicht preis.

Anders als Jack hatten viele der Männer, die da nach dem Unterricht noch zusammensaßen, das College besucht, manche sogar den Abschluß geschafft! Ein paar waren Kriegsveteranen. Die meisten waren mindestens ein Jahr älter als Jack, manche sogar schon zum ersten Mal verheiratet, hatten Kinder.

Es war noch nicht »Jacks Freundeskreis«, damals noch nicht. Er war der freche kleine Kerl in der Gruppe, einer von den Jungs, die sich um die gute Position rauften. Und alle redeten sie, als würde ihnen eines Tages die Welt gehören.

»Wir waren alle gleich, ob wir nun Arbeit hatten oder nicht«, meint Will Hutchins. »Es war eine eingeschworene Bruderschaft.«

»Wir haben alle sehr um Jacks Aufmerksamkeit und Zuneigung gebuhlt«, sagt John Herman Shaner, »so wie er mit den anderen um unsere gebuhlt hat. Wir waren alle sehr eifersüchtig aufeinander.«

Diese Männer waren die Brüder, die Jack nie gehabt hatte. Zu den Frauen konnte er eine Beziehung wie zu seinen Schwestern aufbauen (auf dem Gebiet besaß er schließlich jede Menge Erfahrung), wenn er sich nicht gerade verzweifelt bemühte, Beziehungen ganz anderer Art mit ihnen anzuknüpfen.

Zum Teil gründete sich der Ruhm von Coreys Unterricht nicht nur auf die Schauspielkunst, die hier vermittelt wurde – zumindest nicht für die Männer. Coreys Stunden (und Schauspielausbildung im allgemeinen) galten, so John Hackett, als »*die* Gelegenheit, tolle Frauen kennenzulernen«.

Als Schauspieler war Jack ein absoluter Neuling – und bei den Frauen auch. Er glaubte an Monogamie und die Ehe. Genausogut hätte er gleich an ewige Keuschheit glauben können; seine engen Freunde sind sich mehr oder weniger einig, daß Jack zu dieser Zeit immer noch Jungfrau gewesen ist, ja wohl noch nie eine richtige Freundin gehabt hatte. In der Hinsicht war er immer noch der katholische Junge aus der Kleinstadt an der Nordküste von New Jersey.

Einige Frauen in Coreys Unterricht konnten aber auch wirklich entmutigend sein; sie schienen unnahbar, nur mit sich selbst beschäftigt. Robert Towne sagte einmal in einem Interview, daß Typen wie Nicholson und er »nie eine Chance bei ihnen hatten – die haben sich nicht für Niemande wie uns interessiert«.

Die Tollste unter ihnen ist wahrscheinlich Carole Eastman gewesen. Towne hat seine Schriftsteller-Kollegin in dieser Zeit als

»gespenstisch schön« beschrieben, mit »einem Kopf, der wie eine herrliche Tulpe auf einem langen Stengel schwebt«. Eastman mit ihrer beinahe orientalischen Schönheit schien wild und zerbrechlich zugleich.

Zu ihr baute Nicholson eine »langjähre geschwisterliche Freundschaft« auf. »Eins könnt ihr mir glauben, der erste Grund, warum ich mich zu ihr hingezogen fühlte, war nicht ihr Talent als Autorin«, gab er 1991 in einem Interview zu. »Ich wußte gar nicht, daß sie überhaupt schreiben konnte. Ich wußte nur, sie war eine echte Wucht.«

Im selben Artikel erinnert sich Eastman: »Jack entzog sich jeglicher Beschreibung. Ich dachte mir damals, daß er ein ungeheuer seltsamer junger Mann war. Er hatte diese merkwürdige nasale Stimme und bewegte sich so eigenartig. Ich habe immer gedacht: ›Was ist das denn? Sowas hab ich doch noch nie gesehen.‹ Als hätte man ihn vom Mars abgeworfen. Ich glaube, ich war ein bißchen irritiert, es war so eine seltsame Mischung aus Faszination und – na ja, nicht gerade Abscheu – aber so ein ungutes, mulmiges Gefühl. Wie wenn man Marlon Brando das erste Mal auf der Bühne sieht – der *war's* einfach!«

Auf die Frage, ob sie sich sexuell zu Nicholson hingezogen fühlte, antwortete Carole Eastman ausweichend: »Ich war verrückt nach ihm. Aber eine echte Romanze ist nie daraus geworden. Wir wurden richtige echte Freunde. Sehr gute Freunde.«

Die tollen Frauen schüchterten Jack ein, und seine Rolle war wie in den New-Jersey-Tagen die des Ersatzbruders, des guten Kumpels. »Ich saß stundenlang auf seinem Schoß und heulte mich bei ihm aus«, hat Sally Kellerman einmal in einem Interview gesagt; ein Zitat das immer und immer wieder in Artikeln und Büchern über Nicholson breitgetreten wird.

Wie seine High School-Kumpel lachen auch Nicholsons kalifornische Freunde, wenn er sich wieder einmal damit brüstet, eine Begabung für langjährige, nicht-sexuelle Freundschaften mit Frauen zu haben.

Sie kontern, daß er einfach sexuell verklemmt war; damals waren sie *alle* sexuell verklemmt. Die Freundschaften waren einfach die andere Seite der Medaille: Anders kam Jack einfach bei keiner Frau zum Zug.

»Er und ich, wir haben nicht Dutzende, nicht Hunderte, wir haben Tausende von Gesprächen über Frauen geführt«, meint John Herman Shaner. »Es ist ein unerschöpfliches Thema. Wir lieben beide die Frauen; die Frauen und den Sex. Und wir reden liebend gerne über Frauen und über Sex. Ich glaube nicht, daß er auf diesem Gebiet besonders erfolgreich war, besonders nicht in diesen frühen Jahren. Er sagt zwar, daß er Erfolg hatte. Aber ich sage Ihnen, das stimmt nicht. Damals war es wirklich nicht einfach, sexuelle Erfahrungen zu sammeln. Er hat mir immer gesagt, er könnte gut mit Frauen befreundet sein, ohne daß er sie gleich bumsen will. Das hat er mir immer und immer wieder erzählt. Ich hab ihm das nie geglaubt. Ich glaub es ihm auch heute noch nicht.«

Eine von den hinreißenden Frauen in Jeff Coreys Klasse scheint etwas zugänglicher gewesen zu sein als die anderen. Georgianna Carter stammte aus Kalifornien und hatte verschiedentlich auf der Bühne gestanden und in Filmen mitgewirkt. Die Intensität und die Angst, die in Coreys Unterricht alle anderen zu beflügeln schien, machte sie ein wenig unsicher. Sie war eine zarte, ernste Blondine, die Jack näher kennenlernte, als Corey sie für die Rezitation eines Gedichtes von T. S. Eliot zusammenspannte: »Sweeney Among the Nightingales«.

Apeneck Sweeny spreads his knees
Letting his arms hang down to laugh,
The zebra stripes along his jaw
Swelling to maculate giraffe ...

(Langhals Sweeney spreizt die Knie
Läßt die Arme baumeln, lacht
Sein zebrahell gestreiftes Kinn
Wächst zu Giraffenpunkten hin.)

Wie die meisten anderen aus der Klasse war Georgianna ein Jahr älter als Jack. »Er war sehr jungenhaft«, erinnert sie sich, »und er hatte etwas Weiches, was er irgendwann einmal verlor. Er hatte keinen besonderen Schliff. Er war sehr nüchtern und praktisch. Ich habe mich immer über seinen New-Jersey-Akzent lustig gemacht, und dann war er wirklich sauer«.

Und doch fand sie, daß Nicholson ein umgänglicher Typ war, ein angenehmer Gesellschafter. Er bat sie um ein Rendezvous und ließ sich einfach nicht abwimmeln. »Am Anfang war er ziemlich hartnäckig. Ich mochte ihn wirklich sehr gern, und bald konnte ich es dann gar nicht mehr ohne ihn aushalten.«

Aus ihr und Jack wurde ein echtes, händchenhaltendes Liebespärchen. Jacks enge Freunde sind sich einig: Georgianna Carter ist Jack Nicholsons erste echte Liebesgeschichte gewesen.

Als MGM im Frühjahr 1957 begann, die Trickfilmabteilung von Hanna und Barbera langsam dichtzumachen, verlor Jack seinen Job als Bürobote. Als er die Schreibtische ausräumte, beim Verpacken der Materialien half und mit Hand anlegte bei der Abwicklung der einzigen Abteilung, die bis vor kurzem noch zu florieren schien, muß ihm plötzlich noch klarer geworden sein, wie sterbenskrank das alte Hollywood darniederlag.

Nicholson gab seine Wohnung in Culver City auf und lud sich abwechselnd bei seinen Freunden ein, mal bei Robert Towne, mal in der Wohnung von Luana Anders. Konnten die einmal nicht aushelfen, wohnte er bei Ethel May in deren kleiner Wohnung in Inglewood oder bei June in Burbank, in dem Haus, das sie mit ihren beiden Kindern bezogen hatte.

Wenn sie alle bei June zusammensaßen, briet Ethel May schon mal für ihn und Georgianna eine Aubergine in der Pfanne, und dann verpaßte sie Georgianna eine Dauerwelle. Jacks »Mutter« (Carter hatte nie Grund, etwas anderes zu vermuten) war immer mit irgendwelchen ehrgeizigen »künstlerischen« Projekten beschäftigt, zum Beispiel mit einem »Picasso nach Nummern«, einer Malvorlage, mit der jeder Laie selbst unsterbliche Meisterwerke produzieren konnte. Georgianna fand, daß June Jack sehr ähnelte – »manchmal war ihr Gesichtsausdruck genau wie seiner, wenn sie die Lippen kräuselte und Kommentare aus dem Mundwinkel zischte« – sie war wie er: wild, lebenslustig und impulsiv.

Zwischen June und Jack schien es immer ungute Spannungen zu geben, jetzt noch mehr, da Jack erklärt hatte, er wäre Schauspieler. June vertrat die Meinung, das Show Business wäre eine Sackgasse; sie bestand darauf, daß er sich einen anderen Job suchen oder aufs College gehen sollte. Jack hörte gar nicht hin.

»Ich kann mir gut vorstellen, daß June, wenn der Konflikt besonders hohe Wellen schlug, manchmal liebend gerne zu mir gesagt hätte: ›Jetzt mach's einfach, weil ich deine Mutter bin und es dir sage, du Scheißkerl!‹«, sinnierte Nicholson einige Jahre später in einem Interview.

»Ich habe einmal ein ganzes Jahr lang nicht mit June gesprochen. Sie dachte, ich würde mit dem Theater nur meine Zeit verschwenden, wäre ein stinkfauler Rumtreiber, der sich einfach keine Mühe gab. Ich sollte mein kluges Köpfchen nehmen und in einem richtigen Beruf einsetzen. Sie glaubte, daß ich nun genug Zeit zum Experimentieren gehabt hätte, aber nur eines wollte: rumhängen, kiffen und bumsen.«

Wenn nichts anderes zu finden war, konnte Jack auch immer noch bei Georgiannas Eltern unterkommen. Die Leute erinnern sich, wie er während dieser Nomadenzeit oft beim Spätfilm im Fernsehen auf dem Sofa eingeschlafen ist. Er hatte ein ganz besonderes Geschick (das sagen alle), sich einen alten Film anzusehen und selbst im schlechtesten Schinken noch die einzige Szene mit einem guten Dialog herauszupicken. Den griff er dann auf, verdrehte ihn auf seine clevere Klugscheißer-Art und spielte ihn am nächsten Tag seinen Freunden vor. Er war ein toller Imitator und konnte ganze W.C.Fields-Monologe nach einmaligem Hören perfekt wiedergeben.

3

RUBBER STAMPS 1957

Jack hatte also seinen Schauspielunterricht und seine interessanten neuen Freunde, und im Herbst 1957 kam noch ein freudiges Ereignis dazu: Mit knapp zwanzig war er für seine erste Filmrolle ausgewählt worden.

Sein erster Agent Fred Katz war Ende 1956 gestorben. In Schwab's Drugstore am Sunset Boulevard, wo sich alle jungen Hoffnungen herumtrieben, die Fachzeitschriften durchkämmten und Kaffee tranken – »eine Kombination aus Büro, Kaffeeklatsch und Wartezimmer«, wie es Joe Gillis (William Holden) in *Sunset Boulevard* beschreibt –, in Schwab's Drugstore lernte Jack einen anderen Agenten namens Byron Griffith kennen.

Griffith hatte früher selber Nebenrollen gespielt und lebte nun in einer Hinterhaus-Wohnung am Hollywood Boulevard. Dort trafen sich viele junge Schauspieler, teils der netten Gesellschaft wegen, teils um Szenen aufzuführen und sich gegenseitig zu beurteilen. Griffiths Kunden waren fast alle Neulinge, unter ihnen auch James (damals noch Troy) Darren und Connie Stevens.

Griffith operierte unabhängig von den großen Agenturen und hatte viele hoffnungsvolle Anfänger unter Vertrag, deren Hochglanzfotos er zu einem Buch zusammengeheftet hatte. Er blätterte die Seiten immer so schnell durch, daß Produzenten scherzhaft meinten, er zeige sie wie Tapetenmuster vor.

Griffith vertrat auch einen anderen jungen Schauspieler, den er oft gemeinsam mit Jack zu Vorsprechterminen für kleinere Rollen schickte. Der andere sah so gut aus, war so fotogen, daß er Jack immer die Rollen vor der Nase wegschnappte. »Jack hat sich wirklich sehr über ihn geärgert«, erinnert sich Griffith. »Er ging immer zu den gleichen Vorstellungsgesprächen, und mein anderer Schützling spazierte dann mit dem Part unterm Arm raus.«

Aber immerhin, unter Griffiths Fittichen hatte Jack 1957 ein paar Rollen an Land gezogen, meist in Fernsehsendungen außerhalb der Hauptsendezeit, nichts Weltbewegendes. Griffith mochte Nicholson sehr, obwohl er nicht glaubte, daß er es auf lange Sicht zu etwas bringen würde. So blätterte er, als er wieder einmal mit dem riesigen Musterbuch unterm Arm bei Vorbesprechungen für einen Low-Budget-Film auftauchte, schnell über Jacks Foto hinweg und wies auf den anderen, erfolgreicheren Schönling hin.

Der Film hieß *The Cry Baby Killer*. Es war einer von vielen Streifen über mißverstandene Teenager, ein Abklatsch von *Blackboard Jungle* und *Rebel Without a Cause*. Der Titelheld Jimmy Walker ist ein anständiger Kerl aus bürgerlichen Verhältnissen, der beim Versuch, eine abtrünnige Freundin zurückzugewinnen, in einen Kampf mit einer Ganovenbande, eine Schießerei und eine spannungsgeladene Geiselnahme verwickelt wird und im billigen Medienrummel endet.

Für die Rolle des Jimmy Walker suchte der Produzent David Kramarsky einen bestimmten Typ, »nicht so eine Schlägervisage mit Gossenakzent, eher einen anständigen, sauberen amerikanischen Jungen«. Er sah sich die neuen Großformat-Bilder von Nicholson an, die wieder die zwei Gesichter aus der ersten Serie aufgriffen: Einmal Jack im Karohemd mit Bürstenschnitt, jungenhaft grinsend, einmal Jack in Schlips und Kragen, finster brütend. Kramarsky bat Griffith, den jungen Unbekannten zu einem Vorstellungsgespräch zu schicken, was der Agent denn auch tat. Allerdings ließ er sich nicht davon abhalten, auch wieder den anderen Burschen mit der längeren Erfolgsliste mitzuschicken.

Beim Probelesen in einem Büro in Beverly Hills im September 1957 waren der Drehbuchautor Leo Gordon, die Produzenten Kramarsky und David March und der als Regisseur verpflichtete Justus Addis anwesend. Auf Addis' langer Liste von Arbeiten stand unter anderem der Fernsehfilm »The Unlighted Road«, eine Episode mit James Dean in der CBS-Serie »Schlitz Playhouse of the Stars«. Addis galt als Fernsehprofi und sollte wohl keine Probleme mit der stark verkürzten Drehzeit haben. Außerdem hofften die Produzenten, er würde einen Hauch vom Zauber eines James Dean mitbringen für ein Drehbuch, das sowieso stark nach James Dean roch.

»Der Agent brachte beide Jungs rein«, erinnert sich Kramarsky, »aber ich interessierte mich für Jack. Es schien, daß er seine Arbeit sehr ernst nahm. Schon wie er für die Rolle gelesen hat: Er hat das Drehbuch mit rausgenommen, hat es eine Weile durchgelesen, und dann kam er wieder rein ... Jack hat sensationell gelesen. Ich hab immer gesagt: ›Ich glaube, der Agent hat das Drehbuch heimlich (vorher) aus dem Büro rausgeschmuggelt‹, denn ich hatte noch nie jemand so gut lesen hören. Wir haben immer alle für die Hauptrolle probelesen lassen, denn das war ja eigentlich die einzige Rolle, für die man überhaupt probelesen konnte. Die anderen, das war immer nur hier und da mal ein Satz. Aber die Hauptrolle hatten wir schon besetzt, und da hab ich ihm eine von den kleineren Rollen gegeben.«

Kramarskys Partner David March war ein Talentsucher, der gerade als Produzent anfing. Man hatte schon einen Vertriebsvertrag mit Allied Artists geschlossen, doch nun brauchten die frischgebackenen Produzenten noch zusätzliche Finanzen. Also ging Kramarsky zu Roger Corman, bei dem er einige Male als Assistent und Produktionsmanager gearbeitet hatte. Corman hatte einen Produktionsvertrag mit Allied Artists, und so paßte *The Cry Baby Killer* allen gut in den Kram.

Ein anderer Ehemaliger vom Ring und früherer Schüler Jeff Coreys, Tom Pittman, war zunächst als Hauptdarsteller vorgesehen. Pittman machte gerade in Hollywood Karriere, und irgendwann im Laufe der Verhandlungen kam er Kramarsky abhanden. Der entsann sich, wie sauber und anständig Nicholson gewirkt, wie fantastisch er probegelesen hatte. Doch Jack bedeutete auch ein Risiko, denn zu dem Zeitpunkt gab es überhaupt noch kein Filmmaterial von ihm. Kramarsky rief Jeff Corey an und bat um eine Empfehlung. Der Schauspiellehrer antwortete, der Junge sei den Versuch wert.

»Wir haben ihn noch einmal probelesen lassen und dann beschlossen, ihm die Hauptrolle zu geben. Ich hab ihn gefragt«, so Kramarsky, »wie alt er ist, denn diese sogenannten Teenager stellten sich dann manchmal als Vierzigjährige heraus. Als ich erfuhr, daß er nicht mal einundzwanzig war, war die Sache gelaufen. Er hatte genau das Gesicht, das ich wollte – gutaussehend, nicht zu gutaussehend, aber nett. Die Stimme paßte auch – nicht zu bedrohlich. Und wischiwaschi oder abgehoben war sie auch nicht. Ein Junge, der Probleme kriegt, aber nur wegen der Typen, mit denen er sich rumtreibt. Im Film war er ein netter Kerl. Die Stimme klang für mich sehr nach Mittlerem Westen, wo er ja gar nicht herkommt, das war beinahe schon ein Näseln.«

In Dutzenden von Interviews und auch in Roger Cormans Autobiografie (»How I Made a Hundred Movies in Hollywood and Never Lost a Dime«) wird der Sachverhalt allerdings ganz anders dargestellt: Corman, dem Ausführenden Produzenten, wäre demnach Nicholson in Coreys Schauspielunterricht aufgefallen, und er hätte Jack seine erste Filmrolle gegeben. Diese Entdeckungs-Story ist dann zu einem Eckstein der Corman-Saga geworden, vielleicht weil Corman wirklich auf die eine oder andere Art vielen Leuten ihre erste Chance geboten hat.

Mag sein, Jack ist sich selbst nicht mehr genau im klaren über den eigentlich Gang der Dinge. Corman, so beharrt Kramarsky in einem Interview eisern, sei überhaupt nicht im Lande, sondern im Fernen Osten und insofern an der Entscheidung über die Besetzung nicht beteiligt gewesen. Corman behauptet zwar in seiner Autobiografie, daß seiner Meinung nach »Jack der beste unter den Schauspielern war, die für die Rolle probelasen«, bestätigt aber auch, in der Vorproduktionszeit für den Film, auf seiner ständigen Jagd nach dem schnellen Dollar, einen einmonatigen Trip um die ganze Welt gemacht zu haben: nach Fidschi, Sydney, Tokio, Manila, Bangkok, Rangun, Neu Dehli und Kairo.

»Roger kam nach L.A. zurück«, meint Kramarsky, »und wir haben ihm erzählt, was los war, daß wir die Rolle mit Jack Nicholson besetzt hätten, und Roger sagte nur: ›Ah ja, ich sitze manchmal bei Jeff Corey im Unterricht, und Jack Nicholson ist einer von den Schülern. Ich hab ihn in einigen Szenen gesehen, er wirkt sehr talentiert. Geht in Ordnung‹«.

Die Probenzeit war minimal, es gab nur durchgehende Leseproben und keine Diskussionen. Kramarsky erinnert sich, daß Georgianna Carter bei den Proben und beim Drehen ständig in den Kulissen herumschlich und pausenlos mit Jack flüsterte: »Er war immer mit Georgianna zusammen. Ich hab immer gedacht, daß die beiden heiraten würden. Das war wirklich eine wilde Romanze.«

Die Produktion begann Mitte Oktober 1957; gedreht wurde zwei Wochen lang im Carthay Studio an der Pico, einige Außenaufnahmen nachts filmte man im Drive-In-Restaurant auf der anderen Straßenseite.

Hinter der Kamera stand der altgediente Floyd Crosby (Vater des Rockmusikers David Crosby von »Crosby, Stills & Nash«), ein früherer Dokumentarist, der für seine Kameraführung bei Murnau/Flahertys *Tabu* 1931 einen Oscar erhielt, und später noch einige Spielfilmklassiker – wie *High Noon* – fotografierte. Haskell Wexler, später einer von Hollywoods Top-Kameraleuten, zum Beispiel Erster Kameramann von *One Flew Over the Cuckoo's Nest,* hatte bei diesem Film einen seiner ersten Jobs in Hollywood und arbeitete als Crosbys Loader.

Eine junge Schauspielerin versuchte sich in ihrem Filmdebüt an der weiblichen Hauptrolle, der vergnügungssüchtigen Freundin, die zum eigentlichen Auslöser für Jimmy Walkers Eifersuchtsdrama wird. Es war die blonde, wohlproportionierte Carolyn Mitchell, »Miss Muscle Beach« 1954; und weil sie einer von den Schützlingen des Ko-Produzenten March war, wollte sie auch gleich Extrawürste gebraten haben. [1]

Für Verbesserungen am Drehbuch wurde in letzter Minute noch ein altbewährter Autor, Melvin Levy, herangezogen. Kramarsky zufolge sollte er der Rolle des Jimmy Walker etwas mehr Tiefe geben. Tatsächlich erscheint Jacks Charakter in *The Cry Baby Killer* bis zur Krise gegen Ende des Films nur recht selten

1 Ihr richtiger Name lautete Barbara Ann Thomason. 1959 wurde sie die fünfte Ehefrau von Mickey Rooney; aus der Ehe gingen vier Kinder hervor. Von Rooney wieder geschieden, wurde sie 1966 von einem eifersüchtigen Liebhaber ermordet, einem hoffnungsvollen Schauspieler aus Jugoslawien, der nach der Tat Selbstmord beging. Ihr Debüt in *The Cry Baby Killer* blieb ihre wichtigste Filmrolle.

auf der Bildfläche. »Der junge Nicholson hat das Handikap, daß er einen eindimensionalen Charakter darstellen muß«, kommentierte »Variety«.

»Das Problem mit dem Charakter ist, daß er sich nie richtig entwickelt«, bemerkt Kramarsky. »Der ist einfach da. Ich hatte mir immer erhofft, der zweite Autor würde diesen Part etwas entwickeln, aber das hat er nicht gemacht, er hat nur ein paar von den kleineren Rollen ausgebaut. Jacks Rolle hatte nicht besonders viel zu bieten, und unter diesen Umständen hat er sich sehr gut aus der Affäre gezogen.«

So knurrte und zischte der junge Jack böse, versuchte, was er konnte, um einen finster-brütenden James Dean nachzuäffen. Er fuchtelte zur Betonung noch mit einem Revolver herum, sah ein bißchen nach erster High-School-Klasse und ziemlich mechanisch aus, so aufrichtig, daß es schon beinahe weh tat.

Corman war inzwischen aus dem Fernen Osten zurück und praktisch jeden Tag am Drehort. Er spielte sogar eine kleine Rolle, einen Fernsehreporter, der die Pattsituation zwischen der Polizei und Jacks Figur – die in einem Gebäude Geiseln festhält – kommentiert. Da Kramarsky zu sehr von persönlichen Problemen abgelenkt wurde, übernahm Corman schließlich die Post Production des Films.

Als Ausführender Produzent bestand er darauf, *The Cry Baby Killer* auf 61½ Minuten zusammenzuschneiden, damit er als zweite Hälfte einer Corman-Double-Bill gezeigt werden konnte (mit *Hot Rod Girl*, den sein Bruder Gene betreut hatte). Aber damals machten überall die Drive-In-Kinos dicht, und der Markt für Filme mit jugendlichen Gesetzesbrechern durchlief gerade wieder einmal ein rasantes Tief. Trotz Cormans bester Werbebemühungen (es gab sogar eine Taschenbuchausgabe des Skripts in Romanform, mit Unmengen von Bildern) machte *The Cry Baby Killer*, als er im Sommer 1958 anlief, nur bescheidene Kassengewinne und verschwand auch schnell wieder von der Bildfläche. (Die geringe Länge des Films ist einer der Gründe dafür, daß er zu einer echten Rarität geworden ist, kaum im Fernsehen auftaucht und auch auf Video nicht zu haben ist.)

Jack schaute sich den Film in einem Kino am Hollywood Boulevard ein paarmal an, stolz und verlegen zugleich. Es sollten zwei lange Jahre vergehen, ehe er es wieder mit einem Film zu tun bekam.

Zum Teil lag das einfach an widrigen Umständen, zum Teil aber auch an einem eigenen Fehlschritt. Von seinen »Aussichten« begeistert, beschloß Jack, die Griffith-Agentur zu verlassen und einen Vertrag mit David March zu schließen; Georgianna Carter unterschrieb gleichfalls bei ihm. Obwohl es jede Menge Verlautbarungen über die tollen Zukunftspläne im Hause March gab, stellte der Agent und Produzent doch nie wieder einen anderen Spielfilm auf die Beine.

Die späten fünfziger Jahre mögen für Nicholson sehr frustrierend gewesen sein, was den Beruf anging, aber später stellte sich heraus, daß sie doch eine wertvolle Zeit für seine persönliche Entwicklung waren. Jeff Corey hatte immer gelehrt, daß das, was einen Schauspieler persönlich weiterbringt, schließlich und endlich auch seiner Arbeit zugute kommt.

»Corey meinte immer, daß Schauspieler das Leben absorbieren müssen, und das habe ich damals gemacht. Es war die Zeit der Beat-Generation und des West Coast Jazz und der durchgemachten Nächte am Venice Beach. Das war genausowichtig wie ein Job, schien es zumindest.«

In gewisser Weise zählten Jack und seine Freunde zu einer Art Zwischengeneration. Sie waren am Ende der Beat- und am Anfang der Love-Generation volljährig geworden und gehörten strenggenommen zu keiner von beiden. Jack war immer jünger als die anderen und außerdem in der Provinz aufgewachsen; er saß noch mehr zwischen den Stühlen als die anderen. Obwohl *Easy Rider* sein Image als *der* Typ der Sixties fest zementierte, war Jack eigentlich eher eine Mischung; er klaubte sich seine Einstellungen und Werte aus verschiedenen Epochen zusammen, genau wie er es bei den Menschen machte.

Für diese Zwischengeneration (wenn auch nicht für Jacks Freundeskreis aus New Jersey) war es cool, intelligent zu sein. Und es war cool, ernst zu sein. Alle versuchten herauszufinden, was am coolsten war – am wirklichsten, am wahrhaftigsten, am künstlerischsten.

Ideen, Informationen und kulturelle Einflüsse schwirrten überall nur so herum. Jack und seine Freunde brauchten Coreys

Anregungen gar nicht, sie gingen schon von ganz allein in Ausstellungen, zu Dichterlesungen, in Klubs und Konzerte, sahen sich die neuesten Theaterstücke und Filme an, lasen Romane, Biografien, Philosophie, Geschichte.

Damals führten Nichols & May am Sunset Strip ihre innovativen Improvisationen auf. Jazz-Freaks konnten in einem Klub in Los Angeles Billy Holiday singen hören, anderswo in der Stadt spielte John Coltrane, der führende Kopf im Avantgarde-Jazz, sein Tenorsaxophon. Am Venice Beach trugen Lawrence Ferlinghetti und Allen Ginsberg in Buchläden und Cafés ihre frei-assoziativen Gedichte vor.

Ginsbergs »Howl« und Jack Kerouacs »On the Road« waren gerade erschienen; Jack und seine Freunde lasen diese Bücher, identifizierten sich mit dem rebellischem Schreib- und Lebensstil (»Howl« steht in *The Trip* ganz vorne im Bücherregal des Hauptheldens). Ein weiterer Lieblingsroman wurde J.D.Salingers »Catcher in the Rye«, in dem die getürmten Internatszöglinge die »falsche« Welt der Erwachsenen von Herzen verachten.

Jacks Freunde reichten Bücher von Catull, Chaucer, James Joyce, Henry Miller und Oscar Lewis herum. Dessen sozial-realistische Chroniken »Five Families« und später »The Children of Sanchez« öffneten ihnen die Augen für das Leben der völlig verarmten Mexikaner und Einwanderer. Sie debattierten über Existentialismus, das kollektive Unterbewußte, Zen-Buddhismus und Sexualpolitik. Sie diskutierten über Jung, Reich, Alan Watts, Nietzsche, Sartre und Camus. Besonders über Camus und dessen These, daß das Leben zutiefst absurd sei und man den Augenblick genießen solle. Das schien eine Philosophie zu sein, der sich viele von ihnen, auch Jack, verschreiben konnten.

Jack debattierte begeistert, er konnte aber auch gut zuhören und verfügte über eine rasante Auffassungsgabe. Was die anderen lasen, las er sofort auch. Vielleicht hatte er es schon gelesen. Vielleicht las er es überhaupt nicht. Vielleicht bluffte er nur.

Sogar als blutjunger Anfänger besaß Jack die bemerkenswerte Fähigkeit, blitzschnell seine Seiten durchzulesen und Text zu lernen. Was Jack hörte oder las, begriff er schnell, konnte er sich mit Leichtigkeit merken und oft gleich Wort für Wort zitieren. »Bei Jack war ich nie sicher, wieviel er eigentlich wirklich gelesen hatte«, sagt ein Freund aus jenen Jahren. »Ganz bestimmt Henry Miller und Watts und Reich, denke ich, aber es fällt mir schwer zu glauben, daß er einige von den anderen gelesen hat, die er immer zitiert. Man kann nie ganz sicher sein, ob er da nicht nur ein paar Lieblingssätze auswendig gelernt hat, die er hier und da anbringt, nur zur Schau.«

Für Nicholson war diese Zeit eine Art Universität ohne Mauern. Jahre später, als Star, wurde er berühmt-berüchtigt dafür, seine Interviews mit Zitaten zu spicken (wie seinerzeit Jeff Corey), die von den Dichtern, Dramatikern, Romanciers, Historikern, Philosophen und Belletristen stammten, mit denen er zum ersten Mal nicht in der High School zu Hause in New Jersey, sondern in Los Angeles in den späten fünfziger Jahren in Kontakt gekommen war: oft Camus, Nietzsche und Wilhelm Reich (drei Helden in seiner ganz persönlichen Walhalla) und viele andere mehr, darunter Bertrand Russell, Marshall McLuhan, H.L.Mencken, George Bernard Shaw, Thomas Wolfe, Anton Tschechow, André Gide, Machiavelli, ja sogar St.Augustinus.

Es sollte immer etwas Rührendes und gleichzeitig leicht Verdächtiges um seine vielgepriesene autodidaktische Bildung sein; um seine »ungeheure Wißbegierde«, sein »gehobenes Vokabular«, wie es »American Film Magazine« nennt; um sein umfangreiches Wissen, das ihn zu einer Art menschgewordener »Enzyklopädie der Kultur, der Geschichte und der Kunst« werden ließ, wie es Warren Skaaren, der Ko-Autor von *Batman*, formuliert hat.

»Er hat Wissen und Bildung immer sehr bewundert«, sagt John Herman Shaner. »Ich glaube, ein Kummer in seinem Leben, einer der unvollendeten Aspekte ist, daß er nie aufs College gegangen ist. Später hat ihm das vielleicht weh getan, als er von gebildeteren Leuten umgeben war.«

Das Leben des jungen Schauspielers war wohl finanziell und künstlerisch ein harter Kampf, zugleich war es aber auch ein wunderbar sorgloses Boheme-Leben.

Man konnte lange schlafen, den Wecker auf Mittag stellen, dann ein bißchen Tennis spielen gehen, ein paar Einkäufe machen, etwas lesen. Den Tag um eine Dichterlesung, einen Museumsbesuch oder einen Film am Abend herumplanen. Nach dem Dinner, so gegen zehn, konnte man sich dann bei einer Party oder auf dem Sunset Strip wieder bei den Kumpels einklinken.

Alles, was Jacks Clique plante, hatte ein bißchen den Anstrich von Feriencamp. Mal kratzten sie ihr Geld zusammen, gingen in den Hollywood Park und setzten die Gemeinschaftskasse auf Außenseiter. Oder sie lagen den ganzen Tag am Strand von Santa Monica in der Sonne, tranken Wein und reichten ein Buch über Michelangelo herum.

Vergnügen war und ist ein großer Teil von Nicholsons Lebensstil. Jack amüsierte sich gern, und was immer auch seine Probleme mit der Karriere oder den Freundinnen sein mochten, er war stets ein amüsanter Gesellschafter. »Jack mochte Unfug. Er mochte Unfug, wie ich Unfug mochte«, so John Herman Shaner, »wie wir alle Unfug mochten. Er blödelte einfach gern rum. Im Jiddischen gibt es dafür ein Wort – *freylekh* – und die fröhlichen Zeiten waren Jack sehr wichtig«.

Besonders gern gingen sie ins Chez Paulette's, genau gegenüber von 77 Sunset Strip, wo Sally Kellerman kellnerte und wo auf der Stereoanlage Bach gespielt wurde. Ein Bild von Brando hing an der Wand, denn Chez Paulette's war auch als eine von seinen Lieblingskneipen bekannt.

Jack und die Freunde gingen ins Unicorn, ein Beatnik-Café und Buchgeschäft, in dem Lenny Bruce seine Alleinunterhalter-Nummern abzog. Sie spielten etwas unterhalb vom Players Theater Darts in einer Bar namens Raincheck Room. Sie schnipsten Pennies in Barney's Beanery, »dem großen Zentrum des gesellschaftlichen Verkehrs der Sixties«, wie es Michelle Phillips nannte. Das Lokal war für seine ungewöhnliche Kundenmischung bekannt, wo Trucker und Motorradfahrer friedlich neben den Leuten aus Beverly Hills mit Smoking und Abendkleid hockten und alle das beste Chili der Stadt verzehrten.

Oder sie gingen zu Pupi's, ließen sich stundenlang Zeit bei einem Dessert und einem Kaffee. Gelegentlich bekam man hier auch June Allyson oder Louella Parsons zu sehen, die einen kleinen Zwischenstop für ein Stückchen Kuchen einlegten. Aber Jacks Freunde waren ernsthafte Stammgäste, fest hier verwurzelt. Sie führten bei Pupi's ihre ausdauernden Debatten mit gelegentlichen Blödel-Intermezzos, wenn etwa Charles Eastman,

Caroles Bruder, ein Bär von einem Mann mit schütterem Haar, sie alle mit seiner Stegreif-Sonja-Henie-Imitation zu Lachtränen brachte.

Bei Pupi's hatte Jack auch einen seiner geschichtsträchtigen Tobsuchtsanfälle, als er sich mit einer Kellnerin stritt und ihr drohte, er würde den Kuchenwagen umtreten. Carole Eastman sagte später, daß sie diesen Zwischenfall im Kopf hatte, als sie die berühmte »keine Extras«-Szene für Bobby Dupea (Jacks Part) in *Five Easy Pieces* schrieb:

> BOBBY (Nicholson): Ihr habt doch Brot und irgendeinen Toaster, oder?
> KELLNERIN: Ich hab die Regeln nicht gemacht.
> BOBBY: Okay, dann mach ich's dir so leicht wie's geht. Ich möchte ein Omelett, einfach, und ein Huhn-Sandwich mit Weizentoast. Aber ohne Mayonnaise, ohne Butter, ohne Salat – und eine Tasse Kaffee.
> KELLNERIN: Einmal Nummer 2, Huhn-Sandwich mit Salat. Butter, Salat und Mayonnaise zurückhalten. Und eine Tasse Kaffee. Noch was?
> BOBBY: Jaaaa. Jetzt hast du das alles, dann kannst du auch noch das Huhn zurückhalten, gibst mir die Rechnung für ein Huhn-Sandwich, und du hast keine einzige Regel gebrochen.
> KELLNERIN: Ich soll das Huhn auch zurückhalten, wie?
> BOBBY: Zwischen den Knien sollst du's halten ...!
> (Bobby fegt alles vom Tisch und stürmt aus dem Lokal)

Vielleicht hat Jack ja *wirklich* den Kuchenwagen umgetreten. Vielleicht aber auch nicht. Das ist eine der vielen Legenden, die bei jedem Erzählen weiter ausgeschmückt wird, wie seinerzeit das Theater in der Manasquan High School.

Der Freundeskreis wurde größer, und damit auch der Aktionsradius für Parties und Häuser, zu denen alle hinwanderten. Unschuldige Parties, ganz besonders in den späten fünfziger Jahren, fast immer in Wohnungen oder Häusern im Zentrum Hollywoods.

Die Gäste legten Tarot oder hörten Odetta. Oder sie spielten Monopoly; Jack und die Jungs liebten Monopoly mit seinem Spielgeld, und sie träumten von der Zeit, da sie vielleicht einmal um echte Einsätze spielen würden. Es stand immer irgendwo eine Karaffe mit billigem Rotwein herum, aber niemand erinnert sich, daß Jack je viel getrunken hätte. Er wurde zu schnell besoffen und kippte dann aus den Latschen.

Ein absolutes Muß auf diesem Zug durch die Gemeinde war das Haus von Samson DeBrier, der bei den Parties im Kunst- und Showmilieu in Hollywood zum festen Inventar gehörte. Als Teenager war er in dem Stummfilm *Salome* mit Olga Nazimova aufgetreten. Als echter Genußmensch, eine (in Nicholsons Worten) »männliche Hexe ..., eine lupenreine Hollywood-Perle«, führte er einen einzigartigen literarisch-künstlerischen Salon, der »die L.A.-Kultur wunderbar auszudrücken« schien.

DeBrier rühmte sich damit, im Paris der zwanziger Jahre ein Freund Gertrude Steins und der Liebhaber André Gides gewesen zu sein. Er gab in seinem Giebelhaus an der Barton Avenue in Hollywood große Parties, bei denen die Türen allen offenstanden. Das Haus beherbergte eine geradezu museumsreife Sammlung von Memorabilien und eine provokative Kunst- und Bücherkollektion. Das Bett sah aus wie der Bauch eines chinesischen Drachens, war 1954 Teil der Kulisse in Kenneth Angers Avantgarde-Film *Inauguration of the Pleasure Dome* mit Anaïs Nin gewesen.

Bei DeBrier tauchte immer eine bunte Mischung von Leuten auf, angefangen vom Komponisten Igor Strawinsky bis zum aufstrebenden Regisseur Stanley Kubrick. Zum Mythos, der das Haus umgab, gehörte auch, daß James Dean bis zu seinem Tod im September 1955 hier immer wieder gesichtet worden war, Arm in Arm mit Maila Nurmi. Die erste TV-Vampira war eine Kultfigur in Los Angeles, die überall größtes Aufsehen erregte, wenn sie mit ihrem Hexenhaar, den blutroten Fingernägeln und dem schwarzen Witwenkostüm mit dem überaus freizügigen Dekolleté aufkreuzte.

Wie der Ring stand auch DeBriers Haus jedem Unbekannten offen, der als »interessant« durchgehen konnte. In Artikeln ist bisweilen behauptet worden, Jack wäre im Frühjahr 1955 zum ersten Mal zu DeBrier gekommen und dort zufällig James Dean begegnet, nur wenige Monate vor dessen Tod, und er hätte sich durch die Kürze der Begegnung »brüskiert« gefühlt. Dieses Zusammentreffen ist zwar nicht sonderlich wahrscheinlich (Nicholson hatte damals noch keinen einzigen Profiauftritt zu verzeichnen, und von »brüskieren« konnte wohl kaum die Rede sein), aber gänzlich von der Hand zu weisen ist es auch nicht.

In einem für dieses Buch geführten Interview konnte sich DeBrier nicht daran erinnern, daß Dean und Nicholson einmal zusammen bei ihm waren, aber der Gedanke, daß sich diese beiden Filmlegenden in seinem Haus über den Weg gelaufen sein könnten, amüsierte ihn sehr. »Jack hat immer gelächelt, war immer umgänglich, aber es hat mich doch erstaunt, daß aus ihm einer der besten Schauspieler weit und breit geworden ist.«

Sogar für Hollywood-Verhältnisse war DeBrier schon ein Exot. Für einen Burschen aus New Jersey aber mußte er nun wirklich die Dekadenz in Tüten sein.

Ansonsten waren Jacks Kreise nicht dekadent, noch nicht. Die Jungs blieben normalerweise bei ihren Freundinnen oder Ehefrauen. Ein paar rauchten Hasch, ganz wenige experimentierten bereits mit LSD. Aber das Gras, was bei den Parties auftauchte, wurde noch heimlich draußen vor der Tür geraucht. Jack hielt sich, zunächst einmal, von den Drogen fern. Freunde beteuern, daß die einzigen Drogenexperimente, die in den späten fünfziger Jahren in Jacks Leben abliefen, die Experimente seiner Mitbewohner und Hollywood-Freunde waren.

Obwohl sich Jack dem Vergnügen verschrieben hatte, erwies er sich doch auch als erstaunlich karriere-orientiert.

»Lahme Tage, rassige Nächte«, erklärt Henry Lloyd Moon, der Charakter, den Jack in *Goin' South* spielt, mit einem anzüglichen Grinsen. Nachts bei Chez Paulette's trug Nicholson einen mexikanischen Pullover und Jeans, die Uniform des Beinahe-Beatniks, der aber noch nicht völlig dazugehörte. Tagsüber bei der Jobsuche kam er weiter in Schlips und Anzug daher.

»Jack hatte seine Tagespersönlichkeit – was ich so die Tagespersönlichkeit nenne – voll auf der Reihe«, meint Dale Wilbourne. »Er hatte einen Anzug, er hatte einen Agenten, er hat tatsächlich versucht, all das zu tun, was sonst niemand (in seiner Clique) machte. Er versuchte, Jobs zu kriegen, und ab und zu kriegte er auch welche ... Eine von Jacks Vorstellungen über sich selbst (die er damals zu entwickeln begann) war die, wirklich verantwortungsbewußt zu sein, immer zuverlässig. Er ist kein

Penner, nicht irgendwo ›abgehoben‹, und wenn es drauf ankommt, kann er mit den Typen im Anzug Tacheles reden.«

Nur im alleräußersten Notfall pflegten die Mitglieder des Freundeskreises sich eine richtige, ehrliche Arbeit zu suchen, um sich finanziell über Wasser zu halten. Es gibt den einen oder anderen Bericht, daß Jack einmal Pizza ausgefahren hat, aber eigentlich war der Botenjob bei MGM die letzte geregelte Beschäftigung, der Jack nachging. Nach dem erregenden Rausch von *The Cry Baby Killer* waren die Jobs als Schauspieler für ihn allerdings dünn gesät.

»Es war ein schrecklich harter Kampf«, erinnert sich Georgianna Carter, »und Jack hatte eigentlich nie Geld. Er hat immer geschnorrt. Manchmal war er wirklich entmutigt, glaube ich«.

Harry Dean Stanton, Warren Oates, Dean Stockwell und Millie Perkins arbeiteten regelmäßig, aber die meisten anderen in der Gruppe hechelten verzweifelt hinter Rollen in Filmen her und veranstalteten alles mögliche, um auf sich aufmerksam zu machen.

Einige ließen sich zu Werbefilmen herab – schließlich war damit gutes Geld zu verdienen. Eine ganze Reihe von ihnen machte Trainingsfilme fürs Militär, um sich die Gewerkschaftskarte in der Screen Actors Guild zu verdienen. Nicholson hat nie Werbung gemacht, aber er soll in einigen Sendungen für die Militärs gesichtet worden sein, die über die Fernsehnetze der Army an die Stützpunkte ausgestrahlt wurden.

B.J. Merholz, John Herman Shaner und Nicholson beschlossen, daß sie wohl besser reiten lernen sollten. Also nahmen die drei in Sam's Rocking Horse Stables am Griffith Park in Burbank Reitstunden, um sich auf die Western-Auftritte vorzubereiten, von denen sie träumten.

Wenn einer von ihnen einen Job in einem Film kriegte, dann tauchten die anderen immer in der Nähe auf, in der Hoffnung, daß vielleicht auch für sie eine Rolle abfiele. Sie schlichen dauernd auf dem Studiogelände herum und kibitzten bei Dreharbeiten. Dabei bekamen sie einige denkwürdige Augenblicke mit – so lungerte Jack mit seinen Freunden bei Universal herum und konnte Alfred Hitchcock beim Drehen von *Psycho* über die Schulter schauen.

Damals waren sie Fans und Schauspieler zu gleichen Teilen, und die Hoffnung auf Arbeit in den Studios lag in so weiter Ferne, daß sie manchmal vergaßen, warum sie eigentlich da waren. Einmal, erinnert sich John Herman Shaner, schlichen sie gerade wieder einmal auf einem Studiogelände herum, als sie an einer Ecke einem mächtigen Besetzungsdirektor in die Arme liefen. Shaner und Nicholson waren völlig verdattert und unvorbereitet: Zuerst verschlug es ihnen die Sprache, und dann lieferten sie lächerlich überzogene Versionen ihrer Lebensläufe.

Einer der wenigen, der sie unweigerlich mit offenen Armen und einem koketten kleinen Lächeln empfing, war der unverwüstliche Roger Corman. Der spulte unermüdlich einen Low-Budget-Film nach dem anderen ab. Obwohl es nicht so aussah, als wolle er Nicholson so schnell wieder als Schauspieler unter Vertrag nehmen, durften Jack und die anderen gerne am Drehort rumhängen, ab und zu mal einen Scheinwerfer tragen oder andere Hilfsarbeiten machen. Und dabei aus dem Hintergrund beobachten, wie Corman seine hektischen Supersparproduktionen durchzog. Um Corman einen Gefallen zu tun, posierten Jack und John Herman Shaner auch schon mal für Werbefotos – zum Beispiel für *The T-Bird Gang* – selbst wenn sie in den Filmen nicht auftauchten.

Ganz egal, wie pleite sie waren, sie konnten immer noch Geld auftreiben, um ins Kino zu gehen. Ein Kinobesuch, das war die perfekte Kombination von Arbeit und Vergnügen. Jack und seine Freunde konnten sich alle Filme, die sie wollten, ansehen, ohne das Gesicht zu verlieren. Sie lernten ja für ihre Karriere. Sie waren die erste Generation »Film-Freaks« – ehe es diesen Ausdruck überhaupt gab.

Nur wenige Hollywood-Helden konnten vor ihren strengen Augen bestehen. James Dean gehörte nicht dazu, denn er war zwar wirklich aufregend, aber eigentlich nur ein Abklatsch von Brando. Für Jacks Generation war Brando jedem anderen Schauspieler der damaligen Zeit turmhoch überlegen. Seine Schauspieltechnik war makellos, auch wenn die Filme, in denen er auftrat, manchmal zu wünschen übrigließen.

Aber schon damals ärgerte sich der Freundeskreis über die scheinbare Gleichgültigkeit, mit der Brando seinem Talent gegenüberstand. Als er einmal in den frühen sechziger Jahren einen spöttischen Brief an die Zeitung der Screen Actors Guild schrieb, in dem er meinte, Schauspielen wäre eigentlich kein echter Männerberuf, setzte sich John Herman Shaner hin und formulierte wütend und wortgewandt seinen entschiedenen Widerspruch. Nicholson mit seinem tiefen Glauben an die Würde des Schauspielerberufes (wichtig für ihn, daß die Schauspielerei ein echter Männerberuf war), rief Shaner an und gratulierte ihm zu diesem Brief.

Zu ihren anderen Helden der Stunde zählten die jungen Europäer, die gerade ins amerikanische Bewußtsein zu dringen begannen. Darunter die Regisseure der französischen Nouvelle Vague – Truffaut, Godard, Chabrol, Rohmer, Alain Resnais –, der Schwede Bergman, die Italiener Fellini und Antonioni. Diese Regisseure waren dabei, das Kino zu revolutionieren.

Jack und seine Freunde diskutierten über die Filme, die den Europäern zum Durchbruch verholfen hatten. Was sollten überhaupt die geheimnisvoll verschlüsselten Filme von Antonioni bedeuten? Sie träumten davon, eines Tages ähnlich innovative Filme zu machen. Fragten sich, wie es wohl sein würde, für einen der ausländischen Meister zu arbeiten. Wäre es nicht eine tolle Sache, einmal in einem Film von Antonioni zu erscheinen?

Einige aus dem Freundeskreis glaubten, daß die Schauspielkunst auf der Bühne hehrer und reiner zum Tragen käme, und sie versuchten, ihr eigenes Theater aus der Taufe zu heben. Jack und seine Freunde warfen ihr Geld zusammen und bauten in einem vergammelten Warenhaus zwischen Fernwood und Sunset, gleich gegenüber von einer russisch-orthodoxen Kirche und einem Fotostudio, das Store Theater.

Nicholson, John Herman Shaner, B.J. Merholz, Luana Anders, Sally Kellerman, Carole Eastman, Maila Nurmi, Leonard Nimoy und einige andere gaben eine Cocktailparty, um damit Geld für ein Repertoireprogramm zu sammeln. Als sie nicht genug zusammenkriegten, verlegten sie sich aufs Klauen (brüstet sich Nicholson). »Wir sind einfach losgezogen und haben nachts auf den Lagerplätzen Holz geklaut. Wir haben in Tankstellen Klos gestohlen. Glühbirnen und Bretter, das haben wir alles irgendwie mitgehen lassen.«

John Herman Shaner wurde als Produzent geführt, Nicholson als Ko-Produzent. Das erste Stück hieß »The Three Toed Pony« von Sidney Michaels, einem vielversprechenden jungen Dramatiker, der später einer der Autoren von *The Night They Raided Minsky's* war. Aber das Store Theater machte zu viel Arbeit und brachte zu wenig Geld, alles in allem zu viel Durcheinander. Das erste Stück sollte zugleich auch das letzte sein, das Store Theater hörte auf zu existieren, und Shaner vermietete das Gebäude an andere Verrückte.

Nicholson erschien in Los Angeles in ein paar unbedeutenden Bühnenrollen, er blieb den Workshop-Aufführungen und kleinen Theatern treu. Aber den Gedanken an das Theater gab er schon früh auf, und als Star hatte er auch nie das Bedürfnis, sich regelmäßig vor einem »Live«-Publikum zu bewähren, wie etwa Dustin Hoffman, Al Pacino oder Robert De Niro.

Jack wollte seine Energie anderswo einbringen. »Ich habe mich ganz bewußt entschieden, beim Film anzufangen und nicht beim Theater, woher ja doch die meisten Schauspieler kommen – aus New York und vom Broadway – fast alle, die einem so einfallen. Aber ich hatte einfach das Gefühl, daß der Film die zeitgemäßere Ausdrucksform war. Ich habe aber nie gedacht, daß sich die Techniken so sehr unterscheiden. Wenn überhaupt, dann habe ich immer den Film für das anspruchsvollere Medium gehalten, eigentlich eher etwas undankbar, weil man nicht jeden Abend die ganze Rolle spielen kann, viel anstrengender, weil man sie trotzdem letztlich ganz hinkriegen und immer selbst beurteilen muß.«

1959 zog Jack in ein Haus Ecke Fountain und Gardner, mitten im Herzen Hollywoods. Fast alle aus seinem Freundeskreis lebten in der Gegend, in der Nähe des stets quirligen Sunset Strip.

Jacks Wohnung hatte vornehme Facettenfenster, einen offenen Kamin und einen Fernseher. In seinem Zimmer hing ein Poster von W.C. Fields beim Pokern, wie er finster seine Karten betrachtet, sowie ein Poster von Humphrey Bogart aus *The Petrified Forests*, in der Wüste gestrandet, auf dem Trittbrett seines Wagens. Jacks schauspielerisches Erbe besteht eigentlich zu mindestens gleichen Teilen aus Bogart und Brando, mit einem Schuß W.C. Fields.

Die Wohnung hatte drei Schlafzimmer, also suchte sich Jack zwei Mitbewohner, den Bildhauer Dale Wilbourne und einen anderen bildenden Künstler, den Fotografen Dale Robbins. Beide gingen auch zum Schauspielunterricht. Ihre Werke zierten das Wohnzimmer und alle Wände.

1959 nahm Jacks Karriere mit mehreren Filmauftritten wieder neuen Aufschwung. Diese gesteigerte Aktivität fiel mit seinem Übertritt zu einer größeren Agentur, Kumin-Olenick, zusammen, die viele hoffnungsvolle Neulinge vertrat, unter anderem Craig Stevens, Richard Bakalayan, Robert Lansing und Clint Eastwood. Doch die Rollen waren fast alle ziemlich mickrig, und sie waren genauso Jacks Bemühungen wie denen der Agentur zuzuschreiben.

»Jack war irgendwie nicht gerade einfach zu verkaufen«, meint der Agent Irving Kumin. »Zu der Zeit hatten alle Studios mindestens dreißig gutaussehende Typen unter Vertrag.«

Die erste Beschäftigung in dieser hektischen Arbeitszeit fand Nicholson im Spielfilmdebüt von Regisseur Richard Rush, einem New Yorker, der in der Theaterabteilung der UCLA-Uni seinen Studienabschluß gemacht und sich seine ersten Sporen mit Fernsehwerbung verdient hatte. Rush hatte *The Cry Baby Killer* gesehen und erinnerte sich an Nicholsons ersten Film, als er die Besetzung für *Too Soon to Love* zusammensuchte, ebenfalls mit Minimaletat und zum Thema Teenagersorgen. Als Rush den Produzenten David Kramarsky anrief, wurde ihm Jack begeistert empfohlen.

In einem Interview sagte Rush, daß er sich gut an Jacks Vorsprechen erinnern könne: »Er war so ein geschliffener, hervorragender Schauspieler, gleich beim ersten Probelesen für die Rolle, daß die Besetzung für mich sonnenklar war. Er sah richtig aus, hatte diese halbe Macho-Frisur und ein junges, attraktives, wenn's sein muß auch gemeines Gesicht. Er hatte seine ganz eigene Art, den Text anzugehen, langsam, sozusagen von hinten durch die Brust ins Auge.«

Rush und Laszlo Gorog schrieben gemeinsam das Drehbuch. Jennifer West und Richard Evans übernahmen die Hauptrollen. *Too Soon to Love* ist ein Minimal-Etat-Wunderwerk in Schwarz-Weiß, für ganze 50.000 Dollar. Jacks Rolle war nicht weltbewegend – er spielte wieder einmal einen jugendlichen Unruhestifter, den Bösen, der in einer kurzen Szene in einem Drive-In-Kino eine Prügelei mit dem Helden anzettelt.

Trotzdem, *Too Soon to Love* machte den jungen Schauspieler mit Richard Rush bekannt, mit einer der beiden wichtigen Personen, denen Jack am Anfang des neuen Jahrzehnts über den Weg lief, und die ihm in seiner Karriere unschätzbare Dienste leisten würden.

In der Zwischenzeit hatte auch Roger Corman wieder einmal ein interessantes Projekt. Ein Studioleiter hatte ihm erzählt, daß zwischen Weihnachten und Neujahr ein großes Atelier mit Bürokulisse zur Verfügung stünde, das Corman ein Woche lang billiger als üblich mieten könnte. Diesem Angebot konnte der Schnell-Schnell-Produzent natürlich nicht widerstehen. Er beschloß, einen ganzen Film in dieser Kulisse zu drehen und, wenn möglich, seinen eigenen Geschwindigkeitsrekord im Billigfilmen (fünf Tage) zu brechen, den er im Vorjahr mit *Bucket of Blood* aufgestellt hatte.

Corman beauftragte einen seiner Haupt-Drehbuchautoren, Charles B. Griffith, eben mal schnell ein passendes Drehbuch zu schreiben. Über das Buschtelefon erfuhr Jack von Cormans Plänen für eine schrullige, witzige Horrorkomödie über eine menschenfressende Pflanze mit dem Titel *The Little Shop of Horrors*.

Jack bekam ein Exemplar des Drehbuchs in die Hand und dachte, daß er einige von den Rollen spielen könnte, unter anderem die Hauptrolle, einen ahnungslosen Ladenschwengel namens Seymour, der der unersättlichen Pflanze sklavisch verfallen ist. »Aber ich war ja nicht gerade Rogers Lieblingsbesetzung für Hauptrollen, denn andre Typen haben Filme gemacht, die – na wie soll ich's sagen? – besser rauskamen.« Trotzdem drängte Jack darauf, daß man ihn probelesen ließ.

Wie erwartet, kriegte er die Hauptrolle nicht, die ging an einen aus der etablierteren Corman-Truppe, Jonathan Haze (ebenfalls ein ehemaliger Corey-Schüler). Aber Corman hatte Jacks mitreißendes Probelesen gefallen, und er bot ihm eine kleine Rolle an – den Part des masochistischen Zahnarztpatienten Wilbur Force.

»Roger rupfte das Drehbuch auseinander«, erinnerte sich Jack, »und gab mir nur die Seiten mit meinen Szenen mit. So konnte er den Rest vom Skript noch einem oder mehreren Schauspielern mitgeben. So ging es damals in der Low-Budget-Szene zu«.

The Little Shop of Horrors ging denn auch als Meilenstein in die Annalen der Pfennigproduktionen ein. Wie versprochen kurbelte Corman alle Innenaufnahmen in unvorstellbaren zwei Tagen Hauptdrehzeit herunter. Hinzu kamen noch drei Tage Aufnahmen mit dem zweiten Drehteam.

John Herman Shaner spielte ebenfalls mit, er verkörperte den sadistischen Hintertreppen-Zahnarzt, der schließlich der Pflanze zum Fraß vorgeworfen wird. Nachdem er ihn umgebracht hat, gibt Seymour (Haze) sich als Zahnarzt aus, als Gegenspieler in Jacks inspiriert komischer Szene, wo der ihn anfleht, ihm die Zähne zu bohren und möglichst viel Schmerz zuzufügen. Nicholson, mit Mittelscheitel, Fliege und biederer Strickjacke, nahm diese kurze Szene in einem einzigen Durchgang auf, improvisierte eine Menge »wirres Scheißzeug« (Jacks Worte), um sie lustiger zu machen:

> »Nein, bloß kein Novokain! Das stumpft bloß ab. O prima, prima, auf geht's. O Gott, jetzt bloß nicht aufhören! Was, du ziehst mir keinen? Mehr, mehr!«

Das Ende der Szene wurde tatsächlich nie aufgenommen, erinnert sich Nicholson. »Die Beleuchtung für diesen Film war im voraus fest eingestellt. Da kommst du rein, stöpselst die Lampen ein, Kamera ab, und los geht's. Wir haben erst die Aufnahme draußen im Wartezimmer gedreht, dann sind wir ins Büro gegangen, Licht an, Filmen. Jonathan Haze kniete mir auf der Brust und zog mir die Zähne. Und bei der Aufnahme hat er sich ein bißchen zurückgelehnt und mit dem Bein die gemietete Zahnarzteinrichtung erwischt, und die fing an umzukippen. Roger hat nicht mal ›Schnitt‹ gerufen. Der ist nur einfach auf das Set gehechtet, hat die Maschine im Kippen aufgefangen und ›Nächste Einstellung, das ist im Kasten‹, gebrüllt.«

Im Frühjahr 1960 bot sich die Möglichkeit für eine etwas hochklassigere Rolle, als Kumin-Olenick Jack zu den Probeaufnahmen für die Filmversion der eindrucksvollen Trilogie »Studs Lonigan« von James T. Farrell schickten.

Farrells Romane beschreiben die verschlungenen Lebenspfade einer Gruppe irisch-katholischer Jugendlicher in einem kleinbürgerlichen Viertel von Chicago zwischen der Zeit gleich nach dem Ersten Weltkrieg und der Depression. Autor und Produzent Philip Yordan, der wie Corman in Hollywood ein unabhängiges Dasein fristete, wollte die Trilogie auf eine einzige Story eindampfen und den Film hauptsächlich im Jahr 1925 spielen lassen.

Die Hauptrolle des an sich anständigen irischen Proletariers, der in einem Teufelskreis aus Armut, Scheinheiligkeit und Laster gefangen ist, wollte Yordan mit Warren Beatty besetzen. Beatty war zwar damals noch kein Star, verlangte aber bereits, daß das Drehbuch umgeschrieben wurde, und ging dem Regisseur Irving Lerner gewaltig auf die Nerven. Daher redete Lerner Yordan diese Besetzung aus; sonst wären sich Beatty und Nicholson schon zehn Jahre früher begegnet. Statt dessen bekam Christopher Knight, ein attraktiver junger Mann aus St. Louis – Marke James Dean, die Titelrolle und machte damit sein Filmdebüt.

Nicholson spielt Weary Reilly, einen ziemlich widerlichen Ganoven, der Frauen Schweine nennt, bei einer Gin-Party ein junges Mädchen vergewaltigt und schließlich im Knast landet.

»Ich hab die Rolle, glaube ich, bekommen, weil die Probeaufnahmen Improvisationen zu Situationen aus dem Buch waren, und ich war wahrscheinlich der einzige Schauspieler in ganz Hollywood, der genug Durchhaltevermögen und Energie aufgebracht hat, um diesen Siebenhundert-Seiten-Schinken zu lesen.«

Studs Lonigan wurde im Frühjahr 1960 in den Hal Roach Studios gedreht; es war einer der wenigen größeren Spielfilme, auf den der Schauspielerstreik, der damals Hollywood lahmlegte, keine Auswirkungen hatte.

Der Autor selbst machte nicht gerade gute Werbung, denn er war entsetzt über Berichte, zum Beispiel in der »New York Times«, die Hollywood-Fassung wäre »ein bißchen lustiger und moralischer als das Buch«. Farrell wies darauf hin, daß keine einzige Szene in seiner berühmten Trilogie im Jahr 1925 spielt, und schrieb: »Ich möchte mit diesem Film in keiner Weise in Verbindung gebracht werden.«

Auch in der geschrumpften und gereinigten Fassung blieb *Studs Lonigan* noch weit abseits vom Publikumsgeschmack. Das Drehbuch mit seinem starken katholischen Beigeschmack muß Jack sehr bekannt vorgekommen sein: die melancholischen Szenen, in denen die Mädchen rumsitzen und trübsinnig vom großen Glück träumen, während ihre zum Scheitern verurteilten Freunde große Reden schwingen und Pool-Billard spielen.

Der Regisseur Irving Lerner zählte in den dreißiger Jahren zu den führenden Cuttern in der Dokumentarbranche. Jahre nach den Dreharbeiten berichtete Nicholson französischen Filmfans einmal, daß die Arbeit mit Lerner für seine Erziehung als Filmemacher von grundlegender Bedeutung gewesen ist. Anders als Corman mit seiner Schlampigkeit und seinen Einmalaufnahmen praktizierte Lerner einen ausgefeilten Stil mit vielen verschiedenen Kamerawinkeln und Einstellungen, der dann hinterher im Schneideraum mehr Möglichkeiten ließ. Während er als Schauspieler immer mit so wenigen Aufnahmen wie möglich auskommen wollte, wurde Nicholson als Regisseur später für seine vielen Aufnahmen und langen Schnittzeiten bekannt.

Ebenfalls 1960 gab Roger Corman Nicholson eine größere Rolle in einem anderen Film, mit dem er in Wirklichkeit allerdings nicht viel zu tun hatte. Wenn Corman überhaupt bei den Dreharbeiten für *The Wild Ride* auftauchte, dann höchstens an ein zwei Tagen.

Regisseur des Streifens war Harvey Berman. Er hatte an der UCLA einen Abschluß in Theaterwissenschaft gemacht und dann mit anderen – wie etwa seinem früheren Kommilitonen Monte Hellman – eine Sommertruppe gegründet. Inzwischen lehrte Berman an einem College in Nordkalifornien, aber er kam noch häufig nach L. A. und blieb immer mit Hellman in Verbindung.

Die Gelegenheit zur Regie hatte Hellmans Frau Barboura Morris, auch eine frühere UCLA-Studentin, vermittelt. Sie spielte manchmal in Cormans Büro die Sekretärin und schlug Berman als geeigneten Regisseur für einen Low-Budget-Film über jugendliche Ganoven vor. Sie argumentierte überzeugend damit, daß Berman ja seine Studenten in verschiedenen Rollen und als Crew einsetzen und so die Kosten reduzieren könnte.

Berman besuchte Corman bei den Dreharbeiten zu *I, Mobster* und redete mit ihm über das Projekt. Das Drehbuch war soweit fertig (mußte dann allerdings vor Ort noch von zwei Autoren aus der UCLA-Mannschaft umgeschrieben werden). Es schien, daß Roger ziemlich leicht zufriedenzustellen war, er gab Berman den Rat: »Ein-, zweimal proben, nie mehr als eine oder zwei Aufnahmen von jeder Szene, dann flott zur nächsten Einstellung. Eigentlich kannst du einfach an den Wochenenden filmen, dann brauchst du keine Unterrichtsstunden ausfallen zu lassen.«

So begann Berman mit einem Pfennigetat und einem zuverlässigen Kameramann aus dem Corman-Team, Taylor Sloan, im späten Frühjahr 1960 mit den Dreharbeiten. Er setzte viele Talente ein, die er vor Ort in den Counties Sonoma und Contra Costa aufgelesen hatte. Aber das gesamte Drehbuch verlangte Außenaufnahmen; der frischgebackene Regisseur hatte mit ungewöhnlich schlechtem Wetter zu kämpfen, und fast sofort geriet die Produktion in Verzug. Nachdem er die Tagesmuster gesehen hatte, ging Corman an die Decke, befahl Berman, mit den Dreharbeiten aufzuhören und erst in den College-Sommerferien weiterzumachen.

In der Zwischenzeit traf Corman Vorsichtsmaßnahmen. Er würde einen erprobten Produktionsberater, Monte Hellman, nach Norden schicken, und zwei Autoren sollten ständig am Drehort sein und am Buch herumbasteln (eine davon war Marion Rothman, die später dem Drehbuchschreiben den Rücken kehrte und Cutterin in so renommierten Filmen wie *The Boston Strangler*; *Play It Again, Sam; Funny Lady; Starman* und *Mystic Pizza* wurde).

Einige von Bermans Amateuren flogen, und ein neuer Hauptdarsteller wurde angeheuert, ein Schauspieler, der im kürzlich fertiggestellten *The Little Shop of Horrors* für Corman gute Arbeit geleistet hatte: Jack Nicholson.

Corman fand auch eine neue Hauptdarstellerin: Mit Nicholson stieg Georgianna Carter aus dem Zug, die erste der vielen Nicholson-Freundinnen, die Jack bei seinen Filmen einspannte. Sie sollte das nette Mädchen spielen, die naive Freundin von Dave, dessen bester Freund Johnny mit einer hochfrisierten Kiste Rennen fährt. Die Rolle des Johnny Varron, des Bösewichts im Opus, bekam Nicholson.

Zwei Wochen im Frühsommer wurde von morgens bis abends gefilmt, die Mannschaft lebte gemeinschaftlich in Häusern, die man in Concord in Contra Costa County angemietet hatte. Es war furchtbar heiß. Wie immer bei Corman war der Zeit- und Spardruck immens: Der Film mußte innerhalb von zwei Wochen im Kasten sein, weil die Kameraausrüstung dann schon wieder für Dreharbeiten zu *Creature From the Haunted Sea* auf dem Weg in die Karibik zu sein hatte.

Durch den großen Druck gab es keinerlei Proben, und dem Regisseur blieb kaum Zeit, mit den Darstellern die Dialoge durchzugehen oder sie gar einzuüben. Es war wie gewöhnlich: stracks zur Arbeit, die Szenen frei nach Intuition spielen.

»Ich dachte damals, daß er ein gutaussehender Bengel war«, so Harvey Berman. »Ich mochte ihn. Wenn mir an ihm was aufgefallen ist, dann daß er ganz wild darauf war, alles gut zu machen. Er wollte, daß alles genau richtig funktionierte ... Er erinnerte mich an meinen früheren Kommilitonen James Dean, der auch ein Semester an der UCLA studiert hat. Ich kannte Dean. Jack hatte so eine Art, beim Spielen zu untertreiben, und Jimmy Dean hat auch immer untertrieben, ist eine Szene stets von der Seite angegangen. Jack hat das auch so gemacht. Das war sehr wirkungsvoll.«

In der Sprache des Drehbuchs ist Johnny Varron der »Obermacker« in einer Jugendbande, die ständig wilde Feste feiert. Er stürzt sich auf einem Highway in eine gefährliche Mutproben-Raserei und drängelt dabei mit hämischem Grinsen eine Motorradstreife von der Straße. Diese verbissene Szene auf dem Highway ist natürlich direkt aus *Rebel Without a Cause* geklaut, und *The Wild Ride* hat auch ganz unverhohlen bei anderen Quellen Anleihen genommen. Als Johnny Varron mit seiner frisierten Kiste einen Preis gewinnt und den an die Stoßstange bindet, kommentiert prompt einer von seinen Jüngern: »Wie in *The Wild One*, Mann, wie Marlon Brando.«

Obwohl er eigentlich ein ziemlich mißmutiger Typ ist, verbindet Johnny Varron in Jacks Darstellung eine beinahe unerklärliche, warmherzige Freundschaft mit dem anständigen Dave (Robert Bean, einer von Bermans Studenten), der beschlossen hat, aus der Bande auszusteigen.

»Jack wollte die innere Motivierung für jede Sekunde in jeder Szene haben, um sie glaubwürdig zu machen«, erinnert sich Berman. »Nur ein Beispiel: Am ersten Drehtag fragte mich Jack, während wir an einer Szene arbeiteten: ›Also, mein Kumpel …, meinst du, daß ich mich echt zu ihm hingezogen fühle?‹ Ich antwortete: ›Wie bitte?‹ Er sagte: ›Ja, glaubst du, daß ich ihn vielleicht homosexuell begehren könnte?‹ Ich verneinte. Er beharrte: ›Na ja, das würde erklären, daß wir immer so eng aufeinanderhocken.‹ Ich meinte: ›Nein, das sind doch Kids. Die hocken immer so eng aufeinander. Ihr rangelt euch um das gleiche Mädchen. Ich glaub nicht, daß ihr um sie rangelt, weil ihr eigentlich ineinander verliebt seid. Das würde denn doch ein bißchen zu weit gehen‹ … Ich war völlig verdattert, als er mich das fragte. Sogar in dem Alter, als blutjunger Schauspieler, hat er sich für seine Rolle immer Gedanken über alle Möglichkeiten einer Beziehung gemacht. Zugegeben, damals stand ich so sehr unter Druck, den Film in kürzester Zeit abzudrehen, da war meine Einstellung: ›Überleg's dir doch selbst‹.«

Die Arbeit am Drehort festigte die Beziehung zwischen Nicholson und Monte Hellman, der auf Cormans Betreiben bei Kamera und Ton aushalf. Auch wenn die Dialoge knifflig wurden und die Post Production sich hinzog, sprang Hellman in die Bresche.

»Damals, bei den Aufnahmen, sind Jack und ich gute Freunde geworden. Ich erinnere mich, daß ich während der Aufnahmen viel mit ihm geredet und ihm immer gesagt habe, er solle Regie führen. Da haben wir auch beschlossen, zusammen Drehbücher zu schreiben. Allerdings hatte er außerdem das Zeug zu einem Star. Aber er schien doch mehr als nur Schauspieler zu sein. Er hatte so verschiedene Interessen. Ganz klar war er sehr gescheit, und er hatte so eine globale Art, die Sache anzugehen, im Gegensatz zu vielen anderen Leuten, die ihre Rollen immer etwas kurzsichtig betrachten.«

Auf dem Papier sieht das Jahr 1960 mit vier produzierten Filmen für Jack Nicholson sehr gut aus.

Too Soon to Love kam im Winter heraus. Einige Kritiker stilisierten den Film zu einem amerikanischen Äquivalent der Nouvelle Vague hoch. Weil der Vertrieb alles andere als flächendeckend war, bekamen jedoch nicht viele die Chance, den Film und Nicholsons winzige Rolle zu sehen und zu beurteilen.

Im Frühling erschien *The Little Shop of Horrors* in den Kinos. Als Nicholson den Film im Pix, Ecke Sunset und Gower, sah, war er erstaunt darüber, wie das Publikum auf seine kurze, spektakuläre Szene reagierte. Das ausverkaufte Kino brüllte nur so vor Lachen.

»Die haben so gelacht, daß ich den Dialog beinahe nicht mehr hören konnte. Ich habe das gar nicht richtig mitbekommen. Es war, als ob ich seit dem Drehen vergessen hätte, daß es eine Komödie war. Ich war ganz verlegen, denn so eine positive Reaktion hatte ich noch nie vorher erlebt.«

Little Shop of Horrors ist oft als eine Kreuzung aus *Dragnet* und der Zeitschrift »MAD« bezeichnet worden. Der Film wurde in Cannes außerhalb des Wettbewerbs gezeigt und wurde *der* Film, der Cormans guten Ruf in Europa sicherte. Heute gilt *Little Shop of Horrors* allgemein als einer der extremen, schrillen Klassiker des Produzenten und Regisseurs. Filmfans lieben ihn aus den verschiedensten Gründen, nicht zuletzt wegen Nicholsons umwerfend komischem Beitrag in einer Nebenrolle.

Dieser erste fulminante komödiantische Kurzauftritt Nicholsons war der einzige Blick, den das Publikum in all den Jahren mit Low-Budget-Filmen und ihren jugendlichen Ganoven, Bikern und Horrorszenen auf Jacks komische Seite bekommen sollte. Dabei konnte er, wenn er wollte, umwerfend komisch sein.

Studs Lonigan wurde von Regisseur Lerner und dem Produzenten Yordan schnell zusammengeschustert und startete im Herbst 1960 in den Kinos. Einige Kritiker lobten den feierlichen Ernst des Films und seine dokumentarischen Untertöne. Andere fanden, der Stoff wäre zu stark verkürzt und völlig undramatisch präsentiert.

The Wild Ride kam auch im Herbst heraus und steht, was Jacks groteske Schauspielerei angeht, dem späteren *The Terror* in nichts nach. Die Story war zwar nicht viel mehr als eine Aneinanderreihung von haarsträubenden Klischees über die coole Teenagergeneration, aber zumindest die Produktion war ein entschiedenes Plus. In *The Wild Ride* tritt Jack zum ersten Mal als echter Star auf, und der Film ist schon allein deswegen ein Muß für alle Nicholson-Fans, weil es aus dieser Zeit keine blendenderen Aufnahmen von ihm als jungem Schauspieler gibt.

Wie es die Ironie des Schicksals wollte, waren die beiden Hauptdarsteller, als *The Wild Ride* anlief, gerade dabei, sich zu trennen. Georgianna Carter, die nie wieder in einem anderen Spielfilm auftrat, war (wie fast alle Freunde von Nicholson) der irrigen Meinung gewesen, sie und Jack würden demnächst zusammen vor den Traualtar treten. »Es war aus zwischen uns, weil wir uns übers Heiraten gestritten haben. Ich war wie vor den Kopf gestoßen, als er sagte, daß er nicht heiraten wollte. Bis dahin hatte ich immer gedacht, daß wir uns da völlig einig waren. Ich hatte immer gedacht, wir würden heiraten – nicht so sehr am Anfang, aber irgendwann einmal schon. Er aber war absolut dagegen. Da sagte ich: ›Na ja, dann sollten wir uns besser nicht mehr sehen.‹ Und wir haben uns dann auch eine ganze Weile nicht mehr gesehen.«

Obwohl Roger Corman und Monte Hellman ähnlich bewertet wurden, waren sie doch so sehr voneinander verschieden wie der Spatz von dem exotischeren und selteneren Kolibri.

Hellman war in New York geboren, hatte in Stanford studiert und an der UCLA einen Abschluß in Theaterwissenschaften gemacht. Er arbeitete als Schnitt-Assistent einer Fernsehshow namens »Medic« mit. Hier lernte er Corman kennen, der sein Büro auf dem gleichen Gelände hatte.

Hellman liebte das Theater. Er hatte von John Herman Shaner das Gebäude des Store Theater ›geerbt‹ und leitete dort 1959/60 seine eigene Truppe, die experimentelle Stücke wie Becketts »Warten auf Godot« oder Anouilhs »Colombe« aufführte. Roger Corman sah sich einmal eines der Stücke an und offerierte Hellman dann auf seine lässige Art, seine schöpferischen Kräfte beim Film einzusetzen und für ihn zu arbeiten. Da sein experimentelles Theaterunternehmen ein Zuschußgeschäft war, nahm Hellman das Angebot mit Freuden wahr.

Über die Jahre schuftete Hellman bei vielen Corman-Produktionen im Hintergrund und lernte alles, was man für die Produktion eines Films wissen muß – außer der Schauspielerei. Obwohl sein erster Film, *The Beast From Haunted Cave*, der 1959 erschien und seine Frau Barboura Morris in der Hauptrolle zeigte, noch mehr Corman als Hellman war, wurden doch mit der Zeit die Unterschiede zwischen den beiden deutlich. Hellman war so sorgfältig in seinen Produktionen wie Corman improvisatorisch schlampig sein konnte, viel grüblerischer und philosophischer als sein Mentor.

Hellman war groß und hager, mit buschigem Haar. Er war ein schüchterner und verschlossener Mann mit einem knochentrockenen Humor, ein bißchen älter und sehr viel gebildeter als die meisten anderen in der Corman-Meute, und er beeindruckte die Leute mit seiner ernsthaften Strenge.

Er imponierte auch Nicholson. Hellman war *überernst* – in seine ernste Strenge verliebt, sagt Jack gerne. Hellman hatte keinen Fernseher (er besaß *nie* einen Fernseher). Er interessierte sich für Kunst, nicht für Kommerz, und dieses Hellmansche Dogma paßte nahtlos zu der wachsenden Unzufriedenheit Nicholsons mit den Schnellschüssen, die er einen nach dem anderen abdrehte.

Nachdem sein experimentelles Theater endgültig gescheitert war, überredete Hellman den Schauspieler Martin Landau, in dem Gebäude Ecke Fernwood und Sunset Schauspielunterricht zu geben. Landau war nach dem Ende einer USA-weiten Tournee mit dem Stück »Middle of the Night« (mit Edward G. Robinson) in Los Angeles hängengeblieben. Zu Hause in New York hatte er Method Acting bei Lee Strasberg studiert und war ein eifriger Verfechter des weit gepriesenen »Sense Memory«-Ansatzes seines Lehrers geworden.

Die klassische Schauspielausbildung betonte äußerliche Techniken, das Method Acting unterstrich den sinnlichen und psychologischen Ansatz. Strasberg lehrte Improvisation und das Heraufbeschwören der »Bewußtseins-Vergangenheit« zur Vermittlung von Emotionen: Erinnere dich an Freude, um Freude zu vermitteln, erinnere dich an persönliche Schicksalsschläge, um Trauer zu zeigen. Die Besten der neuen Schauspielergeneration waren Schüler in Strasbergs »Sense Memory«-Unterricht gewesen, allen voran Marlon Brando.

Obwohl Jeff Corey sich auch sehr auf Stanislawski bezog, hatte er doch seinen ureigenen Ansatz. Strasbergs Interpretation der

»Methode« war enger und schärfer definiert. Landau zog sofort viele junge Leute in seinen Bann, die versessen auf Neues waren und sich von Coreys Unterricht wegentwickelt hatten. Zu ihnen gehörten auch Jack Nicholson und Harry Dean Stanton. Auch Bruce Dern, gerade frisch an der Westküste angekommen – ein junger, sehr intensiver Schauspieler, der nicht lächelte, sondern immer höhnisch grinste – nahm an Landaus Unterricht teil. Sandra Knight hatte sich zu den »Sense Memory«-Klassen gesellt, ebenfalls Nicholsons malender Wohngenosse Dale Wilbourne. Monte Hellman hospitierte.

Einige von Landaus Übungen versetzten die Schüler regelrecht in Angst und Schrecken. Da mußte man vielleicht allein auf der Bühne stehen und »Happy Birthday« singen, Silbe für Silbe, und sich bei jeder neuen Silbe auf ein anderes Gesicht in der Klasse konzentrieren und beim Atmen Augenkontakt halten. Wie auch einige von Coreys Übungen basierten die Landauschen Übungen auf dem Gedanken, daß ein Schauspieler sich seiner inneren Spannung immer bewußt sein sollte, und daß er sie auch körperlich ausleben muß – sie *verkörperlichen* muß – anstatt sie zu sublimieren.

Jack und sein Mitbewohner Dale Wilbourne wurden bei den Improvisationen oft zusammengespannt. Die beiden hatten ihre Einfälle zu Hause und arbeiteten sie dann im Unterricht aus. Aus dem Konzept, seine Emotionen zu verkörperlichen, entstand eines Tages die Idee, ein Gespräch zwischen verschiedenen Körperteilen zu erfinden. »Jack spielte den Bauch und ich den Mund«, erinnert sich Wilbourne, »und wir dachten uns dann einen Dialog zwischen diesen Körperteilen aus. Von allen in der Klasse war Jack – sehr zu meinem Leidwesen, denn ich empfand ihn immer als scharfe Konkurrenz – wahrscheinlich bei weitem der interessanteste Schauspieler«.

Jack hat diese Übungen nie aufgegeben, benutzt sie noch heute als Aufwärmübungen für seine Rollen, so wie ein Boxer zum Aufwärmen Gymnastik treibt. 1985 zum Beispiel traf der »New York Times«-Reporter Ron Rosenbaum Nicholson zu Hause an, als er sich auf die Dreharbeiten von *The Witches of Eastwick* vorbereitete: Er trällerte den Kinderreim »Three Blind Mice« in schleppend langsamem Singsang, wie er es in seinem Schauspielunterricht bei Martin Landau gelernt hatte.

»Das ist eine Übung, die Strasberg erfunden hat, die Lied-Übung«, erklärte Nicholson, »und sie soll zur ›Diagnose des Instruments‹ dienen, wie man so sagt. Es geht darum, in dieser Stellung ganz entspannt zu stehen, die Klasse direkt anzusehen und ein Lied zu singen, am besten einen Kinderreim, und zwar so, daß jede einzelne Silbe einen Anfang und ein Ende bekommt. Du singst nur diese Silbe, nicht das Tempo oder den Inhalt des Lieds. Und du *streckst* alles. Der Gedanke dahinter ist, daß man den körperlichen Körper, den emotionalen Körper und den geistigen Körper in eine Art Leerlauf kriegt. Und dann sollte man eigentlich durch die Stimme hindurch hören, was tatsächlich in deinem Inneren abläuft.«

Hellman übte auch in anderer Beziehung großen Einfluß aus. In den frühen sechziger Jahren hatte er zusammen mit B.J. Merholz, Dale Wilbourne und anderen einen privaten Filmklub gegründet, der laut seinen Statuten »den Filmschaffenden, die sich hier zusammengetan haben, die Gelegenheit bieten soll, Filme zu sehen, die ihnen sonst entgehen würden«. In großem Stil gaben die Gründungsmitglieder dem Klub den leuchtenden Namen »New American Film Society«.

Die Vorführungen fanden während der ersten Saison noch in der Directors Guild statt, aber dann wanderte die »New American Film Society« zum Sunset Boulevard ins Lytton Center of the Visual Arts, in einen Vorführraum im Untergeschoß einer Bank am ehemaligen Standort des Allah Hotels. Das Programm umfaßte fast vergessene Stummfilme, gelegentlich Hollywood-Filme aus den dreißiger und vierziger Jahren, repräsentative Avantgarde-Arbeiten und neue Filme, Klassiker aus Großbritannien, Argentinien, Frankreich, Italien, Deutschland und Mexiko.

Jack gehörte zum Stammpublikum, zahlte seinen Beitrag und ging zweimal im Monat zu den Vorführungen. Nachher blieben die Zuschauer immer noch für eine Tasse Kaffee und ein paar Kekse da und diskutierten. Damals waren Filmklubs in Los Angeles durchaus noch ungewöhnlich, und die wenigen Kinos, die anspruchsvolle Filme zeigten, mußten ihre Programme sehr vorsichtig zusammenstellen. In einer Zeit, in der Jack und seine Freunde nach Kultur gierten, kam die »New American Film Society« gerade recht.

Carole Eastman und Robert Towne hatten sich inzwischen ganz aufs Schreiben verlegt. Jack arbeitete mit einem seiner besten Freunde, Don Devlin, ebenfalls an einem Drehbuch, und auch John Hackett und John Herman Shaner hatten mit dem Schreiben angefangen. Alle stürzten sie sich auf die Drehbücher – und stellten sich vor, wie sie wohl in der Hauptrolle ihrer eigenen Skripts groß herauskommen würden.

Schreiben vertrieb die Zeit und verlieh ihrem Ehrgeiz einen intellektuellen Anstrich. Die Leute, die sie am glühendsten bewunderten, die erhabensten Helden, das waren die Regisseure, meist Ausländer, die ihre Filme selber schrieben, Regie führten und manchmal sogar noch darin auftraten.

Keiner aus Jacks Freundeskreis hatte auch nur den geringsten Zweifel daran, daß er schreiben konnte. Wenn man reden konnte wie ein Wasserfall, dann mußte man auch schreiben können. Wenn man schauspielen konnte, dann konnte man auch schreiben. Was machten sie denn schließlich in ihrem Schauspielunterricht beim Improvisieren anderes – im Grunde genommen schrieben sie.

»Das Schreiben war für uns alle ein Akt der Verzweiflung«, meint John Herman Shaner. »Wir waren alle wie versessen darauf, endlich als Schauspieler zum Zug zu kommen, und wir hatten nie genug zu tun. Wir waren ja alle junge, dynamische Kerle, und wir hatten mehr als genug Energie und Schwung und Träume und – Samenkoller ... Wir dachten uns, wenn wir ein Drehbuch schreiben, vielleicht kriegen wir eine von den Rollen. Zweitens, wir brauchten ja das Geld zum Leben. Drittens, es gab einem was zu tun, während man auf Schauspieljobs wartete. Viertens gab es einem ein Gefühl der Würde, daß man was alleine tun konnte und nicht von jemand anderem abhängig war, der einem Arbeit gab. Man hatte insgesamt mehr Würde und mehr Respekt, als wenn man nur einfach ein arbeitsloser Schauspieler gewesen wäre.«

Von größtem Einfluß auf ihr Schreiben waren aber nicht die ausländischen Filmemacher, sondern die Leute ganz in ihrer Nähe, die sich schon Hals über Kopf in die Drehbucharbeit gestürzt hatten, Eastman und Towne. Besonders Towne warf riesige Schatten.

Der Freundeskreis hatte sich zähneknirschend dazu durchgerungen, Towne als den klügsten Kopf anzuerkennen; seine Liebe zur Literatur war ehrlich und aufrichtig, manchmal regelrecht pedantisch. Verglichen mit den anderen war er ein geheimnisvoller Typ. Er sprach nicht viel, er posierte nicht, er war gerissener. Aber wenn sich Towne einmal entschloß, am allgemeinen Wettbewerb aktiv teilzunehmen, dann war er ein furchterregender Gegner.

Towne und Nicholson hatten sich gleich vom ersten Tag an wunderbar verstanden. Der Introvertierte und der Extrovertierte, Gegensätze, die sich ergänzten. Jack nannte Towne »Beaner«, Towne nannte Jack »Jocko« oder »the Kid«, um zum Ausdruck zu bringen, wie er Nicholson sah (obwohl er selbst nur ein Jahr älter war). Nachdem er ihn in Coreys Unterricht in einer seiner frühen Szenen erlebt hatte, meinte Towne zu Nicholson: »Kid, du schaffst es mal zum Star. Und ich schreib dir die Drehbücher.« Jack grinste sein entzücktes Grinsen, und Towne lächelte still, ganz der zuversichtliche Prophet.

Als Devlin einen Partner für ein Drehbuch brauchte, an dem er gerade schrieb (eine ungewöhnliche Geschichte über Hollywood, eine Geschichte aus dem wirklichen Leben vom Standpunkt eines jungen, um Erfolg ringenden Schauspielers), da war Jocko blitzschnell in Beaners Fußstapfen getreten, hatte sich zum Drehbuchschreiber erklärt und mit Devlin zusammengetan.

Einer der Neulinge im Freundeskreis war der leise Fred Roos, dem das Team Devlin-Nicholson gleich aufgefallen war. Auch Roos hatte die Hollywood High School absolviert, war Korea-Veteran, dann auf die UCLA gegangen und – wie Nicholson – in einem Bürojob gelandet. Sein Betätigungsfeld war MCA, wo er es sehr schnell zum Junior-Agenten brachte. Er vertrat Don Devlins damalige Frau, eine Schauspielerin.

Roos stammte aus einer republikanischen Familie, neigte aber von Natur aus zu einer liberaleren politischen Einstellung und Lebensphilosophie. Er meinte, mit den Leuten, die sich in Devlins Haus trafen, vieles gemeinsam zu haben.

Roos hatte ein gutes Auge für Besetzungen. Von Anfang an, obwohl er Jack sicher nur in wenigen (oder gar keinen) Filmszenen gesehen hatte, erkannte er die dynamische Persönlichkeit des jungen Schauspieler-Autors, den er bei Devlin kennengelernt hatte. Sein Maßstab war, daß Leute, die er persönlich interessant fand, dann auch auf der Leinwand interessant sein würden, und Leute, die er schon persönlich langweilig fand, dann auf der Leinwand doppelt so langweilig wären.

»Jack rangierte auf der Plusskala für ›interessant‹ ganz oben. Ich war mir sicher, daß man das auf die Leinwand übertragen könnte. Sein Gesicht und überhaupt sein Aussehen waren nun wirklich nicht das, was im Augenblick (in der Filmindustrie) gefragt war. Es war die Ära der hübschen jungen Männer. Er war aber außerordentlich liebenswert, spaßige Gesellschaft, irgendwie unberechenbar, nicht wie die andern. Er schien auf seine clevere Art unglaublich gescheit zu sein. Ich war aus Südkalifornien, und mir war diese energiegeladene New-Jersey-Cleverneß völlig fremd. Diese Seite hat mich also wirklich fasziniert ... Jack gab sich schon vom Startschuß an, als wäre er bereits Filmstar, als müßte er einfach Filmstar sein. Er nahm die Schauspielerei todernst, aber er trug das nicht am Revers. Es war ein bißchen die Einstellung wie bei einem erfahrenen Sportler: daß Schauspielerei nichts ist, worüber man viel redet und Mätzchen macht. Ich erinnere mich gut«, so Roos, »daß ich schon ganz zu Anfang dachte, daß es da in Jack einen Charakterzug gab, der einen Henry-Fonda-Part spielen könnte. Vielleicht würde Jack diesen Weg einschlagen, so ›Mann aus dem Volk‹. Dann fing er an, so viel von sich selbst, auch von seinen persönlichen Schrullen, in seine Rollen einzubringen. Das mitzuerleben, war faszinierend für uns«.

Nach einigen Monaten als Junior-Agent ging Roos in die aktive Produktion, wurde Assistent in der Skriptredaktion und Besetzungsdirektor in einem der letzten B-Studios, der Robert Lippert Company, die mit der Twentieth-Century-Fox zusammenarbeitete.

Lippert war ein untersetzter, zigarrekauender Produzent, der vom Filmvertrieb her gekommen war. Er hatte in den vierziger Jahren als erster Kinoabende mit kostenlosen Mahlzeiten eingeführt und später dann den Pizzadienst in Drive-In-Kinos. Lipperts Karriere in Low-Budget-Filmen konnte in jeder Hinsicht mit der von Corman mithalten, allerdings hat er nie bei einem seiner eigenen Filme Regie geführt. In ungefähr zwanzig Jahren als Produzent brachte Lippert 246 B-Pictures heraus, vom Horrorfilm (*The Fly*) bis hin zu Science Fiction- (*Rocket Ship XM*) und Kinderfilmen (*A Dog of Flanders*) sowie unzähligen Western.

Wie Corman war auch Lippert stolz darauf, eine Schnell-Gewinn-Firma zu sein. Einmal drehte er fünf Western gleichzeitig, mit identischen Besetzungen, Drehorten und Kulissen, »sparte Zeit und Geld, indem er alle Verfolgungsjagden gleichzeitig filmte, desgleichen Barszenen und Schlägereien und alle sonstigen Action-Szenen«, wie »Variety« berichtete. Er war auch stolz auf seine Cormaneske Formel für die Ausnutzung vorhandener Talente: »Wir nehmen alte abgeklapperte Autoren oder brandneue, wir setzen gewesene große Namen ein oder nagelneue Gesichter.«

Obwohl Lippert den Etat für seine Filme immer unter 100.000 Dollar hielt, stellte er Gewerkschafts-Teams ein; seine Filme wurden alle in Cinemascope und Breitwand gedreht und hatten eine ordentliche Produktionsqualität. Zwar war sein Geschmack nicht gerade erlesen, aber er ließ sich auf Wagnisse mit neuen Leuten ein. Aus seiner »Schule der Möglichkeiten« stammen unter anderen der Romanautor James Clavell, der Regisseur-Autor Samuel Fuller und der Western-Spezialist Charles Marquis Warren.

Damals hockte Lippert in einem Büro an der Washington Avenue vergraben. Beinahe sofort erschien Jack auf der Bildfläche, auf der Suche nach Arbeit als Schauspieler oder Autor. Roos hatte ihn mitgebracht.

Zunächst verschaffte Roos Nicholson einen Vorsprechtermin für einen B-Western, *The Broken Land.* Lippert hatte Joel McCreas Sohn Jody McCrae als den Guten unter Vertrag genommen, Kent Taylor als den bösen Gegenspieler. Jetzt bewarben sich noch Nicholson und Burt Reynolds um eine kleine Rolle (an fünfter Stelle im Vorspann), um den Sohn eines Revolverhelden. Es mußte jemand sein, der einen geborenen Fiesling spielen konnte. Beim Vorsprechen fragte Produzent Leonard Schwartz: »Kannst du reiten?« Nun half es, daß Jack tatsächlich Reitstunden genommen hatte und wahrheitsgemäß mit »Ja« antworten konnte. Er bekam die Rolle.

Da *The Broken Land* mit dem üblichen Supersparetat auskommen mußte, durfte die Truppe (nach den Worten von Schwartz) »etwa zehn Minuten proben«. Gedreht wurde im Frühsommer 1961 in Apache Junction, Arizona, bei Scottsdale, unter einer unbarmherzig niederstechenden Sonne. Das hielt allerdings die Produktionsfirma nicht davon ab, den 60-Minuten-Film in weniger als zehn Tagen abzudrehen, auf die Minute pünktlich.

Kurz darauf bot der liebenswerte, altmodische Lippert Nicholson eine weitere Möglichkeit. Während der Post Production von *The Broken Land* überredete Roos Lippert, daß Nicholson und Devlin ihre Ideen zu einem Drehbuch für einen von mehreren Billig-Kommerz-Streifen beisteuern durften, die in Puerto Rico gedreht werden sollten.

Die beiden skizzierten, wie der Lippert-Produzent Jack Leewood sagt, »eine sehr, sehr spannende kleine Geschichte«. Mit Vertragsunterzeichnung wurden dem Autoren-Team 1.250 Dollar für das fertige Drehbuch versprochen. Leewood hat »die wütenden Stürme unserer Drehbuchbesprechungen« nie vergessen, bei denen Jack mit Zähnen und Klauen um jedes Komma feilschte: »Er ging mir regelrecht an den Kragen. Jack wurde in seiner Überzeugung und Begeisterung so furchtbar wütend. Wenn ich eine von seinen Zeilen oder eine Idee oder eine Entwicklung in der Story nicht gut fand, dann ging er mich richtig mit Fäusten an ...«

Das Drehbuch mauserte sich dann zu einer ganz konventionellen, spannenden Geschichte, die auf einer fiktiven Karibik-Insel spielt, wo ein korrupter lateinamerikanischer Diktator im Exil lebt. Ein geheuerter Killer soll den Diktator umbringen, aber das Mordvorhaben wird von einem amerikanischen Flüchtling, der einen Bootsverleih betreibt, vereitelt.

Devlin war der Seniorpartner dieses Unternehmens, und seine politisch linke Einstellung dominierte das Drehbuch. Aber Jack konnte mit Stolz behaupten, sein erstes Skript verkauft zu haben, selbst wenn dann kein Geld dafür da war, auch die Drehbuchautoren mit den Darstellern und der Crew an den Drehort zu schicken, als man schließlich in Puerto Rico mit der Arbeit für *Thunder Island* anfing.

Im Sommer 1961 wurde die US-Armee nach dem Bau der Berliner Mauer in den Alarmzustand versetzt. Nicholson wurde für einige Monate zum verlängerten Einsatz in der Air National Guard eingezogen.

Er war ursprünglich in die Guard eingetreten, um wie »alle reichen Kids den Militärdienst zu umgehen«, und jetzt mußte er sich als Part-Timer in einem Stützpunkt in Van Nuys einfinden. Er wurde auf der Lackland Air Force Base in Texas als Feuerwehrmann bei einer Flughafensicherheitstruppe ausgebildet. In Interviews sagte Nicholson später, in welcher »Hochstimmung« er sich mit seinem Asbestanzug in die tosenden Flammen stürzte. »Davon kriegte ich das unglaublichste High, so ein Gefühl, daß ich in einer anderen Welt bin, daß ich in einem anderen Element lebe.«

Die Einheit hatte ihren Stützpunkt in Hollywood, und ihr gehörten auch der künftige Drehbuchautor von Nicholson-Filmen Walon Green (*The Border*) und ein Schlafsaalgenosse namens Sandy Bresler an.

Bresler war ein anderes Hollywood-Kind der zweiten Generation: Sein Vater, der Produzent Jerry Bresler, konnte unter anderem Oscar-gekrönte Kurzfilme vorweisen, den Spielfilm *The Vikings* mit Kirk Douglas oder auch *Pinocchio*, einen 16mm-Streifen von Spielfilmlänge mit richtigen Schauspielern. Sandy fing gerade in der Filmbranche an, als Junior-Agent irgenwo in den unteren Gefilden von International Creative Management (ICM).

Wie Nicholson war auch Bresler ein unermüdlicher Film-Freak, der das Kino praktisch mit der Muttermilch eingesogen hatte. Über seine guten Verbindungen konnte er 16mm-Kopien aus Studio-Archiven bekommen, die sie sich dann in Jacks Wohnzimmer ansahen. Diese gemeinsame Leidenschaft machte einen Großteil ihrer Freundschaft aus.

Über zehn Jahre lang hatte Nicholson darunter zu leiden, daß seine Agenten ihn nicht aggressiv und fantasievoll genug vertraten. Eines seiner Hauptprobleme als um Anerkennung kämpfender Schauspieler war, daß er einen Agenten finden mußte, der begriff, daß und wie man seine persönlichen Qualitäten effektvoll auf die Leinwand übertragen konnte. Diese persönlichen Qualitäten bildeten sich im Moment noch heraus, und das Agentenproblem sollte schließlich zur Zeit von *Easy Rider* gelöst werden – mit Sandy Bresler.

Einige Leute dachten, daß sich Jack sehr für eine wohlgeformte, blonde Tänzerin namens Lynn Bernay interessierte, der alle anderen im Freundeskreis nachhechelten. Sie war eine ehemalige Rockette und als Tanzgirl in »Guys and Dolls« aufgetreten, erst am Broadway und dann in der Hollywood-Filmversion. Sie hatte in New York bei Stella Adler und in Hollywood bei Jeff Corey Unterricht genommen und über diese Verbindung Rollen im Fernsehen und in Filmen von Roger Corman bekommen (*Viking Woman and the Sea Serpent*). Jack und Bernay hatten tatsächlich ein paar Rendezvous, aber es war keine Romanze. Wie Carole Eastman, fühlte sich auch Lynn Bernay Jack gegenüber »immer wie eine Schwester«.

Irgend jemand hat Jack einmal »den großen Verführer« genannt, aber dieser Spitzname war wohl halb im Scherz gemeint (vielleicht war er dieser Jemand selbst, denn er hat oft seine eigenen Spitznamen erfunden). Obwohl er sich redlich Mühe gab, nichts anbrennen zu lassen, fehlte ihm doch im Umgang mit dem anderen Geschlecht noch der rechte Schliff.

Manche versuchten, Jack und Georgianna wieder miteinander zu versöhnen. John Herman Shaner organisierte ein Fischessen, um das Paar erneut zusammenzubringen. Aber als Jack dann wirklich ein ernstes Gespräch mit Georgianna anfing, erzählte er ihr, daß es in seinem Leben jetzt eine andere gäbe und er nicht zwei Beziehungen gleichzeitig haben könnte. Da dachte er immer noch sehr traditionell.

Diese andere war Sandra Knight, eine wunderschöne Schauspielerin mit langem, braunem Haar. Sie war in Pennsylvania geboren und in Kalifornien aufgewachsen und hatte schon einige bemerkenswerte kleine Rollen in Film und Fernsehen gespielt – unter anderem Robert Mitchums Tochter in *Thunder Road*. Obwohl sie Jack schon früher begegnet war, lernte sie ihn erst in Martin Landaus Schauspielunterricht besser kennen.

Die Leute zeigten sich überrascht. Sandra war lieb und sanft, eher der mütterliche Typ, aber auch nachdenklich und grüblerisch. Jack schien ganz offensichtlich sehr in sie verliebt. Er und

Sandra tauchten überall zusammen auf – er sah immer ein bißchen vergammelt aus, sie barfuß und wie ein Hippie.

Um sich über Jack hinwegzutrösten, machte Georgianna Carter auf dem Absatz kehrt und heiratete Dale Wilbourne. Die beiden wurden in Rekordzeit wieder geschieden.

Außer einer neuen Freundin hatte Jack also zeitweilig auch neue Mitbewohner, unter anderem ein paar gestandene Schauspieler, die nach *Easy Rider* jahrelang Rollen in Nicholsons Filmen spielten, Bill Duffy und Tom Newman.

»Jacks Zimmer sah immer sehr ordentlich aus«, erinnert sich Duffy. »Auf seinem Schreibtisch, an dem er die ganze Zeit saß und schrieb, stapelten sich die Bücher. Er hatte eine Stereoanlage im Zimmer, und er war mit allem sehr offen und großzügig. Ich habe ihn als einen sehr lebensfrohen Burschen in Erinnerung, sehr zugänglich. Ich hatte damals ein Alkoholproblem, und ich entsinne mich genau, daß mich Jack immer unterstützt hat.«

Der Party-Parcours wurde immer größer. Immer öfter fanden die besten Feste in Häusern in Hollywood Hills oder am Strand von Malibu statt, wo die etablierteren Gestalten aus dem wachsenden Freundeskreis – wie Tuesday Weld, Larry Hagman und Robert Walker Junior – residierten. Walker (auch ein Hollywood-Sprößling, der Sohn von Robert Walker und Jennifer Jones) machte jedes Wochenende eine Kiste 1959er Lafite-Rothschild für seine Freunde auf, die sich bei ihm zum Schwimmen, Tanzen und Frisbee-Spielen trafen oder einfach nur mit glasigen Augen auf den Pazifik starren wollten. Und immer waren Jack und Sandra mit von der Partie.

»Ich hatte Jack schon vorher in einem von Roger Cormans Horrorfilmen gesehen, und das war fast so wie in der High School, das war so peinlich«, sagt Robert Walker Junior. »Und doch hatte er, wenn man ihn persönlich kennenlernte, einen solchen Zauber und Charme, daß ihn auch die Männer anziehend fanden. Es war einfach eine Wonne, mit ihm zusammenzusein.«

Don Devlin konnte inzwischen als Autor einige Erfolge verbuchen. Außer an *Thunder Island* hatte er als Ko-Autor auch an einem Dokumentarfilm mitgearbeitet: *Black Fox* war ein ungewöhnliches Werk von Louis Clyde Stoumen, der die Geschichte

Hitlers parallel zu Radierungen der alten Fabel von Reineke Fuchs erzählte und dafür 1962 mit einem Oscar ausgezeichnet wurde.

Devlin verkündete jedoch, daß er nun Produzent werden wollte, nicht mehr Drehbuchschreiber. Also driftete Jack auf seiner Suche nach Mit-Autoren in Richtung Monte Hellman.

Das Buch, an dem Nicholson und Hellman zusammen arbeiteten, roch wie ein Neuaufguß des Devlin-Nicholson-Skripts: schon wieder eine Der-Künstler-als-junger-Mann-in-Hollywood-Story. Autobiografische und katholische Einflüsse sind nicht zu übersehen: als Hauptfigur erneut ein junger, um Erfolg ringender Schauspieler, der sich seine Gedanken zur Moral der Zeit macht und gleichzeitig Geld schnorrt, um seiner Freundin die Abtreibung bezahlen zu können.

In Interviews hat Nicholson später immer behauptet, dieses Skript sei stark von Camus' »Mythos des Sisyphus« beeinflußt gewesen. Allerdings hat er das über nahezu alles gesagt, was er in jenen Tagen geschrieben oder getan hat.

Jack und Monte nannten ihr Drehbuch »Epitaph«. Es war zwar viel von Jacks Beziehung zu Sandra eingeflossen, aber die beiden Hauptdarsteller sollten Jack und Millie Perkins sein. Das Konzept war entschieden europäisch: Es sollten Ausschnitte aus Jacks Corman-Filmen hineinmontiert werden, um das wirkliche und das fiktive (Leinwand-) Leben des Schauspielers miteinander zu verzahnen.

Sie zeigten Roger Corman das Drehbuch. Der ermutigte sie, bestand aber auf Änderungen. Corman ermutigte immer. In Hollywood konnte man vor Ermutigung schier umkommen. Nicholson und Hellman behielten die Konkurrenzfirma Lippert Productions fest im Blick.

Die Romanze mit Sandra war stürmisch: Am 17. Juni 1962 heirateten Sandra Knight und Jack Nicholson. Trauzeugen waren Harry Dean Stanton und Millie Perkins, die inzwischen mit Dean Stockwell verheiratet gewesen und schon wieder von ihm geschieden war. Aus der Heiratsurkunde ist zu ersehen, daß das Paar bereits in einem Haus in 7507 Lexington zusammenlebte, gleich um die Ecke von Jacks Junggesellenbude in Fountain Avenue. Als ungewöhnliche Geste wurde die Eheschließung von einem Priester der Universal Life Church zelebriert. Diese Kirche existierte eben ein Jahr. Ein früherer Baptist hatte die eklektische Religion in seiner Garage in Modesto ins Leben gerufen. Zu ihren Grundprinzipien gehörten unter anderem Weltfrieden und Reinkarnation. Jeder, der wollte, konnte ordiniert werden.

»Wir schrieben unsere eigene Trauzeremonie, lange bevor das die große Mode wurde«, sagte Nicholson. »Ich kann mich nicht mehr daran erinnern, aber wir haben Zitate eingestreut, und ich glaube, wir haben das Wort ›gehorchen‹ rausgeschmissen.«

Roger Corman hatte es zwar nicht eilig, Jack in seinen Filmen persönliche Erfüllung zu bieten, aber er gab ihm immer wieder Arbeit: In *The Raven* spielt Nicholson den sentimentalen Liebhaber, in *The Terror* wurde er hoffnungslos unter napoleonischen Klamotten begraben.

Beide Filme wurden im Sommer 1962 hintereinander abgedreht; sie gehören zu Cormans Reihe barocker Horrorstreifen, die auch ein paar gefeierte Edgar-Allen-Poe-Bearbeitungen umfaßt. Einige waren besser als andere, einige eher Parodien als *serioso*. Die meisten erzielten gute Einspielergebnisse und bekamen freundliche europäische Kritiken.

Bei *The Raven* wirkte sich das pfiffige Drehbuch von Richard Matheson (*The Incredible Shrinking Man*) sehr vorteilhaft aus, Daniel Hallers Kulissen vermittelten viel Atmosphäre, und Floyd Crosbys Kameraführung war sehr ausdrucksstark. Hinzu kam das Horror-Dreiergespann Peter Lorre, Vincent Price und Boris Karloff.

Nach dem Muster anderer erfolgreicher Poe-Bearbeitungen (*The Pit and the Pendulum*, *Premature Burial*, *Tales of Terror*) hatte *The Raven* mit dem berühmten Gedicht den Titel und sonst nicht viel gemeinsam. Das Horror-Drehbuch wurde, laut Matheson, »eine totale Komödie«, weil er die Nase voll hatte von der Poe-Serie und »diese A.I.P.-Filme einfach nicht mehr ernst nehmen konnte«.

Die Geschichte dreht sich um zwei verfehdete Mitglieder der Magierzunft (Karloff und Price). Lorre, ein anderer Magier, wird auf diabolische Art in einen Raben verzaubert und muß sich seine

Menschengestalt erst wieder verdienen. Zu allem Überfluß spukt auch noch eine alte Liebe (Hazel Court) durchs Schloß. Die Sache gipfelt in einer Magierschlacht mit (für damalige Verhältnisse) spektakulären Spezialeffekten.

Jack spielte Lorres Sohn Rexford, komplett mit Federbusch am Hut und im Brokatgewand. Es war zwar eine größere Rolle als sonst, aber keine direkte schauspielerische Herausforderung. In seiner gewichtigsten Szene muß er sich in einen üblen Schurken verwandeln, als er auf einer gewundenen Klippenstraße die Kontrolle über seine Pferdekutsche verliert. Immer wieder rollt Jack wild mit den Augen und wirft in Verzweiflung die Hände nach oben (eine seiner ganz typischen Gesten).

Der Film war zumindest eine gute Gelegenheit, drei Herren der alten Schule persönlich kennenzulernen, die in ihren Karrieren das erreicht hatten, was Nicholson mit *The Shining* schaffen sollte: im großen Stil makaber zu sein. Nicholson bewunderte die Stars von *The Raven* so sehr, daß er einmal die »Amateurmalerin« Ethel May mit zum Drehort brachte, damit sie Vincent Price, einen ihrer Lieblingsschauspieler und bekannten Kunstsammler, kennenlernen konnte.

»Karloff saß immer in der Kulisse und las die Londoner ›Times‹«, erinnert sich Nicholson an die Dreharbeiten. »Von Lorre habe ich mir von Bogart erzählen lassen, und von Brecht und von den Nazis und vom Zweiten Weltkrieg. Er war einer der kultiviertesten Männer, die ich kannte, der Lorre. Vincent ist sehr, sehr amerikanisch und sehr, sehr nett. Und natürlich hat er immer von seinem Kunstkrempel geredet.«

Die ehrwürdigen Stars behandelten den jungen Schauspieler mit großer Herzlichkeit. Samuel Z. Arkoff, Mitbegründer und Aufsichtsratsvorsitzender von A.I.P., schrieb in seiner Autobiografie, Karloffs Höflichkeit Jack gegenüber könnte unter Umständen auf dem Mißverständnis beruht haben, daß er ihn für den Sohn von Arkoffs Geschäftspartner James H. Nicholson hielt. Jack war mit dem natürlich weder verwandt noch verschwägert.

»Eine andere Sache«, so Nicholson, »habe ich von *The Raven* noch in Erinnerung. Der Rabe hat unaufhörlich auf alle und alles geschissen. Der hat einfach unaufhörlich geschissen. Meine ganze rechte Schulter war dauernd voller Rabenscheiße«.

Als Corman merkte, daß die Dreharbeiten vor der geplanten Zeit zu Ende gehen würden und ihm Karloff laut Vertrag also noch ein paar Tage zur Verfügung stand, stürzte er sich umgehend in einen anderen Film im Horrorstil: *The Terror*. Übers Wochenende sollte Cormans Drehbuchautor Charles Griffith schnell ein paar Szenen zusammenschustern, die die bereits aufgebaute Schloßkulisse und den noch verfügbaren Karloff ausnutzten. »Keine Story«, erinnert sich Griffith, »nur viel Schloß, wissen Sie, drinnen und draußen, sehr *misterioso*.«

Am Montag begannen dann die Dreharbeiten – ganz gleich, ob die Szenen einen sinnvollen Zusammenhang ergaben oder nicht. Nicholson spielte André Duvalier, einen Veteranen aus den napoleonischen Kriegen, Karloff den mysteriösen Baron in seinem vergammelten Schloß. Wieder einmal spukt eine holde Schöne durch den Film – diesmal Sandra Knight oder Mrs. Jack Nicholson im einzigen gemeinsamen Filmauftritt mit ihrem Mann.

Die Schauspieler mußten ihren Text in Windeseile lernen und abliefern. Während die Kulisse von *The Raven* schon abgebaut wurde, rannte Corman noch mit der Kamera herum, dem Abbruch-Team stets nur ein paar Schritte voraus.

Als Karloffs Vertrag abgelaufen war, hörte Corman mit den Dreharbeiten auf. Erst einige Monate später machten sich seine getreuen Mannen Leo Gordon und Jack Hill daran, eine Handlung zurechtzuzimmern, die mit dem schon vorhandenen Material irgendwie zusammenpaßte. Mit ihren Drehbuchseiten in der Hand wanderte einer der lauten Corman-Novizen, Francis Ford Coppola, samt Schauspielern und Drehteam nach Nordkalifornien und nahm ein paar sehr stimmungsvolle Küstenbilder auf.

»Francis hatte diese Aufnahme von Jack Nicholson und Sandy Knight, wie sie auf einem Bergpfad durch den Wald kommen«, erinnert sich Jack Hill. »Wie sie um die Hügelkuppe biegen, da sollten Tausende Schmetterlinge vor ihnen auffliegen. Also hat er Leute auf Schmetterlingsjagd geschickt, und die waren dann alle soweit, er hat ›Action‹ gebrüllt, sie haben die Schmetterlinge losgelassen, und da kommt Jack Nicholson und markiert die Tunte. Na ja, wedelt so mit den Armen und fragt: ›Oooch, ist das schon die Aufnahme?‹ Er hat jede Minute gehaßt, die Fehlbesetzung des Jahrhunderts.«

Coppola führte eine Weile Regie und auch Monte Hellman. Jack Hill und Dennis Jakob betreuten jeder ein paar Szenen.

»Schließlich«, sagte Corman in einem Interview, »blieb am Schluß noch ein Tag übrig, ehe der Film abgedreht war, aber da hatte ich schon keine Freunde mehr übrig, die mal eben einen Tag lang Regie führen konnten. Jack sagte: ›Na ja, so gut wie die kann ich es allemal; ich führe Regie.‹ Und so hat Jack am letzten Drehtag selbst Regie geführt, und der Film ist fertig geworden.«[1]

Das Drehbuch war völliger Schwachsinn. Der Film hat jedoch eine begeisterte Anhängerschaft gefunden, wahrscheinlich wegen oder trotz der hanebüchenen Geschichte, und er stellt wahrscheinlich den Tiefstpunkt in Nicholsons Karriere als Schauspieler dar. Jack ist in dem Streifen jungenhaft und ernst, aber auch verkrampft bemüht und lächerlich, hoffnungslos unter der Rolle begraben.

»Ich war absurd«, gab Nicholson später zu. »›Ich bin André Duvalier, französischer Chasseur.‹ Dieser Zeile war ich mit dreiundzwanzig einfach nicht gewachsen, wenn Sie wissen, was ich meine. Und dann steckte ich in Marlon Brandos Kostüm aus Napoleon *(Desirée)*, alles in der Schulter zu weit. Es war wirklich verblüffend schlecht.«[2]

Für die Arbeit mit Corman gab es immer nur gerade mal Tarifbezahlung, und die Jobs dauerten normalerweise nicht länger als zwei Wochen. Filme wie *The Raven* und *The Terror* waren im übrigen das genaue Gegenteil von den künstlerischen Werken, die der Freundeskreis so verehrte. Die Corman-Gewächse – so hat Rex Reed es einmal formuliert – sind »Schund von der Art, die

1 »Nicholson war Schauspieler«, konterte Ko-Autor und Ko-Regisseuer Hill in einem Interview (Psychotronic, Band 13, Sommer 1992). »Natürlich hat er nichts gefilmt. Roger ist nicht sehr zuverlässig. Ich hab ein paar von seinen Interviews gelesen ..., und man muß das, was er sagt, mit Vorsicht genießen.«

2 Corman hat aus *The Terror* einiges rausgeholt. Der Film wurde zu einer Art Insider-Witz bei A.I.P. Er taucht in Peter Bogdanovichs *Targets* kurz auf der Leinwand eines Drive-In-Kinos auf. Ein paar Einstellungen erscheinen in *Hollywood Boulevard* von Joe Dante und in *Transsylvania Twists* von Jim Wynorski. 1989 schließlich drehte Corman für eine Videofassung selbst eine neue Einleitung mit einem der ursprünglichen Darsteller, Dick Miller, der die Geschichte in der Rückblende erzählt.

nur eine liebende Mutter oder ein Kritiker der ›Cahiers‹ von vorne bis hinten ansehen und toll finden würde«.

»Die haben mir nie gefallen«, sagte auch Nicholson 1973 in einem Interview. »Ich bin nicht besonders nostalgisch veranlagt. Die waren einfach nur schlecht.«

In einem anderen Gespräch gab er zu: »Die ersten Filme, die ich gemacht habe, sind für mich so unerträglich, weil ich da nur einen Jungen sehe, der versucht, sich irgendwie von der Seite auf die Leinwand zu stürzen, sich in eine Filmkarriere zu katapultieren. Das ist alles, was ich sehe, diesen angstvollen, zitternden, nackten, verzweifelten Ehrgeiz. Und das ist jämmerlich.«

Auch wenn er für das verdiente Geld dankbar war, so gingen doch die mickrigen Etats, der Mangel an Proben, die rasanten Zeitpläne und der schludrige Arbeitsstil dem jungen Schauspieler sehr gegen den Strich.

»Eines, was bei meiner Arbeit in den Low-Budget-Filmen nicht gestimmt hat, war, daß sie in zwei Wochen abgedreht wurden. Ich bin eigentlich in den ersten anderthalb Wochen noch gar nicht richtig in die Rolle eingestiegen. Ich hab den Charakter irgendwo, und im Kopf weiß ich, wohin es mit ihm gehen soll. Ich habe auch alle Impulse, aber ich hab ihn ganz bestimmt noch nicht so diamantenhart zurechtgemeißelt. Wenn man das erste Mal in eine Rolle steigt, übertreibt man die Charakterisierung oft, und das sieht man. Aber wenn man ihn dann eine Weile gespielt und den ganzen Tag drüber nachgedacht hat, dann ist man eher in ihm zu Hause. Bei den Zwei-Wochen-Filmen, da erreicht man nur dieses frühe Stadium, daß man den Part übertreibt.«

Cormans Filmemachen nach Rührei-Art, mit all seinen Klischees, verstärkte nur die Tendenz zu dem, was Stanislawski »Gummi-Stempel«-Stil (Rubber Stamp) nannte. Äußere Effekte und Plastikbewegungen, die sich aus einem Mangel an Erfahrung und Fantasie ergeben und oft bei jungen Schauspielern echte, organische Emotionen ersetzen.

Die meisten A.I.P.-Leute aus dieser Zeit blieben immer irgendwie unter Cormans Fittichen. Einige hielten bewußt ihre Verbindung zu ihm aufrecht oder hängten sich an einen seiner geistigen Erben. Andere machten auf eigene Faust in der Tradition der B-Pictures weiter (manchmal, wie beim Regisseur Joe Dante, wurden daraus bloß hochstilisierte B-Filme mit A-Film-Etats). Viele ließen sich begeistert auf Cormans Moral der Low-Budget-Ausbeutung ein.

Nicholson reagierte ganz anders: Ihm hatte Corman beigebracht, was genau er mit seiner Karriere *nicht* machen wollte. Als er nach *Easy Rider* endlich in der Lage war, selber Forderungen zu stellen, da bewegte sich Jack so weit von den Cormanschen Produktionsmethoden weg, wie er nur irgend konnte.

Drehbücher wurden peinlichst genau durchgearbeitet und gesichtet, Regisseure sorgfältig ausgesucht. Und seine Gagen wurden für Leute vom Schlage Cormans unerschwinglich, ganz zu schweigen von vielen anderen aus Jacks Vergangenheit.

Im kleinen Stil fing Nicholson auch schon in diesem frühen Stadium an, gegen die Corman-Methode zu rebellieren. Er legte sich mit Regisseuren über seine näselnde Sprechweise an, die einige ungewöhnlich und störend fanden. B-Regisseure drängten Jack immer, daß er schneller sprechen sollte; in B-Pictures mußte das Tempo schnell sein. Jack war clever genug, seine »fast schon körperlich bleierne Stimme« (Jeff Corey) als Stärke zu erkennen und auf seinem eigenen Rhythmus zu beharren. Außerdem war er gerade deswegen immer auf der Hut vor Dialekten, fürchtete sie beinahe als untaugliche Form der Verkleidung.

Nicholson wurde mindestens ebenso pingelig mit seiner Filmgarderobe. Besonders nach *The Terror* hat er immer darauf bestanden, daß er sich in seiner Garderobe wohlfühlte, wenn möglich, hat er seine Kostüme selbst ausgewählt. Das richtige Kostüm konnte die Charakterisierung sehr stützen, »das verkörperlichen, was daruntersteckt«, wie Regisseur Mike Nichols es formuliert.

Das Make-up war ein weiterer wunder Punkt. »Man kann diese Zeit (späte fünfziger, frühe sechziger Jahre) immer erkennen, denn meine Augen sehen aus wie zwei Löcher, die jemand in den Schnee gepißt hat. Ich hab sie damals einfach mein Make-up machen lassen, und irgendwie haben sie mir immer die Augenbrauen weggeschminkt.« Früher als es ihm eigentlich zustand, bereits zu einer Zeit, da er noch »mordlüsterne Teenager« und seine Schockie-Horror-Rollen spielte, überraschte Nicholson die Regisseure und pochte auf seine Individualität, indem er das Make-up verweigerte.

Als Jack und Sandra heirateten, lebten nicht nur June, ihre Familie und Ethel May in Kalifornien, sondern zeitweilig auch Lorraine und Shorty mit Familie.

Viele von Jacks Mitbewohnern und Freunden haben Ethel May und June kennengelernt. Für seine Freunde ist immer Ethel May die Mutter und June die Schwester von Jack gewesen, der oft erklärte, daß er ein »Kind der Wechseljahre« war.

An den meisten Sonntagen kam der eine oder andere aus dem Freundeskreis mit zum Essen in Junes Haus in Burbank. Jack wechselte immer sorgfältig ab – das entsprach seinem angeborenen Gerechtigkeitssinn und seiner ehrlichen Einstellung des »Sich-um-Leute-Kümmerns«.

Ethel May und Lorraine machten viel Wind um Jack. Der pflanzte sich hin und las die Sonntagszeitung von vorne bis hinten durch, während ihm die älteren Frauen ein raffiniertes Sonntagsessen zauberten. Besonders Ethel May schien völlig in dieser Aufgabe aufzugehen, als wäre es ihr einziges Lebensziel, es Jack recht zu machen.

Georgianna Carter arbeitete bei einem JCPenney-Laden im Valley, wo June als Sekretärin im Einkauf tätig war. Manchmal fuhr sie mit June zur Arbeit. Wenn irgend jemand wissen möchte, meint Georgianna Carter, woher Nicholson seinen dicken Panzer aus purem Selbstbewußtsein hat, dann müßte die Antwort wohl in der Art liegen, wie ihn die drei Frauen behandelten, die ihn aufzogen – June, Lorraine und Ethel May.

»Jack war sehr ›zentriert‹, immer schon. Ich glaube, daß jeder einmal in tiefster Nacht Zweifel bekommt, besonders wenn er an einem Ort wie Hollywood was werden will. Aber ich glaube nicht, daß Jack je die gleiche nagende Unsicherheit verspürt hat wie andere Leute ... Er hat mir immer erzählt, ich hätte ›Karnickelohren‹, und die hatte er selbst überhaupt nicht. Das war an ihm so anziehend. ›Karnickelohren‹ bedeutet, daß man immer anhört, was alle anderen über einen sagen, und daß es einem was ausmacht. Das hat Jack nicht getan. Nicht zuhören. Sich nicht beirren lassen. Einfach wissen ... Sie müssen sich nur an diese drei Frauen erinnern«, fügt Carter hinzu. »Die haben ihn angebetet. Er hat viel Anbetung bekommen – und wahrscheinlich hatte er auch gute Erbanlagen.«

Die Thanksgiving-Tage waren etwas ganz Besonderes. Seine besten Freunde wurden zu einer Familienfeier eingeladen, bei der normalerweise auch June und deren Familie anwesend war.

John Herman Shaner trat schon hier und da als Schauspieler im Fernsehen auf (»The Walter Winchell File«, »Man With a Camera«, »M Squad«), und weil er etwas älter als Jack war, rief ihn Ethel May an Thanksgiving einmal zu einem vertraulichen Gespräch unter vier Augen zu sich in die Küche: »Ich mach mir Sorgen um Jack. Ich weiß nicht, ob er das richtige Temperament für dieses Geschäft hat. Er hat ein sehr kluges Köpfchen, weißt du. Er ist sehr gut im Rechnen. Er wäre ein prima Buchhalter. Denkst du wirklich, daß er als Schauspieler Erfolg haben könnte?«

Shaner erinnert sich, damals den Arm um sie gelegt zu haben: »Ich etwa einundzwanzig, sie um die sechzig – als wäre ich der Vater. Ich sagte: ›Mrs. Nicholson, Jack ist toll. Er ist fantastisch. Er wird ein großer Star.‹ Ich hab natürlich kein Wort davon geglaubt. Damals dachte ich, daß ich der große Star werden würde. Ich für mein Teil habe seine Begabung damals nicht erkannt.«

June war in den Vierzigern etwas fülliger geworden, aber nach wie vor eine attraktive Frau, die sich flott zu kleiden wußte. Sie lebte inzwischen in North Hollywood, recht nahe bei Lorraines Haus in Burbank. Noch immer energisch und lebhaft, lachte sie pausenlos und war aggressiver und ehrgeiziger, als Jack mit Anfang zwanzig zu sein schien.

Bei den Familienfeiern und großen Anlässen kam es unweigerlich zu Zusammenstößen zwischen den beiden. Keiner wagte es, das Gespräch auf das Show Business oder Jacks immer boheme-hafteren Lebenstil zu bringen. Dann gab es Streit.

»Eine wunderschöne Frau«, sagte Jack ein paar Jahre später in einem Interview über June, »feurig, mit einem ungeheuren Temperament – durchaus fähig, völlig uneinsichtig zu sein. Sie hat mich gehaßt. Nein, nicht gehaßt. Ich meine, wir haben uns unglaublich gestritten. Sie hat alle ihre Ängste auf mich projiziert. Am Ende ihres Lebens war sie total konservativ. Sie hat mich immer als Rumtreiber gesehen. Sie hatte das Gefühl, daß ihr eigenes Experiment völlig gescheitert war«. Eines Abends ging John Herman Shaner mit June auf einen Drink aus, und sie unterhielten sich lange. »Sie war sehr verbittert darüber, daß das Show Business sie links liegen gelassen und sie es nie richtig geschafft hatte. Sie sagte, daß sie viel Talent hätte, aber es nie von jemand anerkannt wurde. Und daß sie sich um Jack große Sorgen machte ... Jacks größte Stärke, so hat sie gemeint, ist sein Verstand, und seine größte Schwäche ist sein Verstand. Sie hielt ihn für außergewöhnlich gescheit. Er hätte alles machen können. Ich bin mir nicht so sicher, ob sie sehr glücklich darüber war, daß er Schauspieler wurde ... Was mir im Gedächtnis geblieben ist, auch nach dreißig Jahren, ist nicht, daß sie ein verfehltes Leben hatte, sondern ein unerfülltes.«

Im Frühsommer 1963 erkrankte June, die Diagnose lautete Krebs. Sie wurde in ein Krankenhaus, Vermont Avenue, in Hollywood eingewiesen, ihr Zustand verschlimmerte sich allmählich, sie verlor ihren Schwung und magerte drastisch ab. Der Tod stand vor der Tür.

Durch verschiedene Kurzauftritte in Fernsehserien bei Warner Brothers war es Jack gerade gelungen, sich eine Rolle in seinem ersten großen Spielfilm, *Ensign Pulver*, zu kapern. Der Film war eine Fortsetzung von »Mister Roberts«, einem Broadway-Erfolg (und Film) aus den fünfziger Jahren. In der Götterdämmerung des Studiosystems hatte sich Jack endlich Zugang zu einem der Majors verschafft, und er hoffte, das Beste daraus zu machen. Er arbeitete wie besessen, um sich bei Regisseur Joshua Logan, einem Veteranen aus der Blütezeit von Broadway und Hollywood während der dreißiger Jahre, einzuschmeicheln.

In seinen Memoiren erinnert sich Logan liebevoll an Nicholson, der sich selber zum ›Produktionsassistenten‹ ernannt hätte. »Er hat mir geholfen, einige andere Rollen zu besetzen und auch die Hauptrolle mit Millie Perkins. Er ist mehr als nur Schauspieler, er ist Unternehmer, Spaßmacher, Inspiration.«

Die ersten Szenen des Films sollten Ende Juli 1963 vor Ort in Guadalajara gedreht werden. Am Abend vor seiner geplanten Abreise besuchten Jack und Sandra Knight June zum letzten Mal im Krankenhaus. Ethel May und Lorraine waren auch da.

»Wir versuchten, über alles mögliche zu sprechen«, erinnert sich Lorraine in einem Artikel, dem detailliertesten veröffentlichten Bericht über die letzten Tage in Junes Leben, »nur nicht darüber, was uns an diesem Abend zusammengebracht hatte. Als wir uns verabschiedeten und auf den Aufzug zugingen, rief June ihrem Bruder zu: ›Jack, soll ich noch warten?‹«

Wie so vieles in Junes Leben, war auch diese Frage sehr rätselhaft. Sie wußte, daß sie im Sterben lag, aber sie spielte auch diese Sterbeszene noch in echter Hollywood-Manier: Bis zum bitteren Ende blieben ihre Lippen versiegelt, nie hat sie Jack verraten, daß sie und nicht Ethel May seine wirkliche Mutter war.

Jacks Antwort war nicht weniger rätselhaft, wenn ihr auch – nach Lorraines Erzählung – ein Augenblick folgte, der klar macht, wie sehr die Nicholsons immer ihre eigene Lebensgeschichte dramatisch gestaltet haben.

»Jack wurde blaß und legte den Kopf leicht auf die Seite. Ich wußte, was er dachte. In den vergangenen sechs Monaten hatte er zusehen müssen, wie sie 80 Pfund abgenommen hatte und um 50 Jahre gealtert war. Ihre Schmerzen ließen nicht nach, und ihr einziger Wunsch – und unserer – war, daß Gott sie bald von dieser Quälerei erlösen würde. – ›Nein‹, erwiderte Jack und blickte zur Seite. Als die Aufzugtür sich schloß, kauerte er sich auf den Boden und schluchzte hysterisch.«

Am nächsten Tag flog Nicholson vertragsgemäß zu den einwöchigen Dreharbeiten für *Ensign Pulver* zum Originalschauplatz nach Mexiko.

June starb am 31. Juli 1963 im Alter von 44 Jahren. Ihre katholische Bestattung fand auf dem San Fernando Mission Cemetery statt, während Jack noch in Mexiko drehte. Wieder war er »einer der Trauergäste, die fehlten«.

Tragischerweise war Junes Ex-Mann Murray Hawley im Jahr zuvor in Kanada an einem ähnlichen Leiden gestorben, an einem Gehirntumor, den man entdeckt hatte, als er nach einem kleinen Autounfall behandelt wurde. Mit Anfang zwanzig war Jack nun Vaterersatz für Pamela und Murray Junior, die von June zurückgelassenen Kinder. Er beteiligte sich großzügig an ihrem Unterhalt, und für sie ist er immer »Onkel Jack« geblieben, auch nachdem Jahre später bekannt wurde, daß er ihr heimlicher Halbbruder war.

Die Dreharbeiten für *Ensign Pulver* zogen sich lange hin, waren sehr anstrengend und von Krisen überschattet. Der Film war eine unfrohe Komödie, der es auch nicht gerade zugute kam, daß der Regisseur wirklich langsam alt wurde und noch dazu an Depressionen litt. »Mir war *Ensign Pulver* damals peinlich«, so Robert Walker Junior in einem Interview, »und mir ist *Ensign Pulver* auch heute noch peinlich«.

Aus den ersten Pressemitteilungen geht klar hervor, daß man Jack einen bedeutsamen Platz in der Besetzungsliste eingeräumt hatte und ihn für einen Vertrag mit Warner aufbaute. Aber seine Rolle schrumpfte immer mehr zusammen, so daß man ihn, wenn man nur einmal blinzelte, in der großen Menge uniformierter junger Gesichter fast verpaßt hätte, zu der neben Stars wie Robert Walker Junior, Burl Ives und Walter Matthau auch Tommy Sands, Larry Hagman, James Farentino, James Coco, Al Freeman Junior und Adam Roarke gehörten (der später mit Nicholson in *Hell's Angels on Wheels* und *Psych-Out* spielte).

Am 13. September, zufällig einem Freitag dem Dreizehnten, war Jack wieder in Burbank und drehte im Warner Tonstudio, als Jennifer, seine erste Tochter (sechs Pfund und 300 Gramm schwer) geboren wurde. Die Öffentlichkeitsabteilung des Studios spuckte denn auch brav eine Mitteilung an die Filmpresse aus, in der verkündet wurde, Regisseur Logan hätte dem jungen Schauspieler am Drehort eine Geburtsurkunde der Marke »Gut Gemacht« überreicht.

Schließlich wurde Jacks Rolle in *Ensign Pulver* drastisch zurückgestutzt. Für die zweieinhalb Monate Dreharbeiten bekam er das Gewerkschaftsminimum von 350 Dollar die Woche, was abgesehen von der längeren Drehzeit keine sonderliche Verbesserung gegenüber der Arbeit mit Roger Corman bedeutete.

Nicholson konnte jedoch Trost finden, als im September 1963 *Thunder Island* anlief. Der 65-Minuten-Low-Budget-Thriller war »für die Minilänge Pfund für Pfund, Dollar für Dollar weit über dem Durchschnitt«, meinte »Variety« und pries das Drehbuch von Devlin-Nicholson als »handwerklich hervorragendes Originaldrehbuch«.

Später im Jahr 1963, am 22. November, wurde in Dallas Präsident John F. Kennedy ermordet. Jack rief seine Freunde an, um mit ihnen über die Schreckensnachricht zu sprechen. Obwohl einer der Helden des Freundeskreises JFKs *Bête Noire* Fidel Castro war, dessen Machtübernahme auf Kuba alle begeistert begrüßt hatten, so mochten und bewunderten sie doch auch Kennedy. Alle hatten sie für den jungen Präsidenten gestimmt.

Nach Junes Tod und der Geburt von Jennifer schien Jack auf den Parties bei Robert Walker Junior in Malibu verändert, ruhiger. Er und Sandra kamen zwar immer noch zu den Festen, aber anders als sonst hielt sich Jack vom Spaß, von den Spielen und der allgemeinen Munterkeit etwas fern.

Wie er da herumspazierte und Leute begrüßte, schien er Trost darin zu finden, seine winzige Tochter im Arm zu halten. Die Erfahrung mit *Ensign Pulver* war entmutigend gewesen; seine Schauspielerkarriere schien ein für allemal in den Anfängen steckenzubleiben. Er hatte einen geliebten Menschen verloren und neue Lieben gewonnen. Jetzt versuchte er, in der Rolle des Familienvaters sein Bestes zu geben.

Für Jack Nicholson war 1963 ein dramatisches Jahr, mit bitteren Enden und hoffnungsvollen Anfängen.

4

SELF-COMMUNION 1964

Zu Hause in Ocean Grove, New Jersey, erfuhr Don Furcillo-Rose durch eine kurze Nachricht in der Zeitung von June Nicholsons Tod (in der ihr Ehename fälschlich als »Harley« angegeben wird). Der Nachruf hielt die Legende aufrecht, daß June einen jüngeren Bruder namens Jack hinterließ. Junes Tod war für Furcillo-Rose ein Schock – um so mehr, als er keine Ahnung hatte, ob June vor ihrem Tod Jack irgend etwas darüber gesagt hatte, daß sie eigentlich seine Mutter war. Jetzt schien es ihm sicher, nun würde bestimmt bald Ethel May zu ihm kommen und ihn bitten, mit Jack zu sprechen.

Wochen und Monate strichen ins Land. Nach Junes Tod kehrten Lorraine, Shorty und ihre Kinder wie auch Ethel May nach Neptune zurück, doch niemand setzte sich mit Furcillo-Rose in Verbindung. Ihn schüchterte Junes Mutter immer noch so ein, daß er ihr aus dem Weg ging, weil er dachte, früher oder später würde sie ihn schon fair behandeln.

Er hatte auch andere Sorgen. Seine und Dorothy Roses Tochter Donna wuchs heran. Im Verschwörerton wurde ihr immer gesagt, sie hätte einen Halbbruder in Kalifornien, einen jungen Schauspieler, der es beim Film versuchte. Und immer, wenn Donna und ihre Mutter bei Steinbach Lorraine hinter der Kosmetiktheke stehen sahen, wurde die als die heimliche Tante bezeichnet.

Furcillo-Rose ging Ethel May zwar aus dem Weg, aber andere Mitglieder seiner Familie nicht. Lange Zeit lebte Dons Mutter Victoria in der gleichen Wohnanlage in der Walnut Street wie Lorraine, Shorty und Ethel May, die inzwischen zu ihrer Tochter gezogen war. Dort wohnte übrigens auch Dons Bruder Victor (der sich als Teenager einmal in Lorraine verliebt hatte) mit seiner Ehefrau.

Furcillo-Rose hatte dem Show Business adieu gesagt. In merkwürdiger Parallele zu Ethel Mays früheren Geschäften unterhielt er eine Kette von Schönheitssalons. Er besaß auch Rennpferde und schrieb die Golfspalte für das Lokalblatt.

Der andere potentielle Kandidat für die Vaterschaft, Eddie King, verdingte sich immer noch als Musiker und Shownummer; er blieb stets in der Nähe der Familie Nicholson. Später wohnte sogar Eddie King Junior, sein Sohn aus der Ehe mit der Studio-Partnerin, in der gleichen Wohnanlage in der Walnut Street wie Lorraine und Ethel May.

Ethel May und Victoria Furcillo waren weiter gut befreundet. Wenn die kleine Donna in der Walnut Street zu Besuch war, leistete sie den beiden am Swimming Pool manchmal Gesellschaft. Sie hielt beide Frauen für ihre Großmütter. Die ganze Geschichte mit Jack wurde zwar äußerst vorsichtig umgangen, aber Victoria hatte auch einen ganzen Schrankkoffer mit Zeitungsausschnitten aus dem Lokalblatt und mit Briefen von June an Don zusammengetragen, die bis in die späten dreißiger Jahre zurückgingen, mit allen möglichen kleinen Informationen über Jack.

Manchmal trieb die Situation Furcillo-Rose beinahe zum Wahnsinn; zu anderen Zeiten akzeptierte er seine Frustration und Trauer mit stoischer Gelassenheit, versuchte, im Hier und Jetzt zu leben. Wenn ihn aber jemand nach June Nicholson fragte, dann erklärte er ohne Zögern, daß er und June die Eltern eines Sohnes waren, zu dem ihm Ethel May den Zugang verwehrte und der nun weit weg in Kalifornien lebte.

Jetzt konzentrierte sich Furcillo-Rose ganz auf seinen Augapfel Donna. Die sollte bald in Two Rivers in die High School kommen, wo ihre Mutter schon lange als Kunstlehrerin tätig war. Viele Teenager in Donnas Altersgruppe hatten Eltern, die June und Don in den dreißiger Jahren gekannt hatten, und sie waren mit den wilden Gerüchten über den Schauspieler Jack Nicholson groß geworden.

Jack kam immer seltener nach New Jersey, meist für einen kurzen Besuch im Sommer, wenn er die Zeit und das Geld fürs Flugticket zusammenbrachte. Nicholson spürte schon damals den Abstand, der sich zwischen sein Woher und sein Wohin geschoben hatte. Das machte die Aufenthalte daheim zunehmend ungemütlich.

Die alten Freunde aus Nachbarschaft und Schule, die ihn in den frühen sechziger Jahren in New Jersey am Strand trafen, waren erstaunt, wie sehr sich der ›Vizepräsident‹ der Abschlußklasse verändert hatte. Er war dünn, sein Haar ungekämmt. Er lief in Jeans und Sandalen herum. Er lobte die Vorzüge von Marihuana und machte den Fehler, den falschen Leuten Joints anzubieten. Die Nordküste von Jersey war noch immer eine Enklave der Eisenhower-Ära, noch nicht ganz bereit für die seismischen Kulturschocks der sechziger Jahre.

Gegen Ende 1963 oder Anfang 1964 war Jack von Marihuana auf Haschisch und stärkere Sachen wie LSD umgestiegen. An der Westüste, wo die Labordroge LSD experimentell erprobt wurde, schrieb man dem starke Halluzinogen seinerzeit durchaus legitimen therapeutischen Wert zu. Wer LSD ausprobierte, berichtete davon, wie er sich in einen anormalen geistigen Zustand versetzt fühlte, der als typische Folgen Hyperaktivität, tiefe Angstzustände, traumartige Visionen und stark erhöhte Wahrnehmung hervorbrachte. Besonders die Künstler und Bohemiens waren hinter dieser bewußtseinserweiternden Erfahrung her, die vielleicht den kreativen Durchbruch bringen würde. [1]

»Die meisten von uns haben damals, und das war vor der ganzen Hippie-Geschichte, LSD als eine Art religiöse Erfahrung gesehen, religiös im Sinn von Bewußtseinserweiterung und Wahrnehmung«, meint Nicholsons Freund John Hackett. »Das waren sehr sorgfältige Experimente, für die es damals ein paar

1 LSD-Experimente beschränkten sich in Hollywood nicht etwa auf den Kreis der »Cool Generation«. Zu den Stars aus dem Goldenen Zeitalter, die sich in den späten fünfziger Jahren von LSD heilende und enthemmende Wirkung versprachen, gehörte zum Beispiel auch Cary Grant. Grant freundete sich sogar mit dem Psychedelic-Pionier Timothy Leary an. Grants LSD-Gebrauch wurde 1968 in seinem Scheidungsprozeß mit Dyan Cannon weithin bekannt.

Regeln gab. Erstens hat man es immer nur dann genommen, wenn ein erfahrener LSD-Reisender dabei war, der zu dem Zeitpunkt selbst aber nicht auf dem Trip war. Dann hatte man in der Sitzung Ziele, die man erreichen wollte. Der Begleiter hat einem in kritischen Augenblicken bestimmte Sachen vorgelegt. Je nachdem, was er beobachtete, wo du gerade warst, konnte es an der Zeit sein, daß du dir eine Orange oder ein Gemälde ansahst. Und vielleicht war es nicht der richtige Moment, in den Spiegel zu schauen ... Es war für uns alle eine Art Lehrmittel, mit dem wir, um es mit Huxley zu sagen, die Türen unserer Wahrnehmung aufstoßen wollten. Es hat ja auch wirklich viele Bereiche deines Wahrnehmungsvermögens freigesprengt, und das ist für einen Künstler keine schlechte Sache. Wenn es dich völlig versaut hat, das war dann eine andere Geschichte.«

Für Jack war bestimmt die Zeit gekommen, in den Spiegel zu blicken. Für seinen ersten Trip hatte er sich einen Termin bei einem erfahrenen Therapeuten geben lassen, ging in dessen Stadtpraxis, schluckte brav seine Säure-Tablette und bekam dann für die ersten fünf Stunden seiner Reise ins erweiterte Bewußtsein die Augen verbunden. Da Journalisten nie müde wurden, immer wieder LSD-Fragen zu stellen, und weil Jack selbst in den frühen Jahren nach seinem *Easy Rider*-Erfolg gern mit seinen LSD-Trips angegeben hat, sind das wahrscheinlich die am besten dokumentierten fünf Stunden seines Lebens geworden.

»Damals war ich ein total abenteuerlustiger Schauspieler, der Erfahrungen für seine geistigen Archive suchte, die er später in seiner Kunst verwenden könnte«, sagte Nicholson 1972 in einem Interview. Jack stellte sich vor, daß so ein LSD-Trip eine angenehme, sanfte Sache werden würde, wie das Hasch-Rauchen. Statt dessen erlebte er Kastrationsängste, erfuhr eine »paranoide Furcht, ein Homosexueller zu sein« und hatte, was am außergewöhnlichsten schien, lebhafte Erinnerungen an die Geburt und frühe traumatische Familiensituationen.

»Ich bin mit dem Gefühl nach Hause gegangen, daß man sich nie richtig von der eigenen Geburt erholt. Später kamen dann ganz frühe Gefühle des Unerwünschtseins hoch – das Gefühl, als Säugling für meine Familie ein Problem gewesen zu sein. Sie müssen wissen, meine Mutter und mein Vater haben sich kurz

Familie Nicholson und Freunde am Strand: Lorraine (links), Ethel May (Mitte), Jack und June (rechts).

Erstkommunion in der St. Elizabeth's Church, Avon: ganz rechts der engelsgleiche Jack in Turnschuhen, mit einer frommen Bildergeschichte in der Hand.

June Nicholson, Jacks »Schwester-Mutter« um 1937.

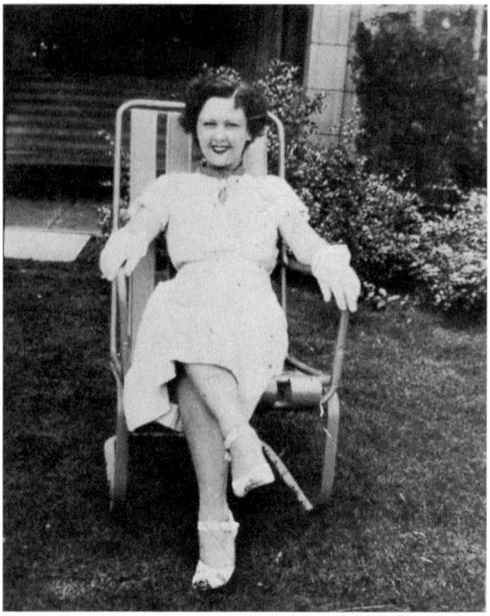

Liebessommer 1937: June und Don Furcillo-Rose umarmen sich, für die Ewigkeit im Foto festgehalten, am Bradley Beach.

Der mysteriöse Vater? Der vielseitige Weltmann Eddie King. Mit zunehmendem Alter, so Anwohner der Nordküste, wird Jack dem früheren Mentor und Tanzpartner von June Nicholson immer ähnlicher.

June (links) 1938 in einem Chicagoer Nachtclub, als Chorusgirl in der Revue »Snow White«.

Jack als leicht verlegener Teenager mit seiner Tanzpartnerin Gail Blank beim Ball der Manasquan High School.

Jack, gerade 18 Jahre, mit Zigarette und Hut, ein kleiner Vorgeschmack auf den Detektiv J. J. Gittes, den er später in *Chinatown* spielen wird.
(Foto: Jonathan Epaminondas)

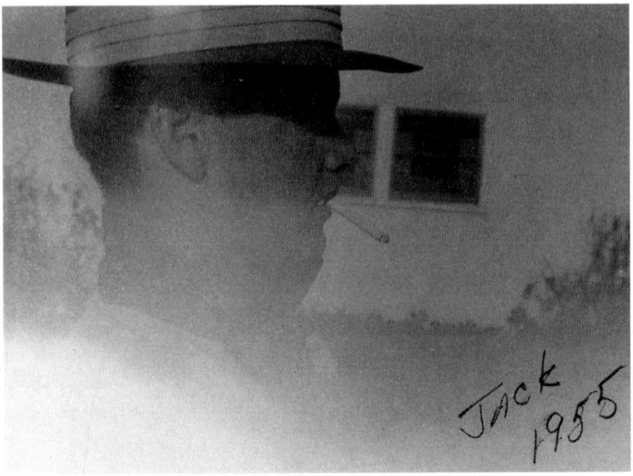

Das Foto aus dem Jahrbuch der Abschlußklasse (das in Amerika als Postkarte verkauft wird). Darunter der Vermerk: »... Nick, immer fröhlich und gutmütig, begeisterter Verfasser all dieser Englischaufsätze ... seine Mitwirkung war wichtig für unsere Theaterstücke.«

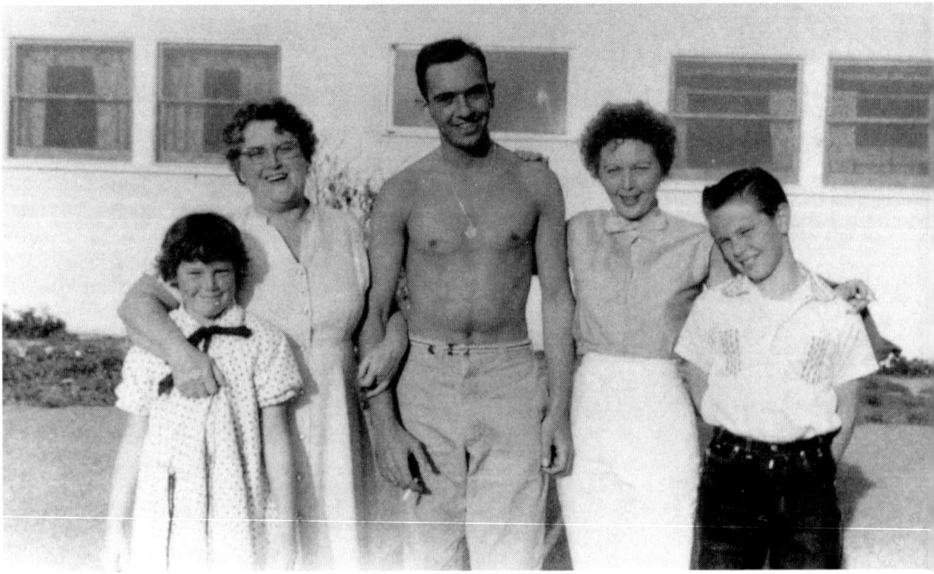

Familienfoto in Kalifornien 1955: June (rechts) mit ihren beiden Kindern, Ethel May und Jacks Schulfreund Jonathan Epaminondas (Mitte).

Jack posiert für die Kamera, in seinem ersten Jahr in Kalifornien, 1955.
(Foto: Jonathan Epaminondas)

Jack als Bürobursche am Tor von MGM, Mitte der fünfziger Jahre.
(Foto: Jonathan Epaminondas)

Foto aus der Werbebroschüre für Fuller-Pinsel. Im Mittelpunkt stand die Schauspielhoffnung Felicia Farr (rechts). Jack (links, mit Sandalen) macht gerade eine kleine Pause beim Kulissenmalen.

Für Roger Corman machten die Freunde einfach alles. Sie posierten sogar für Standbilder, auch wenn sie im Film nicht mitwirkten. Hier steht in einer gestellten Szene aus *T Bird Gang* (1959) Jack im Hintergrund neben John Herman Shaner (rechts).

Jacks erstes Publicity-Foto für *The Cry Baby Killer.*

Jack und seine Freundin Georgianna Carter während der Dreharbeiten für ihren ersten und einzigen gemeinsamen Film *The Wild Ride*.

Sandra Knight, die erste und – bisher – einzige Mrs. Jack Nicholson, auf einem Publicity-Foto aus den frühen sechziger Jahren.

Zahnarztpatient Jack Nicholson liest im Wartezimmer das Magazin »Pain«. Eine Szene aus *The Little Shop of Horrors* einem Kultfilm von Roger Corman.

Das Fernsehen mochte Jack nicht, also verzichtete auch er aufs Fernsehen, spielte aber erst noch in zwei Folgen der unsterblichen Serie »The Andy Griffith Show«. Hier mit Andy Griffith in »Opie Finds a Baby«.

Zwei Personen auf der Suche nach einem Drehbuch: Jack als André Duvalier und Boris Karloff als Baron von Leppe fragen sich, was wohl in Roger Cormans *The Terror* (einem Tiefstpunkt in Jacks Schauspielerkarriere) als nächstes zu tun ist.

Einer von der Gang: Jack ganz rechts als Rabauke Weary Reilly in der Filmfassung von James T. Farrells »Studs Lonigan«. Neben ihm Christopher Knight, der die Titelrolle spielt.

Jack und Millie Perkins im existentialistisch angehauchten *The Shooting,* einem der beiden Western, die Monte Hellman mit Nicholson-Mitwirkung in Kanab, Oregon, hintereinander abdrehte.

Bei den Dreharbeiten im philippinischen Dschungel: Jack, in den Sportteil der Zeitung vertieft; Jimmie Rodgers (links, mit Brille), der Star von *Back Door to Hell*; Produzent Fred Roos (hinter Jack) und ein langjähriger Nicholson-Freund, der Schauspieler und Drehbuchautor John Hackett (sitzend, rechts).

Jack suchte sich gerne seine eigenen Kostüme aus. Hier zeigt er sich als früher Vertreter des Schmuddel-Looks in einer Szene aus *Rebel Rouser*. Mit im Bild: Cameron Mitchell (links) und Low-Budget-Mitstreiter Bruce Dern.

Jack, komplett mit Pferdeschwanz und Hippieketten in einer seiner besten Rollen vor *Easy Rider*: als der Rock 'n' Roll spielende romantische Held Stoney in *Psych-Out.* Susan Strasberg spielt die taube, naive Ausreißerin, Dean Stockwell den selbstgerechten Hippie.

Bruce Dern (in der Rolle, die Jack für sich geschrieben hatte), Peter Fonda und Produzent/Regisseur Roger Corman bei den Dreharbeiten für *The Trip*.

Rollenstudium am Drehort für *Easy Rider*.

Easy Rider: »Weißt du, das war mal ein verdammt gutes Land. Ich hab keine Ahnung, was schiefgelaufen ist.«

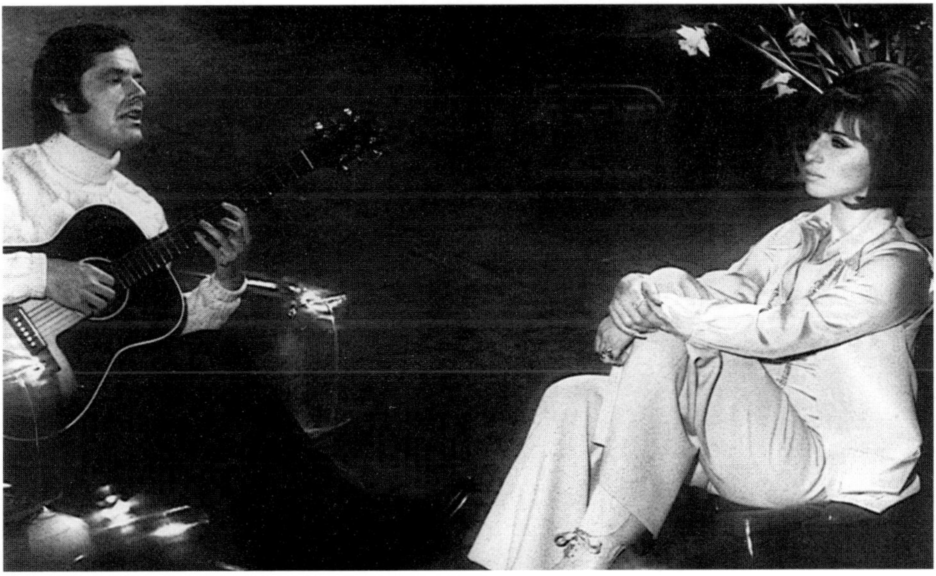

Jack gurrt im Big-Budget Musical *On a Clear Day You Can See Forever* sein Duett mit Barbra Streisand. Er spielt den flotten Typ der sechziger Jahre. Aber der Schere fiel nicht nur sein Haar zum Opfer, sondern schließlich die ganze Szene.

Jack 1970, 33 Jahre alt, auf dem Weg zum Ruhm.

Bobby Dupea und sein Vater (William Challee) in der Klippenszene aus *Five Easy Pieces.* Jack schrieb mit an dem Monolog, in dem Bobby beim Versuch, dem stummen, an den Rollstuhl gefesselten Vater sein Leben zu erklären, weinend zusammenbricht.

Der unverbesserliche Jack: als Bert-Parks-Imitator reißt er eine Szene an sich, in der er in *The King of Marvin Gardens* einmal glänzen kann.

Am Drehort für *Five Easy Pieces:* Regisseur Bob Rafelson bespricht sich mit Nicholson und Karen Black.

Jack und Dernsie, vor und hinter der Kamera ein explosives Duo. Hier bei einem kleinen Ping-Pong-Match während der Filmarbeiten zu *The King of Marvin Gardens* (Foto: Lynn Bernay).

Jonathan (Nicholson) zeigt in einer Dia-Show Zeugnisse seines verpfuschten Liebeslebens. Als Zuschauer Sandy (Art Garfunkel) und Jacks neueste Freundin (Carol Kane) in *Carnal Knowledge*.

vor meiner Geburt getrennt. Nach allem, was ich heute weiß, muß es für meine Mutter (will heißen: Ethel May) sehr schwer gewesen sein. Sie konnte ganz gewiß nicht zusätzlich zu den Problemen einer zerrütteten Ehe auch noch Säuglingszoff brauchen. Davon muß sich mir einiges mitgeteilt haben ... Als ich das herausgefunden hatte, verstand ich auch die psychologischen Hintergründe für eine bestimmte Art von Beziehung, die ich zum weiblichen Geschlecht habe.«

LSD war unvorhersehbar. Es konnte manche Menschen in tiefste Verzweiflung stürzen und in den Selbstmord treiben, andere konnte es zur Extase bringen.

Für Jack stellten die Kastrations- und die homosexuellen Ängste, die zutiefst verstörenden Gefühle über seine Familie die gleiche Art von seelischer Entblätterung dar, die er auch im Schauspielunterricht immer wieder gesucht hatte – die völlige psychologische Selbstaufgabe; ein verworrenes, beschleunigtes, äußerst intensives »Emotions-Gedächtnis«.

Zum Mythos LSD gehörte auch, daß es sexuell stimulierend und ein Heilmittel gegen alle möglichen sexuellen Verkrampfungen sein sollte. Auf diesem Gebiet hatte Jack gewisse Probleme. In einem sehr offenen Interview gestand er Jahre später, daß er in seinen Beziehungen immer unter frühzeitigem Samenerguß litt, »beinahe immer, bis ich 27 oder so war. Da vögelst du mit einer, und du stocherst so achtmal in ihr rum, und schon kommt's dir. Da ist es dann echt harte Arbeit, noch den zweiten Orgasmus nachzuschieben und nicht deine Erektion zu verlieren ... Irgendwie habe ich in meinen sexuellen Erlebnissen die Frau immer zu einer Art Mama stilisiert, zu einer autoritären weiblichen Person. Dann habe ich mich der Situation nicht gewachsen, hab mich klein und kindisch gefühlt. Ich habe damals sehr viel onaniert.«

Im großen und ganzen war LSD für Jack eine positive Sache. Die LSD-Reise der Hauptfigur in *The Trip* hat er als seelische Achterbahn beschrieben. Aber als A.I.P. dann am Schluß des Films ein Bild einfrieren und wie eine Glasscheibe zerbersten ließ (um die negative Auswirkung von LSD anzudeuten), da waren Jack, Peter Fonda, Roger Corman und andere, die mit dem Film zu tun hatten, stocksauer. Sie wollten die Hochs betonen, nicht die Tiefs.

Am Anfang war LSD eine kreative und emotionale Erfahrung, für Nicholson beinahe eine medizinische. Für einige im Freundeskreis, nicht nur für Jack, wurde LSD dann schnell Teil der Freizeitgestaltung. In Jacks Leben begannen LSD und andere Drogen die Stelle des Alkohols einzunehmen, der bis dahin in der Familiengeschichte dominiert hatte.

Für Nicholsons Karriere bot Robert Lippert weiterhin die besseren Chancen als Roger Corman. Eine von Lipperts Spezialitäten waren sogenannte »Durchbrenn«-Produktionen, das heißt Filme, die im Ausland mit billigen (sprich: nicht gewerkschaftlich organisierten) Produktionsteams und Ausrüstungen gedreht wurden. *Thunder Island* war so ein Fall, der alles hatte, was eine Lippert-Produktion brauchte. Und Fred Roos hielt weiterhin Ausschau nach Schnellschuß-Optionen im Ausland, die er Nicholson und seinem Freundeskreis zuschustern konnte.

Zwei Projekte sahen vielversprechend aus. Als erstes *Back Door to Hell*, das nun schon eine ganze Weile im Büro hin und her gereicht worden war. Das Drehbuch, das gewaltig umgeschrieben werden mußte, handelte von drei Soldaten, die im Zweiten Weltkrieg für eine gefährliche Aufklärungsmission auf einer Insel im Fernen Osten an Land gehen.

Als zweites *Flight to Fury*, bislang nur als Handlungsskelett vorhanden, ausgedacht vom genialen Roos. Hier war, wieder in orientalischer Umgebung, ein Psychopath hinter einem Schatz geschmuggelter Juwelen her. Auch dieses Buch brauchte mehr Fleisch auf den Knochen.

Im Frühjahr 1964 wurde Roos von Lippert auf die Philippinen geschickt, wo er die Produktion zweier Filme mit Jack Mahoney betreuen sollte, *Moro Witch Doctor* und *The Walls of Hell*. Roos war ziemlich orientophil (darin könnte man vielleicht den Urgrund für seine lange Zusammenarbeit als Produzent mit Coppola sehen, dessen *Apocalypse Now* auch auf den Philippinen gedreht wurde); er liebte die Philippinen und merkte, daß man hier *Back Door to Hell* und *Flight to Fury* mit Leichtigkeit für ungefähr 80.000 Dollar pro Film würde produzieren können.

Lippert gab Roos grünes Licht. Der barocke Stil von *The Terror*, ganz besonders unter Berücksichtigung der wirren Regiegeschichte, hatte Roos beeindruckt, und er drängte Lippert, entweder Coppola oder Hellman als Regisseur für die beiden Philippinen-Filme unter Vertrag zu nehmen.

Roos selbst wählte John Hackett aus, um *Back Door to Hell* aufzupolieren, und Jack bekam die anspruchsvollere Aufgabe, das Drehbuch für *Flight to Fury* aus dem Boden zu stampfen. Da man Nicholson einmal an Bord genommen hatte, fiel die Entscheidung über die Regie zugunsten seines damaligen Schreibpartners Monte Hellman aus. Lippert sagte zu allen Empfehlungen von Roos Ja und Amen. Roos baute auf Jack, und Lippert baute auf Roos.

Nicholson griff die Gelegenheit, *Flight to Fury* zu schreiben, sofort beim Schopf. Aber aus verschiedenen Gründen – teils weil gerade seine Tochter Jennifer geboren war, teils weil er sich in Verhandlungen sowieso gern zierte – zeigte er sich überraschend abwartend, als es darum ging, einige Monate auf den Philippinen zu verbringen und als Schauspieler Rollen in beiden Filmen zu übernehmen. Er wäre sich nicht sicher, ob er wirklich so lange von zu Hause weg sein wollte.

Schon damals war Jack gerissen, wenn es um Verträge ging, und das Zaudern wurde Teil seiner Verhandlungen um bessere Bezahlung. »Er zögerte, mit auf die Philippinen zu fahren«, erinnert sich Hellman. »Er zögerte so lange, daß er dann einen viel besseren Deal kriegte als alle anderen. Er hat doppelt soviel Geld bekommen wie ich, und das hat mich damals wirklich angekotzt.«

Nachdem der Vertrag unter Dach und Fach war, buchten Nicholson, Hackett und Hellman eine Überfahrt von Los Angeles nach Manila auf einem britischen Dampfer, der den Ozean mit Zwischenstops in Hawaii, Japan und Hongkong in 28 Tagen überqueren sollte. Gegen Ende des Sommers fuhren sie los. Hellman war inzwischen von Barboura Morris geschieden und reiste mit seiner zweiten Frau Jacqueline (die eine Rolle in *Flight to Fury* spielen sollte) und einem kleinen Baby. Nicholson und Hackett teilten sich eine Kabine.

Beide versuchten täglich acht Stunden zu arbeiten – in der Bibliothek, im Aufenthaltsraum, an Deck. Hellman trug genug zu Nicholsons Drehbuch bei, um den Titel Mitautor zu verdienen. Das eigentliche Schreiben aber besorgte Jack, und die Ideen dafür holte er sich genauso, wie er das auch als Schauspieler machte: indem er auf dem Dampfer herumwanderte, mit Leuten redete und seine Eindrücke sammelte.

»Jack hat außer dem eigentlichen Handlungsskelett von mir wirklich nicht viel für dieses Drehbuch bekommen«, sagt Hellman. »Er hat mehr vom Leben auf dem Schiff bekommen. Da kam jemand vorbei, hat ein Gespräch mit ihm angefangen, ihn gefragt, was er gerade machte, und dann hat er drüber geredet und beim Reden den Charakter weiterentwickelt und diese Person im Drehbuch untergebracht. Was am Tage passierte, landete dann im Drehbuch.«

Auch auf dem Schiff war der Tag Tag, und die Nacht zum Vergnügen da. »Wir haben unsere nächtlichen Vergnügungen aber nicht angefangen«, so Hackett, »ehe wir nicht unser Tagespensum geschafft hatten«.

Als sie nach vier Wochen auf See Manila erreichten, hatte Nicholson sein erstes Solo-Drehbuch fertig. Fred Roos, der sich in seinen Beteuerungen Lippert gegenüber sehr weit vorgewagt hatte, stand schon nervös am Kai und wartete auf sie. Er beruhigte sich jedoch sofort. »Sie drückten mir die Drehbücher in die Hand, sobald sie von Bord gingen. Ich hab sie gleich gelesen, und sie waren schon so gut wie ›da‹.«

Roos hatte bereits einen Kameramann, den Rest der Schauspieler und das Team angeheuert, und er hatte auch ein Filmlabor in Manila aufgetan. Nach wenigen Tagen Ruhepause mußten sie von der Hauptstadt einige hundert Meilen nach Südwesten nach Daet im Gebiet des Bicol River fliegen. Hier fanden sie die Strand- und Dschungelszenerie, die sie für den Film brauchten, den sie zuerst drehen wollten, für Hacketts *Back Door to Hell.*

Hackett und Nicholson sollten zwei der drei amerikanischen Soldaten spielen, gemäß Drehbuch eine Vorhut für die Luzon-Invasion von 1944. Nun war es eine Standardforderung von Lipperts Low-Budget-Produktionen, daß auch ein zugkräftiger Name (in diesem Fall der Anführer der kleinen Einheit) mitmachen mußte.

Jimmy Rodgers, der finster-attraktive Sänger, der 1957 mit »Honeycomb« einen Hit gelandet hatte, stand bei Twentieth-Century-Fox für 100.000 Dollar pro Film unter Vertrag. Er hatte in *The Little Shepherd of Kingdom Come*, einem früheren Film aus dem

Hause Fox-Lippert, einen guten Eindruck gemacht, aber dann war seine Karriere ins Stocken geraten. Über seine Freundschaft mit Spyros Skouras, dem Aufsichtsratsvorsitzenden von Twentieth-Century-Fox, hatte Lippert Zugang zu Rodgers. Der hörte sich den Sermon des Produzenten an und war dann einverstanden: Er sollte auf die Philippinen fliegen und das Zugpferd für den Low-Budget-Film *Back Door to Hell* spielen.

Rodgers erinnert sich lebhaft daran, wie er in Daet ankam: eine holprige Landung auf der schmalen Piste eines winzigen Flughafens, dann mit Monte Hellman eine Fahrt im Jeep durch die Finsternis, die Ankunft in einer Provinzstadt an einem großen, von Kirchen umringten Steinhaus. Rodgers, einer der größten Plattenstars der Vereinigten Staaten, fragte sich ernsthaft, worauf er sich da bloß eingelassen hatte.

Hellman führte ihn durch einen düsteren Flur in die Küche, wo Nicholson und Hackett am Tisch hockten und aßen. Um die Lampen und Teller schwirrten Wolken von Insekten. Die beiden hingen über ihren Tellern, aßen mit der einen Hand, während sie mit der anderen ihr Essen abdeckten und versuchten, die Insekten zu verscheuchen. Nicholson und Hackett sahen ziemlich verhauen aus; alle schienen schon dickste Freunde zu sein.

Hellman und die anderen saßen noch ein bißchen mit herum, um den Popstar kennenzulernen. Am nächsten Morgen gingen sie vor die Tür und erkundeten das Terrain. Proben fielen flach.

An zwei Dinge erinnern sich alle, die an den Philippinen-Filmen beteiligt waren: an die harten Bedingungen in diesem Ort fern der Zivilisation und an die Erfahrung, wie sie dadurch zu einer Art Familie zusammengeschweißt wurden.

Der Dschungel war ein sadistischer Gastgeber, das Wetter erbarmungslos feucht und heiß, häufig mit monsunartigen Wolkenbrüchen. Wo immer sie hingingen, mußten Schauspieler und Aufnahmeteam auf der Hut sein: vor untertassengroßen Spinnen und Parasiten in fauligen Tümpeln, vor Giftschlangen, die sich aus den Büschen hervorringelten, vor riesigen Gottesanbeterinnen und Gecko-Eidechsen, die in ihre Unterkünfte eindrangen, dort von der Decke hingen und jeden Augenblick herunterfallen konnten. Ein hilfreicher Generator schenkte ihnen jede Nacht für ein paar kostbare Stunden Elektrizität. Sie mußten ohne

Kühlschrank, sanitäre Einrichtungen und heißes Wasser auskommen.

Jeden Abend gab es Schweinefleisch. Nach dem Essen folgte das ausgeklügelte Zu-Bett-Geh-Ritual, das »Sichern« der von Moskitonetzen eingehüllten Betten. Zunächst leuchtete man mit einer Kerze oder Lampe und fegte alle Krabbler aus dem Bettzeug. Dann wurden blitzschnell die Netze heruntergelassen und überall rundrum festgestopft, während jemand die Kerze hochhielt, damit man sicher sein konnte, daß einem auch keins von den Viechern entging. Aber ganz sicher konnte man natürlich nie sein. Und lag dann da, als die Kerze ausgepustet war, und fragte sich, welchen Krabbler man wohl übersehen hatte.

Diese Umstände waren nicht gerade rosig, aber das übrige Team hatte es noch schlimmer getroffen. Die meisten wohnten in einem miesen kleinen Hotel. Eines nachts packte Nicholson und Hackett der Geist mitmenschlicher Solidarität der sechziger Jahre. Sie meinten, daß es undemokratisch wäre, wenn sie im besten Haus am Ort lebten, während doch die anderen ein wesentlich ärgeres Schicksal erlitten. So zogen sie solidarisch in das miese Hotel. Sie hielten es eine Nacht aus. In den Zimmern tummelten sich riesige Schaben – Hackett und Nicholson zogen ins Steinhaus zurück.

Im Laufe der Produktion wurden alle krank, bekamen eigenartige Hautekzeme und Durchfall. Rodgers landete eines nachmittags im Krankenhaus, weil ihn beim Schwimmen eine Feuerqualle von oben bis unten zerstochen hatte. Monte Hellman erholte sich in der Zeit zwischen den beiden Filmen in einem Krankenhaus von einem akuten Erschöpfungszustand.

Weil der Drehort so abgelegen war, konnte man unmöglich täglich die Muster ins Labor und wieder zurück bringen, und so hatte keiner auch nur die leiseste Ahnung, wie das Material aussah. Hellman nahm einige notwendige Risiken auf sich, etwa als er Nachtaufnahmen am Tag drehte und raten mußte, wie es wohl geworden war. Und doch teilten alle das Gefühl, daß sie etwas ganz Besonderes, beinahe Künstlerisches, zuwege brachten.

Hellman, Hackett und Nicholson nahmen den B-Film sehr ernst, das merkte Rodgers schon bald. Tag und Nacht hatten sie »höchst intensive, kreative Diskussionen«, wie Roos sagt. Keiner von ihnen mochte das altmodische und abgedroschene Ende, das Lippert für *Back Door to Hell* wollte. Jetzt, da sie fern der Heimat und seines Einflußbereiches waren, würden sie dafür sorgen, daß der Schluß eine Botschaft gegen den Krieg würde und kein Happy-End – eben anders als gewöhnlich. Nicholson argumentierte in dieser Sache wesentlich leidenschaftlicher als alle anderen, und er »hatte mehr Einfluß auf Hellman als alle anderen«, sogar mehr als Roos, stellte Rodgers fest.

Der Sänger und Liedermacher sah den 27jährigen Jack als einen »sehr kultivierten und sehr gescheiten« Burschen. »Ich mochte ihn, er war interessante Gesellschaft.« Jack war aber auch ein »Stichler«, der Rodgers immer wieder gern bis an den Rand einer Auseinandersetzung brachte und sich dann mit einem Grinsen zurückzog.

Rodgers und Hackett rächten sich. Jeden Tag suchten sich die Schauspieler ein kühles, ruhiges Fleckchen, wo sie in ihren Drehbüchern lesen und ihren Text lernen konnten. Eines Morgens kletterte Nicholson über eine wackelige Leiter auf den Glockenturm einer alten Kirche und wollte dort sein Drehbuch studieren. Hackett und Rodgers warteten, bis er sich niedergelassen hatte, nahmen ihm die Leiter weg und zogen wie wild am Glockenstrang. An diesem Tag konnte Jack zwar seinen Text, aber seine Stichworte hat er nicht mehr hören können.

Abends und in den Drehpausen redete Jack viel über Jean-Paul Belmondo, den schurkischen Antihelden der Nouvelle Vague, den Star von Godards *A Bout de Souffle*. Nicholson scheint ihn damals wie ein Idol verehrt zu haben. Vielleicht dachte er, daß er sich in seiner Karriere auch eine ähnliche Persona wie Belmondo zurechtschnitzen könnte, in der Art des gepflegten, seiner Umwelt verfremdeten Schurken.

Jack war als Schauspieler immer noch auf der Suche nach seinem eigenen Stil – vielmehr seiner eigenen Persönlichkeit auf der Leinwand. Hackett erinnert sich an eine Dialogpassage von *Back Door to Hell*, in der die drei amerikanischen Soldaten in einer strohgedeckten Hütte mit Filippino-Rebellen zusammentreffen. Hellman richtete die Kamera auf den Tisch, wo die von Rodgers, Hackett und Nicholson verkörperten Soldaten mit dem Guerilla-Anführer (Conrad Maga) verhandelten.

Die Szene bestand aus einem Dialog zwischen Rodgers und Maga, alle anderen aßen schweigend ihren Reis aus einer halbierten Kokosnuß und tranken aus Bambusbechern. Als die Szene gedreht wurde, so Hackett, hatte Nicholson den Mund voller Reis. Dann steckte er den Finger ins Maul und rollte und knetete ausgiebig mit der Zunge am Reis herum.

Nach der ersten Aufnahme zog Hackett Nicholson beiseite und beschwerte sich: »Großer Gott, Jack, das mit dem Reis kannst du doch nicht machen. Hier läuft 'ne wichtige Szene.« Jack antwortete: »Ich geh nur ganz natürlich mit dem Reis um, das ist alles.« Nicholson weigerte sich, Vorgänge zu untertreiben. »Damals«, meint Hackett, »hab ich ihm nur gesagt: ›Also Jack, entweder wirst du es höllisch schwer haben, in dieser Industrie Arbeit zu finden, oder du wirst ein Topstar.‹ Ein ziemlich prophetischer Witz ... Jack war ein sehr gutaussehender junger Mann, eine sehr angenehme Erscheinung, sehr gescheit, aber als Schauspieler immer noch ein bißchen hölzern. Wenn Sie sich ein paar von seinen früheren Sachen, zum Beispiel *The Terror* anschauen, da war er noch nicht locker geworden. Er fing, glaube ich, damals bei diesen Projekten in den Philippinen an, lockerer zu werden ... Ich konnte beobachten, wie Jacks Humor zum Vorschein kam«, fügt Hackett hinzu. »Seine trockene Ironie. Seine eher nachdenkliche Seite trat in den Vordergrund. In den beiden Philippinen-Filmen sieht man Nicholson, wie er als Schauspieler seine Leinwandpersönlichkeit findet, seinen Stil. Wie er Entscheidungen trifft und den Mut dazu hat, diese Bereiche auch wirklich zu erforschen.«

Auch Monte Hellman erinnert sich, wie »Nicholson bei den Dreharbeiten zu *Back Door to Hell* einmal unter einem Baum saß und sowas sagte wie: ›Jetzt hab ich's. Ich glaub, jetzt weiß ich, worum es geht.‹ Es war etwas dran an der ganz besonderen Beziehung zwischen uns und an der gemeinsamen Erfahrung, das ihn überzeugte, jetzt den Durchbruch als Schauspieler geschafft zu haben.«

Als *Back Door to Hell* abgedreht war, fuhr Jimmy Rodgers nach Hause, die anderen brachen ihre Zelte ab und reisten nach Manila zurück. Sie hatten ein paar Wochen frei, warteten auf die neuen Mitglieder ihrer Ersatzfamilie, die zusätzlichen Schauspieler für *Flight to Fury*. Unter ihnen der Star und Kassenmagnet

Dewey Martin, ein markiger Hauptdarsteller, der sich in den frühen fünfziger Jahren in Filmen von Howard Hawks seine ersten Hollywood-Sporen verdient hatte, sowie Fay Spain, die sie alle aus der Party-Szene kannten (Spain war eine der ersten begeisterten Marihuana-Anhängerinnen und hatte mehr als einen von ihnen mit Gras bekanntgemacht).

In der Zeit zwischen den Filmen verbesserte sich ihr Lebensstil merklich. Hackett, Hellman und dessen Frau, Roos, Nicholson und Walter Phelps, ein Produktionsassistent, lebten mit Hausmädchen, Köchin, Fahrer und Boy südöstlich von Manila in Makati.

Als Probleme mit dem Filmlabor auftraten, kam Jack Leewood, ein hohes Tier bei Lippert, aus London angeflogen und wedelte mit ein paar Scheinen. In Wirklichkeit wollte er jedoch die frischgebackenen Filmschaffenden ein bißchen unter die Lupe nehmen. Was Leewood vorfand, war eine Gruppe von Freunden, wild entschlossen, Filme auf ihre Art zu machen, ohne Fernsteuerung von Lippert. Nachdem er die Finanzkrise gelöst hatte, zog sich Leewood wieder zurück und versicherte Lippert, Roos hätte alles unter Kontrolle.

Inzwischen hatte Nicholsons Drehbuch für den zweiten Film eine merkwürdige Richtung genommen. Er schrieb für sich selbst die völlig überkandidelte Starrolle des Juwelensuchers im Blutrausch. Die Story enthielt alles, was gut und teuer war: einen dramatischen Flugzeugabsturz, einen Überfall auf eine Frau namens Destiny, eine Verfolgungsjagd durch den Dschungel mit eingeborenen Banditen auf den Fersen. In der letzten Das-Leben-ist-doch-so-sinnlos-Einstellung, die die Haltung der Gruppe widerspiegelte, bekommt Jacks Figur endlich die lange gejagten Juwelen und wirft sie dann in einen tosenden Strom, ehe er Selbstmord begeht.

Die große technische Herausforderung war die Bruchlandung des Flugzeugs. Ansonsten entwickelte sich *Flight to Fury* mit seiner Schießbudengalerie von Schurken zu einem Riesenspaß für die Schauspieler. Nicholson kicherte mit hervorquellenden Augen wie ein Schulmädchen herum, und war fest davon überzeugt, daß er hier seine früheren Psychorollen, wie etwa in *The Wild Ride,* auf die Schippe nahm.

»Es sollte eine Art Hommage an *Beat the Devil* sein«, erklärt Roos. »Wir haben das überhaupt nicht ernst genommen. Wir hofften, daß es an der Oberfläche alle Punkte erfüllte, die es so haben sollte, aber wir haben uns scheckig gelacht dabei.«

Hellman pflichtet dem bei: »Jack und ich waren uns einig, daß es eine Art Parodie war, eine Hommage, besonders an einen Film, den wir sehr mochten, John Hustons *Beat the Devil*. Wir wollten es wirklich lustig machen.«

Das Filmteam kehrte im Oktober in die Vereinigten Staaten zurück. Im Dezember war der Schnitt beider Filme abgeschlossen. Lipperts Reaktion war allerdings genau entgegegensetzt: Er mochte den bescheidenen *Back Door to Hell* sehr und hatte nichts als Verachtung übrig für *Flight to Fury*.

Der Produzent ließ Jacks Film wieder und wieder schneiden, versuchte, aus dem bizarren Humor schlau zu werden. Hellman besteht darauf, »daß leider einige der komischsten Sachen von Lippert weggeworfen wurden, dessen Kommentar nur war: ›Das können wir nicht nehmen, das ist doch komisch!‹« Schließlich weigerte sich Twentieth-Century-Fox, den ersten von Jack Nicholson solo geschriebenen Film herauszubringen.

Mitte 1965 startete der Verleih *Back Door to Hell* als 68-Minuten-Film und zweite Hälfte einer Double Bill mit *Hush ... Hush Sweet Charlotte*. *Back Door to Hell* hat durchaus seine Pluspunkte: eine sauber aufgebaute Story, die exotische Szenerie, gute Spannung, verstärkt noch durch die düstere Fotografie, solide schauspielerische Leistungen aller Hauptfiguren (Nicholsons Rolle ist nebensächlich, aber Rodgers zeigt eine überraschend leichte Hand).

Ironie des Schicksals, daß der Film, an den sich alle weit weniger gern erinnern, die Zeiten besser überstanden hat. Im Vergleich dazu ist *Flight to Fury* ziemlich unreif, trotz der hohen Erwartungen, die alle in ihn setzten. Besonders manieriert wirkt Nicholson; seine Figur, der manische Frauenwürger, überzeugt eigentlich nie. Man kann wirklich verstehen, warum Twentieth-Century-Fox den Film erst einmal einige Jahre in den Archiven versteckte, bevor er dann im Fernsehen lief.

1965 war das Produktionsteam jedoch bitter enttäuscht, daß *Flight to Fury* nicht in die Kinos kam. Hellman und Nicholson schworen, nie wieder mit Lippert zusammenzuarbeiten. Dessen Vertrag mit Twentieth-Century-Fox lief aber 1966 ohnehin aus, und nach ein paar Herzanfällen beschloß Lippert, sich aus dem aktiven Produzentenleben zurückzuziehen.

Jimmie Rodgers erinnert sich, daß er Nicholson 1965 zu einer großen Weihnachtsparty eingeladen hatte. »Damals besaß ich ein großes Haus im Valley, an die sechshundert Quadratmeter auf einer Etage. Hinten im Garten spielte eine Band, und überall waren Zelte aufgestellt. Ich hatte so einen 6000-Dollar-Couchtisch mit Glasplatte. Überall stand bei mir solches Zeug rum. Ein bißchen angeberisch, aber mir hat's Spaß gemacht. Viele Leute aus dem Show Business waren da. Jack kam, und ich weiß noch, daß er neben so einem riesigen HiFi-Fernsehschrank aus heller Eiche an der Wand lehnte und sich die ganze Sache fasziniert anschaute. Er hat nichts getrunken – er hat nie viel getrunken. Ich kann mich lebhaft an ihn entsinnen, wie er da stand und sich im Zimmer umschaute. Ich bin dann rausgegangen, und als ich zurückkam, stand er immer noch da. Sein Gesicht sah aus, als wollte er sagen: ›So ist das also …‹«

Eine weitere Enttäuschung war, daß sich Roger Corman – während Hellman und Nicholson auf den Philippinen drehten – entschlossen hatte, nicht mit der Abtreibungsgeschichte »Epitaph« weiterzumachen. »Er sagte«, so Hellman, »in der Zwischenzeit hätte er es sich anders überlegt. Er wollte den Film nicht machen. Er wäre zu europäisch, zu geschmäcklerisch – und das Thema Abtreibung für das amerikanische Publikum zu schwer«.

Corman machte keinen völligen Rückzieher, sondern fing mit Hellman und Nicholson Diskussionen darüber an, was sie statt dessen tun könnten. Hellman hielt eine leidenschaftliche Rede. Die meisten Leute, sagte er, machten mit B-Geld nur B-Filme. Corman sollte ihm und Jack eine Chance geben, mit B-Geld einen A-Film zu drehen.

Bei einem Mittagessen im Vine Street Brown Derby, Heiligabend 1964, brüteten Hellman und Nicholson die Idee aus, einen B-Western mit einigen feinen A-Nuancen zu drehen. Da Western auf dem Markt immer noch gingen, war Corman auch gleich dafür zu haben. Hellman schätzte die Produktionskosten auf etwa 75.000 Dollar. Corman dachte eine Weile über diese Summe nach und meinte dann – in seiner typischen Logik –, wenn er die beiden schon bei einem Western-Projekt unterstützte, könnte er genausogut gleich zwei machen und somit Geld sparen.

In ihren Gesprächen mit Corman betonten Hellman und Nicholson dann immer den Mini-Etat und die Western-Klischees, nicht die feinen Nuancen. Das B, nicht das A.

In gewisser Weise hätten sie Corman »reingelegt«, sagt Nicholson. »Roger wollte ein paar gute Tomahawk-Nummern mit massig Ketchup, aber Monte und ich haben diese Filme auf einer ganz anderen Ebene gesehen.«

Mit Cormans Vorschuß von einigen Tausend Dollar mieteten Monte und Jack im Gebäude der Writers Guild am Santa Monica Boulevard ein Büro an, das sie am 2. Januar 1965 bezogen. Aus unerfindlichen Gründen wollte Corman seine Beteiligung herunterspielen und die Investition nur versteckt machen. So wurden Hellman und Nicholson als Ko-Produzenten eingesetzt; der erste Film sollte mehr Monte Hellmans Produktion sein (»A Santa Clara Production«), der zweite eher Nicholsons (»Proteus Films«).[1]

Es wurde festgelegt, daß Carole Eastman – unter ihrem Pseudonym Adrien Joyce – den ersten Western schreiben und Nicholson den zweiten in Angriff nehmen sollte. Hellman würde beide Projekte betreuen, den Autoren aber so viel Freiraum lassen wie bei den philippinischen Filmen. Es war klar, daß Millie Perkins, für die »Epitaph« vorgesehen gewesen war, der weibliche Star beider Filme sein würde. Auch Jack sollte, wie auf den Philippinen, wieder in beiden Streifen auftreten.

Eastman nannte ihr Drehbuch »The Shooting«. Der Film sollte beinahe Kammercharakter haben: eine Handvoll Cowboys mit einer geheimnisvollen Revolverheldin als Anführerin. Die Figu-

1 »Proteus« war eine Improvisation zum Thema Neptune, New Jersey. In der griechischen Mythologie ist Proteus ein Meeresprophet, der denen, die ihn einfangen, die Zukunft vorhersagen kann. Um sich diesem Zwang zu entziehen, nimmt Proteus verschiedene Gestalten an. Die einzige Möglichkeit, ihn zur Zusammenarbeit zu zwingen, besteht darin, ihn zu fangen und gut festzuhalten.

ren würden in einer unendlichen, wüsteneinsamen Szenerie absurde, merkwürdige, scheinbar bedeutungslose Dinge tun.

Hellman und Nicholson waren sich einig, daß Jacks Drehbuch eine verdrehte Version eines italienischen Films sein sollte, den sie beide sehr bewunderten: Vittorio de Setas *Banditi A Orgosolo*. Dieser Film, der 1961 international große Beachtung gefunden hatte, handelt von einem sardischen Hirten, der unter Mordverdacht steht, auf der Flucht vor den Carabinieri seine Herde einbüßt und zum Banditen wird. In Jacks Fassung, die er »Ride in the Whirlwind« nannte, sollte eine bewaffnete Räuberbande, die ein paar unschuldigen Rinderhirten Unterschlupf gewährt, die dramatischen Ereignisse auslösen.

Mit dem Anfangskapital von Corman gingen Hellman und Nicholson flugs an die Arbeit. Sie nahmen sich Mitte Februar ein paar Wochen frei und machten mit dem Auto eine Rundreise zu allen traditionellen Western-Drehorten – zu den felsenübersäten Alabama Hills bei Lone Pine, wo die »Lone-Ranger«-Serie gefilmt wurde; ins vertraute Sedona in Arizona, das Nicholson von *The Broken Land* kannte, zu den spektakulären Schründen und Gipfeln von Monument Valley in Nordost-Arizona und Süd-Utah, wo John Ford einige seiner Klassiker gedreht hatte.

Sie wollten einen Ort aussuchen, den die Leute noch nicht allzuoft auf der Leinwand gesehen hatten. Etwa zwanzig Meilen außerhalb von Kanab, Utah, in den Bergen beim Zion National Park, fanden sie dann eine Landschaft, die für ihre Ansprüche öd und zerklüftet genug war.

In Los Angeles schrieben sie die Drehbücher fertig und schlossen den Produktionsvorlauf ab. Corman hatte ein paar Kassenmagnete im Schauspielerteam gefordert, noch zusätzlich zu Millie Perkins, die in gewisser Weise schon ein Markenname war. Sie hatte 1959 mit ihrem Auftritt in *The Diary of Anne Frank* von sich reden gemacht und im gleichen Jahr zusammen mit Gary Cooper den Oscar für die Beste Regie überreicht.

Will Hutchins, den sie alle von den Parties kannten und der mit seinem Fernsehauftritt als »Sugarfoot« riesige Erfolge feierte, würde *The Shooting* zu etwas mehr Schlagkraft verhelfen, wenngleich Warren Oates die wirkliche Hauptrolle übernehmen sollte. Cameron Mitchell, der in seiner Filmkarriere seit 1945 viele Western gedreht hatte, sollte der Besetzungsliste von *Ride in the Whirlwind* schließlich den nötigen Kassenglamour verleihen.

Die übrigen Schauspieler für *Ride in the Whirlwind* würden sich wieder aus dem Kreis der Freunde und Verwandten rekrutieren. Dazu gehörten Rupert Crosse, ein hinreißender Schauspieler, den sie alle kannten, und Harry Dean Stanton (damals immer noch Dean Stanton). Einige kleine Rollen würden John Hackett und Walter Phelps aus der Philippinen-Mannschaft übernehmen, des weiteren Charles Eastman und B.J. Merholz, die stets am Drehort zur Verfügung standen und überall aushalfen. Paul Lewis sollte als Location Manager fungieren.

Besetzung und Team waren nun vollständig. Hellman und Nicholson fuhren Ende April 1965 für sieben oder acht Wochen zu den Dreharbeiten nach Kanab, die sich bis in den Frühsommer hinzogen. Es war ein echtes Zigeunerleben, noch mehr Familienereignis als die Dreharbeiten auf den Philippinen, beinahe eine Kommune. Die Hauptdarsteller – darunter auch Hellman, Millie Perkins und Warren Oates – hatten alle ihre Ehepartner und Kinder mitgebracht; Nicholson wurde von Sandra und der noch nicht ganz zweijährigen Jennifer begleitet. Alle lebten etwa eine halbe Stunde vom Drehort entfernt in einer Hütte.

In gewisser Weise waren die Bedingungen in Kanab genauso hart wie auf den Philippinen. Sie standen um fünf Uhr auf, fuhren oder wanderten an den meisten Tagen zu den Drehorten in den Bergen. Sie mußten viel Ausrüstung mit sich herumschleppen. Die Höhe forderte ihren Tribut. Überraschenderweise regnete es viel. Abends aßen sie alle zusammen in einem billigen Freßlokal, wo die Musicbox Chet Atkins' »Cloudy and Cool« dudelte. Alle kriegten irgendwann einmal Durchfall oder fingen sich irgendwelche Darmbakterien ein.

Aber das »Familiengefühl und das Gefühl, daß wir einen Film machten, den wir wirklich unser eigen nennen konnten«, wie Will Hutchins es formuliert, gab ihnen Auftrieb: »Das war das einzige Mal in meinem Leben, daß sich ein Haufen Freunde zusammengetan hat und losgezogen ist, um einen Film zu machen. Es war wie John Ford sagt: einfach harte Arbeit. Alle haben zwei, drei harte Jobs übernommen. Ich habe Scheinwerfer getragen. Mein Stuntmann, der vom Pferd fiel, war auch im Team. Keine

Gewerkschaft weit und breit. Kein Gedanke an Wiederholungsgagen. Du hattest einfach das Gefühl, du machst einen Film.«

Nicholson nahm seine Produzentenrolle sehr ernst. Seine Freunde überraschte es, wie knickrig er war, wie er vieles selbst machte, um Geld zu sparen und um dabei Neues zu lernen.

Ehe sie nach Kanab reisten, hatte Jack in einem großen Laden in Hollywood, »Western Costume«, persönlich viele der Kostüme ausgesucht (und sich mit seiner eigenen, mattglänzenden schwarzen Lederkluft für *The Shooting* besonders viel Mühe gegeben). Am Drehort schoß er selbst die Standfotos für die Werbung, wobei er sich mit Charles Eastman abwechselte. »Wenn ich drauf bin, hat er das Bild gemacht«, sagte Nicholson, »und wenn er drauf ist, hab ich das Bild gemacht«.

Hellman neigte dazu, lange Einstellungen immer wieder zu filmen, und Nicholson, der Produzent, wurde manchmal »geradezu starrsinnig nüchtern«, so Hellman, »wenn es um bestimmte Dinge ging, die er für zu zeitraubend oder zu teuer hielt«. Als sich herausstellte, daß man manche Drehorte mit dem Auto nicht erreichen konnte, führten Nicholson und Hellman lange Streitgespräche über Zeit und Aufwand und schleppten dann doch die Ausrüstung auf dem Rücken hin.

The Shooting wurde zuerst gedreht. Der Film war die intimere Produktion, aber auch komplizierter, und er verlangte mehr von den Schauspielern. Die Figuren waren absolut schrill: eine herrische Lady im schwarzen Hut (Perkins), ein früherer Kopfgeldjäger, der ihr Begleiter auf einem Wüstenritt sein sollte (Oates), der streitlustige Kumpel des Kopfgeldjägers (Hutchins) und der Kumpan der Lady, ein maulfauler Killer (Nicholson). Was wirklich in der kryptischen Rachegeschichte passiert, bleibt eines der hartnäckigsten Rätsel der Filmgeschichte. Carole Eastmans Drehbuch war meisterhaft, mit sonderbaren Dialogen und schwer faßbarem Hintersinn:

WILLETT GASHADE (Warren Oates): Ich seh' darin überhaupt keinen Sinn.
DIE FRAU (Millie Perkins): Das hat auch keinen.

Nachdem *The Shooting* abgedreht war, reisten Cameron Mitchell, Harry Dean Stanton, Rupert Crosse und ein Dutzend andere von der Mannschaft für *Ride in the Whirlwind* an. Von allen kam aber nur Mitchell in den Genuß bestimmter Vorzüge: »Ich wohnte in einem guten Hotel, und sie haben mich wie einen Star behandelt. Alle anderen Schauspieler und Team-Mitglieder ernährten sich zum Beispiel durchgehend von gebratenen fettigen Hamburgern. Das hab ich damals nicht so mitbekommen. Wenn ich das gewußt hätte, ich hätte sicher mit mir reden lassen.«

Hutchins und Oates fuhren heim. Hutchins erinnert sich noch daran, wie traurig er war, als er den Drehort verlassen mußte. Nicholson hätte ihn noch einmal zurückgehalten und in ein Gespräch über sein Pferd verwickelt. Hutchins' Figur in *The Shooting* wird nämlich am Schluß von Jack eingeholt und erschossen. Und Hutchins hatte den Fehler begangen, angeberisch zu behaupten, Jack hätte ihn nie eingeholt, wenn das Drehbuch es nicht so vorgeschrieben hätte, weil er, Hutchins, nämlich auf dem schnelleren Pferd saß. Für *Ride in the Whirlwind* bestand Jack (»ein sehr wettbewerbsfreudiger Kerl, er wollte mein Pferd, das beste Pferd«) nun darauf, Hutchins das Pferd abzunehmen. Sogar die Pferde mußten also doppelt arbeiten.

Jacks Drehbuch für *Ride in the Whirlwind* war in vieler Hinsicht konventioneller, hatte mehr Story. Aber auch zunehmend Ansätze von Reife, witzige, natürlich klingende Dialoge.

> VERNE (Cameron Mitchell): Schon komisch, daß wir hier sitzen und mit einer Bande Männer Schach spielen, die uns aufknüpfen wollen.
>
> WES (Nicholson): Kannst ja'n Lied draus machen.

In der Los Angeles Public Library hatte Jack ein Buch mit dem Titel »Bandits of the Plains« aufgespürt, das Tagebücher und Geschichten aus dem Alten Westen enthielt und voller idiomatischer Ausdrücke war. Er benutzte diese Sprache und nahm Anleihen bei einer Grenz-Geschichte, die die unbarmherzige Belagerung einer Hütte durch einen Trupp Banditen beschreibt. In seinem Drehbuch stolpert ein Trio wundgerittener Cowboys in eine Berghütte, wo sich eine Bande von Postkutschen-Räubern versteckt hält. Kurz darauf greifen die Vigilantes an, alle kommen ums Leben, bis auf zwei Cowboys (Mitchell und Nicholson), die fliehen und von einem rachelüsternen Suchtrupp quer durch die öde Wildnis verfolgt werden.

Jack hat oft gesagt, daß sein Drehbuch stark von Camus' berühmtem »Mythos des Sisyphus« beeinflußt gewesen wäre, vom traurigen Schicksal des mythischen Helden. Bezüge auf Camus – durch die man seine intellektuelle Ader groß rausstellen konnte, was Nicholson gern tat – gaben freilich eine tolle Werbung ab, besonders in ausländischen Filmzeitschriften. (Er hat auch behauptet, daß die »sprunghafte Zeitlupentechnik«, mit der am Ende von *The Shooting* eine Leiche zu Boden fällt, Carole Eastmans versteckter Bezug auf die TV-Berichterstattung zum Kennedy-Attentat und zum Jack-Ruby-Mord war.)

Cameron Mitchell, dem das Drehbuch gleich beim ersten Lesen gefiel, fühlte sich durch *Ride in the Whirlwind* an ganz etwas anderes erinnert, nicht an Camus, sondern an einen Western-Klassiker mit Henry Fonda: *The Ox-Bow Incident*, in dem ein Suchtrupp den Falschen aufhängt. Es war auch, als hätte Nicholson eine Lobrede auf seinen großen Einfluß und Schauspiellehrer Jeff Corey geschrieben. Zwischen den Zeilen, so empfand es Mitchell, beschwor *Ride in the Whirlwind* die ungerechte Behandlung der Hollywood Ten und anderer Leute, die auf der Schwarzen Liste gestanden hatten, herauf. »Das Drehbuch war sehr ehrlich und sehr lauter und sehr einfach. Wenn ich Jack heutzutage sehe, ruft er mir immer zu: ›Und wir haben *doch* den besten Western gemacht!‹«

Ride in the Whirlwind war der kompliziertere der beiden Western, was die Verwirklichung des Drehbuchs anging: die größere Besetzung, viele verschiedene Drehorte und das spektakuläre Niederbrennen der Hütte, das dem Film seinen Anfangsimpuls gibt. Und doch waren alle zuversichtlich, auch dankbar für ein paar komische Szenen, die Jack ins Drehbuch eingearbeitet hatte und die die Stimmung während der Arbeit etwas hoben. Cameron Mitchell erinnert sich jedoch, daß Regisseur Hellman Jacks Humor etwas bremste, in einigen Szenen auf ein Minimum reduzierte, wie – Ironie des Schicksals – seinerzeit Lippert bei *Flight to Fury*.

Im Spätsommer waren die Dreharbeiten beendet. Das Produktionsteam kehrte nach Los Angeles zurück: erschöpft, aber glücklich über die erste Filmarbeit, auf die man einmal stolz sein konnte.

Der Schnitt dauerte dann Monate. In der Zwischenzeit beschäftigte sich Jack damit, das eine oder andere Projekt auszubrüten und ab und zu ein bißchen zu schauspielern.

Arbeit beim Fernsehen war eine der Möglichkeiten, die Lücken im Zeitplan und im Geldbeutel zu schließen, auch wenn alle das Fernsehen als kindisch und künstlerisch minderwertig verachteten. Als allgemeines Glaubensbekenntnis galt, daß selbst der schlechteste Filmschinken noch mehr Lauterkeit besaß als die beste TV-Sendung.

Trotzdem hatte jeder ab und zu einen Job beim Fernsehen, machte sich dann aber lustig darüber oder entschuldigte sich wortreich dafür oder versuchte, einfach nicht darüber zu reden. Alle Freunde übernahmen hin und wieder kleine TV-Jobs; sogar Carole Eastman schrieb für »Run for your Life«. Nicholson gibt nicht gerade an mit seiner Fernsehkarriere. Sie war auch unbedeutend, eine Sackgasse. Doch der Mißerfolg ärgerte ihn.

Zwischen 1960 und 1962 war er noch am häufigsten zu sehen, mit Kurzauftritten in Shows wie »Sea Hunt«, »The Barbara Stanwyck Theater«, »Mr. Lucky«, »Tales of Wells Fargo«, »Bronco« und »Hawaiian Eye«.

Fast immer spielte er den kleinen Bruder von irgend jemandem, einen Schlägertypen, der mit dem Gesetz in Konflikt geriet. Manchmal war er durch eine Maske unkenntlich, so als Saboteur in der Folge »Round Up« der Sea-Hunt-Serie 1961. Manchmal schaffte er kurzfristig den Sprung ins Rampenlicht, als er zum Beispiel in einer Folge der kurzlebigen Desilu-Serie »Fair Exchange« Judy Carne küßte.

Den Höhepunkt seiner Fernsehkarriere stellt wahrscheinlich die Folge »Total Eclipse« aus der Serie »Hawaiian Eye« dar, die 1962 ausgestrahlt wurde. Jack spielte in einer guten Szene den besoffenen, »verlorenen« Stiefsohn, der einer der Hauptverdächtigten ist. 1966 im Frühjahr bekam er eine seiner größten Fernsehrollen, eine wiederholt auftauchende Nebenfigur in einer fünfteiligen Folge von »Dr. Kildare«, der beliebten Serie mit Richard Chamberlain, dem Mitschüler aus Jeff Coreys Unterricht.

Fred Roos hatte sich inzwischen zum Besetzungsberater für unzählige Fernsehserien gemausert und schickte Jack Mitte der sechziger Jahre zu einigen Vorstellungsgesprächen. Früher war Nicholson eifrig, spielhungrig und tiefernst gewesen, wenn er sich um Rollen bewarb. Jetzt wirkte seine Mischung aus innerer Zurückhaltung und äußerer Aufsässigkeit für die Fernsehproduzenten nicht gerade einladend.

»In den Vorstellungsgesprächen war er ganz anders, als sie es gewöhnt waren«, meint Roos. »Er hat ihnen ein bißchen Angst gemacht, nichts Furchterregendes zwar, nicht wie die finsteren Typen. Er war einfach nicht unterwürfig. Er kam nicht angekrochen, um einen Job zu kriegen. Und er hat nicht ausgesehen, wie damals die Hauptdarsteller aussahen ... Ich hab ihm ein paar Jobs verschafft, indem ich ihn den Produzenten beinahe schon aufgezwungen habe. Manchmal waren sie hinterher stocksauer auf mich. Da spielte er diesen Typen, mitten in so einer Sitcom, und er spielte halt ›Jack Nicholson‹, was völlig aus dem Rahmen fiel. Einmal habe ich ihm was in ›Guns of Will Sonnet‹ verschafft, und der Produzent Aaron Spelling war hinterher total sauer auf mich. Er hat mich angebrüllt, nachdem er Jacks Part gesehen hatte, als hätte ich da so eine Art Verrückten in die Familie geschmuggelt.«

Sehr spät erschien Nicholson in zwei Folgen der unsterblichen Serie »The Andy Griffith Show«: In »Opie Finds a Baby« (1966) und »Aunt Bee, the Juror« (1967).

In »Opie Finds a Baby« setzen Jacks Figur und dessen Frau ihr Kind in Mayberry auf einer Türschwelle aus. In »Aunt Bee, the Juror« steht Jack wegen Kleindiebstahl vor Gericht, und Aunt Bee plädiert auf Freispruch. »Haben Sie seine Augen gesehen?«, schnurrt sie, »unschuldigstes Haselnußbraun!«

Da saß also Jack Nicholson, mitten in den Swinging Sixties, mit langen, nach hinten geschmalzten Haaren und spielte in einer der kitschigsten ollen Kamellen aller Zeiten mit, damit er seine Miete zahlen konnte.

Das waren jedoch Jacks letzte Auftritte in einem Fernsehfilm. Wenn ihn das Fernsehen nicht mochte, okay, dann mochte er das

Fernsehen eben auch nicht. Gegen Ende der sechziger Jahre verdatterte Nicholson seine Freunde mit der Ankündigung, er würde »aus Prinzip« keine Fernseharbeit mehr machen.

Er ging sogar noch weiter. Nach *Easy Rider* schwor er, nie auch nur in einer TV-Talkshow aufzutreten.[1] Heute gibt Nicholson »Rolling Stone«, »Vanity Fair« und anderen renommierten Zeitschriften regelmäßig Interviews. Aber von der Talk-Szene am späten Abend hält er sich fern, und er rollt seine haselnußbraunen Augen gen Himmel, wenn man ihn fragt, ob er eine Fernsehserie machen würde.

In verschiedenen Filmen hat er sich übers Fernsehen hergemacht:

In *Head* (Nicholson war Mitautor und Ko-Produzent) schwingen die Monkees Äxte und Schmiedehämmer und zertrümmern als Symbol ihrer »künstlich hergestellten Bilderwelt« ein Fernsehgerät.

In *Drive, He Said* (Nicholson war Mitautor und Regisseur) gibt es eine Szene, in der ein ausgerasteter Radikaler, der im Fernsehen eine Astronautenparade ansieht, das Gerät mit seinem Schwert zertrümmert und dann aus dem Fenster schmeißt. »*Das* ist das Todesinstrument unserer Tage!«

In *The Border* greift Charlie Smith (Nicholson) seine Frau (Valerie Perrine) an, weil sie den ganzen Tag fernsieht. »Was hältst du denn vom Fernsehen, mal ehrlich?«, fragt sie. »Ich finde, es ist totale Scheiße«, antwortet Smith.

Für einen der Höhepunkte in *The Shining* brauchte man für den wildgewordenen Jack Pallance, der die Feueraxt schwingt und sich durch eine Tür hackt, um seine Frau umzubringen, noch einen letzten Kick. Jack improvisierte die Zeile, die allen in Erinnerung geblieben ist: »Und hieeeer kommt Johnny« – ein ironisches Zitat aus »The Tonight Show«.

All seine Freunde sagen, daß Jack eins nicht ausstehen kann: Ablehnung. Und das Fernsehen hatte ihn zweifellos abgelehnt. »Jack hat schon sehr, sehr früh, als er sich das in keiner Weise lei-

1 Nicholson macht Ausnahmen für Fernsehinterviews, in denen er im Ausland, besonders in England und Frankreich, für seine Filme wirbt.

sten konnte, weil er ja das Geld brauchte, gesagt: ›Ich mach kein Fernsehen‹. Ich hab immer gedacht«, so Fred Roos, »am Anfang wäre das nur eine gute Ausrede dafür gewesen, daß er da keine Arbeit bekam und ihn das Fernsehen im Grunde ablehnte, und daß er sich dann Gründe zurechtgelegt und einen echten Glaubensgrundsatz draus gemacht hat«.

Als Roger Corman sich die ersten Rohschnittszenen der Kanab-Western ansah, wurde ihm sofort klar, daß er hier zwei sehr ungewöhnliche Filme am Hals hatte. Er rechnete sich aus, daß er mit keinem von beiden so viel Geld verdienen würde, daß seine weitere Beteiligung gerechtfertigt wäre. So machte er sich prompt daran, die US-Vertriebsrechte zu verscherbeln, während er die glänzenderen Aussichten auf dem europäischen Markt im Auge behielt, wo das Publikum vielleicht für diese Art »Western des denkenden Mannes« empfänglicher sein würde.

Ein prominenter Pariser Presseagent und Corman-Fan, Pierre Rissient, war gerade zufällig in Los Angeles, Corman schnappte ihn sich und arrangierte eine Vorführung von *The Shooting* und *Ride in the Whirlwind.* Rissient war beeindruckt und schlug den jungen Filmemachern vor, die Western in Cannes zu zeigen. Das dortige Festival hatte sich schon in der Vergangenheit des öfteren als Sprungbrett für aufstrebende junge Talente erwiesen.

Rissients Begeisterung machte Nicholson Hoffnung. Es muß schon damals in seiner Ehe mit Sandra Knight gekriselt haben, denn er war froh über die Entschuldigung, die USA verlassen und zusammen mit Don Devlin eine ausgedehnte Werbetour durch Frankreich unternehmen zu können.

Rissient hatte gute Verbindungen in Pariser Filmkreisen. Sein Partner war Bertrand Tavernier und einer seiner engsten Freunde Pierre Cottrell, der später die wunderbaren Werke von Eric Rohmer, Barbet Schroeder und anderen produzieren sollte.

Im April 1966 kamen Nicholson und Devlin in Paris an. Die Filmrollen ihrer beiden Western trugen sie in Hutschachteln durch den Zoll, da sie sich den Aufpreis für übergewichtiges Gepäck nicht leisten konnten. Die beiden Amerikaner wurden in Cottrells Wohnung notdürftig untergebracht. Devlin kehrte nach einem kurzen Aufenthalt in die USA zurück. Jack blieb (mit einem 750 Dollar-Etat und der Kreditkarte von Fred Roos) noch im Lande, während Rissient Interessenten für *The Shooting* und *Ride in the Whirlwind* zusammentrommelte.

Rissient und Tavernier organisierten denn auch die erste öffentliche Vorführung im Palais de Chaillot, dem Hauptquartier der Cinémateque Française. Zwanzig, dreißig passionierte Film-Freaks, unter ihnen Jean-Luc Godard, waren aufgetaucht, um die beiden Filme dieses neuen amerikanischen Regisseurs zu sehen, von dem einige schon gehört hatten: Monte Hellman.

Damals kam es in Frankreich durchaus vor, daß »chapelles« (Cliquen) von Film-Fans sich fünf, sechs Spielfilme an einem Tag ansahen. In diesen Gruppen hatte sich (unter dem Einfluß von Zeitschriften wie »Cahiers du Cinéma« und »Positif«) ein begeistertes Interesse an B-Filmen und den Fabrikproduktionen Roger Cormans herausgebildet (während sie nicht so viel über die Filme von Richard Rush oder Lipperts B-Pictures wußten, die hier nicht so aggressiv vermarktet wurden).

Nicholson war erstaunt, daß etliche Pariser Fans nicht nur den Namen Hellman kannten, sondern sogar einige von Jacks obskureren Filmen gesehen hatten. In Amerika kannten nur sehr, sehr wenige Leute, selbst unter den Film-Freaks, bislang Jacks Namen. Die Pariser liebten besonders *The Little Shop of Horrors*, weil Jack in diesem Film, der in Frankreich Kultstatus besaß, bleibenden Eindruck hinterlassen hatte.

Jack und seine Freunde mochten die ausländischen Filme lieber – sie waren ganz verrückt nach Truffaut und Resnais und Godard. Aber hier in Paris zogen die Film-Freaks die altmodischen Hollywood-Regisseure wie Allan Dwan, Henry King und Raoul Walsh vor, ja sie verehrten sie geradezu. Im allgemeinen hatten die Pariser gründliche Kenntnisse und kultivierte – wenn auch manchmal etwas naive – Meinungen zu den Hollywood-Filmen.

Nicholson brüstete sich damit, daß er und Hellman eine kleine Rolle in *The Shooting* mit Cuy el Tsosie, einem echten Indianer, besetzt hatten. Die Pariser wiesen ihn darauf hin, daß dieser echte Indianer ein Berufsschauspieler war, den sie bereits gut aus seinen Auftritten als Guy Eltsosis in Raoul Walshs *A Distant Trumpet* aus dem Jahre 1964 kannten. Ebenso hatten die Pariser Cineasten auch den Drehort, nach dem Hellman und Nicholson so lange gesucht hatten, als uraltes Hollywood-Gelände wiedererkannt, wo schon Fritz Lang, ein Favorit der Franzosen, *Western Union* gedreht hatte.

In mancher Beziehung änderte diese Hollywood-Verehrung der Franzosen Nicholsons eigene Einstellung zu Filmen und zum Filmemachen, reduzierte seinen Snobismus und führte ihn zur Begeisterung der Samstagsvorstellungen aus seiner Kindheit zurück. Und sie paßte nahtlos mit seiner wachsenden Neigung zusammen, die eigene Karriere, sogar die Billigst-Filme, die ihm eher peinlich waren, als eine verkettete, sich logisch entwickelnde Abfolge zu betrachten.

Die Reaktionen auf *The Shooting* und *Ride in the Whirlwind* bei der Vorführung in der Cinémathèque waren überwältigend positiv. Weil die Filme für die Abgabetermine von Cannes aber zu spät kamen, und Monte Hellman strenggenommen nicht in die für Debütanten reservierte Kategorie paßte, mußten *The Shooting* und *Ride in the Whirlwind* außerhalb der Konkurrenz gezeigt werden.

Nicholson wohnte während des Festivals, im Mai 1966, in einem kleinen Hotel, und wie alljährlich zog Cannes Filmemacher, Kritiker, Käufer und Film-Freaks aus aller Welt in seinen Bann. In seiner liebenswert cleveren Art machte sich Jack daran, Treffen mit ein paar prominenten Teilnehmern zu arrangieren, darunter mit den Regisseuren Miloš Forman und Tony Richardson, mit dem New-Wave-Kameramann Nestor Almendros und dem Leiter des New York Film Festivals, Richard Roud.

»Er hat einfach alle angelächelt«, erinnert sich Pierre Cottrell. »Seine Masche war, auf alle Leute so zuzugehen, als wären sie alte Freunde. Es lief das Gerücht über ihn um, daß er ein sehr begabter Schauspieler wäre.«

Die Reaktionen in Cannes waren für Jack wieder äußerst befriedigend, aber auf Underground-Kreise begrenzt. Cannes gab ihm jedoch die Gelegenheit zu seinen ersten längeren Presse-Interviews, darunter ein ausführliches Gespräch mit der niederländischen Filmzeitschrift »Skoop«. Nicholson konnte die Western-Vertriebsrechte für Holland und Westdeutschland verkaufen. Es folgten auch Vertriebs-Abmachungen für Frankreich, aber die Firma, mit der Nicholson abgeschlossen hatte, ging pleite. Das war besonders frustrierend für ihn, denn die Filme konnten in Paris erst öffentlich gezeigt werden, nachdem man alle rechtlichen Streitereien aus dem Weg geräumt hatte.

Nicholson war nach Cannes praktisch pleite, aber er weigerte sich störrisch, in die Vereinigten Staaten zurückzukehren, zu einer kriselnden Ehe und Null Arbeitsangeboten. Cottrell und seine Frau luden Jack ein, bei ihnen einzuziehen, bis er in Paris eine Wohnung für den Sommer gefunden hatte.

Das paßte ihm wunderbar. Jack fühlte sich in den Pariser Cafés und auf den Boulevards zu Hause. Er besuchte alle Touristenmekkas vom Grab Napoleons bis zur Mona Lisa. Er sah sich an der Rive Gauche alte Hollywood-Filme an. Er wurde süchtig auf den »International Herald Tribune« (den er als Star dann abonnierte). Und obwohl Nicholson nur sehr wenig Französisch sprach (und immer noch spricht), lebte er sich gut ein, trug ihn sein Lächeln durch den Sommer 1966.

»Er hatte Star-Qualitäten«, meint Cottrell. »Aus irgendeinem Grund mochten ihn alle. Ich erinnere mich, daß er in zwei der besten Nachtclubs – Castel und Régine – nicht einmal das Gedeck bezahlen mußte – denn er trank nie etwas, er hat immer behauptet, daß er nach einem Glas schon völlig betrunken würde ... In den Staaten war nicht viel los für ihn. Ich glaube, das war für ihn eine tote Zeit.«

Obwohl Jack für das Pariser Publikum keine Vorführungen von *The Shooting* und *Ride in the Whirlwind* mehr organisieren konnte, hatte er doch seine Kampagne um professionelle Anerkennung nicht aufgegeben. Er bemühte sich darum, mit der französischen Presse Kontakt aufzunehmen, und durch seine Treffen mit zahlreichen Journalisten fand er sich allmählich in der Pariser Kulturszene zurecht. Über die Jahre hinweg hat er die Verbindung zu Journalisten und Film-Freaks, die er im Sommer 1966 kennengelernt hatte, aufrechterhalten.

Paris war das reinste Lebenselixier für ihn. Doch schließlich ging ihm wirklich das Geld aus, und Jack mußte zurück in die Staaten und sich dort der Verantwortung stellen.

Zu Hause hatte Corman inzwischen die Vertriebsrechte für *The Shooting* und *Ride in the Whirlwind* an die Walter-Reade-Organisation verkauft, um seine Verluste wieder hereinzubekommen. Walter Reade schob sie als Fernseh-Double-Bill ab, und erst 1971 wurden die beiden Western in den USA erstmals im Kino gezeigt, als sie das Trara um *Easy Rider* ausnutzten.

In Paris wurden die rechtlichen Schwierigkeiten erst ein Jahr nach Nicholsons Aufenthalt, Mitte 1967, gelöst, und *The Shooting* und *Ride in the Whirlwind* liefen dann in einem einzigen, einsamen Kino in der Nähe des Place de l'Etoile. Da sie nicht einmal synchronisiert waren, blieb ihr Ruf natürlich auf einen kleinen, erlesenen Kreis beschränkt; das machte sie aber zugleich zum Geheimtip.

»Erinnert an die besten B-Filme, von Budd Boetticher bis Sam Peckinpah ... Die Wahrheitsliebe grenzt ans Dokumentarische«, schrieb der Kritiker von »Les Nouvelles Littéraires«.

The Shooting wurde stärker gelobt, und mit der Zeit hat er sich in Frankreich und anderswo Kultstatus erworben. Jacks Film war allerdings auf seine ganz eigene Weise hervorragend, und einige Kritiker meinen, *Ride in the Whirlwind* sei der besser zugängliche und unterhaltsamere der beiden Knauser-Colt-Streifen.

Damals konzentrierte sich die Aufmerksamkeit auf das Drehbuch und die Regie der beiden ungewöhnlichen Western. Man kann es den wohlmeinenden Kritikern nicht verübeln, daß ihnen seinerzeit Jacks Versuche als Schauspieler entgangen sind – in der Schurkenrolle in *The Shooting*, als der grinsende Fiesling von der Sorte, die er in den nächsten zwanzig Jahren spielen würde, bis endlich Rollen wie Jack Torrance seines Weges kamen.

Ride in the Whirlwind zeigte auch, daß Nicholson sich jetzt als Schauspieler wohler fühlte. Seine Figur (Wes) war eine der ersten Nicholson-Rollen, die sich vom Klischee lösen konnte. Auch dieser Charakter, den Jack für sich selbst geschrieben hatte, sollte ein ständiger Begleiter werden: der ganz gewöhnliche Mann, den das Schicksal erwischt. Er spielte ihn mit Würde und Mitgefühl, und mit Anflügen von Humor. Das gab dem Film eine besondere Wärme, die in *The Shooting* noch fehlt, verlieh ihm einen Hauch von Nicholsons eigener, gewinnender Persönlichkeit.

5

LIVING THE PART 1967

Nicholson kam verjüngt und erfrischt aus Paris zurück. Jetzt machte er sich auf die Jagd nach Schauspieljobs, um seine höheren Ziele finanzieren zu können: Er wollte das werden, was man in Frankreich am meisten bewunderte, ein »auteur«, der das Drehbuch für seine eigenen Filme schreibt und selbst Regie führt. Er versuchte, sich mit voller Kraft auf die Arbeit zu stürzen, er ging mit seiner Karriere größere Risiken ein.

Zwei Skripts, an denen er schrieb, hatten LSD-inspirierte Handlungen: »Love and Money« war eine Ode auf die Hippies, deren Philosophie des »tune in, turn on, drop out« (Einschwingen, Anspringen, Aussteigen) überall in den USA die Gemüter der jungen Leute bewegte. *»The Trip«* war vage autobiografisch und handelte von einem Werbedirektor beim Fernsehen, der während einer schmerzlichen Ehescheidung sein Heil in einem LSD-Trip sucht.

Nicholsons hektisches Karrieretempo bekam seiner Ehe, die langsam aber sicher dahinbröckelte, ganz und gar nicht. Manchmal arbeitete Jack tagsüber als Schauspieler und schrieb nachts, und Sandra unterbrach ihn, wenn er gerade über einem Skript saß. Er brüllte sie an, wahrscheinlich nicht viel anders als in der wütenden Beschwerde, die er in *The Shining* in Richtung Shelley Duvall improvisiert:

Wenn du hier reinkommst und mich unterbrichst, dann ruinierst du meine Konzentration. Du lenkst mich ab! Es dauert dann immer, bis ich wieder da bin, wo ich aufgehört habe, klar? Gut. Also, neue Regel: Wenn ich hier drin bin, und du hörst mich tippen, oder du hörst mich nicht tippen – was du mich auch gottverdammt hier drin tun hörst – wenn ich hier drin bin, dann heißt das, ich arbeite! Das heißt, bleib draußen!

Sandra wollte eine traditionelle Ehe. Jack wollte seine Karriere. Diese Prioritäten waren unvereinbar. Die Beziehung wurde – in Jacks Worten – »völlig Animus«. »Ich konnte die Streitereien nicht mehr aushalten. Die waren für mich eine echte Plage.«

Unter all den Spannungen schwang auch Sandras Verdacht mit, daß sich Jack bei seinen Aufenthalten auf den Philippinen und in Paris nicht nur seiner Karriere, sondern mindestens genauso dem Vergnügen gewidmet hatte.

Die Philippinen waren »ein Hurenhimmel« gewesen, wie es der Lippert-Boß Jack Leewood formulierte, der in einem Interview behauptete, daß er sich in der Zeit zwischen den beiden Monte-Hellman-Filmen mit Nicholson in Manila die Frauen geteilt hatte. »Wir haben die gleichen Weiber gevögelt. Es war Tanz in allen Räumen.«

Am Anfang war der Aufenthalt in Paris vielleicht wirklich rein geschäftlich gewesen, aber dann entwickelte er sich doch zu Sommerferien fern von aller Verantwortung für die Familie. In mehr als nur einer Beziehung erweiterte er Jacks Horizont. Diese ausgedehnte Vergnügungsreise machte ihn auch im Umgang mit Frauen sehr viel lockerer.

Als Nicholson sein Ehegelübde ablegte, da hatte er »einen geheimen inneren Zwang zur Monogamie« verspürt. Jetzt, kurz vor seinem 30. Geburtstag, sah er sich zum ersten Mal im Leben in der Lage, seinen bisher aufgestauten Impulsen zu folgen. Er war nicht der erste männliche Nicholson, der sich leise, still und heimlich aus Familie und Vaterschaft stahl.

Inzwischen hatte Sandra »äußerst entschlossen den mystischen Weg eingeschlagen«, wie Nicholson meinte. Mystizismus war große Mode in Hollywood. Man begegnete ihm in den verschiedensten Formen und auf den besten Dinner-Parties: zum Beispiel im Haus von Robert Walker Juniors Mutter, der Schauspielerin Jennifer Jones, wo Nicholson gelegentlich zu Gast war, genauso wie in den Reden der Straßenpropheten, die auf dem Sunset Strip den Touristen ihre Flugblätter aufdrängten.

Im Interesse seiner Ehe unternahm Nicholson einen ernsthaften Versuch in Sachen Mystizismus. Er ging zu Veranstaltungen, bei denen der in Indien geborene Jiddu Krishnamurti in seinem Hauptquartier in Oak Grove in Ojai nördlich von Los Angeles freundliche Binsenwahrheiten über Liebe und Tod, Zeit und Ewigkeit verkündete. Auch andere Freunde Nicholsons versuchten sich in mystischen Dingen, manche waren ganz hingerissen von Krishnamurti oder Alan Watts, von Zen-Philosophie oder der Human-Potential-Bewegung.

Nicholson aber war zu sehr selbstmotiviert, zu sehr der ehemalige Katholik, als daß er sich ganz der östlichen Spiritualität hätte hingeben können. Ihn schlug Krishnamurti nicht in seinen Bann. Und weil er ein Pragmatiker war, suchte Jack unmittelbare Lösungen für seine Eheprobleme.

Er schlug vor, Sandra und er sollten unter medizinischer Aufsicht zusammen LSD nehmen; seine Frau war einverstanden.

»Der Therapeut hatte keine echte Ahnung vom LSD. Er hatte selbst nie welches genommen. Er hat es erst Sandra gegeben, zusammen mit einer fünfstündigen Therapie-Sitzung, aber er hat ihr die Maximaldosis verabreicht. Einmal hat sie mich angestarrt und einen Dämon gesehen, eine völlig dämonische Gestalt. Warum auch immer, entweder weil ich wirklich einer bin, oder weil sie irgendwas Furchtbares in sich selbst zu fassen kriegte, es war jedenfalls ziemlich schlimm.«

Den Scheidungspapieren zufolge haben die beiden ernsthaft versucht, ihre Ehe zu retten. Die förmliche Trennung erfolgte am 1. April 1967, nicht einmal fünf Jahre nach der Hochzeit.

Nicholson zog aus dem gemeinsamen Haus aus und mit Harry Dean Stanton in eine Wohnung in Laurel Canyon. Jack hatte ein Bett, einen Schreibtisch und einen Plattenspieler. Er schrieb ein bißchen, kiffte ein bißchen, tanzte zur Auflockerung ein bißchen herum und schrieb dann wieder weiter.

Stanton war einer der Senioren in der Clique, zehn Jahre älter als Jack, und auch seine Karriere war ins Stocken geraten. Zum

Teil deswegen hatte er sich von einem geselligen Kerl zu einem manchmal verbitterten, manchmal Zen-konditionierten Exponenten der Beatnik-Generation gewandelt, der scheinbar seine Zeit aussaß, um sein Talent, seine Persona, herauszubilden.

Stanton sagte gerne, daß er für Jack sowohl Trau- als auch Scheidungszeuge gewesen ist. Beide hatten viele ähnliche Einflüsse und Erfahrungen mitgemacht, und ihre Freundschaft basierte auf der felsenfesten Grundlage gegenseitiger Bewunderung, ähnlicher egozentrischer Lebensweisen und ihrer gemeinsamen Lebensphilosophie, die ruhelos, experimentierfreudig und letztlich aussichtslos war.

Jahrelang telefonierten die beiden Freunde von den verschiedensten Orten der Welt miteinander, meldeten sich eben mal, ganz so, als lebten sie noch zusammen. Fünfzehn Jahre nach ihrer Wohngemeinschaft war Stanton zum Beispiel in Glasgow und drehte *Deathwatch*. Von seinem Hotelzimmer aus beobachtete er eine Parade zum Orange Day, und Regisseur Bertrand Tavernier erinnert sich, wie Stanton spontan in Los Angeles anrief und den Hörer aus dem Fenster hielt, damit Jack die lärmende irisch-protestantische Parade hören konnte. Stantons leises Lachen wurde nur vom lauten Gelächter Nicholsons übertroffen, das aus der Muschel schallte.

In Interviews bestand Nicholson immer darauf, daß seine Scheidung »vernünftig und gut« war, genau wie die Ehe. Die Scheidung, so Sandra Knight, war »nur ein Fall zweier Leute, die sich auseinanderleben«. Das am 8. August 1968 verkündete Scheidungsurteil belastete Nicholson mit »extremer Grausamkeit« und verlangte, daß die streitenden Parteien »beide daran gehindert werden müssen, einander zu ärgern, zu belästigen oder zu bedrängen«.

Knight nahm den 59er Mercedes, Nicholson bekam den 68er VW. Jack wurde zu 300 Dollar Unterhalt für das Kind und 150 Dollar Alimenten verdonnert. Die Akten zeigen, daß er es trotz des mystischen Image vom verarmten jungen Schauspieler geschafft hatte, 8.000 Dollar in Bargeld und »verschiedenen Wertpapieren« zusammenzutragen.

Sandra bekam die vierjährige Jennifer zugesprochen. Sie verließ Kalifornien, zog nach Hawaii und heiratete wieder. Die Tochter zog sie fern von Jack auf, und überließ sie nur zu festgelegten Zeiten der Obhut ihres Vaters.

Die sechziger Jahre hatten viele in ihren Strudel gesogen. Aber Nicholson, der besser als die meisten wußte, was er wollte, vermochte sich vor den wilderen Seiten dieses Wirbels zu schützen. So wie er dem Einfluß Krishnamurtis nicht unterlegen war, so hielt er sich auch von den anderen Strömungen der Sixties, künstlerischen und anderen, weitgehend fern.

Obwohl er nach *Easy Rider* immer als Symbol der Sixties angeführt wurde, war Nicholson in vieler Hinsicht eher ein Produkt der fünfziger Jahre – und in mancher Weise schlagen sogar oft die Vierziger und Dreißiger bei ihm durch.

Die Zeiten, die er durchlebt hatte, spiegelten sich in seiner Persönlichkeit wider. Seine Karriere schlug Brücken zwischen ganz altmodischen und modernen Einflüssen. Sein Stil war eine Mischung verschiedener Techniken. In dieser Anziehungskraft über die Generationen hinweg lag seine große Stärke.

Die Sixties waren für Nicholson von grundlegender Bedeutung, eine entscheidende Zeit, aber wie immer war er sehr wählerisch und überlegte sich gut, was er aus diesem Leben für sich an Bord nahm.

Einige Freunde stürzten sich begeistert in all die Be-Ins, Dichterlesungen und Avantgarde-Theater, die große Mode wurden. Jack drängte andere immer wieder, unbedingt zu diesem Happening oder jenem revolutionären Theaterstück zu gehen, hatte selbst dann aber zur fraglichen Zeit meist Wichtigeres vor.

Einige Freunde hatten dem Show Business gänzlich den Rücken gekehrt und waren aus Hollywood in den Topanga Canyon oder (wie Robert Walker Junior) auf eine Seychellen-Insel gezogen. Dean Stockwell, immer voll im Trend, ging sogar für eine Weile nach Haight-Ashbury. Nicholson war bereit, das »Tune in« und das »Turn on« mitzumachen, aber ganz egal, wie entmutigt er war, das »Drop out« nicht – aussteigen würde er nie.

Vor allem hielt sich Nicholson aus der Politik der sechziger Jahre weitgehend heraus. Obwohl auch Hollywood seinen Anteil an den Aktivitäten der Sixties hatte und Geld und Begabung in die Antikriegs-, Antirassismus- und Arbeiterbewegung investierte, schaffte es Nicholson, sich im großen und ganzen herauszuhalten. Er setzte sich wortreich für einige *politische Ziele* der Zeit ein, insbesondere die ökologischen; gelegentlich stellte er einen kleinen Scheck aus. Aber er war auch ungeschlagener Meister, wenn es darum ging, Gründe dafür anzuführen, daß er sich nicht an Protestkundgebungen, Demonstrationen und Kampagnen beteiligen konnte.

Monte Hellman erinnert sich daran, wie er selbst an Friedensmeetings oder Treffen von Kernwaffengegnern teilnahm, Nicholson jedoch nie überreden konnte, auch mitzukommen. Lynn Bernay war immer auf dem Weg zu irgendeiner Kundgebung gegen den Vietnamkrieg, Jack aber konnte sie nicht dafür gewinnen, und sie stritt sich mit ihm darüber. Er mokierte sich wegen ihrer politischen Leidenschaften über sie: Politik wäre eine kleinliche Angelegenheit, sich selbst sah er auf einer viel höheren Ebene. Die Streitgespräche mit Bernay und Don Devlin, einem anderen Radikalen, erheiterten Nicholson: Humor als wirkungsvolle Verkleidung für unbeirrbaren Ehrgeiz.

Henry Jaglom half mit bei der Organisation von Entertainment Industry for Peace and Justice (EPIJ). Jane Fonda, Donald Sutherland und andere versuchten, eine Koalition der links-liberalen Aktivisten in Hollywood zu schmieden, die sich für Frieden und Gerechtigkeit einsetzen sollte. Jaglom wollte Nicholson einspannen, aber der hatte Bedenken; nichts davon würde auch nur die geringste Veränderung nach sich ziehen. »Jack hatte immer so eine Art philosophischen Abstand von allen Aktivisten. Er war zwar immer auf der richtigen Seite, hatte ausgeprägte Standpunkte, aber ich glaube nicht, daß er dachte, man könnte viel erreichen. Er hatte zwar seine Meinungen, war aber nie politisch aktiv.«

Sex und Drogen waren für Jack der Schlüssel zu den Sixties, so eng miteinander verbunden wie Sport und Freunde. Die Politik der Sixties war die Luft, die man atmete. Aber die Drogen, das hat er immer wieder gesagt, veränderten sein Leben. Wie vieltausend andere, die der zunehmenden Militanz der sechziger Jahre den Rücken kehrten, sich jedoch der allgemeinen genuß- und vergnügensorientierten Atmosphäre voll hingaben, zog auch Nicholson die Elemente vor, die ihm eine Flucht aus der Wirklichkeit anboten.

Daran änderte sich auch nichts, als er schon ein Star war. Nachdem ihn seine Freunde Warren Beatty und Mike Nichols unter Druck gesetzt hatten, beteiligte er sich an der Kampagne für Senator George McGovern, als sich der »Friedenskandidat« aus South Dakota 1972 für die Demokraten um die Präsidentschaft bewarb. Ansonsten aber hielt sich Jack nach *Easy Rider* politisch sehr zurück; McGovern war eine Ausnahme.

Desgleichen Gary Hart. 1987 erklärte Jack der Zeitschrift »Rolling Stone« seine Unterstützung für den US-Senator aus Colorado, der sich aus dem Präsidentschaftswahlkampf zurückziehen mußte, nachdem eine außereheliche Liebschaft ans Licht gekommen war. »Ich bin Hart-Anhänger, weil er vögelt«, sagte Jack in »Rolling Stone«. »Ist klar, was ich meine?«[1]

Ein anderes Mal ging es ebenfalls um Sexualpolitik, aber da zeigte sich Nicholson alles andere als radikal. Als einige Hollywood-Größen 1993 für einen Boykott gegen den Staat Colorado plädierten, weil man hier in einem Volksentscheid beschlossen hatte, Homosexuellen nicht den vollen Schutz der Bürgerrechte zu gewähren, da meldete Jack Widerspruch an. Er erklärte der Presse, jeder Boykott des Staates (in dem er rein zufällig zwei Feriendomizile besitzt) wäre »Blödsinn«.

Vögeln hatte für Jack Vorrang vor Politik. Mehr noch: Vögeln *war* für ihn Politik.

Einer der Weisen, die Nicholson nun immer öfter zitierte – ob er ihn ernsthaft studiert hatte oder ob er nur wunderbar bluffte –, war Wilhelm Reich, der ehemalige Kollege Freuds, der die Theorie der »orgasmischen Energie« entwickelt hatte und später ins Gefängnis wanderte, weil er sexuelle Vibrationen in mehr als zweifelhaften »Orgon-Kästchen« vermarktet hatte. In den späten sechziger Jahren schienen alle Reich nur so in sich aufzusaugen, der in seinen Schriften sexuelle Freizügigkeit als Allheilmittel für so gut wie alle gesellschaftlichen Probleme verordnete. Für Jack galt Reich als der »wichtigste *politische* Schriftsteller und Denker

1 Einer der seltenen anderen Anlässe, bei denen sich Nicholson einmal öffentlich in eine politische Diskussion einschaltete, war während der Hollywood-Kampagne gegen die Verurteilung von *Deep Throat*-Porno-Star Harry Reems wegen obszönen Verhaltens. Auch von dem ließe sich (in Blockschrift) sagen: ER VÖGELT.

des letzten Jahrhunderts«. Reich wurde seine neue Religion, ein Gegengewicht zum Katholizismus. Und wie Mutter Kirche hatte auch Papa Reich Glaubensartikel anzubieten, die man in jedem Lebensbereich verwenden konnte.

Als er die Werbung für *Drive, He Said*, seinen maßgeblichen Film über die Sixties, machte, brachte Jack dauernd Reich aufs Tapet. »Ich habe wirklich das Gefühl, daß das ganze Land in einer sexuell repressiven Gesellschaft gefangen ist«, verkündete er 1971 in einem Radio-Interview und erläuterte lang und breit seinen Glauben an die Reichschen Theorien, die er in seinem Denken eng mit Kinderpsychologie und Familienbeziehungen verknüpfte.

»Wie Reich das beschreibt – allein die Konvulsionen eines Orgasmus, diese Wandlung, dieses Erweitern und Zusammenziehen ... Er glaubt, daß das vom Säuglingsalter an in der Psyche eines jeden Menschen verankert ist; daß jeder mit dem Fluß der ›sexuellen Energie‹ irgendwie umgeht, ihn entweder unterdrückt, wie wenn man die Luft anhält ... Du hast selbst die Kontrolle darüber, wieviel ›Brennstoff‹ du der sexuellen Energie zugestehst, daß sie sich ausdrücken kann ... Dann entwickelst du deine ›Familienbeziehungen‹ um dieses Spannungsverhältnis herum – und die Familie wird zu Städten, Großstädten, ganzen Gesellschaftssystemen erweitert.«

Auch wenn Jack einigen Aspekten der sechziger Jahre ziemlich skeptisch gegenüberstand, er wußte genau, was gut für ihn war. Drogen und sexuelle Befreiung brachten in seinem Fall positive Ergebnisse; und die persönlichen und beruflichen Fortschritte, mit denen er sich brüstete, waren für seine engen Freunde deutlich zu sehen.

Wenn er kiffte, war er »entspannt und ein bißchen zufriedener damit, ganz allein in einem Raum zu sein«, meinte Jack in einem Interview zum Thema Drogen und Drehbuch. »Man kann sich dann leichter geistig bei Laune halten.«

Im Privatleben schien Jack jetzt entspannter, sympathischer, konzentrierter und klarer im Denken. Die Persönlichkeit, die auf der Leinwand immer deutlichere Konturen annahm, war der gleiche Jack Nicholson, den privat alle schon immer gekannt hatten, mit einem kleinen Unterschied: Seine mitteilsame Persönlichkeit wurde durch sein ungebrochenes Selbstbewußtsein noch erhöht, und sie war strahlender, freimütiger.

»Als ich Jack kennenlernte, habe ich ihn für traditioneller gehalten«, sagt John Herman Shaner. »Erst später, Mitte der sechziger Jahre, habe ich gemerkt, daß der Kerl völlig untraditionell ist. Alle Traditionen engten ihn ein wie Fesseln. Die psychedelische und die sexuelle Revolution haben ihn völlig befreit und ihm dazu verholfen, daß er der Schauspieler wurde, der er jetzt ist. Er konnte sich mit mehr Leichtigkeit ausdrücken. Er wurde lockerer, verlor seine Zaghaftigkeit, wurde ausdrucksstärker und dachte positiver über sich selbst. Ich glaube, daß diese ganze Angelegenheit eine Persönlichkeit freigelegt hat, eine große Persönlichkeit, einen Kerl mit einer unbändigen Gier nach Leben und Erfahrungen.«

Obwohl Nicholson sexuell wesentlich aktiver und selbstbewußter wurde, konnte er doch das anscheinend lebenslange Gefühl von Verletzlichkeit nicht abschütteln. Sein Verhältnis zum anderen Geschlecht blieb immer ein bißchen eine »Schwester-Mutter«-Sache. Schönheit war die ganz besondere Achilles-Ferse für den New-Jersey-Buben, der es nie zu einem Date mit den Pom-Pom-Mädels und Stockwirblerinnen gebracht hatte.

In Mimi Machu hatte sich Jack wirklich bis über beide Ohren verliebt. Das bildhübsche Blumenkind half ihm auf seine Weise, weitere Schichten von seinem wahren Ich abzublättern. Sie hatte endlose Beine, extravagant langes braunes Haar, war Tänzerin gewesen, ehe sie sich in die Schauspielerei wagte. Passend zum neuen, »regenerierten« Nicholson war sie freizügiger als Georgianna oder Sandra – voll im Trend, knallhart und kokett. Obwohl Jack seiner Frau nie treu sein konnte, wurde er ironischerweise bei Machu praktisch monogam, zumindest am Anfang der Beziehung.

Was auch für *Hell's Angels on Wheels* sprach, war die kleine Rolle, die Regisseur Richard Rush Mimi Machu geben wollte, die unter dem Namen I.J. Jefferson auftrat. So ging also die Nicholson-Masche weiter, eine Freundin oder Ehefrau in seinen Filmen auftauchen zu lassen – als notwendiges Accessoire, beinahe so wichtig wie Kamera oder Skript.

Roger Corman und American International Pictures (A.I.P.) hatten mit dem sensationslüsternen Film *The Wild Angels* 1966 das große Geld eingeharkt. Ohne jeden Skrupel wollte A.I.P. nun eine Fortsetzung vom Band rollen lassen. Rush hatte bei A.I.P. seine eigene Produktionseinheit, völlig unabhängig von Corman. Er dachte, daß er in seinem Film das Phänomen der Motorrad-Banden verdammen, aber auch ausnutzen könnte. Die lederjackigen Hell's Angels hatten die Rechte an ihrem selbstverliehenen Schimpfnamen an den A.I.P.-Produzenten Joe Solomon verkauft und wirkten bei der Produktion eines Films mit, der auf ihrer extravaganten und aggressiven, manchmal gewalttätigen Biker-Bruderschaft basierte.

Rush stand nicht regelmäßig mit Nicholson in Kontakt und hatte mit ihm seit *Too Soon to Love* (1959) nicht mehr zusammengearbeitet. Jack brachte sich ihm wieder ins Gedächtnis, als er in einer Klasse im Anfangsstadium des West Coast Actors Studio eine Szene aus einem bisher noch nicht aufgeführten Jaglom-Stück spielte. In dieser Szene warteten Jack, Luana Anders und Sally Kellerman voller Angst in einem Zimmer darauf, einem Arzt oder vielleicht doch keinem Arzt oder vielleicht doch Gott vorgeführt zu werden.

Viele Leute, die Nicholson in der intimen Atmosphäre des Actors Studio spielen sahen, Leute, die bisher nur seine Arbeiten für Corman kannten, wenn sie ihn überhaupt wahrgenommen hatten – und die natürlich erst recht nichts von seinen Filmen aus Kanab und von den Philippinen wußten, die ja allgemein unzugänglich waren –, verließen das Theater und waren von ihrem kurzen Blick auf Jack völlig berückt.

»Nicholson war absolut elektrisch«, meint Jaglom, »und alle fragten sich: ›Wer zum Teufel ist das‹«?

Jack machte immer noch die Runde durch die Workshops. Er half bei einer Schauspielklasse mit Schizophrenen in einem Veteranen-Krankenhaus. Er blieb weiter aktiv im Dunstkreis der kleinen Theatergruppen, zum Beispiel beim Theater West im Valley (wo sich Leute aus der Clique wie Charles Eastman und Lee Philips, der bei Jacks Folgen in »Andy Griffith« Regie geführt hatte, trafen). Das Method Acting, auf dessen Ehrentafel sich auch Brando eingeschrieben hatte, faszinierte Nicholson. Es gibt eine tolle, vielleicht erfundene Geschichte, derzufolge Nicholson tatsächlich einen Vorsprechtermin für die Mitgliedschaft im neu entstandenen West-Coast-Zweig des Actors Studio kriegte, alle auch rundweg für ihn stimmten, aber dann auf höchster Ebene ein Großmufti sein Veto einlegte – vielleicht Lee Strasberg selbst. »Die Person, die da meine Leistung zu beurteilen hatte, wußte nicht, ob ich nur einfach so war, oder ob ich das spielte.«[1]

Für *Hell's Angels on Wheels* brauchte Rush jemanden, der einen netten, aber ziemlich »komplizierten« Jungen aus guter Familie mit Namen Poet spielt, der zu der Biker-Bande stößt und sich in eine Zerstörungsorgie einklinkt. Nicholson war genau richtig für die Rolle, der Zeitpunkt auch – denn Jack brauchte Geld, um seine Scheidung und seine ehrgeizigen »auteur«-Pläne zu finanzieren.

Die ebensowichtige Rolle des Anführers der Biker-Bande vertraute Rush einem seiner Lieblingsschauspieler, dem Muskelpaket Adam Roarke, an. Roarke und Nicholson wurden zu einem Treffen mit der Elite der Biker-Organisation in einem Motel in Oakland losgeschickt. Beide adrett angezogen, in ordentlichen Hemden und Hosen. Wenn sie sich auch für Helden der Gegenkultur hielten, verglichen mit den Hell's Angels waren sie die reinsten Unschuldslämmer.

Als sie ins Motelzimmer spazierten, lag Sonny Barger, der legendäre Anführer der Angels, im Bett und guckte fern: Füße hochgelegt, Stiefel an, die übliche Uniform: schwarzes Leder, Nieten, Hakenkreuze. Einer seiner Adjutanten lag neben ihm und reichte ihm einen Joint. Die Motorräder hatten sie im Zimmer geparkt.

Die beiden Angels sahen sich die verweichlichten Schauspielertypen aus Hollywood skeptisch an. »n'Zug für'n Schlag?«, fragte Barger. Roarke zögerte, er hatte nicht die leiseste Ahnung, was das heißen sollte, aber Nicholson meinte: jaja, klar. Er hatte

1 Jahre später soll jemand Strasberg an seinen Fehler erinnert haben, einem der größten Leinwandstars Amerikas den Zutritt verweigert zu haben. Einem, der seine Anleihen beim Method Acting öffentlich deklarierte und dessen Name dem Actors Studio noch mehr Glanz verliehen hätte. Der Method-Guru soll nur mit den Schultern gezuckt und gesagt haben: »Na und? Darf ich mich nicht ab und zu auch mal irren?«

zwar auch nicht die leiseste Ahnung, aber er war ja bekannt dafür, immer cool zu reagieren.

Jack akzeptierte den angebotenen Joint, nahm einen tiefen Zug. Ehe er noch das Aroma genießen konnte, schnellte Barger vom Bett hoch und schlug ihm in den Magen. Nicholson würgte, hustete den Rauch hoch. Das war also der Schlag für den Zug. »Wir haben schnell begriffen, daß sie einen ziemlich anderen Humor hatten als wir«, meint Roarke.

Barger gefiel Nicholsons freundliche Chuzpe sofort. Der junge schlanke Schauspieler konnte seine Farben ändern wie ein Chamäleon, konnte sich in die Landschaft der Angels einpassen, als gehörte er selbst dazu. »Jeder, der ihn kennenlernte, dachte, daß Jack ein Mitglied aus einer anderen Gegend war«, erinnert sich Barger. »Viele Leute, wenn die uns begegneten, waren ziemlich reserviert. Aber Jack nicht, der hat sich gleich richtig eingefügt. Der hat sich, was uns betrifft, sehr anständig verhalten.«

Das Skript für *Hell's Angels on Wheels* stammte von Robert Campbell, einem alten A.I.P.-Hasen. Er hatte seinen Job vor dem Drehen abgeschlossen und auch den Regisseur nie getroffen. Den Angels stand eine Art vages Vetorecht beim Drehbuch zu, aber sie waren mit dem ganzen Handel so zufrieden, daß sie dem keine große Aufmerksamkeit schenkten (sie hatten viel Geld bekommen, und sie fanden es toll, wenn sie mit ihren Motorrädern bei den Straßenszenen vor den Kameras auf und ab fahren durften).

Der Regisseur konnte also mit Campbells Drehbuch machen, was er wollte. Rush war sowieso dafür bekannt, daß er bei den Dreharbeiten ungeheuer intensiv, unvorhersehbar und improvisatorisch vorging. Er liebte die Kamera und überließ oft die Schauspieler sich selbst, während er seine Experimente mit neuen Blickwinkeln und Perspektiven machte. Manchmal kamen Schauspieler bei ihm schwer ins Schwimmen, manchmal blühten sie auf. Aber Rushs Filme hatten eine visuelle Energie und Unmittelbarkeit, die andere Low-Budget-Filme vermissen ließen.

Hell's Angels on Wheels wurde ein wichtiger Film für Jack, nicht zuletzt, weil er einen Typ verkörperte, der ihm sehr am Herzen lag, das geheime Selbst, den sensiblen Trabanten, der er vor der

Hollywood-Zeit zu Hause in New Jersey als Teenager gewesen war.

Der liebe Bursche Poet kommt mit dem Gelegenheitssex und der sinnlosen Gewalt der Angels nicht zurecht. Jack ist rührend in seinen Szenen, besonders, wenn er sich tolpatschig bei Sabrina Scharf – einer meisterlichen Schauspielerin jener Zeit, die ein Banden-Groupie spielt – sämtliche romantischen Chancen vermasselt. Im Gegensatz dazu wirken die Kampfszenen gestelzt; in seiner weiteren Karriere hat Jack dann auch klugerweise einen weiten Bogen um Action-Rollen gemacht.

»Die Persönlichkeit eines Stars ist etwas, was er in jede Rolle einbringt, was immer erkennbar ist«, sagt Rush. »Es ist etwas anderes als die Leistung, die er als Darsteller bringt. Ich glaube, Jacks Persönlichkeit hat sich in den beiden Filmen entwickelt, die er für mich gemacht hat, in *Hell's Angels on Wheels* und *Psych-Out*, aber ganz besonders in *Hell's Angels* ... Zum Beispiel Jacks Lächeln. Das hat sich, glaube ich, richtig entwickelt. Das hatte ich zum Teil schon beim Probelesen gesehen und teilweise in seinem Spielstil, und ich mochte es wirklich und wollte es zu einem großen Merkmal ausbauen. Das ist so ein verzweifelt tapferes Grinsen, ein defensiver Blick auf die Welt, wenn man nicht weiß, was los ist, oder wenn man verletzt ist. Dann grinst man sich einfach rotzfrech durch ... Jack ist wirklich ein sehr gescheiter Mann, und er hat so eine raffinierte Art, seine Intelligenz auf der Leinwand runterzuspielen. Man kann beinahe den IQ aufschreiben, den man gerne hätte, und ihm das Papier in die Hand drücken, und diesen IQ liefert er dann. Das Grinsen kann da ein Hinweis sein. In diesem Fall war sein Lächeln genau richtig und hat die Unsicherheit seines Charakters ausgedrückt. Natürlich kam Jacks Lächeln aus dem richtigen Leben, aber ich glaube nicht, daß es einen großen Teil seiner (Leinwand)-Persönlichkeit ausgemacht hat, ehe wir es für diese Figur entwickelten. Dann ist es sozusagen an ihm hängengeblieben und eine Art Markenzeichen geworden.«

Zwar war *Hell's Angels on Wheels* zum Teil auch als Sozialkritik geplant (»Ich habe dieses ganze Hell's-Angels-Phänomen für widerlich gehalten, eine Art Müll in der Landschaft«, sagt Rush), aber der Film hatte eher den Effekt, die Hell's Angels zu Helden des Anti-Establishment hochzustilisieren, als er im Herbst 1967 in den Kinos anlief. Der Bandenführer Sonny Barger unternahm sogar eine große nationale Werbetour.

Und doch war *Hell's Angels on Wheels* der erste Jack Nicholson-Film, der in größeren Zeitungen Kritiken bekam. Die tolle Fotografie – Kameramann war Laszlo Kovacs, der 1956 nach dem mißglückten Ungarnaufstand gegen die Sowjetherrschaft ausgewandert war und wegen der starren Gewerkschaftsbestimmungen sein Dasein in B-Filmen fristen mußte – und das kontroverse Thema verliehen ihm sofort das Gütesiegel.

Sicherlich, die meisten Kritiker machten den Film nieder (Nicholson, so beschwerte sich »Variety« dümmlich, hätte »Variationen über ein Grinsen« gespielt), aber *Hell's Angels* machte Riesengewinne.

Ausgerechnet zu einem Zeitpunkt, da Jack ernsthaft in Versuchung war, das Schauspielen aufzugeben, kam sein bisher deutlichster Publikumserfolg.

Inzwischen hatte man Roger Corman einen Passierschein ins Reich der Großen gegeben. Für den Film *The St. Valentine's Day Massacre* hatte ihm Twentieth-Century-Fox üppige Kulissen und Kostüme, einen großzügigen Etat und eine namhafte Besetzung gewährt. Das im Dokumentarstil gehaltene Skript von Howard Browne, einem ehemaligen Zeitungsschreiber aus Chicago, konzentrierte sich auf das berühmte Massaker von 1929, bei dem sieben Mitglieder der Bugs-Moran-Bande niedergemetzelt wurden, die der Al-Capone-Mob, Rivale im Schwarzbrenner-Geschäft, in die Falle gelockt hatte.

Die Starrollen waren bereits besetzt: Jason Robards als Al Capone, seltsamerweise George Segal als Bugs Moran. Daneben gab es noch jede Menge kleine Rollen zu verteilen, und eine davon war ein echtes Bonbon: ein Mechaniker/Fahrer in der Bugs-Moran-Bande, eines der Opfer, die im Kugelhagel sterben.

Nicholson hätte gern diesen Chauffeur gespielt, aber Corman wollte Bruce Dern und bot Jack eine andere kleine Rolle an. Der enttäuschte Nicholson dachte darüber nach und zog es dann vor, eine Rolle zu spielen, die nicht einmal auf der Besetzungsliste erscheint: einen der Capone-Killer, der jedoch bei den Aufnahmen von Anfang bis Ende auf dem Drehplan stand. Die längere Drehzeit würde laut Regeln der Screen Actors Guild sein Gehalt gewaltig aufbessern.

Das war typisch Nicholson – er kämpfte um Vorteile und Klauseln, wo sich andere mit einem einfachen Abschluß zufriedengegeben hätten. Weil er aus einer nicht gerade wohlhabenden Familie kam, war Jack immer ganz besonders gewitzt bei Verträgen und las auch das Kleingedruckte gut durch. »Das erste Mal habe ich den Begriff ›per diem‹ (Tagegeld) von Jack gehört«, sagt John Hackett. »Ich mußte damals fragen, was das bedeutet. Jack hat immer sein ›per diem‹ bekommen.«

Zwar behauptete »Time« später, Jack hätte in *The St. Valentine's Day Massacre* »eine Zeile improvisiert, um eine Szene zu stehlen«, aber eigentlich fällt er in dem Film mit seiner einsamen kleinen Bemerkung kaum auf: Die Killer bereiten sich auf ihren Job vor und reiben die Kugeln mit irgendwas ein. Da sagt er: »Ist Knoblauch. Die Kugeln bringen dich nicht um. Stirbste an Blutvergiftung.« Es war eine der kürzesten Kurzrollen – wie in *Tommy* oder *Broadcast News* – die Nicholson später in seiner Karriere immer wieder als eine Art Star-Miniatur übernahm.

Der Film selbst sollte Corman eigentlich als Regisseur in die Liga der Großen katapultieren, aber er bestätigte nur seinen Status als ewiger Regionalligist. *The St. Valentine's Day Massacre* war auf Kupfersticheffekt hin koloriert, auffällig und teuer, aber sterbenslangweilig, mit Null Spannung oder Glaubwürdigkeit.

Bruce Dern stand Nicholson in vier Filmen gegenüber und trat noch in zwei weiteren auf, in *The Trip*, für den Jack das Skript geliefert hatte, und in *Drive, He Said*, in dem er auch Regie führte. Einige Leute meinen, daß Dern der beste Schauspieler sei, der je verächtlich die Lippen kräuselte und Jack auf der Leinwand die Stirn bot.

Nicholson und Dern kannten sich schon von Martin Landaus Schauspielunterricht, hatten aber keinen engen Kontakt gehalten. Die beiden waren sich in beinahe jeder Hinsicht sehr unähnlich: Dern war Republikaner, strikter Rauschgiftgegner, schwamm im sprudelnden Fluß der Sixties tapfer gegen den Strom. Im Privatleben waren Dern und Nicholson wahrscheinlich nicht gerade intime Freunde, aber auf der Leinwand verband sie eine »boshafte Kameraderie«, wie es Richard Rush ausdrückte, da genossen sie es, einander zu »triezen«.

Rebel Rousers, ein Low-Budget-Film, den eine unabhängige Produktionsfirma auf die Beine stellte und der heftige Anleihen bei *Wild Angels* (mit Dern) und *Hell's Angels* (mit Nicholson) nahm, gab ihnen erste Gelegenheit, die Fetzen fliegen zu lassen.

Der Produzent und Regisseur Martin B. Cohen hatte am Broadway und im »Live«-Fernsehen gearbeitet. Er kannte Dern und dessen damalige Frau Diane Ladd noch aus New York City. Dern sollte die männliche Hauptrolle spielen, Ladd die weibliche. Dern empfahl Nicholson für eine wichtige Nebenrolle.

Zur Besetzung gehörte auch ein Veteran aus der Kanab-Western-Zeit, Cameron Mitchell. Nicholsons Mitbewohner Harry Dean Stanton und Ellen Burstyns damaliger Ehemann Neil, ein anderer Freund aus der Clique, füllten die Reihen der asozialen Unruhestifter auf.

Das Drehbuch hatten Abe Polsky und Michael Kars verfaßt, unter Beteiligung von Cohen. Aber während der Dreharbeiten in der verlassenen Bergbaustadt Chloride in Arizona und an einer Klippe bei Malibu im Januar und Februar 1967 wurde dennoch fröhlich improvisiert.

Der Film hat an sich nichts besonders Bemerkenswertes, es sei denn Jacks ungewöhnliches Kostüm. Cameron Mitchell erinnert sich, wie Nicholson eine geringelte Knasthose und eine Wollmütze aussuchte, »um ordentlich aufzufallen und uns die Schau zu stehlen«.

Die Story ist total überzogen: Dern als Anführer einer Biker-Bande, die ein junges Paar (Cameron Mitchell und Diane Ladd) terrorisiert, das sich gerade große Sorgen über eine unerwünschte Schwangerschaft macht. Als Dern Gewissensbisse bekommt, fordert ihn der eher sadistische Typ, den Nicholson spielt, zu einem improvisierten Sportwettkampf am Strand heraus – der Sieger soll neuer Anführer werden und die Nacht mit Ladd verbringen. Gerade noch rechtzeitig stiehlt sich Mitchell davon und kommt mit einer mexikanischen Familie zurück, die die Rauhbeine mit tapfer erhobenen Mistgabeln in die Flucht schlägt.

Einige Szenen, in denen die Bürger von Chloride mitspielen, gaben dem ganzen etwas Lokalkolorit, aber sonst war die Fotografie (wieder von Laszlo Kovacs, diesmal als Leslie Kouvacs geführt) das beste an diesem schwerfälligen Film eines Regiedebütanten.

Und doch besitzt *Rebel Rousers* wegen der Szenen zwischen Dern und Nicholson einen gewissen Kuriositätenwert. Ihre Rivalität ist messerscharf, das Wortgeplänkel scheint manchmal, wie auch oft im Privatleben, beinahe außer Kontrolle zu geraten.

Nicholson erzählte einigen seiner Freunde immer noch, daß er wohl einmal Filmstar, anderen dagegen, daß er Regisseur werden wollte. Vielleicht konnte er sich wirklich nicht entscheiden. Vielleicht war es nur wieder seine Spezialität, den Leuten das zu erzählen, was sie gerade hören wollten. Oder vielleicht wollte er wie Orson Welles eines Tages beides sein.

Vielleicht würde ihm *Drive, He Said* zum Erfolg verhelfen. »Drive, He Said« war der Erstlingsroman Jeremy Larners, 1961 geschrieben und 1964 veröffentlicht, eine apokalyptische Geschichte, bei der eine Mondlandung, der Morast des US-Engagements in Vietnam, College-Basketball und Uni-Radikalismus miteinander verhäkelt sind. Das Buch konnte einiges Lob einheimsen, aber im allgemeinen blieb sein Erfolg auf den Underground beschränkt, während einige Kritiker hochmütig darauf hinwiesen, daß in Amerika weder Uni-Gelände brannten, noch Starathleten ihre Illusionen verloren.

Fred Roos hatte »Drive, He Said« gelesen und wollte es verfilmen. Larner gab Roos, der immer noch als Besetzungsdirektor arbeitete, die Erlaubnis, sich im Sommer 1967 an einer Filmfassung zu versuchen. Wegen »der Respektlosigkeit, wegen dieses ganzen sechziger Krams, wegen Basketball« (so Roos) wandte er sich sofort an Nicholson, und weil der gerade keine Arbeit hatte, erklärte er sich bereit, für sehr wenig Geld ein Drehbuch zu schreiben.

Im Dezember 1967 kam der Romanautor aus New York City nach Los Angeles, um für die »Saturday Evening Post« ein Profil des Running Back O.J. Simpson zu schreiben. Larner traf sich mit Roos und Nicholson. Roos war entwaffnend zurückhaltend, aber

Nicholson schien besessen von der Idee, wie »unsere Generation« die Gesellschaft veränderte. *Drive, He Said*, verkündete Jack Larner, würde die Weichen für die zukünftige Entwicklung des amerikanischen Films stellen.

O.J. spielte in jenem Jahr für Coach John McKay und die University of Southern California in der Rose Bowl. Da beide begeisterte Football-Fans waren, lud Larner Nicholson ein, sich am 1. Januar mit ihm zusammen von der Presseloge aus das Spiel anzusehen, in dem der Juice das Team von USC zu einem 14:7-Sieg über Indiana führte.

Beim Football gab es natürlich wenig Gelegenheit für Gespräche über das Drehbuch. Aber es überraschte Larner doch sehr, daß sich Jack eigentlich nicht sonderlich dafür zu interessieren schien, warum er, Larner, das Buch geschrieben hatte, auch nicht für dessen Erfahrung im College-Basketball oder für sonst etwas, das er Nicholson hätte erzählen können. Statt dessen verkündete der seine eigenen maßgeblichen Meinungen zum Thema Sport. Larner war platt. Schließlich schrieb er für die Sportseite einer überregionalen Zeitschrift!

Jack mochte allerdings Drehbuch-Besprechungen ohnehin nicht besonders gern. Bei Skriptkonferenzen neigte er dazu, sehr wütend zu werden und seine Argumente herauszubrüllen. Lieber waren ihm da schon formlose, gesellige Treffen mit Drehbuchautoren und Regisseuren, noch lieber saß er einfach nur herum, sah sich im Fernsehen Sport an und zischte nebenbei aus dem Mundwinkel ein paar Drehbuchideen in die Runde. (Später war Jack völlig unbefangen im Umgang mit Regie-Größen wie John Huston, der sich vielleicht Gedanken über Frisuren, Make-up oder Garderobe machte, aber das Spielen den Schauspielern überließ. Als Nicholson eine Woche in Puerto Vallarta verbrachte, um mit Huston *Prizzi's Honor* zu besprechen, da saßen er und der große Meister die meiste Zeit vor dem Fernseher und sahen sich rund um die Uhr die olympischen Boxkämpfe an.)

In der Rose Bowl tat Jack Larner gegenüber seine Auffassung kund, daß die meisten Sportfilme »lahmarschig« waren. »Lahmarschig« oder »Lahmarsch« – das war zu der Zeit eines von Jacks Lieblingsworten: Die Regisseure im Hollywood-Stil waren die schlimmsten Lahmärsche. Sein Empfinden, so versicherte er

Larner, würde es ihm einfach nicht erlauben, ein lahmarschiges Basketballspiel zu filmen.

Larner erinnert sich, daß er Nicholson damals ganz gern mochte, aber doch etwas verdattert war, als er ihn zu Hause ablieferte. »Er war ziemlich überheblich, so als wäre er bereits ein Star.«

Mit der Zeit wurde klar, daß Nicholson im Film *Drive, He Said* auch Regie führen würde. Roos nahm das mit in sein Handschlag-Abkommen auf. Er hatte zwar keinen wirklichen Beweis dafür, daß Nicholson Regie führen konnte, aber schließlich waren beide große Filmfans. Und da war es nur logisch, daß Jack auch inszenieren konnte. Freundschaft verlangt Vertrauen.

Außerdem gefiel Jack die Anspielung, daß er vielleicht den Jack-ähnlichen Gabriel spielen könnte, den Mitbewohner des Basketballstars, der in Larners Geschichte von seinem politischen Idealismus in den Wahnsinn getrieben wird.

Als Larner nach New York zurückgekehrt war, gab es noch ein paar Telefonate und kurze Treffen. In den folgenden Monaten lernte der Autor Jack ein bißchen besser kennen und kam zu der Überzeugung, daß die Forschheit und der Hochmut eine subtile Maske waren: darunter ähnelte der echte Nicholson eher der Figur des Poet in *Hell's Angels on Wheels*.

»Vielleicht ist das der Typ Mensch, der Jack früher war«, sagt Larner, »der sensible Trabant, der nicht eigentlich am Spiel beteiligt ist, aber für jeden Spaß zu haben und locker genug, um jeden Mist mitzumachen. Ich denke, das ist sein wahres Ich. Und doch ist es nicht das wahre Ich, das er für sich akzeptiert. Er ist ja viel zu verwundbar, wenn er dieser Typ ist ... Es ist interessant, daß der Film (*Hell's Angels on Wheels*) ihn belohnt, ihn zum großen Gewinner macht, genauso wie Jack meint, daß es sein sollte. Danach ist diese Verletzlichkeit vielleicht nur noch Werkzeug im Dienst der Macht und des Schicksals.«

Roos machte die Runde durch die Stadt, führte endlose Gespräche mit potentiellen Geldgebern, bei denen er immer Nicholson als den Regisseur von *Drive, He Said* anpries. Aber er erzielte keinerlei Fortschritte. Man hielt Larners Roman, besonders jetzt, da die Uni-Gelände wirklich in Flammen standen und die Starathleten tatsächlich ihre Illusionen verloren, für zu düster und unkommerziell. So verlief das Projekt langsam im Sande.

Larner vergaß den Film, der aus seinem Roman entstehen sollte und stürzte sich genauso begeistert auf seine neue Arbeit: als wichtigster Redenschreiber Senator Eugene McCarthys für dessen Präsidentschaftskandidatur während des »Friedens«-Wahlkampfes 1968.

Henry Jaglom, ein Neuling im Freundeskreis, sprach mit Jack über den gemeinsamen Traum, eines Tages Filmemacher zu werden. Jaglom war 1965 vom Actors Studio in New York nach Kalifornien gekommen. Er hatte dort bei Lee Strasberg Schauspielunterricht genommen und bei Harold Clurman Schreiben und Regie studiert. In Los Angeles hatte er das West Coast Actors Studio mitorganisiert.

Jaglom ist überzeugt davon, daß die Schauspielerei Mitte der sechziger Jahre für Jack nur noch eine Nebenrolle spielte und die Regie sein wahres Ziel war. »Jack wollte kein Star werden«, beteuert Jaglom. »Er hat vielleicht den Leuten erzählt, daß er einer werden wollte. Aber er wollte Regisseur werden. Das hat uns beide motiviert. Wir waren beide Schauspieler, weil wir uns dachten, daß wir so Regisseure werden könnten.«

Kinogehen machte immer noch einen großen Teil ihres Lebens aus. Jaglom, Nicholson und andere trafen sich, sahen sich im Beverly Canon oder im Old World am Sunset einen Film an. Gewöhnlich die besten ausländischen Regisseure – »viel Truffaut und Godard, Bergman und Fellini; und dann erinnere ich mich noch an viele Filme von Ermanno Olmi, den hat mir Jack vorgestellt«, sagt Jaglom. Hinterher gingen sie dann alle in ein 24-Stunden-Café und diskutierten über den Film, den sie gerade gesehen hatten.

»Ich weiß noch, wie wir einmal darüber gesprochen haben, daß Leute sich selbst erfinden. Ich sagte: ›Ich erinnere mich daran, wie ich mich erfunden habe. Ich lag im Bett, war zehn Jahre alt und hörte im Radio ›The Lux Radio Theatre of the Air‹, live aus Hollywood – und ich dachte mir, das werde ich mal. Ich werde Filmregisseur und wohne in Hollywood.‹ Ich weiß nicht, woher ich das hatte, aber ich habe mich da selbst erfunden. Seit ich vierzehn war, habe ich Leuten immer wieder erzählt: ›Ich werde einmal Regisseur.‹ Sogar wenn ich in der U-Bahn saß, habe ich immer irgendwelchen imaginären Journalisten Interviews gegeben. Das habe ich auch einmal Jack erzählt«, so Jaglom, »als wir alle gerade anfingen, und er antwortete: ›Ich auch.‹ Mehr nicht: ›Ich auch‹. Das hat mich verblüfft. Er wußte genau, was ich meinte. Auf seine eigene Art, aus einer ganz anderen Richtung, hatte er sicher eines Tages auch beschlossen, sich selbst zu erfinden. Das hat uns ungeheuer verbunden.«

Einer der Romane, von dessen Verfilmung beide immer geträumt hatten, war »The Catcher in the Rye« von J.D. Salinger. Obwohl Jaglom, der aus einer gutsituierten New Yorker Familie stammte, sicher eine Erziehung genossen hatte, die näher an der Internatswelt der Helden lag, identifizierten sich beide mit dem Geist dieses Buches.

Mit Jacks stillschweigendem Einverständnis setzte Jaglom einen Brief an den in aller Zurückgezogenheit lebenden Schriftsteller auf, in dem er um Überlassung der Filmrechte bat. Der Brief blieb selbstverständlich unbeantwortet.

Mitte der sechziger Jahre hatten die Programmkinos am Sunset Boulevard ein sehr gemischtes Publikum. Eines milden Los-Angeles-Abends gingen nach einem ausländischen Film gerade die Saallichter wieder an, als in einer ansonsten ziemlich unbeeindruckten Zuschauermenge spontan zwei Leute begeistert aufsprangen, ekstatisch klatschten und ihre Zustimmung in Richtung Leinwand brüllten.

Diese Geschichte ist beinahe zu schön, um wahr zu sein – wahrscheinlich wieder Teil der selbstgebrauten Folklore –, aber Jack Nicholson und Bob Rafelson holen sie immer wieder gern aus dem Schrank, um sie bei Interviews zu präsentieren.

Nachher (so die Saga) machten sie sich miteinander bekannt und gingen einen Kaffee trinken. Beide sagen heute, daß sie sich an den Namen des Films, der sie zusammengebracht hat, nicht mehr erinnern können. Wichtig ist nur das Treffen, für das er der Katalysator war. Denn es gibt wirklich niemanden, der für Jacks Karriere so einflußreich und wichtig gewesen ist wie Rafelson – mit Ausnahme vielleicht von Rafelsons Alter ego Bert Schneider.

In New York hatte Rafelson als Drehbuch-Redakteur an David Susskinds Fernsehanthologie »The Play of the Week« mitgearbeitet, in Hollywood als junger Produzent an scheinbar so un-rafelsonschen Projekten wie dem Pilotfilm für die Fernsehserie »The Wackiest Ship in the Army« mitgewirkt. Die Legende berichtet, daß er davor bei einem Streit einen Stuhl nach einem der großen Bosse geworfen hätte. (Dem sportgestählten Rafelson wäre das mit Leichtigkeit gelungen.)

Vieles, was man über Rafelson hört, ist jedoch eher im Bereich der Fama anzusiedeln. Der junge Mann aus allerbesten Verhältnissen hatte angeblich Philosophie studiert, ehe er die Universität in Dartmouth hinschmiß. In all den Pressenotizen über ihn ist zu lesen, er sei vor seiner Karriere als Regisseur schon als Wildpferdzureiter, Leichtmatrose und Jazz-Drummer tätig gewesen und habe – ähnlich der Figur, die Jack Nicholson in *The King of Marvin Gardens* spielt – als Diskjockey bei der Army in Japan die ganze Nacht hindurch lose Reden geschwungen.

Zwischen Bob und Jack stimmte sofort alles. Sie waren eine gegenseitige Anbetungsgesellschaft, in der es aber immer auch Widersprüche, Diskussionen und das Bestreben gab, den anderen auszustechen. Die hitzigen Streitgespräche gehörten zu dieser Freundschaft einfach dazu.

Beide waren wild auf Sport und Musik. Sie hatten den gleichen unstillbaren Appetit auf Frauen (manchmal auf dieselben). Sie waren beide Meister der Demütigung. Sie lachten über die Witze des anderen und klopften sich, bewußt oder unbewußt, gegenseitig lobend auf die Schulter. Zugleich neigten beide auch zum düsteren Brüten (das bei Rafelson sehr finster und mißmutig werden konnte), zu allgemeinem Genörgel und kosmischen Pauschalaussagen.

Schon ehe er Nicholson kennenlernte, hatte Rafelson Film rundweg zu *der* Kunstform des 20. Jahrhunderts bestimmt (eine Aussage, zugegeben, die in Hollywood nicht gerade selten geäußert wird).

Als Jeremy Larner verpflichtet wurde, sich mit dem Drehbuch von *Drive, He Said* herumzuplagen, bat man Rafelson, ihm in ein paar Stunden einige Tricks und Kniffe des Drehbuchschreibens zu vermitteln. Die meisten Ratschläge, die Bob gab, waren sehr hilfreich. Vielleicht ärgerte es den Mentor aber, daß sein Student ab und zu ein paar eigene Ideen einbringen wollte. Rafelson und

Larner tauschten Beispiele aus, wie andere Autoren bestimmte Dinge ganz schlicht gestalten, ohne falsch klingende Sprache und irgendwelche Tricks, und Larner brachte ein Beispiel aus Tschechow vor. Darauf antwortete Rafelson nur geringschätzig: »Tschechow verachte ich.«

Rafelson verstärkte diese Tendenz auch bei Nicholson, wie sich dann bei den Drehbuchbesprechungen mit Larner zeigte. Larner argumentierte einmal, daß die Helden von *Drive, He Said* keine echten Helden, sondern eher heroisch-komische Figuren wären. Er zitierte ein Beispiel aus Shakespeare, worauf Nicholson konterte: »Shakespeare, welcher Shakespeare? Wir erreichen mehr Leute, als sich Shakespeare je erträumt hätte!«

Rafelson war so cool und kunstbeflissen (ein New Yorker Hipster reinsten Wassers), wie Corman verkitscht, so extrovertiert, wie zum Beispiel Monte Hellman introvertiert, und vielleicht war es daher unvermeidlich, daß Nicholson den Scheinwerfer seiner Freundschaft weiterschwenkte. Mag sein, daß es auch an seiner allgemeinen Cleverneß lag, wenn er jetzt eher Rafelson vorzog. Corman ging als Regisseur gerade ein wenig die Luft aus, und Monte Hellman hatte sich in Hollywood als ewiger Außenseiter etabliert, während Rafelson schon mit einem Fuß in der Tür stand und ganz offensichtlich auch hineinstürmen würde.

Als er Jack kennenlernte, hatte sich Curly – Jacks Spitzname für Rafelson, dem langsam aber sicher die braunen Locken ausfielen – zusammen mit Bert Schneider beim Fernsehen verschanzt. Schneider war dort einige Zeit als Assistent des Finanzchefs bei Screen Gems, dem Fernsehableger von Columbia Pictures, beschäftigt gewesen.

Bob und Bert hatten im Herbst 1965 in allen einschlägigen Zeitschriften Hollywoods inseriert und Vorsprechtermine für junge Männer mit schauspielerischen und musikalischen Fähigkeiten angekündigt, die in einem Fernsehprogramm über die Rock-Gruppe »The Monkees« mit Michael Nesmith, Davey Jones, Peter Tork und Mickey Dolenz auftreten sollten, dessen NBC-Premiere für Herbst 1966 geplant war. Als Nicholson auf der Bildfläche erschien, war »The Monkees« schon ein populärer TV-Hit, der alle Rekorde brach, und Bob und Bert hatten sich unter ihrem Markennamen »Raybert« groß im Geschäft etabliert.

Bert Schneider kam aus den gleichen Internats- und Ivy-League-Elite-Uni-Kreisen wie Rafelson (in seinem Fall Cornell). Jack kannte keine Klassenschranken, wenn es um seine Freunde ging, aber Rafelson und Schneider – und in geringerem Maße auch Jaglom – waren amerikanische Spitzengewächse, das Äquivalent zu den Kids aus den feinen Kreisen, die er aus New Jersey kannte. Für ihn waren sie eine Art Benimmschule in Hollywood – für den Eintritt in die Berufsgilden wichtiger als die alte Jeff-Corey-Clique.

Rafelson fällte die meisten ästhetischen Entscheidungen, Schneider kümmerte sich um die geschäftliche Seite von »Raybert«. Zusätzlich zu all seinen anderen Vorzügen hatte er ja auch Vater und Bruder in den höheren Gefilden von Columbia sitzen. Er war zum Kommandieren erzogen worden, mit dem sicheren Gespür dafür, welche Leute man besser in Ruhe ließ und welche man herumschubsen oder fallenlassen konnte.

Rafelson besaß ein Haus am Ende von Sunset, kurz bevor sich der Boulevard in die Hügel schwingt, und Schneider lebte in einem Riesenhaus in Beverly Hills an Palm zwischen Santa Monica und Sunset. Langsam verschob sich der Party-Parcours hoch in die Berge und hinunter in die Canyons. Die Parties wurden wilder. Wenn Jack Freunde zu Bob oder Bert mitnahm, dann konnte er sie aus eigener Erfahrung warnen, ihre Damenbegleitung besser nicht lange aus den Augen zu lassen, denn »diese Typen schmeißen sich gleich an sie ran«.

In diesen Häusern kam Jack nun in Kontakt mit einer ganz neuen Personengruppe – mit den Söhnen und Töchtern von Berühmtheiten, die eine Brücke über die Kluft zwischen den Hollywood-Generationen schlugen, mit den großen Fernseh-Hoffnungen, die sich zu den Filmstars der nächsten Generation mausern würden, mit gerade aktuellen Broadway-Autoren und Regisseuren, die es nach Hollywood zog, mit Rockstars, die sich in vielen Fällen mit den Schauspielern die gleichen Agenten, Rechtsanwälte und Kontakte teilten.

Bob und Bert hatten den Finger am Puls von Hollywood, hielten sich aber gleichzeitig für das Nonplusultra in Sachen Nonkonformismus. Besonders Bert begann sich in der Protestbewegung zu engagieren, organisierte und agitierte: gegen den Krieg, gegen den Rassismus und gegen den Kapitalismus. Mit der Zeit entwickelte er sich zur Verkörperung des radikalen Schicks in Hollywood: Er erklärte Baba Ram Dass zu einer großen Gestalt des Spiritualismus, wurde ein Freund von Abbie Hoffman und anderen Anführern der Gegenkultur und Zahlmeister von Huey Newton und den Black Panthers.

Gewissermaßen waren eigentlich Bob und Bert die Filmstars, nicht Jack, besonders zu diesem Zeitpunkt. Sie hatten mindestens so viel Charisma wie er, noch mehr Charme, sahen noch besser aus. Besonders Bert war ein richtiger Schönling und Charmeur: »charmant, süß, beständig, überwältigend und schick« – in den Worten der Schauspielerin Candice Bergen.

Wie Rafelson war er ein paar Jahre älter als Nicholson, groß, der geborene Athlet, »die romantische Hauptfigur in der Firma«, sagt Bergen, »ihr Gründer, ihre Antriebskraft und ihr blonder Held – ein Robin Hood aus La Rochelle«. (In ihren Memoiren »Knock on Wood« schreibt sie über die Affäre, die sie in den frühen Siebzigern mit Schneider hatte, wobei sie ihn unter dem Pseudonym »Robin« führt, einer ironischen Variante des Spitznamens »Robin Hood«, der seinen politischen Tendenzen sehr schmeichelte.)

Die Mitglieder des Trios ähnelten sich in vieler Beziehung erstaunlich. Ihre Gruppen-Persönlichkeit war forsch-fröhlich und respektlos; die Fähigkeiten der einzelnen ergänzten sich auf fruchtbare Weise. Jack überzog die Eigenarten von Bob oder Bert maßlos – wie auch umgekehrt. Einige von Jacks haarsträubendsten Bewegungen und Manierismen stammen aus dieser Zeit, und keiner kann sagen, wer sie aufgebracht hat – Jack oder Bob oder Bert.

»Love and Money« hatte sich dem Zeitalter des Wassermanns verschrieben und predigte den Lebensstil der Blumenkinder. Regisseur Richard Rush sollte das Skript noch revidieren.

»The Trip« wurde an Roger Corman verkauft und war zuerst filmreif. Zur Vorbereitung hatte Roger Corman, der eigentlich eher zum properen Oberhemd als zur Hippiekette tendierte (»der stinknormalste Typ unter diesen Hippies«, wie er selbst sagte), beschlossen, selbst auch mal LSD auszuprobieren. Zusammen mit einigen Freunden fuhr er im Wohnwagen nach Big Sur und schluckte in einem kleinen Wäldchen mit riesigen Redwood-Bäumen sein präpariertes Stückchen Würfelzucker. Die nächsten sieben Stunden verbrachte er dann »am Boden, mit dem Gesicht nach unten, unter einem Baum, unbeweglich, und absorbierte den wunderbarsten Trip, den man sich nur vorstellen kann«.

Obwohl glasklar war, daß Jack der Hauptrolle viele eigene Erfahrungen zugrunde gelegt hatte, spekulierte er doch auf die demonstrativere Rolle des weisen Trip-Gurus, der den Drogen-Neuling sicher durch das Wunderland des LSD steuert. Merkwürdigerweise gab Corman diese Rolle aber Jacks Schauspielrivalen Bruce Dern, der wohl als einziger im A.I.P.-Stall noch weniger mit Drogen am Hut hatte als der Regisseur selbst. (Im Film spielt Dern seine Rolle ganz geradlinig; er ist in der Hippie-Kommunen-Szene der einzige, der den herumgereichten Joint nicht nimmt.)

Peter Fonda erklärte sich bereit, den Paul Groves zu spielen, den Fernsehwerbe-Direktor, der sich mit seiner Frau (Susan Strasberg) auseinandergelebt hat und mit den LSD-Experimenten die Spinnweben aus dem Hirn fegen will.

Außerdem gehörten zur Besetzung noch Dennis Hopper (ein Drogenpusher mit einer Halskette aus Zähnen), Salli Sachse (eine öfter wiederkehrende Vision, Fondas symbolische Freundin), Barboura Morris (Monte Hellmans Ex-Frau, in der Szene im Waschsalon) und Luana Anders (die in der Disko-Sequenz ihren Auftritt hat).

Jacks Skript war allen Berichten zufolge sehr authentisch. Sein LSD-Freund Peter Fonda konnte ebenfalls auf gute Referenzen verweisen: hatte er doch schon mit den Byrds und den Beatles LSD geschluckt. Nachdem er Nicholsons Drehbuch gelesen hatte, fuhr Fonda zu Jack, schüttelte ihm die Hand und sagte, daß das Skript »total ins Schwarze traf«, die Bildsprache einem Fellini Ehre machen würde. Bruce Dern hielt das Originaldrehbuch gleichfalls für »schlicht sensationell«, mit »einigen ganz abgedrehten visuellen Ideen, die noch nie jemand ausprobiert hatte«.

Leider war es zu lang, und Nicholson konnte bei den Dreharbeiten von *The Trip* im Frühling 1967 nicht anwesend sein. Corman bestand auf Änderungen, er wollte mehr eigentlichen Dialog und weniger Symbolismus. Außerdem, erinnert sich Susan Strasberg, riß er während der Dreharbeiten ganze Seiten aus dem Buch, um Zeit und Geld zu sparen.

Einige Szenen der halluzinatorischen Reise wurden in Paris (von Pierre Cottrell) und in London (von einem der Leute hinter den Kulissen des Beatles-Films *Magical Mystery Tour*, Peter Theobald) gedreht.

Fonda sollte auch noch New Yorker Aufnahmen hinzufügen, aber Corman strich den Etat ersatzlos, und die gesamte Weltreise fiel ins Wasser. Fonda und Corman trugen erbitterte Kämpfe aus. Als schließlich der Produzent/Regisseur wie üblich vor Abschluß der Dreharbeiten verschwand, um einen weiteren Film zu beaufsichtigen, gab er anderen den Auftrag für die noch fehlenden Szenen und die Post Production.

Fonda, Hopper und Jack waren alles andere als begeistert von der daraus resultierenden Kompromiß-Variante. Letztlich zeigte sich selbst Corman wütend über das eingefrorene Schlußbild von *The Trip*, das die A.I.P.-Bosse in ihrer Sorge um den Pro-LSD-Inhalt diktiert hatten.

Das alles war jedoch kein Grund zur Sorge. Als *The Trip* in den Kinos anlief, erregte er großes Aufsehen. Einige Meinungen waren negativ (in Großbritannien verbot man den Film), aber die meisten Reaktionen kamen von angenehm überraschten Kritikern und fielen eher positiv aus. In Hollywood fand *The Trip* viele Bewunderer aufgrund seiner ernsten Absichten und seiner visuellen Effekte – in den außergewöhnlichen Drogenträumereien des Haupthelden, die zum Teil Fellini, zum Teil Bergman, zum Teil biblisch und zum Teil wohl auch Ausschnitte aus alten A.I.P.-Horror-Schinken waren.

Die Pro-LSD-Botschaft klang laut und vernehmlich. Der Hauptdarsteller machte auf seinem Trip (wie Jack) symbolisch Tod und Wiedergeburt durch, entdeckte dabei aufs neue seine Fähigkeit zur Liebe und zum Leben. Sein Trip (wie der von Jack) ist zum Teil paranoid und prekär, aber größtenteils paradiesisch und voller Sex, den natürlich die erhöhte Wahrnehmung magisch verbessert hat (das sollen verstohlene Kamerafahrten über viel nacktes Fleisch andeuten).

Wenn man auf etwas anderes als nur auf die Pro-LSD-Botschaft und die technischen Tricks achtet, dann merkt man an *The Trip* deutlich, daß Nicholsons Fortschritte als Autor parallel zu seiner schauspielerischen Entwicklung verliefen, daß er auch hier offener, ausdrucksstärker und manchmal bekenntnishaft wird.

Zu jenem Zeitpunkt wechselte Nicholson von William Morris zur kleineren Bob Raison Agency, die schon seit Jahren eher bilderstürmerisch veranlagte Kunden vertrat, wie etwa die großmütterlich wirkende Rocksängerin Mrs. (Elva) Miller, die Bottoms Brothers, Michelle Phillips und Dennis Hopper. Und auch Jeff Corey, den die aggressive Vertretung durch Raison von der Schwarzen Liste zurückgeholt hatte.

Jack hatte immer noch Probleme, den richtigen Agenten zu finden. Bei William Morris, der größten Agentur der Stadt, erzählte man sich als Witz, daß dort jeden Abend um sechs Uhr unweigerlich das Telefon klingelte, aber niemand rangehen wollte, weil jeder wußte, es war immer Jack, »der sich nur eben mal melden wollte«.

In Wahrheit war die Zeit noch nicht reif für ihn, und nicht mal Raison konnte viel für Nicholson erreichen. Jack war immer noch schwer zu verkaufen. Trotzdem lief er auf seinen Vorsprechrunden (ganz zu schweigen vom Party-Parcours) allen Regisseuren über den Weg, die Rang und Namen hatten.

Wie alle anderen verfügbaren Schauspieler in Los Angeles schickte man auch Nicholson zum Probesprechen für die Hauptrolle in Mike Nichols' Film *The Graduate*. Doch er schaffte es nicht einmal in die zweite Runde. Statt dessen bekam den Part ein junger Schauspieler, genausoalt wie Nicholson, aber mit nur einem Film bislang: Dustin Hoffman wurde mit dieser Rolle über Nacht zum Star.

Der Studioboss von Paramount, Robert Evans, hatte Jack kennengelernt und mochte ihn sehr; es war eine sehr wichtige Freundschaft. Evans versuchte, Roman Polanski davon zu überzeugen, daß Nicholson die Rolle des Ehemanns übernehmen sollte, dem in *Rosemary's Baby* der Teufel Hörner aufsetzt. Aber Jacks Vorsprechen überzeugte Polanski nicht, er meinte, daß Jack »wegen seiner ziemlich finsteren Erscheinung nicht in Frage gekommen wäre«. Die Rolle übernahm der ernsthafte, etwas ältere und etabliertere John Cassavetes.

Alle Zeichen sprechen dafür, daß Jack immer wieder versuchte, Jobs als Schauspieler zu bekommen, und daß er immer wieder abgelehnt wurde. Zu diesem Zeitpunkt, 1967, gab es nur eine Person in ganz Hollywood, die bereit und in der Lage war, Nicholson eine Hauptrolle in einem Film zu geben: Regisseur Richard Rush, der gerade kurz davor stand, »Love and Money« zu drehen.

»Love and Money« war schon mehrere Male umgeschrieben worden, ehe Betty Ulius letzte Hand anlegte. Das ursprüngliche Drehbuch hatte sich inzwischen so verändert, daß Jacks Name schon gar nicht mehr im Titel erwähnt wurde, der Film hieß zunächst »The Love Children« und schließlich *Psych-Out*.

»Jack war ein sehr gescheiter, sehr wortgewandter Autor«, meint Rush. »Sein Drehbuch formulierte die Ideen sehr interessant. Aber es war zu abgehoben, zu experimentell für das kommerzielle Kino, viel zu abenteuerlich, zu anders, zu intellektuell.«

Die Rolle des Stoney, des pferdeschwänzigen Leadsängers einer psychedelischen Rockband, die sich in Haight-Ashbury zur Berühmtheit hochspielte, hatte man aber von einem Entwurf zum nächsten im Grunde beibehalten. Es war klar – wenn vielleicht auch nicht für Roger Corman, dann zumindest für Richard Rush –, daß Jack diese Rolle, für die er sich selbst Modell gestanden hatte, auch spielen sollte.

»Jack hatte den Film als eine Art Pauschalpaket für sich geschrieben«, so Adam Roarke, der in *Psych-Out* wieder mit Nicholson vor der Kamera stand. »Vor dreißig Jahren wußte der schon, was ein Pauschalpaket ist. Jack war uns allen meilenweit voraus, er verstand wirklich, wie in Hollywood das Geschäft läuft.«

Psych-Out entwickelte sich zu einer »Dick Clark Production«, einem der wenigen Streifzüge in die Spielfilmbranche, die der Gastgeber von »American Bandstand«, einem Fernseh-Dauerbrenner mit Rock und Tanz, unternahm. Zwei Eintagsfliegen der psychedelischen Rockszene, »The Seeds« und »The Strawberry Alarm Clock« (die im Film kurz auftauchen und ihren ewig obskuren Hitparadenerfolg »Incense and Peppermint« spielen), wurden für den Soundtrack zusammengetrommelt.

Die Besetzungsliste ist eindrucksvoll: Susan Strasberg als taube Ausreißerin, die nach Haight-Ashbury kommt, um ihren ausgeflippten Bruder zu retten; Dean Stockwell als selbstgerechter, das Geld ach so sehr verachtender Hippie, und erneut Bruce Dern, der höchst eindrucksvoll den an einer LSD-induzierten Christus-Fixierung leidenden Bruder des tauben Mädchens verkörpert.

Adam Roarke, Max Julien und Henry Jaglom sollten die anderen Mitglieder der Band spielen. Jaglom hat eine große Szene, in der er unter Drogen völlig ausrastet und überzeugt ist, daß sich seine Hand in ein groteskes Unding verwandelt hat.

Als die Schauspieler und das Drehteam im Oktober 1967 in San Francisco ankamen, war das aktuelle Skript bereits veraltet. Innerhalb von zwei Monaten war aus dem »Sommer der Liebe« graue Vorzeit geworden. Die Blumenkinder, die Nicholson ein Jahr zuvor in seinen ersten Versionen des Drehbuchs als Freigeister geschildert hatte, waren verwelkt. Auf den Straßen von Haight-Ashbury wurden harte Drogen verkauft, der Kommerz hatte die Gegenkultur fest im Griff.

Als die Produktionsautos in Haight-Ashbury eintrafen, äußerten einige Anwohner den Verdacht, Hollywood würde nun das Hippie-Phänomen ausbeuten. Mitglieder der Crew wurden mit Messern bedroht. Rush mußte Verhandlungen mit den Helden seines früheren Nicholson-Films, den Hell's Angels, aufnehmen und heuerte die Biker-Organisation als Leibwache für seine Schauspieler und die Crew an. Einige Drehbuchänderungen, die Rush an Ort und Stelle vornahm, unterstrichen die negative Grundstimmung, die die Szene damals zu beherrschen schien. In *The Trip* werden noch die positiven Aspekte der Drogen betont, in *Psych-Out* dagegen führen Drogen in einen gewaltsamen Tod.

Die Rolle, die Jack für sich geschrieben hatte, unternahm zaghafte Versuche, ihn als Sexsymbol zu lancieren, ein Element, das bisher in Nicholson-Filmen noch nicht aufgetaucht war. Stoney ist der verantwortungsbewußte Typ, das Band-Mitglied, das immer pünktlich erscheint und in den Proben den Ton angibt. Einmal im Avalon Ballroom zu spielen, das ist sein einziger Ehrgeiz. Für Stoney steht die Karriere, noch vor den Freundinnen, an erster Stelle.

Hier ist zum ersten Mal die kühle Oberfläche zu sehen, die sarkastische Glätte, die so sehr Teil der Nicholson-Persönlichkeit wurde. »Nichts ist heilig« für Stoney, sogar über die Taubheit eines hübschen Mädchens macht er sich lustig. Aber unter dieser Oberfläche lauert der sensible Mensch, den – wieder ein Hollywood-Klischee – die Macht der Liebe befreit.

Während der Liebesszenen, die er für sich geschrieben hatte, schien Jack, wie Susan Strasberg sagt, sehr nervös zu sein. Sie überlegte sich damals, ob der Grund dafür Mimi Machu sein könnte, die immer in den Kulissen herumlungerte, oder ob Jack immer noch mit seinen sexuellen Verklemmungen kämpfte.

Strasberg hatte gerade in *The Trip* eine Liebesszene mit Peter Fonda gespielt, der darauf bestand, wirklich nackt zu sein, während Strasberg viel mehr dazu neigte, einfach »nackt zu spielen«. Jetzt, bei der Liebesszene mit Nicholson in *Psych-Out,* fiel ihr auf, daß Jack noch Jeans und Stiefel trug, während sie wesentlich mehr Fleisch zeigen mußte. Sie fragte, ob Jack nicht wenigstens die Stiefel ausziehen könnte, was er nach einigem Überreden dann auch tat. »Ich denke, keiner von uns beiden wollte seine Oberschenkel herzeigen«, spekuliert Strasberg. »Ich habe Jack irgendwie bewundert, daß er immer alles auf das Wesentliche reduzieren konnte. Er hat nichts komplizierter gemacht, wie das andere Schauspieler gern tun. Als wir zum Beispiel (die Sex-Szene) filmten, habe ich mit ihm über die Reichsche Therapie gesprochen. Ich bin mal in Reichscher Therapie gewesen, und ich glaube, Jack auch. Reich war ein brillanter Denker mit sehr komplizierten Theorien über Bio-Energien im Körper, seiner Zeit weit voraus. Und ich erinnere mich, daß Jack das alles auf das Destillat: ›Man fickt besser‹ reduzierte ... Was ich an Jack wunderbar fand, war seine Eigenschaft, immer voll da zu sein, sogar in einem relativ bedeutungslosen Film wie *Psych-Out.* Da zu sein und echt und wahrhaftig zu sein. Das andere war seine liebenswerte Art, die man weder lernen noch üben kann.«

Sicher, Teile von *Psych-Out* sind nicht stimmig (wie zum Beispiel die nur allzu offensichtliche Tatsache, daß Jack und seine elektrische Rockband ihre Instrumente »überhaupt kein bißchen« spielen, wie Adam Roarke sagt). Aber der Film ist intelligent gemacht, das Ensemble brauchte seine Kameraderie nicht vorzutäuschen, und der unersetzliche Laszlo Kovacs lieferte wieder wunderbare Bilder.

Als *Psych-Out* im März 1968 herauskam, war er das bisher beste Schaufenster für Nicholsons Talente und ein kleiner Vorgeschmack auf die Dinge, die da kommen sollten. Noch weit mehr als *Hell's Angels on Wheels* scheint es ein echter Jack-Nicholson-Film zu sein. Er ist hier ganz Charme und Vieldeutigkeit, das berühmte Lächeln voll aufgedreht. Zum ersten Mal scheint er in der Geschichte zu leben, wirklich die Figur zu *sein*, die er spielt.

Rafelson und Schneider paßten genau auf. Es mußte ihnen einfach auffallen, wie sich in den beiden kurz hintereinander gedrehten Filmen *The Trip* und *Psych-Out* Nicholsons wachsende Begabung und zunehmende Sicherheit immer deutlicher bestätigten.

Eines Tages, ehe die Scheidung endgültig wurde, war John Hackett einmal mit Nicholson bei Sandra Knight. Jack und er lagen in der Einfahrt unter Sandras Auto und reparierten die Bremsen, als das Telefon klingelte. Jack ging ran – Bob und Bert boten Jack an, ein Drehbuch für die Monkees zu schreiben.

Der Film sollte für eines der großen Studios sein. Es handelte sich also um größere Beträge. »Er ging arm ins Haus rein und kam, für unsere Verhältnisse, reich wieder raus«, erinnert sich Hackett. »Ich hab Jack damit aufgezogen und sagte: ›Warum konntest du diesen Anruf nicht vor einer Stunde kriegen, dann hätte ich mich nicht in deiner Einfahrt von oben bis unten eingesaut.‹«

1968 war das entscheidende Jahr. Das Jahr, in dem Freundschaften und Verbindungen Früchte trugen. Das Jahr, in dem endlich die persönliche und die professionelle Komponente auf der Leinwand zu einem einheitlichen Ganzen verschmolzen. Das Jahr, wo im Leben des Jack Nicholson auf einmal alles großartig zusammenpaßte.

Die drei Filme, an denen er 1968 arbeitete, hätten kaum unterschiedlicher sein können: *Head*, *Easy Rider* und *On a Clear Day You Can See Forever*. Der erste Film war narzißtisches, absurdes Kino für Eingeweihte. Der zweite ein kumpelhaftes Biker-Road-Movie mit starrem Blick auf den Zeitgeist, und der dritte ein vielgepriesenes Broadway-Musical, dem ein altmodischer Regisseur noch Hollywood-Zuckerguß verpaßt hatte.

Auch für die Monkees war 1968 ein entscheidendes Jahr, ihr letztes. Trotz ihrer Beliebtheit beim Fernsehpublikum und ihren Rekordverkaufszahlen (23 Millionen LPs insgesamt) hatten sich Michael Nesmith, Davey Jones, Peter Tork und Mickey Dolenz den Zorn der Presse zugezogen, weil sie als Synthetik-Produkt galten, als eine Rock-Band, die im Fernsehen und bei vielen ihrer Top-Ten-Hits ihre Instrumente nicht selbst spielte.

Obwohl das »genauso blödsinnig ist, wie die Beschwerde, daß Raumschiff Enterprise nicht wirklich in den Weltraum fliegt«, meint Michael Nesmith, ging diese Kontroverse doch allen ein bißchen unter die Haut und nagte an ihnen. Es war aus mit dem Zusammengehörigkeitsgefühl und mit dem Spaß.

Dennoch hatten Rafelson und Schneider gerade zu dem Zeitpunkt, als sich alle vier Monkees nichts sehnlicher wünschten, als keine Monkees mehr zu sein, Columbia davon überzeugt, einen Film zu drehen, der auf dem TV-Programm basierte: eine ganz offensichtliche, kommerzielle Trittbrettfahrt und das Sprungbrett für Rafelsons Karriere als Regisseur.

Bob und Bert brauchten Jack, denn keiner von beiden konnte allein ein Drehbuch schreiben (obwohl Rafelson in seiner Karriere oft als Ko-Autor aufgeführt wird). Und Nicholson hatte mit *The Trip* und *Psych-Out* seine Fähigkeiten unter Beweis gestellt, die Art von nicht-linearem, wildem, sprunghaftem Drehbuch zu verfassen, das Rafelson als Kaleidoskop-Format für den Monkees-Film vorschwebte.

Bob und Bert machten eine Pause in der Fernsehserie und fuhren mit Jack und den vier Monkees im Schlepptau für ein paar Tage nach Ojai. Sie kifften »eine Tonne Dope«, erinnert sich Davey Jones, und warfen bei laufendem Tonband ihre Ideen in die Runde. Alle waren sich einig, daß der Film die Monkees als Individuen erforschen sollte. Michael Nesmith, den erfahrensten Musiker und Liederschreiber der Gruppe, kannte Nicholson bereits. Nesmith traf man überall in Hollywood-Kreisen, er war mit Peter Fonda und Dennis Hopper befreundet. Aber die anderen mußte Nicholson erst noch besser kennenlernen.

Auch waren sich alle einig, daß es ein Anti-Monkees-Film werden sollte. Bobs und Berts Geschöpf hatte sich zu einer Art Frankenstein-Monster ausgewachsen, das in ihrer Leben nun Amok lief. »Untitled« (ohne Titel, wie der Monkees-Film ursprünglich heißen sollte, als handelte es sich um ein fürs Museum bestimmtes, abstraktes Kunstwerk) sollte den Prozeß bloßlegen, wie die Monkees künstlich erschaffen wurden, sollte die inhaltslose Starfabrik Hollywood aufzeigen.

Das Drehbuch hatte man mit so wenig Zusammenhang wie nur irgend möglich angelegt. Nur den Hauch einer Handlung: die vier Monkees, die von der Golden-Gate-Brücke springen, um dem geistigen Gefängnis des Schwarzen Kastens zu entgehen, dem »Head«. Das stand zum einen für Pot*Head* (Kiffer), aber auch für all die Regeln und spießigen Konventionen, die man in seinem Kopf aufbaut und die einen am rechten Lebensgenuß hindern.

Mit ihren Tonbändern und Notizen begaben sich Rafelson und Nicholson in Erwartung einer Eingebung in die Wüste. Sie kritzelten dort (so behauptet zumindest ein Bericht) während eines LSD-Trips ein Treatment. Schließlich wurde daraus – von der unvermeidlichen, unbesungenen Heldengestalt so vieler Hollywood-Filme, der Produktions-Sekretärin – ein etwas verständlicheres Buch gezimmert, wonach man filmen konnte.

Die Monkees hatten irrigerweise geglaubt, auch sie würden als Mitautoren geführt werden. »Als das Gespräch darauf kam, wer als Autor genannt würde, sagte man uns, nur Jack und Bob«, erinnert sich Mickey Dolenz. »Wir waren enttäuscht und wütend. Mike war stocksauer. Er hat alle Tonbänder genommen und im Kofferraum seines Autos eingeschlossen! Nach ein paar Tagen ›Verhandlungen‹ hat er die Bänder wieder rausgerückt, aber wir wurden trotzdem nicht als Mit-Autoren aufgeführt.«

Nicholson hat immer gerne behauptet, daß das Drehbuch eine Textfassung der Kulturtheorien von Marshall McLuhan war (»Ich hatte verstanden, was Freisetzung hybrider Kommunkationsenergien bedeuten könnte.«). Das waren aber nur Werbesprüche; wie der Film mehr als deutlich zeigt, war das Drehbuch keine Textfassung von irgendwas. Jack redete sich immer gern ein, daß unter seinen Filmen intellektuelle Kohlen und Schwelbrände glommen, mit verborgenen tiefen Bedeutungen. Aber immer – wenn sie überhaupt die Reise auf die Leinwand überlebten – waren sie dazu verurteilt, hoch über den Köpfen der Zuschauer zu verglühen.

Offensichtlicher und unmittelbarer hatten der innovative Komödien-Regisseur Richard Lester und das hinreißend komische TV-Programm »Laugh-In« auf den Film Einfluß genommen. Jack war mit Lesters Arbeit bestens vertraut – der ehemalige TV-Reklame-Regisseur hatte in seinen ersten Filmen mit den Beatles einen erfrischend neuen Stil kreiert, mit wilden Gags und schnellen Schnitten.[1] Und »Laugh-In« kannte in Hollywood nun wirklich jeder; die flotte Komödien-Sendung hatte sich als wahre Pep-Pille für alle Witz-Shows erwiesen. Im Januar 1968 mit Furore im Fernsehen gestartet, war »Laugh-In« über Nacht ein Hit geworden.

Nicholson und Rafelson trieben den Stil von Lester und »Laugh-In« ins Extreme. Sie stopften ihr Drehbuch voll mit Parodien, Einzeilern, visuellen Gags, wilden unlogischen Sprüngen, Nachrichten-Ausschnitten (Vietnam, Ronald Reagan etc.), Unterwasserballetts, allen möglichen Kameratricks und Ausschnitten aus alten Filmen (*Gilda*, *Golden Boy* und anderen ›Golden Oldies‹).

Für ihre Sketche hatten sie die unwahrscheinlichste Crew der Filmgeschichte zusammengesammelt: unter anderem den Muskelprotz Victor Mature, Ex-Mouseketeer Annette Funicello, die vollbusige Oben-Ohne-Tänzerin Carol Doda, das Football-Idol Ray Nitschke, den Boxer Sonny Liston und den großen Maestro der Mothers of Invention, Frank Zappa. Nicholsons gute Freundin Helena Kallianiotes wurde für einen Bauchtanz angeheuert, und Teri Garr (die Nicholson in einer seiner Schauspielklassen aufgespürt hatte) macht hier ihr Leinwanddebüt.

Als die Dreharbeiten im Februar 1968 beginnen sollten, hatte man sich schon ziemlich auseinandergelebt. Zwischen den vier Stars und Columbia schwelten Streitereien über Geld und Verträge. Die Monkees erschienen am ersten Drehtag nicht einmal auf dem Set. Die speziellen Probleme waren recht schnell behoben, aber als es dann endlich mit dem Drehen losgehen konnte, fühlten sich eigentlich alle schon mehr oder weniger fix und fertig.

1 Im Frühjahr 1967 hatte Don Devlin – einer der Leute, die am stärksten darauf drängten, daß Jack das Schauspielen aufgeben und sich dem Schreiben oder der Regie widmen sollte – seinen großen Durchbruch mit der Ko-Produktion von *Petulia*, einer Scheidungs-Komödie, die sich als einer der einflußreichsten Filme der sechziger Jahre entpuppen sollte. Regisseur war Richard Lester (Casting Director: Fred Roos).

Davey Jones erinnert sich, wie sich die schlechte Stimmung auch auf das Filmen auswirkte. Rafelson, der eigentlich nie eine väterliche Figur, immer eher ein strippenziehender Puppenspieler gewesen war, schien sich nun völlig gegen seine eigenen Geschöpfe gewandt zu haben. Bei den Treffen bei sich zu Hause legte er Platten von hochkarätigeren Rockern auf, von Electric Flag oder Neil Young, und warf Jones den herausfordernden Kommentar an den Kopf: »*Das* ist echter Rock 'n' Roll, Junge!«

Die anderen Monkees konnten mit dem »plötzlichen Status des Aussätzigen in der Hip-Gemeinde«, wie es Michael Nesmith nennt, leichter fertig werden. »Ich denke nicht, daß Bert und Bob oder Jack je die Monkees-Platten zu Hause viel wegen ihrer musikalischen Meriten gespielt haben«, meint Nesmith trocken. »Die waren eine Art Accessoire zur Fernsehshow.«

Nicholson schien in der giftigen Atmosphäre geradezu aufzublühen. Das Schiff sank, jeder kletterte in sein eigenes Rettungsboot, Nicholson blieb weiter der Mann mit dem Lächeln. »Jack war zu der Zeit ein echter Rettungsanker«, sagt Nesmith, »denn ihn schien das alles überhaupt nicht zu berühren. Jack mit seiner unerschütterlichen Nettigkeit und mit seiner Fähigkeit, Dinge zu begreifen, den haben die Breitseiten, die die Presse damals auf uns abfeuerte, in keiner Weise eingeschüchtert. Im Gegenteil, er fand das alles wunderbar und hat sich blendend amüsiert ... Das schien Bert und Bob etwas zu trösten oder aufzurichten. Sie haben sich wirklich an ihn gehängt, das hat ihnen sehr geholfen und auch dazu beigetragen, daß der Film schließlich abgedreht wurde. Jack als Person war damals nicht anders als Jack auf der Leinwand. Er war ein Spitzen-Typ. Ich fand es wahnsinnig toll, mit ihm zusammen zu sein, mit ihm zu reden, ihn zu sehen, und ich hatte überhaupt keinen Zweifel, daß er, wenn er wirklich wollte, ein Filmstar sein könnte.«

Schneider hielt sich vom Drehort fern, während Nicholson und Rafelson ihre Nummer als der gute und der böse Polizist abzogen. Rafelson konnte rauhbeinig und herrisch sein, er benutzte Menschen. Wenn Probleme aufflackerten, tauchte Nicholson auf, »glücklich, lächelnd, nichts als Zähne von einem Ohr zum anderen«, so Davey Jones, und er entschärfte die Situation. Beim Drehen von »Untitled« bildete man sich unter anderem ein, einen

Film-im-Film zu machen. Und tatsächlich ist auch einmal kurz das Duo ›Guter-Bulle-Böser-Bulle‹ (Nicholson und Rafelson) im Bild zu sehen, wie sie hinter der Kamera mit Verschwörermine die Köpfe zusammenstecken.

Als man für den Monkees-Film einen Titelsong brauchte, setzte sich Nicholson hin und improvisierte einen Rap, der sich radikal von der eingängigen Titelmelodie der Fernsehserie unterschied:

Hey, hey, we are the Monkees
You know we love to please
A manufactured image
With no philosophy

(Hey, wir sind die Monkees/Und wir gefallen gern/Ein künstliches Bild/Mit Null Philosophie)

»In diesem kleinen Gedicht steckt viel von Jacks Philosophie, so sah er die Situation, in der er sich befand«, erinnert sich Nesmith.

Zwar wirkten die drei vom Produktionsteam beinahe schon wie die Drei Musketiere, und Rafelson und Schneider behandelten Jack weitgehend als gleichberechtigten Partner, aber er war sich doch deutlich bewußt, daß er nicht war wie sie. Er hatte keine Anteile an »Raybert«, er fungierte nicht als Partner in diesem Geschäft. Bob und Bert hatten mehr Macht, ihnen gehörte »ein Stück Monkees«, sie waren finanziell an Lizenzvergabe und Vertrieb beteiligt.

»Untitled« bekam dann doch einen Titel: *Head.* Auch »Raybert« änderte sich, nannte sich jetzt BBS oder »Bert, Bob und Steve«. Schneider, des täglichen geschäftlichen Kleinkrams überdrüssig, hatte beschlossen, seinen alten High-School-Kumpel Steve Blauner als dritten Direktor in die Firma aufzunehmen.

Während der Post Production von *Head* fragten Dennis Hopper und Peter Fonda bei BBS an, ob man dort eine Bürgschaft für *Easy Rider* übernehmen wollte. Von da an war es eigentlich eine natürliche Entwicklung bis hin zu Jacks Mitwirkung als inoffizieller Produzent; kurz darauf bot man ihm die Hanson-Rolle des George Hanson an.

Nicholson verschwand und überließ Rafelson bei der Post Production von *Head* das Feld, um mehr Zeit für *Easy Rider* zu haben. Im Vergleich zu *Head* galt *Easy Rider* aber immer ein wenig als Stiefkind. BBS setzte zwar einige Hoffnungen in *Easy Rider*, aber an *Head* glaubte man von ganzem Herzen: Dieses Werk sollte Bob und Jack als didaktische Filmemacher berühmt machen und hoffentlich wegen der großen Teenie-Gefolgschaft der Monkees auch die Kassen klingeln lassen.

Im November 1968 – während der gemeinschaftlichen Schnitt-Sitzungen von *Easy Rider* – nahmen sich Rafelson und Nicholson ein paar Tage frei und flogen nach New York. Sie wollten sicher sein, daß die Werbung für *Head* in angemessen unkonventioneller Form über die Bühne ging.

Regisseur und Mit-Autor des Films rannten in New York herum und pappten ihre *Head*-Aufkleber auf Straßenschilder, Taxis und Polizeihelme (einmal wurden sie Berichten zufolge wegen Erregung öffentlichen Ärgernisses verhaftet und kurz auf einer Polizeiwache festgehalten).

In der breiten Öffentlichkeit hatte niemand die geringste Ahnung, was die Aufkleber bedeuten sollten (*Head* war der erste von mehreren, absichtlich obskuren Titeln des Gespanns Rafelson-Nicholson, ohne jeglichen Bezug zum Film). Auch mit dem zersplitterten, humorlosen Film selbst konnten die Leute wenig anfangen – mit diesem Schnellfeuer von Sketchen, in denen – als typisches Beispiel – die Monkees als Schuppen in Victor Matures Haaren herumtanzen.

Die Monkees hatten eindeutig ihren Zenit überschritten. *Head* war ein Mischmasch, schon beim ersten Erscheinen mausetot. Typisch für die herben Kritiken meinte »Newsweek«: »Eine jämmerliche Nachahmung von *Help! Help!*, die zwar so aussieht als hätte sie nur 1,98 Dollar gekostet, aber doch völlig grundlos den Etat überzogen hat.«

Im nachhinein hat Rafelson oft gesagt, er hätte immer schon gewußt, daß *Head* nie einen Gewinn einbringen würde, daß aber Bert und er das »Recht« hatten, den Film genauso zu machen, wie sie wollten, weil ja die Monkees schließlich für Columbia gutes Geld eingespielt hatten.

Bob und Jack beharrten trotzig darauf, daß ihnen der Mißerfolg von *Head* überhaupt nichts ausmachte. Ihre Egos ließen einen Mißerfolg einfach nicht zu. *Head* war eben Kunst und ging über den Verstand des Publikums. Nicholson brüstete sich, es wäre »der beste Rock 'n' Roll-Film, der je gemacht wurde«. Rafelson verglich *Head* mit Fellinis *Otto e mezzo*. Die bloße Tatsache, daß er diese winzige Fußnote der sechziger Jahre mit einem der intensivsten, persönlichsten und visionärsten Filme aller Zeiten in einem Atemzug erwähnte, spricht Bände.

Als Nicholson aus New York zurückkam, stellte er überrascht fest, daß er inzwischen als Schauspieler gefragt war, noch nicht aufgrund von *Easy Rider*, der immer noch nicht ganz fertig geschnitten war, sondern aufgrund von *Psych-Out*.

Der Regisseur Vincente Minnelli bereitete gerade eine Filmversion von »On a Clear Day You Can See Forever« vor. Das Musical von Alan Jay Lerner und Burton Lane ist die Liebesgeschichte zwischen einem Psychiater und einer Kettenraucherin, die in der Therapie herausfindet, daß sie die Reinkarnation einer Person aus dem England des 19. Jahrhunderts ist. Der Produktionschef von Paramount, Robert Evans, Nicholsons großer Fürsprecher, drängte Minnelli, sich *Psych-Out* anzusehen, zunächst einmal wegen der Lichteffekte, die man eventuell für die »Reinkarnations«-Szenen übernehmen könnte. Aber Evans hatte den Hintergedanken, daß Minnelli vielleicht auch den Hauptdarsteller bemerken würde.

Für den Film *On a Clear Day You Can See Forever* hatte Minnelli eine Figur hinzugefügt, die im Stück nicht auftaucht, einen »jungen Sixties-Typen«, der Jack mit seinem unwiderstehlichen Lächeln wie auf den Leib geschrieben schien. Der Regisseur bat Nicholson zum Probelesen für die Rolle des Tad Pringle, des Hippie-Ex-Stiefbruders von Daisy Gamble, für die Barbra Streisand vorgesehen war. Nicholson sollte die Sitar zupfen und Groovie-Töne von sich geben, außerdem war für ihn ein gemeinsamer Song mit dem Entertainment-Superstar eingeplant. Ihr Duett: »Who Is There Among Us Who Knows?« hatten Lerner und Lane eigens für den Film geschrieben.

Zunächst lehnte Jack ab, aber Minnelli blieb hartnäckig. Es war Jacks übliche Zöger-Masche zur Erhöhung der Gagen, doch mag er sich an diesem Scheideweg seiner Karriere wirklich unschlüssig gewesen sein, welche Richtung er einschlagen sollte.

Schließlich erklärte sich Jack einverstanden und zog sich mit dem alten Hasen Minnelli (Regisseur zum Beispiel von *Meet Me in St. Louis*; *An American in Paris; The Band Wagon; Gigi* und anderen beliebten Musicals) in ein Nebenzimmer zurück, wo er eine a cappella Fassung von »Don't Blame Me«, einem Standard-Song aus vielen Minnelli- und MGM-Filmen, schmetterte. Minnelli fand Jack gut, applaudierte und bot ihm die Rolle an.

»Ich weiß noch gut, wie wir gefeilscht haben«, sagte Robert Evans. »Jack wollte 12.500 Dollar, und ich wollte nur 10.000 zahlen. Er brauchte aber die zusätzlichen 2.500 für Alimente.«

Schließlich bekam Nicholson den Vertrag, den er wollte. Die Dreharbeiten fingen im Dezember 1968 unter großem, vom Studio üppig inszenierten Publicity-Getöse an.

Jack merkte sofort, daß er einen Fehler gemacht hatte. Man zwang ihn, sein modisch langes Haar zu stutzen. Die Kostümchefs lehnten seine Ideen ab – sogar die braun-weißen Schuhe mit den übertriebenen Spitzen, die er sich ausgesucht hatte und die John J. Nicholson immer getragen hatte – und steckten ihn in Hemden mit geknöpften Kragen und brave Pullover. In seinen Szenen war nicht viel Bewegung und Kameraführung, nur Tad Pringle pur, ans Fensterbrett gelehnt oder vor Blattpflanzen drapiert. Nicholson wartete sehnlichst auf irgendwelche hilfreichen Anweisungen von Minnelli. Vergebens. Jeden Abend legte er sich todtraurig ins Bett.

Die Dreharbeiten zu *On a Clear Day You Can See Forever* gingen Ende Februar 1969 ihrem Abschluß entgegen. Schauspieler, Drehteam, Familien und ausgewählte Freunde sahen sich währenddessen gemeinsam die ersten Vorpremieren von *Easy Rider* an.

Schon im Schneideraum war eine begeisterte Reaktion auf Jacks Leinwandpräsenz zu spüren gewesen, jetzt wurde sie von diesem kleinen, voreingenommenen Publikum noch bestätigt. Alle waren sich einig, daß Jack noch nie so gut herausgekommen war, daß seine Persönlichkeit hier so strahlend, aussagekräftig und überwältigend erschien, wie einige ihn von den Parties, Cafés und aus Jahren der Freundschaft kannten. Zum ersten Mal kam Jack pur von der Leinwand, stahl er den bekannteren Stars Fonda und Hopper die Schau.

On a Clear Day You Can See Forever war eine Quälerei gewesen (zum Schluß wurde die Rolle des Tad Pringle zurückgestutzt, Jacks Song ganz herausgeschnitten). Aber die Reaktion seiner Kollegen auf *Easy Rider* hatte Nicholsons Appetit aufs Spielen wieder geweckt.

Er rief alte Freunde an und teilte ihnen mit, daß Dennis Hoppers Film ihn zum Star machen würde. Je besser ihn die Leute kannten, desto skeptischer reagierten sie auf solche Telefonate. Jack war schon so lange in der Szene, und die Freunde hatten derlei Reden schon so oft gehört. Jack war für sie selbstverständlich; sie hatten ihn schon in zu vielen Filmen Marke *Easy Rider* gesehen. Und hatte er nicht allen erzählt, daß er sich nicht mehr fürs Spielen interessierte und Regisseur werden wollte?

Wo Jack hinging, folgte ihm Mimi Machu auf dem Fuße. Richard Rush sah Nicholson, kurz bevor der im Frühjahr 1969 mit *Easy Rider* zum Filmfestival von Cannes aufbrach. Rush ließ die böse Bemerkung fallen, daß man wohl Eulen nach Athen trüge, wenn man seine Freundin mit nach Cannes nähme. Worauf Nicholson nur mit sanfter Stimme erwiderte, oh nein, Mimi Machu nach Cannes mitzunehmen, das sei, als brächte man Kaviar zu einer feinen Party mit.

In Cannes hatte er das Gefühl, nach Hause zu kommen. Es war Nicholsons erster Besuch in Frankreich seit dem Sommer 1966, und viele seiner Freunde und Zeitgenossen hatten Filme im Wettbewerb. Pierre Cottrell nahm als Produzent von *Ma Nuit Chez Maud*, dem ersten Film aus Eric Rohmers Zyklus »Six Contes Moraux«, sowie als Ko-Produzent von Barbet Schroeders *More,* mit der Musik von Pink Floyd, in Cannes teil.

Dort munkelte man bereits über *Easy Rider,* sagte ihm voraus, dies sei nun der ultimative, beste aller Roger-Corman-Streifen. Weit mehr als Nicholson waren Fonda und Hopper von einer Aura des Mysteriösen umgeben, die ihrer leicht gestelzten, bemühten Ankunft weit vorauseilte.

»Es war 1969«, heißt es in einer Geschichte der Filmfestspiele von Cannes, »das Jahr, nachdem das Festival, ja ganz Frankreich von einem nationalen Streik lahmgelegt worden war, die Revolution lag noch in der Luft. Dennis Hopper, Peter Fonda und Nicholson erregten also kaum Aufsehen, als sie zur Gala-Premiere von *Easy Rider* in Konföderierten-Uniformen über den roten Teppich marschierten«.

Nicholson hat später immer gesagt, es sei für ihn ein großes Privileg gewesen, daß er diesen Augenblick miterleben durfte, die Weltpremiere von *Easy Rider* in Cannes, als ihm sonnenklar wurde, daß er es endlich geschafft hatte und ein Star war.

»Der Film dümpelte bei den Zuschauern in Cannes nur so vor sich hin«, sinnierte Nicholson in einem Interview. »Und dann, als meine Figur auf der Leinwand erschien, da hatte ich das Gefühl, der Film hebt ab bei den Leuten, und ich glaube, so eine Bilderbuchgeschichte ist noch nie jemandem passiert. Ich saß da, und ich war a) inzwischen gebildet genug, um es zu merken, und b) kannte ich dieses spezielle Publikum gut genug, um mir, noch während ich da saß, zu sagen: ›O Gott, ich bin ein Filmstar!‹«

»Oh, das hat mir in diesem Saal einen enormen Kick gegeben«, sagte Nicholson in einem anderen Interview. »Man nennt sowas wohl ein unheimliches Erlebnis, einen umwälzenden Moment im Leben.«

Nicholsons langjähriger Freund Harry Gittes erzählt, wie Jack hinterher auf Parties die Leute förmlich in Herden zusammentrieb, »sich vorstellte und sich einem nach dem anderen jedem einzelnen unvergeßlich machte«.

Wenngleich es in Cannes keine Preis-Kategorie für Jacks Leistung (Beste Nebenrolle) gab, so bekam doch Regisseur Dennis Hopper die Auszeichnung für die beste Erstlings-Regie. Das schraubte natürlich die Erwartungen für die US-Premiere noch höher.

Amerika stand 1969 nicht am Scheideweg, sondern befand sich eher in einer Sackgasse. Body Counts, Protestkundgebungen, Demonstrationen, Rauschgiftrazzien und Drogenüberdosen, Gerichtsverhandlungen, Bombenanschläge, Entführungen und Schießereien mit der Polizei beherrschten die Schlagzeilen. In diesem Zusammenhang schien *Easy Rider* (und war es gewissermaßen wohl auch) als Film eine Art Wasserscheide für die Woodstock-Generation zu sein – für die Jugendbewegung, die ihren Namen von dem Treffen einer halben Million Menschen auf einer kleinen Farm im Norden des Staates New York ableitete, von dem legendären viertägigen Rockfestival, das unmittelbar nach der Premiere von *Easy Rider* im August dort über die Bühne ging. Die Söhne Hollywoods hatten sich aus dem Schatten ihrer Väter ans Licht katapultiert. Die Filmlandschaft war unwiderruflich verändert.

Die Premiere von *Easy Rider* brachte ungeheuren Werberummel, allgemeines Lob, stürmische Kontroversen und lange Schlangen an den Kinokassen. Einige US-Kritiker hielten den Film für künstlerisch wertvoll und bedeutend, andere fanden ihn schludrig und seicht (wieder andere bezeichneten ihn als künstlerisch wertvoll und schludrig, seicht und bedeutend zugleich; das gehörte irgendwie alles zu seinem lässig klugen und wortgewandten Stil).

Das Drehbuch kam schlecht weg, wenn man auch alle anderen Elemente von *Easy Rider* lobte (die Essayistin Diana Trilling meinte, daß die handwerklichen Qualitäten des Films »nicht nur mit dem schwerwiegenden Mangel an moralischer und gesellschaftlicher Intelligenz koexistieren, sondern der falschen Sichtweise auf das moralische und gesellschaftliche Leben auch noch Autorität verleihen«). Die Kritiker debattierten über die beiden motorradfahrenden Helden des Films: Waren das wirklich Helden? Oder waren sie Trottel, die sich selbst zu mythologischen Helden hochstilisierten und das Publikum geschickt dazu brachten, das auch noch zu glauben? Fragen, die gestellt wurden, obwohl das Drehbuch die beiden Helden offenkundig recht unsanft anfaßt und zeigt, daß Drogen für sie keine Lösung sind und es für sie keinen Ausweg gibt. Und obwohl der schockierende Tod, erst von George Hanson und dann von Billy und Wyatt an einer Straße im Süden, *Easy Rider* die schneidende Schärfe gibt, die den Film von vielen anderen unterscheidet. Es war natürlich eine Todesallegorie, couragiert und kraftvoll wie der ganze Film.

Nicholson verkörpert die Figur, an der sich fast niemand störte, die alle mochten. So sehr die Leute ihn mit *Easy Rider* identifizierten (und so sehr er sich selbst mit den sechziger Jahren identifizierte), er war die doppeldeutigste Gestalt im Film. Weder Prolet noch Hippie, scheint er stellvertretend für das Publikum zu stehen, ist er der sprichwörtliche Jedermann. In einem Film, der es wagt, den Tod des amerikanischen Traums zu verkünden, scheint Jack eine Verkörperung des widerstandsfähigeren Amerika zu sein, voller Hoffnung – und Humor –, trotz harter Zeiten.

Seine eigene Gutmütigkeit und sein Fatalismus scheinen mit George Hanson eine Einheit zu bilden. Jacks gewinnende Persönlichkeit ist leinwandfüllend. Er dominiert in jeder Szene, in der er auftaucht, und nach dem Tod George Hansons, so schreibt Jacob Brackman in »Esquire«, hat man das Gefühl, daß die Leinwand »plötzlich leer war, weil er fehlte«.

»Eine der vollkommensten schauspielerischen Leistungen im Film«, lobte Charles Champlin in der »Los Angeles Times«. »Er hat eine Person geschaffen, die uns alle, die wir diesen Film gesehen haben, noch lange beschäftigen wird.«

»Eine vollblütige, beinahe Faulknersche Persönlichkeit in einer südlichen Landschaft, die sonst nur von Cartoon-Figuren bevölkert ist«, schrieb Vincent Canby in der »New York Times«.

»George Hanson (ist) ein erfrischend zivilisiertes Geschöpf, eine Mischung aus Southern Comfort und interplanetaren Fantasien«, meinte Andrew Sarris in »Village Voice«. »*Easy Rider* sollte man sich wegen Nicholson ansehen, mit Leichtigkeit die bisher beste schauspielerische Leistung des Jahres.«

Die Kritiker waren sich zwar nicht über vieles einig, aber in ihrer Meinung über Jack Nicholson stimmten sie völlig überein: Er galt als sicherer Tip für die von der National Society of Film Critics und von den New York Film Critics zu vergebenden 69er Preise für die Beste Nebenrolle.

Bert Schneider machte etwas, was (wenn überhaupt) nur sehr wenige Hollywood-Produzenten je gemacht haben: Er rückte freiwillig Geld heraus. Schneider hatte sich die Pop-Variante eines kommunitären Denkansatzes zurechtgezimmert: Er bestand darauf, daß die ärmeren Leute, die von ihrer Kunst oder ihrem Handwerk lebten, sich auch am Risiko beteiligten, das er mit dem von der Bank geborgten Geld einging. Wenn der Film ein Hit wurde, zahlte er bescheidene Prozente des Reingewinns aus. Einige Leute fühlten sich ihm dafür ewig verbunden, andere wünschten, man hätte sie von vornherein besser bezahlt. Schneider war so sehr durchdrungen vom kommunitären Geist, daß er winzige Gewinnanteile von *Easy Rider* auszahlte, nicht nur an den Kameramann Laszlo Kovacs und den Cutter Donn Cambern, sondern auch an den Aufnahmeleiter Paul Lewis, an den Toningenieur, den Architekten, den Schnittassistenten, an seine eigene und die Sekretärinnen anderer Leute.

Schon bevor der Film in den Kinos herauskam, hatte Bert Schneider erkannt, wie groß Nicholsons Beitrag zu *Easy Rider* war, und ihm einen Anteil am finanziellen Erfolg des Films versprochen. An den Kinokassen – Nicholson gab seinen eigenen geringen Prozentsatz nie preis – hat *Easy Rider*, allen Berichten zufolge, im In- und Ausland brutto 30 bis 45 Millionen Dollar eingeharkt, ein phänomenales Ergebnis für einen Film, dessen Herstellung weniger als eine Million Dollar gekostet hatte.

Bert drängte Jack, sich ein Haus zu kaufen, beteuerte ihm, daß seine finanzielle Zukunft abgesichert wäre. Er half ihm auch, seine Villa am kurvigen Mulholland Drive auszusuchen, das mittlere von drei Häusern in einem am Berg gelegenen, umzäunten Besitztum: eine Villa auf dem Hügel – mit zwei Etagen, acht Zimmern, vier Schlafzimmern und drei Bädern –, die von Bergen, Dornendickicht, Zwergeichen und Weinbergen umgeben, abgeschieden in ihrem privaten Canyon lag. Eine der beiden anderen Villen gehörte Jacks größtem Idol, dem Schauspieler Marlon Brando.

Bert lieh Jack sogar Geld für die Anzahlung zu diesem Haus, als Vorschuß auf den warmen Regen von *Easy Rider* .

Andere Schauspieler haben mit Hitfilmen das Publikum im Sturm erobert und dann als Eintagsfliegen nie wieder von sich reden gemacht. Nicholson hatte mehr Glück als die meisten, aber er war auch cleverer als die meisten. Sein ganzes Leben lang hatte er auf diesen Blitzschlag gehofft und hingearbeitet. Besser als je ein Schauspieler in der Geschichte Hollywoods war er darauf vorbereitet, die Zügel seiner Karriere selbst in die Hand zu nehmen.

Schon bevor *Easy Rider* in die Kinos kam, hatte er bei Jeremy Larner in New York City angerufen, der gerade ein Buch über die McCarthy-Wahlkampagne zu Ende schrieb. Er erzählte ihm, BBS hätte ihm das Angebot gemacht, einen Stoff seiner Wahl als Regisseur zu verfilmen, und so bat er Larner, ein Drehbuch für *Drive, He Said* zu verfassen.

Vor Jahresende hatte er dann bereits Mike Nichols einen Film versprochen. Er hatte mit Michelangelo Antonioni und Stanley Kubrick telefoniert. Er war mit Roman Polanski Skilaufen gewesen und hatte mit ihm über eine mögliche Zusammenarbeit gesprochen. Er hatte sich zum ersten Mal mit einem ehemaligen Cutter namens Hal Ashby getroffen.

Bob Rafelson hatte er mitgeteilt, daß er jederzeit (Drehbuch unbesehen) in jedem Film, den Rafelson machen wollte, mitspielen würde.

Damit war praktisch die Arbeit für die nächsten zehn Jahre – manche sagen, seine wichtigsten Jahre – auf die Reihe gebracht. In der Wahl, die er getroffen hatte, spiegelten sich größtenteils seine Vorlieben wider: für seine Lieblingsregisseure, für seine guten Freunde, die zu ihm paßten, und für lang gehegte Projekte, die sich in seinem Kopf in den vergangenen zehn Jahren, seiner lebendigsten Zeit, herausgebildet hatten.

6

CRYSTALS OF TRUTH
1970

Mitte 1969 verschlechterte sich Ethel May Nicholsons Gesundheitszustand rapide. Sie hatte Krebs und lag in einem Krankenhaus in New Jersey, war nur ab und zu bei vollem Bewußtsein, hatte auch nur verschwommen mitbekommen, daß Jack den Durchbruch geschafft hatte, ihm ein Erfolg im Show Business gelungen war, der jenseits all ihrer (und Junes) wildesten Hoffnungen lag.

Während Jack im Sommer 1969 in New York City mit der Pressekampagne für den Start von *Easy Rider* beschäftigt war, verschlechterte sich Ethel Mays Zustand besorgniserregend. Jack besuchte sie in den folgenden Monaten mehrere Male in dem von Nonnen geführten Krankenhaus, wo sie als »Fürsorge-Patientin« aufgenommen worden war (so sagt Jack). Er hörte zwar, wie sie seinen Namen schrie, wenn er über den Korridor zur ihr eilte, aber er erzählte Freunden, daß sie ihn nicht immer erkannte, wenn er dann an ihrem Bett erschien.

Wie schon June, starb auch Ethel May (Anfang Januar 1970, kurz vor ihrem 72. Geburtstag), ohne Jack das Geheimnis seiner Geburt preisgegeben zu haben. Jack ging zur Totenwache und zur Beerdigung nach Neptune, zum ersten Familienbegräbnis, das er je besucht hatte, wie er in einem Interview sagte. »Ich war völlig im Einklang mit allem, was da um mich herum geschah. Ich fühlte Schmerz und Verlust. Nachdem ich an einem bestimmten Moment, als sie da im Bestattungsinstitut aufgebahrt lag, zur ›Besichtigung‹, wie sie das wohl nennen, alle anderen gebeten hatte, uns allein zu lassen, da blieb ich noch eine Stunde oder so neben dem Sarg sitzen.

Ich hatte das Gefühl, daß ich meiner Mutter (Ethel May) zu ihren Lebzeiten immer meine Liebe sehr direkt mitgeteilt hatte. Es gab natürlich viel Streit, wie immer zwischen Kindern und Eltern, aber ich hatte das sichere Gefühl, daß ich verstanden wurde. Es gab keinen versteckten Groll zwischen uns. Ich hatte immer die Erwartungen erfüllt, die sie in mich gesetzt hatte, und sie meine.«

Alle waren sie dem Krebs zum Opfer gefallen: zuerst John J. und June und Murray Hawley, und nun auch noch Ethel May. Es schien eine Familienkrankheit zu sein, in den Genen verankert. Krebs war eines der wenigen Themen, die Nicholson Angst einjagen konnten, aber sein Fatalismus bewirkte, daß er deswegen das Zigarettenrauchen trotzdem nicht aufgab.

Etwa einen Monat nach Ethel Mays Tod wurden die Oscar-Nominierungen für 1969 bekanntgegeben. Nicholson krönte das Jahr seines beruflichen Umschwungs mit einer Nominierung als Bester Schauspieler in einer Nebenrolle.

Inzwischen hatte Don Furcillo-Rose begriffen, wie sich für den Mann, den er für seinen Sohn hielt, plötzlich das Blatt gewendet hatte. Nach Ethel Mays Tod wurde ihm klar, daß er nur noch eine einzige Hoffnung hatte, daß je die Wahrheit an den Tag kommen würde: Lorraine. Ob es nun ein uralter Groll gegen Don selbst oder die Begebenheit zwischen ihr und Victor war, jedenfalls wollte Lorraine nichts mit Furcillo-Rose zu tun haben. Sie sprach nur selten von ihm, und wenn sie einmal mit gemeinsamen Bekannten über ihn redete, dann ließ sie durch ihr Verhalten und ihren Ton erkennen, daß er für sie der Teufel in Person, der eingeschworene persönliche Erzfeind Nummer eins war.

Furcillo-Roses Frau Dorothy unterrichtete immer noch an der Toms River High School. Teils um ihres eigenen Seelenfriedens willen, teils um das Interesse ihrer Schüler zu wecken, begann sie, Portäts des sympathischen neuen Stars aus *Easy Rider* zu zeichnen und zu malen und ihren Klassen zu zeigen. Und manchmal rutschte ihr dabei die Bemerkung raus, daß der Schauspieler so eine Art Verwandter war.

Inzwischen ging ihre Tochter Donna zu »Schlummerparties« bei ihren Freundinnen, bei denen die anderen sie mit Jack aufzogen. Sie mußte zugeben, daß sie heimlich sehr stolz auf ihren großen Halbbruder war, den sie nie kennengelernt hatte und dessen Foto nun überall in den Zeitungen und Zeitschriften auftauchte.

Jack gab freizügig Interviews, und es wurden viele Artikel geschrieben. Er ließ seine Lebensgeschichte auf die Psyche der Nation los. Alte Schulfreunde machten mit, lieferten Episoden über den einstmals pummeligen, Unfug stiftenden Trabanten; Jack steuerte die traurigen Anekdoten über seinen sanftmütigen und ungeratenen Vater – John J. – bei und beschrieb ausführlich den außergewöhnlichen Frauenhaushalt mit Ethel May an der Spitze.

Es war nur noch eine Frage der Zeit, bis einer der Reporter einmal etwas tiefer graben und herausfinden würde, worüber man an der Nordküste von Jersey schon jahrelang tuschelte.

Mit den Monkees und *Easy Rider* (besonders in den frühen Jahren, ehe Alimente und Mißerfolge ihren finanziellen Tribut forderten) schwamm BBS im Geld.

Die Firma kaufte an 933 La Brea in Hollywood ein großes Gebäude. Die Büros wurden mit europäischen Filmplakaten, mit Fotos der 68er Studentenrevolte in Frankreich und mit einem Wandgemälde von Peter Max ausgeschmückt. Im obersten Geschoß gab es einen 50-Plätze-Vorführraum mit den allerneuesten technischen Spielereien. Das Gebäude verfügte über Duschen, eine Sauna und eine Küche, in der immer die feinsten Delikatessen eingelagert waren. Bert und Bob richteten ihre Büros im dritten Stock ein. Bert hatte in seinem Allerheiligsten einen Tiffany-Kronleuchter, ein Plüschsofa, eine Uralt-Musikbox und einen Billardtisch.

Die ungekrönten Könige der soziopolitischen Szene – der LSD-Guru Timothy Leary, der Hippie-Aktivist Abbie Hoffman und der Black-Panther-Anführer Huey Newton, alle miteinander Freunde von Bert Schneider – gaben sich die Klinke in die Hand, wenn sie sich in der Stadt aufhielten. Die schicksten neuen Trend-Filme, wie etwa *El Topo*, die surrealistische Allegorie des mexikanischen Regisseurs Alexander Jodorowsky auf das Leben Christi, wurden zu BBS gebracht und privat vorgeführt, ehe sie irgend jemand sonst in Hollywood zu sehen bekam. Filmneulinge wie Tony Bill und Peter Bogdanovich bezogen Büros im zweiten Stock, wo sich auch der angehende Regisseur Jack Nicholson einquartiert hatte.

Die Atmosphäre im Büro war bewußt unkonventionell, ein energiegeladenes Hochgefühl, das noch durch Psychotherapie und Dope verstärkt wurde. Regelmäßig kam ein bekannter Jungscher Psychiater zu BBS und verbrachte den größten Teil des Tages im Gebäude, zog von Büro zu Büro, verteilte Ratschläge und therapierte alle Angestellten der Firma. Gleichermaßen machte ein Dope-Kurier die Runden und versorgte alle, die gerade einen Joint brauchten.

Alle wichtigen Mitspieler waren Männer. Die Atmosphäre war familiär, aber in Wirklichkeit war es eine Insider-Bruderschaft, ein Klub für die Jungs. Während eines Streitgesprächs konnte es durchaus vorkommen, daß Bert den Hosenlatz aufriß und seinen Schwanz herumschwenkte; auch sein Bruder Harold war dafür bekannt, daß er von Zeit zu Zeit den Penis auf den Tisch legte. Die BBS-Kerle tigerten durch das Gebäude, nannten sich gegenseitig »Babe« und »Doll« und stürzten sich wie wild auf die Frauen. »Die wichtigen Typen waren mächtig macho-stolz drauf, daß sie zu verschiedenen Zeiten alle die gleichen Frauen vögelten«, meinte ein früherer BBS-Mitarbeiter, »von den Sternchen bis runter zu den Sekretärinnen«.

Zum BBS-Stil gehörten auch die wilden Parties, mit Bergen von Dope und Schüsseln voller Koks auf dem Couchtisch. Im Gegensatz zu den langen, idealistischen Diskussionen der frühen sechziger Jahre gab es nun Parties und Dinners, bei denen die Leute eigentlich überhaupt nicht zu reden schienen. Die sozialen Beziehungen liefen über Insider-Witze, Anekdoten, vernichtende Bemerkungen, großspurige Erklärungen. Diesen Erklärungen wurde oft lautstark widersprochen, aber niemand schien besonders hinzuhören oder versuchte einmal, eine rätselhafte Bemerkung zu durchdenken. Wenn man an der Spitze war, mußte man immer alles besser wissen und sich bloß nicht durch einen, der in der Hackordnung weiter unten stand, in Frage stellen oder belehren lassen.

Es sah nicht so aus, als würde noch irgend jemand Bücher lesen, nur noch Zeitungen und Zeitschriften, obwohl manche bluffen konnten, daß sie ein Buch gelesen hatten, unter Umständen besser, als jemand, der es wirklich gelesen hatte, so wie sie auch alle möglichen Schlagwörter wie »Freundschaft«, »Loyalität«, »Liebe« und dergleichen kannten und für kurze Zeit auch wunderbar spielen konnten. Wenn jemand daran Kritik übte, antwortete Bert Schneider tatsächlich, das sei nur eine Binsenwahrheit, die auf alle Menschen zutreffe. Aber nur die Hipsters könnten es sich leisten, das auch offen zuzugeben.

Eine Grundkomponente des BBS-Stils war Frauenfeindlichkeit, die sich in Nicholsons Fall in unzähligen Interviews ausdrückte, in denen er abwechselnd wie wild angab und sich philosophisch über die Frauen ausließ – wobei er sie mit Namen wie »Muschi«, »Mieze« und »Fotze« belegte (Schneiders ganz persönliche Art des Komplimentes für eine Verwandte war der Ehrentitel »Queen Poozle«, der gängige BBS-Slang für Scheide). Einige Leute meinten, daß Nicholson mehr Tiefgang hatte als die BBS-Meute, aber in seinem Benehmen zeigte er sich eher als der passionierteste und prominenteste Vertreter dieses Haufens.

Das offene Statusgerangel und die Genußsucht dieser Szene war vielen alten Freunden aus den Jeff-Corey-Zeiten, Jacks erster Clique, ein Greuel. Einige von ihnen waren glücklich verheiratet und kifften nicht (hatten auch nie gekifft). Obwohl sie der BBS-Clique freundlich gegenüberstanden (und umgekehrt), überschritt jedoch kaum jemand einmal für längere Zeit die Trennlinie.

Ein Journalist hat die BBS-Meute das »New Age Rat Pack« (Neuzeit-Ratten) genannt. Für Rafelson und Schneider hatte *Easy Rider* genau wie für Nicholson den Startschuß zu einer Zeit des ungetrübten und ausschweifenden Vergnügens gegeben. Die drei machten zwar viel Wind um ihre Unabhängigkeit, begrüßten aber schließlich Erfolg und Ruhm in traditioneller Hollywood-Manier. Und erlagen der Verführung des Geldes. Die Jagd nach immer neuen Vergnügungen wurde zum Lebensinhalt.

Während sich BBS einrichtete, baute Jack seine eigene persönliche und berufliche Organisation auf. Sandy Bresler, seit zehn Jahren ein guter und zuverlässiger Freund, früher einer der jüngeren Vertreter der William Morris Agency, wurde sein Agent, der erfahrene Paul Wasserman für Publicity-Angelegenheiten angeheuert. Beide sollten die nächsten zwanzig Jahre in diesen Schlüsselpositionen bleiben und Nicholson treue Dienste leisten.

Zusätzlich setzte Jack noch ein paar sehr fürsorgliche Frauen auf seine Gehaltsliste, die Mädchen für alles. Anne Marshall, Tochter des Schauspielers Herbert Marshall, war für ihr Organisationstalent berühmt. Sie gehörte schon seit Mitte der sechziger Jahre zum Freundeskreis und hatte die Begabung, jedermanns netter Kumpel zu sein. Nach einer Affäre mit ›Papa‹ John Phillips wurde sie eine von Michelle Phillips besten Freundinnen. Marshall war für Jacks Terminplanung verantwortlich und überprüfte jeden Außenstehenden, der etwas von ihm wollte, aufs genaueste.

Helena Kallianiotes, die ab und zu als Schauspielerin arbeitete (und auch als Sportlerin topfit war – Bauchtänzerin, Kampfsportfan und Gegnerin von Raquel Welch im Rollschuhrennen in *Kansas City Bomber*), war eine unbestrittene Autoritätsperson. Sie zog zeitweilig in eines von Nicholsons Gästezimmern und wurde eine Art Verwalterin; wenn es sein mußte, konnte sie auch in Windeseile einen Imbiß zaubern.

Jack wandte sich an einige alte Freunde, denen er vertraute, und gab ihnen Jobs bei *Drive, He Said.* Einer davon war Harry Gittes, den Jack noch aus den frühen sechziger Jahren von der Baseball-Liga der Showstars kannte. Gittes war nach New York gezogen und hatte dort als Standfotograf, Zeitungsreporter und Kreativ-Verkäufer in Madison Avenue gearbeitet. Sein sprichwörtliches Entgegenkommen bewirkte, daß er sich leicht dazu überreden ließ, seine eigene Karriere aufzugeben, nach Los Angeles zurückzukehren und dort für Nicholson zu arbeiten.

Nur einer der neuen Angestellten stammte noch aus der Zeit der Manasquan High School – Jacks Kindheitsfreund Ken Kenney, den er immer Ant nannte. Kenney hatte auch in New York gearbeitet, als Cutter für Nachrichtenfilme aus Vietnam und Autor von Nachrichtenbulletins für NBC. Er hatte über die Jahre hinweg den Kontakt zu Nicholson nie ganz verloren, aber Jack beeindruckte ihn doch sehr, als er ihn nach *Easy Rider* wiedertraf: »Er trug ein Hawaii-Hemd und schien völlig cool und gelassen. Das hat mich sehr beeindruckt. Er sah so aus, wie ich mich gerne gefühlt hätte.« Jack holte Kenney nach Hollywood. Dort arbeitete er eifrig hinter den Kulissen und spielte kleine Rollen in Nicholsons Filmen. Kenney war einer von den Leuten, denen er vertrauen konnte.

Eine andere gute Freundin, die Nicholson wieder als Stütze und Helferin in sein Leben rief, war Lynn Bernay. Sie hatte ebenfalls in New York gelebt und den Kontakt zur Hollywood-Szene ganz verloren. Bernay war ein typisches Beispiel für die Frauen, die Nicholson von der Außenwelt abschirmten: stark, aber selbstlos, schön, aber beinahe schon mütterlich, professionell, vielseitig und kompetent. Jack sagte ihr oft (eines der höchsten Komplimente, das er an Frauen zu vergeben hat): »Du erinnerst mich an Mutter.«

Als Bernay die Namen all der Leute sah, die Jack für *Drive, He Said* vorgesehen hatte, rief sie: »Großer Gott, Jack, alle, die an diesem Film mitmachen, sind ja Freunde von dir. Wir sind ja die reinste Clique!« und Nicholson antwortete: »Und weißt du, warum? Ich bin doch nicht blöd. Wenn ich meine Freunde anheuere, dann machen die Leute wirklich alles für mich.«

Bert Schneider hatte sich bei *Drive, He Said* mit einer Option eingekauft, und er stellte, um Nicholson einen Gefallen zu tun, Fred Roos ein. Ohne den wäre der Film nie zustande gekommen, aber Schneider gab ihm nur den wenig spektakulären Titel eines Associate Producers.

Larner hatte seinen ersten Drehbuchentwurf schon vorgelegt, ehe *Easy Rider* in den Staaten im Kino erschien. Nicholson verlangte, daß das Buch völlig umgeschrieben würde. Er sagte Larner, er möchte das zwar am liebsten selber tun, hätte aber dieser Tage zu viele andere Verpflichtungen.

Nicholsons freche Arroganz, die bisher wenigstens immer noch liebenswert gewesen war, entwickelte sich schnell zu einem völlig überheblichen Ego. Vor ein paar Jahren hatte sich Jack noch selbst für einen Autor gehalten. Aber das Schreiben war für ihn nur Mittel zum Zweck gewesen. Um *wirklich* ein Autor zu sein, hätte er Opfer bringen müssen: das hätte zunächst einmal Zeit und dann auch einen drastisch anderen Lebensstil gefordert. Und Jack wußte nur zu gut, daß die Autoren in der Hollywood-Hackordnung nach allen anderen kamen, ganz besonders nach den Stars.

Larner konnte eigentlich nicht feststellen, daß Nicholson in den aufgeregten Monaten nach *Easy Rider* so schrecklich viele Verpflichtungen hatte. Der frischgebackene Star verbrachte viel Zeit auf Parties, plante ausführliche Ferienreisen, Vergnügungs-Trips nach Las Vegas oder Gruppenausflüge zu Sportveranstaltungen. Der größte Teil seiner Freizeit-Vergnügungen drehte sich um Drogen und Frauen. Und ein großer Teil seiner Arbeitszeit war eigentlich auch nur zu Publicity aufgemotztes Vergnügen.

Mit dem sprichwörtlichen Pokerface veröffentlichte »Life« 1970 einen Artikel über Nicholson, in dem sein Striptease-»Vorsprechtermin« für eine winzige Rolle, die Rolle eines Cheerleaders in *Drive, He Said*, beschrieben wird. Die Schauspielerin, die die Figur spielen sollte, würde in einer kurzen Szene nackt auftreten, sollte also »die Art Mädchen sein, das sich nackt gut fühlt«, in Nicholsons Worten, »das völlig entspannt damit umgehen kann«.

Mehrere Tage lang standen junge Schauspielerinnen mit dem Lebenslauf in der Hand Schlange. »Also, ich muß das Mädchen (nackt) sehen, bevor ich mich entscheide. Könnten Sie das machen?« Laut »Life« fragte Nicholson das jede Schauspielerin. Alle außer Jack und der arglosen jungen Schauspielhoffnung mußten den Raum verlassen. »Und so arbeitete er sich durch mehr als hundert Mädchen«, berichtete »Life«, »ehe er sich für June Fairchild entschied, eine junge Schauspielerin, mit der er schon an dem wenig bekannten Low-Budget-Film *Head* gearbeitet hatte«.

Fairchild war eine Freundin von Mimi Machu, und Jack hatte schon von Anfang an gewußt, daß er sie für die Rolle besetzen würde.

Nicholson behauptete, er könnte Larner nur sonntags treffen. Es gelang ihm nur zwei oder drei Drehbuchbesprechungen in seinen vollen Terminkalender zu quetschen. Normalerweise war das eine volle Stunde, in der Jack, anstatt sich auf das Drehbuch zu konzentrieren, seine allgemeinen Thesen über das Leben abspulte. Als er jedoch Larners überarbeitetes Drehbuch erhielt, befand Nicholson es für absolut unzureichend. Er, Jack, würde es noch einmal redigieren müssen. Überarbeiten ist immer einfacher als selber schreiben. Und man mußte ja nicht eigentlich schreiben. Man konnte einer Sekretärin diktieren.

»Jack hat durchaus seine faulen Seiten«, meint Fred Roos »Ich glaube nicht, daß er faul ist, wenn es um seine Arbeit an einer Rolle geht. Aber es war natürlich einfacher, daß Jeremy das Drehbuch schrieb und Jack dann damit herummachen konnte.«

Larner sah das etwas anders. Indem Nicholson ihn warten ließ und ihm sagte, was er zu tun hätte, verwies er ihn an seinen Platz, schließlich war Larner »nur der Drehbuchautor«. Diese Einstellung gehörte zu den ungeschriebenen Gesetzen des traditionellen Hollywood, die sich Nicholson, der Außenseiter, den sein *Easy Rider*-Ruhm gerade zur Tür hereingeweht hatte, flugs zu eigen machte.

In den Dutzenden von Interviews, die Nicholson nach *Easy Rider* gab, erzählte er immer, daß er für die Zukunft auf der Suche nach Drehbüchern wäre, die zutiefst menschliche Charaktere in komplexe Gefühlssituationen verstrickten. Was ihn interessierte, wären »Extremtypen«, die die bürgerliche Moral untergruben. »Man muß immer das Publikum und seine Werte angreifen. Wenn man sie verhätschelt, verliert man an Vitalität.«

Während man bei BBS noch an den Vorbereitungen für Jacks Regie-Debüt herumwerkelte, suchte man zugleich auch wild nach einem geeigneten Stoff für den Star Nicholson, mit dem man aus *Easy Rider* Kapital schlagen und »das Publikum angreifen« konnte.

Es stand von vornherein fest, daß Rafelson Regie führen würde. Das hatten Jack und er per Handschlag verabredet. Eine Idee war, daß vielleicht Henry Jaglom ein Drehbuch zum Thema Ruhm schreiben würde. Berühmte Leute hatten Jack ja schon immer fasziniert: prominente Sportler, Filmstars, historische Persönlichkeiten, Politiker.

Freunde erzählen von der Zeit der National Convention der Demokraten in Los Angeles im Jahre 1964. Lyndon Baines Johnson sollte als Präsidentschaftskandidat aufgestellt werden. Jack, John Herman Shaner, Monte Hellman und ein paar andere hatten sich in den großen Versammlungssaal gemogelt. LBJ kam durch den Mittelgang und schüttelte rechts und links Hände. Jack ergriff Johnsons Hand und wollte nicht wieder loslassen. Er hielt sie einfach ein paar Sekunden länger fest, als angemessen gewesen wäre. Seine Freunde konnten schon sehen, wie die Augen eines Sicherheitsbeamten ganz unruhig wurden. Endlich ließ Jack los. Er hatte einfach nur einmal wissen wollen, wie sich die Hand eines Präsidenten anfühlte.

Und jetzt steckte er selbst in einer solchen Situation: er war berühmt. Er machte Witze, daß er Präsident werden wollte. Das wäre eine mögliche Richtung. Auf seinen Interview-Reisen quer durchs Land trug er einen Koffer mit einem unübersehbaren Aufkleber: NICHOLSON FOR PRESIDENT. Und seine Freunde waren nicht sicher, ob das wirklich nur als Scherz gemeint war.

Jack machte eine unwirkliche Zeit durch. Er mußte sich erst noch an das grelle Licht der Öffentlichkeit gewöhnen, an das große Geld, an die Macht, die der Ruhm mit sich gebracht hatte. Er war zwar davon überzeugt gewesen, daß der Erfolg für ihn in den Sternen gestanden hatte, aber jetzt fühlte er sich auch unbehaglich und unsicher, daß »er es geschafft hatte«. Er befand sich im Übergang, und er strahlte nach außen die unglaubliche Mischung aus Arroganz und Unsicherheit, Über-Ego und Bescheidenheit aus. Sein Benehmen war zugleich rücksichtslos egoistisch und unerwartet menschenfreundlich.

Er fand Spitznamen für alles, sogar dafür, »es geschafft zu haben«. Sein Schlagwort für Ruhm und Reichtümer war »The Big Mombassa«. Seid vorsichtig mit The Big Mombassa, warnte er Freunde. Was soll denn das sein?, fragten die zurück. »Das, was man zu kriegen glaubt, aber nicht kriegt, wenn man kriegt, was man will«, lautete Nicholsons rätselhafte Antwort.

Rafelson sprach von dem Plan, einen Film nur in einer Eisenbahn spielen zu lassen. Also machte Jaglom eine endlos lange Zugreise und schrieb ein Drehbuch mit Vietnam-Anklängen für einen Film, der »Tracks« heißen sollte. Eine Zeitlang sah es so aus, als würde das Jacks nächster Film. Aber dann lehnte

Rafelson »Tracks« ab, und Jaglom legte es zur späteren Verwendung zu den Akten.[1]

Jaglom besteht in einem Interview darauf, daß eine der berühmtesten Szenen aus *Five Easy Pieces* – eine der Szenen, die das Publikum in ihren Bann schlug und die Jack sehr ähnliche Seite der Hauptfigur Bobby Dupea herausstrich – ursprünglich für »Tracks« geschrieben worden ist. Und zwar die Szene, die vom prähistorischen Vorfall mit dem Kuchenwagen bei Pupi's inspiriert war, wo Dupea in einem Café einen Tisch leerfegt, nachdem man ihm zu verstehen gegeben hat, daß er keinen einfachen Weizentoast kriegen kann.

»Ich bin felsenfest davon überzeugt, daß ich die Szene geschrieben habe, weil ich mich daran erinnere, wie ich sie geschrieben habe«, sagt Jaglom, der zwar bei Pupi's nicht dabei war, aber mit den Jahren so einiges über die Kuchenwagen-Szene gehört hatte. »Das ist die einzige Szene, die vom Original-Drehbuch von »Tracks« übriggeblieben ist, die spielte im Speisewagen des Zugs. Carole (Eastman) denkt, daß sie sie geschrieben hat. Ich bin sicher, Jack denkt, daß er sie geschrieben hat. Bob Rafelson ist überzeugt, daß er sie geschrieben hat. Ist alles wie in *Rashomon*!«

Rafelson wandte sich für das Nicholson-Skript an Carole Eastman. Sie war die bewährtere Kraft, war schon Kult-Autorin. Nach *The Shooting* hatte Eastman ohne Erwähnung ihres Namens Material für *Petulia* beigesteuert und auch das Drehbuch für Jerry Schatzbergs höchst interessantes Regiedebüt *Puzzle of a Downfall Child* geschrieben.

Rafelson wollte als Hauptfigur einen Konzertpianisten. Der Anfang sollte in seiner Vorstellung ein einzigartiges provokatives Bild sein. »Ich habe diese Vision von Jack, mitten auf einem Highway, den Wind in den Haaren, wie er auf der Ladefläche eines Lastwagens sitzt und Klavier spielt ...« Rafelson drängte Eastman, in ihrem Denken auf Europa, nicht auf Amerika zu zielen.

1 *Tracks* wurde 1977 der zweite Spielfilm des Autors und Regisseurs Jaglom. Dennis Hopper spielte die Rolle, die ursprünglich für Nicholson vorgesehen war – einen Vietnam-Veteranen, der durchdreht, während er die Leiche seines toten Kumpels im Zug quer durch das Land begleitet.

Carole Eastman machte sich an die Arbeit, und im Nu hatte sie ein Schaufenster für Jack Nicholson geschaffen, den sie wie ihren eigenen Bruder kannte. Die Hauptfigur Robert Eroica Dupea alias Bobby Dupea ist ein Sprößling aus einer Familie ernsthafter klassischer Musiker, die in reichlich klaustrophobischen Verhältnissen auf einer Insel vor der Nordwest-Pazifik-Küste hausen. Bobby gilt zwar als das Wunderkind der Familie (der Titel *Five Easy Pieces* bezieht sich auf eine Klavierfibel für Kinder), aber er hat die Musik aufgegeben und führt ein unstetes Wanderleben als Arbeiter. Erst die Krankheit seines Vaters führt ihn zu einem Besuch nach Hause zurück.

Dupea war eine Mischung aus mehreren Männern. Zum einen hatte er Teile von Jack, aber auch von Eastmans eigenem Bruder, »der beinahe wie Bobby geheimnisvoll von Ort zu Ort zog und dessen Verhalten für sie im Grunde immer rätselhaft blieb«, wie einer der seltenen Artikel über Eastman in der »Los Angeles Times« es formuliert. Unterschwellig sollten in der Figur wohl auch Anklänge an Ted Kennedy mitschwingen, »dessen Position als jüngstes Mitglied seiner gefeierten Familie wohl die gleiche Art von Wettbewerbs- und Angstgefühlen mit sich brachte«, die nach Eastmans Vorstellung so wesentlich für Bobbys Charakter waren.

Zwei Frauen sollten um Bobby buhlen, der sich nicht festlegen will – Rayette, Kellnerin in einem Schnellimbiß und Möchtegern-Country-Sängerin, die mit ihm zusammenlebt, und Catherine Van Oost, die Freundin von Bobbys Bruder Carl, die eine Affäre mit ihm hat.

Carl ist ein bekannter Geiger und Bobbys Rivale in der Familie; dieser Aspekt gefiel Rafelson ganz besonders. Hatte er doch seine ureigenen Probleme mit Geschwistern, eine heftige Rivalität mit seinem älteren Bruder. Sehr zu Eastmans Bestürzung begann nun aber Rafelson, an ihrem Drehbuch hermzudoktern, es »zu verbessern«.

Der geigende Bruder entwickelte sich zu einer lächerlichen Karikatur. In Rafelsons Version erholt er sich gerade von einem Schleudertrauma und muß permanent eine Kopfstütze tragen. In Eastmans Drehbuch sollte Catherine Van Oost eine ältere Frau, die Geigenlehrerin des Bruders, sein. Rafelson verwandelte sie in eine junge Schöne, Carls Schützling.

So machte Rafelson durch seine Änderungen auf subtile Weise den Film noch mehr zu einer reinen Nicholson-Angelegenheit. Das Ping-Pong-Spiel zwischen Bobby und Carl (und bis zu einem gewissen Grad der gesamte Film) war schon von vornherein entschieden, weil der Bruder mit seiner Kopfstütze als verklemmter braver Bubi dasteht. Und der Liebesgeschichte wird so jedes Konfliktmoment genommen, denn weder Bobby noch Catherine haben irgendwelche Skrupel, dieses Abziehbild zu betrügen.

Eastman hatte einen Anfang vorgesehen, in dem die Familie vorgestellt werden sollte; der wurde gestrichen. Ebenso der Höhepunkt, den sie sich für den Schluß ausgedacht hatte. In Eastmans Version stirbt Dupea, als sein Wagen von einer Brücke abkommt, wieder eine ihrer zarten Anspielungen auf die Kennedy-Dynastie, diesmal auf Chappaquidick. Bobbys Freundin Rayette überlebt und verflucht ihn für alle Zeiten.

Weder Rafelson noch Nicholson gefiel diese Lösung. Nicholson wollte einen elegischen Schluß: Dupea geht einsam und allein eine Straße entlang. Rafelson wollte ein anderes Ende: Bobby gibt Rayette den Laufpaß – Jack als Triumphator.

Rafelson konnte so viele »Verbesserungen« machen, wie er nur wollte. Nicholson hatte so seine Art, sich bei Streitigkeiten über das Drehbuch rauszuhalten, über den Wassern zu schweben. Seine oft beteuerte Meinung war, daß es bei einem Film nur einen einzigen Boß gab, den Regisseur.

Eastman fühlte sich verraten und wurde noch wütender, als schließlich Rafelson als Mit-Autor der Originalstory noch vor ihr (unter ihrem Pseudonym Adrien Joyce) erschien und dazu noch auf dem gleichen Titel im Vorspann wie ihre Erwähnung als Drehbuchautorin.

So nah sie Nicholson auch stand, sie war natürlich nicht wirklich Mitglied im Klub der Jungs. Es war Bert Schneider, der bei BBS über die Namen im Vorspann entschied, sein Wort galt unangefochten. Genau wie bei den Vertragsbedingungen. Berts Entscheidungen basierten nicht auf echtem Wissen darüber, wer was geschrieben hatte, er erklärte frischweg, daß Worte unwesentlich seien, und daß es bei dem Wunsch um Anerkennung für diese Worte nur einfach um »dein Ego gegen meins« ging, wie er es gern formulierte.

Schauspieler und Team für *Five Easy Pieces* machten sich im Spätherbst und frühen Winter 1969 auf den Weg in den Norden und drehten in der Gegend von Bakersfield, Kalifornien, und Eugene, Oregon, sowie in einer am Meer gelegenen Villa bei Victoria, der Hauptstadt von British Columbia, der kanadischen Pazifik-Provinz.

Auch Rafelsons Frau Toby Carr Rafelson gehörte dem Team an. Sie war mitverantwortlich für den frühen Erfolg des Regisseurs. Sie wählte ungewöhnliche Drehorte aus, gab unschätzbare Ratschläge zu Kulissen und zur Zusammenstellung der Bilder (verstärkte so noch die fantastische Kamerarbeit des unersetzlichen Laszlo Kovacs). Sie hatte ein besonderes Händchen für kitschige amerikanische Interieurs. Im Vorspann wird sie als Interior Designer genannt, aber eigentlich hatte sie auf weit höherem Niveau, eher als Production Designer gearbeitet.

Und dann fiel ihr bei den Dreharbeiten noch eine andere, eine inoffizielle Rolle zu: als Mutter der Kompanie, die die zerzausten Federn glättete und die angekratzten Egos pflegte. Sie war sanft, offenherzig, jedermanns Vertraute. Auch nachdem sie einige Jahre später von Rafelson geschieden wurde, blieb sie noch lange an Nicholsons Seite, als vertraute Freundin und Mitarbeiterin.

Fred Roos stellte die Besetzung zusammen, obwohl sich Rafelson auch hier heftig einmischte und sich später rühmte, einige Noch-Nicht-Stars entdeckt zu haben. Karen Black hatte eine kleine Rolle als eine der LSD-reisenden Huren in *Easy Rider* gespielt (bei diesen Szenen war Nicholson nicht dabeigewesen, und er kannte Black daher nur flüchtig). Die Rolle der Rayette bedeutete für sie das Sprungbrett in eine Filmkarriere. Susan Anspach, die am Broadway in einer der Hauptrollen in »Hair« aufgetreten war, hatte eigentlich für Rayette vorgesprochen, wollte dann aber viel lieber die Catherine Van Oost spielen.

Eine kleine Nebenfigur war die Anhalterin, die Bobby und Rayette auf ihrem Weg zum kranken Vater mitnehmen, und die wütende Reden über die Dreckszustände in Amerika schwingt. Sie hatte die witzigsten, von »Verbesserungen« weitgehend unberührten Monologe (ihre aufdringliche, unausstehliche Gegenwart trägt ihr Teil dazu bei, Bobbys Weizentoast-Toberei auszulösen). Im Film spielte Helena Kallianiotes die Rolle niederschmetternd gut.

Rafelson und Nicholson arbeiteten intim, wenn auch nicht immer ganz harmonisch zusammen. Sie genossen ihre Meinungsverschiedenheiten, und über einige Szenen entwickelte sich unweigerlich ein heftiges Tauziehen. Es wurde fast so etwas wie ein einstudiertes Ritual zwischen den beiden daraus.

In einer der Schlüsselszenen von *Five Easy Pieces* sitzen Bobby und sein Vater auf einer malerisch gelegenen Klippe, und Bobby versucht, einem Mann, der an den Rollstuhl gefesselt ist und nicht sprechen kann, sein Leben zu erklären. In gewisser Weise hatte sich die Story auf diesen Punkt hin zugespitzt, und es war die letzte Chance für Bobby, der sonst ein durch und durch ekliger Typ ist, auch ein paar anständige Eigenschaften zu zeigen.

Rafelson wollte, daß Jack in dieser Szene zusammenbrach und weinte. Aber Nicholson – der privat für seine Sentimentalität berüchtigt ist und bei festlichen Anlässen oder Abschiedsszenen am Flughafen gern und viele Tränen vergießt – haßte diese Eigenschaft der Figur, die für ihn Selbstmitleid bedeutete. Es zeichnete sich keinerlei Einigung zwischen Regisseur und Star ab, als die Szene immer näher rückte.

»Jack behauptete, daß der Charakter aus Selbstmitleid weint. Und dagegen hatte er etwas, bei sich und bei anderen. Ich blieb dabei, daß Dupea weinte, weil ihm das Leben, das er führte, eine Qual war, und daß man diese Qual aufzeigen mußte. Schließlich sagte ich: ›Jack, das ist doch alles Scheiße. Du willst es so nicht machen, weil du es nicht kannst.‹«

In Interviews betont Rafelson immer wieder gern seine »außergewöhnliche und starke Beziehung« zu Nicholson, die es ihm ermöglichte, den Schauspieler dahin zu bringen, »daß er bestimmte Emotionen freisetzte, die er normalerweise auf der Leinwand nicht zeigte, weil er weiß, daß ich weiß, daß er sie hat.« Noch ein Stückchen clevere Publicity. Schließlich weinte Nicholson auch in vielen anderen Filmen bittere Tränen, vor und nach Rafelson. Das war eines seiner modernen Kennzeichen – Nicholson war wie Bogart, nur mit Tränen.

Einem Bericht zufolge hatte Jack »mit Nachdruck durchgestrichen«, was Carole Eastman für diese wichtige Szene geschrieben hatte und an den Rand gekritzelt: »Vielleicht was anderes?« (Die arme Carole Eastman, immer wurde sie durchgestrichen.) Jack hatte keine Lust, ganze Drehbücher zu schreiben, aber er hatte einen guten Riecher für die Schlüsselszene oder den wichtigsten Monolog und konnte der Sache einen bravourösen Schwung geben – beinahe wie in den Szenen, die er in den Schauspiel-Workshops improvisiert hatte.

Nicholson erzählte, daß er die Szene bis zum Drehtag vor sich hergeschoben hätte. »Es waren dann nur noch ein paar Szenen übrig«, berichtete er 1986 Ron Rosenbaum vom »New York Times Magazine«, »und er (Rafelson) sagte mir nun ganz unverblümt ins Gesicht: ›Also, ich will, daß du in diesem Film weinst.‹«

»Nun, das ist eine Sache, die man als Schauspieler nie sagt. Man legt es nicht auf ein Gefühl an, zumindest nicht, wenn man so arbeitet, wie ich das mache. Und das ist die allerletzte Regieanweisung, die man hören will. Aber es geht nicht immer wie im (Schauspiel)unterricht zu. Hier sind wir unter Profis.«

Nicholson erzählte Rosenbaum, daß er die Szene an diesem Morgen draußen schrieb, während die Kameras aufgebaut wurden. Er war schließlich Autor, meinte Nicholson, und wußte daher, »daß man als Autor Angst vor der großen Thema-Szene hat«, und er »versuchte, sie auf das Minimum an Blabla zurückzustutzen«. Und dachte sich dann den Ausdruck »vielversprechende Anfänge« aus, der Bobby Dupeas jugendliches Talent zum klassischen Pianisten beschreiben und den Tränenausbruch auslösen sollte.

»Bei der ersten Klappe legte ich los. Und ich glaube, das war ein Durchbruch. Es war ein Durchbruch für mich als Schauspieler, für alle Schauspieler. Ich denke eigentlich nicht, daß man bis zu diesem Zeitpunkt je bei einer männlichen Figur diese Gefühlsebene erreicht hatte.«

Der Ausdruck »vielversprechende Anfänge« war als »eine Allegorie auf meine eigene Karriere« gedacht, erklärte Nicholson, das schauspielerische Geheimwort, das für ihn die Emotionen freisetzen würde. Er könne sich klar und deutlich an den Tag erinnern, sagte er in dem erwähnten Interview, als sie die Szene auf der Klippe filmten: an alle Einzelheiten, das Gras auf dem Hügel, den Geruch der Luft.

Der Monolog war »Jack vom Feinsten« – halb brillant, halb dubios, wie eine Perlenkette mit einer unbestimmten Zahl Plastikperlen.

»Ich weiß ja nicht, ob du dich überhaupt besonders dafür interessierst, etwas über mich zu hören – über mein Leben – das meiste ist sowieso nicht viel, was ich dir so als Leben vorführen könnte, mit dem du einverstanden wärst. Ich zieh viel rum, eigentlich nicht, weil ich irgendwas Bestimmtes suche, eher weil ich vor Sachen abhaue, die irgendwie mies werden, wenn ich dableibe. Vielversprechende Anfänge oder so ähnlich, weißt du?«

Obwohl Jack eine solide Grundlage in der Stanislawski-Methode hatte, berief er sich nicht oft auf sein »Emotions-Gedächtnis«. Aber in diesem speziellen Augenblick schon, meint er. Als man ihn wiederholt fragte, ob er bei dieser Klippenszene an seinen eigenen Vater (John J. Nicholson) und dessen Tragödie gedacht hätte, antwortete er immer: »Natürlich, ja, na klar!«

Im Januar 1970 waren die *Five Easy Pieces* im Kasten, im gleichen Monat starb Ethel May. Später meinte Nicholson, die Arbeit an dem Film hätte in ihm eine Menge »Anti-Familien-Gefühle« geweckt.

Rafelsons Lösung für das Ende setzte sich durch: am Schluß von *Five Easy Pieces* starrt Bobby in einer Tankstelle in den Spiegel und trifft dann eine Augenblicksentscheidung. Er schmeißt alles hin, verläßt Rayette ohne ein Wort des Abschieds, fährt per Anhalter auf einem Holzschlepper gen Norden. Das Publikum bekommt Rayettes Reaktion nie zu sehen. Sie wandert los, um herauszufinden, wo Bobby so lange bleibt, während schon der Nachspann läuft.

Es war haargenau das Gegenteil (und vielleicht war hier der Wunsch der Vater des Gedankens) von dem, was in Jacks Privatleben ablief, wo immer die Frauen irgendwann genug hatten und ihn verließen. Jacks Beziehung zu Mimi Machu war gerade genauso in der Auflösung begriffen wie die von Bobby Dupea und Rayette im Film. So wie er in seiner Karriere verlorene Zeit aufholte, so holte Nicholson nun auch bei den Frauen verlorene Zeit auf – all die Jahre, die er als schuldgeplagt katholischer, glücklos jungfräulicher und verläßlich monogamer Bursche verschwendet hatte.

Die Veränderung in der allgemeinen Einstellung zum außerehelichen Sex und seine lawinenartige Zunahme waren eine echte Erscheinung der sechziger Jahre, aber sie lieferten den Kerlen um die Dreißig, die gerade an die Macht kamen, auch eine billige, einfache Ausrede, wenn sie sich einredeten, daß sie erfunden hatten, was eigentlich jeder schon lange machte, ganz besonders in Hollywood.

Bert Schneider, der in der BBS-Meute das meiste Prestige besaß, hatte sich den Prinzipien der Protestbewegung in weitaus größerem Maße verschrieben als andere in Hollywood. Berts politische Leidenschaften verliehen seinen zahlreichen feierlichen Erklärungen, seinen Angriffen auf »sexuelle Exklusivrechte« und »die Spießbürgerlichkeit monogamer Mann-Frau-Beziehungen« eine gewisse Patina der Glaubwürdigkeit.

Jack hatte sein eigenes Denksystem, hochentwickelt und genauso egozentrisch, aber ganz anders und in vielem konservativer als das von Bert. Aber Bert hatte auch die Theorien von Wilhelm Reich für sich übernommen, und er und Jack bestätigten sich darin immer wieder gegenseitig.

Vor dem Durchbruch als Star hatte es ein paar Jahre so ausgesehen, als sei Jack sehr in Mimi Machu verliebt. Aber er war doch ziemlich labil, wenn es um Frauen ging, und selbst wenn er erklärte, daß er in sie verliebt war, sah er die Beziehung doch immer recht fatalistisch, als wäre eigentlich eine solche Frau wie Machu – wunderschön und begehrenswert – ein zu guter Fang, um es auf Dauer mit ihm auszuhalten.

Freunde weisen darauf hin, daß Nicholson Machu in *Head* eine merkwürdige Szene spielen läßt, die er selbst geschrieben hat. Lady Pleasure (Machu) verführt einen der Monkees, während ein anderer Monkee, der sie am meisten liebt, den Tränen nah in den Kulissen steht und zusieht. Jack sah sich unter »ferner liefen«, als den ewigen Verlierer, wenn es um Frauen ging.

Jetzt schlug er fröhlich Kapital aus seinem neugewonnenen Starruhm. Es juckte ihn gewaltig, und bot Hollywood nicht unendlich vielfältige Möglichkeiten zum Kratzen?

Nicholson beteuerte in Interviews seine unsterbliche Liebe zu Machu, während er doch gleichzeitig (wie einige Berichte behaupten) mit unzähligen anderen Frauen zusammen war, unter anderem auch mit der Folksängerin Joni Mitchell, die er über Neil Young kennengelernt hatte, mit Candice Bergen, die sich nach ihrer Trennung von Doris Days Sohn, dem Plattenproduzenten David Melcher, an seiner Schulter ausweinte, und mit der Schauspielerin Susan Anspach, seiner Leinwandgeliebten aus *Five Easy Pieces*.

Einiges ist sicher nur Klatsch und Tratsch. Die oft zitierte Affäre mit Candice Bergen, der schauspielernden Tochter von Edgar Bergen und späteren Murphy Brown im Fernsehen, war nur eine gute Freundschaft, mehr eine »Schwester«-Beziehung.[1] Jack hat sie mit Bert Schneider bekannt gemacht, und mit dem hatte sie dann die heiße Affäre.

Im Fall von Susan Anspach sind die Beweise etwas handgreiflicher: 1970 wurde ein Kind, ein Sohn namens Caleb, geboren. Anspach erzählte der Presse, daß es Jacks Sohn wäre, und auch im Team von *Five Easy Pieces* hatte keiner nur den geringsten Zweifel an einer Affäre zwischen den beiden.

Zwischen ihr und Nicholson hatte es eine Weile »sehr gefunkt und geknistert«, erzählte Anspach ganz freimütig. Aber dann hätten sie »sich ziemlich übel gestritten«. Nicholson hat an der Geburt des Kindes keinerlei Anteil genommen. Noch Jahre später sträubten sich ihm die Nackenhaare, wenn die Medien wieder einmal mutmaßten, daß Caleb sein Sohn wäre. Er hat auch seine Vaterschaft nie öffentlich anerkannt.

1984 wurde er von »Rolling Stone« gefragt: »Rufen Sie je an und fragen: ›He Susan, kann ich das Kind mal sehen? Kann ich mit dir mal drüber sprechen?‹«

»Ein paarmal habe ich tatsächlich angerufen, aber ich habe sie nie erreicht«, antwortete Nicholson ausweichend.

1 Candice Bergen hatte einen Spitznamen für Jack, der noch auf die späten sechziger Jahre zurückging. Bergen sagt, sie und andere Freunde hätten den Schauspieler »The Weaver« (den Weber) genannt, nicht etwa, weil seine irischen Vorfahren in der Textilfabrik gearbeitet hatten, sondern wegen seiner Fähigkeit, meisterlich-magische Sätze zu spinnen und zu weben. Jack selbst hat in Interviews gesagt, daß er sich als Junge schon »The Weaver« genannt hat, und so ist das vielleicht wieder einmal ein selbst ausgedachter Spitzname.

Wenn Machu in der Nähe war, spielte Jack den treuen Geliebten. Aber von seiner Affäre mit Anspach einmal abgesehen, die die Spatzen bei BBS von den Dächern pfiffen, wußte ohnehin jeder, daß sich Nicholson bei Parties schon beinahe zwanghaft auch auf weniger prominente Damen stürzte und sich am Drehort und im Büro seine Groupies hielt.

»Wenn Mimi nicht da war«, berichtet ein Produktions-Mitarbeiter von BBS, »dann mußte jede herhalten, die gerade zur Hand war«.

Machu machte sich keine Illusionen. Sie war nicht wie Rayette, sie weigerte sich, die Rolle der Verlassenen zu spielen. Sie kannte Nicholson gut und wußte ihn zu manipulieren. Während der letzten Vorbereitungen zu *Drive, He Said* wurden die Spannungen zwischen den beiden immer unerträglicher.

Nicholson quälte sich schwer mit den Vorbereitungen für *Drive, He Said* herum. Er wollte, daß sein Debüt als Regisseur ein Meilenstein würde, eine Aussage zum Leben, über seine Prinzipien und Abneigungen. Der Druck war um so größer, als es sich zweifellos um einen erstklassigen Roman handelte. Und so mußte jede Veränderung, die Jack vornahm, seine eigenen Vorlieben widerspiegeln. Seine Ideen und Lebensphilosophie. Ihn selbst.

Da Nicholson nicht selbst schrieb – er diktierte in großen Zeitabständen – wurden im Drehbuch, das schließlich den Filmaufnahmen zugrunde lag, einige mündlich mitgeteilte Sachen schlampig aufgeschrieben und nie korrigiert oder gar aufpoliert.

In einer Szene zitierte Jeremy Larner das Gedicht »I Know a Man« von Robert Creeley, der zu den Black Mountain Poets (einer amerikanischen Dichtergruppe der fünfziger Jahre) gehörte. Das Gedicht hatte ihn zum Titel seines Romans inspiriert. Jack zitierte beim Diktieren seiner Neubearbeitung das Gedicht falsch. Larner wies ihn darauf hin, und Jack sagte, keine Bange, das würde verbessert. Larner wies auch bei den späteren Neubearbeitungen immer wieder darauf hin, und Jack sagte immer wieder, ja, ja, mach dir keine Sorgen, das verbessern wir. Irgendwie hat er es dann doch nie geschafft, und schließlich rezitiert Gabriel im Film dieses Gedicht eines meisterlichen zeitgenössischen Lyrikers in völlig verdrehter Form.

Vielleicht war es Schlamperei. Vielleicht wollte Jack auf diese Weise auch Larner nur noch einmal reindrücken, daß »Drive, He Said« zwar sein Roman, der Film aber von vorne bis hinten Jacks Film war, auch wenn dabei Creeleys Gedicht auf der Strecke blieb.

Trotz allem brauchte er Larner noch. Er lud den Schriftsteller zu den Dreharbeiten ein, damit der die Löcher stopfte, die Jacks Drehbuchfassung noch aufwies. Als zusätzliche Unterstützung hatte sich Jack noch seinen alten Freund Robert Towne für die Nebenrolle des betrogenen Englisch-Professors engagiert, in der leisen Hoffnung, Towne würde vielleicht nebenbei ein bißchen an den Szenen mitschreiben.

Karen Black sollte Townes Ehefrau Olive, die weibliche Hauptrolle, spielen, die ihre heiße Affäre mit Hector, dem Sportstar des College, beenden will. Bruce Dern, ein anderer alter Hase aus früheren Nicholson-Filmen, war für den Part des verbissenen Trainers vorgesehen. Henry Jaglom bekam die kleine Rolle des radikalen Professors.

Bei seiner Auswahl der Schauspieler bevorzugte Nicholson Unbekannte, wie er selbst einmal einer gewesen war, ungewöhnliche Typen, unkonventionelle weibliche und männliche Hauptdarsteller. Er hatte sich geschworen, daß er für die beiden männlichen Hauptrollen Gabriel und Hektor zwei Unbekannte finden würde, die dann unter seiner Ägide zum Starruhm aufsteigen sollten.

Michael Margotta war für Gabriel vorgesehen, den radikalen Studenten, die Rolle, mit der auch Jack selbst kurz geliebäugelt hatte. Margotta hatte Nebenrollen in Film und Fernsehen gespielt, nichts Besonderes, aber er sah Nicholson ziemlich ähnlich und hatte Jacks »Einstellung«.

Hector war eine schwierigere Rolle, er war passiver. Hunderte von Schauspielern, die Basketball spielen konnten, wurden zu Vorsprechterminen eingeladen. Eines Tages erschien, gleich in der Turnhose, William Tepper, ein früherer High-School-Basketballer. Er war riesengroß, hatte einen wirren Wust von Haaren und sah halbwegs attraktiv aus. Aber sein Probelesen fiel sehr eigenartig aus. Er war ungeschickt und nervös. Tepper war eigentlich nicht mal ein richtiger Schauspieler. Er studierte an der UCLA Film und wurde von seiner Agentur, International Creative Management, als hoffnungsvoller »Autor und Regisseur« geführt. Aber Jack zeigte sich von seiner Körpergröße und seinen Basketball-Talenten sehr beeindruckt: Tepper warf gut ab und sah auch in der Bewegung prima aus.

Schneider sprach sich gegen Margotta aus, der in *Maryjane, Wild in the Streets* und *The Strawberry Statement* Sixties-Typen gespielt hatte. Er wollte Richard Dreyfuss, den Jack ganz zu Anfang getestet hatte, für die Rolle des Gabriel. Aber Jack zog Margotta vor, also konzentrierte Bert seine Ängste auf Tepper. Jack meinte, er solle sich da keine Sorgen machen. Er prophezeite, daß Tepper ein großer Star würde, »vielleicht der beste Schauspieler in seiner Generation«, wie es in seiner Generation (vermutlich) Jack war.

Nach langem Suchen entschied sich Nicholson für ein College-Campus in Eugene, Oregon, als Drehort. Ehe die College-Verwaltung die Dreherlaubnis erteilte, wollte man erst einmal das Buch lesen. Sie brachten ihr Befremden über die geforderten unverhüllten Sexszenen und den Drogengenuß in einigen Szenen zum Ausdruck, aber Nicholson betonte die Basketball-Szenen und versicherte den College-Bossen, daß in den Nackt- und Drogenszenen stets die Grenzen des »guten Geschmacks« gewahrt würden.

Dann köderte BBS noch mit einem saftigen Zuschuß zu einem College-Programm »Black Studies«, und der Drehbeginn wurde auf das Frühjahr 1970 festgelegt.

Fred Roos brachte eifrig neue Schauspieler zu den Vorsprechterminen mit[1], und in Eugene tat er, was immer Bert Schneiders Macht und Jacks Sensibilität zuließen.

Roos und der frühere UCLA-Basketball-Star Mike Warren, der auch zum Ensemble gehörte, trommelten einige der Top-Spieler

1 Damals war Roos mit einer jungen, komischen Schauspielerin namens Cindy Williams befreundet. Er verschaffte ihr eine Rolle als Cheerleader, und Nicholson machte sie zur Freundin des Managers, damit er in den verkrampften Trainingsszenen auf ihre komischen Grimassen überblenden konnte. Sie schnitt so komische Gesichter, daß es ihre Szenen in den Film schafften. Später konnte sie sich eine größere Rolle in *The Conversation* sichern und wurde dann in der Dauer-Fernsehserie »Laverne and Shirley« zum Star.

aus dem Pac-10, der Pacific Northwest Basketball-Liga, zusammen. Larner bot sich an, einige Spielsequenzen für Nicholson auszuarbeiten, aber Jack stellte unmißverständlich klar, daß er auf dem Spielfeld von niemandem Hilfe brauchte. Einige seiner Spielszenen fielen dann ziemlich »lahmarschig« aus, aber die meisten Zuschauer merkten das nicht. Sogar Leute, die den Film sonst nicht ausstehen können, äußern sich anerkennend über die »tollen Basketball-Szenen«.

Bei den Dreharbeiten war Nicholson ungewöhnlich reizbar. Er spürte den Druck, fühlte sich von den unzähligen Entscheidungen bedrängt, die einem Regisseur im Gegensatz zu einem bloßen Schauspieler abverlangt werden. Es wurde freizügig Gras herumgereicht (für einige Szenen gab man die Joints an die Statisten weiter), aber die Geschichte, die verfilmt wurde, war ziemlich finster, und die Stimmung alles andere als cool und gelassen.

Lynn Bernay, die eine kleine Rolle übernommen hatte, fungierte auch als Nicholsons Assistant Production Manager. Sie erinnert sich in einem Interview, wie der Streß der Produktion schwer auf den Schultern des Regie-Neulings lastete. Manchmal schien er am Morgen beinahe unwillig, sich aus dem Bett zu erheben. Wenn alle anderen schon auf dem Weg zum Drehort waren, mußte sie Nicholson noch wachrütteln und beinahe mit Gewalt auf die Füße stellen.

Ehe er die Basketball-Szenen aufnahm, schnappte sich Nicholson manchmal selbst einen Ball und warf Körbe, einen nach dem anderen, manchmal eine ganze Stunde oder länger, ganz allein für sich, während sich die anderen im Team mit dem Aufbau der Szene absichtlich viel Zeit ließen. Er versuchte sich aufzulockern, in Schwung zu kommen. »Man konnte gar nicht zu ihm durchdringen«, erinnert sich Bernay. »Er war da draußen und warf Körbe, und wir saßen in dieser Riesenarena und warteten.«

Towne bewunderte Larners Roman sehr, und er wachte ängstlich darüber, daß nicht der Autor zugunsten von Jack zu sehr untergebuttert wurde (Townes Takt war sprichwörtlich, eine der Eigenschaften, die sich immer vorteilhaft für ihn auszuwirken schienen). Er bastelte ein bißchen an seinem eigenen Text herum, aber schließlich mußte doch Larner neue Fassungen von anderen Szenen schreiben, die nach und nach in Nicholsons

Drehbuch eingesetzt wurden. Außerdem wurde viel improvisiert und intuitiv erfunden.

Besonders Dern improvisierte große Teile seines Dialogs. Zwischen ihm und Jack war die Stimmung beim Drehen unverändert explosiv; manchmal warf Dern dem Regie-Neuling furchtbare Beleidigungen an den Kopf. Aber abseits der Kamera kamen sie blendend miteinander aus. Manchmal entspannten sie sich nach Drehschluß abends zusammen, lagen auf dem Bett – Nicholson im Bademantel, Dern im Trainingsanzug – tranken Milkshakes und schauten fern – selbstverständlich Football.

Nicholson mußte sich mit den beiden Neulingen mehr Zeit nehmen und viel Mühe geben. Hector (Tepper) verkörperte Jack, den idealisierten Sportstar. Auf Tepper lastete in vielen Szenen die ganze Verantwortung, und sein Spiel schien bisweilen etwas zaghaft und zögerlich. Manchmal gerieten Jack und er in hitzige Diskussionen. Gelegentlich überschüttete Jack den jungen Schauspieler auch mit Lob, um sein Selbstbewußtsein zu stärken, und versuchte sich einzureden, daß er hier einen neuen Star aus der Taufe hob.

In mancher Beziehung war die Figur des Gabriel, der in Nicholsons Worten »unter dem Streß seiner Vision ausrastet«, Jack viel ähnlicher: Wie Jack ist er ein Verlierertyp bei Frauen, der Probleme mit vorzeitigem Samenerguß hat (Jack schrieb eine Szene, die im Buch nicht vorkommt und das ziemlich klar andeutet).

»Gabriel ist von Reich beeinflußt, jung, politisch revolutionär, ein Typ, der glaubt, was Reich über die Politik sagt. Was er im Film spielt, ist im Grunde genommen Reichs Leben: Er hatte recht. Was er sagte, hat gestimmt. Keiner hat ihm geglaubt, und das hat ihn verrückt gemacht, und schließlich landete er in einer Anstalt.«

Vom Regisseur immer wieder angefeuert, lieferte Margotta eine starke Leistung, die merkwürdig an Nicholson erinnert, aber seine Wärme und seinen listigen Charme vermissen läßt.

Nicholsons Vorstellungen vom »guten Geschmack« unterschieden sich radikal von denen der College-Verwaltung. Für ihn stellten die Nackt- und Sexszenen eine der Hauptattraktionen des Films dar; sie nehmen in seinem Drehbuch wesentlich mehr

Raum ein als in Larners Roman. Besonders fröhlich stimmten ihn die Szenen im Umkleideraum der Spieler und das Ende, wenn Gabriel pudelnackt durch das College-Campus streicht. Privat brüstete sich Jack wie ein kleiner Junge, der weiß, daß man ihm eine Unartigkeit durchgehen läßt: daß er wohl als der erste Regisseur in die Geschichte Hollywoods eingehen werde, der männliche Genitalien nackt zeigte.

Aber vor allem auf eine Szene stürzte sich der Regisseur mit ganz besonderem Gusto. Die Szene, in der in seiner Drehbuchfassung Gabriel Olive durchs Haus hetzt und schließlich vergewaltigt. Es war eine schwierige Szene, für Schauspieler und Drehteam ziemlich kompliziert, mit vielen verschiedenen Einstellungen und Aufnahmen mit der Handkamera. (Diese Szene, in der die Ziervögel durch die Wohnung fliegen und Karen Black vor Angst und Schrecken kreischt, wird von Miloš Forman als »das einzige Aufblitzen von Nicholsons Brillanz als Regisseur« im ganzen Film zitiert.)

Den ganzen Tag lang, während sie diese brutale Szene filmten, stritten Towne und Larner, die sich verbündet hatten, mit Nicholson. Sie argumentierten, daß Gabriel kein Vergewaltiger werden, daß Olive nicht vergewaltigt werden dürfte, sonst würden beide Figuren die Zuneigung des Publikums verspielen. Nicholson erzählte ihnen immer wieder, daß sie »lahmarschig« wären, daß sie überhaupt nicht verstünden, was er hier erreichen wollte: »Ihr geht immer nur davon aus, daß *euch* Sachen einfallen, die mir nicht eingefallen sind«.

Später, gegen Ende dieses langen Tages, gab Nicholson jedoch klein bei. Es war nicht mehr viel Zeit, und er mußte die Szene irgendwie zum Abschluß bringen. Die Lösung war zweckdienlich – wenn auch etwas lahm – Olives Ehemann (Towne), der gerade noch rechtzeitig zu ihrer Rettung auf der Bildfläche erscheint.

Die Spannung, die im Film und bei den Dreharbeiten vorherrschte, war zum größten Teil nichts als ein Spiegelbild dessen, was sich gerade in Jacks Privatleben abspielte. Zusätzlich zu allem beruflichen Streß trieben die allnächtlichen Telefonate mit Machu in Kalifornien den Regisseur zur Verzweiflung. Wenn Jack sich auch in Oregon mit Groupies vergnügte, so konnte er doch seine Ängste nicht zügeln, daß Machu während seiner Abwesenheit in seinem eigenen Haus in Hollywood rauschende Parties gab und Männerbesuch empfing.

Machu hatte sich angewöhnt, mit Jacks Freunden zu schlafen und ihnen im Vertrauen mitzuteilen, was er doch für ein schlechter Liebhaber sei. Das wühlte ihn mehr auf als alles andere.

Als Machu in Oregon am Drehort erschien, um ihre übliche Minimalrolle zu spielen, wurden die Wetteinsätze erhöht. Es ging das Gerücht um, sie hätte während ihres Aufenthaltes mit einem Teammitglied geschlafen. In Jacks Sicht schlug das dem Faß den Boden aus: daß sie einen Schauspieler gevögelt hatte, über den *er* Regie führte. Sie gerieten sich vor versammelter Mannschaft in die Haare. Machu spielte ihre winzige Rolle und verschwand wieder nach Los Angeles.

Kurz darauf waren die Dreharbeiten beendet. Als dann später *Drive, He Said* in die Kinos kam, gab Jack der »Los Angeles Times« ein Interview. Dort heißt es, er hätte sich unter anderem auch deswegen entschieden, den Film nach Jeremy Larners Roman zu machen, weil die Hauptfigur wie er selbst »eine Berühmtheit in einer sich rapide verschlechternden Beziehung« war.

Zurück in Los Angeles, trennten sich Nicholson und Machu. »Wir waren zwei Irre, die weder zusammen noch getrennt leben konnten«, sagte Machu einem Journalisten. Nicholson erzählte seinerseits der Presse, daß er wirklich und wahrhaftig in Machu »verliebt« gewesen sei, daß er aber nun, »da sie mich fertiggemacht hatte, nicht einmal mehr ihren Namen hören konnte, ohne daß mir der kalte Schweiß ausbrach«.

Wieder einmal erschien Jack bei seinem Freund Harry Dean Stanton auf der Türschwelle. »Er hat nur unzusammenhängendes Zeug geredet«, erinnert sich Stanton. »Solche Verzweiflung hatte ich noch nie gesehen.«

Während dieser Zeit erschien Jack bei vielen Leuten auf der Türschwelle. Während er in Larry Hagmans Haus in Malibu seine Sorgen in einem heißen Bad zu lindern versuchte, erzählte er John Phillips, dem Lead-Sänger und Songschreiber der Mamas and Papas (der selbst gerade frisch von Michelle Phillips geschieden war) seinen ganzen Kummer. In seiner Autobiografie berichtet ›Papa‹ John, wie er nach einem dieser Badewannen-Bekenntnisse einmal einen kleinen Spaziergang machte und am Strand zufällig eine wunderschöne Frau traf. Sie zogen sich schleunigst in Phillips Villa am Meer zurück und vergnügten sich dort fröhlich zwischen den Laken miteinander.

»Später habe ich dann herausgefunden, daß die Frau, die ich da am Strand getroffen und mit nach Hause ins Bett genommen hatte, Jacks Herzensbrecherin war«, schrieb Phillips in seinen Memoiren. »Da hatte ich dann wohl das Gefühl, daß ich ihm was schuldete.«

Nicholson fühlte sich »unehrenhaft entlassen« und suchte einen Reichschen Therapeuten auf, er unterzog sich einer Behandlung, um seine Beziehungen zu Frauen zu verbessern.

Der Schnitt von *Drive, He Said* nahm den ganzen Sommer 1970 in Anspruch. Nicholson hatte beinahe so viele Filmmeter mit Basketball zusammenbekommen, wie in *Easy Rider* Straßenmeter gewesen waren. Cutter kamen und gingen und versuchten, eine durchgehende Linie in den Film zu bringen.

Als es einmal überhaupt nicht mehr voranging, engagierte man den *Easy Rider*-Cutter Donn Cambern, der nun die Fertigstellung überwachen sollte. Rafelson war auch da und half aus. Ken Kenney packte bei einigen Szenen mit an, und nach vielgerühmter BBS-Manier auch einige andere.

Jack sagte, daß er die verschiedenen technischen Stadien des Schnitts überhaupt nicht mochte, daß er aber sehr gern über verschiedene Versionen nachgrübelte. »Er will jede mögliche Version sehen, ehe er sich entscheidet«, erzählt Kenney, »und dann nochmal zurück zum Anfang, um zu sehen, ob man da vielleicht noch etwas verändern oder verbessern könnte. Jedes Stadium ist ein völlig neuer Prozeß«.

Bert Schneider war sich nicht darüber im klaren gewesen, wie trostlos *Drive, He Said* werden würde. In Nicholsons erster Schnittfassung gab es nichts Komisches, keine Gefühle, nichts Romantisches. Und die College-Radikalen, mit denen Bert sympathisierte, kamen zu schlecht weg. Der ganze Ton des Films ging hunderprozentig gegen die Strömung in Jacks natürlichem Habitat.

Larner dachte, man könnte vielleicht eine kleine Richtungsänderung einbringen und den Filmschnitt mehr als Komödie anlegen; die Szenen waren da, man mußte sie nur an den strategisch richtigen Stellen einbauen. Roos und einige andere Leute bei BBS stimmten ihm zu. Bert und Jack stritten sich darüber. In vieler Weise wollte Bert eine kommerziellere Schnittfassung herausschlagen.

Jack mochte den Film trostlos lieber. Die Strömung war ihm egal. Er sagte immer wieder: »Es interessiert mich einen Scheißdreck, ob der Film kommerziell ist oder nicht, wenn es nur ein guter Film ist.«

Ein einsamer Nicholson machte während des Schnitts immer wieder lange Pausen und ging in die Stadt, um sich das Verfahren gegen Charles Manson anzusehen, das in einem Gericht in Los Angeles stattfand.

Jack hatte nichts als Sympathie und Mitgefühl für Roman Polanski, dessen Frau Sharon Tate im August 1969 zu den grausam dahingemetzelten Opfern des Manson-Kultes gehörte. Er kannte den Schallplatten-Produzenten Terry Melcher, Candice Bergens ehemaligen Freund, in dessen Haus einige der Morde geschehen waren. Mehr als einer aus Jacks Freundeskreis konnte von Glück sagen, daß er ungeschoren davongekommen und nicht auch eines von Mansons scheinbar willkürlichen Opfern geworden war. Der berüchtigte Kult-Führer faszinierte Jack aber auch. Er fing an, Gabriel als den irregeleiteten Manson-Typ zu sehen. Und das machte *Drive, He Said* noch trostloser. Während er über Manson nachdachte, entstand in ihm der Wunsch, eines Tages auch einmal einen wirklich skrupellosen Bösewicht wie ihn zu spielen.

Der Plan sah vor, daß *Drive, He Said* rechtzeitig für das nächste Film-Festival in Cannes fertig werden sollte. Cambern machte stetige Fortschritte, während ihm Bert, Jack und andere aufmerksam über die Schulter guckten. Nicholson verteidigte seine Ideen hartnäckig und gewann fast jedes Wortgefecht. Er ließ sich nicht davon abbringen, »seine Aussage zu machen«. Und das reichte Bert Schneider, der alle BBS-Filme für »revolutionäre Aussagen« der einen oder anderen Art hielt. Er ließ den Regie-Novizen gewähren.

Es blieben immer noch Unstimmigkeiten im Handlungsablauf, aber der Film, der sich herausschälte, schien wieder mehr in

Richtung auf Larners ursprüngliches Drehbuch zu gehen. Schneider hatte in seiner filmfürstlichen Weisheit Nicholson als ersten Autor angegeben, aber Larner beschwerte sich wortgewandt, und die Writers Guild kehrte die Reihenfolge dann um.

Ehe Cannes im Frühjahr 1970 immer näher rückte, arbeitete Jack noch einmal als Schauspieler. Der Film *Carnal Knowledge* handelte von der zwanzigjährigen Freundschaft zweier typisch amerikanischer Männer und ihren obsessiv-zwanghaften Beziehungen zu Frauen.

Der Regisseur war Mike Nichols, das Originaldrehbuch stammte von Jules Feiffer.

»Vom Augenblick, als die Pläne für diesen Film angekündigt wurden«, schreibt Candice Bergen in ihrer Autobiografie, »hatte man das Gefühl, daß etwas ganz Besonderes daraus werden würde, war man gespannt, was Mike Nichols (nach *The Graduate* und *Catch-22*) wohl als nächstes machen würde. Es war so eine Art unausgesprochene Ehre damit verbunden, wenn man etwas mit diesem Film zu tun hatte, ein Gefühl, privilegiert zu sein«.

Der 37jährige Regisseur Nichols stach aus der Menge der neuen amerikanischen Filmemacher heraus. In den späten fünfziger und frühen sechziger Jahren hatte er als Elaine Mays Improvisations-Partner der Stegreif-Komödien-Szene neuen Schwung gegeben.

Nachdem er seine Nachtklub-Auftritte aufgegeben hatte, studierte er bei Lee Strasberg und arbeitete am Broadway als ideenreicher Regisseur. Sein Debüt als Filmregisseur war der Oscar-gekrönte Film *Who's Afraid of Virginia Woolfe?*, gefolgt von *The Graduate* und *Catch-22*. 1970 pries ihn die »Los Angeles Times« als Hollywoods »Wunderknaben«, und »Life« meinte, daß »heute der Nichols-Stil so vielgerühmt ist wie einst der (Ernst)-Lubitsch-Stil«.

Nichols hatte einen pfeilschnellen Verstand, eine Vorliebe für bittersüße Komödien ohne jede Sentimentalität, eine kühle, ironische Weltsicht und ein gutes Gefühl für verkorkste männliche Figuren, in deren Fehlern und Schwächen sich die Gesellschaft widerspiegelt. Und darin fand er sich in völliger Übereinstimmung mit Jules Feiffer, dem Autor von *Carnal Knowledge*, einem Dramatiker und Humoristen, dessen schneidende gesellschaftspolitische Cartoons ursprünglich in der New Yorker »Village Voice« erschienen.

Zuerst war Feiffer skeptisch gewesen, als Nichols den Namen Nicholson erwähnte, weil er sich den lässigen Star aus *Easy Rider* nicht in der Rolle des manipulierenden Machos Jonathan in *Carnal Knowledge* vorstellen konnte. Aber Nichols versicherte Feiffer, daß Jack genau der Richtige wäre.

»Und da kam dieser Typ mit seiner schleppenden Hinterwäldler-Sprache, so Marke Henry Fonda«, erinnert sich Feiffer. »Jack war gut, aber ganz habe ich die Sache immer noch nicht kapiert. Ich konnte ihn mir in der Rolle des Jonathan nicht vorstellen, den hatte ich mir immer als einen jüdischen Jungen aus der Bronx vorgestellt. Mike sagte zu mir: ›Glaub mir, wenn ich es dir sage, der wird der wichtigste Schauspieler nach Brando.‹«

Sonst gehörten zum Ensemble noch der Folk-Rock-Star Art Garfunkel als Sandy, Jonathans sensibler Freund; Candice Bergen, Jacks gute Freundin auch abseits der Kameras, als Sandys College-Liebelei, die dann eine Affäre mit Jonathan hat; Ann-Margret als Bobbie, die in Jonathan verknallt ist; und in kleineren Rollen Rita Moreno, Cynthia O'Neal und Carol Kane (in ihrem Leinwand-Debüt).

Obwohl *Carnal Knowledge* kein BBS-Film war, herrschte doch bei den Dreharbeiten der gleiche Gemeinschaftsgeist. Garfunkel war für Nichols eine Art Maskottchen geworden: seine und Paul Simons Musik hatte *The Graduate* untermalt, und er hatte in *Catch-22* sein Debüt als Schauspieler gegeben. Inzwischen war Candice Bergen mit Bert Schneider romantisch liiert. In Vancouver, wo die Dreharbeiten im September 1970 begannen, wohnten die drei Hauptdarsteller Bergen, Garfunkel und Nicholson gemeinsam in einem riesigen Haus.

In Bergens Worten hatte der Regisseur in Vancouver eine »klitzekleine Utopie« geschaffen. »Unter normalen Bedingungen hätte unsere eng verwobene kleine Gemeinschaft ein echter Albtraum werden können«, schreibt sie, »aber die Bedingungen waren geradezu idyllisch. Viele von uns waren schon vor den Dreharbeiten befreundet gewesen, und die anderen freundeten sich während des Filmens miteinander an ... Wir trollten uns nach Feierabend immer noch in unseren College-Klamotten im Stil der vierziger Jahre nach Hause, mit unseren Bürstenschnitten und runden Halsausschnitten und Pferdeschwänzen und Faltenröcken, weißen Wildlederslippern und Sportschuhen und Fliegen, kamen hereingerannt und grüßten die Haushälterin, die uns wie eine Mutter umsorgte und bekochte, und bettelten sie wie die Kinder nach der Schule um Süßigkeiten an.«

Es war Mike Nichols, der den Vorschlag machte, daß sie alle während der Dreharbeiten mit dem Kiffen aufhören sollten, eine künstlerische (und werbeträchtige) Idee. Ohne Dope, betonte Nicholson gegenüber dem »Playboy«, hatte Nichols »das Gefühl, daß wir vitaler wären, daß wir den jugendlichen Aspekt besser rausbekommen würden, ganz besonders in den frühen College-Szenen«, die in den späten vierziger Jahren spielen.

Wie viele von Jacks Streifen aus den frühen siebziger Jahren war auch *Carnal Knowledge* ein kompliziertes Drama mit hintersinnigem Humor. Der Film enthielt einige sehr anspruchsvolle Szenen für die Schauspieler, für das gesamte Ensemble und für Jack persönlich. Und doch gingen die Aufnahmen glatt über die Bühne, und Feiffer, der mit allen anderen am Drehort war, staunte darüber, wie gut Jack die verschiedenen Ebenen seiner Figur erfaßte: »Jack nahm das Schauspielen in einer Weise ernst, wie das einer wie ich, der aus New York kommt, von einem Bühnenschauspieler, aber nicht von einem Filmschauspieler erwarten würde«.

Feiffer erzählte, daß er mit dem katholischen Jungen aus New Jersey die waschechte Bronx-Aussprache von »schmuck« (Jiddisch: Beknackter) übte. »Es kam immer wie ›smuck‹ raus oder wie ›schmook‹«, meinte Feiffer. »Ich mußte Jack ›schmuck‹-Stunden geben.« Trotzdem nimmt man Nicholson nur schwer ab, ein Jude aus der Bronx zu sein. Er ist darin etwa so überzeugend wie mit seinem eigenartigen »italienischen« Akzent in *Prizzi's Honor* (und ehrlich, kauft ihm wirklich jemand in *Five Easy Pieces* den Konzertpianisten ab?) Aber Jack hatte eine Art, über diese kleinen Details hinauszuwachsen und das Wesentliche an seinen Figuren herauszuarbeiten. Und Jonathan war ein Typ, den er gut kannte, der obsessiv-zwanghafte Schürzenjäger.

Es gibt einige atemberaubende Szenen, zum Beispiel als Jonathan alle möglichen Verrenkungen macht, um nicht mit Bobbie zusammenziehen zu müssen. Die Szene ist voller furchtbarer Ironie und Ausweichmanöver, irrsinnig komisch und schrecklich brutal zugleich. Feiffer hatte es nicht für möglich gehalten, daß ein Schauspieler mit all diesen Gefühlsschattierungen fertig werden könnte, die er zu Papier gebracht hatte.

»Meine Erinnerung ist, daß Jack all das auf den ersten Anhieb geschafft hat. Ich denke da ganz besonders an die Szene, wo es ums Zusammenziehen geht. Ich konnte es gar nicht fassen, wie direkt und einfach und intelligent Jack das machte. Er hat einfach alles erfaßt.«

»Nick und Nick«, wie sich Star und Regisseur gerne nannten, holten das Beste aus allen heraus. Nichols war dafür bekannt, daß er immer einen guten Draht zu seinen Schauspielern hatte, und Nicholson ist genauso bekannt dafür, daß er (zumindest bei den Dreharbeiten) sehr großzügig zu seinen Mitspielern ist.

Wofür Jack bei Filmen wie *Carnal Knowledge* berühmt wurde: Er blieb auch dann noch im Hintergrund da, wenn er eigentlich vor der Kamera schon mit seiner Szene fertig war, und gab den anderen Mitspielern ihre Stichworte (in einer Szene, bei der Bergen telefonieren mußte, überzog er wie verrückt, nur um sie aus der Reserve zu locken und ihre Leistung noch zu verbessern).

An einigen Wochenenden schlug Nicholson noch Zeit für den Schnitt von *Drive, He Said* heraus. Ehe *Five Easy Pieces* im September in den Kinos anlief, wurde eine Kopie in den Norden geflogen, und Schauspieler und Drehteam setzten sich zusammen und sahen sich den ersten Nicholson-Film seit *Easy Rider* an. Die Rolle des George Hanson konnte man ja noch irrigerweise als Strohfeuer abtun, aber nun bestand für Jules Feiffer kein Zweifel mehr: Nichols hatte recht, Jack würde wirklich noch größer werden als Brando.

Das Ensemble von *Carnal Knowledge* hatte durchaus auch Zeit zum Ausspannen. Nicholson und andere gingen zu Konzerten von James Taylor und Liza Minnelli und sahen sich einen Boxkampf mit Muhammad Ali an.

Sie stellten eine gemeinsame Party mit dem Team von Robert Altmans *McCabe and Mrs. Miller* auf die Beine, der zur gleichen Zeit in der Nähe von Vancouver gedreht wurde. Feiffer meint, das sei genau der Augenblick in der Geschichte Hollywoods gewesen, in dem Nicholson, nachdem er ihn auf den Korridoren und Parties immer verpaßt hatte, endlich die Bekanntschaft von Warren Beatty machte, der in Altmans schrulligem Western die Rolle des Spielers McCabe übernommen hatte.

Beatty, der schon die Starrolle des Clyde Barrow spielte, als Nicholson noch seine einsame Zeile in *The St. Valentine's Day Massacre* murmelte. Beatty mit seiner legendären, armlangen Liste von Liebesgeschichten. Beatty mit der respektablen, großbürgerlichen Erziehung (Vater Professor, Mutter Schauspiellehrerin). Beatty, groß, athletisch, eine dunkel-attraktive männliche Erscheinung.

Nachdem er sie miteinander bekannt gemacht hatte, erzählt Feiffer, wippte Nicholson auf die Hacken zurück, blickte zu Beatty hoch, der um einiges größer war als er, und murmelte: »Na bitte, *so* muß ein echter Filmstar aussehen!« Feiffer fühlte, daß die beiden sofort einen guten Draht zueinander hatten.

Als *Five Easy Pieces* im Herbst 1970 über ein Jahr nach *Easy Rider* in die Kinos kam, wurde er mit Superlativen überhäuft, als eines der originellsten, treffendsten und blendendsten Beispiele für den neuen amerikanischen Film gerühmt.

Wenige Leinwandleistungen von Nicholson sind so präzise, technisch so kontrolliert, gefährlich und großartig. *Five Easy Pieces* festigte Jacks Image als Inbegriff des sozialen Verlierers; er »griff« das Publikum genauso »an« wie *Easy Rider.* Obwohl an Bobby Dupea nichts von Gegenkultur war (und schon gar nicht an der Filmmusik, einer Mischung aus Country & Western und Klassik), so hatte doch auch er alle Illusionen über Amerika verloren, war zehnmal so entfremdet und enttäuscht wie George Hanson. »Na komm schon, erzähl mir was vom schönen Leben«, meint Bobby höhnisch zu seinem Ölbohr-Freund, »da kommt mir echt die kalte Kotze«.

Nicholsons endgültige Aufnahme in »den erlesenen Zirkel amerikanischer Schauspieler« wurde von der Zeitschrift »Newsweek« verkündet, die ihm sein erstes überregionales Titelblatt widmete (Dezember 1970). Die Zeitschrift lobte den Schauspieler über den grünen Klee, der so viel von sich in die Rollen zu investieren schien und der »in seinem Stil und seiner Sensibilität das Zeitgefühl zum Ausdruck bringt, ganz so, wie Marlon Brando und James Dean eine Resonanz auf die fünfziger Jahre ausstrahlten«.

Carnal Knowledge startete im Sommer 1971 und traf doppelt ins Schwarze. Das scharfzüngige Drehbuch, die hervorragenden Schauspieler und der kunstvolle visuelle Stil mit seinen extremen *Close ups* und Großaufnahmen stellten es in jeder Beziehung mit *Five Easy Pieces* auf eine Stufe, machten es zu einem ebenso eindrucksvollen Anschlag auf amerikanische Wertvorstellungen.

Nicholsons Hauptanliegen Sex war vielleicht im ersten Film, der ihn für die Nachwelt definierte, in *Easy Rider*, zu kurz gekommen. Aber *Five Easy Pieces* und *Carnal Knowledge* ließen in ihrer Sprache und ihrem sexuellen Inhalt an epischer Breite nichts vermissen, erforschten in provokanten Szenen die Pathologie der Mann-Frau-Beziehung. Dies sind die Bereiche in Nicholsons Karriere, in denen er immer an vorderster Front geblieben ist, immer eifrig darauf bedacht, sich zu beweisen und kräftig Tabus zu zerschmettern.

Bobby hat eine außerplanmäßige Bumsnummer mit Betty (Sally Struthers) in *Five Easy Pieces* (er selbst zeigt nur wenig Fleisch und trägt ein Triumph-T-Shirt; in einer anderen, früheren Szene Unterwäsche und Cowboy-Stiefel). Die Szene ist überhektisch mit Handkamera gefilmt, unverblümt und aufschlußreich, das erste Anzeichen für Jacks wilde Entschlossenheit, als fantastischer Filmliebhaber Furore zu machen.

Die freimütigen Dialoge und die Nacktszenen von *Carnal Knowledge* brachten dem Film ziemlich kontroverse Reaktionen ein (so mußten zum Beispiel die Produzenten im Kampf gegen das Verbot im Staat Georgia bis zum Obersten US-Gerichtshof gehen). Krönender Abschluß ist eine für das damalige Hollywood wirklich aufsehenerregende Szene, in der man den impotenten Jonathan (Nicholson) sieht, wie er mit Hilfe einer Prostituierten (Rita Moreno) zu onanieren versucht.

Manche Kritiker, insbesondere Feministinnen, hatten das Gefühl, daß der Film in seiner Anatomie der männlichen Psyche mit seiner wahren Meinung hinter dem Berg hält. Sie trauten der Einstellung nicht und fragten sich – insbesondere nach *Five Easy*

Pieces und all den Interviews über »Miezen« – ob Nicholson selbst nicht vielleicht genau die Macho-Philosophie von Jonathan vertrat.

Manchmal, wenn er unter Beschuß von Feministinnen und Filmkritikern geraten war, ging Nicholson in Bezug auf die Figur des Jonathan stark in die Defensive. Er bezeichnete sich sogar ab und an selbst als Feministen. Manchmal redete er aber auch um der besseren Publicity willen so, als seien er und Jonathan eng miteinander verbunden.

In einem »Playboy«-Interview argumentierte Jack, daß »Jonathan die sensibelste Figur im ganzen Film ist. Er ist es, der sich nie von dem ursprünglichen sexuellen Dreiecksverhältnis erholt. Er kann danach nie wieder einem Mädchen trauen«. Jack gab jedoch auch zu, daß man »nach einem flüchtigen Gespräch mit mir gewisse Schwierigkeiten haben könnte, meine eigene Einstellung zum Thema Sex von der Jonathans zu trennen«.

Georgianna Carter und Sandra Knight haben sich wahrscheinlich sehr gewundert, als sie in mehr als nur einem Interview zu lesen bekamen, Nicholson hätte sich immer zu den knüppelharten, rachsüchtigen Frauen hingezogen gefühlt – den »Skunks« (Stinktieren), wie er unerreichbare Frauen titulierte. Diese Sprache ist der Sprache Jonathans sehr ähnlich, der in *Carnal Knowledge* in einem Diavortrag die Frauen in seinem Liebesleben vorführt, die ihm »mächtig was vor den Sack gegeben hatten«. Aber so dachte und handelte Jack nach seiner Trennung von Mimi Machu – gar nicht so sehr anders als Jonathan.

Für *Five Easy Pieces* erhielt Nicholson seine zweite Oscar-Nominierung, diesmal als Bester Hauptdarsteller.[1]

Aller Stolz, den Jack vielleicht über *Five Easy Pieces* verspürt hatte, wurde sicher sehr von der heftig ablehnenden Reaktion auf *Carnal Knowledge* getrübt – und vom noch schlimmeren Schicksal, das *Drive, He Said* ereilte. Nicholson ging im Frühjahr 1971 mit seinem Film und mit riesigen Erwartungen nach Cannes. Er

1 Die einzige, die aus dem Team von *Carnal Knowledge* nominiert wurde, war Ann-Margret als Beste Schauspielerin in einer Nebenrolle für Jonathans schikanierte Freundin Bobbie.

zog ganz selbstbewußt seine Runden, war sich sicher, daß er gute Chancen hatte, die gleiche Auszeichnung wie Dennis Hopper für *Easy Rider* einzuheimsen, den Preis für den besten Nachwuchs-Regisseur.

Die Reaktion bei der Weltpremiere des Films erstaunte ihn dann sehr. Einige Leute waren aufgesprungen und jubelten, während andere wild buhten. Es wurden Rufe laut, es gab wildes Gerangel und Geschiebe. Einige Zuschauer »sprangen auf und schüttelten wütend ihre Fäuste in die Richtung, in der Nicholson und seine beiden Schauspieler William Tepper und Michael Margotta saßen«, berichtete die »New York Times« und schrieb weiter: »Zum Teil war die Publikumsreaktion wohl auf die gänzlich glanzlose Art zurückzuführen, wie man die Sexszenen behandelt hatte.«

Die erste Frage bei der anschließenden Pressekonferenz bestimmte den feindlichen Ton: »Was gehen uns all diese schizophrenen Leute an?«

Von den drei offiziellen US-Teilnehmern ging beim Wettbewerb nur Nicholsons Film leer aus. Jerry Schatzbergs *Panic in Needle Park* gewann einen wichtigen Darstellerpreis. Und Dalton Trumbos *Johnny Got His Gun* teilte sich in den Preis für den Besten Nachwuchs-Regisseur. Halb wütend, halb verwirrt kehrte Nicholson nach Amerika zurück, wo *Drive, He Said* im Juni in die Kinos kam.

1971 hatte die Protestbewegung ihren Höhepunkt erreicht. Die gequälten Helden des Films waren dem Zielpublikum ein Dorn im Auge, selbst wenn man sie als Symbol für die kranke Gesellschaft ansehen konnte. Die trostlose, antiheroische Botschaft des Films, seine absolute Negierung von Liebe und linker Politik ließ auch die meisten US-Kritiker völlig kalt.

Die »Village Voice«, die einflußreiche alternative New Yorker Wochenzeitschrift, griff Nicholsons Film an, gab der Meinung Ausdruck, daß der Anti-Establishment-Star aus *Easy Rider* eine politische Kehrtwende gemacht hätte, und daß *Drive, He Said* eine Beleidigung für die Gegenkultur und die studentische Linke wäre.

Mike Zwerin, der Korrespondent der »Village Voice«, beschwerte sich in seinem Bericht aus Cannes, daß »die revolutionäre Figur im Film ... , die Tatsache, daß diese Figur sich in einen ausgeflippten Vergewaltiger verwandelt ... , nur alle braven Bürger davon überzeugt, ... daß alle Revolutionäre verrückt sind. Einem Typen, der so voll im Trend liegt wie Jack Nicholson mit seiner gegenwärtigen Macht, würde man alles mögliche durchgehen lassen. Und wir können es uns einfach nicht leisten, daß Leute wie er ›abspringen‹ – und Leute wie (der Anführer der Black Panther Party in Chicago) Fred Hampton von den Bullen umgebracht werden.«

In einer Diskussionsrunde des Radiosenders der Columbia University – WKRC-FM – saß Nicholson zusammen mit Richard Schickel (damals Filmkritiker bei »Life«), Jacob Brackman (»Esquire«) und Jonathan Cott (stellvertretender Chefredakteur von »Rolling Stone«) am Tisch und mußte sich gegen eine wahre Flut von Kritik zur Wehr setzen, die zur einen Hälfte auf die Ästhetik, zur anderen auf die gesellschaftspolitische Komponente des Films zielte.

Schickel, nicht besonders begeistert vom Film, machte sich seine Gedanken über die Szene, in der Hector und Olive auf dem beengten Rücksitz eines Sportwagens eine schnelle Sexnummer schieben. War das nicht eine typisch männliche Sichtweise von Sex? Wurden hier nicht Frauen ausgebeutet?

Auch der »Playboy« konzentrierte sich auf die gleiche Szene und meinte herauslesen zu können, daß Nicholson »einer der letzten Vertreter der alten Schule war, der noch dachte, daß Sex etwas Schmutziges ist – etwas, das in Autokinos auf dem Rücksitz abläuft«.

Nicholson mußte für diese Szene geradestehen, und für eine andere, die ihm beim Drehen so einen gewaltigen Kick gegeben hatte: die Bilder der männlichen Athleten, die nackt unter der Dusche herumtollten. War es eine Art unbewußter Rassismus, daß er hier das sexuelle Rüstzeug eines schwarzen Athleten bloßgelegt hatte?, fragten ihn die Interviewer. Nein, erwiderte Jack wütend.

Nicht lange danach erklärte er den beiden Autoren, die das erste Buch über ihn schrieben (»Jack Nicholson: Face to Face«), daß ihn die kritische Reaktion auf *Drive, He Said* am Boden zerstört hatte. »Ich kann nicht (mehr) schreiben. Ich bin verdammt verwirrt. Ich wollte ja nie ein unglaublich beliebter Künstler werden ... , aber ich habe immer gedacht, wenn man gute Qualität liefert, dann kriegt man auch irgendwie eine Qualitäts-Reaktion drauf.«

Drive, He Said wurde aus dem Verleih genommen. Und es ist auch bis heute nicht als Video erhältlich.

Der Film hat durchaus seine überragenden Momente, und das Ende ist fantastisch: Der ausgerastete Gabriel schleicht durchs Campus und befreit Insekten und Reptilien aus den Versuchslabors. Das stand so in Larners Roman. Was Jack hinzufügte, war Gabriels Nackheit, ein meisterlicher Einfall. Und dann noch Gabriel, wie er die Treppe der Bibliothek hinuntergeführt wird, nackt und in Handschellen, und wie er erklärt: »Ich habe recht, und ich bin total normal.« Das hat Nicholson perfekt getroffen, es läßt sein Porträt von Randall P. McMurphy vorausahnen, der ja auch total normal ist und recht hat ... auf seine ureigene Weise.

Drive, He Said ist in den Vereinigten Staaten regelmäßig in College-Filmklubs zu sehen; und in Paris, wo es vom sicheren Abstand des Rive Gauche aus beinahe jährlich wiederbelebt und als einer der tapferen, authentischen und beunruhigenden Filme gelobt wird, der zeigt, was in den sechziger Jahren in den amerikanischen Colleges wirklich abging.

Nicholson fand eine Art Trost in der wohlgestalten Form von Michelle Phillips. Das Mädchen aus Kalifornien war 1962 Mrs. John Phillips geworden und dann eine der Sängerinnen in der von ihrem Mann begründeten Folk-Rock-Gruppe »The Mamas and the Papas«. 1968 wurde die junge Popsängerin von ›Papa‹ John geschieden, 1970 war sie acht Tage lang mit Dennis Hopper verheiratet, nachdem sie in Peru in Hoppers unglückseligem Film *The Last Movie* eine kleine Rolle gespielt hatte.

Jack war deprimiert, Michelle auch. Sie fingen an, miteinander auszugehen, wurden bald überall zusammen gesichtet. Nicholson rief Hopper in Taos an, wo der lebte, und teilte ihm mit, daß er sehr verliebt sei. »Na dann viel Glück, Junge!«, soll der Regisseur von *Easy Rider* zu Jack gesagt haben. »Zwischen ihr und mir ist sowieso alles aus.«

Michelle weigerte sich, bei Nicholson einzuziehen, weil sie aus ihrer Ehe mit John Phillips eine fünfjährige Tochter (Chynna) hatte und weil (in ihren eigenen Worten) »der Gedanke, mit ihm zusammenzuleben, einfach furchtbar war, weil er so eingefahrene Gewohnheiten hatte«. Kein Problem. Jack kaufte einfach das Haus nebenan, eine der beiden anderen Villen in seinem Privat-Canyon.

Michelle lebte also im Nebenhaus (»Es war ganz gut, außer daß Jack immer durchs Fenster reingeglotzt hat, um zu sehen, was ich gerade machte!«), und Jack half ein bißchen in der Elternrolle aus – er brachte Chynna in den Kindergarten.

Interviews waren für Nicholson eine Gelegenheit, seine neue Liebe zu erklären, sozusagen die Parameter der Beziehung in der Öffentlichkeit festzuklopfen.

»Während sich meine Gefühle für Michelle vertieften«, erzählte der Schauspieler im »Playboy«, »habe ich ihr geraderaus gesagt: ›Hör mal, ich habe keine Lust, ständig den Fortschritt dieser Beziehung durchzuhecheln. Wir wollen die Sache spontan im Hier und Jetzt halten.‹ Und es funktioniert wunderbar. Ich versuche, immer offener zu werden und als Mann zu reifen und in meiner Beziehung zu einer Frau Erfüllung zu finden. Ich habe eine Zeit ganz ohne Beziehung gelebt, und ich finde nun heraus, daß mir meine Errungenschaften mehr bringen, wenn ich mit jemand zusammen bin. Ich teile gern, und ich lerne gern, wie man teilt. Und ich habe herausgefunden, daß ich einroste und mich in vielerlei Beziehung nicht richtig entfalte, wenn ich allein bin. Und da wo ich geistig jetzt bin, da wird meine sich weitende Sexualität nicht am stärksten in der Promiskuität befriedigt, sondern durch ständige Kommunikation mit einer einzigen, besonderen Person«.

Wenn Publicity für den Status des »Großen Mannes« grundlegend wichtig ist, hatte Jack seine Karriere meisterhaft im Griff.

In der guten alten Zeit hatten die Studios alle Publicity für ihre Schauspieler in die Hand genommen. Die Werbeabteilungen arrangierten Interviews, pflegten Kontakte zu Journalisten, sorgten dafür, daß Skandale nicht in der Presse auftauchten. Heutzutage sind alle traditionellen Pufferzonen und Hemmschwellen flachgefallen, und ein Filmstar ist völlig ungeschützt und muß ganz allein mit der aufdringlich neugierigen Presse fertig werden.

Manchmal tat Jack spielerisch so, als haßte er Pressegespräche (eine Zeitschrift meinte, er gebe Interviews mit dem Enthusiasmus eines Mannes, der sich einer schweren Operation unterziehen muß). In Wirklichkeit genoß er sie, und hat im Verlauf seiner Karriere wohl mehr Interviews gewährt als Robert Redford, Warren Beatty, Al Pacino, Dustin Hoffman und Robert De Niro zusammen.

Er zeigte geniales Publicity-Geschick. Seine Vorstellungen von Angesicht zu Angesicht waren oscarreif. Er konnte sich richtig an die Journalisten ranschmusen, bezwingend lächeln und reden wie ein Wasserfall, ließ sich nie überrumpeln (da kamen ihm all die Jahre zugute, in denen er sich in Streitgesprächen wacker geschlagen hatte). Er beantwortete die Fragen auf seine einzigartige, abschweifende Weise, gab den Reportern nur ab und zu einmal die Chance, ein Wort dazwischenzukriegen, wenn ihm danach zumute war. Er war der Ober-Manipulator seines eigenen Images.

Publicity war tolle Therapie. Publicity war Autobiografie im vollen Gang. Publicity war das Drehbuch, das immer und immer wieder neu geschrieben und nie verfilmt wurde. Vor allem, denn Nicholson hatte altmodische Ansichten, wie man ein Produkt zu vermarkten hatte – wenn auch ziemlich neumodische Ansichten darüber, was er zu diesem Zweck in einem Interview von sich geben konnte –, vor allem war Publicity gut fürs Geschäft.

Jacks dritter Film, der in diesem geschäftigen Jahr 1971 in den Kinos erschien, war *A Safe Place*, Henry Jagloms Regiedebüt. *A Safe Place* startete im Herbst und war ein neckisches Taschenspielerstückchen mit Orson Welles, Tuesday Weld, Philip Proctor vom komischen Fireside Theatre und einem speziell im Vorspann aufgeführten Nicholson.

Nicholson hatte das Gefühl, Jaglom einen Gefallen zu schulden, für seine Freundschaft allgemein und für *Easy Rider*. Dieser Film, der unter dem BBS-Banner erschien, begründete Jagloms Ruf als Autor und Regisseur. Jaglom hat sich seither eine sehr produktive Karriere als einer der wenigen echten Exzentriker in der Hollywood-Szene geschaffen. Die meisten seiner Filme ähneln *A Safe Place*: Sie sind sehr persönlich, kommen vom Hundertsten ins Tausendste, haben normalerweise wenig bis gar keine Handlung und bewegen sich völlig außerhalb jedes traditionellen Filmgenres. Entweder man liebt sie, oder man haßt sie. Und das ist schon bei *A Safe Place* so.

Nicholson hatte keine Szenen mit Welles, einem seiner Filmgötter, zu spielen, der den ganzen Streifen mit seinen Zaubertricks beherrscht. Meist mußte Jack Tuesday Weld rätselhaft anlächeln, deren Figur irgendeine vage angedeutete psychologische Krise durchmachte. Das ist alles, was Jaglom Jack an Anweisungen gegeben hatte: lächeln.

Inzwischen war Nicholsons »Killerlächeln« (ein Ausdruck, der allgemein der früheren Chefredakteurin von »Vogue«, Diana Vreeland, zugeschrieben wird), das er schon von Kindesbeinen an erprobt hatte, bereits der meistgefeierte Teil seiner Physiognomie.

In den Worten von »Cosmopolitan«: »Zwei Reihen perfekter kronenloser Zähne (die) wie hundert strahlende Sonnen in einem Lächeln aufblitzen, das so vernichtend und bezaubernd ist wie das von John F. Kennedy.«

Aljean Harmetz beschrieb das gleiche Lächeln in der »Los Angeles Times« als »Reihe um Reihe blendende Haifischzähne«.

Im englischen »Evening Standard« meint Alexander Walker, daß es ein »blendendes, meterbreites Lächeln (ist), das Nicholson augenblicklich zum Sonnyboy oder zur sexuellen Bedrohung machen kann, das ihn genauso attraktiv wie gefährlich aussehen läßt.«

»Time« beschrieb es als ein »perfektes, ewig breites Lächeln, das aufblitzt und verschwindet wie das Licht am Eddystone-Leuchtturm.«

Natürlich wurmte es Nicholson bald, daß man ihn als klein oder schütter bezeichnete. Aber manchmal reichte es ihm auch schon, daß immer wieder sein perfektes Lächeln hervorgehoben wurde, und er gab sich alle Mühe, darauf hinzuweisen, daß das nur ein einziger Aspekt seiner komplexen Person war.

»Die Leute haben echt Probleme mit dem Lächeln«, seufzte er in einem Interview. »Das nagelt einen so fest!«

Rafelson war einer der Leute, die echt Probleme mit Nicholsons Lächeln hatten. Es hing ihm kilometerweit zum Hals raus. Er wollte Jack in einem Film, wo er kein einziges Mal lächeln würde.

Er wollte Jack in einem Film, wo er deprimiert und unterdrückt war und seine Wut nach innen richtete. Sollte das Publikum doch sehen, wie es damit zurecht kam.

Rafelson war in allem gegenteiliger Meinung. *Five Easy Pieces* war ein ziemlicher Hit geworden. Es hatte in gewisser Weise zu viele Szenen, die der breiten Masse gefielen. Das ging Rafelson gegen den Strich. Man hörte ihn vor sich hinmurmeln, für ihn sei die hehre Kunst von *Head* weitaus mehr wert. Sein Ehrgeiz war es, einen Film mit Nicholson zu machen, in dem rein gar nichts war, das der breiten Masse gefallen würde.

Rafelson ging im Frühjahr 1971 zum Zelten und Denken nach Big Sur und nahm Jacob Brackman mit. Der hatte kurze Zeit als Kulturkorrespondent für »Newsweek« und »The New Yorker« und auch als Filmkolumnist für »Esquire« gearbeitet und bewegte sich in den äußeren Sphären des Freundeskreises. Rafelson dachte, daß ihm Brackman vielleicht dabei helfen könnte, eine Filmstory für Nicholson zu entwickeln.

Wieder einmal ging die Idee von einem bestimmten Bild aus: Rafelson wollte mit einer extremen Nahaufnahme von Jack anfangen. Die würde länger auf der Leinwand hängen als je zuvor in der Geschichte Hollywoods eine Nahaufnahme. Jack würde rasend schnell reden. Worüber, das wußte Rafelson noch nicht, aber Jacks ganz eigener Zauber, den Rafelson so gut verstand, würde das Publikum in seinen Bann schlagen.

Rafelson hatte auch schon einen Titel: »The Philosopher King«. Er reflektierte mit Brackman darüber, ob man vielleicht Bruce Dern und Jack als Brüder besetzen könnte (Rafelson gefiel das sehr, es paßte zu seiner eigenen Vorliebe für Geschwisterprobleme). Sie entwickelten die Idee, daß man irgendwie einen Talk-Show-Moderator aus dem Radio in die Geschichte einbauen sollte.

Als Brackman von Big Sur nach Osten abflog, hatte er als Grundlage für seine Arbeit nicht viel mehr als das. Er fing mit der Arbeit an der Story an, ließ sie in Atlantic City spielen, wo er selbst aufgewachsen war, und machte aus Derns Figur David Staebler, einen Monologe quatschenden Radiomoderator im Nachtprogramm. Mit der Zeit knüpfte Brackman darum den Handlungsablauf, in dem Nicholsons Figur, Davids Bruder Jason Staebler, einen grandiosen Plan ausheckt, wie er eine paradiesische Insel kaufen kann, während er noch verzweifelt versucht, sich aus seinen Spielschulden herauszuwinden.

Nachdem Brackman diese Story Rafelson vorgelegt hatte, kam dem Regisseur der Einfall, die Besetzung genau umgekehrt zu machen. Laß Nicholson was tun, was er noch nie gemacht hat, meinte Rafelson. Laß jemand anderen die übliche Nicholson-Show abziehen. Die Besetzung hatte Neuheitswert: Dern würde eigentlich Nicholson spielen, übertrieben, außer Rand und Band. Und Nicholson, der introvertierte Radio-Rapper, wäre gezwungen, sich zu sublimieren.

Nicholson bekam das Drehbuch nicht zu sehen, bis Rafelson es ihm sozusagen als *fait accompli* präsentierte. Zu diesem Zeitpunkt saß er am längeren Hebel: Nicholson fühlte sich ihm verpflichtet. Und er fühlte sich BBS verpflichtet.

Außer Dern und Nicholson waren für die anderen Hauptrollen Ellen Burstyn, Julia Ann Robinson und Benjamin »Scatman« Crothers vorgesehen. Burstyn, die auch für die Rolle der Rayette in *Five Easy Pieces* probegelesen hatte, sollte Derns Freundin, eine alternde Schönheitskönigin, spielen. Robinson war eine andere unbekannte Schauspielerin, der die A-Star-Is-Born-Behandlung der Firma Rafelson-Nicholson zuteil werden sollte: als Burstyns Stieftochter. Crothers war ein solider Musiker und früherer Scat-Sänger mit einer ausdrucksstarken Persönlichkeit; er war für die Rolle des halsabschneiderischen Gauners vorgesehen, der Derns Charakter die Daumenschrauben anlegt.

Gedreht wurde im Winter 1971/72 in Philadelphia, Atlantic City und am Strand von New Jersey, nicht weit von dem Ort entfernt, wo Jack aufgewachsen war. Das Drehbuch hatte überhaupt nichts Lustiges, aber Ensemble und Drehteam (inklusive Chefkameramann Laszlo Kovacs) waren alte Freunde und hatten viel Spaß bei dieser Low-Budget-Produktion im besten und altbewährten BBS-Familienstil. Niemand ahnte damals, daß es eine der letzten Produktionen der Firma sein würde.

Vor der Kamera waren Jack und Bruce Brüder, und sonst »hatten sie eine spielerische Beziehung, wie Burschen, die zusammen Blödsinn machen«, sagt Ellen Burstyn. Sie stritten über Sport, spielten Ping-Pong. Wie ein Besessener hielt sich Dern an seine Jogging-Routine, rannte jeden Morgen die ganze Strandpromenade rauf und runter. Und an Ellen Burstyns Geburtstag überraschten die beiden Hauptdarsteller und der Regisseur sie mit einem Ständchen im Adamskostüm.

Einige Zeit war auch Michelle Phillips dabei und führte Jack fröhlich an der Nase herum. Die Ex-›Mama‹ war sanft und lebenslustig, aber auch selbstsüchtig und hochgradig verwöhnt. Wenn sie ihren Willen nicht bekam, explodierte sie, putzte Jack vor versammelter Mannschaft als »blöden irischen Idioten« herunter. Die Hälfte der Zeit wickelte sie ihn um den kleinen Finger. Die andere Hälfte war es ein torloses Unentschieden zwischen den beiden.

Wann immer Michelle einen Drehort unsicher machte, drehte sich das laufende Drama darum, wo Jack und sie ihre Zelte aufschlagen würden. Michelle fand die Absteigen, gegen die Jack offensichtlich nichts einzuwenden hatte, grauenvoll. Dann stürmte sie zur Tür herein und spulte ihre »Pack-sofort-deine-Sachen«-Nummer ab. Ihr großer Ehrgeiz war, in einem Herrenhaus am Meer zu residieren, während Jack es völlig zufrieden war, mit Curly, Dernsie und den anderen in einem Howard Johnson's Hotel zu wohnen.

Und Phillips arbeitete hart für ihr ehrgeiziges Ziel. In New Jersey machte sie bei sämtlichen Immobilienmaklern die Runde, fand auch den perfekten Palast am Meer, hätte beinahe einen Vertrag abgeschlossen – als schmerzlich klar wurde, daß Jack nicht die geringste Absicht hatte, von seinen Kumpels wegzuziehen, und Michelle von dannen stürmte.

Nicholson stand zwar völlig unter ihrer Fuchtel, trug aber seine Unterdrückung mit einem Grinsen. Er zeigte Michelle für sein Leben gern vor. So nahm er die Ex-›Mama‹ mit zu den Football-Spielen an der Manasquan High School, ging unterwegs in den Restaurants seiner Jugendzeit vorbei, begrüßte Bekannte aus alten Zeiten und gab Autogramme.

Kaum war Michelle nach Kalifornien abgereist, da lief wieder im Fernsehen nichts als Sport, wurde mit den Jungs rumgeblödelt, und die lange Warteschlange der blonden Tussis Marke Cheerleader kam wieder zum Zug. »Eine Minute nach ihrer Abfahrt«, sagte eine Mitarbeiterin der Produktion, »da hatte er schon wieder sein kleines Gefolge«.

Es gab auch noch andere Probleme mit den Frauen. Julia Ann Robinson erwies sich als außerordentlich farblose Schauspielerin. Das Originaldrehbuch hatte eine Art optimistischen Nachsatz, in dem angedeutet wird, daß ihre Figur und Jacks Charakter vielleicht miteinander glücklich werden könnten. Aber Jack konnte keinerlei Beziehung zu ihr aufbauen. Genausowenig wie Rafelson.

Der wollte natürlich nicht zugeben, daß er bei der Besetzung einen Fehler gemacht hatte. Also schrieben er und Brackman Robinson aus immer mehr Szenen heraus. So verschob sich das Gleichgewicht des Films immer mehr, und *The King of Marvin Gardens*, der schon von Anfang an als nicht-kommerzieller Film geplant war, bekam eine noch finsterere Note.

Jacks Figur war wie keine andere, die er je gespielt hatte oder spielen würde: ein freudloses, völlig verklemmtes Individuum, ein bebrillter Schwachkopf, der sich nur vor einem Tonbandgerät oder Radiomikro ausdrücken konnte. Seine Monologe durchzogen den Film wie ein roter Faden und gaben dem Regisseur mehr als einmal Gelegenheit zu ausführlichen Nahaufnahmen.

Jack spielte den Charakter »umgekrempelt«, nach innen gewandt, wie Rafelson es verlangt hatte, aber er war unverbesserlich und schuf immer wieder Augenblicke, in denen er doch glänzen konnte. Es war, als traute er sich ohne das Lächeln, ohne die Marotten oder kleinen Explosionen, die die Szenen lebendig machten, selbst nicht ganz über den Weg. Oder vielleicht wußte Jack (anders als Rafelson) den Wert guter Unterhaltung zu schätzen. In einer kleinen Vignette, einer Auktion auf dem Gehsteig, übernahm Jack die Rolle des wortgewandten Verkäufers. Und in einer der besten Szenen, bei einer Imitation der Miss-America-Zeremonie, gibt er eine hinreißende Vorstellung als Bert-Parks-Double. Beide Szenen stammten aus dem Brackmanschen Drehbuch, waren aber mächtig ausgebaut.

In Rafelsons Sicht war einer von Jacks Monologen die ausschlaggebende Szene des Films. Wieder einmal wollte er, daß Jacks Figur zusammenbrach und vor der Kamera weinte. Wieder einmal sagte Nicholson nein. Wieder einmal gerieten sie sich am Drehort in die Haare, langsam kamen den anderen die Töne bekannt vor.

»He, ich soll wieder ein Crybaby (Heulsuse) sein«, meinte Nicholson. »Ich war aber schon mal ein Crybaby, ein Crybaby Killer. Und jetzt will ich kein Crybaby mehr sein.« Je mehr er sich widersetzte, um so wichtiger schien es dem Regisseur, ihn hier zum Weinen zu bringen.

Wieder einmal machte sich Nicholson am Abend vor den Dreharbeiten zu einer Szene und am Tag selbst, als schon die Scheinwerfer und Kameras aufgebaut wurden, daran, seinen Schlüsselmonolog umzuschreiben. Rafelson hatte schon jede Menge Entwürfe Brackmans abgelehnt. Schließlich hatte im Drehbuch nur noch gestanden. »David spricht einen seltsamen Monolog, in dem er sich auf die vergangenen Ereignisse bezieht. Er weint.«

Am Abend, als die Szene gedreht wurde, waren nur noch wenige anwesend. Nicholson informierte Rafelson, daß er eine einzige Klappe filmen würde, nicht mehr. Wenn er dabei weinte, in Ordnung. Wenn nicht, vergiß es. Als Jack seinen Text sprach, hörten Brackman und Rafelson ihn zum ersten Mal. Es war die übliche Mischung aus kristallklaren Einsichten und merkwürdig mulmigen Aussagen, die vielleicht wirklich nur Nicholson beim Spielen glaubhaft machen konnte, weil sie ein organischer Bestandteil seiner Person waren.

Macht keinen Sinn, wenn man nicht mitfährt und Spaß an den Spielen hat, wenn es bei dem Trip eigentlich nur darum geht. Nicht nötig, sich nicht den Kopf darüber zu zerbrechen, was der Held spät nachts, wenn man nicht einschlafen kann, hinter verschlossenen Türen veranstaltet.
Einen Moment sah es so aus, als wären die Ziele nicht mehr ernst gemeint. Dann konnte plötzlich nichts Ernsteres mehr passieren. Vielleicht sogar ein Trip nach Blue Hawaii. Ich wollte es ganz bestimmt nicht aufhalten. In der Klapsmühle, wie will man da wissen, wer wirklich verrückt ist? Wie will man wissen, ob man es selbst ist, der das alles aufhalten soll? Und zwar jetzt? Und daß man keine Ahnung hat, wie man das machen soll.
Die echte Knarre lag schon immer bei den Wasserpistolen. Bis Mittwoch, ihr Gastgeber für den Abend, David Staebler…

Diesmal weinte Jack nicht direkt, aber er hatte einen Kloß im Hals. »Mir lief es eiskalt über den Rücken«, sagte Lynn Bernay. »Das war die fantastischste Leistung eines Schauspielers, die ich je gesehen hatte.« Nachher, lang nach Mitternacht, klopfte Nicholson an ihre Schlafzimmertür, weckte sie auf und fragte: »Ich war doch toll, oder?«

Nach Ende der Dreharbeiten und Rückkehr des Teams nach Kalifornien änderten Rafelson und Nicholson den Titel zu *The King of Marvin Gardens*. In einer einzigen Szene nur war Marvin Gardens erwähnt worden, selbst die fiel dem Schnitt zum Opfer.

Zum Abschluß wurde eine Party gefeiert: es gab massig Quaaludes (oder Methaqualon), eine Mode-Droge der frühen siebziger Jahre, die zur sexuellen Stimulation, als Beruhigungsmittel und als Schlaftablette zum Einsatz kam. Und so war auch der Film – ein merkürdiger und wunderbarer Downer, von dem allerdings einige Leute meinen, daß in ihm vielleicht eine der zwingendsten schauspielerischen Leistungen zu sehen ist, die Nicholson je geliefert hat.

Alle Filme von BBS kosten weniger als eine Million Dollar – so lautete ein Schneider-Edikt. Dadurch konnte er, ein Corman-Typ mit größerem Etat, die Kosten niedrig und den Profit maximal halten. Nicholsons Gage für *A Safe Place* war ein Farbfernseher. Für *Five Easy Pieces* und *The King of Marvin Gardens* bekam er nach eigenen Aussagen nur die gewerkschaftliche Mindestgage und »einen Brutto-Brutto-Batzen«.

Obwohl er in Interviews immer wieder behauptete, daß eine prozentuale Beteiligung an den Brutto-Kasseneinnahmen »die einzige Art sein sollte, wie jemand, der beim Film mitarbeitet, einen Haufen Geld verdient – indem er ein gewisses Risiko auf sich nimmt«, änderte er seine Verhandlungs-Philosophie schnell. Nach dem hohen Lob, das er für *Five Easy Pieces* und *Carnal Knowledge* eingeheimst hatte, wurde er von einer wahren Lawine lukrativer Angebote überrollt, die alle von außerhalb des BBS-Lagers kamen.

Unter anderem lehnte Nicholson in den frühen siebziger Jahren eine Hauptrolle in *The Sting*, den Michael Corleone in *The Godfather* und den Jay Gatsby in *The Great Gatsby* ab.

Am meisten ärgerte ihn Gatsby. »Ich glaube, da wäre ich richtiger gewesen als Bob Redford«, sagte er Jahre später bedauernd. »Der sieht schon privilegiert aus. Er hätte keine Skrupel, sich zur Spitze hochzuboxen. Er würde sich keine Sorgen machen, ob er vielleicht nicht gepflegt genug ist.«

Nicholson hatte bei *The Godfather* ein ungutes Gefühl; aber nach *The Terror* hatte er vielleicht auch ein ungutes Gefühl bei Francis Ford Coppola. Der geforderte italienische Akzent machte ihn nervös (man hatte ihm ja immer eingebleut, daß er ein unüberhörbares Jersey-Näseln hatte). Nicholson »mochte die Zeit«, in der *The Sting* spielte, »aber ich wollte meine Energie in einen Film einbringen, wo sie wirklich gebraucht wurde ... Vom kreativen Standpunkt gesehen«, erzählte Jack Interviewern über *The Godfather* und *The Sting*, »wären sie für mich reine Zeitverschwendung gewesen«.

Die Wahrheit war etwas komplizierter. Kommerziell sahen alle drei Filme 1971 in der Vorbereitungszeit nicht gerade wie sichere Gewinner aus. Und obwohl Nicholson sich gerne damit brüstete, daß er bei der Auswahl seiner Filme unmittelbar nach *Easy Rider* nie »die weniger abenteuerliche« von zwei Möglichkeiten gewählt hatte, so ließ er sich doch nicht nur von künstlerischen Überlegungen leiten. Er hatte einige Eisen im Feuer, die für ihn zwingende persönliche Verbindungen waren. Das war damals typisch für Nicholson, und er hat sich eigentlich nie geändert.

Er jonglierte mit drei noch ganz im Anfangsstadium steckenden Projekten, die sich um Michelle Phillips und den Regisseur Hal Ashby, den Autor Robert Towne und den Produzenten Robert Evans drehten. Die wichtigste Sache war für Nicholson 1971 das Remake von James M. Cains »The Postman Always Rings Twice« für MGM. Cain, »der Poet des Revolverblatt-Mordes«, wie ihn Edmund Wilson einmal nannte, produzierte am laufenden Band hartgesottene Mordgeschichten und hatte in den vierziger Jahren mit Verfilmungen von drei Romanen sein absolutes Popularitäts-Hoch gehabt: *Double Indemnity; Mildred Pierce* und *The Postman Always Rings Twice.*

»The Postman Always Rings Twice« war schon dreimal verfilmt worden: am berühmtesten die MGM-Version von 1946 mit der knisternden Erotik zwischen John Garfield und Lana Turner. Das Remake von *The Postman Always Rings Twice* war für Nicholson eine Art Neuauflage einer Kindheitsfantasie: »Für meine Generation«, erzählte Nicholson der »Los Angeles Times«, war Lana Turner »die weltbeste Scharfmacherin«. (Die Zeitung fügte noch hinzu: »Scharfmacherin hat er nicht gesagt, aber das hat er gemeint.«)

Die Zensur hatte die 1946er Version so gut wie keimfrei gemacht, aber eine zeitgenössische Lust- und Mordstory würde für Nicholson wieder einmal eine Möglichkeit geben, die Grenzen des Films in Sachen Sex und Moral zu attackieren. Natürlich wollte Jack die Rolle von John Garfield spielen, den Herumtreiber, der sich in eine heißblütige Kellnerin verliebt, und Michelle Phillips würde als Frau des Chefs seine Gegenspielerin sein.

Hal Ashby, dessen zweiter Film, eine makabre Komödie namens *Harold and Maude*, ihm eine Kultgefolgschaft gesichert hatte, sollte Regie führen. Ashby war auch ein Produkt der buntscheckigen kulturellen Einflüsse der Sixties, gehörte zum »New Age Rat Pack«, wenn er auch nicht so ein Salonlöwe war wie die meisten. Als einer der nettesten Menschen aller Zeiten wollte Ashby netterweise Jacks Freundin die Rolle der Lana Turner spielen lassen (und erbte dann später netterweise Jacks abgelegte Freundin Mimi Machu als Freundin). Aber bei MGM war man sich nicht sicher, ob man eine bloße Rock-Sängerin in die Rolle der unsterblichen Lana Turner schlüpfen lassen wollte.

Die Leute von MGM überlegten hin und her. Inzwischen verhandelte Jack mit Robert Towne über ein gemeinsames Projekt. Auch Towne war den flehentlichen Bitten des Paramount-Produktionschefs Robert Evans nicht erlegen, den nach vieler Meinung besten Roman von F. Scott Fitzgerald, »The Great Gatsby«, für den Film zu bearbeiten. Zweifellos hatte Jacks Ablehnung des Rollenangebots auch viel mit Townes Einstellung zu tun.

Towne war noch nicht offiziell als Autor eines wichtigen Filmdrehbuchs angeführt worden. Er war weiterhin trotzig unsichtbar im Hintergrund geblieben, hatte sich aber einen beinahe schon mystischen Ruf als Retter verkorkster Drehbücher geschaffen (»der spielrettende Pitcher, der für ein Inning reinkommt, aber nicht im ganzen Spiel den Pitcher macht«, wie er es selbst einmal ausdrückte). Teilweise hatte das mit seiner presseträchtigen Rolle als »Sonderberater« von Warren Beatty in *Bonnie and Clyde* zu tun. Er galt als Experte im System: still, diskret, amüsant, selbstbewußt und stolz. Man glaubte an ihn und seine Meinungen, und man hatte das Gefühl, daß es nur eine Frage der Zeit war, bis er selbst mit einem eigenen Drehbuch groß herauskäme.

Bei Columbia hatte Gerald Ayres, einer der Top-Leute hinter den Kulissen von *Easy Rider*, die Druckfahnen eines neuen Romans von Darryl Ponicsan in die Hände bekommen. »The Last Detail« handelt von zwei Berufssoldaten aus der Marine, die einen jungen Matrosen zur Arrestzelle begleiten sollen und dabei einen wilden Umweg durch alle Bars und Bordelle machen.

Ayres kannte Towne noch aus der Zeit, da der als Ghostwriter an einem Western mitgearbeitet hatte, *The Long Ride Home*, den Corman als Regisseur bei Columbia machte (ein völliges Debakel: Corman wurde auf halbem Weg entlassen, und Towne kam noch einmal glimpflich mit einem Pseudonym davon). Ayres schickte Towne die Druckfahnen von »The Last Detail« und sah zu, daß auch Nicholson ein Exemplar des neuen Romans in die Finger kriegte.

Towne war begeistert und schrieb eine Filmfassung des Ponicsan-Romans, in der er einige einschneidende und raffinierte Änderungen vornahm. Zum einen bezieht sich der Titel darauf, daß Billy »Bad-Ass« Buddusky, die für Nicholson vorgemerkte Figur, einen Herzanfall hat und stirbt, nachdem er den Gefangenen im Kittchen (amerikanisch »detail« = Marineknast) abgeliefert hat. In Townes Skript stirbt keiner (wird also auch der Titel nie richtig erklärt).

Towne fügte die bemerkenswertesten Szenen neu ein oder baute sie doch sehr aus: wie Bad-Ass dem jungen Matrosen Meadows beibringt, darauf zu bestehen, daß die Eier immer so gekocht werden, wie er es gern hat (»locker flockig«); wie Meadows seine Mutter besucht (im Buch ist sie zu Hause, in der ergreifenden Filmszene nicht); wie der massige Matrose zum ersten Mal Schlittschuh läuft und zum ersten Mal mit einer Frau schläft. In einer Szene, die in einer Hippie-Bude spielt, stellte der unangepaßte Towne den Zusammenprall verschiedener Kulturen aus *Easy Rider* völlig auf den Kopf: die Hippies werden als schrille, streitlustige Typen geschildert, während die Marine-Profis sehr gut dastehen.

Nicholson fand den Roman wunderbar, das Drehbuch noch wunderbarer, und er sagte Ayres und Towne von ganzem Herzen begeistert zu. Er erkannte sich in dem angeberischen Seebären wieder, der zugab, daß er »Unmengen von Büchern« las (ein Lieblingsautor, der in Ponicsans Roman zitiert wird, ist Camus). Was ihn auch an diesem Projekt reizte: Jacks Rolle würde gleichberechtigt neben der des anderen Marine-Profis, eines schwarzen Matrosen stehen. Es würde eine Art Kraftprobe zwischen den Schauspielern Nicholson und Rupert Crosse werden. Crosse war ein gemeinsamer Freund von Nicholson und Towne, der für eine Nebenrolle in *The Reivers* eine Oscar-Nominierung bekommen hatte und regelmäßig in der kurzlebigen komischen Fernsehserie »The Partners« aufgetaucht war. Im Freundeskreis hatten alle schon in grauer Vorzeit immer sehr viel von seinem Talent gehalten.

The Postman Always Rings Twice sollte zuerst gedreht werden – besonders nachdem man bei Columbia einen ersten Blick auf die überaus offenherzige Sprache in Robert Townes Drehbuch für *The Last Detail* geworfen und sich dann hastig aus der Abmachung zurückgezogen hatte. Towne weigerte sich, die Sprache zu schönen, schon aus Prinzip. Also setzte man *The Last Detail* bei Columbia auf die Warteschleife, während man gleichzeitig versuchte, auf den Produzenten und den Autor Druck auszuüben.

Eines Abends saß Towne während dieser unguten Zwischenzeit mit Robert Evans beim Essen zusammen und erzählte dem Produktionschef von Paramount, daß er schon einige Zeit an einer Idee für ein Originaldrehbuch herumdachte. Es war eine Mordgeschichte, in der ein Privatdetektiv, der normalerweise nur an Scheidungssachen arbeitet, im Los Angeles der dreißiger Jahre plötzlich bis zum Hals in einer Kontroverse über Wasserrechte steckt. Natürlich würde ihr gemeinsamer Freund Jack Nicholson den Detektiv, einen Typ vom Schlage Bogarts, spielen.

Evans erkannte auf Anhieb das Potential von »Chinatown«, wie Towne seine Idee genannt hatte. Er bat ihn um eine Option auf den Stoff und bot eine Bürgschaft für die ersten Drehbuchentwürfe an. Towne sagt, daß er »das Angebot, das Schreiben zu finanzieren, ablehnte – es dann aber etwa einen Monat später im selben Restaurant annahm; schon allein vom kaltblütigen Geschäftsstandpunkt aus gesehen die einzige clevere Sache, die ich je gemacht habe«.

Towne fing postwendend mit »Chinatown« an. Beinahe sofort brachte jedoch ein Anruf von Gerald Ayres die Arbeit wieder zum Halten. MGM hatte sich im Fall *The Postman Always Rings Twice* zu einer Entscheidung durchgerungen und Michelle Philipps definitiv abgelehnt. Das James-M.Cain-Remake wurde ersatzlos gestrichen. Jetzt hatte Nicholson wieder Zeit, und man wollte ihn sich für Columbia kapern, hatte also Townes Drehbuch für *The Last Detail* nun doch akzeptiert. Und Ayres hatte Hal Ashby gebeten, für Columbia bei diesem Film Regie zu führen.

Mit diesem Projekt und mit *Chinatown* am Horizont war Nicholson für 1973 und 1974 fest als Schauspieler verpflichtet.

7

THE ARCHIVES OF MEMORY 1974

Vielleicht war es ganz gut, daß *The Postman Always Rings Twice* gestrichen wurde. Jacks Romanze mit Michelle Phillips hatte ihren anfänglichen Reiz längst verloren. Wie auch andere Freundinnen fand sie seine Frauengeschichten und das ständige Nachtleben gar nicht komisch.

Jetzt wurde Jacks Haus zum zentralen Tummelplatz. Seine Riesenfeten galten als der heißeste Tip Hollywoods. Ihren Höhepunkt erreichten sie in den ersten Jahren nach *Easy Rider.* Damals wurde das völlig neue Gefühl, alles Geld zu haben, was er sich nur irgend wünschen konnte, durch eine kleine Plastik in seinem Wohnzimmer symbolisiert – ein geriffeltes Silbertablett mit dem Titel »The Art Lesson«.

Eines Abends riß der Schriftsteller Richard Brautigan einen Dollarschein durch und warf ihn auf das Tablett. Das entwickelte sich zum Ritual: Auch andere begannen nun, bei ihren Besuchen Dollarscheine und größere Beträge zu zerreißen und die Fetzen auf das Tablett zu häufen. Jack feierte das ganze als Kunstwerk.

Jacks Leben in Hollywood spiegelt sich in den Besuchern seiner Parties wider. Unter ihnen waren bekannte Größen aus anderen Bereichen, um deren Freundschaft er sich heftig bemüht hatte. Immer tauchten auch Freunde vom Film, von seinem neuesten Projekt, auf. Es gab reizende junge Damen zuhauf, und stets auch ein paar Leute, die sein Leben nur flüchtig berührten, ihn irgendwie amüsierten oder ihm schmeichelten.

Zum ersten Kreis gehörten immer noch die alten Freunde aus der Zeit der Workshops und des Unterrichts bei Jeff Corey. Sie fühlten sich in Jacks Gegenwart ganz zu Hause, standen ihm wohl persönlich am nächsten, hielten sich aber von den Orgien fern, die sie mit sehr gemischten Gefühlen betrachteten.

»Nachdem Jack immer erfolgreicher wurde«, erinnert sich Henry Jaglom, »ist mir besonders in den Anfangsjahren seines Erfolges aufgefallen, daß es ihm seltsam wichtig war, auf den Parties dieselben Leute wie früher zu treffen. Ich glaube, er mochte diese Leute wirklich am liebsten. Und eigenartigerweise konnte er nur Leuten vertrauen, die er noch von früher kannte«.

Weit mehr als die Frauen der Ersatzfamilie sträubten sich die Männer gegen die Tatsache, daß Nicholson sich zu einem bedeutenden amerikanischen Schauspieler mauserte. Das hätte Jack nur noch weiter von ihnen entfernt. Sie hatten das Gefühl, daß sie ihn am besten kannten. Jack war immer noch derselbe Typ, darauf beharrten sie. Vor allem, wenn er allein mit ihnen in einem Raum war, war er immer noch der alte.

»Privat, wenn wir allein waren«, sagt Jaglom, »hat mir Jack 'ne Menge gegeben. Es war ein ungeheurer Unterschied, ob wir allein waren, oder ob ein Dritter dabei war. Aber auch wenn wir allein waren, gab es da immer so eine Art Schutzwall, damit es bloß nicht zu tief ging«.

»Wenn er allein mit mir in einem Raum war«, erzählt Lynn Bernay, »war er genau wie ich ihn schon immer gekannt habe. Er hatte sich überhaupt nicht geändert. Wenn ich eine Veränderung bemerkt habe, dann war das in Gegenwart anderer. Er brachte Leben und Schwung in jede Party, war selbstbewußter geworden. Er brachte alle zum Lachen. Er war morgens, mittags und abends voller Energie, sozusagen Jack überlebensgroß«.

Natürlich erwischten ihn alte Freunde immer seltener allein, wenn Jack nicht gerade »auf Sendung« war oder vor den Leuten seine Schau abzog. Hin und wieder erhaschten sie einen Blick auf Jack Nicholson, den Filmstar, durch die Augen anderer, und das nahm ihnen den Atem. So sehr sie sich auch dagegen wehrten, sie wußten, daß er sich veränderte, sich von ihnen entfernte, in luftigere Höhen abhob. Viele Freundschaften litten darunter.

Mit wenigen Ausnahmen waren die Karrieren der Ersatzfamilie in ruhigeren Bahnen verlaufen. Drogen und Frauengeschichten und endlose Nächte waren nicht mehr Teil ihres Lebens, wenn sie es überhaupt je gewesen waren.

In den meisten Situationen behielt Nicholson jetzt die Oberhand; zuvor hatten die Flachsereien, insbesondere unter den Männern, immer zwischen Gleichberechtigten stattgefunden. Der Wettbewerb, der Grundlage ihrer Beziehungen gewesen war, existierte nicht mehr. Im Gegenteil: Auf Jacks Prahlerei, daß er eine berühmte Schönheit für ein Wochenende voller Sex einfliegen ließ, gab es einfach keine passende Antwort. Angeberei war schon immer einer seiner markantesten Wesenszüge, wirkte aber jetzt, da er unbestritten an der Spitze stand, nicht mehr ganz so liebenswert.

Freunde besingen seine Intelligenz und seine Großzügigkeit in den höchsten Tönen. »Einen der intelligentesten Menschen Hollywoods« – so oder ähnlich hat ihn mehr als ein Freund genannt. »G.P.W«, einer der Spitznamen vom Anfang der siebziger Jahre, stand eigentlich für »Greatest Person in the World«.

Geld lockerte Nicholson auf, genau wie Drogen und Sex. Aber seine Einstellung zu Geld war zwiespältig. Geld lockte aufgehaltene Hände und Speichellecker an. Er war launisch, was Geld anging, geizig bei großen Ausgaben, und konnte auf eisiges Schweigen umschalten, wenn Freunde ihn als Finanzier für ihre Investitionspläne oder Filmprojekte gewinnen wollten.

Jack war wirklich großzügig: Er lieh Freunden beträchtliche Summen, in einigen Fällen ohne jede Hoffnung auf Rückzahlung. Er zahlte für Krankenhausbesuche und gab unter der Hand kleine Summen für Theaterproduktionen. Sein Haus stand Freunden und Besuchern offen. Der Kühlschrank war zur Plünderung freigegeben. Alkohol und Drogen gab es in Hülle und Fülle.

Allerdings konnte Nicholson auf diese Weise auch seine Macht über Menschen behalten. Auf fast subtile Art konnte er die Einladungen zu seinen Parties streuen. Oder er zeigte auf einen Matisse, der in seiner Küche hing, und erwähnte so ganz nebenbei den Preis. Das war seine Art, Leute in ihre Schranken zu verweisen. Wenn er schlecht gelaunt war, konnte er einem seine Überlegenheit schonungslos unter die Nase reiben.

Tennis gehörte nicht zu den Sportarten, in denen er besonders gut war (obwohl er es, wie jeden Sport, an dem er sich versuchte, verbissen spielte). Viele Männer aus dem »New Age Rat Pack«, besonders die aus wohlhabenden Familien, spielten gutes Tennis. Es kam also vor, daß Jack öfter verlor und noch auf dem Platz ausrastete. Obwohl er im Leben eindeutig zu den Siegern gehörte, kämpfte er stets verbissen und spielte jedes neue Spiel in der Überzeugung, die vorangegangene Niederlage wäre nur ein dummer Zufall gewesen und sein guter Stern würde ihm diesmal bestimmt zum Sieg verhelfen. Er beschuldigte Leute, zu mogeln; das brachte seine Gegenspieler in Verlegenheit. Aber keiner wagte es, ihm Kontra zu bieten.

Als Jeremy Larner einmal mit Jack über diese Wutanfälle beim Tennis sprach, meinte der mit hintergründigem Grinsen, er wäre schließlich einer der begehrtesten Tennispartner in Hollywood. Und das stimmte: Jack war auf dem Tennisplatz ebenso begehrt wie bei Filmprojekten, und sein Verhalten auf dem Platz war manchmal genausospannend wie der Wutanfall wegen des Weizentoasts in *Five Easy Pieces*. In gewisser Weise, so erklärte ihm Larner, sei er der allerkindischste Mensch, der ihm je untergekommen war. »Tatsächlich, Jer«, entgegnete Nicholson mit seinem Grinsen, das einen zur Raserei bringen konnte, »wirklich der *aller*kindischste?« (Larner nimmt sich mit dieser Geschichte auch selbst ein bißchen auf den Arm.)

Nicholson hatte Spaß daran, die Einsätze zu erhöhen, aufzuwiegeln und zu provozieren. Keiner genoß es mehr, den Provokateur zu spielen. Es war unmöglich, Jack unterzukriegen. Immer hatte er das letzte Wort, und inzwischen stand hinter seinen Worten unbestrittene Autorität.

Zugegeben, Nicholson hatte sich umstellen müssen, wie es sich keiner aus seinem Kreis überhaupt vorstellen konnte. Der Druck, der auf ihm gelastet hat, muß enorm gewesen sein. Seine Fähigkeit, mit Ruhm und Reichtum fertigzuwerden, war schon beeindruckend. Er sonnte sich im Rampenlicht, wurde zu einem Magneten für alle möglichen Bedürfnisse, und schien doch eigentlich mit der Umstellung gut fertigzuwerden.

Aber The Big Mombassa, der große Erfolg, hatte auch seine Schattenseiten. Die Zeiten waren vorbei, in denen Nicholson in einem Restaurant oder vor einem wohlgesonnenen Interviewer in aller Öffentlichkeit einen Joint rauchen konnte. Er beklagte sich, daß er nicht mehr in die Folk-Rock-Kneipe Troubadour oder in Barney's Beanery reinschauen konnte. Wo er auch auftauchte, er wurde erkannt; das war gut so, hatte aber auch Nachteile. »Ich kann nicht mehr einfach so 'ne herrenlose Muschi aufreißen«, beklagte er sich 1972 beim »Playboy«.

Sein Haus wurde zu einer Festung, und er hatte seine Gralsritter, auf die er sich verlassen konnte, wenn es um das Heranschaffen von Leuten und Vergnügungen aus der Außenwelt ging – Drogen und Frauen –, ganz besonders seinen ständig wachsenden Harem hochdotierter Models, das Äquivalent zu den Cheerleaders, die er in seinen jungen Jahren in New Jersey nie hatte zu einem Rendezvous überreden können.

Es gab im »New Age Rat Pack« immer ausreichend Marihuana, Haschisch und Quaaludes, und einige von Nicholsons Bekannten haben es sogar mit Heroin versucht. Immer mehr jedoch wurde Kokain zur Top-Droge. Einer Quelle zufolge war Nicholson dafür bekannt, zwei Sorten Kokain vorrätig zu haben – eine im Untergeschoß für Gelegenheitsgäste und flüchtige Bekannte, und eine teurere oben für engere Freunde und Sexpartner.

Kokain war in Hollywood »in«. »Das bringt die Weiber sexuell auf Touren«, erzählte Nicholson dem »Playboy«. »Die Droge betäubt zwar einige Zonen, aber sie reizt die Schleimhäute, wie etwa die im weiblichen Genitalbereich. Und das ist die eigentliche Attraktion.«

Nicholson zitierte gegenüber dem »Playboy« aus »My Wicked, Wicked Ways«, der Autobiografie des auch wegen seiner Ausschweifungen berüchtigten Errol Flynn: »Ein bißchen Kokain auf den Schwanz gestreut, kann als Aphrodisiakum dienen.« Das könne ganz hilfreich sein, meinte der einst an verfrühtem Samenerguß Leidende gegenüber der Nackedei-Zeitschrift, insbesondere, wenn man 'n bißchen schnell am Schuß sei.

Wenn einmal die wahre Insider-Geschichte des Hollywoods der siebziger Jahre geschrieben wird, könnte wohl das Jahrzehnt nach *Easy Rider* den Namen »die Kokain-Jahre« tragen. Der Konsum von Kokain unter Filmleuten war weit verbreitet, es war die Lieblingsdroge der Gelangweilten und Privilegierten. Diese Szene beschreibt die ehemalige Produzentin Julia Phillips in ihren Memoiren »You'll Never Eat Lunch in This Town Again«. In dieser Szene lebte auch Nicholson, er bestimmte sie in gewissem Maße auch mit.

Noch 1987 bestätigte Nicholson in der Öffentlichkeit, daß er immer noch gern »high« wurde. Obwohl er immer wieder behauptete, er hätte eigentlich nie irgendwelche Kokain-Ausschreitungen in der Presse zugegeben, so hatte er doch dem »Playboy« erzählt, daß er gelegentlich Kokain schnupfte, und zahlreiche Artikel in »People«, »Life« und anderen renommierten U.S. Zeitschriften berichteten laufend über seinen Konsum dieser Droge.

In Hollywood ging das Gerücht um, daß er ungeheure Mengen schnupfen konnte. Bei Besprechungen hat er manchmal zusammenhangloses Zeug geredet und mit glasigen Augen aus der Wäsche geschaut. Häufige Gänge ins Badezimmer unterbrachen Produktionsbesprechungen, aber auch Gespräche mit alten Freunden.

Anders als andere Leute in Hollywood und anderswo, die der zerstörerischen Macht der Droge verfielen, schwor Jack, er würde weiterhin hart arbeiten. Den Freunden, die ihre Besorgnis über seine Drogenausschweifungen zum Ausdruck brachten, versicherte er, daß er seine Ziele als Schauspieler nicht aus den Augen verlieren würde.

Hal Ashby, ein liebenswerter, höchst exzentrischer Mensch, war als junger Mann von Utah nach Los Angeles getrampt. Seinen ersten Job in der Filmindustrie bekam er über das Arbeitsamt: als Bediener einer Multilith-(Schnitt-)Maschine. Nachdem er jahrelang für William Wyler und George Stevens in den Schneideräumen gearbeitet hatte, brachte er es schließlich zu einem Oscar für den Schnitt von *In the Heat of the Night.* Als er dann Regisseur wurde, zeigte sich, daß seine Sensibilität voll im Einklang mit dem Zeitgeist stand, und seine Karriere erreichte ihren Höhepunkt in einer bemerkenswerten Reihe von Filmen, darunter *Harold and Maude; The Last Detail; Shampoo; Bound for Glory; Co-*

ming Home und *Being There.* Ashby erwies sich als einer der großen amerikanischen Regisseure der siebziger Jahre, bevor er sich selbst zerstörte, eines der unglückseligen Opfer des Lebens auf der Überholspur.

Als man bei Rupert Crosse Krebs im Endstadium diagnostizierte (er starb im März 1973), mußte das Produktionsteam von *The Last Detail* schleunigst einen anderen Schauspieler für die Rolle des schwarzen Matrosen Mulhall (oder »Mule«) finden. Otis Young, ein recht passabler Schauspieler, übernahm die Rolle, doch er stand mit Jack nicht auf so vertrautem Fuße. Der Schwerpunkt des Films verschob sich noch mehr zu Nicholson, und *The Last Detail* wurde, teils durch die widrigen Umstände bedingt, noch mehr zum Star-Vehikel.

Ayres, Ashby und Nicholson wollten für die Rolle des Kleptomanen Meadows lieber einen Unbekannten haben. Dieser Dritte im Bunde wird zu acht Jahren Knast verdonnert, weil er aus der Polio-Sammelbüchse geklaut hat, die die Kommandantengattin für ihren Wohltätigkeitsverein verwaltet. Ashby und Ayres ließen zahlreiche Leute für die Rolle vorsprechen. Ein großer, etwas schafsköpfig aussehender Schauspieler namens Randy Quaid hatte sie sehr beeindruckt. Allerdings konnte keine endgültige Entscheidung getroffen werden, bevor nicht feststand, daß Quaid mit Nicholson klarkam.

Sie vereinbarten ein Treffen in Ashbys Strandhaus. Nicholson war ungemein höflich, wie immer bei geschäftlichen Anlässen. Er lag die meiste Zeit über auf einer Chaiselongue, sah aus dem Augenwinkel fern und plauderte träge. Als Quaid sich verabschieden wollte, sprang Jack auf, um ihm die Hand zu schütteln. Ashby hatte Nicholson vorgewarnt, daß Quaid sehr groß (ein Meter dreiundneunzig) sei, aber Jack (ein Meter siebenundsiebzig) wurde jetzt erst klar, wie groß.

Dieser Größenunterschied wird in Film noch betont, als Meadows, der in Handschellen dasitzt, seine zwei Wärter kennenlernt und zum ersten Mal aufsteht.

»Jack ist so uneitel, will nicht immer gut dastehen, so wie andere Stars«, meint der Produzent Gerald Ayres. »Ihm war diese Diskrepanz nicht nur bewußt, er hat sie im Film auch noch ausgenutzt, hat sie ausgespielt.«

Die Dreharbeiten zu *The Last Detail* begannen im November 1972 an Schauplätzen in Toronto, Washington und verschiedenen Orten entlang der Atlantikküste – geradezu ein Heimspiel für Nicholson.

Ashby ließ Schauspieler gewähren, was Jack sehr entgegenkam. Der Regisseur arrangierte das Umfeld und überließ es den Schauspielern, ihre Arbeit zu machen. Ashby hatte eine visuelle Schlichtheit, die Szene entwickelte sich dadurch mehr oder weniger selbst. Er schuf einen offenen Rahmen, und die Schauspieler konnten sich darin frei bewegen. Seine Nahaufnahmen waren zurückhaltend, seine Rückfahrten und anderen Kamerabewegungen unaufdringlich. Ashby pflegte sich bei den Dreharbeiten beinahe patriarchalisch in seinem Sessel zurückzulehnen, nichts zu sagen, nur zu beobachten. Für einen zufälligen Beobachter konnte es manchmal den Anschein haben, als wäre der verantwortliche Mann fast unsichtbar.

Nicholson gab sich mit der Entwicklung der Rolle des Berufssoldaten Bad-Ass Buddusky, mit dem kurzgeschorenen Haar, dem verrückten Schnurrbart und dem rollenden Gang, ungeheure Mühe. Für einige Szenen steckte er sich eine kleine Zigarre in den Mund. Auch die Vogel-Tätowierungen waren seine Idee. Sein Leben lang hatte Nicholson entlang der Jersey-Küste urige Typen wie Buddusky beobachtet – Typen wie seinen »Onkel« Shorty. Robert Towne hatte Budduskys IQ herabgesetzt, den Bücherwurm-Aspekt und die Verweise auf Camus gestrichen. Jack traf den leicht verblödeten Charakterzug gut und konnte zugleich großes Mitgefühl für den Typen wecken. Man hielt sich sehr eng an Townes Drehbuch. Eine der wenigen Szenen, in die Nicholson etwas zusätzlichen Dialog hineinwarf, findet in der Hippie-Bude mit Nancy Allen statt. Als sie ihm ein Kompliment über seine Uniform macht, sagt er: »Die ist toll, nicht? Weißt du, was ich dran mag? Mir gefällt besonders, wie sie den Pimmel betont, eh!« Das hat er an Ort und Stelle improvisiert – typisch Jack.

Buddusky war ein Typ, der ebenso von Sex besessen war, wie der Schauspieler, der ihn darstellte. Bordelle und Affären für eine Nacht kommen in den meisten Nicholson-Filmen vor, von *Five Easy Pieces* bis zu *A Few Good Men.* »Die wunderbare Welt der Muschi« – wie Buddusky Meadows vorschwärmt – klang auch bei

Nicholson immer zwischen den Zeilen durch, zog sich als fast schon obligatorischer Refrain durch seine Filme.

Was eine Karriere bei der Marine mit sich bringen kann, ist die Befreiung von häuslicher Verantwortung. Irgendwann fragt Mule Buddusky, ob er je verheiratet gewesen sei. »Nicht so, daß man's merken würde«, antwortet Buddusky, und spinnt ein Seemannsgarn über die Ehefrau, die er zurückgelassen hat. Sie hatte »tolle Titten«, wollte aber, daß er Fernseh-Mechaniker wurde. »Das ging mir einfach gegen den Strich«, seufzt Buddusky. Auch hier konnte Nicholson sicher Parallelen zu sich selbst entdecken.

Zu Meadows, einem Typ Mensch, den Nicholson auch im wirklichen Leben unter seine Fittiche genommen hätte (tatsächlich wurde Quaid Mitte der siebziger Jahre zu einem Stammgast in Nicholson-Filmen), entwickelt Buddusky eine enge Beziehung: Gegen Ende der Geschichte, als Meadows im Kittchen abgeliefert wird, hat sie sich gegen seinen Willen beinahe schon zu einer Vater-Sohn-Beziehung entwickelt – einer der rührendsten Aspekte dieses Films.

Als die Dreharbeiten beendet waren, wußten die Produzenten, daß sie einen hervorragenden Film in der Hand hatten: gedämpfte, gespenstische Bilder von Michael Chapman, ein Drehbuch, das Townes nahezu mystischen Ruf bestätigte, eine Star-Leistung Nicholsons mit hervorragender Unterstützung durch die anderen Darsteller.

Der Humor des Films, der auf obszöner Sprache und Sex-Szenen beruhte, machte Columbia allerdings nervös. Perverserweise beschloß das Studio, den Humor auf ein Minimum zu reduzieren. Irgendwann hat Robert C. Jones (Ashbys unersetzlicher Cutter und Mitarbeiter, später Autor bei mehreren seiner Filme) sogar eine dreieinhalbstündige Fassung des Films gemacht und den Humor herausgeschnitten, um zu sehen, ob *The Last Detail* als reines Drama bestehen könnte. Fehlanzeige.

Die Studio-Leitung zögerte ängstlich und besorgt den Start von *The Last Detail* mehrere Monate hinaus. Dann gelang es dem Studio, den Film im Dezember 1973 herauszubringen, im gleichen Monat wie einen anderen »Matrosen-Film«, der auch auf einem Roman von Darryl Ponicsan beruhte, nämlich *Cinderella Liberty*.

The Last Detail wurde nie zu einem Kassenschlager, und die kernige Sprache kostete Nicholson wahrscheinlich den Oscar, für den er zum dritten Mal als Bester Darsteller nominiert worden war. Obwohl ihm der Filmpreis in Amerika durch die Lappen ging, triumphierte er als Bester Darsteller in Cannes und erhielt auf der ganzen Welt glänzende Kritiken. Es war eine seiner Spitzenleistungen, die seine Tiefen mindestens ebenso wie in den Rafelson-Filmen offenbart; hier ist schon seine Persönlichkeit mit der rauhen Schale und dem weichen Kern zu erkennen, die sich allmählich immer mehr ausbildete.

Beim »New Age Rat Pack« wurden dieselben Drehbücher und Drogen und Frauen herumgereicht. Nicholson unterhielt nicht nur eine romantische Beziehung zu Michelle Phillips, Berichten zufolge konnte er auch Affären mit zwei anderen Ex-Frauen von Dennis Hopper für sich verbuchen: Mit Brooke Hayward und der ehemaligen Avantgarde Tänzerin Daria Halprin, der weiblichen Hauptdarstellerin in Michelangelo Antonionis *Zabriskie Point*, dem einzigen Film, den dieser in Amerika gemacht hat.

Ende Frühjahr 1973 hatte Michelle Phillips Nicholson verlassen und war aus dem zweiten Haus ausgezogen. Kurz danach fing die Ex-›Mama‹ ein Verhältnis mit Warren Beatty an, den Mike Nichols mit Jack zusammengebracht hatte. Freunde behaupten, daß Nicholson besonders niedergeschlagen war, weil ihn ausgerechnet der geschniegelte Beatty ausgestochen hatte.

Da konnte die Filmarbeit (wie die Marine) vielleicht eine Ruhepause von sich verschlechternden Beziehungen bieten. Der Schauspieler muß die Gelegenheit begrüßt haben, Hollywood für längere Zeit zu verlassen und nach Übersee zu reisen, um die Hauptrolle in *The Passenger* zu spielen, in einem Film, den er dem Regisseur Michelangelo Antonioni – wiederum per Handschlag – schuldete.

Einige Kritiker sahen Antonioni als überragenden Meister an, andere hielten ihn für den langweiligsten und hochgestochensten Filmemacher der Welt. Der marxistische Intellektuelle hatte als Filmkritiker begonnen und machte nun individualistische, enigmatische Filme, die Kritiker und Publikum in zwei Lager spalteten. *Blow up*, seine erste englischsprachige Produktion 1966, war sein bekanntester und erfolgreichster Film in den USA,

Teil eines schier unglaublichen Drei-Filme-Vertrags mit MGM. *Zabriskie Point*, Antonionis nächstes MGM- Projekt, handelte von Menschen, die sich auf Drogen und Revolution einlassen, und zeigte ein Hippie-Love-In im Death Valley. Antonioni hatte nun noch einen weiteren Film für MGM zu machen.

Zur Zeit von *Easy Rider* hatte sich Nicholson bereit erklärt, die Hauptrolle in einem Projekt zu übernehmen, das der italienische Regisseur schon seit Jahren auf die Beine zu stellen versuchte. »Technically Sweet« basierte auf einer Geschichte des italienischen Schriftstellers Italo Calvino. Nicholson und die Schauspielerin Maria Schneider waren im Sommer 1971 – zwischen *Carnal Knowledge* und *The King of Marvin Gardens* – schon drauf und dran, in den südamerikanischen Dschungel zu fliegen, als der Produzent Carlo Ponti kalte Füße bekam und plötzlich absprang. »Technically Sweet« wurde fallengelassen.

Einige Monate später entdeckte Antonioni gewisse Ähnlichkeiten zwischen dem Abriß einer Geschichte von Mark Peploe und einigen Ideen, die ihn an »Technically Sweet« fasziniert hatten. MGM war nicht gerade erpicht darauf, die Beziehung mit Antonioni zu verlängern, doch die Verpflichtung von Nicholson einerseits, der soeben mit *Five Easy Pieces* für den Oscar nominiert worden war, und von Maria Schneider andererseits, die als Partnerin Marlon Brandos wegen ihrer eindeutigen Sex-Szenen in Bernardo Bertoluccis *L'ultimo Tango a Parigi* groß in Mode war, stimmte das Studio um.

Jack kannte Maria Schneider von Pariser Spritztouren. Will man ihm glauben, so war er mit ihr ausgegangen, »und zwar *vor* ihrem Durchbruch mit *The Last Tango in Paris*«, wie er gern betonte. Für ihn war sie so eine Art »weiblicher James Dean«.

»Wir haben wunderbar zusammengepaßt«, prahlte Nicholson in einem Interview. »Sie hat immer behauptet, daß es daran lag, daß ich immer alles begriff, was vorging, und sie gar nichts«.

MGM gab Peploes Treatment grünes Licht. Besetzung und Team kamen zu Dreharbeiten in Algerien an, allerdings ohne ein fertiges Drehbuch. So hatte Antonioni es am liebsten, und das war nur einer der vielen unorthodoxen Aspekte seiner Arbeitsmethode. Manchmal wurde Gras grüner als grün gefärbt und Fabrikrauch mitternachtsblau getönt, um die visuelle Wirkung zu erzielen, die er sich vorgestellt hatte. Auch die Schauspieler waren nur Werkzeuge, die Antonioni dazu dienten, seine symbolistischen Vorstellungen zu vermitteln.[1] Sie waren unwichtig, »lebendes Pigment«, das der Regisseur auf die Leinwand schmierte. »Spiel nicht, sag bloß den Text auf und mach die Bewegungen«, instruierte er für gewöhnlich seine Darsteller. Nicholson erzählte, daß sich der Regisseur damit brüstete, »das äußerste Extrem filmischer Exzentrizität« zu sein. MGM stand unter dem Eindruck, daß Peploes Treatment einen spannenden Thriller versprach. In Antonionis Händen wurde *The Passenger* zu einem Anti-Drama, einem Pseudo-Thriller, »zu einer endlos langen, komplizierten und schwer faßbaren Verfolgungsjagd«, so Nicholson.

Aus dem Drehbuch entwickelte sich die Geschichte eines Fernsehreporters namens David Locke, der einen Dokumentarfilm über eine afrikanische Rebellion zusammenstellt. Der politisch neutrale Locke findet die Leiche eines Bekannten, mit dem er große Ähnlichkeit hat. Er tauscht seine Identität gegen die des toten Mannes, der, wie sich herausstellt, Waffenhändler war. Er tritt mit einer jungen Architekturstudentin (Schneider) eine Reise an, auf der Flucht vor den Feinden des Waffenhändlers und vor seiner eigenen, verschwommenen Unzufriedenheit.

Antonioni zwang Schauspieler, sich anzupassen, besonders diejenigen, die an Star-Behandlung gewöhnt waren. In Nicholsons Fall dachte Antonioni wie Rafelson. Er wollte eine nach innen gewandte Darstellung, wollte dem Star alles Übermaß und jeglichen Manierismus nehmen und mit seinem »kalten, nordeuropäischen« Gesicht das Dilemma des entfremdeten Individuums in der bürgerlichen Gesellschaft aufzeigen.

»Jack ist zwar ein großartiger Schauspieler«, sagt Antonioni, »aber ich war doch bemüht, ihn zu zügeln. Für gewöhnlich zieht er irgendwie seine Schau ab. Das wollte ich nicht.«

Nicholson arbeitete am liebsten mit so wenigen Takes wie möglich. Antonioni aber drehte dieselbe Sequenz immer und immer

1 Einer derjenigen, die schließlich zum Drehbuch für *The Passenger* beitrugen, war ein weiterer intellektueller Filmkritiker, der Theoretiker Peter Wollen. Er war Autor eines definitiven Werkes, »Signs and Meanings in the Cinema«, das die verschlüsselte Sprache der Film-Ästhetik dechiffrierte.

wieder, bis in alle Ewigkeit, bis ihn die Umstände schließlich zwangen, aufzuhören. Jack wußte gern, was sein Charakter im Drehbuch macht und warum. Antonioni tat zwar nicht absichtlich geheimniskrämerisch, aber gelegentlich mußte er doch zugeben, daß er keine Ahnung hatte, was er als nächstes mit einer Szene machen wollte, oder warum er instinktiv beschlossen hatte, sich mit seiner Kamera in die eine oder andere Richtung zu bewegen.

Wenn er nicht arbeitete, war Antonioni höflich und charmant, entwickelte sich aber beim Drehen zum humorlosen Diktator. Manchmal kämpfte Antonioni regelrecht mit Nicholson, so zum Beispiel in der Szene, in der Jacks Charakter frustriert versucht, seinen Landrover aus dem Wüstensand freizuschaufeln. Hier triezte er ihn, irgendeine vage Eigenschaft zu vermitteln, die die Szene verbessern sollte. Der Meister duldete keinerlei Einmischung von seiten seiner Darsteller. »Keine Kommunikation«, murrte Nicholson. »Kein Geben und Nehmen.«

Allein für die letzte Kameraeinstellung brauchten sie elf Tage. Antonioni war berühmt für seine *piano-sequenza* oder ausgedehnten Kamera-Takes, in denen sich Ereignisse innerhalb des Bildfeldes entwickeln und entfalten, eine Praktik, die dem Publikum außergewöhnliche Geduld abverlangt. In jenen Tagen vor der Steadicam war die letzte Einstellung von *The Passenger* ein Gewaltakt: ein langsames, siebenminütiges Gleiten, das in einem Schlafzimmer beginnt, durch ein Fenster in den Hof hinausschwebt, dann langsam zurückdreht, um dem Zuschauer zu entdecken, daß Locke ermordet worden ist. Die Szene hat nur wenig verständlichen Dialog.

Eine der mutigsten Taten, die Nicholson je vollbracht hat, war, sich Antonioni auszuliefern. Besetzung und Team wechselten zwischen Drehorten in London, Barcelona, München und Nordafrika hin und her. Insbesondere in der Sahara arbeitete die Truppe unter strapaziösen Bedingungen. In der Filmindustrie wußte kaum jemand, daß *The Passenger* im Sommer 1973 gedreht wurde, und zwar allem Anschein nach unter absoluter Geheimhaltung. Antonioni hatte etwas gegen Publicity. Jack konnte eine umwerfende Imitation von Antonioni liefern, wie der ihn mit heiligem Schwur zum Schweigen verpflichtete.

Über *Chinatown* könnte man mehrere Bände oder doch zumindest ein telefonbuchdickes Werk verfassen. Der Film ist eine Mischung aus Dichtung und Wahrheit, strotzt nur so vor Namen und komplizierten Beziehungen. Unter allem liegt noch die verwickelte Geschichte seiner Entstehung, verwoben mit den unglaublichen Parallelen zum wirklichen Leben. *Chinatown* ist einer melancholischen und nostalgischen Stimmung entsprungen. Robert Towne sagt gern, daß ihm die Idee dazu einfach so, »aus der Luft«, gekommen sei. Der in Los Angeles geborene und sehr naturverbundene Towne ging eines Tages in den Ausläufern des Santa Monica Gebirges spazieren, als ihn der Duft von Salbei und Eukalyptus inspirierte, einen Krimi zu schreiben, der sich mit der Zerstörung der Natur durch Landerschließer und räuberische Großgrundbesitzer, die den Hals nicht voll kriegen konnten, befaßte. Diesmal ging es nicht um das rätselhafte Verschwinden einer schwarzen Vogelstatue, sondern um wirkliche Verbrechen, die ihre Wurzeln in der Geschichte von Los Angeles hatten.

In Eugene, Oregon, wo er im Frühjahr 1970 für die Dreharbeiten von *Drive, He Said* »eingesperrt« war, las Towne ein Buch aus der Leihbibliothek: Carey McWilliams' detaillierten Bericht über die Öl- und Wassererschließung in Südkalifornien. Towne nahm sich vor, eine Schlüsselfigur seiner Story auf William Mulholland aufzubauen, einem der wegbereitenden Wasseringenieure von Los Angeles, der auch der langen, schmalen Straße mit den kostspieligen Villen, die sich oberhalb der Stadt entlangschlängelt, ihren Namen gegeben hat.

Ein weiterer Anstoß für Towne war ein Foto-Essay »Raymond Chandler's L.A.« in der Zeitschrift »New West«: Ihm wurde klar, daß es noch nicht zu spät war, »einen Großteil der Vergangenheit der Stadt auf Film zu bannen«. Auf der Suche nach Inspiration fuhr der Schriftsteller also durch Los Angeles, durch Silver Lake, Echo Park, den Temple entlang, machte Halt an der Union Station. Auch alte Postkarten beschworen »lebhafte Erinnerungen an die Klänge und Bilder seiner Kindheit« herauf.

Beim Schreiben ahmte Towne ganz bewußt den kaltschnäuzigen Ton von Raymond Chandler und Dashiell Hammett nach, die er wegen ihres geschichtlichen Weitblicks und ihrer meisterlichen Beherrschung des Krimi-Genres verehrte. »Das Maß an Realität in Hammetts Werk hatte natürlich einen großen Einfluß auf mich«, erklärte Towne in einem Interview. »Ich habe alles von ihm gelesen, und auch alles von Chandler, und sie haben mich beide sehr beeinflußt. Raymond Chandlers Beschreibung von L.A. hat mich wirklich umgehauen, hat in mir ein Gefühl des Verlustes hinterlassen. Seine Prosa ist so unglaublich. Er hat diese Zeit so wirklich erscheinen lassen. Da ist das lyrische, träge Gefühl einer Stadt, in der schreckliche Dinge passieren.«

Mit der Zeit wurde aus William Mulholland Noah Cross, der in Townes Drehbuch eine Tochter namens Evelyn Mulwray hat, zu der er eine Inzest-Beziehung unterhält. Am Anfang faszinierte der Aspekt der Blutschande Towne wegen seines Neuheitswertes, aber seine Fantasie wurde davon nicht weiter angeregt, und er konzentrierte sich wieder mehr auf den Detektiv. Der sollte der typische Detektiv sein, ohne Glanz und Glorie, ein Mann, der ganz gewöhnliche Scheidungssachen bearbeitet.

Der Detektiv hieß J.J. (»Jake«) Gittes. Jake war einer von Townes Lieblingsnamen für Nicholson; Gittes stand für ihren gemeinsamen Freund Harry Gittes. Towne liebte den Namen und sah etwas von Harry Gittes in dem Charakter, den er erfunden hatte, seine besserwisserische Sprechweise, seine amüsante Skepsis in allen Dingen. Sonst war die Rolle natürlich auf Jack zugeschnitten, mit dem Towne schon seit Jeff Coreys Unterricht Ende der fünfziger Jahre befreundet war.

»Die Rolle, die man schreibt, und der Darsteller, den man sich vorstellt, verschmelzen allmählich im Kopf zu einem einzigen Charakter«, erklärte Towne 1989 in einem Interview. »Jake Gittes behandelt Menschen genauso wie Jack, mal schüchtert er sie ein, mal schmeichelt er ihnen. Er hat Jacks Gabe, Menschen auf lustige und wohlüberlegte Art zu manipulieren. Gittes Vorliebe für Klamotten stammt von Jack und seiner Arbeiter-Arroganz. Auf gewisse Weise hat Jack immer mein Schreiben beeinflußt.«

Der Fall, an dem Gittes arbeitete, würde ihn irgendwie zu Noah Cross und dem korrupten Gemauschel um die Wasserrechte hinführen. Die Blutschande sollte zu einer Zeitbombe im Drehbuch werden. Wie bei den meisten Kriminalgeschichten waren Handlung und Aufbau eine Herausforderung, um so gewaltiger, weil die historische Entwicklung der Stadt Towne immer mehr fesselte.

»Kein Drehbuch hat mich je verrückter gemacht. Ich hab irgendwie versucht, die Unmengen an Informationen über Dämme, Orangenplantagen, Blutschande, Fahrstuhlführer und vieles mehr zwanglos einzustreuen«, erinnert sich Towne.

Im Herbst 1972 zog er sich in Gesellschaft seines riesigen Hirtenhundes Hira nach Catalina Island zurück und beendete einen ersten Entwurf. Beraten wurde er dabei von seinem Freund, dem Rhodes-Stipendiaten Edward Taylor, »seit dem College mein Jiminy Crickett, Mycroft Holmes und Edmund Wilson«. Die Luft von Catalina inspirierte ihn förmlich: »Sie brachte meinem Körper die Erinnerung zurück, wie ich diese Stadt als Kind geschmeckt, berührt, gerochen und gesehen hatte. Die Luft war so klar, daß ich nachts die Milchstraße sehen konnte. Außerdem war es noch herrlich ruhig.«

Die Geschichte spielt im Jahr 1937, dem Jahr, in dem Nicholson geboren wurde.

Jack, der den Jake Gittes spielen sollte, dachte zuerst an Roman Polanski als Regisseur. Polanski war in Paris geboren und in Polen aufgewachsen, sein Leben von Hitler schwer gezeichnet: Seine Mutter kam im KZ Auschwitz um; er selbst konnte den Nazis nur mit List und Tücke entkommen. Nach einer wildbewegten Kindheit und Jugend besuchte Polanski die berühmte polnische Filmschule in Łodz, entwickelte sich bald zu einem der vielversprechendsten jungen europäischen Filmemacher. Seitdem hat er sich mit seinen beunruhigenden Filmen, die oft von Grausamkeit, Paranoia und ätzendem Humor durchzogen sind *(Nóz W Wodzie; The Dance of the Vampires; Rosemary's Baby)*, einen bleibenden Namen als Regisseur geschaffen. Nicholson und der Regisseur hatten sich im Verlauf der Jahre angefreundet. Sie liefen zusammen Ski und hatten davon gesprochen, irgendwann einmal zusammenzuarbeiten. Nicholson rief Polanski in Rom an, wo der Regisseur sich von einer seiner weniger angenehmen Erfahrungen, den Dreharbeiten zu *What?*, erholte. Polanski war nicht sofort begeistert. Er müßte für dieses Projekt nach Los Angeles mit all seinen grausigen Erinnerungen zurückkehren: in die Stadt, wo seine Frau Sharon Tate und mehrere

Freunde von den Anhängern eines satanischen Pseudo-Hippie-Kultes ermordet worden waren.

Robert Evans half mit einem weiteren Anruf nach und überredete Polanski, nach L.A. zu fliegen, sich mit Towne zu treffen und über den Film zu sprechen. Evans hatte eine Sonderabmachung mit Paramount getroffen, würde weiterhin einer der Studio-Leiter sein, während er schon *Chinatown* betreute, den ersten Film, in dem er als Produzent Erwähnung finden sollte.

Kaum war Polanski auf der Szene erschienen, entglitt Towne die Kontrolle über *Chinatown*. In seiner Autobiografie »Roman« erwähnt der Regisseur, daß Townes ursprüngliche Fassung »als Drehbuch zum Lesen einen gewaltigen Umfang hatte, randvoll mit Ideen, großartigen Dialogen und meisterhaften Charakterisierungen, aber an einer übermäßig verwickelten Handlung krankte, die in alle Richtungen ausuferte. Der Titel war *Chinatown*, obwohl orientalische Orte oder Charaktere völlig fehlten. So, wie es war, konnte es einfach nicht gedreht werden. Aber irgendwo in den mehr als 180 Seiten lag ein großartiger Film vergraben«.

Bei einem Treffen mit Towne in Nate 'n' Al's Delikatessenladen in Beverly Hills, den die Filmleute frequentierten, bekundete Polanski nur gedämpfte Begeisterung für den Entwurf. Towne war verständlicherweise gekränkt. »Ich mag vielleicht ein wenig überkritisch gewesen sein, weil ich so schlecht drauf war«, gab Polanski später zu. »Ich war in L.A., wo mich jede Straßenecke an die Tragödie erinnerte. Außerdem stand ich kurz vor meinem vierzigsten Geburtstag – ein deprimierender Augenblick im Leben eines jeden Mannes.«

Es bedurfte einiger Überredungskunst, aber dann erklärte Towne sich bereit, das Buch umzuschreiben, und Polanski kehrte nach Rom zurück, um das Ergebnis abzuwarten. Als die überarbeitete Fassung kam, »war sie fast so lang wie vorher, und es war sogar noch schwieriger, da durchzusteigen«, meinte Polanski. Da er selbst Autor war (er hatte an den meisten Filmen, bei denen er Regie führte, mitgeschrieben), beschloß er, nach Los Angeles zurückzukehren und mit Towne zusammenzuarbeiten, um die endgültige Fassung energisch voranzutreiben und in seine Richtung zu lenken.

Polanski zog vorübergehend bei Nicholson ein, bis Evans ein Haus für ihn gefunden hatte: eine Junggesellen-Residenz auf zwei Ebenen mit Swimming Pool in der Nähe eines Wasserfalls, die einst dem Schauspieler George Montgomery gehört hatte.

Polanski hielt zwar Towne für einen »Künstler von außergewöhnlicher Kraft und Talent«, hatte aber auch den Eindruck, daß der Autor unbändigen Spaß hatte »an jeglicher Art der Verzögerung, indem er sich verspätete, die Pfeife stopfte, seinen Telefondienst anrief, sich um seinen Hund kümmerte«. Also entwarf der Regisseur einen Zeitplan mit acht Stunden Arbeit pro Tag, und innerhalb von acht Wochen »arbeiteten die beiden ein großartiges Drehbuch aus«, obwohl Schlüsselfragen weiter ungelöst blieben.

Zum einen wollte Polanski, daß Gittes und Evelyn Mulwray, Noah Cross' Tochter, miteinander schlafen; zum anderen konnten er und Towne sich nicht über das Ende einigen. Towne wollte, daß Noah Cross stirbt und seine Tochter weiterlebt. Evelyn Mulwray sollte am Schluß in Gittes' Arme sinken: Die Szene sollte noch dazu von einem der in Los Angeles seltenen Schneegestöber gekrönt werden. Polanski aber bestand darauf, daß auch Evelyn Mulwray sterben müßte.

Nicholsons wachsende Bedeutung zeigte sich in seinem Vertrag: Er soll 500.000 Dollar plus Prozente an den Bruttoeinnahmen erhalten haben. Aber Jack hielt sich aus den Drehbuch-Diskussionen raus, wenn er auch jederzeit für Abendessen und Gespräche zur Verfügung stand. Seine Instinkte in dieser Situation waren eher die eines Schauspielers als die eines Filmemachers. Er konzentrierte sich auf seine Rolle, nicht auf die Verwicklungen des Drehbuchs.

Mit temperamentvollen Talenten zusammenzuarbeiten, das lag Towne, denn für gewöhnlich spornte ihn das zu großer Diplomatie und Höchstleistungen an. Allerdings nahm Jacks Angewohnheit, immer unverbindlich zu bleiben, seinem alten Freund den Wind aus den Segeln. Wieder einmal wurde hier die traditionelle Hierarchie Hollywoods untermauert, und Jacks beträchtlicher Einfluß schlug auf der Seite des Regisseurs zu Buche.

Man fing an, über die Besetzung nachzudenken. Ali MacGraw sollte Evelyn Mulwray spielen, die das Kind ihres Vaters zur Welt bringt. Das war als Anreiz für ihren Mann, den Produzenten

Robert Evans, gedacht. Als MacGraw dann durchbrannte, um Steve McQueen zu heiraten, mußte Evans seinen Stolz vergessen und eine andere Schauspielerin suchen. Er bot Jane Fonda die Rolle an, aber die lehnte ab. Also gab Evans Polanski nach, der schon von Anfang an Faye Dunaway vorgezogen hatte. Der Regisseur kannte Dunaway privat (sie hatte zu seinem Kreis in Rom gehört und dort eine Romanze mit seinem Produzenten Andrew Braunsberg gehabt). Außerdem gefiel ihm ihr »altmodisches« Gesicht. Als Polanski für die Rolle des Noah Cross John Huston vorschlug, stimmten alle begeistert zu. Der legendäre Filmemacher, der anscheinend als Regisseur gerade eine Durststrecke hatte, betätigte sich auch immer mal wieder, wenn er gerade keine Filme drehte, als Schauspieler, zum Vergnügen und wegen des Geldes.

Diane Ladd (Bruce Derns geschiedene Frau) übernahm eine kleine Rolle als die Frau, die Mr. Mulwrays Tod arrangiert. Polanski selbst spielte, laut Titelliste den »Mann mit dem Messer« (eine Anspielung auf seinen Film *Messer im Wasser*), einen widerlichen kleinen Ganoven, der Gittes die Nase aufschlitzt.

Es wurde viel Mühe darauf verwandt, die Epoche stilecht wiederaufleben zu lassen. Richard Sylbert, der die Dekorationen zu sämtlichen Mike Nichols-Filmen, einschließlich *Carnal Knowledge,* entworfen hatte, war verantwortlich für Art Direction und Set Decoration. (Für die Heraufbeschwörung der dreißiger Jahre wurde er für einen Oscar nominiert.) Sylberts Schwägerin Anthea Sylbert war die Kostümgestalterin. Für Jake Gittes Garderobe studierte sie sorgfältig alte Fotos von Filmstars.

»Im Gegensatz zu Bob Evans«, schrieb Polanski später, »sah ich *Chinatown* nicht als ein Epochen-Stück, das bewußt Schwarz-Weiß-Filmklassiker imitiert, sondern als einen Film über die dreißiger Jahre, betrachtet durch das Kameraauge der siebziger Jahre«. Polanski bestand auf Farbe und Panavision. Er wählte Stanley Cortez, einen Kameramann aus alten Zeiten, der für Orson Welles *The Magnificent Ambersons* fotografiert hatte. Als es mit Cortez nicht klappte, trat gleich zu Beginn der Dreharbeiten John Alonzo, einer von Hollywoods jungen Wilden, an seine Stelle.

Während der Dreharbeiten war Polanski ein notorischer Leuteschinder, rigide, stur, sarkastisch und tyrannisch. Gleich von

Anfang an, im Herbst 1973, geriet er sich mit Faye Dunaway in die Haare. Die Hauptdarstellerin machte viel Wesens um ihr Aussehen: »Das nahm schon fast pathologische Ausmaße an«, meinte der Regisseur. Ihr eigenartiges Zögern und die gehauchten Pausen ihres Sprechstils waren in seinen Augen »ihr Versuch, sich wieder daran zu erinnern, was sie als nächstes zu sagen hatte, denn sie hat ihren Text nur selten gekonnt und ist mir ständig auf die Nerven gegangen damit, daß ich umschreiben solle«. Wenn der Regisseur dann auf ihre Änderungswünsche einging, machte Dunaway fast immer einen Rückzieher und schlug vor, zum ursprünglichen Dialog zurückzugehen.

Dunaway erkundigte sich nach Charakternuancen und Motivationen ihrer Rolle. Polanski schrie sie an, das Geld, das ihr bezahlt würde, müßte als Motivation ausreichen. Seine Ungeduld und ihre Nerverei erreichten bei einer kleinen Szene ihren Höhepunkt, in der sich Mulwray und Gittes in einem Restaurant treffen.

Die Kamera betonte eine widerborstige Haarsträhne. Der Friseur gab sich alle erdenkliche Mühe, doch die widerspenstige Strähne ließ sich nicht bändigen. Gereizt packte Polanski die Haare und riß sie aus. Dunaway wurde hysterisch, kreischte dem Regisseur Obszönitäten ins Gesicht und rauschte vom Set. Dieser Zwischenfall führte zu einem Gipfeltreffen zwischen Dunaway, ihrem Agenten, dem Produzenten Evans und Polanski.

Während der Besprechung erklärte Polanski der Schauspielerin: »Du bist bei den Dreharbeiten nur eine Schachfigur auf meinem Brett. Wenn du mit mir zusammenarbeitest, muß das so sein.« Ein unbehaglicher Waffenstillstand wurde geschlossen, der nur eine Überlebenschance hatte, weil Evans Dunaway drei Wochen von den Dreharbeiten fernhielt. Als sie zurückkehrte, sprach sie kein Wort mehr mit Polanski und nahm seine Regieanweisungen mit äußerster Kühle entgegen.

Polanskis Angewohnheit, Takes häufig zu wiederholen, ging völlig gegen Nicholsons bevorzugten Arbeitsstil. Polanski gab Nicholson und den anderen Schauspielern bestimmte Interpretationen einer Zeile vor. Das war Jack ein Greuel. (Nicholson haßte vorgegebene Interpretationen von Texten so sehr, daß er sogar den Hinweis eines Drehbuchautors auf Betonung einfach schamlos durchzustreichen pflegte.) Der Regisseur hatte auch die eigenartige Angewohnheit, mit Frisbee-Scheiben auf dem Boden die Stellen zu markieren, wo die Schauspieler auf seinen Befehl zu stehen hätten.

Nicholson mochte keine Regisseure, die auf Konfrontation aus waren. Er alberte zwischen den Szenen gern herum und riß Witze. Polanski brüllte Jack dann oft an: »Jetzt versuchst du wieder, deine Witzchen zu reißen!« Nicholson brüllte zurück: »Wenn ich *irgendwas* versuche, dann dir bei diesem Film zu helfen, Roman.«

Mehr als Robert Towne, auf jeden Fall mehr als Faye Dunaway, war Jack auf Polanski vorbereitet, denn er war ja durch Antonioni abgehärtet. »Roman ist eine andere Art Diktator«, sagte Nicholson danach. »Er liebt die Auseinandersetzung, er wüßte gar nicht, was er tun sollte, wenn es keine Auseinandersetzungen gäbe. Und damit meine ich nicht Streit, sondern Auseinandersetzungen. Aber er verliert nie, also ist es keine richtige Auseinandersetzung.«

Nicholson schien sich ganz besonders in jener Zeit unbegrenzt an grundverschiedene Regisseure anpassen zu können. »Jack Nicholson erwies sich in jeder Hinsicht als das völlige Gegenteil von Faye«, schrieb Polanski in seiner Autobiografie. »Jack ist ein bißchen wild. Er zieht gern nachts noch los, geht nie vor dem Morgengrauen ins Bett, hört Musik, raucht Hasch. Weckrufe am frühen Morgen sind für ihn beinahe noch quälender als für mich; aber er kommt zu den Dreharbeiten und kennt seinen Text, und den aller anderen, und er ist ein so außergewöhnlich guter Schauspieler, daß der schlimmste Hollywood-Dialog lebendig klingt, wenn er ihn vorträgt.«

Der Schauspieler mußte sich Polanski gegenüber in vieler Hinsicht beweisen, auch im körperlichen Mut, zum Beispiel in der Staudamm-Szene, in der Gittes von einer Wasserflut fortgerissen wird. »Ich wollte das in einer einzigen Aufnahme drehen«, erinnert sich Polanski, »in der Jacks Gesicht deutlich sichtbar war und in die Nahaufnahme kommt, wenn er auf die Maschendrahtsperre trifft, die über den Kanal gespannt ist. Es gab also keine Möglichkeit, seinen Stuntman Alan Gibbes einzusetzen ... Jack, dem ich das Skilaufen beigebracht hatte, dachte immer, daß ich auf der Piste zu große Risiken einging. Er machte sich Sorgen um die Aufnahme, denn er meinte wohl, da ich scheinbar auf Skiern kein Gespür für Gefahr hätte, würde mir auch das Verständnis für körperliche Furcht bei anderen fehlen. Im Filmgeschäft, mahnte er mich, könnten sogar bestens vorbereitete Stunts schiefgehen«.

Es war eine bis ins letzte Detail ausgearbeitete und teure Einstellung, und daher wollte Polanski sie nur einmal drehen, ohne den Stunt vorher durchzuspielen. Er wartete, bis Nicholson völlig angekleidet war, mit einem Neoprenanzug unter seinem Kostüm, bevor er damit begann, den Schauspieler zu bearbeiten, sein Macho-Ego anstachelte und ihn anspornte, den Stunt selbst zu machen. Widerwillig erklärte sich Nicholson bereit, aber er flehte Polanski an, die Aufnahme gleich richtig hinzukriegen. »Jack schlug so heftig gegen den verstärkten Maschendrahtzaun auf, daß seine Schuhe eine Delle hinterließen«, sagte Polanski. Diese eine Aufnahme genügte.

Für die äußerst bedrohliche Nasen-Aufschlitz-Szene tauschten die beiden die Rollen – diesmal gab Nicholson Polanski die Anweisungen. Gittes' Nasenverband wurde zu einem der einprägsamsten Details in *Chinatown*. »Im ursprünglichen Drehbuch«, erinnert sich Polanski, »wurde Jacks Nase erst später aufgeschlitzt und heilte dann mit der wundersamen Geschwindigkeit, die man nur in Filmen findet. Da Jack die Art von Schauspieler war, der sich nicht beklagt, wenn er die meisten Szenen mit einem Gesichtsverband spielen muß oder mit Nahtfäden, die ihm aus einem Nasenloch hängen, beschloß ich, die Wunde um des Realismus willen beizubehalten«.

Polanski zufolge hatten er und Nicholson nur einen »mörderischen Krach« während der Dreharbeiten. Der entwickelte sich während einer Szene im Büro von Mulwrays Nachfolger, in der Gittes die gerahmten Fotos an der Wand betrachtet und einen Anhaltspunkt für seine Untersuchungen findet. Polanski hatte Schwierigkeiten, die gewünschte visuelle Wirkung vom Licht des Spätnachmittags, das schräg durch die Jalousie fällt, zu erzeugen. Die Anzahl der Takes häufte sich, und Jack schlich sich immer wieder in seinen Wohnwagen, um im Fernsehen ein Basketballspiel zwischen den New York Knicks und den Los Angeles Lakers zu verfolgen.

Das Spiel ging in die Verlängerung, und der Regisseur hatte allmählich das Gefühl, daß Jack ihm nicht seine ungeteilte Aufmerksamkeit schenkte. Also machte er vorzeitig Schluß, und Nicholson »bewies, daß auch er ein Schweinehund sein konnte« (Polanskis Worte), indem er die Jalousie mit einem Ruck schloß und zu seiner fahrbaren Garderobe marschierte. Ein wütender Polanski jagte hinter ihm her, holte ihn ein, schleuderte ihm Schimpfworte ins Gesicht, versuchte, seinen Fernseher mit einem schweren Mop zu zertrümmern und warf das Gerät schließlich in hohem Bogen aus der Garderobe des Stars.

»Jacks Reaktion darauf war in ihrer unsinnigen Wut dramatisch«, schrieb Polanski in seinen Memoiren. »Unter den ängstlichen Blicken aller Anwesenden riß er sich die Kleider vom Leib und trat ab. Ich war zu wütend, irgend etwas anderes zu tun als auch zu verschwinden und stapfte zum Parkplatz.«

Einer dieser Geschichten zufolge, die immer wieder als Anekdoten für die Presse ausgepackt wurden, kamen die beiden dann in ihren Wagen nebeneinander bei Rot an einer Ampel in der Marathon Street vor dem Paramount-Gelände zum Stehen. Durch das Fenster seines alten VWs sah Polanski, wie Nicholson »Scheißpolacke« sagte. Plötzlich wurde ihm die Komik der Situation klar; er konnte nicht anders, er mußte grinsen. Nicholson erwiderte das Grinsen. Als die beiden in entgegengesetzte Richtungen davonfuhren, bogen sie sich vor Lachen.

Meinungsverschiedenheiten mit Towne in Sachen Skript blieben Polanski überlassen und wurden auf charakteristische Art und Weise durch Edikte des Regisseurs »gelöst«. Polanski schrieb selbst, in der Nacht, bevor sie gedreht wurden, die endgültigen Fassungen für zwei Szenen, da der Drehbuchautor es nicht übers Herz gebracht hatte, sie zu ändern.

Evelyn Mulwray war mit Jake Gittes im Off ins Bett gegangen. Hollywoods Klatsch-Kolumnisten spekulierten, daß Nicholson genau dasselbe mit seiner schönen Kollegin Faye Dunaway tat (obwohl keiner von beiden es je zugegeben hat).

Was das Ende betrifft: Gittes hatte gerade von Evelyn Mulwrays »Geheimnis« erfahren und schickte sie und ihre Tochter in ein Versteck. Noah Cross stöbert sie nun in einem Viertel in Chinatown auf. In dem darauffolgenden Chaos wird Evelyn Mulwray von der Kugel eines Polizisten getötet, und Cross entkommt mit dem Kind. Gittes muß völlig geschlagen zusehen. Die Aufnahmen für das Ende standen für den letzten Abend auf dem Drehplan. Dunaway hatte nur darauf gewartet, sich am Regisseur zu rächen, der sie so gepeinigt hatte. »Der Drehbeginn war für drei Uhr angesetzt«, erinnerte sich Produzent Evans. »Faye ließ sich vier Stunden Zeit, ehe sie aus ihrer Garderobe herauskam. Es wurde schon dunkel. John Huston fror erbärmlich. Roman fluchte. Wir haben die erste Aufnahme nicht vor elf Uhr nachts gemacht.«

Das Ende des Films, wie es Polanski durchgesetzt hatte, schlug einen eisigen, fatalistischen Ton an. Man kann sich heute kaum einen anderen Schluß für *Chinatown* vorstellen. Drehbuchautor Towne allerdings fühlte sich durch die Art und Weise, wie man ihm Teile seines Drehbuches, an denen er sehr hing, geraubt hatte, beinahe verraten. Er äußerte sich immer empört über den »nüchternen und greulich kalten Höhepunkt« (Townes Worte), den der Regisseur statt dessen schlichtweg dafür eingesetzt hatte.

Nicholson sagte, daß ihm wieder ein »Geheimnis« half, in die Haut seiner Figur, des Jake Gittes, zu schlüpfen. Weltbewegend war das Geheimnis zwar nicht – wie so oft bei Jack eher ein offenes Geheimnis. Es handelte sich um die »Dreiecks-Situation im Off«, wie Jack es nannte, zwischen Nicholson, John Huston und Hustons Tochter Anjelica.

Laut den wildwuchernden Presseberichten über die beiden hatte Jack Anjelica Huston zum ersten Mal Anfang 1973 auf einer Party getroffen. Er sah »einsame Klasse«, wie er Interviewern gern erzählte. Sie beobachtete seine Augen. »Das waren freundliche Augen, und sein ganzes Gesicht leuchtete auf, wenn er lächelte«, sagte Anjelica. »Ich wollte ihn! Ich war mit ein paar Freunden auf einer Party bei ihm zu Hause, und ich erzählte einer Freundin, was ich von ihm hielt. Sie ging gleich zu ihm rüber und verriet es ihm. Ich hätte im Boden versinken können, aber offenbar hat das Jack in keiner Weise irritiert.«

Anjelica, groß, mit ellenlangen Beinen und einem aparten Modigliani-Gesicht, war erst 21, als sie Nicholson kennenlernte. Als sie 1951 geboren wurde, ging Jack noch zur High School, und ihr berühmter Vater steckte tief im Belgischen Kongo und drehte *The African Queen.* Anjelica war die Tochter von Hustons vierter Frau, der Ballerina Ricki Soma, und wuchs in der abgeschiedenen Pracht eines irischen Landsitzes auf, den ihr Vater (wie Kanes Xanadu) mit Kunst und Antiquitäten vollgestopft hatte.

Im Alter von sechzehn Jahren hatte Anjelica die katastrophale Erfahrung durchlitten, als Anfängerin in die Hauptrolle eines der eher dubiosen Projekte ihres Vaters, *A Walk With Love and Death*, gesteckt zu werden. Der Film erzählt eine Liebesgeschichte vor dem Hintergrund der Pest. Obwohl er ein Mißerfolg war, erregte Anjelica die Aufmerksamkeit von Richard Avedon, einem Freund der Familie, der sie für »Vogue« fotografierte. Ihre kurze Karriere als Model der Haute Couture führte zu einer vier Jahre währenden Beziehung mit einem anderen Fotografen, Bob Richardson von »Harper's Bazaar«.

1973 war Anjelicas Liebe für Richardson erloschen, und sie hatte ihn und die Model-Laufbahn aufgegeben und war nach Los Angeles gezogen. Sie war an einem persönlichen und beruflichen Scheideweg angelangt. Nicholson, der sich gerade noch von seiner Trennung von Michelle Phillips erholte, fand Gefallen an dem, was er sah – und an Anjelicas Familienstammbaum. In Lawrence Grobels Buch »The Hustons« behauptet Sue Barton, die als »alte Freundin« von Nicholson bezeichnet wird, »es erregte ihn am meisten, daß sie Johns Tochter war. Er war so begeistert davon, daß er, der Junge aus Neptune, New Jersey, diese Prinzessin erobern konnte, die Tochter John Hustons«.

Als Nicholson nach Übersee ging, um *The Passenger* zu drehen, arrangierte Anjelica einige Foto-Sessions in Europa, damit sie sich treffen konnten. Anfangs war ihre Romanze episodenhaft, denn Jack wollte sich ungern festlegen. Zweifellos brachte Anjelica mehr Begeisterung und Fantasie in die Beziehung ein. Nicholson hatte inzwischen einen gesunden Zynismus gegenüber Langzeitbeziehungen entwickelt und mochte seine gewohnten One-Night-Stands.

Nach ihrer Rückkehr in die USA, als *Chinatown* unter John Hustons väterlichen Augen in Produktion ging, blühte die Beziehung auf. Huston, eine kraftvolle Vaterfigur, der Papa Hemingway das Wasser reichen konnte, war ein Regisseur, den Jack abgöttisch verehrte. Er war ein anerkannter »auteur«, der Hollywood mit seinen persönlichen, künstlerischen Filmen hinters Licht geführt und den größten Teil seines Lebens bewußt an anderen Orten verbracht hatte.

Anjelica fand, daß Jack ihrer Mutter, Ricki Soma, in gewisser Weise ähnelte. Beide waren unter dem Sternzeichen des Stiers geboren, »erdverwurzelt«. Und sie gab zu, auch Charakterzüge ihres Vaters in Jack zu erkennen. »Zu schwachen Männer habe ich mich nie hingezogen gefühlt. Beide sind sehr großzügig und anständig. Das Anziehendste an Jack ist sein Humor. Und daß er nie langweilig ist. Mein Vater ist auch nie langweilig gewesen.«

Nein, langweilig war er nie. Hustons Karriere als einer der überragenden Autoren und Regisseure Hollywoods reicht bis in die Anfänge des Tonfilms zurück. Sein Vater, Walter Huston, begann im Vaudeville und wurde für *The Treasure of the Sierra Madre,* der unter der Regie seines Sohnes entstanden war, mit einem Oscar ausgezeichnet. Huston war ein vielschichtiger Gigant – Trinker und Krakeeler, Bauernfänger und Sportsmann, manchmal Künstler und manchmal Lohnschreiber, jemand, der unter Umständen seine Kinder nur zu Weihnachten sah und vielleicht seine Geliebte zusammen mit seiner Frau am Frühstückstisch begrüßte. Aber niemals langweilig.

Anjelicas Vater betätigte sich nur nebenbei auch als Schauspieler, aber er konnte dann ungeheuer gerissen und unwiderstehlich sein. John Huston hatte nie eine glänzendere Rolle als die des Noah Cross; dessen honigsüßer schleppender Tonfall und geballte Faust beschworen am allermeisten seine eigene Person herauf. Durch sein Spiel schien er seine eigene korrupte Seele aufzudecken. Nur wenigen Leuten ist es je gelungen, Jack an die Wand zu spielen; aber in *Chinatown* schaffte John Huston es fabelhaft.

Die Szenen zwischen den beiden Johns, Nicholson und Huston, mit all den darunterliegenden Strömungen aus dem wirklichen Leben, gehören zu den Höhepunkten des Films. Das »Geheimnis« des Stars wird angedeutet, als Cross Gittes zur Rede stellt, ob er mit Evelyn Mulwray geschlafen hat:

> Schlafen Sie mit ihr? Na los doch, Mr. Gittes. Darüber brauchen Sie doch wohl nicht nachzudenken, um sich zu erinnern, oder?

»Ich hatte gerade mit John Hustons Tochter ein Verhältnis begonnen. Das war der Außenwelt vielleicht noch nicht klar«, sagte Nicholson einige Jahre später der »New York Times«, »aber meine Szenen mit ihm bekamen dadurch eine ganz eigene, aktuelle Wirklichkeit«. Polanski erzählt, daß der einzige Besuch Anjelicas bei den Dreharbeiten zu *Chinatown* zufällig auf den Tag fiel, an dem diese Szene gedreht wurde. Als sie den Dialog gehört hatte, so Polanski, drehte sich Hustons Tochter um und ging rasch weg. »Später lachte sie«, sagte Polanski, »und erzählte mir, daß es ihr ein bißchen peinlich gewesen sei«.

Schon bald wurde die Welt von der Beziehung in Kenntnis gesetzt. Die Klatsch-Kolumnisten, die Nicholsons Liebesabenteuer stets interessiert verfolgten, liebten den romantischen Leckerbissen, den ihnen Jack und Anjelica als Paar boten. Hollywood mag Liebesmärchen, auf der Leinwand und im wirklichen Leben, und ganz besonders dann, wenn ein Prinz und eine Prinzessin des Film-Königreichs zueinander finden, wie Douglas Fairbanks und Mary Pickford, Gable und Lombard, Bogart und Bacall.

Nach *Chinatown* war 1974 mit rastloser Aktivität angefüllt: Ein Auftritt als Musical-Star in *Tommy*; ein Film mit Warren Beatty und die Planung und der Produktionsvorlauf von *One Flew Over the Cuckoo's Nest.*

Anfang des Jahres erklärte sich Nicholson zu seinem Miniaturauftritt in *Tommy* bereit, der vielbeschrieenen Filmbearbeitung einer Rockoper des britischen Power-Rock-Quartetts »The Who«. Nicholsons Musikgeschmack war eklektisch, reichte von Sinatra bis Dylan, aus jedem Lebensabschnitt etwas. Rock 'n' Roll begeisterte ihn enorm, und Filme wie *Psych-Out, Head, Tommy* und in gewissem Sinn auch *Batman* mit seinen Prince-Klängen, zeigen, daß er nichts gegen die eine oder andere Synkope hatte.

Ken Russell führte bei *Tommy* Regie. Er erklärte die Großtat des Who-Komponisten und Lead-Gitarristen Pete Townshend über den taubstummen, blinden Flipper-Freak, der sich zum totalitären Guru entwickelt, schlichtweg zum »größten Kunstwerk des zwanzigsten Jahrhunderts«. Kontroverse Filme, wie seine Bearbeitung von D.H. Lawrences *Women in Love*, der das Publikum mit der spektakulären nackten Ringkampfszene, bei der alle

Griffe erlaubt waren, aufrüttelte, hatten Russells Ruf enorm gesteigert.

Der Regisseur hatte eine sehr gemischte Besetzung mit Schauspielern und Rock-Größen versammelt; darunter waren Roger Daltrey, der Lead-Sänger der »Who« (als Tommy), Ann-Margret (Tommys Mutter, Nora Walker), Oliver Reed (Frank Hobbs), Elton John (Pinball Wizzard), Eric Clapton (Bizarre Character), »Who«-Schlagzeuger Keith Moon (Onkel Ernie) und Tina Turner (Acid Queen).

Man hatte unter anderem Peter Sellers für die kleine Rolle des Doktors in Erwägung gezogen, bis dem Regisseur Nicholson einfiel. In seiner kurzen Szene spielte der wieder mit Ann-Margret, seiner Partnerin aus *Carnal Knowledge* zusammen, ein zusätzliches Publicity-Plus. Für seinen einzigen Arbeitstag in London wurden Jack 75.000 Dollar geboten.

»Russells Filme faszinieren mich«, erklärte Nicholson seine Mitwirkung. »Einige mag ich sehr gern, andere wiederum gefallen mir überhaupt nicht, und ich möchte rauskriegen, was in ihm vorgeht«.

Nach konventionellen Richtlinien war *Tommy* vielleicht ein ausgefallener Film, doch für Russell lag er voll in der Norm. Seine bombastische Vision der Rock-Oper enthielt Szenen, in denen sich Ann-Margret in gebackenen Bohnen, Seifenlauge und geschmolzener Schokolade suhlt; in denen Popsänger Elton John auf Stelzen an einem turmhohen Flipper herumspielt; und Gitarrengott Eric Clapton in einer »Rock 'n' Roll Church of Marilyn Monroe« den Gottesdienst leitet.

Nicholson muß in seiner verhältnismäßig wohlanständigen Szene Tommy untersuchen und sein Trauma diagnostizieren, während er leise in nachgemachtem britischem Akzent Verszeilen aus »Go to the Mirror, Boy« singt. Sein Bariton war leidlich; diesmal blieb sein Lied im Film. »Er spricht die Sachen irgendwie«, sagt Russell. »Eigentlich hat er wirklich eine ziemlich weiche, gewinnende Stimme.«

Zwischen *Tommy* und *The Fortune* lagen Lichtjahre. Und ebenso zwischen *The Fortune* und allem anderen, was Nicholson bisher mit seinem Starruhm gemacht hatte. Es war eine schrille Komödie ohne jedweden Anklang an die Wirklichkeit – kein Angriff aufs Publikum, sondern reiner Hollywood-Schein.

Jedem, der die Arbeit von Carole Eastman verfolgt hat, sei verziehen, wenn er zu diesem Zeitpunkt in ihrer Karriere anderes von ihr erwartet hatte: etwas Strenges, Existentielles. Statt dessen war *The Fortune* eine historische Posse, ein überraschender Rückfall in die total überdrehten Hollywood-Komödien der dreißiger und vierziger Jahre. Eine Posse, die nichts weiter will als sich erbarmungslos über zwei schurkische Verlierertypen lustig machen, die eine verrückte Erbin quer durchs Land schleifen, während sie abwechselnd planen, sie entweder umzubringen oder zu heiraten.

The Fortune war wieder einmal einer von den Nicholson-Filmen im nostalgischen Rahmen, in die sich der Schauspieler, den man so sehr mit den sechziger Jahren identifiziert, oft zurückzog, weil sie ihm die Möglichkeit gaben, sich nicht nur zu den Dingen zu äußern, an die er sich aus seinen frühen Jahren erinnerte, sondern auch zum nostalgischen Filmgenre, das er als Junge so geliebt hatte.

Nicholson vertraute Carole Eastman, und ihm gefiel der Slapstick-Stil ihres Skripts. *The Fortune* gab ihm außerdem Gelegenheit, wieder mit Regisseur Mike Nichols zusammenzuarbeiten, und zum ersten Mal gesellte sich als Produzent sein alter Freund Don Devlin hinzu. Das wichtigste jedoch war, daß ihm der Film die Möglichkeit bot, mit einem Schauspieler seines Kalibers zusammenzuarbeiten, mit jemandem, der ihn faszinierte und mit dem er sich angefreundet hatte: Warren Beatty.

Die beiden brauchten als Gegengewicht eine starke Schauspielerin für die dritte Hauptrolle, die Damenbinden-Erbin namens Freddie (die Quelle ihres Vermögens ist Aufhänger für einige schlüpfrige Witze und einen langen, köstlich komischen Monolog von Jack über »Mausis Schlafenszeit«).

Man entschied sich für eine Unbekannte, einen lebenssprühenden Rotschopf namens Stockard Channing, deren Filmerfahrung sich bis dahin auf kleine Nebenrollen beschränkt hatte. Während der Dreharbeiten machte das »Star-is-born«-Klischee die Runde. Das gehörte zur Philosophie von Jacks beruflichem Umfeld, war eine Art Äquivalent zu seinem Herumschlafen im Privatleben: lieber eine Unbekannte lancieren als die Rolle mit einer bekannten Schauspielerin besetzen.

Als man im Juli und August in Südkalifornien mit den Dreharbeiten zu *The Fortune* begann, gehörten auch Tom Newman (Nicholsons Mitbewohner aus der Fountain Avenue) und Scatman Crothers zur altbewährten Besetzung.

Bei den Dreharbeiten setzte man optimistisch auf einen Hit. Vor der Kamera schien zwischen Beatty (er stand an erster Stelle auf der Titelliste) und Nicholson dieselbe verschmitzte Kameradschaft zu herrschen wie im Privatleben. Als Nicky und Oscar, die beiden tolpatschigen Ränkeschmiede, boten sie eine Studie in Gegensätzlichkeit – wie im wirklichen Leben.

Beatty mit kurzgeschnittenem, pomadisiertem Haar, bleistiftdünnem Schnurrbart, im adretten Jackett, mit Krawatte, Knickerbockers und Kniestrümpfen mit Argylemuster. Seine Rolle war die eines überaus pedantischen Prahlhanses, eines selbstsicheren Schurken, der in abgehackter Sprechweise dummes Zeug daherquatscht. Nicholson spielte eher den Dummkopf, mit ausgebeulten Klamotten, buschigen Augenbrauen, einem unordentlichen Schnurrbart und einer lockigen, windzerzausten Dauerwelle. Er ging mit weit ausladenden Schritten und greinte wie ein Schwachsinniger. Es war eine tolle Nummer, mit herabgesetztem IQ, die er voll drauf hatte. Ganz sicher würde er Sympathien und Lacher auf seiner Seite haben.

Vor und hinter der Kamera konnte Jack manches vom pomadig geschniegelten Beatty lernen. »Von Warren hab ich einen Trick, den er im englischen Theater gelernt hat: Wenn man für ein Foto ausgeleuchtet wird, verteilt man hier ein bißchen dunklen Puder (auf den Haaransatz), so läßt das Licht nicht das Haar, das man noch hat, verschwinden.«

Warren war ein Meister bei Frauen (Jacks Spitzname für ihn: »Pro«). Wenn Warren auf Parties ging, nahm er sein Opfer ins Visier, schmierte der Dame Honig ums Maul, begleitete sie nach Hause und amüsierte sich prächtig. Keiner war beleidigt. Jack dagegen stand bei den Frauen immer noch auf verlorenem Posten. Er verliebte sich pausenlos, sogar wenn es nur um eine Affäre für eine Nacht ging, und er schien immer leise vor Selbstmitleid in sein Bier zu weinen.

Während Warren sogar noch windzerzaust makellos gut aussah, machten Nicholson auch weiterhin seine körperlichen Mängel schwer zu schaffen: sein zurückweichender Haaransatz, die Aknenarben auf dem Rücken, seine geringe Körpergröße. Oft trug er die Absatzschuhe, die er beim Filmen anzog, um dieselbe Größe wie seine Partnerinnen zu haben, auch noch, wenn die Kameras schon ausgeschaltet waren. Und er ließ sich heimlich von einem Spezialisten in New York City gegen Haarausfall behandeln.

Die Episode mit Michelle Phillips war zwischen Jack und Warren nicht nur vergeben und vergessen, sie waren inzwischen gemeinsam stolz darauf, wie auf einen Preis im Tennisdoppel. (Eine Schlüsselszene in *The Fortune* ist vielleicht die, in der das niederträchtige Duo abwechselnd mit der Erbin Tango tanzt und sie dabei wie eine Schneiderpuppe hin und her schubst.) Und Nicholson hatte ja inzwischen Anjelica Huston. Die war in jeder Hinsicht ein Juwel in seiner Krone, auch wenn die Märchenromanze in Wirklichkeit nicht ganz so idyllisch war.

Jack hatte Helena Kallianiotes das zweite Haus im Canyon überlassen, und er zeigte sich nur widerwillig bereit, Anjelica zum Einzug in seine eigenen heiligen Hallen aufzufordern. Anjelica war wie ihr Vater, vielschichtig, nicht leicht festzulegen oder zu verstehen; auf keinen Fall wie June oder Ethel May oder wie eine von Jacks früheren Freundinnen. Sie machte das Zusammenwohnen zur Bedingung für die Fortsetzung der Romanze. Also mußte Jack nachgeben, und Anjelica zog zwischenzeitlich in das größere Gästezimmer.

Beide mußten sich ständig anpassen. Die Aufmerksamkeit, die Nicholson jedesmal zuteil wurde, wenn er in der Öffentlichkeit erschien, zermürbte John Hustons Tochter. Jack hatte keine Lust, seine nächtlichen Gelage einzuschränken. Und auf seinen mit Stars und Freunden bevölkerten Parties fühlte sich Anjelica völlig fehl am Platz. »Ich stand immer wie ein Depp in der Ecke rum, nickte ab und zu mal und bemühte mich, fröhlich auszusehen, während diese Fremden mich von oben bis unten musterten. Ich hab mich immer viel im Badezimmer versteckt, meistens habe ich mich aus lauter Nervosität übergeben müssen.« Anjelica warf immer wieder mal das Handtuch und zog aus. Schnappte für ein, zwei Wochen Luft und zog gleich wieder ein.

Von Anfang an liebte sie Jack mehr als er sie, auf jeden Fall neigte sie mehr zur Monogamie. Auf der Höhe seines ständig wachsenden Starruhms, wo überall Fans und schöne Frauen waren, egal, wo er auch hinging, da holte er verlorene Zeit nach und »versuchte, alles zu vögeln, was Röcke trug«, wie es ein Bekannter ausdrückte. Zeit zum Austoben, wie gehabt, ganz gleich, wie sehr er öffentlich seine Zuneigung zu Anjelica beteuerte.

Er und Beatty waren ein komisches, aber tödliches Paar auf der Frauenjagd, ganz wie in *The Fortune*: Sie fuhren zusammen weg, machten Parties unsicher, gingen gemeinsam zu den großen Boxkämpfen. Anjelica konnte in der Zeitschrift »Time« nachlesen, daß »Jacks und Warren Beattys gelegentlicher Zeitvertreib darin bestand, in der Stadt auf Weiberfang herumzufahren«. Die »New York Times« drückte es anders aus: »Wie ein College-Student im ersten Jahr geht er noch immer in seinem Wagen auf Mädchenjagd, zusammen mit seinem Kumpel Warren Beatty.«[1]

War Nicholson der intime Freund der Frauen, wie er gern von sich behauptete, ein Feminist, wie er sich manchmal brüstete, oder war er ganz einfach ein Kerl, der die Hälfte seiner Zeit damit verbrachte, seine Fantasien von Macht und Lust auszuleben?

»Manchmal denke ich, daß alle Frauen Zicken sind«, hat er in einem Interview gesagt. »Manchmal muß ich zugeben, daß ich Frauen nicht sehr gut verstehe. Aber schließlich verstehe ich mich selbst oft auch nicht sehr gut.«

»Ich glaube, Jack haßt Frauen«, sagte Lorraines Mann, Shorty Smith gegenüber der Zeitschrift »Time« ganz lapidar.

Shorty konnte es sich leisten, derartige Dinge zu und über Jack zu sagen. Shorty konnte alles zu Jack sagen, und das tat er auch. Shorty war beinahe der einzige, der den Schauspieler seit längerer Zeit kannte und sich das erlauben konnte. Shorty fand Jacks Freizeitvergnügungen nicht in Ordnung und konnte seinen Angebereien entgegentreten, ohne schlimmste Gegenangriffe be-

1 Der frühere Schauspielrivale Bruce Dern hält einige der Nicholson-Beatty-Geschichten für übertrieben. »Er (Nicholson) gibt mit sehr viel mehr Muschi an, als er je gekriegt hat. Ich würde sagen, wenn man die Hälfte von der Hälfte nähme, hätte man so etwa die Wahrheit, und trotzdem kriegt er wahrscheinlich immer noch mehr als alle anderen. Er und Beatty haben das regelrecht zum Wettbewerb gemacht. Die reden wirklich so: Jack sagt: ›Heh, ich komme von Hefner ...‹ ›Naja, bei Hefner werden doch alle flachgelegt, wenn du weißt, was ich meine?‹«

fürchten zu müssen. Schließlich war er Jacks »stellvertretende Vaterfigur«.

Während der Außenaufnamen zu *The Fortune* gab es die ersten Previews von *Chinatown*. Evans und Towne hatten schwer an der Post Production gearbeitet, hatten Schwachpunkte aufgefangen, die ihnen Polanski hinterlassen hatte. Aber niemand war sich der Reaktion auf Stil und Thema sicher, und Paramount machte sich Sorgen um die Einspielergebnisse.

Der Film sollte im Juni 1974 in den Kinos anlaufen. Die Zeitschrift »Time«, die eine Titelgeschichte über Nicholson vorbereitete, schickte einen Reporter in die Gegend von Asbury Park-Neptune-Spring Lake. Jemand von »Time« rief Nicholson an, um eine außergewöhnliche Information zu überprüfen, die man ausgegraben hatte und die allem widersprach, was je über seine Herkunft gedruckt worden war: daß nämlich June Jacks Mutter und nicht seine Schwester war, und daß ein Mann, der behauptete, sein Vater zu sein, gesund und munter in Ocean Grove, New Jersey, lebte.

Nicholson war wie vom Donner gerührt. Er konnte den Reporter dazu überreden, die schwer beweisbare Nachricht im »Time«-Bericht wegzulassen. Aber die Geschichte enthielt soviele intime Details und wirkte so glaubwürdig, daß Jack einfach nachhaken und die Wahrheit ans Licht bringen mußte. Er meldete ein Ferngespräch mit dem einzigen noch lebenden Familienmitglied an, das die Nachricht widerlegen könnte: Lorraine.

Shorty, dem man nichts vormachen konnte, nahm den Anruf entgegen.

»Shorty, da ist mir eine total beschissene Sache zu Ohren gekommen. Da ruft mich ein Typ an und behauptet, daß mein Vater noch lebt, und daß Ethel May nicht wirklich meine Mutter war, daß *June* meine Mutter wäre, und ...«

Natürlich hatte er erwartet, daß Shorty spotten und schallend lachen würde. Shorty, den Jacks Anruf völlig unvorbereitet getroffen hatte, holte tief Luft. »Ich geb dir am besten Lorraine«, sagte er nach einigem Zögern.

Als Lorraine an den Apparat kam, konnte sie nur bestätigen, was sie als die Wahrheit kannte: June war wirklich Jacks Mutter.

Nein, sie konnte und wollte nicht bestätigen, daß Don Furcillo-Rose sein Vater wäre. Es hätte Furcillo-Rose sein können, erzählte sie Jack. Es hätte auch jemand anders sein können. Sie wußte nicht mit Sicherheit, *wer*.

Nichsolson wurde es kalt ums Herz. Er legte auf. Er fing an, fassungslos zu schluchzen und bemühte sich, einen Sinn in diese Neuigkeiten zu bringen. June seine Mutter? Warum hatte sie es ihm nicht gesagt, nicht einmal auf ihrem Sterbebett? Und warum hatte Ethel May es ihm nicht nach Junes Tod gesagt? Fragen, auf die er nie eine Antworten bekommen würde.

Die Zeitschrift »Time« veröffentlichte ihre Titelgeschichte im August 1974 mit dem üblichen Text über Jacks Alkoholiker-Vater, dessen Vorfahren aus der Grafschaft Cork gekommen waren.

Nur Nicholsons engste Freunde, die Ersatzfamilie aus der Jeff-Corey-Zeit, wurden eingeweiht. Jack lud einen nach dem anderen ein oder rief sie an; jedesmal, wenn er die Geschichte wiederholte, weinte er. Seine Freunde bemühten sich alle, es zu begreifen. Nur wenige hatten Ethel May gekannt, und noch weniger June. Keiner konnte die Neuigkeit verdauen. Sie schien der fehlende Puzzlestein zu sein, der plötzlich das ganze Bild veränderte.

In Interviews hatte Nicholson immer viel Wesens darum gemacht, wie ehrlich seine Kindheit und Jugend und wie wahrhaftig seine Darstellungen waren. (»Meine Familie hat immer sehr viel von Aufrichtigkeit gehalten ...«) Diese Neuigkeit brachte die Publicity, das Selbstbild, das er so sorgfältig aufgebaut hatte, schwer ins Wanken.

Jack bat Mike Nichols, ihn während der Dreharbeiten zu *The Fortune* aufmerksam zu beobachten, da er durch eine persönliche Enthüllung aus dem Gleichgewicht gebracht worden sei. Im Film ist es keinesfalls zu merken, höchstens in seiner ungewöhnlich manischen Spielweise, einer komischen Variante seiner Spezialität der »Enthemmtheit«. Verwegen, fast verzweifelt.

Das Sonderbarste ist, daß *Chinatown* in den US-Kinos anlief, während Jack bei den Dreharbeiten zu *The Fortune* noch mit der Neuigkeit kämpfte. In der sich zuspitzenden Enthüllungsszene im Film, in einer Szene mit einem seiner geradezu patentierten

Gefühlsausbrüche, hat Jake Gittes gerade Evelyn Mulwray so eingeschüchtert, daß sie ihm ihre Familienschande – den Inzest – gesteht.

Gittes: Ich hab gesagt, ich will die Wahrheit!
Evelyn: Sie ist meine Schwester.
(Gittes schlägt sie wieder.)
Evelyn (fährt fort): Sie ist meine Tochter.
(Gittes schlägt sie erneut.)
Evelyn (fährt fort): Meine Schwester.
(Er schlägt sie wieder.)
Evelyn (fährt fort): Meine Tochter.
(Schließlich prügelt er sie, schubst sie gegen eine billige chinesische Vase, die zerbricht, und sie fällt schluchzend aufs Sofa.)
Gittes: Ich hab gesagt, ich will die Wahrheit!
Evelyn (schreit es fast heraus): Sie ist meine Schwester *und* meine Tochter!

Es war eine Szene, die so eng an seiner »Schwester-Mutter«-Enthüllung lag, daß viele Leute aus Nicholsons Umgebung sich fragten, ob Robert Towne eine Kristallkugel und die Fähigkeit gehabt hatte, in eine Vergangenheit zu blicken, von der er überhaupt nichts wissen konnte.

Towne machte keine »revolutionären Aussagen«, er legte auch nicht maßgeblich die Zukunft des Films fest. Aber niemand schrieb je mit tieferem Verständnis für Jack. Niemand hat je die Leinwandpersönlichkeit dieses Darstellers mehr erweitert und bereichert als er.

Chinatown wurde in jeder Hauptkategorie für den Oscar nominiert, erhielt ihn jedoch nur in einer: Bestes Drehbuch. Robert Towne gab sich damit nicht zufrieden und plante eine Fortsetzung, bei der er Regie führen wollte. Die Saga von Jack Gittes sollte weitergehen.

8

ADAPTATION TO THE CIRCUMSTANCES 1977

Inzwischen war klar – nach überragenden Filmen wie *Five Easy Pieces, Carnal Knowledge, The King of Marvin Gardens, The Passenger, The Last Detail* und *Chinatown*, die auf *Easy Rider* gefolgt waren, daß Nicholson allem, was er anpackte, seinen ganz eigenen Stempel aufdrückte. Seine Figuren spiegelten seinen Charakter, seine Ideen und Vorlieben wider. Sie waren alle völlig verkorkste Typen; ihre unlösbaren persönlichen Probleme, ihre vereitelten Träume und verkümmerten Persönlichkeiten waren durch die Gesellschaft bestimmt. Jack bevorzugte kraftvolle und dramatische Drehbücher, die ihm Gelegenheit zu Clownerien boten. Ihm kam es auf deutliche Sprache und Sexualität an. Er wählte nur die Regisseure, auf deren Ruf oder Freundschaft er bauen konnte.

Er war eine »Schauspielerpersönlichkeit« mit entsprechend vorhersehbarem Verhalten im alten Stile eines John Wayne, Clark Gable oder Jimmy Stewart. Zugleich war Nicholson äußerst geschickt darin, neue Dinge von außen aufzunehmen und in seine Persönlichkeit zu integrieren, und er hatte auch nichts dagegen, ab und zu wieder anzuwenden, was er in den Method-Kursen gelernt hatte. Er schien sich mit einem gut ausgearbeiteten Drehbuch ebensowohl zu fühlen wie in improvisierten Situationen.

Eine faszinierende Kombination von altem und neuem Hollywood.

Chinatown übertraf die nicht gerade hochgesteckten Erwartungen von Paramount bei weitem. Wie *The Last Detail* brachte der Film aber eher bescheidene Kasseneinnahmen. Doch Jack schien auf dem Höhepunkt seiner Schauspielkunst zu sein, als er den Jake Gittes spielte, ihn von innen nach außen anlegte – trotz aller Nasenverbände und raffinierten Garderobe als großspurigen, verliebten Narren. Nie wieder sollte er derart hundemüde und schmerzlich hintergangen wirken. Er hatte sich seinen Platz neben Bogart und den anderen unsterblichen Leinwand-Detektiven erobert.

Die National Society of Film Critics, die New York Film Critics und die Hollywood Foreign Press (Golden Globe) Association verliehen Nicholson 1974 Preise als Bester Schauspieler, und zum dritten Mal innerhalb von vier Jahren wurde er für einen Oscar nominiert – zum zweiten Mal als Bester Darsteller.

Es war eine Ironie des Schicksals: Während Jacks Karriere steil nach oben ging, löste sich seine Filmemacher-Familie, deren enger Zusammenhalt sich in gemeinsam verfaßten Drehbüchern und gemeinschaftlichen Filmprojekten niedergeschlagen hatte, allmählich auf.

BBS war in einen Dornröschenschlaf gesunken. Bert Schneiders und Bob Rafelsons Produktionsfirma hätte nicht erfolgreicher sein können (trotz der Low-Budget-Flops *Drive, He Said* und *The King of Marvin Gardens*). Sie hatten nicht nur mit *Easy Rider* und *Five Easy Pieces* enorme Gewinne gemacht, auch Peter Bogdanovich hatte mit seiner BBS-finanzierten Bearbeitung von Larry McMurtrys *The Last Picture Show* überwältigende Erfolge bei den Kritikern und triumphale Einspielergebnisse erzielt.

Doch Bert Schneider, die treibende Kraft hinter der unorthodoxen Firma, der sich selbst als BBS-»Manager, Trainer, Arzt, Psychiater, Anheizer und manipulierender Berater« bezeichnete, hatte allen Schwung verloren. Seine Methoden funktionierten bei einigen Leuten und Projekten gut, bei anderen wiederum nicht so gut. Aber Bert war der Boß, in Nicholsons Worten »eine Art gütiger Harry Cohn«. Niemand, auch nicht Rafelson oder Steve Blauner, verfügten über das Maß an Charisma und Autorität, um ohne Bert weiterzumachen.

In seiner aalglatten, unbeirrbaren Art hatte er erklärt, er würde das Filmemachen zugunsten seiner gesellschaftlichen, sozialen Aktivitäten aufgeben. Er hatte das Interesse an BBS fast von dem Augenblick an verloren, als die erste Produktionsklappe fiel. Sein Leben war voll in Anspruch genommen von seinem politischen Aktivismus, den Freizeit-Drogen – und nach seiner Scheidung und Candice Bergens Abschied von unzähligen Frauen.

Bert stürzte sich auf die Verteidigung von Daniel Ellsberg, einem ehemaligen stellvertretenden Verteidigungsminister, der beschuldigt wurde, er hätte die »Pentagon Papers« durchsickern lassen, geheime Aufzeichnungen über den Vietnam-Krieg, in denen die Verbrechen und das Doppelspiel der US-Regierung aufgezeigt wurden. Bert schrieb auch Schecks für die Black Panthers und andere radikale politische Organisationen aus und arbeitete hinter den Kulissen für sie. Es lief ein hartnäckiges Gerücht um, daß man sich auf diese Hollywood-Größe verlassen konnte, daß sein Haus im geheimen Fluchtnetz für Mitglieder der Protestbewegung, die von den Bundesbehörden verfolgt wurden, Platz zum Ausruhen bot.

Schneider war besonders stolz darauf, daß er die Neu-Edition der Filme von Charlie Chaplin arrangiert und einen Dokumentarfilm über Chaplins Karriere, *The Gentleman Tramp,* finanziert hatte. 1972 fand Schneiders Chaplin-Kampagne ihren Höhepunkt: Mehr als zwanzig Jahre, nachdem man Chaplin wegen seiner links-liberalen Verbindungen auf die Schwarze Liste gesetzt und schmählich aus den USA ausgewiesen hatte, holte man den ungekrönten König der Komödie zurück, um ihm nun einen »Ehren-Oscar« zu verleihen.

Die einzigen Filme, für die sich Bert zu der Zeit noch interessierte, waren Dokumentarfilme. Er machte seinen Einfluß für die Produktion von Peter Davis' *Hearts and Minds* geltend, einen aufwühlenden Film, der (wie die »Pentagon Papers«) die Lügen und Fehler des amerikanischen Engagements in Vietnam offenlegte. 1975, im selben Jahr wie *Chinatown,* gewann *Hearts and Minds* den Oscar als Bester Dokumentarfilm. Bei der Preisverleihung verlas Bert Schneider eine Botschaft der Revolutionären Übergangsregierung Südvietnams an das amerikanische Volk.

Noch während Schneider seine Dankesrede bei der Oscar-Verleihung hielt, war er schon auf dem besten Wege, sich aus Politik *und* Filmemacherei zurückzuziehen. Huey Newton hatte sich heimlich nach Kuba davongemacht, der Sieg der Kommunisten in Indochina stand unmittelbar bevor. Das Engagement für die geschlagene, zersplitterte und zerstrittene Protestbewegung hatte jegliche Dringlichkeit verloren.

Dazu kam noch, daß im Januar 1975 Berts älterer Bruder Stanley plötzlich im Alter von 45 Jahren starb, während er in New York City die Dreharbeiten zu *Three Days of the Condor* betreute. Stanley war seit 1969 Präsident von Columbia gewesen – er hatte Bert stets unterstützt und war der wichtige Verbindungsmann für alle gewesen. *Three Days of the Condor* hätte Stanleys erste unabhängige Produktion werden sollen. Der Tod seines Bruders war für Bert der Tropfen, der das Faß zum Überlaufen brachte: Er zog sich in seine »Höhle« zurück, in seine Villa im Benedict Canyon. Er gab immer noch Parties, gab immer noch seine politischen Weisheiten zum besten und verteilte Geld, aber er hatte sich von dem, was von der Bewegung noch übrig war, distanziert und die Hektik des Filmgeschäfts hinter sich gelassen.

Harold, der jüngste der Schneider-Brüder, blieb weiterhin in Hollywood aktiv. Aber Harold war immer der »Vollstrecker« gewesen, der bei BBS traditionell die Rolle des Knauserichs, der den Etat durchsetzt, gespielt hatte. Er war ein notorischer Schreihals, der es sich anscheinend zur Aufgabe gemacht hatte, bei jedem Film irgend jemanden zum Weinen zu bringen. Im Gegensatz zu seinem faszinierenden und strippenziehenden Bruder war Harold schwerfällig und von gewissem Nutzen, doch keineswegs beeindruckend oder kreativ. Und vor allem: Harold war *nicht* Bert.

Im Mai 1974 unternahm der traurige Rest von BBS unter der Leitung von Henry Jaglom den Versuch, sich neu zu formieren. Ein Artikel in »Variety« kündigte eine Low-Budget-Film-Genossenschaft an, die aus der Asche von BBS aufsteigen und den Namen Filmmakers Coop tragen sollte. Zu den Mitgliedern der neuen Gemeinschaft gehörten neben anderen James Frawley (ein Autor/Regisseur, der einen wesentlichen Beitrag zur Fernsehserie »The Monkees« geleistet hatte), Carole Eastman, Barbara Loden (eine mit Elia Kazan verheiratete Schauspielerin und Filmemacherin), Penelope Gilliatt (eine der Filmkritikerinnen bei »The New Yorker« und Drehbuchautorin von *Sunday, Bloody Sunday*), Regisseur Paul Williams (*The Revolutionary*), Dennis Hopper und Martin Scorsese.

Zum ersten Mal wurde in »Variety« BBS offiziell für »tot« erklärt. Die neue Genossenschaft sollte ähnlich wie BBS funktionieren. Laut »Variety« würden ihre Mitglieder »sich an bestimmten Projekten beteiligen, mit reduziertem Gehalt, aber hoher (Gewinn-) Beteiligung«. Mit dem Versprechen auf kreative Freiheit, *final cut*-Garantie und Einflußnahme bei der Vermarktung wollte die Filmmaker's Coop hochdotierte Talente zu Niedrigstpreisen anlocken. Man hatte sich das Ziel gesetzt, kreative Menschen vom »traditionellen wirtschaftlichen Druck und den Studio-Zwängen« zu befreien.

Nicholson wurde als »wichtige kreative Kraft« aufgeführt, als hervorragendes Beispiel für eine Berühmtheit, die ihre Dienste der Genossenschaft zum Niedrigsttarif zur Verfügung stellte, obwohl seine Gagenforderungen damals irgendwo zwischen 500.000 und einer Million Dollar lagen, zusätzlich zu einer Gewinnbeteiligung.

Filmmaker's Coop war nicht der einzige Interessent, der das BBS-Erbe antreten wollte. Noch während der Produktion von *The Fortune* hatten Don Devlin und Harry Gittes versucht, eine neue Firma zu gründen. Im Juli 1974 gaben die Filmzeitungen eine neue Devlin-Gittes Partnerschaft und einen Vertrag mit Columbia über die Produktion mehrer Filme mit einem Gesamtbudget von 23 Millionen Dollar bekannt. Devlin und Gittes planten mehrere Filme: ein lustiges Musical aus der Zeit um die Jahrhundertwende mit dem Titel »Harry and Walter Go to New York«, ein Projekt namens »Fish«, bei dem Tony Richardson – nach einem Drehbuch von Buck Henry, basierend auf einer Geschichte von Luana Anders – Regie führen sollte, und schließlich »Moon Trap«, nach einem Western von Don Berry über Trapper in Oregon Mitte des 19. Jahrhunderts.

Carole Eastman und Robert Towne, die es ohnehin vermieden hatten, sich zu eng an BBS zu binden, begannen nun, sich auf eigene Beine zu stellen. Towne genoß als Star-Autor ungeheure Publicity (Robert Evans soll überschwenglich gesagt haben: »Ich hätte lieber die nächsten fünf Zusagen von Robert Towne als die nächsten fünf von Robert Redford.«) Und Towne war aus seiner Reserve gekommen, sehr hoffnungsvoll gestimmt, was seine Zukunft betraf. Er war fest entschlossen, beim nächsten Film selbst Regie zu führen, sozusagen als Vorübung für die Fortsetzung von *Chinatown*.

Bei Carole Eastman sah es ganz so aus, als würde sie mit ihrer Karriere großartig vorankommen. Sie hatte eine weitere Komödie mit dem Titel »Man Trouble« geschrieben, eine witzige Liebesgeschichte über einen Hundetrainer. Dieses Projekt war 1971 erstmals in den Filmblättern erwähnt worden; als Stars waren vorgesehen Jeanne Moreau und Jack Nicholson. Eastman unterschrieb ihren Skriptvertrag bei Warner Brothers. Wie Towne hatte auch sie beschlossen, es nicht länger hinzunehmen, daß Regisseure an ihren Ideen herumbastelten. Mit *The Fortune* sollte sie zeigen, was sie an Komödien drauf hatte. Danach wollte sie etwas tun, was nur wenigen Frauen in der Geschichte Hollywoods erfolgreich gelungen war: nach ihrem eigenen Drehbuch (bei *Man Trouble*) Regie führen.

Nachdem *The Fortune* abgeschlossen war, machten Jack und Anjelica Urlaub in Europa, mit einem Abstecher nach Irland. Es war für beide eine »Suche nach den Wurzeln«. Nicholson hatte die Grüne Insel noch nie besucht, und Anjelica war seit dem tödlichen Autounfall ihrer Mutter 1969 nicht mehr in St.Clerans gewesen, wo sie aufgewachsen war.

Obwohl diese Urlaubsreise kurz nach der Enthüllung stattfand, daß June seine Mutter war, spielte Jack in gewohnter Manier seine Gefühle herunter, und die »Suche nach den Wurzeln« war eher Anjelicas Angelegenheit. Die neuen Besitzer von St.Clerans hießen sie nicht gerade mit offenen Armen willkommen und baten die beiden auch nicht ins Haus. Statt dessen wanderten die amerikanischen Besucher durch die Parkanlagen und unterhielten sich mit einem der Gärtner, der sich mit Tränen in den Augen an Anjelica als kleines Mädchen erinnerte. Anjelica, die ihre Gefühle auch offener zeigte, war ebenfalls sehr gerührt.

Anjelicas Bereitschaft, sich fest an Jack zu binden, brachte bei ihm all die widersprüchlichen Gefühle über seine eigene Familie wieder an die Oberfläche. Die Verwirrung, die er über seine »Schwester-Mutter« empfand, war in dieser Zeit, ehe die Wahrheit über June öffentlich bekannt wurde, besonders stark. Nicholson versuchte sich eine vernünftige Erklärung für alles, was passiert war, zurechtzulegen. Das letzte, was er jetzt gebrauchen konnte, war eine Ehe.

Tatsächlich standen Anjelica und er nach der Irlandreise kurz vor der Trennung, als Jack Ende Januar 1975 zu den Produktionsvorbereitungen von *One Flew Over the Cockoo's Nest* nach Oregon abflog. Und obwohl ihn Anjelica am Drehort besuchte, war Jack ganz offensichtlich übelgelaunt, sobald sie in seiner Nähe aufkreuzte. Anjelica kehrte nach Los Angeles zurück und zog aus seinem Haus aus.

Nach der ersten Veröffentlichung des Romans »One Flew Over the Cuckoo's Nest« hatte auch Nicholson, wie abertausend andere, Ken Keseys Bestseller über einen verurteilten Vergewaltiger gelesen, der Geisteskrankheit simuliert, um der Arbeitskolonne auf einer Gefängnisfarm zu entgehen. Der Sträfling Randle P. McMurphy wird in eine staatliche Irrenanstalt verlegt, wo er die anderen Insassen um sich schart, sich gegen die hartherzige, Strafen und Medikamente austeilende Schwester Ratched auflehnt und schließlich einer Lobotomie unterzogen wird.

Keseys Erstlingsroman war eines der entscheidenden Werke für die Generation, die Anfang der sechziger Jahre mündig wurde. Der Autor selbst hatte während der psychedelischen Ära, als Anführer der Merry Pranksters, deren Mißgeschicke in Haight-Ashbury Tom Wolfe in seinem bahnbrechenden Buch des *new journalism*, »The Electric Kool-Aid Acid Test«, beschrieben hatte, eine gewisse Berühmtheit erlangt. Obwohl »Cuckoo's Nest« in bestimmter Hinsicht veraltet war – besonders Feministinnen hatten die darin vertretenen Ansichten über Frauen als sexistisch gebrandmarkt – hatte Keseys Roman doch dauerhaften Wert als eine Parabel darüber, wie die amerikanische Gesellschaft mit ihren Außenseitern umsprang. Seit seiner Erstausgabe 1962 war die Nachfrage nach dem Buch konstant geblieben.

Im Laufe der Jahre hatte es mehrere Versuche gegeben, »Cuckoo's Nest« zu verfilmen. Eine kurzlebige Broadway-Bearbeitung (1963) von Dale Wasserman hielt landesweit ins ständige Repertoire von Kleintheatern Einzug. Kirk Douglas, der am Broadway die Hauptrolle gespielt hatte, behielt sich auch die Filmrechte vor und träumte davon, McMurphy auf der Leinwand zu verkörpern. Ende der sechziger Jahre, so heißt es, soll Douglas versucht haben, Miloš Forman, eine der führenden Persönlichkeiten der tschechischen Neuen Welle, als Regisseur zu engagieren.

1973 war Kirk Douglas dann allerdings schon zu alt für die Rolle, und er gab die Filmrechte an seinen Sohn Michael Douglas weiter, der die Öffentlichkeit erstmals als Ko-Star in der erfolgreichen TV-Serie »The Streets of San Francisco« auf sich aufmerksam gemacht hatte. Douglas Junior machte sich keine Illusionen, daß er je McMurphy spielen würde. Statt dessen beschloß er, den Film zu produzieren, zusammen mit Saul Zaentz, dem Präsidenten der in San Francisco ansässigen Fantasy Records, die mit »Creedence Clearwater Revival« und anderen Rockgruppen der sechziger Jahre ein Vermögen gescheffelt hatten.

Die frischgebackenen Produzenten stellten ein Budget von vier Millionen Dollar zur Verfügung, genug, um auch Nicholsons ständig steigende Gagenforderungen abzudecken. Trotzdem kam Jack erst an Bord, als Michael Douglas wieder Kontakt mit Miloš Forman aufgenommen und dieser sich bereit erklärt hatte, Regie zu führen.

Nun war Forman zu jener Zeit in niemands Vorstellung ein kommerzieller Regisseur. Der ausgebürgerte Tscheche hatte in Paris festgesessen, als die Russen im August 1968 in seine Heimat einmarschiert waren. Als sein Metier galt die schwarze Komödie, was ihm den Beinamen »das Lächeln von Prag« eingebracht hatte.

Forman hatte in Amerika erst bei einem Film Regie geführt, bei *Taking Off*, der die Kluft zwischen den Generationen behandelte, und bei dem Buck Henry, einer von Nicholsons Freunden, mitgespielt und auch beim Schreiben des Drehbuches geholfen hatte. *Taking Off* war eine Wonne für die Kritiker, schlug aber an den Kinokassen nur kleine Wellen.

Hauptsächlich war Forman eingefleischten Cineasten und Besuchern von Filmfestivals bekannt. Nicholson kannte Forman persönlich, wie auch alle anderen Regisseure, mit denen er Anfang der siebziger Jahre zusammenarbeitete. Er kannte ihn schon seit Ende der sechziger Jahre. Er mochte den tschechischen Regisseur und bewunderte seine Filme. Forman war ebenso nachgiebig wie Polanski streng sein konnte; während Polanski gemein sein konnte, mochte Forman die Menschen gern, in seinen Filmen wie auch im Leben. Er war ein jovialer, manchmal geheimnisvoll-undurchschaubarer Pfeifenraucher, sagte wenig und ließ sich gern von dem überraschen, was sich aus einer Szene entwickelte. Er war der einzige Regisseur, der wirklich improvisierte, der in seiner Besetzung Profis und Laien mischte, und der die Leute dazu drängte, sich vor der Kamera vom Drehbuch zu entfernen und alle Schleier fallen zu lassen.

Das Skript von Lawrence Hauber und Bo Goldman hatte am Buch entscheidende Veränderungen vorgenommen. Schwester Ratched wurden etwas menschlichere Züge verliehen; im Buch ist sie eine finstere Gestalt, im Film nicht ganz so sehr die Superzicke. Der Roman erzählt die Geschichte aus der Sicht eines schizophrenen Indianers, Häuptling Bromden. Die Rolle des Häuptlings schrumpfte, obwohl er ein wesentlicher Beobachter blieb, und Jacks Charakter entwickelte sich dadurch noch mehr zur zentralen Figur.

Forman machte sich an die Arbeit und versammelte eine erstklassige Besetzung von Unbekannten und Charakterdarstellern für die Nebenrollen um sich. *Cuckoo's Nest* sollte Nicholsons letzter echter Ensemble-Film werden. Keseys Roman eignete sich sehr zur Ensemble-Bearbeitung, und Drehbuch und Regisseur betonten das noch. Jack engagierte sich wie üblich bei der Auswahl der Besetzung, schlug Darsteller vor, die er aus Workshops, aus Kursen und dem Schauspielunterricht von früher kannte.

Einer der Schauspieler, ein Neuling, der wie Nicholson aus New Jersey stammte, sollte später groß herauskommen und auf Jahre hinaus Teil von Jacks Leben und Arbeiten werden. Danny DeVito erlebte sein Filmdebüt in der kleinen Rolle des Martini, den er schon in einer früheren Bühnenfassung von »Cuckoo's Nest« gespielt hatte.

Dann waren da noch Christopher Lloyd, William Redfield, Sydney Lassick und Brad Dourif, der für seine Darstellung des sexuell verwirrten Billy Bibbitt eine Oscar-Nominierung für die Beste Nebenrolle erhielt. Scatman Crothers spielt einen der Pfleger, und Ken Kenney, Nicholsons alter Freund aus High School-Tagen, hat ein paar Zeilen als einer der Insassen. Will Sampson war eine Entdeckung. Der Mann, den man für die Rolle des Häuptling Bromden gewählt hatte – des indianischen Insassen, der vorgibt, taubstumm zu sein – war Laie, ein Parkwächter im Mount Rainier National Park.

Für die Rolle der Schwester Ratched brauchte man jemand, der McMurphys wilder Aufschneiderei die Stirn bieten konnte – gewissermaßen einen weiblichen Bruce Dern. Forman zog mehrere bekannte Schauspielerinnen in Erwägung; Berichten zufolge lehnten einige die Rolle in dieser Zeit der Frauenbewegung wegen ihrer Frauenfeindlichkeit ab. (Eine davon war Jane Fonda.) Diese wichtige Rolle war noch zu haben, als das Datum des Drehbeginns immer näherrückte.

Fred Roos (der damals mit Francis Coppola als Produzent von *Godfather II* zusammenarbeitete) erwähnte die Schauspielerin Louise Fletcher. Forman sah sich gerade Robert Altmans *Thieves Like Us* an und glaubte, daß die Hauptdarstellerin Shelley Duvall möglicherweise für eine der Krankenschwestern in Frage käme, als ihm Fletcher, die in dem Film eine eindrucksvolle Nebenrolle spielt, auffiel.

Fletcher war eigentlich kein Star. Mutterschaft und Flauten in der Arbeit hatten ihre Karriere mehrfach unterbrochen. Wer auch immer für die Rolle der Schwester Ratched ausgesucht würde, sie dürfte sich nicht von McMurphy einschüchtern lassen; sie mußte ebenbürtig neben Jack auf der Leinwand bestehen können. Fletcher war ein Wagnis. Forman konnte sich nicht entscheiden, und erst eine Woche vor Drehbeginn wurde ihre Besetzung bestätigt.

Nicholson kam vor den anderen in Salem, Oregon, an, wo die Produktionsfirma die Drehgenehmigung in einem staatlichen Krankenhaus erhalten hatte. Er wanderte durch die Flure, machte sich mit dem Gebäude und dem umliegenden Gelände vertraut, unterhielt sich mit dem Personal und mischte sich unter die Insassen, und er sah zu, wie Patienten Elektroschockbehandlungen erhielten. Es war die übliche Aufwärmphase, die er grundsätzlich durchmachte, auch wenn dann in den Szenen vieles intuitiv und aus dem Augenblick heraus geschah.

Nach *The Last Detail* und *Chinatown* war er wie ein Boxer nach einer langen Trainingszeit, bereit für den Hauptkampf. Er war topfit, wie Muhammad Ali, den er sehr verehrte. (Bis Ali sich vom Sport zurückzog, hat Jack nie einen seiner Kämpfe versäumt.) Genau wie Ali war auch Jack ein großer Schwätzer vor dem Herrn und liebte Ablenkungsmanöver. Sinn oder Unsinn, das war ihm eins. Wenn aber die Glocke läutete, dann kam Jack aus seiner Ecke heraus, genau wie Ali: schwungvoll und mit jeder Menge Tricks in der Kiste. Er konnte schweben wie ein Schmetterling oder stechen wie eine Wespe.

Jeder andere wäre an den Anforderungen, die sein Leben an ihn stellte, an dem Lebensstil, den er für sich gewählt hatte, zugrunde gegangen. Jeder andere hätte langsamer getreten oder wäre zusammengebrochen. Doch Jack hatte seit den sechziger Jahren seinen körperlichen und emotionalen Schwung aufgebaut. Er hatte ein erstaunliches Durchhaltevermögen und ein superdickes Fell. Seine Lebensphilosophie teilte die Welt sauber auf: in Nacht und Tag, in privat und öffentlich, in Spielzeit und Arbeitszeit.

Bei der Arbeit konnte er alles abstreifen oder in die Rolle einschleusen. Seit seinem Auftritt in »The Curious Savage« in der High School hatte Nicholson sich unbewußt auf die Rolle des Randle McMurphy vorbereitet. Man kann nicht behaupten, daß Nicholsons Leistung besser oder schlechter war als in seinen anderen großartigen Filmen aus den siebziger Jahren. Aber McMurphy war sicher einer der verwirrtesten und vielschichtigsten Charaktere, die er je gespielt hat, und Schauspieler und Rolle schienen miteinander zu verschmelzen. McMurphy schien Nicholson zu sein und außer seinen liebenswerteren Eigenschaften auch Jacks tiefempfundenen Zorn, seinen makabren Trübsinn und seine quälerische Unruhe, seinen Charme und seine Fehler in sich zu vereinen.

Unter Formans meisterlicher Führung war die Improvisation erstklassig. Alle schrillen Auftritte von Nicholson mit Dean

Brooks (einem Laien, der im wirklichen Leben als Verwalter der Irrenanstalt arbeitete) hatten sich weit vom Drehbuch entfernt.

Die meisten Szenen aus der Gruppentherapie, in denen McMurphy mit Schwester Ratched im Clinch liegt, wurden ebenfalls immer wieder gedreht, und alle Mitwirkenden brachten Details und Nuancen ein. Die Rolle mit Fletcher zu besetzen, erwies sich als genialer Handstreich. In ihren Szenen mit Jack steht sie ihm als eiserne Lady gegenüber.

»Das Geheimnis von *Cuckoo's Nest* – und das steht nicht im Buch«, erklärte Nicholson in einem Interview, »meine geheime Absicht war, daß dieser Typ ein Schwein ist, der weiß, daß Frauen ihn unwiderstehlich finden, und der in Wirklichkeit erwartet, daß Schwester Ratched sich von ihm verführen läßt. Das ist sein tragischer Irrtum. Darum versagt er letztendlich. Ich hab das mit Louise besprochen. Ich hab das nur mit ihr besprochen. Ich hatte das Gefühl, daß genau das in dem Typen vorging – das Ganze war eine lange, erfolglose Verführung, wo sich doch der Typ so krankhaft sicher war.«

Tatsächlich steht das Geheimnis doch im Buch – ist also eigentlich nicht gerade ein Geheimnis. Typisch Jack, zu behaupten, daß es auf seinem Mist gewachsen war. Es war auch typisch für ihn, sich auf eine Eigenschaft zu fixieren, die zu seinem eigenen Charakterbild paßte.

Es gab Dutzende solcher Interviews für *Cuckoo's Nest.* Im Herbst 1975 gab es in New York City eine von Nicholsons letzten nationalen Presseorgien, zu der Kritiker und Journalisten von überall im Lande eingeflogen wurden, um sich die Premiere des Films anzusehen. Es war vielleicht die erste Andeutung, daß sich Jack manchmal bei seinen öffentlichen Aussprüchen und Angebereien übernahm. Die Presse berichtete genüßlich über alles und jedes, was der Schauspieler sagte oder tat. Doch allmählich wirkten sich seine Angeberei, sein Philosophieren und seine selbstmitleidigen Klagen über Frauen auf die Reaktionen hinsichtlich seiner Arbeiten aus.

In der Pressekonferenz nach der Filmvorführung legten die versammelten Journalisten großes Gewicht auf die Schwierigkeiten bei der Herstellung des Films (fliegender Wechsel der Kameraleute) und ganz besonders auf die negative Tendenz in der Darstellung von Schwester Ratched. »Haben Sie bewußt den weiblichen Rollen keinen Tiefgang gegeben?« war eine der ersten Fragen.

Michael Douglas, Miloš Forman und Nicholson präsentierten mit ihren Antworten eine vereinte Front: Ratched sei im Roman sogar noch eindimensionaler, und McMurphy hätte versucht, Schwester Ratched zu vergewaltigen, während es im Film zu keiner Vergewaltigung, sondern nur zu einem Handgemenge kommt. Die Filmemacher hatten sich bemüht, dem gesteigerten Bewußtsein der sich verändernden Zeit Rechnung zu tragen, auch wenn sie sich verpflichtet fühlten, sich an die literarische Vorlage zu halten.

Nicholson war witzig und charmant, ausweichend und überzeugend. Und er gewann die überregionale US-Presse für sich. Aber hinter vorgehaltener Hand stellten die Journalisten fest, daß Jack von seiner Rolle nun völlig untrennbar war.

Es war für das Publikum Teil von Jacks Anziehungskraft, daß er immer »sich selbst« zu spielen schien. Nicholson schien ein kulturelles Alter ego für Männer zu sein, während seine spezielle Art der Männlichkeit in einer Zeit sexueller Verwirrung auch auf Frauen besonders stark und verlockend wirkte. Er war der Star für eine Zeit des Übergangs.

In Formans Film gingen Komödie und Tragödie nahtlos ineinander über. Die Filmemacher hatten von dem zutiefst beunruhigenden Film keine großen Kasseneinnahmen erwartet, doch *Cuckoo's Nest* erwies sich 1975 als Renner beim Publikum, als Spitzenfilm, der alle Erwartungen übertraf und schließlich an den Kinokassen mehr als 200 Millionen Dollar einspielte.

Nicholson wurde zum fünften Mal für einen Oscar nominiert, zum vierten Mal als Bester Darsteller. 1969 hatte er den Oscar für die beste Nebenrolle an Gig Young mit *They Shoot Horses, Don't They?* verloren. George C. Scott erhielt 1970 den Oscar als Bester Schauspieler für *Patton.* 1973 schlug Jack Lemmon, der Star von *Save the Tiger*, Nicholson im Rennen um die begehrte Trophäe. Publikumsliebling Art Carney hatte 1974 Jack und *Chinatown* mit seiner verdienstvollen Arbeit in *Harry and Tonto* aus dem Rennen geschlagen.

Es galt als schick, sich über die alljährliche Veranstaltung lustig zu machen.

George C. Scott hatte die Oscar-Verleihung als »Fleischparade« bezeichnet, als er 1971 die Auszeichnung als Bester Darsteller erhielt; als Marlon Brando 1973 für *The Godfather* mit dem Oscar geehrt wurde, hatte er einen Stellvertreter geschickt, Sacheen Littlefeather, der eine Rede über die traurige Situation der amerikanischen Indianer hielt. Robert Altman, der als Bester Regisseur für *Nashville* nominiert worden war, war einer der Favoriten für 1975, und er hatte öffentlich eine abfällige Bemerkung über die Academy gemacht.

Doch Nicholson hatte die früheren Niederlagen ungerührt und unbeschadet überstanden. Er genoß schamlos das alljährliche Ritual. In seinen Augen waren die Oscars Werbemaßnahmen, die einen ausgezeichneten Zweck erfüllten, und Jack freute sich jedes Jahr von neuem auf den Abend, an dem sich die absolute Spitze Hollywoods unter einem Dach versammelte.

Am Abend des 29. März 1976 schrieb *Cuckoo's Nest* Hollywood-Geschichte und räumte fünf Oscars ab. Zum ersten Mal seit dem Film *It Happened One Night* im Jahre 1934: Die Produzenten bekamen den Oscar für den Besten Film, weitere Auszeichnungen gingen an Miloš Forman, die Drehbuchautoren Lawrence Hauber und Bo Goldman, Louise Fletcher als Beste Schauspielerin (unvergeßlich der Abschluß ihrer Dankesrede in Zeichensprache an ihre taubstummen Eltern) und – endlich, endlich schien es – Jack Nicholson als Bester Darsteller.

Diesmal hatte Jack als überragender Favorit die Konkurrenz aus dem Felde geschlagen: Walter Matthau für *The Sunshine Boys*, Al Pacino für *Dog Day Afternoon*, Maximilian Schell für *The Man in the Glass Booth*, und James Whitmore für *Give 'em Hell, Harry!* Art Carney öffnete den Umschlag für den Besten Darsteller. Als Nicholsons Name bekanntgegeben wurde, fingen die Fernsehkameras Walter Matthau ein, wie er seiner Frau zuflüsterte: »Wird aber auch langsam Zeit.« Das Publikum tobte, schrie und pfiff.

Der 38jährige Schauspieler nahm die Sonnenbrille ab, raste auf die Bühne und umarmte Carney. »Na ja«, sagte Nicholson in seiner Dankesrede, »ich denke, das ist der Beweis dafür, daß es in der Academy genausoviele Irre gibt wie anderswo«.

Mary Pickford, Amerikas Liebling aus der Stummfilmzeit, die zu der Zeit schon über achtzig war, hatte kurz vorher einen Ehren-Oscar in Empfang genommen. Nicholson, der Hollywood liebte und die Pickford verehrte (er erschien bei einer Retrospektive ihres Films *Sparrow* aus dem Jahre 1926 auf dem Los Angeles Film Festival), lobte den Liebling der Stummfilme anerkennend dafür, daß sie »die erste Schauspielerin war, die prozentual an ihren Filmen beteiligt war« – Beifall – »und, da wir gerade von Prozenten sprechen, möchte ich auch noch meinen Agenten erwähnen, der mir vor ungefähr zehn Jahren einreden wollte, daß ich in der Schauspielerei nichts verloren hätte«.

Laut Mason Wileys und Damien Boas kompetentem Buch »Inside Oscar«, soll Nicholsons »erster Satz« bei Betreten des Presseraums nach der Verleihung gewesen sein: »Gott, ist das nicht fantastisch?«

»Als Sie *Little Shop of Horrors* machten, hätten Sie da je gedacht, daß es dazu kommen würde?« fragte ein unerschrockener Reporter.

»Ja, hab ich«, antwortete Nicholson.

Cuckoo's Nest war der Höhepunkt des Jahres 1975, in dem Nicholson stolze vier Filme zu verzeichnen hatte.

Viele Kritiker hielten *The Passenger* für einen der bedeutsamsten Filme in Antonionis Karriere – »erhaben und einfühlsam«, wie es Penelope Gilliatt von »The New Yorker« ausdrückte –, aber der anspruchsvolle poetisch-philosophische Film hatte nur mäßigen Erfolg beim breiten Publikum.

Tommy war eine Haßliebe-Geschichte, an der Nicholson so oder so kaum ein Verdienst zugeschrieben werden konnte. Er erwies sich als ungeheurer Top-Hit beim jungen Publikum.

Es ist schwer zu sagen warum, aber *The Fortune* wurde erstaunlicherweise ein Blindgänger. Den Großteil der Schuld trug nach Meinung der Kritiker Stockard Channing, die weder sehr glaubwürdig noch begehrenswert wirkte. Allerdings hatten ihr auch Carol Eastmans Drehbuch und Mike Nichols' Regie keine ausreichend witzige Grundlage dafür geliefert.

Nicholson ist wahnsinnig witzig, er spielt Beatty bei jeder sich bietenden Gelegenheit an die Wand. Es gibt viele finstere Lacher, wenn die beiden in ihren Bademänteln herumschleichen und wie

Laurel und Hardy dauernd zusammenstoßen. Jacks Laurel ist erstaunlich; er trifft Gesicht, Stimme, Bewegung und Timing bis aufs I-Tüpfelchen genau. Aber Beatty hätte seine Rolle geradliniger und ernster anlegen müssen. Mit Jack im Slapstick Schritt zu halten, war eine undankbare Aufgabe. Beatty war ganz gewiß kein zweiter Oliver Hardy und wirkte hölzern, genau wie der Film.

Es ist unglaublich, aber als Nicholson seinen Oscar für *One Flew Over the Cuckoo's Nest* in Empfang nahm, hatte er schon zwei weitere Filme fertiggestellt, nämlich *The Missouri Breaks* und *The Last Tycoon.* Er war ungeheuer produktiv gewesen und hatte seit *Easy Rider* in sechs Jahren vierzehn Filme gedreht. Im Vergleich dazu erschien Jack in den darauffolgenden sechzehn Jahren nur in sechzehn Filmen, nachdem seine Gage in astronomische Höhen geschnellt war und seine Arbeitsmoral nachgelassen hatte.

Elliott Kastner, ein wagemutiger Produzent, beschwatzte Nicholson, Marlon Brando und den Regisseur Arthur Penn, *The Missouri Breaks* zu machen, den ersten und einzigen gemeinsamen Film. Erst als sich die drei zum ersten Mal trafen und über die vorangegangenen Gespräche redeten, erkannten sie, daß man sie reingelegt hatte.

Man hatte jeden von ihnen mit den jeweils anderen beiden geködert – und mit dem Western-Roman von Thomas McGuane. McGuane war ein schräger Hemingway-Typ, dessen Werk sich durch selbstzerstörerische Antihelden, überdeutliche Sexszenen und gekonnt idiomatische Dialoge in einer unterhaltsamen, bizarr komischen Schreibe auszeichnete. In seinen gefeierten Romanen schaffte er es, den amerikanischen Macho zu entlarven und zugleich zum mythischen Helden zu machen. McGuane hatte gerade für den Regisseur Frank Perry das Drehbuch zu einer ungewöhnlichen Viehdieb-Komödie, *Rancho Deluxe,* geschrieben und war ansonsten damit beschäftigt, bei einer Filmfassung seines für den National Book Award nominierten Romans *92 In the Shade*, der von rivalisierenden Fischern in den Sümpfen von Florida handelt, Regie zu führen. Elliott Kastner hatte beide McGuane- Filme produziert.

McGuane hatte *The Missouri Breaks* nur so zum Spaß geschrieben. Warren Oates und Harry Dean Stanton sollten die Hauptrollen spielen, und er wollte selbst Regie führen. Die drei waren befreundet (Oates' Ranch in Montana lag ganz in der Nähe von der McGuanes). Stanton tritt in *Rancho Deluxe* auf, Oates zusammen mit ihm in *92 In the Shade.*

Das ursprüngliche Drehbuch basiert auf einer Geschichte über Rancher und Viehdiebe im nördlichen Weideland. Es gab einen dubiosen ›Hilfssheriff‹ und eine Bande von Pferdedieben, aber eigentlich keine Starrollen. Die Gruppe war der Held – die Bande von Gesetzlosen. McGuane hatte *The Missouri Breaks* als einen Ensemble-Film geplant, der in elegischen Tönen vom Ende einer Epoche erzählt.

Kastner hatte den Einfall, Brando und Nicholson einzufangen. Brando für sein Teil war nicht sonderlich beeindruckt. Seiner Meinung nach würde dieser Western nur ein weiterer Stein auf dem Grab der Indianer sein, obwohl in McGuanes Drehbuch weit und breit kein einziger Indianer vorkam. Nicholson wollte eine kleine Pause als Schauspieler einlegen und seine zweite Regiearbeit, ebenfalls einen Western, in Angriff nehmen. Er lehnte unabhängig von Brando ab.

Beide fanden es jedoch verlockend, einmal gemeinsam in einem Film aufzutreten. Und so machte sich Kastner, der als zusätzliches Lockmittel Arthur Penn verpflichtet hatte, an die Arbeit, sie zu überreden. Penn hatte 1965 in dem unterbewerteten *The Chase* als Regisseur mit Brando gearbeitet. Jack bewunderte Penn; und seine Bewunderung für Brando, das lebende Denkmal unter den Schauspielern, war so groß wie eh und je.

War es glücklicher Zufall oder weise Voraussicht, daß Nicholson, als er sein erstes Haus kaufen wollte, so lange wartete, bis eines auf dem Grundstück frei wurde, auf dem auch Brandos Villa stand? Sie hatten einen gemeinsamen Eingang zu ihrem Anwesen, ein elektronisch gesteuertes Tor am Ende der langen Privateinfahrt. »Ich glaube, Nicholson sah *The Missouri Breaks* in gewisser Weise als *mano a mano*, als Kräftemessen mit dem anderen großen Mann auf dem Hügel«, sagte McGuane.

Brando seinerseits war fasziniert von Nicholson, dem neuen Typen, der die Presse und die Preise nur so an sich riß. Nach einiger Zeit erklärte sich Jack bereit, Tom Logan, den Anführer der glücklosen Pferdediebe zu spielen, wenn Brando den Robert E. Lee Clayton, die Rolle des ›Hilfssheriffs‹, übernehmen würde, den man angeheuert hatte, um die Bande auszurotten.

Kein Zweifel, daß eine solche Star-Besetzung ein eher bescheidenes Drehbuch sofort aus den Angeln heben mußte. Zum einen hatten die Stars keine einzige saftige Szene miteinander zu spielen. Zum anderen war keiner der großen Drei mit McGuanes Ende zufrieden.

Über dem Drehbuch hing laut Arthur Penn »eine Aura der Unvollständigkeit, die sich sogar bis in den fertigen Film hinzog, und die uns gewissermaßen zwangsweise zu einigen Entscheidungen hinführte, die wir beim Drehen zu treffen hatten«.

Es wurde allerdings weit mehr Zeit und Energie darauf verwandt, die Verträge aufzusetzen, als das Drehbuch zu überarbeiten. Niemand beschäftigt sich ernsthaft mit einem Film, ehe nicht die Verträge unter Dach und Fach sind. Und dieser Deal war wegen der Eitelkeit und der Bedeutung der beiden Hauptdarsteller so kompliziert, die Gleichbehandlung so heikel, daß man die Verträge erst sechs Wochen vor Beginn der Dreharbeiten mühsam hingekriegt hatte.

Brando erklärte sich einverstanden, für fünf Wochen Arbeit eine Million Dollar zu akzeptieren, zuzüglich zehn Prozent von den Bruttoeinnahmen über zehn Millionen Dollar. Nicholson, der »Junior-Partner in dieser Verbindung« – so die »Los Angeles Times« –, sollte seine bis dahin höchste Gage erhalten – 1,25 Millionen Dollar für seine doppelt so langen Dreharbeiten (zehn Wochen), zuzüglich zehn Prozent der Bruttoeinnahmen über 12,5 Millionen Dollar.

Als die beiden Star-Verträge endlich unterschrieben waren, gab es dringende Probleme: die Suche nach einem geeigneten Drehort, die Besetzung der anderen Rollen und die Wahl der wichtigsten Team-Mitglieder, der Garderobe und der Dekorationen. Laut Penn hatte man so viel Zeit mit dem Verhandlungsgeschwätz vergeudet, daß eine fertige Dekoration aus einem seiner früheren Western (*Little Big Man*), für den man auch einige Szenen in Montana gedreht hatte, für *The Missouri Breaks* umgebaut werden mußte.

'ack und seine Freundin der frühen siebziger Jahre, Michelle Phillips (von der 'olk-Rock-Gruppe »Mamas and Papas«) bei der Premiere der *Rocky Horror 'icture Show.* (Foto: Archive Photos/Fotos International).

Einer der seltenen politischen Auftritte Jacks: bei einer Veranstaltung für Senator McGovern während des Präsidentschafts-Wahlkampfs 1972 mit seinem langjährigen Freund, dem Regisseur Mike Nichols. (Foto: Mark Sherman)

Nicholson verewigt sich 1974 mit Autogramm, Hand- und Fußabdruck im Zement vor dem Chinese Theatre in Hollywood. Die Freude teilt er mit seiner elfjährigen Tochter Jennifer. (Foto: Archive Photos/ Fotos International)

Regisseur Hal Ashby, Otis Young und Nicholson bei Dreharbeiten zu *The Last Detail,* in dem Jack eine seiner besten Vorstellungen gab.

Mit Maria Schneider in *The Passenger,* einem poetischen und anspruchsvollen Film des kompromißlosen italienischen Regisseurs Michelangelo Antonioni.

Regisseur Roman Polanski mit seinem Star (komplett mit Nasenverband) bei den manchmal stürmischen Dreharbeiten zu *Chinatown.*

Chinatown: Evelyn Mul
wray (Faye Dunaway
im Bett mit J. J. Gitte
(Nicholson). Einig
Leute glauben, daß di
beiden auch abseits de
Kameras eine Affär
miteinander hatten

scarverleihung 1976: Nicholson ausgezeichnet als Bester Schauspieler.

Einer von Nicholsons größten Triumphen: Randle P. McMurphy, der Außenseiter der Gesellschaft in *One Flew Over the Cuckoo's Nest.*

Ein koketter Brando in der Badewanne spielt Nicholson samt Knarre an die Wand. Eine Szene aus *The Missouri Breaks,* die Jack ganz besonders irritierte.

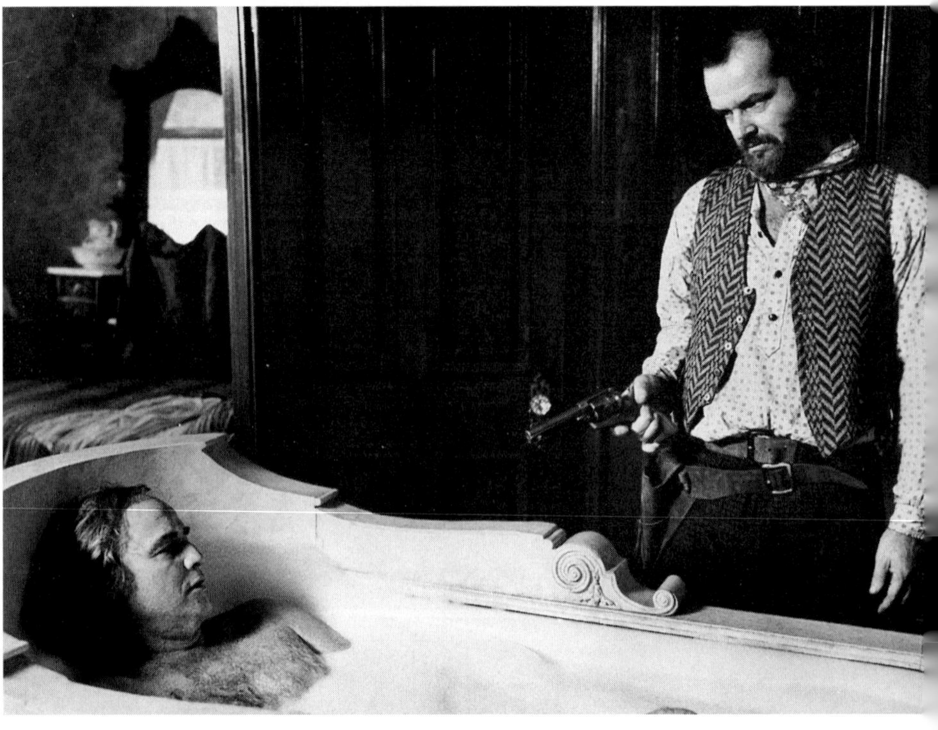

Nicholson und Mary Steenburgen als urkomisches Paar in *Goin' South*. Mit dabei Jacks alte Freundin und Lieblingsschauspielerin Luana Anders (vordere Reihe, links) und Jacks »Onkel« George »Shorty« Smith (hinten links), B. J. Merholz, ein anderer alter Freund (hinten, neben Jack) und Schauspieler Ed Begley Junior.

Jack in feinster Gesellschaft: hier mit Orson Welles, einem seiner größten Idole, und der Schauspielerin Joan Hackett. Als Welles allerdings Jack für einen Film verpflichten wollte, mußte er feststellen, daß er sich Nicholson nicht leisten konnte …
(Foto: Archive Photos/ Fotos International)

Eine seltene Aufnahme des pressescheuen Regisseurs Stanley Kubrick (hinter dem Videomonitor) mit Nicholson bei den Aufnahmen zu *The Shining*.

Das Power-Trio Shirley MacLaine, Debra Winger und Nicholson. Diese Kombination machte *Terms of Endearment* zu einem von der Kritik hochgelobten und vom Publikum heiß geliebten Film.

Nicholson als frustrierter Schriftsteller Jack Torrance in einer der Horror-Szenen aus *The Shining*.

Nicholson versuchte, in den achtziger Jahren bei den meisten Heimspielen der Los Angeles Lakers am Spielfeldrand zu sitzen. Anjelica Huston neben ihm scheint sich nicht ganz so gut zu amüsieren. (Foto: Andrew D. Bernstein/Sports Illustrated)

Nicholson und Jessica Lange in *The Postman Always Rings Twice.* In diesem Remake zeigt sich Nicholson wild entschlossen, seine Talente als unwiderstehlicher Leinwand-Lover unter Beweis zu stellen.

Eine der ersten Szenen mit Anjelica Huston in *Prizzi's Honor:* »Ich versuchte, in eine gewisse Stimmung zu kommen. Und als ich diese Raumteiler ansah, sah ich zwei perfekte ovale Rahmen. Hinter dem einen stand Jack, hinter dem anderen mein Vater.«

Jack als Joker in *Batman*.

In *Heartburn* hatte es zwischen ihnen gezischt und geknistert, aber diesmal stimmte die »Chemie« zwischen Nicholson und Meryl Streep in *Ironweed* (1987). Beide wurden für den Oscar nominiert. Rechts Tom Waits. (Foto: Gamma Liaison)

Am Boxring: Jack neben Immobilienhai Donald Trump und Reverend Jesse Jackson. Es gab Zeiten, da war er einfach überall. (Foto: John Barrett/Globe)

Jack überreicht einem seiner musikalischen Helden, Bob Dylan, 1991 den Grammy. (Foto: AP/Wide World Photos)

Jack, Rebecca Broussard und Baby Lorraine im September 1990 in Paris. Nicholson hielt sich in Frankreich auf, um eine hohe Auszeichnung des französischen Staates entgegenzunehmen.

»Ich spiele für mein Leben gern«: Jack bei seiner außerordentlichen Vorstelplung als letzte Macho-Bastion Colonel Jessep in der Gerichtsszene mit Lt. Kaffee (Tom Cruise) im Kassenschlager *A Few Good Men.*

1991: Wiedersehen mit Jeff Corey beim Treffen der Schauspielklasse von 1957/58.

Zwei Jungs aus Jersey: Danny DeVito, Mitspieler und Regisseur von Nicholson als Gangsterboß Jimmy Hoffa in *Hoffa* (1992). (Foto: AP/Wide World Photos)

Jack Nicholson im Januar 1993 bei der Präsidentschafts-Einführung Clintons in Washington D. C. (Foto: AP/Wide World Photos)

Sogar dann noch, buchstäblich am ersten Drehtag, wurde eine Kleinigkeit in Brandos Vertrag gefunden, die nicht stimmte, und der Darsteller weigerte sich, mit der Arbeit zu beginnen, ehe nicht der Punkt geklärt war. Die »Anzugtypen« aus New York und Los Angeles kamen eiligst zum Drehort bei Billings, Montana, geflogen und verbrachten den Großteil des Tages damit, die letzten Punkte auszuhandeln. Während die Paragraphenreiter beschäftigt waren, vertrödelten Brando, Nicholson, Penn und andere Team-Mitglieder die Zeit mit Touch Football.

Das war im Juni 1975, kurz nach den Dreharbeiten zu *Cuckoo's Nest. The Missouri Breaks* hatte nach den Strapazen bei *Cuckoo's Nest* für Nicholson ein Spaziergang werden sollen. Brando und Nicholson waren nicht befreundet, aber sie kannten sich vom Sehen und schienen einander zu respektieren. Das Gefühl, daß es sich hier um ein besonderes Ereignis handelte, und die Spannung waren bei Beginn der Dreharbeiten außerordentlich, aber es herrschten trotzdem Wohlwollen und gute Laune.

Brando, dessen Ruf einen einschüchtern konnte, war in Wirklichkeit ein charmanter Berg von einem Mann (er war so aufgedunsen, daß er »fast nicht wiederzuerkennen« war, wie die »New York Times« schrieb). Der Darsteller schien die Dreharbeiten an der frischen Luft zu genießen und schlug mit seinem Sohn Christian sein Lager in der Nähe des Drehortes in einem Wohnwagen auf, während die anderen im nahegelegenen Billings untergebracht waren.

Auch Jack strahlte bei den Dreharbeiten gute Laune aus – zumindest zu Anfang. Westernfilme, die große Fluchtmöglichkeit für alle Schauspieler, erinnerten den Star an seine Kindheit. Er liebte die Geschichte des Grenzlandes und die Sagen darüber wirklich, und er hatte eine Vorliebe für die klassischen Western von Regisseuren wie Budd Boetticher, Anthony Mann, Howard Hawks und John Ford.

»Es machte Spaß, ihm bei der Kostümprobe zuzusehen«, erzählte Lynn Bernay, die Kostümbildnerin des Films. »Er starrte in den Spiegel. Er legte sich einen Patronengürtel mit zwei Revolvern um. Ich hatte ihm einen Hut besorgt, einen tollen schwarzen Western-Hut. Er sagte: ›Ich liebe diesen Hut.‹ Sobald er den Hut aufgesetzt hatte, verwandelte er sich in diesen Viehdieb.«

Nachdem der Schauspieler bei Arthur Penn seine Bedenken wegen »des berühmten Nicholson-Lächelns« angemeldet hatte, beschloß er, sich die Zähne gelblichbraun zu färben. Die vom Tabak verfärbten Zähne waren für ihn ein wichtiger Bestandteil der Rolle. Es war auch Jacks Idee, sich ein rotes Halstuch umzubinden, eine Kostümierung, die ein bißchen weniger auffallend war als Kleidung und Mütze, die Brando in seinen Szenen trug.

»Ich war ehrlich gesagt erstaunt, wie gut Jack reiten konnte und wie wohl er sich zu fühlen schien«, erinnert sich Penn. »Er hatte ein wirklich echtes Gespür dafür, wie ein Western aussehen, was er für eine Atmosphäre haben sollte. Jack hat eine gewisse ehrliche Echtheit, die einfach zu dieser Gegend paßt. Er paßt sich da ein. Er hat ein unbestechliches Auge fürs Detail. Er greift Dinge einfach auf und macht sie sich zu eigen. Es gibt Augenblicke, in denen Jack von den alten Kerlen nicht zu unterscheiden war, die beim Drehen zuschauten.«

Nicholson half bei der Besetzung der Nebenrollen. Nach Penns Aussage »kannte er sämtliche Schauspieler, die vorsprachen, es waren alles Kumpel, Leute, die wie Jack Nicholson vor fünfzehn Jahren auf dem Sprung in die Karriere waren«.

Harry Dean Stanton war der einzige Schauspieler, der von McGuanes ursprünglichen Pläne übriggeblieben war. (Er war einer von Nicholsons besten Kumpels und bekam die Rolle von Tom Logans bestem Freund.) Zu den anderen Bandenmitgliedern gehörten die Nicholson-Freunde Frederic Forrest, John Ryan und Randy Quaid. Luana Anders, eine weitere Bekannte aus Nicholsons Vergangenheit, spielte eine kleine Rolle und sollte für sein Wohlbefinden sorgen.

Die weibliche Hauptrolle mußte einfach im Schatten der beiden großen Stars stehen. Aber der Film brauchte eine Darstellerin für die junge Tochter des Ranchbesitzers. Die Schauspielerin, die diese Rolle übernehmen würde, sollte Nicholsons Charakter eine romantische Facette geben.

Wie gewöhnlich verwandte man viel Aufmerksamkeit auf neue Gesichter und entschied sich schließlich für Kathleen Lloyd. Fünfzehn Jahre später mußten sich sowohl Penn als auch McGuane anstrengen, um sich überhaupt an ihren Namen zu erinnern (Ihre Karriere war nach *The Missouri Breaks* mehr oder weniger im Sande verlaufen). Obwohl Lloyd beim Vorsprechen einen tollen Eindruck hinterlassen hatte, enttäuschte sie am Drehort. Das war typisch für den Film.

Brando redete immer liebend gern darüber, was er in seinen Szenen vorhatte, um ihnen Pep zu geben. Nicholson war dagegen (so Regisseur Penn) nicht so gesprächig. Brando war experimentierfreudig – es machte ihm Spaß, mit weit und noch weiter hergeholten Vorschlägen für seine Rolle aufzuwarten. Nicholson war verschwiegener und arbeitete eher mit Erfahrung. Jack wollte einfach vor die Kamera, die Szene spielen und sich von der Stimmung tragen lassen.

»Jack hat das gewisse Etwas, das ihm aus den Augen leuchtet«, meint Penn, »eine Idee oder ein Geheimnis, etwas, was er aufgegriffen hat und was er dann sozusagen in seine Darstellung einfließen läßt. Das ist auch bei vielen anderen Schauspielern gang und gäbe. Aber bei Jack fällt dieses gewisse Etwas mehr ins Gewicht. Er ist auch blitzschnell. Hat das auf der Hinterhand und schießt sozusagen aus der Hüfte, viel schneller als andere Schauspieler«.

Brando war zu dem Schluß gekommen, daß der ›Hilfssheriff‹ eine äußerst zersplitterte, möglicherweise gespaltene Persönlichkeit hatte – Anlaß, mit verschiedenen Akzenten zu sprechen, alle möglichen Grimassen zu schneiden, sich Frauenkleider anzuziehen und als Schwuler zu posieren, während die ganze Zeit der Killer dicht unter der Oberfläche lauert.

Während Brandos Einführungsszene lachte sich Jack in seinem Sessel halbtot. Er schien bei sehr guter Laune zu sein. Am Abend nach den Dreharbeiten fiel er, wie es manchmal so seine Art war, in sein High-School-Verhalten zurück. Nicholson hängte seinen nackten Hintern aus dem Wohnwagenfenster, und alle, auch Brando, fingen hysterisch an zu lachen. (Es war auch eine von Marlon Brandos Eigenheiten, die Hose runterzulassen und den nackten Hintern in aller Öffentlichkeit zu zeigen. Möglicherweise hat Nicholson das sogar von Brando für sein eigenes Repertoire abgeguckt.)

Am Anfang hielten sie sich in den gemeinsamen Szenen an McGuanes Drehbuch, entwickelten sie aber dann durch Improvisationen weiter. »Wie die Szene im Garten, wenn Tom Logan

(Nicholson) Bewässerungsgräben zieht, als der ›Hilfssheriff‹ (Brando) vorbeikommt«, erinnert sich Penn. »Diese kleine Szene wurde beim Filmen erweitert und ausgeschmückt. Die Gelegenheit war einfach zu gut, und die wenigen kostbaren Augenblicke, in denen diese zwei Schwergewichte gleichzeitig auf der Leinwand erscheinen, konnten wir uns einfach nicht entgehen lassen.«

Es war großartig, ihr Wechselspiel zu beobachten. Brando war gerissen, verspielt und völlig unberechenbar. Mit seiner bizarr umständlichen Ausdrucksweise übertraf er selbst McGuane. Und Jack war für alle Sonderlichkeiten Brandos zu haben und reagierte entsprechend. »Jack mag es, wenn man ihm einen Ball vor den Latz schmettert, wenn er ihn am wenigsten erwartet«, sagt Penn. »So spielt er am liebsten.«

Aber Brandos Vertrag schrieb vor, daß der gesamte Dialog des Großen Mannes zuerst gedreht werden sollte, was es noch schwerer machte, in der Story einen roten Faden zu finden. Und irgendwann war der Punkt erreicht, an dem Brandos ständiges Herumbasteln an seinen Szenen für alle Beteiligten nur noch lästig war.

Brando und Penn fingen an, sich über gewisse Szenen, Brandos manieriertes Gehabe und die Unstimmigkeiten im Text zu streiten. Der liebenswerte, gelassene Penn, der für seine Fähigkeit bekannt war, mit Schauspielern umgehen zu können, ermahnte den berühmten Star, sich an die Vorgaben zu halten. Brando stürmte dann in seinen Wohnwagen und weigerte sich, wieder herauszukommen, bis Penn sich einverstanden erklärt hatte, die Szene so zu drehen, wie Brando sie haben wollte. Das schaffte Penn und bestürzte Nicholson.

»Marlon ließ sich bei einigen Takes wirklich kuriose Sachen einfallen«, erinnert sich Penn. »Das hat Jack als Schauspieler hin und wieder ziemlich geärgert, aber er konnte es dann immer in die Szene einfließen lassen. Nach dem Take schüttelte er nur noch den Kopf.«

Aber das war nicht alles. Brando war auch berüchtigt dafür, daß er sich auf Stichwortkarten verließ, beinahe schon Plakate, auf denen sein Text stand. Nicholson mit seinem phänomenalen Text-Gedächtnis konnte nicht anders, er mußte einfach drüber meckern. »Marlon ist noch immer der großartigste Schauspieler der Welt«, nörgelte er gegenüber Bill Davidson vom »New York Times Magazine«, der am Drehort zu Gast war, um eine Kurzbiografie über Nicholson zu schreiben, »warum also braucht er diese gottverdammten Stichwortkarten«? Davidson hörte, wie Jack eines Tages vor sich hin schimpfte (»Noch ein Tag, nochmal 21.000 Dollar«), als sich Brando und Penn wegen einer Szene herumstritten und die Dreharbeiten aufhielten. Jacks Gage war sein einziger Trost. »Er hatte seine eigene Gage von einer Million Dollar für seine 47 ½ Tage Arbeit im Geist in Tagesgagen aufgeteilt, die fast auf den Pfennig genau stimmten«, schrieb Davidson.

Brando ging auch Harry Dean Stanton auf die Nerven. In einer seiner letzten Szenen sollte sich der ›Hilfssheriff‹ an Calvin (Stanton) heranpirschen und ihn umbringen, indem er ihm mit einem »Star of Bethlehem«, einer Art Morgenstern, den Schädel einschlägt. Bevor die Szene gedreht wurde, stürzte sich Stanton auf Brando, warf ihn zu Boden und riß ihm, Amerikas Top-Darsteller, die Frauenkleider, die er trug, vom Leib. »Ich konnte den Gedanken, von einem Mann in Frauenkleidern umgebracht zu werden, einfach nicht ertragen«, erzählte Stanton später.

Zu Nicholsons Verteidigung muß gesagt werden, daß Brando seine Rolle in pures Vaudeville-Theater und reine Schmierenkomödie verwandelt hatte. Er wollte beweisen, daß er Jacks Superschau noch überbieten konnte, und es wurde wirklich eine Superschau. Dagegen war Jacks Figur viel nüchterner, er mußte seine Szenen ohne Effekthascherei spielen und die Geschichte voranbringen.

Während die Dreharbeiten schleppend vorangingen, ärgerte sich Nicholson darüber, daß er Brando zuviel überlassen hatte, daß seine Rolle auf der Leinwand völlig zugeschüttet werden würde. Er hatte das Gefühl, daß die Rolle des Tom Logan irgendeine dramatische Steigerung brauchte. Explosive Szenen, Jacks Spezialität, waren für ihn nicht nur Überdruckventil, sondern auch eine Sicherheit, wenn alles andere schiefging.

Eine Szene zwischen Brando und Nicholson ärgerte Jack ganz besonders. Die Szene, in der der ›Hilfssheriff‹ von Seifenwasser und Schaum bedeckt in der Badewanne liegt und von Logan, der wild mit einem Revolver gestikuliert, in die Enge getrieben wird.

»Ich weiß noch, daß da ein Schlüsselsatz war, den Jack immer wieder aufsagte, wie eine Art Litanei: ›Ich krieg einfach nichts durch‹«, erinnert sich McGuane. »Jack hatte das Gefühl, daß seine Rolle ihm soviel Zurückhaltung abverlangte, daß er nie mit irgendwas durchdringen konnte. Das machte ihn nicht gerade glücklich. Jack wollte seinen markentypischen Tobsuchtsanfall, und er wollte ihn in der bizarren Badewannen-Szene. Ich habe mich geweigert, ihn da reinzuschreiben.«

Es war typisch für die Dynamik zwischen den beiden Stars, daß Brando sich in der Szene zusammenrollt und lauernd abwartet. Der ›Hilfssheriff‹ fordert Tom Logan geradezu heraus, ihn zu erschießen, bietet ihm sogar seinen nackten Hintern als Zielscheibe an. Brando ließ seinen Charakter so verletzbar, so passiv, so verfügbar erscheinen, daß Jack das einfach nicht durchziehen konnte. Tom Logan konnte nur unverrichteter Dinge wieder abziehen.

Jack haßte die Passivität dieser Szene. »Für Jack war es ein harter Tag, denn damit fertig zu werden, war für einen Schauspieler sehr schwer«, sagt Penn.

Die Dinge nahmen eine eigenartige Entwicklung: Als Brandos fünf Wochen vorbei waren, erklärte er, daß er so zufrieden mit seiner Arbeit und der landschaftlichen Pracht am Drehort wäre, daß er noch etwas bleiben würde. Obwohl er den Drehort mied, wohnte Brando weiter mit Christian im Wohnwagen. Er spielte Bongos und bretterte abends mit seiner Honda über die Bergpfade.

Aber auch ohne Brando hörte der Ärger nicht auf. Nicholson hatte nicht nur mit seinem männlichen Mitspieler seine liebe Not. Da spielte er nun in seinem ersten romantischen Film seit *Easy Rider* – seine Figur macht der Hauptdarstellerin den Hof und verliebt sich bis über beide Ohren –, und Jack hatte auf einmal auf der Leinwand dieselben Probleme wie manchmal im Leben.

Wie bei Julia Ann Robinson, die in *The King of Marvin Gardens* sein Happy-End werden sollte, merkte Jack auch hier, daß es ihm nicht gelingen wollte, irgendeinen emotionalen oder körperlichen Funken zwischen sich und Kathleen Lloyd zu entzünden. Privat war Lloyd eine militante Feministin, was zu der unverhohlenen Person, die sie spielte, gut paßte. Ihre Persönlichkeit irritierte Jack. Die Szenen der beiden waren völlig ohne Schwung.

Es gab eine ungewöhnlich zärtliche Szene, in der er sie lieben mußte. »Ich mag sie nicht mal«, beschwerte er sich privat bei Freunden. »Ich persönlich würd' nicht mal mit ihr bumsen. Wie kann ich sie in diesem Film lieben?« Diese Klage war nichts Neues, sie war eine Wiederholung von Jacks Dilemma in der Nacht vor seinen ersten Probeaufnahmen vor zwanzig Jahren. Er liebte Sexszenen, aber nicht unbedingt *Liebes*szenen.

Aber sie hatten keine Zeit, keine Möglichkeit und keine Ausrede, um Kathleen Lloyds Rolle aus dem Drehbuch zu streichen. Auch hier, in den romantischen Szenen, schien es Tom Logan nicht zu gelingen, sein Vorhaben durchzuziehen.

Nachdem Brando endlich weg war – und Brando hatte sich hauptsächlich für seine eigene Rolle interessiert –, fiel Penn und Nicholson die Aufgabe zu, die Lücken in der Geschichte aufzuspüren. McGuane, der in London an Schnitt und Musik für *92 In the Shade* arbeitete, war schon lange weg vom Fenster. Er zeigte sich verbittert darüber, wie in Montana Schindluder mit seinem Drehbuch getrieben wurde.

Von Anfang an hatten Penn und Nicholson zugegeben, daß ihnen der Schluß nicht gefiel. Vielleicht könnte Nicholson in der letzten Szene seinen typischen Tobsuchtsanfall anbringen und zugleich ein passendes Ende fabrizieren. Jack konnte Robert Towne dazu überreden, nach Montana zu kommen, um ihnen dabei zu helfen, das Drehbuch mit einer »wahnsinnig unlogischen« (so McGuane) Schießerei abzuschließen, die im Film fast wie ein nachträglicher Einfall wirkt.

Das ursprüngliche Ende war Tom Logans Showdown mit dem ›Hilfssheriff‹, der ihn in einem Katz- und Mausspiel verfolgt. Schließlich gelingt es Logan, sich an den anderen anzuschleichen, und ihm – nicht gerade eine spannende Action-Szene – im Schlaf die Kehle durchzuschneiden. Genau das passiert auch im Film.

Doch Towne, Penn und Nicholson hatten noch ein paar Knaller im Ärmel. Als Logan zur Ranch zurückkehrt, um den Ranchbesitzer (John McLiam) zu stellen, sitzt dieser stumm und gelähmt im Rollstuhl (beinahe wie der Vater in *Five Easy Pieces*). Tom Logan kann sein Vorhaben wieder einmal nicht durchziehen und wendet sich ab. Plötzlich (und bis zu diesem Punkt völlig untypisch für seinen Charakter) zieht der Rancher einen Revolver unter der Decke hervor. Kugeln schwirren durch die Luft, und der Rancher läßt sein Leben. Ein weiterer Grund dafür, warum Tom Logan nicht mit der Tochter in die untergehende Sonne reitet.

Ganz besonders McGuane haßte die nachträglich hinzugefügte Schießerei und gab Nicholson die Schuld. »Die Art und Weise, wie mein Drehbuch verschlimmbessert wurde, war unehrenhaft und unanständig«, sagte McGuane. »So etwas würde ich einem anderen Künstler nie antun.«

Brando hatte sich bei den Dreharbeiten für *The Missouri Breaks* zweifellos weitaus besser amüsiert als Nicholson. »Armer alter Jack«, so wurde Brando später weit und breit zitiert, »er mußte sich abstrampeln, um alles ins Laufen zu kriegen, und ich bin da rein- und wieder rausgeschwirrt, wie 'n Leuchtkäferchen ...«

Wie dem auch sei, Jack machte gute Miene zum bösen Spiel und gab klein bei. »Numero Uno«, dessen Vertrag den problematischen Drehplan diktiert hatte, freute sich mächtig; er blieb bis zum Ende der Dreharbeiten, um dann bei der traditionellen Abschlußparty auch noch den Gastgeber zu spielen und persönlich alles zu bezahlen.

Kritiker erwarteten einen Titanenkampf. Statt dessen bekamen sie einen völlig verdrehten Western zu sehen, der zwar schön aussah, aber wenig Zusammenhang hatte. Die Szenen zwischen Brando und Nicholson waren kostbar, wie auch die Bandenszenen – besonders die mit Jack und Harry Dean, wie sie am Ende des Tages eine rauchen und gleichmütig über ihr Schicksal nachdenken.

Aber *The Missouri Breaks* war eine Enttäuschung. Nach all dem Theater, was man darum gemacht hatte, schien er einfach nicht zu halten, was man sich versprochen hatte. Die Zeitschrift »MAD« brachte eine Parodie des Films, die die übersteigerten Erwartungen gut einfing, mit Nicholson in seiner Ganovenkluft und Brando als großem, bösartigem, weißem Wal.

Auf ihre eigene Weise hatten sich beide Darsteller schon von dem Film distanziert. Brando mimte den Spielverderber und hetzte in Interviews gegen Nicholson. Einer Zeitschrift gegenüber vertrat er die Meinung, daß Jack kein so großes Talent wie Robert De Niro wäre. »Ich glaube eigentlich nicht, daß er so sehr gescheit ist – zum Beispiel nicht so gut wie Robert De Niro.« Und für den »National Enquirer« verglich er Nicholson, den klassischen Pianisten aus *Five Easy Pieces,* mit »einem Klavierspieler, der nur einen Finger hat und auf einem Klavier spielt, das nur eine Taste hat«.

Ganz gegen seine Gewohnheit sprach sich auch Nicholson gegen den Film aus. »Ich war sehr gekränkt«, erzählte er »Cosmopolitan« im Dezember 1976. »Der Film war völlig aus dem Gleichgewicht, und das habe ich auch gesagt. Na ja, ich nehme an, das geht einen Schauspieler angeblich nichts an. Ich meine, Arthur Penn redet jetzt nicht mehr mit mir, weil ich ihm gesagt habe, daß mir sein Film nicht gefallen hat. Man hätte den Film im Schneideraum noch retten können, aber es hat ja niemand auf mich gehört.«

»Trotz des bitteren Nachgeschmacks nach diesem Gipfeltreffen mit Brando«, schrieb »Cosmopolitan«, »kann sich Nicholson mit dem größten Gagenscheck – eine Million Dollar – trösten, den er je für eine Hauptrolle gekriegt hat«.

Während der Ankündigung des Starts von *The Missouri Breaks* in den Kinos im Mai 1976 verkaufte Nicholson die Hälfte seiner zehnprozentigen Beteiligung an den möglichen Einnahmen für eine garantierte Million Dollar an den Produzenten. Sein Instinkt sagte ihm, daß der Film ein Flop würde. Und tatsächlich wurde der Film so lau aufgenommen, daß Nicholson schließlich einen Prozeß anstrengen mußte, um zu seinem Geld zu kommen.

Die Filmkarriere Arthur Penns, dessen Filme in den sechziger Jahren und den frühen siebziger Jahren so beständigen Einfallsreichtum bewiesen hatten, ging bergab. Brando war beruflich weg vom Fenster. Nur Nicholson lernte seine Nietzsche-Lektion. Er zitierte liebend gern eine Weisheit, die oft Nietzsche zugeschrieben wird: Was dich nicht umbringt, macht dich hart.

In *The Last Tycoon,* in dem Robert De Niro und Nicholson zum ersten Mal gemeinsam auftraten, hatte das Publikum dann Gelegenheit, die beiden zu vergleichen. Elia Kazan führte im Herbst 1975 Regie bei Harold Pinters Bearbeitung von F. Scott Fitzgeralds letztem, unvollendetem Roman, der Charakterstudie eines mächtigen Studiomagnaten im Hollywood der dreißiger Jahre.

Sam Spiegel war, wie John Huston, für den er bei *The African Queen* als Produzent fungiert hatte, eine Filmlegende, die kennenzulernen sich Nicholson sehr bemüht hatte. Spiegel wollte, daß Nicholson den Monroe Stahr spielte, die Hauptrolle in *The Last Tycoon*, den arbeitswütigen Typen im Stil eines Irving Thalberg, »einen dünnen, etwas kränklichen Juden mit Bildung und Kultur«, wie Kazan sich ausdrückte.

Ursprünglich sollte Mike Nichols Regie führen. Als Kazan übernahm, erklärte er klar und deutlich, daß er De Niro vorziehen würde, einen ernsthaften Aufsteiger, der das Publikum in *Mean Streets*, *The Godfather II* und *Taxi Driver* gefesselt hatte. De Niro erwies sich in der neuen Filmschauspielergeneration bald als Nicholsons wichtigster Rivale. Der Regisseur setzte sich durch, obwohl Spiegel sich noch bis zum Start des Films im November 1976 bitter über Kazans Wahl beschwerte.

Verglichen mit De Niros Rolle war Nicholsons Part, ein kommunistischer Gewerkschaftsführer mit dem großartigen Namen Brimmer, ein kleiner Fisch, nicht mehr als Kazans Trostpflaster für Spiegel. Brimmer kommt nach Hollywood, um bei einem Treffen mit Studio-Boß Monroe Stahr einen drohenden Autorenstreik zu schlichten.

Die Augenblicke zwischen Nicholson und De Niro waren viel eher ein Titanenkampf als *Missouri Breaks.* Die Schauspieler hatten nur kurze gemeinsame Szenen. Kontrolliert und zurückhaltend, ganz im Stil des Films, lassen sie ihren Dialog in den Raum tropfen, nehmen sie aneinander Maß. Der ungeschliffene Brimmer ist ein glühender Gewerkschafter, der *Hoffa* vorausahnen läßt: Er verachtet den Luxus von Hollywood und weiß sich dennoch in der Vorstandsetage zu behaupten. Er und Stahr liefern sich ein verbissenes Tischtennisspiel, und als Stahr mit seiner Hetze gegen Kommunisten zu weit geht, schlägt Brimmer ihn glatt zu Boden. Wußte Drehbuchautor Pinter, daß Tischtennis Jacks Spiel war, oder war das nur ein glücklicher Zufall?

Es gibt herausragende Szenen in einem unterbewerteten, eleganten Film, dem letzten von Elia Kazan, der maßgeblich zu Brandos Bühnen- und Leinwandkarriere beigetragen hatte. Auch Anjelica Huston gehörte zur Starbesetzung – allerdings ohne eine einzige Szene mit Jack. Monroe Stahr hatte sie mit jemand anders verwechselt, aber sie spielte ihre kleine Rolle geschickt (»Ich bin Schauspielerin, und ich werde bestimmt Schauspielerin werden!«) und streckte so einen kleinen Zeh zurück in die Untiefen des Showgeschäfts.

Junes Geheimnis war bisher aus der Presse herausgehalten worden. Insgeheim fragten sich einige von Nicholsons Freunden, wann er nach New Jersey gehen würde, um den Mann kennenzulernen, der behauptete, sein Vater zu sein. Aber jedesmal, wenn das Thema angesprochen wurde, blockte Jack ab.

Jack schob die Schuld dafür, daß ihm Geheimnisse vorenthalten worden waren, nicht Shorty zu. Jack schob Shorty nie für irgendwas die Schuld zu. Verantwortlich war einzig und allein Lorraine. Er fand, sie hätte ihm gegenüber ehrlich sein müssen, zumindest nach Ethel Mays Tod. Sie hätte es ihm sagen müssen, hätte nicht warten dürfen, bis er die Umstände seiner Geburt von einem Fremden, einer Stimme am Telefon, erfahren würde.

Ganz allmählich kam eine gewisse Kühle zwischen ihnen auf. Die »Schwester-Tante«-Beziehung, die sowieso schon arg strapaziert war, wurde noch komplizierter durch die andere Frau in Jacks Leben – Anjelica Huston.

Lorraine und Anjelica konnten von Anfang an nicht miteinander. Außer Jack hatten sie nichts gemeinsam. Lorraine verbrachte gern einmal einige Tage bei Jack, wenn sie ihre Kinder in Kalifornien besuchte. Er hatte sie immer mit offenen Armen empfangen. Das änderte sich, als Anjelica in sein Leben trat. Lorraine fühlte sich in ihrer Gegenwart nicht wohl. Jetzt hatte Anjelica das Zimmer, in dem Lorraine sonst am liebsten wohnte, und wenn Anjelica zufälligerweise in der Stadt war und sich gerade einmal gut mit Jack verstand, mußte Lorraine das Feld räumen.

Nicholson versuchte auch nicht, Anjelica mit nach Neptune zu bringen und sie überall vorzuzeigen, wie er es mit Michelle Phillips getan hatte. Tatsächlich hatte es den Anschein, als würde er Neptune ganz und gar meiden.

Zwei Wochen im Jahr verbrachte Jack immer gern in New York City, wo er dann im eleganten Carlyle Hotel wohnte, ein wenig Werbung für seine Filme machte, es sich bei Essen und Trinken gutgehen ließ, die Runde durch die Parties machte und sich Theaterstücke und Filme ansah. Früher war er bei dieser Gelegenheit grundsätzlich auch nach Neptune gefahren. Nach jenem Anruf bei Lorraine aber und ihrem Gespräch über June fuhr er nicht mehr regelmäßig dorthin. Und wenn er hinkam, fühlte er sich nicht wohl, fehl am Platze, und er war verbittert, wenn er alten Freunden begegnete, die ihn um Darlehen oder Investitionspläne angingen.

Als er im Herbst 1975 in New York City war, um für *Cuckoo's Nest* zu werben, machte Jack mit ein paar Models einen drauf (wie sich ein Freund gegenüber »Cosmopolitan« ausdrückte), und stürzte sich wieder einmal in eine seiner Weibertouren (»Ladies Home Journal«), von denen anscheinend all seine Freunde und ein Großteil der Presse erfuhren.

Es war ja nicht das erste Mal. Und solche außerplanmäßigen Aktivitäten beschränkten sich nicht auf seine Ausflüge an die Ostküste. In Los Angeles hockte er zu Hause und schickte seine Limousine los, um mehr oder minder berühmte Rates einzusammeln. »Photoplay« stellte 1976 eine Liste der Spitzenmodels zusammen, mit denen Nicholson auf seinen Zügen durch die Nachtklubs gesehen worden war, unter anderen Jude Jade, Apollonia von Ravenstein, Zou Zou und Lauren Hutton.

Die Bodybuilderin Lisa Lyons war in dieser Zeit eine seiner eher notorischen Affären. Lyons, die später von dem Fotografen Robert Mapplethorpe nackt verewigt wurde, wie sie ihre Brustmuskeln spielen läßt, wurde von Harry Dean Stanton an Nicholson und weiter an Bob Rafelson vererbt – in dieser Reihenfolge.

»Die Zeit des Austobens, wie er es nennt, hat nichts zu tun mit den Gefühlen, die er für eine besondere Person in seinem Leben hegt«, schrieb »Cosmopolitan« 1976. Anjelica Huston hatte es jedoch allmählich satt. Daß eines der New Yorker Models, mit denen Nicholson herumzog, eine ihrer Bekannten war, die sie selbst Jack vorgestellt hatte, machte die Dinge auch nicht besser.

Es kursierten Gerüchte über vertuschte Schwangerschaften. Ein Jahrzehnt später erklärte Nicholson der Journalistin Nancy Collins von der kurzlebigen Zeitschrift »Smart«, daß er immer Gefahr lief, seine Gespielinnen zu schwängern, weil er, ein echtes Produkt der fünfziger Jahre, nicht immer Verhütungsmittel benutzen mochte.

»Jack, wenn Sie keine Verhütungsmittel benutzen, wie kann ein Baby dann eine Überraschung für Sie sein?« fragte Collins, und sie bezog sich in diesem Falle auf die ungeplante Schwangerschaft von Nicholsons Freundin Rebecca Broussard.

»Das können Sie wohl fragen, aber ich habe da eine völlig andere Ansicht. Es ist eines der Dinge, in denen ich eher metaphysisch als pragmatisch bin. Der Wille spielt dabei eine große Rolle.«

»Sie haben schon immer in dem Ruf gestanden, viele Frauen in Ihrem Leben zu haben ...«

»Stimmt. Das habe ich übrigens nie öffentlich bestätigt.«

»Sie haben bei Ihren Geliebten nie auf Verhütung bestanden?«

»Nein.«

»Aber Sie sind ein gefundenes Fressen für eine Frau, die eine Vaterschaftsklage würde durchsetzen wollen.«

»Das stimmt schon. Aber sehen Sie, Vaterschaftsklagen hab ich keine gehabt.«

»Wie ist es Ihnen gelungen, dem zu entgehen? Charme? Oder Berechnung?«

»Ich weiß nicht, wie ich das bewerten soll«, lautete Nicholsons rätselhafte Antwort.

1976 zog Anjelica erneut aus und wohnte wieder in ihrer eigenen Wohnung in Beverly Hills. Schon bald sah man sie bei öffentlichen Anlässen Arm in Arm mit dem Schauspieler Ryan O'Neal.

O'Neal war ein Traummann mit einer ähnlich langen Liste berühmter Eroberungen wie Warren Beatty. Daß Anjelica Jack wegen Ryan O'Neal verlassen könnte, daß sie »einen meiner besten Freunde vögeln« könnte, wie Nicholson sagte – obwohl es für O'Neal wahrscheinlich neu war, einer von Nicholsons besten Freunden zu sein – war undenkbar, war ein Schlag unter die Gürtellinie.

»Modern Screen« berichtete, daß »Freunde behutsam versuchten, anzudeuten, daß die 24jährige Anjelica vielleicht zu jung für Jack war. Manche Freunde glauben, daß schon allein dieser Altersunterschied einer der Gründe ist, warum er jetzt das Gefühl hat, daß er sie – oder eine ähnlich schöne junge Frau in einer festen Bindung – haben *muß*«.

Jack hatte unzählige Freundinnen und Gespielinnen, aber diesmal ging es um seinen Stolz. Der Presse gegenüber zeigte er sich zerknirscht, verbreitete hochtrabende Gemeinplätze, um zu erklären, daß er aus komplizierten psychologischen und emotionalen Gründen eine starke Frau wie Anjelica brauchte.

»Ich bin auf Frauen angewiesen, ich brauche ihre Unterstützung. Es ist wichtig für mich, daß ich ihnen gefalle. Das hat alles damit zu tun, daß ich schon von Kindesbeinen an wußte, daß mein Überleben von einer Frau abhängt – von meiner Mutter. Ich gehe an die Frauen in meinem Leben immer noch mit diesem Gefühl heran. Die Beziehung ist für mich lebenswichtig.«

Im September 1976 begleitete Anjelica O'Neal nach Deventer in Holland; er verdiente dort eine unglaublich hohe Gage mit seiner Darstellung des Generals James Gavin, des Kommandanten der 82. US-Luftlandedivision in *A Bridge Too Far*, dem mit Stars übersäten Epos über den Zweiten Weltkrieg. Nicholson machte in Saint-Tropez Urlaub und verabredete sich von dort aus mit Anjelica für ein Rendezvous in London.

O'Neal ließ sich nicht so leicht abschieben. Er tauchte auch in London auf und stieg in Anjelicas Hotel ab. Anjelica pendelte zwischen den beiden hin und her, denn schließlich hatte auch Ryan seine Schattenseiten.

Kinder waren in diesem Spiel die Pfänder. Das Schulmädchen Allegra Huston lebte zeitweise bei ihrer Halbschwester und wurde laut Lawrence Grobels »The Hustons« in das Tauziehen zwischen O'Neal und Nicholson verwickelt. Wenn Anjelica mehr zu O'Neal tendierte, holte Ryan Allegra freiwillig aus ihrer Schule in Marymount High ab. Wenn sie sich jedoch wieder Nicholson zuwandte, übernahm Jack eifrig diese Aufgabe, um seinen Familiensinn unter Beweis zu stellen.

Zur Zeit der Oscar-Verleihung im Frühjahr 1976 war Anjelica wieder an Jacks Seite zurückgekehrt. Sie begleitete Nicholson und seine Tochter Jennifer, inzwischen ein Teenager, zu dem Gala-Ereignis. Die Ironie des Schicksals wollte es, daß Ryan O'Neal als Star von Stanley Kubricks opulenter Verfilmung von William Thackerays *Barry Lyndon*, der mit *Cuckoo's Nest* in der Kategorie Bester Film konkurrierte, viel Aufmerksamkeit auf sich zog. Und so wurde die Tatsache, daß Anjelica in Jacks Begleitung erschienen war, und der Siegeszug von *Cuckoo's Nest* ein Triumph, der in Hollywood nicht unbemerkt blieb.

»Nicholson mußte all seinen beträchtlichen Charme und all seine Überredungskünste aufbringen, um Anjelica wieder in sein Haus zurückzulocken«, schrieb im Dezember 1976 »Cosmopolitan« in einer Kurzbiografie über den Schauspieler. »Doch die Wunden scheinen auf beiden Seiten nicht verheilt zu sein.«

Mitnichten! Schon bald nach dem Triumph von *Cuckoo's Nest* fingen Anjelica und Nicholson wieder mit ihren Streitereien an. Als Anjelica diesmal auszog, richtete sie sich gleich häuslich bei Ryan O'Neal in Malibu ein.

Parallel zur inzwischen altvertrauten Verlierersituation in seinem Liebesleben hatte Jack auch noch mit einer überraschenden beruflichen Flaute zu kämpfen.

Gelinde gesagt war Nicholson unglücklich über die Reaktion auf *Drive, He Said* gewesen. Nach seinem Oscar für *Cuckoo's Nest* wollte er noch einen Versuch wagen und bei einem weiteren Film Regie führen.

BBS lag in den letzten Zügen. Doch Nicholson war überzeugt, daß sein Prestige als Star ihm Finanzierung von anderer Seite garantieren würde. Der Film, bei dem er Regie führen wollte, verkündete er der Presse, war der Western »Moon Trap«, der schon auf dem Produktionsplan von Devlin und Gittes geführt worden war.

Die großen Studios fanden allerdings nicht, daß »Moon Trap« besonders vielversprechend aussah, schon gar nicht nach dem Flop mit *The Missouri Breaks*. Das einzige Studio, das bereit war, ein festes Angebot zu machen, war United Artists, wo man zwei bis drei Millionen Dollar zur Verfügung stellte – aber *nur*, wenn Jack in dem Film auch die Hauptrolle spielen würde.

Die Situation war irgendwie zum Lachen. Jack wollte nicht spielen. Er beteuerte, daß der Film, vom logischen Standpunkt gesehen, viel zu anspruchsvoll wäre, als daß er seine Aufmerksamkeit zwischen Spiel und Regie hätte teilen können. Die Wahrheit war, daß er als Regisseur billig zu haben war, als Star aber nicht. Nicholsons Gage als Schauspieler hatte inzwischen über eine Million Dollar pro Film erreicht. Wenn »Moon Trap« einen eher bescheidenen Etat erhielt, und er in dem Film spielen würde, dann würde nur noch wenig Geld für den Rest der Darsteller, für das Drehteam, die Dekorationen und Kamera und für die Post Production übrigbleiben. Bei der Regisseurgage ließ Nicholson mit sich handeln, aber er weigerte sich, nur einen Cent von seiner Gage als Schauspieler zurückzustecken.

»Moon Trap« hatte zwei männliche Hauptrollen: Johnson Monday, ein junger Trapper, der die Wildnis verläßt; und Webb, sein Freund, ein grauhaariger alter Bock. In seinen Gesprächen mit den Studio-Gewaltigen erklärte Jack sich bereit, den grauhaarigen alten Bock zu spielen – sich mit grauen Haaren und verfilztem Bart so zu entstellen, daß er als Jack Nicholson fast nicht zu erkennen sein würde. Keiner wußte, ob Jack bluffte oder nicht. Seine Spielernatur war allgegenwärtig.

Im Lauf der Zeit wandte sich Nicholson auch an George C. Scott und Lee Marvin und bot ihnen an, den älteren Mann zu spielen. Jon Voight und Dennis Hopper waren als Kandidaten für Johnson Monday, den Anti-Helden, im Gespräch. Die Studio-Bosse waren nicht zu überzeugen. Sie wollten Nicholson in der Hauptrolle – oder keinen.

»Er hatte einige Namen parat, aber die paßten nicht in seinen Etat«, erzählte Mike Medavoy, der damals bei United Artists Produktionsleiter war. »Und wer das Drehbuch gelesen hatte, wußte, daß es ein Risiko war. Und auch kein anderes Studio der Stadt wollte es übernehmen.«

Während der Verhandlungen bot United Artists an, daß Nicholson bei »Moon Trap« Regie führen könnte, ohne in dem Film aufzutreten, wenn er sich mit reduzierter Gage als Star für ein zukünftiges UA-Projekt zur Verfügung stellen würde. Nicholson lehnte aus Prinzip ab. Auf keinen Fall war er bereit, seine Star-Gage zu riskieren und in einem Film aufzutreten, den ihm ein Studio diktieren könnte.

Sämtliche Verhandlungen liefen auf dasselbe hinaus: Nicholson wollte unbedingt bei »Moon Trap« Regie führen, komme was da wolle. Und er war nicht bereit, in dem Film zu spielen, ganz besonders dann nicht, wenn ihm keine Star-Gage zugesichert wurde.

Die Star-Gage war inzwischen in Nicholsons Kopf felsenfest verankert. Trotz seines ausschweifenden Lebensstils hatte der Schauspieler schon mehr Geld auf der hohen Kante, als jeder normale Mensch in mehreren Leben würde ausgeben können. Aber Jack war jemand, der seine Verträge gründlich durchlas, der ständig dazulernte. Garantien und Extrazahlungen wurden nach seinen Erfahrungen mit Marlon Brando und *The Missouri Breaks* geradezu zu einer Manie. Es entwickelte sich ein richtiger Macho-Wettbewerb zwischen ihm und anderen Hollywood-Stars, wer wohl die besseren Verträge aushandelte.

Sue Mengers von International Creative Management – »die vielleicht mächtigste Agentin« in Hollywood, wie Joseph McBride in »Film Makers on Film Making« schrieb – war zur Zeit von *Chinatown* Roman Polanskis und Faye Dunaways Agentin. Sie vertrat auch Gene Hackman, als der sich von 1,25 Millionen Dollar dazu verleiten ließ, die Hauptrolle in dem fürchterlichen Flop *Lucky Lady* zu spielen; und Ryan O'Neal, als der und andere Schauspieler sich von einer Gage von über einer Million Dollar pro Nase verlocken ließen, in *A Bridge Too Far* mitzumachen.

Sowohl *Lucky Lady* als auch *A Bridge Too Far* wurden in der Zeit zwischen *Cuckoo's Nest* und »Moon Trap« gedreht und herausgebracht. Gagen dieser Größenordnung, von denen weit und breit berichtet wurde, veränderten die Finanzlandschaft in Hollywood nachhaltig.

»Sobald derartige Summen gezahlt wurden«, erzählte Mengers in einem Interview, »sagte sich Jack Nicholson: ›Moment mal. Wenn Gene Hackman soviel Geld kriegt, sollte ich soundsoviel bekommen.‹ Und Warren Beatty sagte, ›Also, wenn Nicholson das kriegt, sollte ich soundsoviel erhalten.‹ Und die Sache geriet völlig außer Kontrolle.«

In der ersten Zeit seines neuen Starruhms nach *Easy Rider* hatte Jack in unabhängigen Low-Budget-Filmen zum Gewerkschaftstarif und seinen Freunden zu Gefallen gespielt. Inzwischen war das alles anders, und chronische Außenseiter wie Monte Hellman und Henry Jaglom konnten nicht im Traum daran denken, sich Nicholsons Star-Dienste zu leisten.

Bert Schneider hatte sich von der Szene zurückgezogen. Bob Rafelson war ohne Bert und ohne seine Frau Toby, die sich inzwischen von ihm hatte scheiden lassen, zunächst einmal hilflos; zwischen seinen nächsten beiden fertiggestellten Filmen, *Stay Hungry* (1976) und *The Postman Always Rings Twice* (1981), sollten fünf Jahre verstreichen. Und auch Mike Nichols hatte die Westküste verlassen, Anlaß für wild kursierende Gerüchte, daß mehrere groß angekündigte Projekte auf unerklärliche Weise schiefgelaufen wären.

Die Kritiken zu *The Fortune* hatten Carole Eastman derart niedergeschmettert, daß sie sich für ein Jahrzehnt in einsiedlerische Abgeschiedenheit zurückzog und ihre Schreibblockade pflegte.

Robert Towne hatte sich verändert, war völlig außer Kontrolle geraten. Der einst so diplomatische Mann wurde jetzt immer unruhiger und anmaßender. In seiner eigenen Welt der Drehbücher war er hervorragend, doch jetzt versuchte er den Wechsel zum Regisseur. Nicholson gegenüber blieb er verbindlich, doch ihre Freundschaft wurde von der Tatsache überschattet, daß Towne es inzwischen an der nötigen Achtung mangeln ließ. Towne sollte nie wieder ein Drehbuch für seinen alten Freund beginnen und beenden, außer der – von ihm nie abgeschlossenen – Fortsetzung zu *Chinatown*, die die beiden vertraglich zur Zusammenarbeit zwang.

Don Devlins und Harry Gittes' Pläne für eine großangelegte Produktion kamen eigentlich nie zum Tragen. Devlin war selbst einst ein beachtlicher Produzent gewesen (außer für *Petulia* war er in den sechziger Jahren noch für einen weiteren Film verantwortlich, der es wert wäre, wieder ausgegraben zu werden: eine witzige und freche Kömodie mit dem Titel *Loving*). Nun war er auf Dauer mit Gittes und Harold Schneider als Teil der Nicholsonschen Hilfstruppe verbunden, die man mit »Moon Trap« hinhielt.

Die meisten Freunde Nicholsons hatten inzwischen berufliche Verbindungen mit ihm, waren Anhängsel seiner Karriere. Nicholson traf in allen Dingen die Entscheidungen und war nicht einmal aus Freundschaft bereit, irgend etwas zu tun, was ihm beruflich Nachteile bringen könnte (manchmal schien es, gerade wegen der Freundschaft). Sein Agent Sandy Bresler war ihm dabei behilflich, diese knallharte Vorgehensweise zu formulieren und durchzusetzen.

Wenn alte Freunde Nicholson baten, eines ihrer Drehbücher zu lesen, verhielt er sich wie alle anderen in Hollywood. Jack gab das Drehbuch zur Beurteilung an jemand anderen weiter (er selbst las sowieso kaum jemals ein Drehbuch, bevor nicht die Finanzierung stand). Sein eigenes Urteil war unverbindlich. Oder er hatte zuviel zu tun. Irgendeinen Vorwand gab es immer.

Wenn einer seiner Freunde ihn darum bat, einem anderen Produzenten oder Schauspieler ein Drehbuch zu übergeben – zum Beispiel Sean Connery, der übers Wochenende in Nicholsons Haus gewohnt hatte –, gelang es Jack immer, sich herauszuwinden. Möglicherweise rückte er mit der Telefonnummer von Sean Connerys Agenten raus. Die hätte natürlich auch jeder allein herausfinden können.

In der Zeit von Mitte bis Ende der siebziger Jahre merkte die Ersatzfamilie aus den Jeff-Corey-Jahren, daß die Beziehungen zu Nicholson viel enger definiert waren. Sie spürten sein kaltes Mißtrauen, seine Vermutung, daß sie ihn ausnutzen wollten. Sie waren keine Drehbuchautoren oder Schauspieler oder Regisseure mit großen Namen, obwohl die meisten von ihnen in der Branche tätig waren. Sie wollten Jack wirklich nicht *benutzen*. Sie mochten und bewunderten ihn aufrichtig, und doch wollten einige von ihnen zugegebenermaßen ein bißchen vom Zauber seines Namens mitgetragen werden.

Es war jetzt schwieriger, zu Jack durchzukommen, und es war schwerer, mit ihm zu reden, wenn man ihn dann endlich erreicht hatte. Die Unterhaltungen waren belanglos.

»Jack, ich krieg von dir ein echt mieses Gefühl, was unsere Freundschaft angeht.«

»Du kriegst von mir überhaupt kein Gefühl, das du nicht schon selbst hast.«

Henry Jaglom unternahm alle möglichen Anstrengungen, um die Reste von BBS am Leben zu halten. Jaglom glaubte, ein Lockmittel zu haben, dem Nicholson einfach nicht würde widerstehen können. Laut Frank Bradys »Orson Welles« hatte Jaglom Orson Welles »überredet, beinahe schon gezwungen«, ein vielversprechendes Drehbuch mit dem Titel »The Big Brass Ring« über einen ehemaligen Präsidentschaftskandidaten zu schreiben, dessen homosexuelle Affäre mit seinem College-Tutor einen riesigen Politskandal auslöst. Welles sollte Regie führen und den Tutor spielen. Welles prophezeite, »The Big Brass Ring« würde einer seiner wichtigsten Filme werden, »das Gegenstück zu *Citizen Kane*.«

Nicholson war einer der Stars, an die Jaglom und Welles abwechselnd herantraten, um dem Projekt den nötigen Pep zu geben. Für die Hauptrolle des texanischen Senators, der seine Frau wegen eines Mannes verläßt, war Jack Welles' persönlicher Favorit. Welles und Nicholson hatten eine flapsige Vater-Sohn-Beziehung. »Orson sagte, daß Jack der einzig wahre Filmstar der heutigen Zeit sei«, erzählte Jaglom, »der einzige überlebensgroße«.

Das Trio aß verschiedentlich gemeinsam zu Abend und besprach das Projekt, aber ganz allmählich waren Welles und Jaglom frustriert. Sie schafften es nicht, ein definitives »Ja« aus Nicholson herauszulocken. Die mutmaßlichen Gründe dafür waren immer verschwommen (vielleicht war es das Thema Homosexualität, das den Schauspieler nervös machte, der so stolz auf seine Super-Männlichkeit war), aber das größte Hindernis war Geld. Brady schrieb in seinem Buch, daß Nicholson sich weigerte, »seine übliche Gage zu reduzieren, weil sonst die Leute in der Branche glauben könnten, er hätte seinen Preis gesenkt«. Orson Welles konnte sich Jack Nicholson einfach nicht leisten. Welles, der 1985 starb, hat nie wieder einen Film als Regisseur fertiggestellt.

Roman Polanski glaubte irrigerweise, daß aufgrund seiner engen Freundschaft mit Nicholson ein weiterer gemeinsamer Film ein leichtes Unterfangen sein müßte. Er meinte, daß der Schauspieler es ihm schuldig war, zu seinen Gunsten zu entscheiden, weil »*Chinatown* nicht nur meine eigenen Chancen enorm verbessert, sondern auch Jack zum Star gemacht hatte«, wie Polanski ein wenig selbstherrlich-beweihräuchernd in seiner Autobiografie schrieb.

Kurz nach *Chinatown* legte er Nicholson »Pirates« vor, ein Piratenstück, das er zusammen mit Gerard Brach geschrieben hatte. Nicholson sollte »einen wilden, aber liebenswerten Charakter« spielen, einen Piraten namens Captain Red, und Polanski, der selbst ein ganz hervorragender Schauspieler war, wollte dessen »engelsgeduldigen Kapitänleutnant«, The Frog, spielen.

Paramount gab dem Drehbuch vorläufig grünes Licht. Ständig tauchten neue Fragen auf – wo sollte der Film gedreht werden, wer würde über die Auslandsrechte verfügen. Und Nicholson sorgte für die größte Ungewißheit. Er spielte den Interessierten, aber sein Agent kämmte das Kleingedruckte in Jacks Vertrag durch, der sich auf mehr als eine Million Dollar belief. Das Budget mußte ständig erhöht werden, hatte inzwischen schon die 14 Millionen-Dollar-Grenze überschritten, was zum Teil auf Jacks ständig steigende Forderungen zurückzuführen war, bis es die Paramount-Gewaltigen »satt hatten, wie Nicholson ständig seine Gage höher schraubte«, erzählte Polanski. Das Projekt wurde eingestellt.

»Pirates« ging an United Artists. Der Produktionsvorlauf begann, während noch die Kosten geprüft und reduziert wurden. Jetzt stand UA eine Überraschung ins Haus: Nicholson erhöhte seine Gage immer wieder, bis sie bei 1,5 Millionen Dollar stand. Verzweifelt suchte Polanskis Produzent Nicholson auf und fragte ihn, wieviel er eigentlich wirklich wolle, und wo er endlich Schluß machen würde. »Jacks Antwort war brutal kurz: Ich will mehr«, schrieb Polanski in seinen Memoiren.

Da man bei UA nicht gerade wild darauf war, Polanski, der als Schauspieler nicht sehr werbewirksam war, in seinem eigenen Film die Hauptrolle spielen zu lassen, dachte der Regisseur daran, einen Schauspieler zu engagieren, der im Format Nicholson ebenbürtig war, und dadurch den Spaß für alle Beteiligten zu verdoppeln. »Ich wollte Dustin Hoffman für die Rolle des Frog haben, aber der wollte nicht die zweite Geige spielen«, sagte Polanski.

Dann kam die Krönung: »Jack Nicholsons Agent forderte zusätzlich zu einer Gage von 1,5 Millionen Dollar noch 50.000 Dollar für jeden Tag, den sein Klient möglicherweise nach Ende des ursprünglichen Drehplanes noch am Drehort würde verbringen müssen.«

Polanski warf das Handtuch. Er verließ die Vereinigten Staaten und reiste nach Europa. Es sollten zehn Jahre vergehen, bevor Polanski *Pirates* drehte – mit der höchst eigenartigen Besetzung von Walter Matthau in der Rolle, die ursprünglich für Jack Nicholson gedacht war.

Die Zeiten, in denen Nicholson Filme mit Freunden und der Ersatzfamilie gemacht hatte, ohne sich über Vergütung, Extras oder Nebenrechte den Kopf zu zerbrechen, waren längst vorbei. Nicholsons Verhandlungsposition machte es rein finanziell unwahrscheinlich, daß es je wieder eine Zusammenarbeit von Dustin Hoffman und Jack Nicholson, oder aber von De Niro und Nicholson geben würde.

Andere verlockende Angebote – neben »The Big Brass Ring« und »Pirates« – kamen und gingen. Bei »Moon Trap« blieb Nicholson unerbittlich. Vielleicht hatte er »Moon Trap« nicht als Ultimatum gemeint, aber seine Hartnäckigkeit war zum Teil verantwortlich dafür, daß der emsigste und produktivste Star der siebziger Jahre nach *The Last Tycoon* volle zwei Jahre bis zum nächsten Film warten mußte.

Niemand zweifelte am literarischen Wert von »Moon Trap«. Don Berrys »mystischer« (Jacks Bezeichnung) Western über einen ehemaligen Bergbewohner in der Wildnis von Oregon, der versucht, mit den Normen der Zivilisation klarzukommen, war ein dichter, düsterer Text voller beeindruckender Szenen im Idiom des Grenzlandes. Das Buch war 1962 erschienen, zwei Jahre vor *Drive, He Said.* Es hatte eine gewisse Ähnlichkeit mit *The Shooting* oder *Ride in the Whirlwind*, bis hin zu der endlos langen Massenverfolgung und dem gewalttätigen, rätselhaften, existentialistischen Schluß. Nicholson trug das Buch schon seit Jahren mit sich herum, hatte Passagen angestrichen, in denen er Anklänge an Camus gefunden hatte.

> Zu spät ist es jetzt für Fragen, und überhaupt gibt es zu wenige Antworten. Die letztendliche Antwort war immer dieselbe: Abwesenheit. Nichts. Leere.

Möglicherweise hat eine der Nebenhandlungen Nicholson ganz besonders fasziniert: ein uneheliches Baby, das Johnson Mondays Schoschonenfrau zur Welt bringt. Monday hatte es nämlich versäumt, eine Heiratsurkunde zu beantragen, und das Baby gilt also für unehelich. Unter anderem daraus entwickelt sich die Gewalttätigkeit der Handlung, und der Widerspruch zwischen Naturgesetz und geschriebenem Gesetz wird daran aufgezeigt.

Nicholson bezeichnete sich in Interviews gern als Ko-Autor des Drehbuchs. Tatsächlich aber hatte er »fünfhundert Seiten wie mit Hieroglyphen bekritzeltes Papier« zusammengetragen, wie ein Produktionsmitarbeiter zu berichten weiß. »Es war alles sehr verwirrend – Gedanken, Ideen, zufällige Zitate, Kritzeleien und Bleistiftnotizen.«

Nicholsons »Entwurf« für »Moon Trap« wurde zusammen mit einem Exemplar des Buches einer Bürokraft gegeben, und die schrieb sein Gekritzel dann so gut es ging ab. Dann marschierte nacheinander eine Reihe von Autoren auf. Es vergingen fast zwei Jahre, Nicholson arbeitete an kaum etwas anderem. Er machte einen großen Wirbel darum, wie sehr ihn »Moon Trap« in Anspruch nahm, inszenierte ausführliche Recherchen (es gefiel ihm, wenn Leute auf seiner Gehaltsliste für den einen oder anderen Film endlos Recherchen betrieben), nahm zwischendurch Telefonate entgegen, hielt Drehbuchbesprechungen und Studiositzungen ab.

Es bestand kein wirklicher Grund zur Eile, denn mit United Artists hatte er ja eine Sackgasse erreicht, aber Nicholson schien auch nicht den Willen zu haben, den Durchbruch zu schaffen und »Moon Trap« tatsächlich zu machen.

In der Stadt flüsterte man, daß Nicholson soviel Kokain und andere Drogen nahm, daß er – wie seine Rolle in *The Missouri Breaks* – überhaupt nicht in der Lage war, irgend etwas durchzuziehen. Auf dem Studiogelände von Goldwyn in Santa Monica verließ mehr als ein Autor kopfschüttelnd Nicholsons Büro, um dann von Harry Gittes beiseitegenommen und aufgeklärt zu werden, daß Jack eine lange Nacht gehabt hätte.

Einer der letzten Autoren, der an dem Film arbeitete, war Alan Sharpe, ein Australier, der einen hochgeschätzten Western, *Ulzana's Raid*, und einen spannenden Kriminalfilm, *Night Moves,* geschrieben hatte, bei dem Arthur Penn kurz vor *The Missouri Breaks* Regie führte.

Sharpe hatte Nicholson in Montana während der Dreharbeiten zu *The Missouri Breaks* kennengelernt, und Gittes hatte ihn später angerufen und gebeten, einige Veränderungen an »Moon Trap« vorzunehmen. Sharpe hatte den Roman gelesen, er hatte ihm gefallen, und er hatte zugestimmt.

»Ich fand die Drehbuchbesprechungen äußerst seltsam«, erinnert sich Sharpe. »Es war, als würde Jack Dinge wissen, von denen er entweder meinte, daß er sie mir nicht mitzuteilen brauchte, oder als könnte er sich mir auch nicht mitteilen, weil diese Dinge im Bereich der schauspielerischen Darstellung lagen oder sowas. Wir kamen zu Szenen, die nicht ganz stimmig waren, aber mir war nicht so ganz klar, was ihm vorschwebte, wie er sie in Ordnung bringen wollte. Ich rannte beim Schreiben ständig gegen irgendwelche Wände an. Ich versuchte immer, irgend etwas zu klären, was er lieber irgendwie mysteriös gelassen hätte.«

Die Drehbuchbesprechungen, erinnert sich Sharpe, fingen unweigerlich alle mit Monologen von Nicholson an – mit faszinierenden, weitschweifigen, manchmal unverständlichen Tiraden. Nietzsche wurde viel erwähnt. Gittes, Jacks Mittelsmann, der Hintergrund, vor dem er sich profilierte, mußte Sharpe danach manchmal beiseitenehmen und ihm Jacks Worte übersetzen, als hätte der Schauspieler in feurigen Zungen geredet.

Nicholson selbst schrieb nicht, er erläuterte nur. Er schien sich nicht entscheiden zu können, ließ Szenen schreiben und wieder umschreiben. Manchmal inspirierte ihn irgendein Detail, das die historischen Recherchen zutage gefördert hatten. Sein Gespür für kleinste Kleinigkeiten, für bestimmte Kleidung oder Idiome der Epoche halfen ihm dabei, eine Szene aufzuschlüsseln.

Soweit Sharpe sehen konnte, unterschied sich Nicholson im Leben gar nicht so sehr von Nicholson auf der Leinwand. Jack spielte nur für ihn, für ein Ein-Mann-Publikum. Sharpe arbeitete nur sechs Wochen für ihn, aber er kam langsam zu dem Schluß, daß Nicholson ihn ewig weiterarbeiten lassen würde, wenn er dazu bereit wäre. Er hatte das Gefühl, alles in seinen Möglichkeiten liegende getan zu haben. Das Drehbuch für »Moon Trap« ließ sich nicht weiter verbessern.

»Ich sagte zu ihm: ›Ich bin fertig‹«, erzählt Sharpe. »›Ich möchte an diesem Entwurf nichts mehr ändern.‹ In dem Moment hatte ich einfach das Gefühl, als ginge ein kleines Licht in Jacks Augen aus. Ich will das nicht aufbauschen, aber ich spürte, wie er abschaltete.«

Für Nicholson war Loyalität eine Sache des Gebens und Nehmens. Er war seinen Freunden und Kollegen gegenüber loyal, aber sie mußten ihm gegenüber doppelt loyal sein. Die meisten hatten ihr Leben dem seinen untergeordnet. Aber in dieser Zeit gingen einige Angehörige des Kreises eigene Wege, in ihrem Leben und ihren Karrieren, und stets fühlte sich Jack durch ihr scheinbares Abtrünnigwerden betrogen.

Lynn Bernay kannte Nicholson schon fast zwanzig Jahre – sie hatte mit ihm zusammen Schauspielunterricht genommen, während der Filmproduktionen bei ihm gewohnt, Botengänge für ihn gemacht, Drehbücher getippt, an Kostümen gearbeitet. Nach *The Missouri Breaks* wurde ihr das Doppelte ihres früheren Gehalts für die Arbeit als Kostümbildnerin bei einem anderen Film angeboten. Nicholson hatte keine unmittelbar bevorstehenden Pläne. Und sie war auf Jacks verletzte und feindselige Reaktion nicht vorbereitet, als sie ihn zu Hause besuchte, um ihm mitzuteilen, daß sie einen Job annehmen wollte, der nichts mit ihm zu tun hatte.

»Er sah mich an und sagte: ›Du läßt mich im Stich.‹ Ich sagte: ›Jack, das tue ich nicht.‹ Ich weiß noch, wie ich in dem Zimmer stand, schrecklich verletzt, und wie ich dachte: ›Oh mein Gott, jetzt enttäusche ich Jack.‹ ›Ich habe jetzt eine Möglichkeit, mir eine Karriere aufzubauen‹, sagte ich, ›und du hast mir dabei geholfen‹. ›Du verläßt mich‹, wiederholte er. Seine Stimme klang kalt. Und ich muß Ihnen sagen, daß ich seitdem nie wieder von ihm gehört habe.«

Alle Widersprüchlichkeiten und Unentschiedenheiten wurden im März 1977 von einer Katastrophe fortgeschwemmt: Roman Polanski wurde festgenommen und beschuldigt, in Nicholsons Haus eine dreizehnjährige, »aufstrebende Schauspielerin« vergewaltigt zu haben.

Gleichzeitig wurde Anjelica Huston wegen Kokainbesitzes verhaftet.

Während Nicholson endlos über »Moon Trap« nachgegrübelt hatte, war Polanski in Europa gewesen, war zurückgekehrt und hatte *The Tenant*, einen seiner gespenstischsten und persönlichsten Filme, geschrieben und gedreht, in dem er die Hauptrolle spielt, den Bewohner eines Mietshauses, der in die Person einer früheren Mieterin, einer Selbstmörderin, schlüpft.

Als Polanski Anfang 1977 nach Los Angeles zurückkehrte, schlug er seine Zelte im Beverly Hills Hotel auf. Er war mit dem Produktionsvorlauf für seinen nächsten Film, den Bestseller von Lawrence Sanders, »The First Deadly Sin«, beschäftigt und hatte außerdem für »Vogue Hommes« in Paris mit einer Foto-Reihe über heranwachsende Mädchen (»sexy, frech und durch und durch menschlich«, in seinen Worten) im Stile David Hamiltons begonnen.

Polanski zufolge wußte ein Freund eine junge Kandidatin für die Serie, die Polanski in seiner Autobiografie Sandra nennt (sie ist nie öffentlich identifiziert worden). Sandra lebte zusammen mit ihrer Mutter in Woodland Hills im San Fernando Valley. Nachdem er Sandra und ihre Mutter kennengelernt hatte, machte Polanski einige erste Schnappschüsse von Sandra, wie sie oben ohne in den Hügeln von Hollywood posiert.

Dann flog er zu weiteren Vorbereitungsarbeiten für seinen Film nach Osten (»The First Deadly Sin« spielt in New York City). Als Polanski wieder in Los Angeles war, arrangierte er eine weitere Foto-Session mit Sandra, die im Haus der Schauspielerin Jacqueline Bisset stattfinden sollte. Als er mit dem Mädchen bei Bisset eintraf, gefiel ihm das Nachmittagslicht nicht so recht, und er glaubte, daß »das Licht auf der Südwestseite (des Hügels), wo Jack Nicholson wohnt, besser sein würde«.

Nicholson war allerdings nicht in der Stadt, sondern zum Skilaufen in Colorado. Polanski rief Helena Kallianiotes an, die ja auf dem Grundstück das Nebenhaus bewohnte, und erklärte ihr, was er vorhatte. Kallianiotes forderte Polanski auf, gleich vorbeizukommen; elektronisch öffnete sie ihm und Sandra das Tor zum Anwesen.

Im Haus ließ sie die beiden allein. Der Regisseur bot Sandra etwas von Nicholsons teurem Cristal-Champagner an, bevor er begann, sie vor dem Hintergrund des Erkerfensters oben ohne zu fotografieren, dann dekorativ um eine Tiffany-Lampe drapiert und auch nackt in Jacks Jacuzzi. Während der Session, so Polanski, wurde dem jungen Mädchen schlecht – vielleicht wegen ihres Asthmas, vielleicht war es aber auch der Champagner –, jedenfalls war sie sehr verwirrt.

Polanski verspürte »eine gewisse erotische Spannung zwischen uns«, und führte Sandra in einen Raum im Erdgeschoß, wo er »öfters tagsüber geschlafen hatte, als es noch ein Gästezimmer war, aber Jack benutzte es inzwischen für seinen riesigen Fernseher (in Wandgröße)«. Schon bald liebten sich Polanski und Sandra (»sehr sanft«), Sex mit beiderseitiger Zustimmung, wie die Version des Regisseurs in seinen Memoiren lautet.

Mitten in diese Liebesepisode hinein platzte unglückseligerweise Anjelica Huston, die zufällig in Nicholsons Haus kam. »Sie und Jack hatten sich gerade getrennt, und sie hätte in den vergangenen paar Tagen eigentlich gar nicht im Haus sein sollen«, meint Polanski. Nach einigen peinlich berührten Worten machten sich Polanski und Sandra eilig aus dem Staub, und der Regisseur fuhr das Mädchen nach Hause ins San Fernando Valley.

Am nächsten Tag wurde Polanski in der Empfangshalle des Beverly Hills Hotels von Polizisten überrascht, die ihm einen Haftbefehl präsentierten. Sandras Mutter hatte Anklage wegen Vergewaltigung erhoben. Zusammen mit der Polizei, die einen Durchsuchungsbefehl hatte, fuhr Polanski zu Nicholsons Haus. Da niemand das Tor öffnete, »kletterte ich über den Zaun und öffnete das Tor von drinnen per Hand. Das war ein alter Trick von mir, aus späten Nächten«, schrieb Polanski in seinen Memoiren. »Während ich bei Jack wohnte, war ich, um niemanden zu stören, oft so reingekommen.«

Anjelica Hustons Timing war wieder äußerst schlecht. Sie steckte den Kopf aus dem Fenster und ließ die Polizei und Polanski rein. Als die Polizisten das Haus durchsuchten, fanden sie »eine Prise Kokain« in Anjelicas Handtasche und eine kleine Menge Haschisch in einer Schublade.

Die beiden wurden in getrennten Wagen auf das Polizeirevier von West Los Angeles gebracht und erkennungsdienstlich behandelt. Im Endeffekt wurde Polanski in sechs Punkten angeklagt, einschließlich Vergewaltigung einer Minderjährigen (wie sich herausstellte, war Sandra ganze dreizehn Jahre alt). Anjelica Huston wurde Straffreiheit angeboten, wenn sie im Sinne des Anklägers aussagen würde.

Polanski behauptete, daß man ihn zu den angeblich verbrecherischen Handlungen verleitet hätte, und daß Sandras Mutter am Verhalten ihrer Tochter mitschuldig gewesen sei. Sandra und ihre Mutter hatten das Alter des Mädchens nach oben übertrieben, und »es bestand kein Zweifel an Sandras Erfahrung und ihrem Mangel an Hemmungen«. Ein Anklagepunkt war auch, daß Polanski das junge Mädchen mit Quaaludes versorgt hätte, was er jedoch vehement abstritt (eine Leugnung, die eher dürftig klang, da er bei seiner Verhaftung etwas von dem Schlafmittel bei sich trug).

Anjelicas Haltung war nicht ganz eindeutig und ist eigentlich auch nie geklärt worden. Nicholson beharrte immer darauf, daß Anjelica Polanski nicht kompromittiert hätte. Die Anklage gegen sie wurde schließlich fallengelassen, und es blieb der Verdacht, zumindest bei einem Beteiligten, daß sie einen schändlichen Handel mit der Polizei geschlossen hatte. »Ich konnte es ihr eigentlich nicht verdenken«, schrieb Polanski in seinen Memoiren, »obwohl das bei mir einen leicht bitteren Nachgeschmack hinterlassen hat«.

Nicholson eilte zur Stelle, um den beiden zu helfen, plusterte sich zu einem wahrhaftigen Ein-Mann-Verteidigungs-Komitee für den Regisseur auf – er rief seine Freunde zusammen, gab öffentliche Erklärungen für Polanski ab –, während er Anjelica mit juristischem Rat und als psychologische Stütze zur Seite stand.

Polanskis Gang durch die Mühlen der Justiz und sein Prozeß boten der Presse Schlagzeilen über Monate. Am Abend bevor er zur psychiatrischen Untersuchung ins Gefängnis von Chino gebracht wurde, gaben Nicholson, der Kritiker Kenneth Tynan und Tony Richardson ihm zu Ehren ein Abendessen. Fast ein Jahr später, im Februar 1978, beschloß dann Polanski, daß er nun endlich die Nase voll hatte »von all dem Schimpf und den Presseschikanen«, und er verließ das Land.

Bis zum heutigen Tage verteidigt Nicholson Roman Polanski. Er geht nicht auf die Verführung eines jungen Mädchens ein, sondern läßt sich statt dessen lang und breit über das herrschende puritanische Klima aus (»die moralische Mehrheit war angetreten, um ihn dafür zu bestrafen, daß man seine Frau ermordet hatte«), von dem Polanskis Exil aus Amerika diktiert worden war.

Anjelica Huston litt nach ihrer Verhaftung unter einem schweren Trauma und ging wieder zu Ryan O'Neal zurück; und kurze Zeit sah es so aus, als würde ihre Festnahme wegen Kokainbesitzes sie dauerhaft gegen Nicholson beeinflussen. Doch so leicht gab Jack nicht auf, und tatsächlich brachte diese böse Erfahrung die beiden einander näher.

Anfang 1978 zog Anjelica wieder bei Nicholson ein. Noch am 15. April 1978 vermerkte Andy Warhol in seinem Tagebuch, daß Nicholson und Ryan O'Neal zu den Gästen einer seiner fabelhaften Parties gehört hatten und alle bemüht gewesen wären, »Jack und Ryan so weit voneinander fernzuhalten, daß sie sich nicht sahen«, denn alle fürchteten eine unschöne Szene.

Nicholsons öffentlich zur Schau getragene Wut über Polanskis und Anjelicas Festnahme war so groß wie seine private Panik, daß er der nächste sein könnte. Es war ihm völlig klar, daß die Polizei von Los Angeles sich sehr bemüht hatte, ihn mit dem Haschisch, das in einer seiner Schreibtischschubladen gefunden worden war, in Verbindung zu bringen. Die Polizei war sogar soweit gegangen, einen Befehl auszustellen, seine Fingerabdrücke zu sichern.

Bert Schneider war 1975 während einer Party anläßlich des Starts von *Hearts and Minds* wegen Marihuanabesitzes verhaftet worden. Und 1980 wurde Robert Evans, ein weiterer enger Freund, wegen Kokainbesitzes festgenommen. Es gab in seinem Kreis einige Leute, die wegen Drogenbesitzes oder Drogenhandels vorbestraft waren. Es gab viele, die weiche oder harte Drogen konsumierten.

›Papa‹ John Phillips zum Beispiel war auf dem besten Weg zum jämmerlichen Junkie, was auch für andere aus der Rock-Szene galt, die regelmäßig bei Nicholson aufkreuzten.

Einige von Jacks ältesten Freunden, deren Kinder heranwuchsen und der Drogengefahr ausgesetzt waren, griffen ihn an wegen seiner öffentlichen Erklärungen, in denen er die vorteilhaften Aspekte von Drogen herausstellte. Ihre Vorwürfe verstärkten noch den öffentlichen Druck, der auf ihm lastete.

Statt sich weiter für Drogen auszusprechen, hielt er sich jetzt in dieser Beziehung stärker zurück und stritt bestimmte Dinge ab. Die Riesenparties in seinem Haus wurden nach Polanskis Festnahme eingestellt; für die Zusammenkünfte in kleinerem Kreise die Gästelisten nun sorgfältig geprüft. Das Thema Drogen spielte er in Interviews herunter. Es gab überhaupt weniger Interviews und mehr Grundregeln für Fragen, die gestellt werden durften. Es war eine Zeit des Zurückziehens, Zeit, sich ein wenig bedeckt zu halten.

Beinahe über Nacht, gleichzeitig mit Polanskis Verhaftung im Frühjahr 1977, ließ Nicholson »Moon Trap« fallen und wandte sich *Goin' South*, einem anderen Western, zu. Wenn schon die Studios Jack seinen existentialistischen Western nicht gestatten wollten, so waren sie doch bereit, ihm diesen ausgelasseneren zu erlauben, der genau das Gegenteil zu sein schien: Er war nur einfach ausgelassen und lustig. Jack gab auch seinen Widerstand auf, sowohl die Hauptrolle zu spielen als auch Regie zu führen. United Artists sagten sofort ein Budget von sechs Millionen Dollar zu.

Die Hauptrolle, einen heruntergekommenen Pferdedieb, der just, als er gehenkt werden soll, begnadigt und zu einer Ehe gezwungen wird, war Jack »wie auf den Leib geschrieben«, wie Ko-Produzent Harry Gittes sagt. Und Regie führen konnte Nicholson bei *Goin' South* mit links.

Das Drehbuch von John Herman Shaner, einem alten Freund Nicholsons, und dessen Schreibpartner Al Ramrus hatte schon geraume Weile herumgelegen. Einige Jahre nach *Easy Rider* geschrieben, war es Nicholson angeboten worden, kam jedoch nie ganz in die erste Reihe. »Ihm gefiel die Rolle, vielleicht weil wir sie unbewußt für ihn geschrieben hatten«, sagt Shaner. Aber Nicholson hatte ja ständig Wichtigeres zu tun gehabt.

Gittes' Partner Don Devlin, dessen Freundschaft zu Shaner wegen politischer Meinungsverschiedenheiten und ihrer Rivalität um Jack abgekühlt war, hatte sich immer gegen *Goin' South* ausgesprochen. Als das Optionsangebot endlich eintraf, belief es sich auf äußerst knausrige 500 Dollar. Und als Gittes und Harold Schneider auf den Zug aufsprangen, forderten sie eine komplette Überarbeitung. Jack beugte sich seinem neuen Produktionsteam.

Shaner und Ramrus gaben ihr Bestes, schrieben um und leisteten Flickarbeit, aber die Produzenten verlangten immer mehr Änderungen; sie tadelten die Autoren wegen ihres unterentwickelten Sinns für Humor. Schließlich wurden die Urheber von *Goin' South* im Unfrieden entlassen – ein weiterer Fall, in dem sich Nicholson der Hollywood-Tradition anschloß und Autoren unterbutterte – in diesem Fall einen seiner ältesten und besten Freunde. Wieder entschied Nicholson, was Loyalität war, wem gegenüber und unter welchen Umständen sie zum Tragen kam.

»Es war schockierend und empörend, aber ich weiß, wie das Geschäft läuft«, sagt Shaner. Ein neues Team, Charles Shyer und Al Mandel, wurde verpflichtet, um das Drehbuch umzuschreiben und auf der Titelliste mit im Vorspann zu erscheinen. Die Komödie wurde erweitert und eskalierte.

Wie üblich suchte man nach der richtigen Schauspielerin, die eine alte Jungfer spielen sollte und den abgehalfterten Pferdedieb rettet, weil sie dessen Hilfe braucht, um heimlich Gold zu schürfen. Erneut wurde Jane Fonda angesprochen (Nicholson wollte unbedingt einmal mit Peter Fondas Schwester spielen), aber die hatte die Hauptrolle in *Cat Ballou* gespielt und wollte keine weitere Western-Komödie machen. Nicholson ließ den Newcomer Jessica Lange vorsprechen und zog noch eine andere Schauspielerin in Erwägung, deren Filmkarriere gerade abhob: Meryl Streep.

Presseberichten zufolge war Nicholson gerade rein zufällig in einem Büro des Gulf + Western Wolkenkratzers in New York City gegenüber vom Central Park, als er einem Lockenkopf begegnete, einer Kellnerin bei Magic Pan und angehenden Schauspielerin namens Mary Steenburgen.

Nicholson war von ihr bezaubert, und er verbrachte die nächsten zwei Stunden, indem er gemeinsam mit der 24jährigen aus Arkansas Szenen durchging. Als sie nach Hollywood eingeflogen wurde für ihren Vorsprechtermin auf dem Paramount-Gelände (sie hatte zuvor noch nie einen Fuß in ein Tonstudio gesetzt), begeisterte Steenburgen dann auch alle anderen, die sie kennenlernten. Ko-Produzent Gittes ließ die Champagnerkorken knallen und verkündete ihr, daß sie ab jetzt auf der Gehaltsliste stünde.

»Die Entdeckung der Steenburgen war so etwas, was Filmemacher in der guten alten Zeit der Westküsten-Träume getan hatten«, so ein Journalist, der für die Londoner »Times« über die Dreharbeiten von *Goin' South* berichtete. »Da konnte jemand ankommen, in einer Eisbar ein Mädchen sehen und sie beim Film unterbringen.«

Goin' South wurde im Spätsommer und Herbst 1977 in Durango, Mexiko, gedreht. Durango sollte auch im »Moon Trap«-Drehbuch für das Texas von 1868 herhalten. Es war ein von John Wayne bevorzugter Drehort, so häufig von ihm herangezogen, daß sein Sohn eine typische Western-Stadt aus Lehmziegeln gebaut hatte und den Ort für gelegentliche Hollywood-Schießereien vermietete. Dekorationen von *Chisum* wurden zu Dekorationen für *Goin' South.* Toby Rafelsons Hauptaufgabe als Art Director bestand darin, »die Farben der Fassaden und die dort angebrachten Schilder zu ändern, gewisse Dinge zu verkleiden und hinzuzufügen, unter anderem einen Galgen auf dem Marktplatz«, so der Kameramann von *Goin' South,* Nestor Almendros.

Almendros war Kameramann vieler Truffaut-Filme gewesen, und Jack hatte ihn zum ersten Mal in Cannes gesehen, als er 1966 den Monte Hellman-Western an den Mann bringen wollte. Almendros war beeindruckt davon, wie sich Nicholson auf das Regieführen vorbereitete. Nicholson und Toby Rafelson kauften Kunstbücher und saßen über den Werken von Charles Russell, Frederic Remington und »besonders Maynard Dixon, den wir ganz detailliert unter die Lupe nahmen. Maxfield Parrish hat uns auch inspiriert, mit seinen Blautönen und den orangefarbenen Sonnenuntergängen, die er in so überraschender Manier vermischte«.

Nicholsons Besetzung für die Nebenrollen bestand aus der üblichen Bande, die er immer einsetzte: Danny DeVito, Christopher Lloyd, Veronica Cartwright, Ed Begley, Jr. und mehrere Freunde aus der Jeff-Corey-Zeit, darunter Jeff Morris und Luana Anders. John Belushi aus der TV-Sendung »Saturday Night Live« hatte in der Parodie von *Cuckoo's Nest,* die in der beliebten Fernsehshow lief, eine burleske Karikatur von Nicholson gespielt. Jetzt hatte sich der Komiker für sein Filmdebüt in *Goin' South* verpflichtet, für die Rolle eines mexikanischen Hilfssheriffs.

Während der Dreharbeiten in Durango wohnte Schauspieler-Regisseur Nicholson auf einer Ranch, wo jeden Abend der Tisch für ein Gemeinschaftsessen oder eine zwanglose Party gedeckt wurde. »Für gewöhnlich liegt eine Scheibe von Ruth Etting auf dem Plattenteller, und auf dem Tisch steht eine Lasagne«, wußte der »Times«-Reporter zu berichten.

Nicholson betonte die familiäre Atmosphäre, doch Belushi war irgendwie ein Störfaktor; er prahlte und setzte sich in Szene. Einerseits wollte Jack den Komiker, dessen Popularität so rasant zunahm, ja gerne mögen, denn im Grunde genommen war Belushi ein netter Kerl, ein Typ, den Nicholson gern unter seine Fittiche nahm. Und Belushi wollte Nicholson mögen. Jack und seine Vertragstricks und -kniffe faszinierten ihn. Während der Unterhaltungen schnappte Belushi Hinweise auf, was er bei künftigen Filmverträgen von Produzenten würde verlangen können.

Aber Belushi war unbeherrscht und reizbar; er stellte kleinliche Forderungen und stritt sich mit den Produzenten herum, besonders mit Harold Schneider. Je länger die Dreharbeiten dauerten, desto schlechter wurde die Laune des Fernseh-Komikers, und seine Rolle schien (teils auch als Reaktion auf sein Verhalten) immer mehr zu schrumpfen. Belushi hatte das Gefühl, daß man ihn absichtlich nicht mehr auf die ständig wechselnde Gästeliste von Nicholsons Ranch setzte. Außerdem stopfte sich Belushi erstaunliche Mengen Kokain in die Nase. Nun war ja Nicholson in der Beziehung nicht gerade der Richtige, um den Komiker deswegen ins Gebet zu nehmen. Privat jedoch pflegte Jack gegen Leute wie Robert Altman oder John Belushi zu wettern, die anscheinend ihre Angewohnheiten nicht in den Griff kriegen oder sie zumindest nicht von ihrem Job trennen konnten.[1] Er, Jack Nicholson, hatte ja eine Tages- und eine Nachtpersönlichkeit, und er war immer noch stolz darauf, daß er die Drogen weglegen und, wie er es gerne formuliert, »wenn's drauf ankommt, mit den Typen im Anzug Tacheles reden konnte«.

Tatsächlich versetzte er die Leute mit seinen enormen Fähigkeiten in Arbeit *und* Spiel in Erstaunen. »Nicholson, einer der großen Schauspieler unserer Zeit, ist zudem ein Regisseur wie eine Naturgewalt«, schrieb Almendros in seiner Autobiografie, »überschwenglich, unermüdlich, in der Lage, ohne Unterbrechung von Sonnenaufgang bis Sonnenuntergang zu filmen, dann

1 Nicholson kannte Altman nicht persönlich, schenkte aber seltsamerweise jenen Gerüchten über Altman Gehör, die er so haßte, wenn sie sich auf ihn selbst bezogen. Der Regisseur von *M.A.S.H.*, *McCabe & Mrs. Miller* und *Nashville*, der aus seinem Verbrauch von Marihuana und anderen illegalen Drogen kein Geheimnis machte, sagte in Interviews immer das gleiche wie Nicholson: daß er nämlich während der Dreharbeiten niemals unter Drogen stünde.

noch auf eine Party zu gehen und sich bis zum Morgengrauen zu amüsieren. Mit ihm zu arbeiten, ist stimulierend und schwierig zugleich, aber seine Begeisterung steckt an; sie reißt das Team mit sich wie ein Zyklon«.

Dennoch gab es Zeiten am Tag, die wie finstere Nacht erschienen, wenn die paranoide und makabre Seite in Nicholsons Persönlichkeit zum Vorschein kam. Der »Times«-Reporter traf den Star-Regisseur in äußerst verdrießlicher Laune an, von Angesicht zu Angesicht war er das genaue Gegenteil zu der lärmenden Komödie, die er drehte. »Er redet ständig von beunruhigenden Dingen, vom Tod und von Krebs, spricht über makabre Philosophien, ohne allzuviel Begeisterung über Sex und mit sehr viel mehr Enthusiasmus über Drogen.«

Jack sprach beinahe wehmütig über *Goin' South*, als wäre dieser Western keine Komödie, sondern so existentialistisch wie »Moon Trap« hätte sein sollen. »Der Cowboy als Held symbolisiert die eine, unbestrittene Tatsache des Universums, die Einsamkeit eines jeden Menschen«, erklärte Nicholson in einem Interview.

Die Post Production von *Goin' South* zog sich dann, wie bei *Drive, He Said,* endlos lange hin. Nicholson quälte sich mit dem Schnitt herum, typisch für ihn, wenn er unentschlossen war.

Nestor Almendros schätzte, daß Jack »mehr als 400.000 Fuß (122.000 Meter) Negativmaterial verbraucht hatte. Oft haben wir mit zwei Kameras gleichzeitig gefilmt, so daß wir manchmal bis zu vierzig Takes von jeder Szene aus jedem nur erdenklichen Winkel hatten. Nicholson ließ drei Cutter gleichzeitig an verschiedenen Schneidetischen arbeiten. Als ich ihn in Hollywood besuchte, bearbeitete einer die letzte Schießerei, ein anderer eine Liebesszene, und der dritte die Szenen im Bergwerk. In Europa wäre eine solche Verschwendung undenkbar, und deswegen sind Filme dort vielleicht individueller, wenn auch weniger geschliffen«.

Sämtliche miteinander wetteifernden Drehbuchautoren wurden konsultiert und um ihre sehr unterschiedlichen Meinungen zum Schnitt gebeten. Wie immer wurden auch die alten Freunde aus der Jeff-Corey-Zeit hinzugezogen. Es hieß, daß sie Jacks Gewissen bei den Probevorführungen wären. Einigen machte es Spaß, Jack zu widersprechen. Andere waren schon vor langer Zeit zu dem Schluß gekommen, daß Diplomatie die beste Taktik wäre.

Als *Goin' South* abgeschlossen war und im Oktober 1978 anlief, wurde klar, daß sich Nicholson zu Recht Sorge gemacht hatte. Obwohl er seit fast zwei Jahren nicht mehr auf der Leinwand erschienen war, erwies sich *Goin' South* als ein spektakuläres »Nicht-Ereignis«. Das Publikum strömte keineswegs in Scharen herbei, um ihn zu sehen, und einige Kritiker schossen sich bei ihren Angriffen auf den Film auf Nicholsons Faible für Drogen ein, das teils durch seine eigene Schuld publik geworden war.

»Time« erwähnte geschickt »seinen irgendwie bekifften Blick«. Gary Arnold von der »Washington Post« schnüffelte heraus, daß »der Großteil seines Textes in merkwürdig verschnupftem Ton gesprochen wurde«. Charles Champlin bemerkte in der »Los Angeles Times«, daß »Nicholson die ganze Rolle mit blockierter Nase spielt, wie das ›Vorher‹ in einer ›Vorher-Nachher-Werbung‹ für das Schnupfenmittel Dristan. Warum, das weiß ich nicht, und ich will es auch gar nicht wissen«. Pauline Kael machte sich in »The New Yorker« lustig über den Film und bezeichnete Nicholson als »einen einfältigen Schauspieler, einen lüsternen irischen Zwerg«, und sie beschwerte sich, daß er so redet, als müsse er sich die Nase putzen – »das ist wohl seine Vorstellung von einer komischen Stimme«.

Die Kritiken wurmten ihn. Weil sie über den Film hinausgingen und seine Integrität angriffen, schmerzten sie sogar noch mehr als die von *Drive, He Said.* Als »American Film«, die Zeitschrift des American Film Institute, einige Jahre später während eines Interviews *Goin' South* und Nicholsons Drogenkonsum erwähnte, reagierte er sehr gereizt: »Ja, ich rauche Marihuana! Wollen Sie mir dabei zugucken? Was soll ich tun? Die Logarithmentafel rausholen? Wollen Sie, daß ich Ihnen einen Gesetzestext vorlese? Soll ich Nadeln in die Tüte werfen?«

Zur Verteidigung der »eigenartig nasalen Stimme« in *Goin' South* erwiderte er dem Interviewer: »Manche Witze finde ich gar nicht komisch. Ich bin kein Bluffer – was da dran komisch sein soll, hab ich nie begriffen ... Und Sie wollen, daß ich mich hier hinsetze, und wirklich aufrichtig bin und Ihnen sage, ob ich diese Stimme benutzte, um 'nen Insider-Kokain-Witz zu machen? Sie sollten sich einen Job suchen, der nicht so eine ernste Sache ist wie Kommunikation. Ich hab hier immer noch die tragischen Projektionen ignoranter Idioten auszubaden.«

Und gleich darauf, berichtet der Reporter von »American Film«, »schob er mir sein Gesicht auf beängstigende Weise entgegen und warf mir zum Abschluß noch die Bemerkung vor die Füße: ›Ist überhaupt nicht nasal, ist hinten im Hals, wie in Missouri, wie Clark Gable redete, wissen Sie‹«.

Die Kritiker, die sich nur auf einen kleinen Körperteil, seine Nase, konzentrierten, verpaßten den Gesamtüberblick. Obwohl er sich mit einem Eigentor aus »Moon Trap« herausbefördert hatte, war es Nicholson gelungen, eine überraschende persönliche Alternative zu finden. *Goin' South* zeigt seine Gefühle offen, ist ein Western, so sanft und gutherzig wie »Moon Trap« grausam und fatalistisch gewesen wäre.

War es unbillig, daß einige Rezensenten, denen der Film nicht gefiel, andeuteten, daß Jacks Drogenkonsum – mit dem er seit Jahren mächtig angegeben hatte – sein Filmemachen beeinträchtigt, daß es die Story verwirrt und seine Darstellung völlig überkandidelt gemacht hatte?

Die Veränderung in Jacks Schauspielstil, vom sehr beherrschten Realismus hin zu breiten, cartoonartigen Gesten, bestürzte in der Tat viele Kritiker. Doch der Grundstock für diese Umstellung war schon in früheren Rollen angelegt, und Jack hatte sich immer ganz bewußt für neue Möglichkeiten und Ideen entschieden. Diese Tendenz zu immer größeren Extremen, ob nun im Drama oder in der Komödie – oder im Leben –, war für ihn praktisch zur Ideologie geworden.

Henry Moon in *Goin' South* war Jack, der sich dreist in Gabby Hayes verwandelt (Nicholson setzte also stur seinen Willen durch und spielte doch noch das alte Rauhbein aus »Moon Trap«.) Henry Moon war Jack, wie er sich auf Größe eines Ballons aufbläst, wie man ihn bei der Thanksgiving Day Parade von Macy's sieht: wohlbekannt und dennoch gespenstisch verzerrt. Der Name Henry Moon muß Nicholson besonders gut gefallen haben: Mit *Goin' South* zeigte er Hollywood den nackten Hintern (amerikanisch: mooning). Und streckte Jack damit nicht auch den Erwartungen der Kritiker den nackten Hintern entgegen?

Die Darstellung enthielt eine Menge Varieté-Tricks, die die Medien aufjaulen ließ, und Nicholsons sicherer Instinkt für die Verführung der Massen hatte die Kritiker schon immer in zwei Lager gespalten. Er kann wie kein zweiter das Gesicht ganz langsam zu einer zornigen Grimasse verziehen, den Spätzünder spielen, sich platt auf den Hintern setzen. In *Goin' South* hat er so viele komische Zuckungen und Windungen eingebracht, daß man sich fragen mußte, ob damit nicht seine Reserven erschöpft waren?

Es stimmt, Nicholson dominiert; sogar so sehr, daß das Ensemble von *Goin' South* völlig in den Hintergrund tritt. Belushis groß angekündigtes Filmdebüt fand faktisch in der Totale statt. Der Komiker machte danach die Runde und jammerte: »Jack hat mich bei *Goin' South* wie Dreck behandelt. Ich hasse ihn.Wenn ich ihn sehe, knall ich ihm eine.«[1] Doch genau das ist es vielleicht: Jack, der sich in den Vordergrund und Mittelpunkt rückt und in der Rolle süße Erlösung sucht.

Zu dieser schwierigen Zeit in seinem Leben hat er den einzigen Film seiner Karriere gedreht, in dem er sich bis über beide Ohren in eine zauberhafte Schöne verliebt. Der Sex und die sexuelle Zweideutigkeit, die Jack stets beschäftigt haben, sind auch im Film zu finden, aber total schrill und komisch. *Goin' South* ist auch der einzige Kinofilm in Jacks Karriere, der ein irgendwie konventionelles Happy-End hat.

In dieser kommerziellen Verpackung versteckt sich ein beherzter Film mit vielen feinen, intimen Details – bis hin zu einem *Close up* von Shorty Smiths tapsenden Füßen. Shorty war aus New Jersey herbeigeholt worden, um für die Kameras einen Tanzschritt auszuführen, den er vor langer Zeit einmal bei Eddie King gelernt hatte.

Trotz aller Hoffnungen und Erklärungen kam der Film nie beim Publikum an. Und kaum ein Kritiker wußte *Goin' South* zu schätzen, was Nicholson enorm kränkte.

Jacks wahre Herkunft wurde im Dezember 1977, kurz nach Ende der Dreharbeiten von *Goin' South*, zum ersten Mal öffentlich in

1 Am 5. März 1982 starb Belushi auf tragische Weise an einer Überdosis. Bob Woodwards Buch »Wired: The Short Life and Fast Times of John Belushi« zufolge kannte Cathy Smith, die Freundin und Drogenhändlerin, die bis zuletzt bei Belushi war, Jack Nicholson und hatte ihn mit einigen ihrer Freundinnen für Dates zusammengebracht.

der Zeitschrift »Parade« erwähnt, und zwar in einer Kolumne von Walter Scott, die US-weit dann auch in anderen Zeitschriften und Magazinen abgedruckt wurde.

Als Antwort auf eine Reihe von Fragen (»Wer ist seine Mutter?«), die ein gewisser »V.R. in New York City« über Nicholson stellte, gab Scott bekannt, daß Nicholson im St.Vincent's Hospital in New York City als Sohn von »June Nicholson, einer Tänzerin bei Earl Carroll, und Donald F. Rose, einem Geschäftsmann, geboren wurde. Aufgezogen wurde er von seiner Großmutter, Ethel May Nicholson«.

Scott hat seine Quelle nie bekanntgegeben, obwohl Furcillo-Rose in seinen Behauptungen immer deutlicher geworden war, und jedem, der es hören wollte, erzählte, daß er Jack Nicholsons Vater wäre. Furcillo-Rose sagte, er hätte es satt gehabt, ständig lesen zu müssen, daß Jacks Vater (John J.) Alkoholiker war, während er, der wirkliche Vater, fast gar nicht trank.

Nicht lange nach dem Erscheinen der Meldung in »Parade« klingelte eines Nachts das Telefon im Furcillo-Rose Haus in Ocean Grove, New Jersey. Furcillo-Rose mußte von seiner Frau aus dem Schlaf gerüttelt werden. Nachteulen an der Pazifikküste pflegen zu vergessen, daß es am Atlantik drei Stunden später ist.

Furcillo-Rose riß seine verschlafen dreinblickenden Augen weit auf, als er am anderen Ende eine Stimme hörte, die behauptete, Jack Nicholson zu sein. Furcillo-Rose war schon früher das Opfer von Streichen gewesen, und so sagte er: »Wenn du Jack Nicholson bist, dann sag mir, wer deine Mutter war.«

»Ethel May«, sagte die Stimme.

»Falsch«, sagte Furcillo-Rose. »Deine Mutter war June, und wenn du wirklich Jack bist, dann solltest du das inzwischen wissen.«

Jacks Stimme wurde weicher, und er gab zu, daß June tatsächlich seine Mutter war. Jack und Furcillo-Rose unterhielten sich mehrere Minuten lang, hatten ein nettes Gespräch. Sie plauderten freundschaftlich.

Jack wollte wissen, ob Furcillo-Rose irgend etwas brauchte.

Nein, sagte Furcillo-Rose, finanziell wäre er gut versorgt.

Er fragte zurück: Brauchte Jack irgend etwas?

Nein, lautete die Antwort.

Furcillo-Rose sagte, daß er sich gern irgendwann mit Jack treffen und mit ihm unterhalten würde. Furcillo-Roses Familie besaß ein Haus in den Poconos. Er lud Jack ein, einmal dorthin zu kommen und bei ihnen zu wohnen, damit er seinen Vater ein bißchen kennenlernen könnte. Jack sagte, daß er das sehr nett fände, und er würde darüber nachdenken. Dann legte er auf.

Jack rief Fucillo-Rose noch einmal an, spät abends, unerwartet, und er gab sich zwanglos und herzlich. Dann kam nichts mehr. Die Monate vergingen. Furcillo-Rose gab die Hoffnung auf und fragte sich, was er wohl falsch gemacht hatte.

9

PLANE OF THE IMAGINATION 1979

Nicholsons Filme hatten in den siebziger Jahren immer den Charakter von Ensemble-Stücken. Er stand zwar im Mittelpunkt, aber alle Beteiligten genossen etwa gleich viel Leinwandzeit. Einige Rollen hatte er absichtlich »nach innen« gespielt, bis *Goin' South* war keine sonderlich theatralisch oder schrill gewesen. Durch die Ensemblearbeit blieb er interaktiv. Die Präzision und Knappheit der Drehbücher spornte ihn zu klaren schauspielerischen Leistungen an: nur Muskel, kein Gramm Fett.

Vielleicht hat sich Jack für seine Filme der achtziger Jahren ein Scheibchen von Marlon Brando abgeschnitten, der in *The Missouri Breaks* schamlos Szenen an sich gerissen hatte und doch das absolute Glanzlicht dieses Films war. Vielleicht war Jacks zunächst durch Drogen befreite und erstarkte Persönlichkeit durch das dauernde Übermaß zu Überlebensgröße angewachsen, und es interessierte ihn letztlich außer seiner eigenen Starrolle nichts mehr. Aber unter Umständen entsprachen auch die Rollen, die ihn begeisterten, immer mehr dem Macht-Trip, auf dem er sich in seinem eigenen Leben befand.

Die Filme der achtziger Jahre zeigten eine völlig andere Befindlichkeit. Nicholson spürte mit wachsender Faszination Machotypen und satanischen Figuren nach, bewegte sich immer weiter in Richtung auf die imaginäre Ebene – mit haarsträubendem Horror, purer Fantasie und Comic-Land-Typen, verballhornter Geschichte und Biografien. Ein paar der besseren Filme waren etwas realitätsnäher. Aber wenn seine virtuosen Ein-Mann-Shows die Filme auch völlig verzerrten, so machte sie sein Beitrag doch immer auch interessanter.

Hätte Nicholson nach *Goin' South* mit dem Arbeiten aufgehört, er hätte bis ans Ende seines Lebens als reicher Mann leben können. »Die wichtigsten Überlebensprobleme sind fürs erste geklärt, Andy«, meinte er nach *One Flew Over the Cuckoo's Nest* zu Andy Warhol. »Man kann es sich als Schauspieler gar nicht leisten, vorsichtig zu sein, denke ich mal, aber zugleich, wenn du einen Film nicht machen *mußt*, dann bist du ein bißchen zögerlicher, und du machst nicht alles«, fuhr er etwas geheimnisvoll fort.

Obwohl ihn die Reaktion auf *Goin' South* deprimierte, schlug nun seine Arbeitswut voll durch. Ganz abgesehen vom Geld (und dem Zeitpunkt des Angebotes) spielte bei seinen Entscheidungen über Projekte immer auch eine berufliche Freundschaft eine Rolle, oder eine Figur, die ihn faszinierte, oder ein Skript, das in irgendeiner Weise seine Gedankenwelt zum Ausdruck brachte.

The Shining kam 1979 in die Kinos, als erster Film einer Trilogie, in der sich die immer finsterer werdende Psyche des Schauspielers widerspiegelte. Vor 1979 hatte Nicholson in Interviews stets den Trend zu immer mehr sinnloser Gewalt in Hollywood-Filmen beklagt. Jetzt durchlitt der einst so mild gestimmte Schauspieler in seinem Privatleben selbst ein gerüttelt Maß an Paranoia und änderte seine Einstellung radikal: er wollte der höchst beunruhigenden Psyche Amerikas den Spiegel vorhalten.

Regisseure, Vaterfiguren bei den Dreharbeiten, waren für Nicholson immer schon Schlüsselgestalten gewesen. *The Shining* gab ihm die Möglichkeit, mit Stanley Kubrick zusammenzuarbeiten, dem früheren Fotografen aus der Bronx, der sich zu einem der führenden Filmemacher seiner Zeit entwickelt hatte, mit filmischen Meisterwerken wie *Paths of Glory*, *Spartacus*, *Lolita*, *Dr. Strangelove or: How I Learned to Stop Worrying and Love the Bomb*, *2001: A Space Odyssey* und *A Clockwork Orange*.

Nicholson verehrte Kubrick. Sie hatten seit den *Easy Rider*-Tagen immer wieder davon gesprochen, einmal zusammen einen Film zu drehen. Ein früheres Traum-Projekt, einen historischen

Schinken mit Jack als Napoleon, hatte man aufgegeben, weil Kubrick seine ungeteilte Energie einem anderen Historienfilm, *Barry Lyndon*, widmen wollte. Die Gespräche über Napoleon waren eigentlich nie versiegt, aber in der Zwischenzeit suchte Kubrick auch nach einem anderen Film, in dem Jack eine Starrolle übernehmen könnte.

»The Shining« war ein Horror-Roman von Stephen King und handelte von einem Schriftsteller mit Schreibhemmungen, der mit seiner Familie in einem Hotel in New England eingeschneit ist. John Calley, der Studioleiter von Warner Brothers, hatte die Geschichte schon auf der Druckfahne zu lesen bekommen und dem Regisseur gleich eine Kopie an seinen Wohnsitz in England geschickt, weil er wußte, wie sehr sich Kubrick schon seit langer Zeit für übersinnliche Phänomene interessierte. Der fand, daß es »eine der genialsten und aufregendsten Geschichten dieser Art war, die ich je gelesen hatte«.

Nicholsons eigene Schockie-Horror-Vergangenheit bei Roger Corman (von seinen eigenen Schreibhemmungen ganz zu schweigen) ließen ihn als die Idealbesetzung für den Jack Torrance erscheinen, der außerhalb der Saison den Hausmeisterposten im Hotel Overlook übernimmt.

»Ich denke, er wäre so ziemlich jedermanns Idealbesetzung für diese Rolle«, meinte Kubrick in einem Interview. »Seine Arbeit ist immer interessant, klar ausgedacht, und sie hat den X-Faktor, etwas *Magisches*. Jack paßt besonders gut in Rollen, wo man Intelligenz braucht. Er ist intelligent und belesen, und das kann man kaum spielen. In *The Shining* glaubt man ihm den Schriftsteller, erfolgreich oder nicht.«

Der King-Bestseller wurde von Kubrik und der Schriftstellerin Diane Johnson bearbeitet und während der langen Produktionszeit immer wieder umgeschrieben. Das Skript kürzte das Buch geschickt, erhöhte raffiniert den Horror-Aspekt und erfand viele Szenen neu, die dem Publikum besonders im Gedächtnis blieben (zum Beispiel Jack, wie er auf seine Schreibmaschine einhackt, wie verrückt immer wieder die eine einzige Zeile tippt: »Immer Arbeit, niemals Spiel, das macht Jack zum Langweiler«).

Die Produktion von *The Shining* fing im Winter 1978 kurz nach dem Kinostart von *Goin' South* an. Die Außenaufnahmen des grandiosen Hotels entstanden in Timberline Lodge in der Nähe von Mount Hood in Oregon; die Innenaufnahmen und die Außenaufnahmen im Schnee wurden im Elstree Studio in London nachgestellt.

Kubrick filmte lieber in Tonstudios, weil er so die Bedingungen optimal unter Kontrolle hatte. Seine Dreharbeiten waren für Außenstehende absolut gesperrt, seine Produktionen immer vom Mantel des Geheimnisses umgeben.

Seit den sechziger Jahren lebte und arbeitete Kubrick fast ausschließlich in Großbritannien, reiste selten und gab noch seltener Interviews. Er war ein berüchtigter Perfektionist, der manchmal Monate, wenn nicht Jahre brauchte, um einen Film vorzubereiten und fertigzustellen. Für *Barry Lyndon* soll er ungewöhnlich viele Drehtage, nämlich dreihundert, gebraucht haben. Die Hauptdreharbeiten von *The Shining* würden beinahe genauso lang dauern – insgesamt wohl zwischen zehn und dreizehn Monaten.

Es drangen Berichte an die Außenwelt, daß Kubricks Pingeligkeit für alle eine harte Probe war. Der Regisseur war in seinen jungen Jahren Fotograf für die Zeitschrift »Look« gewesen und nahm es besonders mit der Beleuchtung peinlich genau. Manchmal wurde tagelang am Licht herumgemacht; manchmal ließ Kubrick die Finger vom Licht, verlangte dann aber einen Take nach dem anderen, mit verschiedenen Kamerawinkeln und Bildausschnitten, immer auf der Suche nach dem flüchtigen gewissen Etwas im Spiel seiner Darsteller.

Während der endlos langen Dreharbeiten forderte Kubrick zum Beispiel, daß Scatman Crothers, der den Hotelkoch spielte, etwa 40 Takes von einer Szene über sich ergehen ließ, in der ihn Jack Torrance (Nicholson) mit einer Axt niederstreckt. Schließlich konnte der siebzigjährige Schauspieler, einer von der ganz alten Nicholson-Garde, einfach nicht mehr, und Jack trat dazwischen und bat den Regisseur, der Crothers' Erschöpfung gar nicht bemerkt zu haben schien, endlich die Szene abzublasen.

Nicholson selbst konnte seine Szenen in einem Take oder in vierzig Takes drehen, das war ihm egal. Besonders wenn die vierzig Takes für eine lebende Legende wie Kubrick waren, der die vielen Aufnahmen als eine Art Probe vor laufender Kamera betrachtete. Und Kubrick seinerseits war fest davon überzeugt, daß sich Jacks Schauspielkunst bei dieser Technik blendend entfaltete.

Die Ballsaal-Szene, in der Jack Torrance mit Lloyd, dem Geist des früheren Barkeepers, spricht, war eine von denen, die Kubrick in mehr als drei Dutzend Einstellungen aufnahm. »Hier spielt Jack ganz unglaublich kompliziert, ändert urplötzlich seine Gedanken, seine Stimmung – alles feinste Verzierungen«, lobte er ihn später in einem Interview in den höchsten Tönen. »Das ist eine sehr schwierige Szene, denn die Emotionen fließen hier so quecksilberrasch. Da müssen die Richtungswechsel messerscharf sein, und man muß sich ungeheuer konzentrieren, damit die Sache scharf und sparsam knapp bleibt. In dieser speziellen Szene hat Jack bei den letzten Takes am allerbesten gespielt.«

Wie gewöhnlich bezog Nicholson den Charakter auf sich selbst, in diesem Fall ganz besonders dessen instabile Beziehungen zu seiner zickigen Frau Wendy (Shelley Duvall) und seinem altklugen Sohn Danny (Danny Lloyd), der die Gabe des »Shining«, des zweiten Gesichts, hat (Visionen von einer gespenstischen Vergangenheit und einer blutigen Zukunft).

In den sechziger und siebziger Jahren hatte Nicholson oft aufmüpfige Söhne gespielt, die verlorenen Kinder Amerikas. In seinen Filmen der achtziger Jahre entwickelte sich der ältere und nicht mehr ganz so lässige Star zum Vater, der versagt hat. Seine Figuren machen oft gerade eine Trennung oder Scheidung durch, erleben im Zusammenspiel mit ihren Kindern Frustrationen und machen Fehler.

Familienzwist ist natürlich neben Liebe und Tod häufiges Thema von Büchern, Bühnenstücken und Filmen. In Kings Roman sind die brodelnden Familienspannungen deutlich sichtbar. Und doch ist es faszinierend, wie beharrlich Nicholson in Interviews immer auf gerade diese familiären Probleme Bezug nimmt, als verinnerlichten Grund für sein Mitwirken an *The Shining* und anderen Filmen. »Wenn man einmal die letzten zehn Jahre vom soziologischen Standpunkt aus betrachtet, dann sieht man leicht, daß das explosivste Element in unserer heutigen Kultur der enorme Druck innerhalb der Familie ist«, meinte er zum Start von *The Shining* in einem Interview.

Vielleicht erinnerte der blutrünstige Charakter, den er zu spielen hatte, Jack auch an Charles Manson. Jedenfalls sieht es ganz so aus, als schlüpfte er im Verlauf des Films, während Jack Torrance in den Wahnsinn abgleitet, immer mehr in dessen Rolle. Sein Haar wurde zotteliger als das von Henry Moon, seine Augen wanderten wild, er rollte seine Zunge im Mund herum. Jack schien die mörderische Laune zu genießen. Er konnte sich eine Spur Komödie nicht verkneifen, spielte den wahnsinnigen Affen, grunzte, murmelte und schwang seine Arme wild hin und her, während er durch die leeren Korridore tobte, auf der Flucht vor den Gespenstern und seinen Opfern auf der Fährte.

»Wenn das Ausgangsmaterial so ungewöhnlich ist wie in *The Shining*, wenn es mit Geistern und Gespenstern zu tun hat, dann muß die schauspielerische Leistung überlebensgroß sein«, meinte er in einem Interview. Wieder einmal stellte er fest, daß ihn an einem Projekt das »Pathologische« an einer Beziehung fesselte, und wie er dieses Schlüsselelement aus dem Quellenmaterial herausdestilliert hatte. »Das stellt an das Material bestimmte Ansprüche, die man berücksichtigen muß, wenn man eine Rolle entwirft. Ich spiele die Figur als zutiefst pathologischen Charakter, was seine Ehe betrifft. Das war schon im Buch angedeutet, und das habe ich dann einfach ungemein ausgebaut ... Es ist eine große und schwierige Herausforderung an den Schauspieler, beinahe schon ein Ballett. Wenn man einen normalen Menschen bittet, einen dreißig Meter langen Korridor entlangzulaufen, dann fängt der meist schon nach zehn Meter mit dem Zappeln an, weiß nicht mehr, wo er hinschauen soll, aber ein Schauspieler muß diesen Raum ausfüllen. Er muß herausfinden, wie sich der Stil mit der Wirklichkeit verknüpfen läßt, eine Art symbolisches Design erfinden.«

Während Nicholson bis über beide Ohren in *The Shining* steckte, bereitete Bob Rafelson *Brubaker* vor, einen Gefängnisfilm mit Robert Redford. Abgesehen von seinen Nicholson-Filmen hatte Rafelson in den siebziger Jahren eine ziemlich gemischte Karriere und schaffte eigentlich nur einen einzigen anderen Film, eine Body-Builder-Komödie, *Stay Hungry*. Er äußerte sich zu seinen Filmen immer todernst, um nicht zu sagen hochtrabend, und stieß die Leute mit seinen dogmatischen Thesen vor den Kopf. In seinen Filmen (und bei den Dreharbeiten) war jemand wie Nicholson ein rettender Anker.

Rafelson hatte im April 1979 gerade erst ein paar Drehtage von *Brubaker* hinter sich, als ihn Twentieth Century-Fox rauswarf und durch jemand anderen ersetzte. Ein Studioboß hatte den Fehler gemacht, am Drehort in Columbus, Ohio, aufzutauchen und ihm kommerzielle Zugeständnisse und eine schnellere Abwicklung der Dreharbeiten abzuverlangen. Die Berichte variieren etwas, aber anscheinend reagierte Rafelson, indem er auf den Studio-Macker losging, entweder mit Fäusten oder mit einem Einrichtungsgegenstand.

Andrew Braunsberg, ein englischer Produzent, der schon lange mit Polanski zusammenarbeitete, hockte in einem Büro bei MGM und versuchte, das Remake von *The Postman Always Rings Twice* wiederzubeleben. Rafelson stand nun plötzlich wieder zur Verfügung, eine Zusammenarbeit zwischen ihm und Nicholson wurde immer wahrscheinlicher. Das war mehr Glück als Verstand, denn *The Postman Always Rings Twice* war »genau Rafelsons Fall«, wie Braunsberg sagte. »So ein Typ ist Rafelson.«

Der arbeitslose Rafelson wollte den Job, »als Probe meines Könnens, weil ich Cains Erzählkunst so sehr schätze«. Er sah Parallelen zwischen Nicholson und John Garfield, dem Star aus der Fassung der vierziger Jahre, weil sich (in seinen Worten) beide auf die Darstellung »des entfremdeten Mannes« spezialisierten.

Gleichzeitig faszinierten Rafelson die »versteckten und untertriebenen Gefühle« der Liebesgeschichte und das, was er als die mystischen und philosophischen Strömungen der Story sah: die tödliche Zusammenkunft zweier Menschen, die niemals zu Mördern geworden wären, hätten sich ihre Lebenswege nicht zufällig gekreuzt. Und er entdeckte wieder eine seine Lieblingsideen: den Existentialismus (angeblich war Camus beim Schreiben von »Der Fremde« von Cains hartgesottenem Roman »The Postman Always Rings Twice« beeinflußt worden, und Camus war schließlich immer noch der große philosophische Held Rafelsons – und Nicholsons).

Was zehn Jahre zuvor, als Hal Ashby noch an dem Film arbeitete, geschrieben worden war, wurde rasch verworfen. Rafelson, der laut eigener Aussage »abstrakter und weniger linear« dachte als die meisten anderen Regisseure, wollte ein brandneues Drehbuch. Seine Vorsprechtermine fingen damit an, daß die Schauspielerinnen Seiten aus Cains Roman lesen mußten.

Die weibliche Hauptdarstellerin würde die Riesenaufgabe haben, die Erinnerung an Lana Turner zu verscheuchen. Meryl Streep sprach vor und wurde für die Rolle der Cora nicht genommen. Eine von den mehr als hundert anderen Schauspielerinnen, die Probeaufnahmen machten, war Lindsay Crouse. Sie beschwerte sich, daß man eigentlich ihren damaligen Ehemann, den Dramatiker David Mamet, hätte bitten sollen, das Drehbuch zu schreiben. Da funkte es plötzlich. Rafelson war ein großer Mamet-Fan. Dessen idiomatischer Gebrauch rüder Straßensprache hatte ihn zu einem der aufregendsten jungen Bühnenautoren Amerikas gemacht.

Rafelson setzte sich mit dem Autor von Stücken wie »American Buffalo« und »Sexual Perversity in Chicago« in Verbindung und bat ihn, Cains Roman für den Film zu bearbeiten. Mamet hatte schon vorher versucht, für den Film zu schreiben (»ganz abscheulich«), schlug aber ein, unter der Bedingung, daß er sich streng ans Buch halten durfte. »Ein wunderbarer Autor, so direkt, wenn es um menschliche Gefühle geht«, lobte er Cain. »Gegen den wirkt Raymond Chandler geradezu verweichlicht.«

Mamet nahm bei Rafelson Nachhilfestunden. Man empfahl ihm, Truffauts Buch mit Hitchcock-Interviews zu lesen, er trottete brav mit Rafelson und Nicholson in die verschiedensten Filme und redete dann stundenlang mit ihnen darüber. Seine erste Drehbuchfassung erklärte Rafelson gleich für einen Volltreffer. Danach hielt sich Mamet stets in der Nähe der Produktion: er war fast immer bei den Aufnahmen am Drehort dabei, ansonsten per Telefon zu erreichen.

Die Jagd nach der Hauptdarstellerin endete bei Jessica Lange, dem ehemaligen Model, mit dem Nicholson schon für *Goin' South* Probeaufnahmen gemacht hatte. Ihre bisherige Filmerfahrung umfaßte bereits ein Prestige-Remake, *King Kong* (1976), und Bob Fosses semi-autobiografischen, aufwendigen Film *All That Jazz*. Im nachhinein lieferte Rafelson noch eine altbewährte Publicity-Nummer: er hatte angeblich den Namen der Schauspielerin bereits auf einen Zettel geschrieben und in einem Umschlag versiegelt, *ehe* die offiziellen Probeaufnahmen begannen, und dann Monate später seiner Hauptdarstellerin den Umschlag als Zeichen seines Vertrauens überreicht.

Für die zentrale Rolle des Nick Papadakis, Coras Ehemann, testete Rafelson um die achtzig Männer, darunter auch den Regisseur (und früheren Schauspieler im Group Theatre) Elia Kazan. Schließlich erinnerte er sich an einen Charakterdarsteller namens John Colicos, den er zuletzt etwa zwanzig Jahren zuvor in New York als Cyrano de Bergerac auf der Bühne gesehen hatte. Man stöberte ihn in Kanada auf, und nach einer Reihe von Video-Tests bekam er die Rolle.

Hinter der Kamera sollte Sven Nyqvist, Ingmar Bergmans Kameramann, dabei behilflich sein, die Stimmung der dreißiger Jahre wiedererstehen zu lassen (der Roman erschien 1934 und spielt auch in dieser Zeit). Man entschied sich für erdige Farben, »wie das Auge sie sieht«, in Nyqvists Worten. Der Kameramann zielte außerdem auf »ganz und gar tiefenscharfe Bilder mit starken Kontrasten, aber noch mit einer Möglichkeit zur Romantik, sowas wie Gregg Toland in Farbe«.

George Jenkins übernahm die Ausstattung. Er hatte im Laufe seiner Karriere am Broadway und für Film und Fernsehen gearbeitet und war für sein Design von *All the President's Men* mit einem Oscar ausgezeichnet worden. Cains Roman spielte in »Sunland« bei Glendale, aber diese Gegend war inzwischen viel zu städtisch geworden. Also flog Jenkins kreuz und quer mit dem Hubschrauber über Südkalifornien, bis er endlich nördlich von Santa Barbara einen abgeschiedenen Ort gefunden hatte, in dem man die Epoche des Buches nachstellen konnte.

In den Gebirgsausläufern beim Lake Cachucuhma zauberte Jenkins auf einem Grat bei einer alten Postkutschenstraße eine uralte Shell-Tankstelle und einen kalifornischen Bungalow im typisch südkalifornischen Stil der fünfziger Jahre. Ein knorriger Eichbaum stand bereits im Hof; ein anderer wurde schnell gepflanzt, um dem Namen »Twin Oaks«, den Cain dem Straßencafé gegeben hatte, gerecht zu werden.

Als Vorbereitung für seine Rolle las Nicholson Norman Mailers mit dem Pulitzer-Preis ausgezeichneten Roman »The Executioner's Song«. Er war fasziniert von den Ähnlichkeiten, die er zwischen Frank und Gary Gilmore zu entdecken glaubte, der Hauptfigur in Mailers kolossalem Wälzer, einem skrupellosen und hohlen Killer, der 1977 im Staat Utah hingerichtet wurde.

Als äußeres Hilfsmittel trug Nicholson unter anderem die meiste Zeit einen Dreitagebart, ließ er immer eine Camel von den Lippen baumeln. Er legte sich einen deutlich sichtbaren Bierbauch zu, ein paar Jahre vor den ausgiebig kommentierten Speckfalten in *Terms of Endearment*. Sein Drang, sich so schäbig und schmuddelig wie möglich zu präsentieren, besonders wenn er im Film als Sex-Objekt geführt wurde, hatte sich noch verstärkt, seit er ein Star war. Rafelson und er stritten sich andauernd darüber, und immer gewann Nicholson.

Jack war zwar keinesfalls immun gegen Camus-Untertöne, aber in den achtziger Jahren ging es für ihn eher um Sex und verkorkste Familien. Die »extremen sexuellen Elemente und sexuellen Wirklichkeiten« machten *The Postman Always Rings Twice* für ihn interessant, erklärte er in einem Interview. Sexualität wurde in immer stärkerem Maße der Schlüssel für alle seine Rollen. »Das ist ein Bereich im Schauspiel, den ich bisher noch nicht so erkunden konnte, und das macht die Rolle für mich so attraktiv. Es ist lange nicht alles an ihr sexuell oder erotisch, aber das liegt doch der Geschichte in allen Aspekten zugrunde. Ich wollte etwas tiefer in diesen Bereich eindringen, mit einer Arbeit, für die das der richtige Ansatz ist.«

Wie immer, wenn er mit Rafelson zusammenarbeitete, engagierte sich Nicholson mehr als sonst beim Drehen, fungierte als Berater bei Drehbuchänderungen, wirkte auf dem Set eng mit dem Regisseur zusammen. Er stand Rafelson hilfreich zur Seite, wenn es um Video-Playbacks oder schwierige Szenen ging, diskutierte über Kamerawinkel und verschiedene Drehmöglichkeiten.

Während der Arbeit an *Goin' South* hatte Nicholson Video als Technik entdeckt und in der Folge einer ganzen Reihe von Regisseuren – darunter Hal Ashby, Miloš Forman und Stanley Kubrick – erfolgreich eingeredet.

Es gab auch sehr private Augenblicke zwischen Schauspieler und Regisseur. Aber »Jack probt nicht gern«, meinte Rafelson in einem Interview, »also proben wir nicht. Er hat das Gefühl ›Probieren wir's mal‹. Aber dieses ›Probieren wir's mal‹ ist natürlich lange, lange vorbereitet worden, und zwar in der inneren Einstellung der Figur. Das hat nichts damit zu tun, wie man eine Zeile spricht oder wo man dabei steht.«

Wie immer fühlte sich Nicholson wohler, wenn er *nicht* über seine Schauspielerei sprach. Seine Kommunikation mit Rafelson verlief in einer Art Kurzschrift, die sie aus ihrer langen Vertrautheit entwickelt hatten. »Mit Curly redet man immer eher vom Resultat«, meinte Nicholson in einem Interview.

Zweifellos waren die Liebesszenen in *The Postman Always Rings Twice* für Nicholson von grundlegender Bedeutung. Dieses Element, wie schon die völlig nackte Darstellung des Gabriel in *Drive, He Said*, beherrschte während der gesamten Dreharbeiten seine Gedanken.

Rafelson warf alle nicht unmittelbar beteiligten Team-Mitglieder raus, wenn die Sex-Szenen gedreht wurden. Er und Nyqvist bedienten die beiden Kameras. Man hatte eine Stil-Entscheidung getroffen: die Nacktheit sollte minimal sein, aber vor dem Sex wollte man nicht zurückschrecken. Das war ganz im Sinne von Cain, der in seinen Romanen auch eher mit Andeutungen arbeitete.

»In jedem (Film nach einem meiner Bücher) hat man natürlich Details über Sex weggelassen«, schrieb Cain einmal, »aber in meinen Büchern habe ich, und das überrascht Sie vielleicht, diese Details auch mehr oder weniger weggelassen. Die Leute meinen immer, daß ich krasse Sachen in meine Geschichten reinschreibe, oder daß ich mich stundenlang in üppigen Beschreibungen der schönen Heldinnen ergehe, aber das stimmt nicht. Die Stimmung, das muß ich zugeben, ist oft wirklich heiß, und beim Leser entsteht die Illusion, über Sex zu lesen. Aber das ist eigentlich immer nur ganz kurz.«

In *Psych-Out*, mehr als zehn Jahre zuvor, hatte Nicholson die Hosen anbehalten, aber jetzt war er beinahe ängstlich darauf bedacht, daß er in den Sex-Szenen auch völlig nackt zu *sehen* sein würde. Eine der kurzen Nacktszenen zeigt den Schauspieler von hinten. »Ich bin mal den größten Teil eines Jahres in meinem Haus nur nackt rumgelaufen, um mich mit dem Gedanken (an die Nacktheit) anzufreunden«, berichtete er.

Seinen erigierten Penis kriegte er nicht. »Da war eine Aufnahme, die wollte ich einfach machen. Wie er (Frank) zum ersten Mal Liebe mit ihr (Cora) macht, wie er sie vom Hackklotz zurückdrängt – so von rückwärts gefilmt, noch in voller Montur, aber ich wollte einen vollen Ständer haben, weil das im Film noch niemand gezeigt hatte. Ich wußte einfach, dieses seltsame Bild würde eine Wucht werden. Na ja, da bin ich nach oben gegangen und hab dran gearbeitet, 45 Minuten lang, aber ich hab einfach nichts auf die Reihe gekriegt, weil ich wußte, da unten warten sie alle auf mich und wollen das Ding sehen. Mancher würde vielleicht sagen, daß ich pervers bin, aber in meinen Augen wäre das sehr raffiniert gewesen.«[1]

Das Drehbuch folgte getreu dem Buch, beinahe Szene für Szene. Das Ende war allerdings anders: im Roman wird Frank am Ende in die Gaskammer geschickt, während der Film mit dem tödlichen Autounfall der schwangeren Cora endet und Frank neben ihr in die Knie sinkt. Wieder einmal hatte Jack in einem Rafelson-Film zu weinen. Ein Markenzeichen für Schauspieler und Regisseur, ein Akt der Reue, der das Macho-Benehmen überhöhte und entschuldigte.

Die Dreharbeiten von *The Postman Always Rings Twice* dauerten im Winter und Frühling 1980 drei Monate. Wie schon bei *The Shining* waren Außenstehende nicht zugelassen, wegen der Sex-Szenen, wegen der üblen Stimmung, die herrschte, wenn Rafelson im Streß war, und weil Nicholson eine Publicity-Pause eingelegt hatte.

Den Sommer 1980 verbrachte er in Südfrankreich. Es war »ein Sommer wie in einem Roman von Scott Fitzgerald, in dem er irgendwie vieles neu überdachte«, so ein Bericht über die Zeit zwischen *The Postman Always Rings Twice* und *The Border*.

1 »Macht einen eine solche Szene an?« Diese rhetorische Frage stellte Nicholson in dem zitierten Interview und beantwortete sie dann gleich: »Also, es vergehen nicht viele Stunden am Tag, in denen ich nicht von irgendwas angemacht werde, aber das soll nicht heißen, daß sich das dann immer gleich irgendwie sexuell ausdrücken muß. Ich hab immer besonders drauf geachtet, daß ich bei den Schauspielerinnen, mit denen ich arbeite, nicht echt erregt bin« – wobei er geflissentlich die vielen Freundinnen und Geliebten, die immer wieder in seinen Filmen auftauchten, übersah.

Nicholson wohnte bei dem Produzenten Sam Spiegel, der sich zu einer weiteren Vaterfigur für ihn entwickelt hatte. Die beiden hingen in Spiegels Riesenhaus herum, »wie zwei schrullige alte Junggesellen, sie zogen ein lautstark angekündigtes strenges Fitneßprogramm durch, und Jack lernte Französisch«.

Eines abends erzählte Nicholson bei einem Dinner die Geschichte von einem Buch, das er vor Jahren gelesen hatte, palaverte stundenlang »mit seinem sehr kleinen französischen Wortschatz«, aber so faszinierend, daß »die nicht-englischsprachigen Gäste wie gebannt lauschten«.

Jack war ziemlich fertig. Der etwas gehetzte Ausdruck auf seinem Gesicht war perfekt für die nächste Rolle in *The Border*. Trotzdem fragte sich der Regisseur Tony Richardson insgeheim, ob hinter diesem Gesichtsausdruck nicht mehr steckte: »Ich glaube, Jack hat nicht mehr so viel Spaß am Schauspielen wie früher.«

Aber Nicholson war wie ein Basketball-Spieler, der weiß, daß man nur dann aus einer Mißerfolgsserie rauskommt, wenn man immer wieder auf den Korb wirft. Zwischen 1980 und 1982 arbeitete er kontinuierlich weiter und machte vier Filme: die »finstere Trilogie« und *Reds*.

Als nächstes stand *The Border* auf dem Programm. Nicholson meinte, er hätte mal Lust, einen Action-Streifen zu drehen. Dieser hatte ein »brennendes gesellschaftliches Thema«, das ihn wieder zu den Berichten von Oscar Lewis über die Probleme der Einwanderer zurückführte. Die Gewissenskonflikte eines subalternen Grenzers namens Charlie Smith, der herausfindet, daß seine Vorgesetzten als Komplizen am Einschmuggeln »illegaler« Mexikaner in die USA beteiligt sind.

Das Drehbuch stammte von *Deer Hunter*-Autor Deric Washburn und war bei Universal ein paar Jahre immer wieder hinausgezögert worden. Ursprünglich hatte man es Robert Blake auf den Leib geschrieben, aber der war als Star nicht groß genug, um die Finanzierung sicherzustellen. Als sich Blake schließlich verabschiedete, trat Nicholson auf den Plan. Mit ihm stieg der Produktionsetat von 4,5 Millionen Dollar auf 14,5 Millionen Dollar, und »in ihren Augen (denen der Universal-Bosse) wurde es über Nacht ein fantastisches Drehbuch«, berichtet Tony Richardson.

Da war aber nicht nur das interessante Skript, *The Border* würde Nicholson auch die Möglichkeit geben, mit Richardson zusammenzuarbeiten, einem der besten britischen Bühnen- und Filmregisseure. Richardson war einer der Hauptexponenten der »Angry Young Men« und der Free Cinema-Bewegung im Großbritannien der fünfziger und sechziger Jahre gewesen. Der frühere Ehemann von Vanessa Redgrave hatte eine vielversprechende Liste von Filmen vorzuweisen, unter anderem *Look Back in Anger*, *The Loneliness of the Long Distance Runner* und *Tom Jones* (der ihm 1963 den Oscar für den Besten Film einbrachte). Nicholson hatte ihn 1966 in Frankreich kennengelernt, und seither suchten sie immer wieder nach Möglichkeiten einer Zusammenarbeit. Auf alte Bekannte war eben doch immer noch am meisten Verlaß.

Eine von Richardsons großen Stärken war das naturalistische Drama, das Jack in *Five Easy Pieces*, *The Last Detail*, *Chinatown* und *One Flew Over the Cuckoo's Nest* zu seinem Markenzeichen gemacht hatte. In der ursprünglichen Fassung von Washburns Drehbuch war Nicholsons Part eine »typische Macho-Fantasie« (so Richardson). David Freeman und Walon Green (*The Wild Bunch,* Veteran vieler Sam Peckinpah-Filme) schrieben es um, spielten die Macho-Aspekte etwas herunter und entwickelten einen vielschichtigeren Charakter.

Eine Nebenhandlung muß Nicholson ganz besonders gefallen haben: die Ehefrau (von Valerie Perrine gespielt), deren ehrgeizige kleinbürgerliche Pläne Charlie Smith beinahe zum Wahnsinn treiben, und eine wunderschöne, tugendsame »Illegale«, deren Baby entführt wird und an ein betuchtes Ehepaar irgendwo in den USA verkauft werden soll.

Das Ensemble sollte Nicholson eine Chance geben, wieder einmal mit seinem alten Freund Warren Oates zusammenzuarbeiten, der Charlie Smiths gaunerhaften Boß spielte, und mit dem respekteinflößenden Harvey Keitel, der die Rolle eines in Schiebereien, Vergewaltigung und Mord verwickelten, korrupten Grenzwächters übernahm.

(*The Border* war eine der letzten Rollen von Warren Oates. Anfang 1982, kurz nach dem Start des Films, starb er an einem Herzanfall.)

Richardson wollte Nicholson naturalistisch. Er sagte ihm mit Bestimmheit: »Weniger ist mehr.« Der Zeitschrift »Rolling Stone« erklärte er: »Jack wollte zum Spielstil seiner früheren Arbeiten zurückkehren. Wir hatten uns schon gleich zu Anfang geeinigt, daß er einen großen Teil des Films mit einer verspiegelten Sonnenbrille spielen würde – die tragen die meisten Grenzwächter – aber man kann am Rest seines Gesichtes sehen, daß er diesmal die Augenbrauen nicht tanzen läßt.«

Obwohl er vielleicht müde war, arbeitete Nicholson bei den Dreharbeiten hart. »Er ist so, wie die Stars in den dreißiger und vierziger Jahren waren«, sagte Richardson. »Er kommt aufs Set, bringt seine Leistung, ohne viel Theater, ohne lange rumzurennen und in Stimmung zu kommen. ›Was willst du haben? Okay!‹. Und dann macht er's einfach aus dem Stand. Und wenn man's dann im nächsten Take anders haben will, da kann er sich auch anpassen.«

Beinahe der gesamte Film wurde im Herbst 1980 in der Gegend von El Paso, Texas, und in der westtexanischen Wüste gedreht. Ein Schauspielerstreik unterbrach die Produktion, am Skript wurde dauernd herumgebastelt, unter anderem wurde das Ende dramatisch umgeschrieben.

Im ursprünglichen Schluß, der bereits gefilmt und für Previews geschnitten war, hatte Nicholsons Figur das Hauptquartier der Grenztruppen bombardiert und war dafür ins Gefängnis gewandert. Das war für das Publikum zu ungewöhnlich – und vielleicht war ja auch Jack für die Zuschauer nicht gerade der glaubwürdige Action-Held. Versteckt und offen hatte er sich stets gegen diese Klischeevorstellungen gewehrt, und in all seinen Filmen hatte man den Action-Anteil immer zurückgestutzt.

Ein Jahr nach Abschluß der Dreharbeiten kehrte Richardson nach El Paso zurück. Aufnahmeteam und Ensemble sahen sich gezwungen, zusammen einen neuen Schluß aufzunehmen. Die Kosten dafür wurden mit 1,5 Millionen Dollar angegeben. Das neue Ende hatte weniger Feuerwerk und hörte etwas »normaler« mit Charlie Smith als großem Helden des Tages auf. Wie *The Shining* und *The Postman Always Rings Twice* entpuppte sich auch *The Border*, zumindest auf einer Handlungsebene, als ein Film über unerwiderte väterliche Gefühle. Eines der ausdrucksstarken letzten Bilder zeigt Charlie Smith, der das entführte mexikanische Baby in seinen Armen birgt und durch den Rio Grande stolpert, um es zu seiner Mutter zurückzubringen.

Reds machte Nicholson eigentlich nur, um Warren Beatty einen Gefallen zu tun. Er fühlte sich weder wohl noch richtig besetzt mit der Rolle des Eugene O'Neill, eines der größten Dramatiker Amerikas, der in Provincetown, Massachusetts, mit dem linken Journalisten John Reed und Louise Bryant in einem Dreiecksverhältnis lebt. Beatty mußte ihn dazu beschwatzen. Aber Beatty hätte ja selbst Eskimos Solarheizungen aufschwatzen können.

Jack mochte Warren aus vielerlei Gründen: »Er ist sehr clever, quatscht nicht dumm rum, stellt keine Gefühlsansprüche.« Obwohl diese beiden Typen, die nicht dumm rumquatschten, in der letzten Zeit nicht mehr so viel zusammen rumzogen, und obwohl sie manchmal monatelang nicht miteinander telefonierten, waren sie trotzdem noch immer eine gegenseitige Anbetungsgesellschaft. Jack erlag Warrens Überredungskünsten, und lieh in einer Nebenrolle Beattys erstem Regieversuch sein Prestige.

Beattys Monumentalepos über John Reeds Liebesaffäre mit der Oktoberrevolution schien das verdienstvollste aller verdienstvollen Projekte des Jahres zu sein. Nicholson behauptet, daß er für seine kurze Rolle, eine von denen, die ihm immer Glück brachten, tausend Seiten über Eugene O'Neill gelesen hatte. Es war seine erste biografische Rolle, das erste Mal, daß er in das Leben eines Prominenten schlüpfte. »Ich hatte noch nie was Biografisches gespielt. Und ich hatte wirklich das Gefühl, daß ich im Hirn einen guten Draht zu O'Neill hatte. Seine Beziehungen zu Frauen waren einfach toll. Ich meine, er hat da eine Art Bogen durchlaufen, mit dem ich mich identifizieren kann. Er war wie die meisten Iren – verrückt nach temperamentvoll stürmischen Frauen; Frauen, die sozusagen seine Socken im Spülbecken ließen. Aber er hat erst mit seinem gewaltigen Schreibpensum angefangen, als er bei einer gelandet ist, die die Romantik mehr oder weniger ausgeschaltet und ihn nur noch irgendwie gemanagt hat.«

Beatty war wie Kubrick. Er verbrachte Wochen, Monate, Ewigkeiten mit den Vorbereitungen und Dreharbeiten, mit dem

Schnitt und nachgefilmten Szenen. Nicholsons Figur, komplett mit Nickelbrille und stilgerechtem Anzug, tauchte immer mal wieder auf, wie Brando in *The Missouri Breaks*. Jack erzählte in Interviews, daß er sich glücklich schätzte, die Rolle im Film zu haben, die ein bißchen »gegen den Strom« ging – den Zyniker, der keinen rechten Enthusiasmus für die Sache der sozialen Gerechtigkeit aufbringen konnte. Es gefiel ihm, daß sich *Reds* zu Anfang auch mit den ersten zaghaften Ansätzen der amerikanischen Boheme am Anfang des Jahrhunderts beschäftigte, und mit dem Angriff der Boheme gegen die verkrustete Moral des Bürgertums. Aber Jack selbst war eher der Typ Mensch, der die »Zehn Tage, die die Welt erschütterten« vom Spielfeldrand aus beobachtet hätte.

Während der Dreharbeiten kursierte das Gerücht, Jack hätte sich in Diane Keaton verliebt, Beattys damalige Freundin, die die Louise Reed spielte. Sicherlich wurden Keaton und er zusammen in der Öffentlichkeit *gesehen*. Aber als »Rolling Stone« Jack auf den Kopf zu fragte, ob er sich in Diane Keaton »mächtig verknallt« hätte, da gab er zwar zu, daß es ihm zu Zeiten beinahe so schien, fügte dann aber schnell hinzu, daß er seinen guten Freund Warren niemals betrügen würde. Er hätte der Versuchung nicht nachgegeben.

»Es hat mir einen Riesenspaß gemacht, diesen Film zu drehen. Ich sollte in Miss Keaton verliebt sein, was ja nicht sonderlich schwierig ist. Ich hatte den Pro (Beatty) als Boß, und ich spielte einen faszinierenden Typen. Es war also wirklich toll.«

The Shining spaltete die Kritiker in zwei sehr kontroverse Lager, als er im Sommer 1980 in die Kinos kam. Sie hatten noch *Goin' South* im Kopf, und die gängige Lesart lautete, daß Nicholson wieder einmal völlig außer Rand und Band geraten war. Manche leiteten zum Teil davon auch noch die Meinung ab, daß Kubricks Film die Grenzen jeglichen guten Geschmacks verletzte.

»Variety« führte mit einem überraschend bösartigen Kommentar die Meute an: »Wenn Nicholsons Leistung wirklich das ist, was der Regisseur nach 50 Takes wollte, dann wundert es keinen, daß er (Kubrick) die letzte Schnittfassung machen wollte. Es ist kaum vorstellbar, wie wohl die anderen 49 Takes, die er verworfen hat, aussehen mögen.«

Die Zeit hat der kleinen verrückten Minderheit recht gegeben, die sogar damals der Meinung war, daß *The Shining* einer der hervorragendsten Filme des Regisseurs war. Sicher ist es eine der besten Filmfassungen eines Stephen King-Romans, obwohl wirklich Kubrick und King gleichviel beigesteuert haben – der Film ist ein halluzinatorischer Albtraum, visuell glänzend mit den langen Verfolgerfahrten (der Film enthält die ersten wirklich flüssigen Szenen, die mit der Steadicam aufgenommen wurden, die damals ihr Erfinder Garrett Brown bediente), dessen erbarmungslose Gruselatmosphäre noch von hervorragenden technischen Spezialeffekten und gespenstischen Stimmungen erhöht wird (unter anderem von der unheimlichen Filmmusik von Bartók, Ligeti, Penderecki und anderen Komponisten).

Mit der Zeit hat man auch gelernt, Nicholsons Schauspielkunst in diesem Film zu würdigen. Die gleichen Kritiker, die ihn hier der Übertreibung bezichtigten, hätten wahrscheinlich auch Cagney vorgeworfen, seine Kopfschmerzen in *White Heat* überzogen zu haben.

Jack Torrance wird eigentlich sorgfältig und unauffällig vorgestellt, die Grundlagen werden von Regisseur und Drehbuch fein vorbereitet. Nicholson ist am Anfang so aufreizend nichtssagend wie später im Film waghalsig und enthemmt. Sein allmählicher Zusammenbruch ist in der Entwicklung perfekt abgestuft, als fiele es dem Schauspieler genausoleicht, die Leiter zum Wahnsinn hinabzusteigen, wie es ihm leichtgefallen war, seine Intelligenz bewußt herunterzuschrauben. Und in der grausigen Höhepunktsszene – ein eisverkrusteter Torrance verfolgt Frau und Kind durch das schneebedeckte Labyrinth des Gartens – ist Nicholsons volle schauspielerische Wucht nicht nur gefordert, sie ist auch zutiefst und aufs erschreckendste glaubwürdig.

»Wenn Sie in der letzten Zeit *The Shining* nicht gesehen haben, dann leihen Sie sich bald einmal das Video«, schrieb 1993 Vincent Canby in der »New York Times«. Canby arbeitete in die Besprechung eines anderen Stephen King-Films (*The Dark Half*) einen kleinen Werbespot für seinen Lieblingsfilm nach einer Vorlage des modernen Horrorkönigs ein: »Auf ganz gruselige Art wird er (*The Shining*) von Jahr zu Jahr besser.«

Das Publikum scherte sich sowieso nicht immer um das Gefasel der Kritiker, und im Sommer 1980 strömten die Massen in Stanley Kubricks Horrorfilm. *The Shining* landete in dem Jahr bei »Variety« auf der Liste der zehn Filme mit den höchsten Kasseneinnahmen und erzielte auch im Ausland, besonders in Großbritannien und Japan, gute Einspielergebnisse.

Die Filmbearbeitung nach James M. Cain kam und ging viel leiser. Der Film war makellos produziert, litt aber daran, daß Colicos, Rafelsons »Entdeckung«, für dessen Karriere *The Postman Always Rings Twice* nicht sonderlich gut war, nur eine schwache Leistung bot. Der Regisseur schnitt, während sich die Story entwickelte, immer öfter von Colicos weg. Aber das war nur eines der Probleme.

Nicholsons Leistung ist okay, wirkt aber kühl und gestelzt. Die Sex-Szenen (die einzigen Szenen, die nicht bemüht aussehen) sind lebendig und sorgen für erregende Augenblicke, aber sie reißen den Film auch nicht raus. Mamet hatte das Drehbuch so angelegt, daß Cain nicht so verweichlicht wirkte wie Chandler – ein typischer Kommentar von einem Team, das ständig bemüht war, bloß nicht zu verweichlicht auszusehen. Aber mit ihrem kunstvollen Ansatz hatten sie den größten Fauxpas gemacht: hatten Cain regelrecht weißgeblutet, ihm all seine lebensstrotzende Lust und seine Macho-Elemente genommen.

»Wissen Sie überhaupt, daß der Film in jedem anderen Land mit Ausnahme von Venezuela mehr eingespielt hat als *Chinatown*?«, fragte ein frustrierter Nicholson gern. Aber vielleicht hatte sogar er inzwischen etwas weniger Vertrauen zu Curly.

Nicholsons Auftritt in *The Border* erntete durchweg hervorragende Kritiken, seine stoische Darstellung des Charlie wurde hoch gelobt (Michael Sragow in »Rolling Stone« preist ihn als »eine Figur, die seiner Darstellung des Randall McMurphy das Wasser reichen kann«). Aber dieser Lobpreis war auch als kleiner Schlag gegen den extravaganten Stil Nicholsons in seinen vorangegangenen Filmen gedacht. Und *The Border* war zwar eine handwerklich gute, durchdachte Arbeit, einer der besseren neueren Filme Richardsons, machte aber an den Kinokassen keinen besonderen Eindruck.

Reds war weder der beste noch der schlechteste der vier Nicholson-Filme, die zwischen 1980 und 1982 herauskamen. Aber er brachte ihm seine zweite Oscar-Nominierung als Bester Schauspieler in einer Nebenrolle ein. Beattys mehr als dreistündiges Epos über John Reed und die Oktoberrevolution war gewiß teuer und ehrgeizig, es gefiel den Kritikern, und langsam begann die Academy of Motion Picture Arts and Sciences, Nicholson in ihr Herz zu schließen. Er konnte jetzt für kinderleichte und teuflisch schwere Rollen Nominierungen erwarten.

The Postman Always Rings Twice sollte zumindest einer Karriere nutzen: der von Anjelica Huston. Im April 1974, am Anfang ihrer Beziehung, hatte Nicholson der Zeitschrift »Magazine« verkündet: »An einer Karriere liegt ihr nicht so viel. So ehrgeizig ist sie nicht.« Aber da hatte er sich geirrt. Ihre Karriere wurde ihr zunehmend wichtiger, und sie entpuppte sich als äußerst ehrgeizig.

Toots, wie Jack sie nannte, spielte in *The Postman Always Rings Twice* eine wortwörtlich aus dem Buch übernommene kleine Rolle, eine Löwenbändigerin, die eine kurze Affäre mit Frank hat. Auch ihr Hinterteil erschien in einer der kurzen Nackteinstellungen im Film, eine exotische und eindrucksvolle Miniatur.

Noch während der Produktion von *The Postman Always Rings Twice* im Mai 1980 hatte Anjelica einen schweren Autounfall. Sie fuhr mit ihrem Mercedes den Coldwater Canyon entlang, auf dem Weg zu der von Helen Kallianiotes geführten Rollschuh-Arena. Ihr Wagen prallte frontal mit einem von einem Sechzehnjährigen chauffierten BMW zusammen, der ihr mit überhöhter Geschwindigkeit entgegenkam. Der Teenager hatte getrunken. Anjelica war nicht angeschnallt. Sie flog gegen die Windschutzscheibe und erlitt vier Nasenbrüche. Anne Marshall fuhr sie schnellstens zur Behandlung und kosmetischen Chirurgie ins Cedars-Sinai-Krankenhaus.

Diese flüchtige Begegnung mit dem Tod hat sie sicherlich an den Autounfall erinnert, bei dem ihre Mutter umgekommen war. Sie überdachte ihr Leben neu. Eine der Konsequenzen war, daß sie sich in Bel-Air ihren eigenen Bungalow kaufte und ein für allemal aus Nicholsons Haus auszog.

»Ich hatte ein gutes Leben mit Jack«, sagte sie. »Aber es war einfach nötig, daß ich mich aus dem Umfeld entfernte, das eine Karriere wie die seine mit sich bringt. Ich mußte wieder zu mir selbst zurückfinden, ich mußte herausfinden, was *ich* machen wollte. Nicht nur in der Schauspielerei. Ich hatte noch nie alleine gelebt. Ich wußte nicht mal, ob ich morgens meinen Kaffee mit viel oder wenig Milch trinke. Ich wußte nicht, wie ich war. Ich mußte mich zurückziehen. Ich mußte wissen, daß jemand mit *mir* sprechen wollte, wenn das Telefon klingelte.«

Sie fing an, kleine Rollen zu übernehmen – im Theater, sogar im Fernsehen – und sich aktiv am Unterricht von Peggy Feury, einer der renommiertesten Schauspiellehrerinnen in Los Angeles, zu beteiligen.

Es war nicht einmal andeutungsweise die Rede davon, daß der Auszug aus Nicholsons Haus auch eine Trennung von ihm bedeuten würde. Oder daß es in der presseträchtigen Romanze zwischen den beiden ernsthafte Unstimmigkeiten gäbe. In der Publicity fanden Jacks Liebeserklärungen an Anjelica statt, wenn auch beide äußerst kokett auf die Erwähnung des Wortes Heirat reagierten.

»Ich mache ihr pausenlos Heiratsanträge«, erzählte Nicholson in einem Interview. »Manchmal lehnt sie sie ab, manchmal sagt sie Ja. Aber wir kommen einfach nicht dazu.«

Das Hauptproblem war, laut Nicholson, daß Anjelica nicht bereit war, Kinder zu bekommen. Sie hatte sich mit Leib und Seele in ihre Karriere gestürzt.

Immer noch zirkulierten in Hollywood die Gerüchte über Jacks Drogen-»Hobby«.

Es war schwer zu sagen. Inzwischen war Jack ziemlich zurückhaltend, wenn es um seine schlechten Angewohnheiten ging, sogar einigen Freunden gegenüber, die mit den Erwachsenen-Spielchen eines Herrn in den besten Jahren nichts anfangen konnten. Die privaten Klubs erfüllten ihren Zweck, hielten sein Nachtleben so geheim wie sein Privatleben zu Hause. Das »New Age Rat Pack«, das ihn wie eine Truppe von Leibwächtern ständig umringte, war eine geschlossene Gesellschaft. Außenstehende unerwünscht.

Unweigerlich kam immer wieder in Interviews das Gespräch auf Drogen. Nicholson gab sich dann stets als Verfechter der Legalisierung bestimmter Drogen, wich aber geschickt aus, wenn es um seine eigenen Angewohnheiten ging. »Ich fühle mich einfach nicht mehr menschenfreundlich genug, um mich noch länger öffentlich bloßzustellen. Früher hatte ich das Gefühl, daß ich damit was zum Allgemeinwohl beitragen könnte, aber heute fühle ich mich eher als so eine Art Hofnarr – so im Stil von ›was die Spinner wohl diese Woche wieder anstellen‹ – und das ist nun mal nicht mein Stil, das weiß jeder, der mich kennt.«

»Würden Sie sagen, daß Sie kein Kokain nehmen?«, fragte ihn die Zeitschrift »Rolling Stone« 1984 ganz direkt.

»Würde ich das sagen? Ich habe wirklich beschlossen, daß ich zu diesem Thema absolut gar nichts mehr zu sagen habe, das mir oder sonstwem nutzen könnte.«

Seine Freunde meinten, daß seine rapiden Stimmungsschwankungen auf Drogen zurückzuführen wären. Manchmal legte er wirklich furchterregende Wutanfälle hin. Die freche Keckheit seiner jungen Jahre hatte sich zur Arroganz der siebziger Jahre entwickelt und nun sozusagen nach innen gerichtet, als die Wut und Bitterkeit der achtziger Jahre.

Selbst bewundernde Gesprächspartner konnten sich Kommentare zu Jacks »ungeheuren, langatmigen Tiraden« (»American Film«) und »wahnsinnigen Arien« (»Vanity Fair«) nicht verkneifen. »Er spricht nicht in irgendeiner in der Sprache bekannten Zeitform«, schrieb Stephen Schiff von »Vanity Fair« in seinem Bericht über ein Gespräch mit Nicholson. »Die Vergangenheit wird Gegenwart, Wünsche sprudeln als vollendete Tatsachen heraus, alte Wunden werden aufgerissen.«

Trotz aller Erfolge tobte in seinem Inneren eine tiefe, fest verwurzelte Wut. Er selbst machte auch in seinen Interviews das Zugeständnis, »zutiefst launisch« zu sein. Er gab zu, »kaum einen Tag« zu durchleben, »den ich nur einfach gut fand, und an dem ich nicht tiefen Selbsthaß oder Depressionen oder Angst verspürte«.

Mitten in einer Publicity-Veranstaltung konnte in den Worten eines Gegenübers die »Wucht seiner Leidenschaft ein kleines bißchen furchterregend« werden. »Da fängt er an, seine Wörter immer mehr abzuhacken, bleckt die Zähne, schließt seine Sätze mit ›Pal‹ ab.«

Nicholson hatte die beunruhigende Angewohnheit, in verschwörerischem Ton über »die« zu reden, die Leute, die in den Konzernen, in der Regierung, in Hollywood das Sagen hatten, über die »Anzugtypen«, die ihre Entscheidungen nur unter finanziellen Gesichtspunkten fällten. So mächtig er in Hollywood auch war, er klammerte sich an den Gedanken, selbst ein Außenseiter zu sein, er nährte diese Illusion, verstärkte sie ständig.

Bei seinen Interview-Darbietungen hatte er zu allem und jedem seine ganz eigenen, leicht versponnenen, leicht genialen Theorien. Er war der Papst seiner eigenen Religion geworden, der Schöpfer seiner eigenen Regeln und seiner ganz eigenen Logik. Er hatte für alles seine guten Gründe, und seine guten Gründe waren immer besser als die anderer, und sowieso, warum waren sie eigentlich nicht wie er?

Seine Theorien ähnelten ein wenig den Geheimnissen seiner Figuren, den unterschwelligen Strömungen seiner Filme, die so schräg waren, daß sie außer ihm wirklich niemand *kapierte*.

»Niemand sieht den ernsten Handlungsfaden in *Goin' South*«, beklagte er sich immer wieder in Interviews. Seiner Meinung nach waren die Figuren alle »früher Mitglieder von Quantrills Bande gewesen, der ersten und ursprünglichsten Guerilla-Einheit in den Vereinigten Staaten. Und was macht man mit solchen Leuten, jetzt, wo sie brav zu Hause hocken? Das hat mich schon sehr enttäuscht, daß die Kritik das in keiner Weise erfaßt hat.«

Einige alte Freunde hatten für sich beschlossen, die Zeit einzuschränken, die sie mit Nicholson verbrachten. Er beschimpfte und belehrte sie im gleichen Maße wie die Presse, mit der gleichen irren Paranoia, mit der gleichen Raffiniertheit und Schärfe. Seine Gardinenpredigten konnten einem schon den letzten Nerv rauben, besonders wenn Jack aller Dreiviertelstunden wieder im Badezimmer verschwand.

Jedenfalls wurden in den frühen achtziger Jahren entschieden weniger Interviews geführt als zuvor. Freunde hatten ihn bekniet, doch etwas weniger mitteilsam zu sein. Man hatte bestimmte Grundregeln festgelegt, die Journalisten wurden sorgfältig gesiebt, und sie mußten Jack recht sein. Und manchmal fanden die Gespräche in einer Suite eines Beverly Hills Hotels und nicht in seinem Zuhause statt, oder die Atmosphäre war durch den ständig im Hintergrund lauernden Presse-Manager bewußt sehr viel förmlicher gehalten.

Aber Jack redete für sein Leben gern, und er antwortete gern auf direkte Fragen – auch wenn er sie manchmal dadurch beantwortete, daß er mit etwa tausend Worten zu verstehen gab, daß er sie nicht beantworten würde.

Jetzt tauchte June, seine heimliche Mutter, praktisch in jedem Interview auf. Nicholsons Ausbildung hatte es ihm immer leicht gemacht, sich nützliche Masken und Posen überzustülpen. »Ich war ja schon über dreißig, und beide Frauen waren zu der Zeit, als ich das über meine uneheliche Geburt erfuhr, schon tot«, war seine geübte Antwort auf diese Fragen. »Ich war ein gelernter Schauspieler, ich wußte also, was für Gefühle ich dazu hatte. Ich habe mich nicht wütend oder irgendwie vorwurfsvoll gefühlt, nicht im geringsten. Ich habe einfach nur eine riesige Dankesschuld empfunden, schlicht und ergreifend.«

Nicholson verkündete, daß »diese Frauen mir das Leben geschenkt haben. Das ist eine feministische Story reinsten Wassers. Sie haben mich wunderbar aufgezogen, diese Damen. Bis heute habe ich noch nie von irgend jemandem einen Cent geborgt, habe nie das Gefühl gehabt, daß ich nicht auf mich selbst aufpassen könnte. Sie haben mir klar und deutlich vor Augen gehalten, daß ich für mich selbst verantwortlich sein muß.«

June wurde normalerweise in den Interviews als »Schwester-Mutter« oder »Mutter/June« bezeichnet. Privat blieb sie immer seine »Schwester«, allerdings die einzige Person, für die Jack keinen Spitznamen hatte. Sie war einfach nur »June«.

Wenn man ihn in Interviews drängte, die Identität seines Vaters preiszugeben, antwortete er nur kühl: »Weiß ich nicht.« »X-Faktor«, so nannte er das Thema Vater. Auch privat mochte er es gar nicht, wenn jemand neugierige Fragen nach seinen Gefühlen in dieser Sache stellte. Er verbat sich alle Fragen, auch von seinen nächsten, ältesten Freunden, die natürlich genauso brennend daran interessiert waren wie die Presse.

In New Jersey gab Donald Furcillo-Rose der Lokalzeitung Interviews, versuchte Nicholson aus der Reserve zu locken, behauptete, sein Vater zu sein, breitete zum Beweis seiner Vaterschaft Fotos und vertrauliche Informationen aus.

Seine Frau Dorothy zeichnete und malte weiterhin Bilder von Jack – manchmal als Gespann mit Anjelica Huston – und ließ dem berühmten Paar ihre Arbeiten per Post zukommen. Sie packte auch die Alben zusammen, die Dons Mutter Victoria Rose mit Zeitungsausschnitten gefüllt hatte und in denen Dons Affäre mit June dokumentiert war, und schickte sie dem Schauspieler.

Anjelica schrieb einmal zurück und dankte Dorothy Rose für ein Porträt. Aber immer noch kein Signal von Jack.

Dorothy Rose fing an, lange, zugegeben wirre Briefe an Jack zu schreiben, in denen sie ihn anflehte, nach New Jersey zu kommen und seinen Vater kennenzulernen, der langsam alt wurde.

Nicholson tauchte sowieso schon kaum noch in New Jersey auf, und er ließ sich nicht zu einer Antwort herab. Nach einiger Zeit kam ein Brief von seinem Anwalt, in dem Dorothy bedeutet wurde, sie möchte die Korrespondenz einstellen.

Die Publicity machte viel Wind um Nicholsons zweijährige Pause, Zeit, die er angeblich in relativer Abgeschiedenheit und Kontemplation (nicht einmal das Telefon war angeschlossen) in seinem Haus in Colorado verbrachte.

Projekte erschienen und verschwanden wie Fata Morganas in der Wüste, und teilweise war es auf widrige Umstände zurückzuführen, daß Jack zwei Jahre lang nicht vor einer Kamera stand. Ein Projekt, das ihn immer besonders interessiert hatte, war die Rolle eines modernen streitlustigen Cowboys in einem Skript mit dem Titel »Road Show«. Es war sogar schon ein Vertrag unter Dach und Fach, ehe Streitereien den Film über den streitlustigen Typen abwürgten.

Ursprünglich hätte der Hollywood-Veteran Martin Ritt 1983 für Metro-Goldwyn-Mayer in »Road Show« Regie führen sollen. Jacks Part war ein kleiner Rinderfarmer, dem die Gläubiger hart auf den Fersen sind, der sich tapfer gegen halsabschneiderische Trucker stellt und einen Viehzug nach Kansas City organisiert. Dabei helfen ihm seine Frau Opal und sein Freund Leo, ein Lehrer. Timothy Hutton hatte gerade für *Ordinary People* einen Oscar bekommen und sollte den Lehrer in dieser modernen Fassung von *Red River* spielen. Das Studio wollte Cher mit der Rolle der Rancher-Frau besetzen (die im Film eine Affäre mit dem Lehrer hat), aber Nicholson war von Cher nicht gerade begeistert. Und so kamen die Besetzungsgespräche ins Stocken.

Das gleiche galt für die Änderungen am Drehbuch. Ritt, dem die ständigen Verzögerungen bei der Besetzung und bei den Drehbuchänderungen langsam zuviel wurden, zog sich vom Projekt zurück. Es folge der Auftritt von Richard Brooks. Dessen sagenumwobene Karriere reichte bis in die vierziger Jahre zurück und hatte solche Klassiker wie *Blackboard Jungle*, *Elmer Gantry* und *In Cold Blood* hervorgebracht. Brooks nahm sporadische Änderungen am Drehbuch vor, der Produktionsvorlauf zog sich aber weiter zäh hin.

Brooks war ein ehemaliger Zeitungsschreiber, der kein Blatt vor den Mund nahm und sich mit Nicholson gleich gut verstand. Seine experimentellen Vorstellungen zu den Recherchen für den Film paßten prächtig zu Jacks Ideen. Brooks lud Jack und Timothy Hutton zu einer Reise nach Kansas City ein. Und sie fuhren auch hin und hatten wunderbare Abenteuer zu bestehen. Der einzige »kleine Rückschlag«, schreibt Peter Barts in »Fade Out«, seinem Buch über die katastrophalen Fehlentscheidungen der MGM-Bosse in den achtziger Jahren, war, daß Nicholson ein paar Touristen auf der Autobahn den nackten Hintern gezeigt hatte und beinahe alle drei verhaftet worden wären.

Inzwischen war klar, daß Brooks die Drehbuchänderungen bewußt verzögerte. Die Kosten des Produktionsvorlaufs stiegen ständig, der Etat hatte bereits die Höhe von 18,5 Millionen Dollar erreicht. Drei Wochen vor dem geplanten Start der Dreharbeiten erlitt Brooks einen kleinen Herzinfarkt und mußte ins Krankenhaus. Mit seiner Krankheit schienen die MGM-Bosse aus dem Schneider zu sein.

Aber Nicholson hatte einen Vertrag vom Typ »spielen oder zahlen«, von dem er nicht zurücktreten wollte. Das Studio und er zogen die Farce erneuter Verhandlungen durch. MGM legte ihm Namen von Ersatz-Regisseuren vor, von denen sonnenklar sein mußte, daß Nicholson sie niemals akzeptieren würde, darunter auch weniger bekannte Regisseure aus der Fernsehwerbung. Jack konterte mit großen Namen wie Bob Rafelson und Hal Ashby. Rafelson konnte MGM wegen der Sache mit *Brubaker* nicht akzeptieren, und Ashby wurde mit der dubiosen Begründung »angeblichen Betäubungsmittel-Mißbrauchs« abgelehnt. Ein echtes Patt.

Die Rechtsanwälte von Nicholson, Steenburgen (die für die Rolle der Opal vorgesehen war) und Hutton machten sich an die Arbeit. Nicholson und Steenburgen akzeptierten außergerichtliche Einigungen. »Als eine Art Trostpreis wurde Nicholson auch die Miteignerschaft an einigen Filmen überschrieben, die er in vergangenen Jahren für MGM gemacht hatte, unter anderem auch an Antonionis *The Passenger*, wußte »Fade Out« zu berichten.

Hutton ging im Februar 1989 vor Gericht. Die Jury entschied, daß MGM den Vertrag nicht eingehalten hätte, und vorbehaltlich eines Einspruchs verdonnerte der Richter MGM dazu, Hutton 2,5 Millionen Dollar Entschädigung sowie 7,5 Millionen Dollar Strafe zu zahlen. Nicholson gehörte zu denen, die für den jungen Schauspieler ausgesagt hatten.

Nicholson näherte sich dem kritischen Alter von 45 Jahren, als er eine seiner besten Rollen fand, einen abgehalfterten Ladykiller in einer Geschichte, die sich anhörte, als hätte man sie als Tempotuch-Superschluchzer für die Serie »Fernsehfilm der Woche« ausgedacht. Nur ging *Terms of Endearment* viel tiefer, war viel anspruchsvoller. Der Film basierte auf dem Roman eines gefeierten amerikanischen Gegenwartsautors und war von einem der aufstrebenden Wunderkinder Hollywoods, dem Drehbuchautor und Regisseur James L. Brooks für den Film bearbeitet worden.

Larry McMurtrys lebensnahe Romane aus dem westlichen Amerika hatten schon als Inspiration für einige bemerkenswerte Filme gedient, darunter *Hud* und *The Last Picture Show*. *Terms of Endearment* dreht sich um die Witwe Aurora Greenaway aus Houston und ihre Tochter Emma, und zeichnet über dreißig Jahre hinweg ihre problematische Mutter-Tochter-Beziehung nach. *Terms of Endearment* spielt in der gleichen Südweststaaten-Atmosphäre wie das aufgegebene Projekt »Road Show«. Ironischerweise tauchte der Part, den Nicholson spielen würde, im

Buch überhaupt nicht auf, war auch keine der Hauptrollen im Film.

Brooks hatte den Garrett Breedlove aus mehreren Verehrern Auroras zusammengestoppelt. Breedlove wird als durch und durch weltlicher Ex-Astronaut eingeführt, der zu viel trinkt und hinter immer jüngeren Frauen herrennt, bis er sich auf eine Affäre mit Aurora, seiner prüden und wohlanständigen, nicht mehr ganz jungen Nachbarin, einläßt.

Terms of Endearment war eine Situationskomödie mit Krebs im Endstadium als krönendem Abschluß, und bei den Studios entsprechend schwer unterzubringen. Seit ein paar Jahren besaß die Schauspielerin Jennifer Jones, die von einem Leinwand-Comeback träumte, die Filmrechte. Brooks, der beim Fernsehen einen hervorragenden Ruf, aber bisher noch nie einen Spielfilm gedreht hatte, arbeitete einige Jahre für verschiedene Studios am Skript und den Produktionsplänen. Die Beteiligung Nicholsons sorgte dafür, daß man endlich ein Paket daraus schnüren konnte, das große Kasseneinnahmen versprach: die beiden weiblichen Hauptrollen sollten die junge Anfängerin Debra Winger und die altbewährte Show Business-Veteranin Shirley MacLaine (Warren Beattys Schwester) übernehmen.

Nicholson hatte den Mann noch nie getroffen, der sich in der Vergangenheit mit dem Skript und der Produktion einiger höchst populärer Fernsehserien bewährt hatte, unter anderem »The Mary Tyler Moore Show«, »Rhoda« und »Taxi« (mit Nicholsons Kumpel Danny DeVito in einer der Hauptrollen). Brooks und er führten lange Telefongespräche, und Jack »mochte die Art, wie er mit mir am Telefon sprach«. Brooks sollte der erste Regisseur sein, für den Nicholson seit seinem Durchbruch mit *Easy Rider* gearbeitet hatte, der nicht aus seinem Kreis (oder aus der Walhalla der 24-Karat-Filmemacher) stammte.

Brooks hatte eine Figur geschaffen, mit der sich Nicholson identifizieren konnte – angefangen von dem an George Hanson erinnernden ersten Auftritt, wenn Garrett Breedlove besoffen aus einem Auto getorkelt kommt und die Dame, mit der er verabredet war, nur enttäuscht murmelt: »Ich hatte einen Helden erwartet.« Hier hatte Jack wieder einmal eine seiner Kurzrollen, mit denen er allen die Schau stehlen konnte und die er so sehr liebte.

»Mit denen habe ich keine schlechten Erfahrungen gemacht, schon bei *Easy Rider*, in *Reds* und sogar in *The Last Tycoon*«, gab er gerne zu.

Der Regieneuling zeigte sich bei den ersten Treffen und während der Probenzeit vor den eigentlichen Dreharbeiten von Nicholsons Ruf eingeschüchtert. »Zuerst habe ich beinahe Ehrfurcht vor ihm empfunden«, meinte er, »und wenn ich auf meine ungeschickte Art versucht habe, was zu erklären, dann hat er gesagt: ›Mir kannst du alles sagen, was du willst.‹ Das hat auch gestimmt.«

Nicholson, der im Privatleben sehr empfindlich war, wenn man ihn auf sein Körpergewicht ansprach, war wild entschlossen, auf der Leinwand Bierbauch zu zeigen. »Wieviel Speck soll's denn sein?«, fragte er Brooks. Er war stolz auf diesen ganz speziellen, häßlichen Reiz, und darauf, wie er in seinen Filmen subtil altern konnte, »und in der fünften Szene, vier Jahre später, jünger wirkt als in der dritten« – denn so alterten seiner Meinung nach manche Leute, zum Beispiel auch er selbst, indem sie mit zunehmendem Alter immer besser aussahen.

»Eine von den Sachen, die mich bei dieser Figur ganz besonders motiviert haben, ist die Tatsache, daß damals alle anfingen, die mittleren Lebensjahre zu einem totalen Klischee hochzustilisieren. Alle hatten angeblich eine Midlife-Crisis, waren unzufrieden, haßten ihren Job. Ich spielte genau das Gegenteil von diesem Klischee. Ich wollte nur sagen: ›Moment mal, ich bin auch so alt, und ich hab nicht die Spur von einer Midlife Crisis. Ich laß mich nicht von Leuten verachten oder bemitleiden, die zehn Jahre jünger als ich sind. Leute wie mich muß es einfach geben. Und so jemanden möchte ich in diesem Film spielen.‹«

Bei den Dreharbeiten im Winter 1983 in Houston fand Brooks immer wieder, daß Nicholson das genaue Gegenteil von dem verwöhnten, anspruchsvollen Star war, wie ihn die Öffentlichkeit sah. Arbeit war Arbeit, und der Schauspieler war fleißig, zeigte sich offen für alle Vorschläge, flexibel und begeisterungsfähig.

Ein überfliegender Jet hätte beinahe eine der Szenen ruiniert. Nicholson baute das Geräusch ein, reagierte auf das Flugzeug, zog es später weiter durch und rettete die Szene. Im Drehbuch war seine Figur in einer Szene nicht vorgesehen, in der Aurora eingeladen wird, sich »den kleinen Renoir« im Schlafzimmer des ehemaligen Astronauten anzusehen. Brooks fand, daß er Garrett hier doch bräuchte, und Nicholson sprang ein, improvisierte »gleich an Ort und Stelle zwei wunderbare Witze«. Der Regisseur hatte einen Besuch in Rothko Chapel empfohlen, ein dort ausgestelltes Kunstwerk als Schlüssel für die Stimmung erwähnt, die er in dieser Szene anstrebte. Jack sah sich als einziger an einem Wochenende das Exponat an.

Nicholson war ganz der professionelle Musterknabe. Währenddessen machten wilde Gerüchte über die Rivalität zwischen Winger und MacLaine die Runde, die wohl ihre Mutter-Tochter-Beziehung auch abseits der Kamera zischend und streitend fortzusetzen schienen.

Da war Jack mit dem reichen Schatz seiner Erfahrungen mit Schwester-Frauen (und »Schwester-Müttern«) der ideale Vermittler. Ähnliche diplomatische Höchstleistungen hat er dann später auch beim nicht immer friedlichen Damentrio in *The Witches of Eastwick* vollbracht. Jedenfalls war Nicholson normalerweise taktisch klug, wenn es um Probleme bei den Dreharbeiten ging. Es wäre eigentlich nur »eine sehr heiß debattierte Probe« gewesen, »die der Anlaß für all dies Gerede war«, meinte er später. »Ich hab eigentlich nichts dabei gesehen, nur totale Profi-Arbeit eben. Das Ganze ist völlig überzogen dargestellt worden.«

Winger »lebte ihre Rolle«. Sie trug drei Monate lang Schwangerschaftspolster und bestand darauf, daß alle, MacLaine, ja sogar ihre eigenen Eltern, sie mit dem Namen ihrer Figur ansprachen. MacLaine hatte eine »jenseitigere« Arbeitsmethode. »Mein Vorbild war Martha Mitchell«, erzählte sie Journalisten und bezog sich damit auf die verstorbene Frau des in den Watergate-Skandal verwickelten John Mitchell, des früheren Generalstaatsanwaltes. »Sie ging mir die ganze Zeit im Kopf herum. Und ich hatte immer das Gefühl, daß sie in der Nähe war, wenn ich arbeitete.«

Jack mochte beide. Winger war ein Freigeist, »mir sehr ähnlich«, meinte er. Nicholson und die Schauspielerin mit der rauchigen Stimme hatten nicht viele gemeinsame Szenen, aber sie freundeten sich miteinander an, und Winger hielt sich viel in seinem Haus auf (manchmal »im schwarzen Lycra-Dress«, wie eine Quelle zu berichten weiß). Jacks Spitzname für Winger war Buck (abgeleitet vom Term »buck-and-wing« für eine aus dem irischen

Tanz abgeleitete Tanzart). Er behauptet, daß man auch ihm als kleinem Wicht einmal diesen Spitznamen verliehen hatte.

Zwischen Nicholson und MacLaine herrschte gegenseitiger Respekt, der auf seiner Seite noch dadurch verstärkt wurde, daß sie die ältere Schwester des Pro war. »Weil sie eine Tänzerin ist, steckt Shirley die ganze Zeit in dieser Körper-Sache drin«, meinte Jack in seiner nicht immer klar verständlichen Redeweise. »Ich selbst mag den körperlichen Aspekt des Schauspielens auch sehr, und deshalb hat es zwischen Shirley und mir viele beinahe getanzte Dialoge gegeben. Das war für uns eine gute Zusammenarbeit. Wir haben viel nachgeforscht, viele Änderungen noch während der Arbeit vorgenommen. Wir haben so manche Szene auf viele, viele verschiedene Arten gespielt.«

Wie Brando in *The Missouri Breaks* spielte diesmal Nicholson den cleveren, lockeren Burschen. MacLaines hochmütige Arroganz hatte in Jacks überschwenglichem Salonlöwen ihren Meister gefunden. Manchmal stolperte der Schauspieler sonst nur so in seine Liebesgeschichten, aber die »Brautwerbung« von Garrett Breedlove um Aurora war rührend und zugleich umwerfend komisch. Die Szenen zwischen den beiden gaben *Terms of Endearment* seine heitere Schärfe.

Garret Breedlove entpuppte sich als eine der komplexesten und unvergeßlichsten Figuren, die Nicholson je gespielt hat. Als es drauf ankommt und der Film eine tragische Wendung nimmt, da überrascht Breedlove Aurora – und die Zuschauer –, indem er an ihrer Seite verharrt und sie unterstützt. Am Ende des Films wird er eine Art Ersatzvater für das Kind, das nach dem Tod seiner Mutter allein in der Welt steht. »Wer hätte das gedacht, daß du ein anständiger Kerl bist?«, fragt Aurora.

Normalerweise änderten seine Figuren ihre Meinung nicht, und schon gar nicht ihr Leben. Und nette Kerle hatte Jack auch nicht gerade oft gespielt. In *Terms of Endearment* schwebt Jack wie ein Schmetterling. Nicholson, der Prominente, der sich mit Leichtigkeit als der berühmte Ex-Astronaut sehen kann, seine Männlichkeit hochstilisiert, den Lebensstil überzieht, der aber immer wieder größten Wert darauf legt, auch schauspielerische Risiken einzugehen, die innere Leere aufzuzeigen und bloßzulegen.

Terms of Endearment war Hollywoods Weihnachtsgeschenk für 1983. Der Film bekam 4-Sterne-Kritiken und stellte sich als später Überraschungs-Hit des Jahres heraus. Er spielte innerhalb von zwei Monaten 25 Millionen Dollar ein.

Wieder wurde Nicholson im jährlichen Trophäen-Rennen für den Oscar des Besten Schauspielers in einer Nebenrolle nominiert. Diesmal gewann er ihn auch. Wie immer mit dunkler Sonnenbrille und in Begleitung von Anjelica Huston erhielt Jack (laut »Inside Oscar«) den lautesten Beifall von den Fans, als er zur Oscar-Verleihung am Dorothy Chandler Pavilion eintraf, und »die lauteste Ovation aller Nominierten«, als man seinen Namen vom Podium verkündete.

Eine der Konkurrentinnen von MacLaine für den Oscar als Beste Schauspielerin war Debra Winger. MacLaine gewann. Sie nahm ihren Oscar entgegen und sagte schmeichelhafte Dinge über Nicholson – »ihn im Bett zu haben, eine solche Wonne für jede Frau in den mittleren Jahren« –, während sie ein etwas weniger eindeutiges Kompliment über Debra Wingers »turbulente Brillanz« murmelte, was natürlich von einigen gleich wieder als Anspielung auf ihre Rivalität verstanden wurde.

Einer der anderen Kandidaten für den Nebenrollen-Oscar hatte auch einen Raumfahrt-Helden gespielt: Sam Shepard in der Filmfassung von Tom Wolfes *The Right Stuff*. *Terms of Endearment* hatte *The Right Stuff* nicht nur an den Kinokassen den Rang abgelaufen, es überholte den weitaus stärker propagierten Film auch bei den Oscars mit fünf Auszeichnungen: für den Besten Film, den Besten Regisseur, das Beste Drehbuch – alle für den Autor, Regisseur und Produzenten James L. Brooks – und für die Beste Schauspielerin (MacLaine) und den Besten Schauspieler in einer Nebenrolle (Nicholson).

»Ich wollte eigentlich lang und breit darüber reden, wie mich Shirley und Debra inspiriert haben«, erklärte Nicholson in seiner Dankesrede, »aber ich habe gerade gehört, daß sie nach der Verleihung des Preises für die Beste Schauspielerin einen Tanz planen, in dem sie uns die Geheimnisse des Lebens deuten wollen. Also ihr Rock-Leutchen von Roxy bis Rockies, rockt nur weiter.«

Später im Jahr berichtete die Show Business-Spalte von Liz Smith, daß Jacks prozentualer Anteil an den Kasseneinnahmen von *Terms of Endearment* seine bereits garantierte Gage noch um mindestens weitere neun Millionen Dollar erhöhen würde.

Was hat Jack mit all dem Geld angefangen, das er da anhäufte? Er besaß außer den beiden Villen auf seinem Grundstück in Los Angeles noch zwei Häuser am Ajax Mountain bei Aspen und verschiedene andere Häuser (»Mir gehören viele«, erzählte er einmal der »Los Angeles Times«, wobei dann die Zeitung hinzufügte, daß er sich »weigerte, genau anzugeben«, wieviele es denn wirklich waren). Wenn er nicht gerade arbeitete, reiste er regelmäßig. Er verbrachte gern jedes Jahr einige Zeit in den luxuriösesten Hotels in Paris, London und in der Schweiz.

In seiner Garage standen mehrere teure Autos. Er hatte Hauspersonal: Hausmädchen, Sekretärin, Chauffeure und einen Koch.

Er half Helena Kallianiotes, die der Schauspielerei den Rücken gekehrt hatte, bei der Gründung verschiedener Unternehmen. Er finanzierte Skateaway, ihre Rollschuh-Arena, und dann noch eine Reihe von Privatklubs. Einer der Klubs hieß »Johnny Thunder's« und Nicholson ließ Lederjacken mit dem Klubnamen anfertigen. Das war zufällig einer der endlos vielen Spitznamen, die er für sich selbst ausgedacht hatte, neben den Namen Jackser, Happy Johnny und Johnny Hunger.

Nach *The Passenger* verwandte Nicholson sehr viel Mühe darauf, die Nebenrechte (Auslands-, Fernseh- und Videorechte) für einige seiner älteren Filme aufzukaufen. Er mochte die uneingeschränkten Mißerfolge, die billig zu haben waren. *Flight to Fury*, der B-Film, den Nicholson selbst geschrieben und in dem er auf den Philippinen 1964 auch mitgespielt hatte, war der erste seiner Spielfilme, für den er die Rechte erwarb.

An den Wänden seines Hauses am Hügel hingen inzwischen so viele Gemälde, daß seine Freunde es scherzhaft als Jacks Museum bezeichneten. Seine Sammlung war unorthodox, mit Betonung auf moderner Kunst und Werken von der Westküste – Rodin, Magritte, Matisse, Bouguereau, Picasso, Skulpturen des Architekten Frank Lloyd Wright, Deko-Arbeiten von Tamara de Lampicka, Werke aus der brasilianischen Zeit von Martin Johnson Heade, Russell Chathams Gemälde von einer Vulkankette in Montana, Cowboy-Bilder von Frank Tennee Johnson, die »Rock Dreams« von Guy Pellaert. Im Korridor des Obergeschosses hingen Gemälde und Zeichnungen von Ethel May. Immer wieder mal wurde in dieser Galerie alles umgehängt.

»Es war einfach keine Platz mehr an den Wänden, wo man noch mehr Bilder hätte hinhängen können«, schrieb Tim Cahill von »Rolling Stone« (als er 1981 seinen Bericht über das Leben des Schauspielers schrieb und dessen Karriere auswertete, wohnte er bei Nicholson, typisch für das vertraute Verhältnis des Stars zu dieser Zeitschrift), »und ein Dutzend Leinwände lagen noch in meinem Gästezimmer aufeinandergestapelt. Ich habe allein im Gästebad fünfzehn Werke gezählt, darunter zwei japanische Drucke und eine ägyptische Skulptur.«

»Ich nenne das nicht gerne Investition«, meinte Nicholson in einem Interview zu seiner Kunstsammlung. »Eine Bank vielleicht, aber keine Investition.«

Nicholson kümmerte sich auch um seine Verwandtschaft, kaufte ihnen Häuser, trug zu ihrem Lebensunterhalt bei. Er blieb auch seinen Freunden gegenüber großzügig, besonders wenn Not am Mann war. Immer wieder machten Leute auch W.C. Fields-Witze über seinen Geiz in gesellschaftlichen Situationen, aber wenn es um Arztkosten ging, dann zeigte er seine wahre Großzügigkeit. »Bitten Sie ihn nicht um hundert Dollar für ein Abendessen«, äußerte sich 1990 sein langjähriger Freund Harold Schneider gegenüber der Zeitschrift »Look«, »aber wenn Sie hunderttausend brauchen, kein Problem.«

Die Summe all dieser Ausgaben lag immer noch gewaltig unter den ungefähr 20 bis 30 Millionen Dollar, die der Star 1984, also bereits vor *Batman*, besaß. Er hatte auch ein beachtliches Vermögen in Wertpapieren, über das er sich standhaft zu sprechen weigerte. »In Interviews diskutiere ich nicht über Geschäfte«, pflegte er Reportern zu sagen. Und das ist eins der wenigen Themen, über die er wirklich nie gesprochen hat, nicht öffentlich und auch nicht privat mit Freunden. Manchmal gab er einem engen Freund einen guten Rat für eine Investition, aber den Umfang seines eigenen Aktienbesitzes und die Art seiner Investitionen ist eines seiner wenigen echten »Geheimnisse«.

Zu besonderen Anlässen oder wenn er sich wieder einmal danebenbenommen hatte, machte Jack Anjelica teure Geschenke –

Schmuck, ein Gemälde, ein Auto. Und natürlich bekamen auch andere Damenbekanntschaften teure Präsente.

Während seiner gesamten Beziehung zu Anjelica Huston hatte Nicholson weiter Affären und kleine Liebeleien. Einige davon fanden in aller Heimlichkeit statt. Andere waren sehr öffentliche Züge durch die Gemeinde mit Damen, die selber so prominent waren, daß man ihre Namen kaum aus den Klatschspalten heraushalten konnte. Zum Beispiel Models wie Veruschka und Kelly Le Brock.

Eine der berühmt-berüchtigsten Geliebten der frühen achtziger Jahre war die ehemalige Frau des kanadischen Premierministers Pierre Trudeau, Margaret Trudeau, die Nicholson in London kennengelernt hatte, wo er mit Stanley Kubrick *The Shining* (mit der berühmten »Immer nur Arbeit, niemals Spiel, das macht Jack zum Langweiler«-Szene) drehte. Trudeaus Berichten zufolge schafften die beiden unter anderem eine »total irre Nummer« auf dem Rücksitz seines chauffeur-gesteuerten Daimler. Ihre wilde Londoner Affäre wurde durch Anjelica Hustons unerwartete Ankunft unterbrochen. Margaret Trudeau fühlte sich »am Boden zerstört ... wie eine Närrin«.

Später in Hollywood wurde die Affäre wiederbelebt. Margaret Trudeau traf Nicholson zufällig bei einer Party und vertraute ihm an, daß sie sich inzwischen »eine ziemlich dreckige kleine Affäre« mit Ryan O'Neal gegönnt hatte. O'Neal, das war für Jack ein Reizwort – oder vielleicht ein Aufreizwort? Trudeau weiß jedenfalls zu berichten, daß er sie »in die Herrentoilette zerrte, wo ich mich auf den Toilettensitz kauern mußte, damit niemand meine Füße sehen konnte«, und sie ihr flüchtiges Vergnügen aneinander fanden.

Nicholson brachte es fertig, einem Journalisten lang und breit über seinen neuesten Film zu erzählen, dabei einen Kommentar über seine hingebungsvolle Liebe zu Anjelica Huston einzuflechten, während man gleichzeitig ein süßes junges Ding, das ganz offensichtlich *nicht* Anjelica Huston war – zum Beispiel Margaret Trudeau – auf Zehenspitzen durch sein Haus trippeln sehen konnte.

»Was soll ich machen?« erklärte er mit Schafsgesicht. »Ich bin nun mal so heiß.« Später dann, als Trudeau den zweiten Band ihrer Memoiren veröffentlichte, konnte jedermann (sogar Anjelica) alle aufreizenden Einzelheiten über die Liebesspielchen der beiden nachlesen.

Nicholson gab sich ungeheuer viel Mühe, seinen Ruf als Weiberheld nicht zu leugnen. »Ich kann ja kaum rumrennen und sagen, ich bin kein Weiberheld. Das wäre wirklich dumm. Erstens ist es gut für's Geschäft, wenn die Leute mich für einen Weiberhelden halten. Und dann habe ich auch gar nicht den Wunsch, das zu leugnen, es sei denn, es fängt an, meine wirkliche Situation zu stark zu dominieren.«

Es wurden ihm oft Fragen zu seinen Eheabsichten mit Anjelica Huston gestellt und darüber, ob sie irgendwann einmal Kinder wollten. Nicholson sagte »Rolling Stone«: »Ich habe immer viele Kinder gewollt. Mich rührt der Gedanke an eine Familie zutiefst. Das ist ein Bereich, wo ich nicht denke, daß ich alles geschafft habe, was ich gerne erreicht hätte.«

Der »Los Angeles Times« erzählte er: »Jetzt gibt es da schon seit Jahren diese offene Einladung (zur Ehe), aber Anjelica hat sie noch nicht angenommen. Warum? Manchmal sind wir etwas näher dran, aber ich will sie wirklich nicht reinstoßen. Und manchmal gab es auch Tage, an denen sie sagte: ›Also, heute soll's dann sein‹, und an denen wäre dann ich am liebsten nach Alaska oder sonstwohin gerannt. Ich denke, im Grunde geht es vor allem um Kinder. Was mich betrifft, ich habe immer einen Haufen Kinder haben wollen. Immer. Und das ist einer der Lebensbereiche, wo ich mich nicht so ›erfolgreich‹ fühle wie andere, wenn das das richtige Wort ist ...

Wir haben endlose Diskussionen darüber geführt. Aber Anjelica ist viel jünger als ich. Und ganz sicher gibt es im Leben beinahe jeder Frau Jahre, in denen sie keine Kinder haben möchte. Da hat sie vielleicht andere Interessen. Das können gute Gründe oder ziemlich dusselige Gründe sein ... so im Stil von ›Ich will mir nicht die Figur ruinieren‹. Anjelica, glaube ich, denkt eher: ›Ich bin selbst noch nicht auf festem Boden ... und das ist eine ernste Sache.‹ Was immer auch ihre inneren Kriterien sind, sie hat einfach nicht das Gefühl, daß sie reif dafür ist.«

In Anjelicas Familientradition galt ein gewisses Maß an Frauengeschichten durchaus noch als akzeptabel, ein gewisses Maß konnten die Frauen anderen (und auch sich selbst) nicht mehr durchgehen lassen. Nicholson erzählte der Presse: »Daß unsere Beziehung so wunderbar erfolgreich ist, schreibe ich zum größten Teil ihrer Flexibilität zu.« Anjelica war wirklich flexibel, – sie machte sich nicht selbst das Leben mit Mißtrauen noch komplizierter – aber andererseits hatte sie sowieso in ihrer aufblühenden Schauspielkarriere Ablenkung gefunden.

Allmählich war Anjelica Huston in der Arena erschienen. Im gleichen Jahr, als Jack in *Terms of Endearment* auftrat, spielte sie in der Weltraum-Fantasie *Ice Pirates* eine interstellare Schwertkämpferin. Der Film selbst war bedeutungslos, aber Anjelicas Leistung bewies Selbstvertrauen und Talent. Der Produzent von *Ice Pirates* war John Foreman, langjähriger Freund und gelegentlicher Produzent von John Huston.

Zufällig hatte zu diesem Zeitpunkt gerade Vater Huston Foreman eine finster-komische Komödie mit dem Titel »Prizzi's Honor« zugeschickt. Er hatte sie eben gelesen und empfahl sie Foreman, hatte aber selbst keine Absicht, die Regie zu übernehmen.

»Prizzi's Honor« war ein Roman von Richard Condon, der auch schon »The Manchurian Candidate« geschrieben hatte. Er handelte von einem Mafia-Killer aus Brooklyn namens Charley Partanna, der sich in eine freischaffende Killerin aus dem Umkreis des kriminellen Prizzi-Clans verliebt. Charley hat eine alte Freundin, Maerose, die Tochter des regierenden Dons, die alle so geschickt manipuliert, daß am Ende Charley seine eigene Frau umlegen muß, um die Leitung des Mafia-Clans zu übernehmen ... und zu Maerose zurückzukehren.

Foreman war begeistert, und sein Enthusiasmus wirkte ansteckend: Huston beschloß, mit *Prizzi's Honor* seinen vierzigsten Spielfilm als Regisseur zu drehen. Foreman machte die ersten Vorschläge für die Besetzung, und Anjelicas Vater stimmte zu, daß sie, die sich als Schauspielerin stetig verbesserte und weiterentwickelte, die Rolle der Maerose spielen sollte.

Jack und Anjelica zankten sich immer wieder mal, aber Jack und John Huston kamen immer gut miteinander aus. Sie waren gerne zusammen, saßen liebend gern einfach nur rum und sprachen über Boxen oder Kunst. Jack machte gar keinen Hehl daraus, daß

John wieder einer von seinen Ersatzvätern war (»einer von den Menschen im Leben, an deren Zustimmung mir was liegt«). Er bezeichnete sich selbst gern als Hustons »Schwiegersohn«.

Anfang 1983 machte Nicholson eine Ausnahme und lieferte einen seiner seltenen Fernsehauftritte, und zwar in einer von Lauren Bacall moderierten Sendung des American Film Institute zu Ehren von John Huston. Jack stand von seinem Platz am Tisch auf und sprach ein paar schlichte Worte zu Ehren Hustons. »Du hast mich dazu inspiriert, zur Arbeit zu gehen, und du hast mich inspiriert, es immer wieder zu versuchen und es gut zu machen, ohne allzuviele Mätzchen. Und natürlich bin ich dir sehr dankbar ... für die Liebe deiner wunderbaren Tochter. Aber heute hast du was ganz besonders Tolles für mich gemacht: ich durfte Ava Gardners weißen Fuchspelz mal anfassen.«

Sobald Anjelica als Maerose besetzt war, setzte sie sich dafür ein, daß Nicholson den Charley Partanna spielen würde. Ihr Vater war auch der Meinung, daß Jack die Rolle haben sollte.

Aber Nicholson zögerte. Sein typisches Zögern schien in diesem Fall noch merkwürdiger, da doch *Prizzi's Honor* eine Art Traumprojekt zu sein schien, das ihn mit beiden Hustons – Vater und Tochter – zusammenbringen würde.

Nicholson schwankte noch, als Janet Roach schon unter der Aufsicht von John Huston damit anfing, Condons ursprüngliche Skriptversion umzuschreiben. Es schien keine unmittelbare Eile geboten, da auch die Studios sich bitten ließen. »Nicht einmal Jack Nicholson, behaupten sie, könnte einen Mann liebenswürdig erscheinen lassen, der für Geld seine Frau umbringt«, schrieb ein frustrierter John Huston Mitte März 1984 an die Drehbuchautorin Janet Roach.

Aber der Produzent Foreman glaubte an *Prizzi's Honor* und klapperte weiter wie ein Vertreter ein Studio nach dem anderen ab, bis er schließlich mit ABC Motion Pictures handelseinig wurde. Nicholson war Teil des Paketes, obwohl die Finanzierung noch keineswegs völlig gesichert war, und er hatte noch immer seinen Vertrag nicht unterschrieben.

Huston erzählte Jack, daß Charley Partanna ein ziemlicher Dummkopf sein müßte, eine Nicholson-Spezialität, die in letzter Zeit nicht so sehr zum Tragen gekommen war. Dummköpfe waren kein Problem. Was ihm mehr zu schaffen machte, waren der starke Brooklyn-italienische Akzent und die Perücke, die Huston partout haben wollte.

Während Nicholson noch seine Zweifel äußerte, schrieb ihm Huston: »Jack, ich weiß, daß du immer eine Art Griff möchtest, an dem du einen Charakter anpacken kannst. Es ist äußerst wichtig, dem Publikum so früh wie irgend möglich klar zu machen, daß sie es hier mit einem ganz anderen Typen als mit den erfolgreichen liberalen Bubis zu tun haben, die sie sonst so gewöhnt sind. Aber ich bin sicher, uns wird während der Proben schon die eine oder andere Methode einfallen, wie wir das zuwege bringen können. Ich finde immer noch, daß eine Perücke für Charley eine gute Idee ist. Ein Vorteil dabei ist übrigens, daß dafür kein Dialog nötig ist.

Du hast neulich im Gespräch gesagt, daß es in *Prizzi's Honor* im wesentlichen um Raffgier geht. Das stimmt schon, aber diese Raffgier läuft unter der Flagge der Ehre, ist im System der Prizzis moralisch zu rechtfertigen. Das ist eine Strömung, die man heute auch in der allgemeinen Gesellschaft beobachten kann.«

Jack traf die üblichen Vorbereitungen. Er aß Unmengen von Nudeln, um den gedrungenen Körperbau zu erreichen (Nudeln mochte er sowieso unheimlich gern, und gedrungen war er eigentlich auch schon), er bastelte sich einen Zwei-Tonnen-Ringer-Schritt »mit den Handflächen nach hinten« zusammen. Die zu Schlitzen zusammengekniffenen Augen hatte er von seinem Hund übernommen, »nachdem er gerade einen anderen Hund abgemurkst hatte«. Er besuchte Bars in Brooklyn und hing in Wettbüros herum, schaute den Leuten dort aufs Maul und übte statt »these«, »them« und »those« eher »dese«, »dem« und »dose« zu sagen.

Ihm fiel auf, daß einige Italiener beim Sprechen die Oberlippe nicht zu bewegen schienen. Wie Marlon Brando in *The Godfather* beschloß er, sich ein bißchen Seidenpapier unter die Oberlippe zu stopfen, »um diesen Teil meines Gesichts zu immobilisieren. Eine solche Kleinigkeit kann das ganze Rückgrat einer Figur ausmachen«, erzählte Nicholson der Zeitschrift »Film Comment«.

Eines Tages führte Nicholson im Auto John Huston die ausgestopfte Oberlippe vor, und der kommentierte nur: »Fein, also gut, keine Perücke.« Alles schien wie geschmiert zu laufen. Warum gab sich dann Nicholson, als er seine Filmpartnerin Kathleen Turner im St. Moritz Hotel in New York City traf, immer noch zögerlich? In zehn Tagen sollten schon die Proben beginnen. Seine Unentschlossenheit strapazierte die Geduld aller Beteiligten aufs äußerste.

Es geht die Sage (Jack erzählt sie auch selbst), daß er ursprünglich *Prizzi's Honor* mißverstanden hatte, »wie eine humorlose Person es mißverstehen würde«, und nicht gemerkt hatte, daß es sich um eine schonungslose Satire handelte. Bei der ersten Leseprobe – so behauptet diese immer wieder Interviewern vorgelegte Anekdote – hätte Huston seinen Arm um Jack gelegt und ihm erklärt: »Jack, das ist eine Komödie.« Das war Jack neu. Und eine große Erleichterung. Schließlich unterzeichnete er seinen Vertrag, und die Dreharbeiten konnten losgehen.

Die Anekdote ist jedoch ein bißchen zu glatt. Und Jack hatte viel zu viel Humor, als daß er *Prizzi's Honor* hätte mißverstehen können. Was ihn wahrscheinlich wirklich beunruhigte, war der »Familien-Geschmack«, den das Projekt in seinen Worten hatte, daß es seine Beziehung zu Anjelica Huston beinahe formalisierte – beinahe ein Ehe-, nicht nur ein Filmvertrag. Jacks Bedenken waren mysteriös, aber John Huston war ein Meister seines Fachs, er konnte diesen Einwänden geschickt und schlau entgegentreten und den Schauspieler immer wieder mit List und Tücke überzeugen.

Was ein Trost für Jack gewesen sein muß: die Vorstellung, daß er in Kathleen Turners Augen als der unwiderstehliche Liebhaber dastehen sollte. Außer Turner hatte Huston noch ein hervorragendes Schauspielerensemble zusammengebracht: altbewährte Charakterdarsteller wie Lee Richardson (Maeroses Vater) und Robert Loggia (Maeroses Onkel), sowie John Randolph (Charley Partannas Vater) und den renommierten New Yorker Schauspiellehrer William Hickey (als der knorrige, süßlich-ölige Don Corrado). Die Kameraführung übernahm Andrzej Bartkowiak. Huston konnte den Cutter Rudi Fehr überzeugen, noch einmal aus dem Ruhestand ins Geschäft zurückzukehren (er hatte für Warner Brothers bei dem Huston-Klassiker *Key Largo* den Schnitt gemacht), und Alex North verquickte in seiner Filmmusik Puccini, Donizetti und Verdi.

Jack und Anjelica gaben der Öffentlichkeit ihre gemeinsame Entscheidung bekannt, während der Dreharbeiten in New York in verschiedenen Hotels zu wohnen. »Ich bin keine Anhängerin der Theorie, daß Schauspieler ihre Rollen leben sollten«, verkündete Anjelica in Interviews, »aber man kann sich nicht immer dagegen wehren, daß die Rolle einen nach der Arbeit sozusagen nach Hause begleitet. Damals hatte Jack durchaus Killer-Aspekte, und ich war nicht versessen darauf, zuviel Zeit mit ihm zu verbringen. Jack meinte, daß er im allgemeinen so um die Abendessenszeit endlich Charley Partanna losgeworden war. Ich habe Maerose oft bis zum Nachtisch mit mir rumgeschleppt.«

Anjelica mußte vorsichtig sein, denn *Prizzi's Honor* war ihr großes Debüt, ihre erste wichtige Rolle, wenn man einmal ihren Teenager-Auftritt in *A Walk With Love and Death* außer acht läßt. Diesmal war sie sicher, »daß mein Vater sein Bestes tun würde, damit ich gut aussah«, und auch »daß Jack mich nicht heruntermachen würde«.

In ihrer ersten Szene mit Nicholson sagt Charley Partanna zu Maerose, daß sie ihrer kriminellen Familie Adieu sagen, einen netten Kerl heiraten und »ihre Fleischklößchen üben« sollte. »Ich versuchte, in eine bestimmte Stimmung zu kommen. Und als ich diese Raumteiler ansah, sah ich zwei perfekte ovale Rahmen. Hinter dem einen stand Jack, hinter dem anderen mein Vater. Ich konnte vom einen zum anderen schauen und das für Maerose benutzen. Ich bekam eine richtige Gänsehaut dabei.«

Obwohl in einer New Yorker Zeitung berichtet wurde, daß »der 78jährige Regie-Veteran Huston gebrechlich wirkte und sich ausruhen mußte, wenn er nur einen halben Block gelaufen war«, verliefen die Dreharbeiten ohne Probleme. Gebrechlich mag Huston gewesen sein, aber er wußte genau, was er von jedem wollte, ganz besonders von Jack.

Er empfahl Schlichtheit, keine Geheimnisse, keinen »hintergründigen Plan«. Charley Partanna sollte »schlicht, dumm und im Beruf kompetent sein«, Punkt. »Es ging nicht an, daß das Publikum dachte: ›Jack hat doch sicher wieder was auf der Hinterhand‹«, soll Huston gesagt haben.

In einer Szene, in der Charley ein wichtiges Telefongespräch führen muß, »verwickelte Nicholson den wortkargen Huston in eine der seltenen Diskussionen über Einzelheiten«, berichtet ein Artikel in der »New York Times«. »Wo soll es in dieser Szene hingehen, bin ich hier der Bajazzo, bin ich hysterisch, in Tränen aufgelöst, wo steh ich hier?« fragte sich der Schauspieler. Laut Nicholson dachte Huston eine Weile nach und antwortete dann: »Warum schneidest du dir nicht einfach die Nägel?«

Nach den Dreharbeiten erzählte Nicholson der Presse, daß er seit den Zeiten mit Roger Corman nicht so viele Einmal-Takes gemacht hatte. Hustons Selbstsicherheit und Schnelligkeit versetzten ihn in Erstaunen.

Die private Beziehung von Jack und Anjelica gehörte beinahe schon zum Image des Films, als man im Sommer 1985 den Kinostart vorbereitete. Die beiden waren auf dem Titelbild der Zeitschrift »People« abgebildet. Produzent Robert Evans, immer für ein Zitat gut, erklärte feierlich, daß Jack Anjelica nie verlassen würde: »Er war ein schillernder Vagabund, und sie gab ihm die verläßliche Mitte, die er brauchte. Ihre Klasse und Kultur haben sein Leben veredelt. Der Mann ist ein Diamant, und sie hat ihm eine wunderschöne Fassung gegeben.«

Anjelicas Vater stimmte zu: »Es ist zwischen den beiden eine ungewöhnlich starke Zuneigung. Man sieht es im Leben, und man spürt es in den Szenen, die sie im Film miteinander zu spielen haben. Zwölf Jahre! So lang hat keine meiner fünf Ehen gehalten!«

Prizzi's Honor entpuppte sich als einer der Ausnahmefilme der achtziger Jahre – eine Comic-Version von *The Godfather*, deren ungewöhnlicher Humor um so schonungsloser wirkte, weil völlig ernst gespielt wurde. Beim Publikum kam der Film nur mittelmäßig gut an, aber im großen und ganzen mochten die Kritiker den staubtrockenen, satirischen Witz. Anjelica Huston erntete großes Lob für ihre schlitzohrige Darstellung, während John Huston, der sich in der bizarren Welt Richard Condons sehr heimisch zu fühlen schien, völlig zu recht dafür gepriesen wurde, daß er hier eine Produktion von hervorragender Qualität »komponiert« hatte.

Auch Nicholson bekam seinen Teil vom Lob ab, für seine witzig untertriebene Darstellung des idiotisch-wissenden Killers Charley Partanna. Jack hatte bereits in *The Fortune* und *Goin'*

South Erfahrungen mit plump-komischen Idiotenrollen gesammelt, aber hier hatte ihm Huston den Boden für eine beinahe klassische, subtile und untertriebene Charakterisierung bereitet. Nicholson, den manch einer als fuchteligen Schauspieler gebrandmarkt hatte, stellte nur wieder einmal unter Beweis, daß er sich eben nicht festlegen ließ. Er konnte so zart und kunstvoll verschlungen sein wie feinste Spitze.

»Er ist ein großartiger Schauspieler«, meint ein überschwenglicher Produzent Foreman. »Der allerbeste, würde ich mal sagen. Er hat sich entwickelt: erst bewunderte man ihn, dann mochte man ihn, dann lernte man ihn zu schätzen, dann zu feiern, dann zu lieben. Jetzt liebt man ihn. Er ist bereit, alles zu tun, was die Rolle verlangt, und alles, was er macht, wird schon allein dadurch interessant.«

In diesem Jahr erhielt Jack seine achte Oscar-Nominierung für den Besten Schauspieler. Und *Prizzi's Honor* heimste auch Nominierungen für Besten Film, Beste Regie, Besten Schauspieler in einer Nebenrolle (William Hickey) und Beste Schauspielerin in einer Nebenrolle (Anjelica Huston), Bestes Drehbuch (Roach und Condon), Besten Schnitt (Rudi und Kaja Fehr) und Beste Kostümentwürfe (Donfeld) ein. (Auffällig nur, daß man bei den Nominierungen die weibliche Hauptdarstellerin, Kathleen Turner, die Killerin, Nicholsons »Hintergrund«, völlig übersehen hatte.)

Die Motion Picture Academy verpaßte die Chance, einen ihrer größten Regisseure gegen Ende seiner langen Karriere zu ehren, und auch die Gelegenheit einer Neuauflage vom Doppeltreffer zweier Hustons, die einen Oscar nach Hause tragen (das erste Mal war das 1948 bei den Oscars für *The Treasure of the Sierra Madre*). *Prizzi's Honor* war einer der allerbesten Filme, die Huston je gemacht hatte, aber Huston verlor. Statt dessen räumte an diesem Abend *Out of Africa* ab, und von allen *Prizzi*-Nominierungen trug nur seine Tochter Anjelica einen Oscar davon.

»Er bedeutet mir eine Menge«, meinte sie in ihrer Dankesrede, »denn ich habe ihn für die Rolle in einem Film bekommen, bei dem mein Vater Regie geführt hat. Und ich weiß, daß ihm das auch eine Menge bedeutet.«

Nicholson linker Ellbogen war nach einem Skiunfall im Gips. Er erzählte Army Archerd von »Variety«, wenn *Prizzi's Honor* nur einen einzigen Oscar bekommen würde, dann wäre der für Anjelica der wichtigste. »Wir haben gekriegt, was wir wollten«, meinte er gnädig. »Es ging einem schon ans Herz, und zum Glück war es auch früh am Abend – ich war nämlich ausnahmsweise einmal völlig legal beduselt – mit Schmerztabletten.«

1985 brachte einen Todesfall in der Familie: George »Shorty« Smith. Jacks »Ersatz-Vater-Held« war vielleicht nicht der Typ, »den man in der Sozialkundeklasse als Vorbild vorstellen würde« (wie Nicholson sagte), aber für Jack war er ein Vorbild gewesen. Lorraines Ehemann starb im Juni 1985.

Nicholson machte einen seiner seltenen Besuche in New Jersey und nahm an Shortys Beerdigung teil. Er klammerte sich an den Arm der 78jährigen Psychologin Anne Steinmann und weinte unverhohlen. Frau Steinmann war mit ihm aus New York angereist. Sie hatte sich einen Namen auf dem Gebiet der Mann-Frau-Beziehungen gemacht, besonders als Mitautorin des Buches »The Male Dilemma«, das Männern Ratschläge erteilte, wie sie nach der sexuellen Revolution in einer Kultur emanzipierter Frauen überleben könnten.

Alle, die Shorty gekannt hatten, tauchten bei der Beerdigung auf. Die Leichenhalle war gesteckt voll. Der 78jährige Eddie King war gekommen. Und einige von Nicholsons Freunden aus der High School, unter anderem auch der Bruder eines Klassenkameraden, Dick Stoner, der Jack drei Jahrzehnte nicht gesehen hatte. Er beging einen Faux-Pas, als er nebenbei bemerkte, er hätte Jack kleiner in Erinnerung; er hatte völlig vergessen, daß der vielleicht Einlagen trug.

Nachher saßen alle noch zusammen und erzählten von Shorty. Keiner wußte so recht, wer Frau Steinmann war, und in welcher Beziehung sie zu Jack stand. Es war eine Unart von ihm, daß er nie Leute miteinander bekannt machte. Sie saß nur da neben dem trauergebeugten Schauspieler, hielt seinen Arm, und die Leute blickten verlegen in die Runde.

Später im gleichen Jahr, im Dezember 1985, starb Eddie King. Es gibt keinen Beweis irgendeiner Art, daß er Nicholsons wirklicher Vater war. Und es gibt auch keine Anzeichen dafür, daß man Jack je seinen Namen als möglichen Kandidaten genannt hatte. Aber die Ähnlichkeit war sehr stark, und einige Leute dachten, daß Lorraine sich immer so sehr gegen Furcillo-Rose ausgesprochen hatte, weil sie ihre guten Gründe hatte, jemand anderen als Vater zu verdächtigen, einen guten Freund der Familie.

Furcillo-Rose seinerseits hatte gehört, daß Jack zu Shortys Beerdigung in der Stadt gewesen war. Irgendwie erfuhr er immer alles. In den frühen siebziger Jahren hatte ihn einmal ein Fotograf auf der Straße angehalten und ihm erzählt, er hätte gerade ein paar Blocks weiter am Strand ein Foto von seinem Sohn, dem Schauspieler, gemacht. Er rannte schnell hin, um ihn noch zu erwischen, aber Nicholson, der gerade in der Nähe *The King of Marvin Gardens* drehte, war schon verschwunden.

Immer verpaßte er ihn gerade um ein paar Minuten, oder um ein paar Häuserblocks. Er war nun bald achtzig und hatte das Gefühl, daß sich nicht mehr viele Gelegenheiten bieten würden. Alles, was er wollte, sagt Furcillo-Rose, er wollte nur auf seinen berühmten Sohn zugehen und ihm einmal die Hand schütteln.

Nicholson versuchte immer wieder einmal, eine erneute Zusammenarbeit mit Hal Ashby, dem Regisseur von *The Last Detail*, auf die Beine zu stellen.

In den frühen achtziger Jahren wurde bekanntgegeben, Nicholson und Ashby würden sich in einer Verfilmung von Richard Brautigans »Hawkline Monster« zusammentun. Dann sollte Jack unter Ashbys Regie den Serienmörder in einer Filmbearbeitung von Truman Capotes »Hand Carved Coffins« spielen. Dann ebenfalls unter Ashbys Regie in Saul Bellows »Henderson the Rain King« den Geschäftsmann, der als Stammeshäuptling in Afrika landet.

Keiner dieser Filme schaffte es allerdings je weiter als bis zu den ersten Pressemitteilungen, und Ashby zog sich mehr und mehr zurück. Ein weiterer Grund für Nicholson, sich beinahe widerwillig jüngeren und neueren Regisseuren zuzuwenden.

Normalerweise verschwendete Nicholson keine eigenen Gelder für spekulative Projekte. Aber ab und zu kaufte er Filmrechte für Sachen, die ihn faszinierten. Zum Beispiel für »The Murder of Napoleon« von Ben Weider und David Hapgood, einen Film über Napoleon im Exil.

Sein Französisch war zwar ziemlich schlecht, aber Nicholsons Wunsch, einmal Napoleon zu spielen, war noch aus den Zeiten des Kubrick-Projektes übriggeblieben und hatte viel mit seiner ehrlichen Liebe zu Frankreich zu tun. »The Murder of Napoleon« verband Geschichte und Detektivgeschichte, erzählte die Story vom angeblichen Giftmord an Napoleon auf der Insel St. Helena. Die Fachzeitschriften berichteten, daß Nicholsons alter Freund Robert Towne, der Drehbuchautor von *Chinatown*, ihm den Film auf den Leib schreiben sollte.

»Ich sehe ihn (den Napoleon-Film) so wie Shaw, Nietzsche und andere Denker dieser Art Napoleon gesehen haben, als *den* Mann«, meinte Nicholson. »Wenn ich an ihn dachte, dann hatte ich wieder so ein autobiografisches Gefühl – jetzt mal poetisch gesehen –, er war ein Mann, der die Welt praktisch zweimal eroberte. Und dann ein Symbol für den Teufel wurde. So haben sie ihn damals in England gesehen. Aber letzten Endes war er schließlich der Mann, der das Feudalsystem abschaffte. Bis dahin war es immer um die Abstammung gegangen. Und nach ihm konnte man einfach der sein, der man war …«

Wenn schon nicht Napoleon, dann doch wenigstens Howard Hughes. Jacob Brackman, der Drehbuchautor von *The King of Marvin Gardens*, werkelte Mitte der achtziger Jahre für Nicholson und Warner Brothers an einem Drehbuch über Hughes. Es sollte ein Porträt des alten und vertrottelten Hughes werden, kein Film über den jungen, unternehmungslustigen. Es sollte den Industrieboß in der Zeit der langen Fingernägel und der weißen Handschuhe zeigen, isoliert, einsam, zutiefst verstört. Bert Schneider wollte damit sein Comeback als Filmproduzent machen. Nicholson war von Hughes fasziniert, von einem Mann, der alles hatte, den aber eine innere Leere lähmte. »Nicholson identifizierte sich mit ihm, oder er konnte Hughes Befindlichkeit in einer so unmittelbaren Weise für sich übernehmen, daß es einem kalt den Rücken herunterlief«, erinnert sich Brackman.

Dann bekam Warren Beatty Wind von dem Projekt. Aus irgendeinem Grund hatte er es sich partout in den Kopf gesetzt, der Schauspieler zu sein, der dazu prädestiniert war, eines Tages in einem Film Hughes zu spielen. Beatty redete mit Jack. Jack beugte sich und zog sich aus dem Projekt zurück.

Wo waren die Zeiten hin, in denen eine Gruppe von Freunden davon träumte, einmal Filme zu schreiben und selbst in ihnen zu spielen? Tatsächlich hatte Nicholson seit *Easy Rider* keinen der Filme, in denen er spielte, selbst geschrieben. Er schrieb einfach keine Drehbücher mehr.

»Kann mich einfach nicht mehr dransetzen«, erzählte er 1984 »Rolling Stone«. »Mein Leben geht nun mal nicht in die Richtung – das ist eins der Probleme, wenn man so viele Möglichkeiten im Leben hat. Früher habe ich ja sozusagen zum Überleben geschrieben.«

Er schrieb weniger, aber er las auch weniger. Trug immer die gleichen Bücher mit sich herum, nahm sie in die Hand und legte sie wieder weg. 1985 erzählte er Rosemary Breslin von der »New York Daily News«, daß er Probleme hatte, William Kennedys »Ironweed« zu Ende zu lesen, einen dicht geschriebenen, aber ziemlich kurzen Roman. »Ironweed« wäre »so toll nun auch wieder nicht«, gab er zum besten. »Na ja, ich hab nichts dagegen, es mal diagonal zu lesen. Aber ich habe nicht den Eindruck, daß ich viel verpasse.«

Nicholson hatte eine praktische Theorie über sich selbst entwickelt, daß nämlich die Schauspielerei die hunderprozentige Alternative zum Schreiben wäre. John Wayne, der große Westerndarsteller hätte mehr Einfluß auf die amerikanische »Massenspyche« genommen, behauptete Jack, als irgendein amerikanischer Präsident. Wayne »hat beeinflußt, wie sich Menschen verhalten, welche Entscheidungen sie treffen, für wen sie sich halten, und das weitaus mehr als irgendeine bloß pragmatische politische Aktion oder irgendein Gruppenbewußtsein«.

Folglich konnte ein Filmstar auch einen größeren Einfluß auf die Gesellschaft ausüben als die meisten Schriftsteller, konnte sogar, wie es ein lobhudelndes Porträt von Nicholson in »The New York Times Magazine« formuliert, »die innere Geschichte seiner Zeit dadurch mitgestalten, welche Rollen er wählt und wie er sie spielt«. Das stimmte natürlich in gewisser Weise – kaum ein anderer Schauspieler schien mehr Einfluß auf den Lebensstil und die Befindlichkeiten amerikanischer Männer zu haben als Nicholson. Und sicher schmeichelte es ihm, sich Amerika als eine Nation von Möchtegern-Jacks vorzustellen.

Nicholson verkündete, er wäre immer noch ein Autor, »im modernen Sinne«. Der moderne Literat wäre eben der Filmschauspieler, meinte er. »Schauspielen, das ist Action-Schreiben, so wie Jackson Pollocs Kunst Action-Malen ist.«

Nicholson brauchte einen Autor, der einige dieser Filmprojekte, denen es bisher am Skript fehlte, einmal durchzog. Jack brauchte Robert Towne. Der Film, der am ehesten so aussah, als würde er tatsächlich gemacht werden, basierte auf dem Drehbuch, das Towne zu Ende geschrieben hatte, die ungeduldig erwartete Fortsetzung von *Chinatown*. Towne hatte nicht nur das Skript geschrieben, er wollte bei *The Two Jakes* auch Regie führen.

In den Jahren seit *Chinatown* hatte Towne einige Höhen und Tiefen durchgemacht. Der Weg zum Regisseur hatte sich als gefährliche Straße herausgestellt. Bis 1982 hatte Hollywood ihn immer wieder hingehalten. Und dann verpatzte er sein langersehntes Regiedebüt: *Personal Best*, sein Film über Leichtathletinnen, überzog den Etat und den Drehplan so gewaltig, daß Towne sich gezwungen sah, die Kontrolle über die endgültige Schnittfassung aus der Hand zu geben. Und er konnte folglich gleich alle Hoffnungen auf die Regie in einem anderen hochgepriesenen Film, *Greystoke* (einem Film über Tarzans Kindheit bei den Affen) in den Wind schreiben. Man nahm ihm sein Skript weg und schrieb es um, und er gab wütend als Namen für den Filmvorspann einen Namen aus dem Stammbaum seines ungarischen Hirtenhundes an (das Hunde-Pseudonym P.H.Vazak wurde denn auch prompt für einen Drehbuch-Oscar nominiert).

Früher hatte man ihn als vollendeten Diplomaten gekannt. Jetzt schien der ältere, ein wenig verbitterte Towne einigen völlig außer Kontrolle zu sein. Aber Paramount konnte die Fortsetzung von *Chinatown* nicht ohne ihn, den ursprünglichen Autor, machen. Und Nicholson hatte ganz bestimmt nichts dagegen, wenn Towne Regie führte. Aber gleichzeitig muß man sich klar machen, daß dessen Karriere auf Grund gelaufen war und er als Bittsteller kam.

Towne hatte einen Abriß für eine Kriminal-Trilogie geschrieben, die sich mit der ökologischen Geschichte von Los Angeles und Südkalifornien beschäftigte. In *Chinatown* ging es um Wasserrechte. *The Two Jakes* würde vom Öl handeln. Später sollte sich ein dritter Film mit der Luftverschmutzung befassen.

Der Titel *The Two Jakes* bezog sich auf Jake Gittes und die andere Hauptfigur, Jake Berman, einen Landerschließer, der in zwielichtige Bodendeals und Öl-Geschäfte im San Fernando Valley verwickelt war. Der Film sollte 1948 spielen.

Die Wahl für den Darsteller des zweiten Jake war überraschend auf Robert Evans gefallen, dessen Karriere als Produzent gerade ihren Tiefststand erreicht hatte. Towne und Evans waren alte und vertraute Freunde. (In seinem Vorwort zu dem veröffentlichen Drehbuch von *Chinatown* nannte Towne den Produzenten »einen Maßstab für jegliche menschliche Großzügigkeit, den in dieser Stadt bisher sonst niemand zu erreichen vermochte«.) Evans war, als er blutjung in Hollywood anfing, ein eleganter Schauspieler gewesen, der ein paar bemerkenswerte Rollen übernommen hatte – unter anderem 1957 den Part des Irving Thalberg in *Man of a Thousand Faces* oder den Psycho-Cowboy in *The Fiend that Stalked the West*.

Aber Evans war seit 1959 (*The Best of Everything*) nicht mehr auf der Leinwand erschienen und ein hochgradiges Risiko. Und sogar ein bewunderndes Porträt Townes in »Vanity Fair« bemerkt, »daß jeder (außer Towne) schon jahrelang gewußt hatte, daß Evans einfach nicht spielen kann«.

Wenn schon nicht der Howard-Hughes-Film, dann sollte wenigstens *The Two Jakes* das Comeback für Bert Schneider werden. Aber der war schon zu lange weg vom Fenster. Seine Arbeitsmethoden waren anachronistisch absolutistisch. Bert war der Meinung, alle Entscheidungen fällen zu können, seine Produzententätigkeit ausüben zu können, ohne je einen Fuß vor die Tore seiner Residenz zu setzen.

Weit wichtiger war noch, daß Evans selber darauf brannte, ein Comeback als Produzent zu machen, und selbst gerne die Fortsetzung von *Chinatown* betreut hätte. Bert war der Meinung, daß ihm Jack noch einen Gefallen schuldig war. Aber da hatte er sich geirrt. Nicholson schlug sich auf die Seite von Evans, der ihn eher unterstützt hatte als irgendein anderer der großen Hollywood-Bosse. Bitter enttäuscht zog sich Bert wieder einmal vom Produzentendasein zurück, diesmal für immer.

Um Gelder für den Film aufzutreiben, mit Towne als Regisseur und dem ungewöhnlich besetzten Evans, mußten sich Towne, Evans und Nicholson zu T.E.N. Productions zusammenschließen (Towne-Evans-Nicholson, ganz im Stil von BBS). Dafür würden sie sich einen Teil der Bruttoeinnahmen teilen. Towne erhielt für sein Skript ein Honorar von 125.000 Dollar, aber Evans und Nicholson verzichteten auf ihre normalen Gagen. Die Belohnung würde schon kommen, wenn der Film sich dann später als Hit herausstellte. Sonst ging Nicholson diese Art finanzielles Risiko nie ein, ein Beweis dafür, wie stark ihn *Chinatown* interessierte und wie sehr er davon überzeugt war, mit J.J.Gittes eine seiner markantesten Figuren zu spielen.

Die drei unterschrieben im Januar 1985 ihre komplizierte Übereinkunft. Bei der letzten Besprechung zwischen dem Partner-Trio saß Nicholson neben seinem Rechtsanwalt und verhandelte über das Kleingedruckte. »Oh, Jack kann sehr gut Verträge lesen«, erzählte Evans hinterher der Presse. »Er kann sie lesen, er kann sie schreiben, er kann sie halten, er kann sie brechen.«

Die Dreharbeiten sollten im April 1985 anfangen. Zum Ensemble, das Towne, Evans und Nicholson zusammengestellt hatten, gehörten Kelly McGillis und Cathy Moriarty als weibliche Hauptdarstellerinnen, Harvey Keitel, Dennis Hopper und Joe Pesci in Nebenrollen und der Western-Regisseur Budd Boetticher als der ruchlose Ölmagnat.

Evans machte Ferien in Tahiti und versuchte, für seinen ersten Auftritt vor der Kamera seit einem Vierteljahrhundert abzuspecken. Während er außer Landes war, kamen Towne, der mit dem Produzenten an seiner Rolle gearbeitet hatte, ernsthafte Zweifel, ob Evans sich seinem Part gewachsen zeigen würde. Er überdachte seine Entscheidung gründlich.

Nach Evans' Rückkehr wurden erste Probeaufnahmen angesetzt. Eines Morgens führte Towne Regie bei Probeaufnahmen mit McGillis, Moriarty und Nicholson. Evans erschien am Nachmittag, und es hieß, daß der Produzent und Schauspieler »völlig verstört durch die Kulissen stromerte und unruhig herumrutschte, während der Frisör, den er selbst mitgebracht hatte, ihm umständlich einen Vierziger-Jahre-Haarschnitt verpaßte«. Diese spannungsgeladene Situation zog sich stundenlang hin.

Townes Nerven waren zum Zerreißen angespannt. Hinter vorgehaltener Hand fing er an, gegen Evans zu polemisieren und er versuchte Nicholson davon zu überzeugen, daß sie beide einen Fehler gemacht hätten. Towne wollte einen neuen Jake Berman suchen.

»Robert sagte, er dächte, Bobby (Evans) wäre zu nervös, um Jake Berman zu spielen, und daß er meinte, Bobby wüßte das auch«, erklärte Nicholson später die Situation aus seiner Sicht. »Ich hab nur gesagt: ›Na ja, ich glaube da irrst du dich. Warum fangen wir nicht einfach mit dem Film an, nageln Paramount fest und entscheiden uns dann?‹ Er meinte, nein, seine Integrität würde diese Vorgehensweise nicht zulassen.«

(Towne hat hinterher nicht viele Interviews zu diesem Thema gegeben. Er hat zwar in verschiedenen Berichten Nicholsons Version bestätigt, aber auch immer darauf bestanden, er hätte »nie zu irgendeinem Zeitpunkt gesagt, daß irgend etwas gegen meine Integrität geht. Ich kann mir einfach nicht vorstellen, daß das in dieser Stadt irgend jemand mit ernster Miene sagen könnte.«)

Die Kulissen waren in den Laird International Studios in Culver City aufgebaut. Man hatte in der ganzen Stadt Drehorte für die Außenaufnahmen gesucht und vorbereitet. Am 30. April fuhren Schauspieler und Drehteam an einen Ort in der Nähe von Ventura, wo am nächsten Tag die Dreharbeiten beginnen sollten. Am Morgen geschah gar nichts. Towne und Evans hatten sich ausgesprochen, man hatte eine Pattsituation erreicht.

Es wurde ein Treffen in Evans' Haus anberaumt. Nicholson verblüffte Towne mit der Erklärung: »Freundschaft ist wichtiger als Geld. Freundschaft ist wichtiger als Kunst. Und wenn mein Freund Bob Evans seine Rolle nicht spielt, dann mache ich diesen Film auch nicht.« Towne war der irrigen Meinung gewesen, daß seine Freundschaft zu Nicholson mindestens genausowichtig war. Wie Bert Schneider hatte auch er sich geirrt.

Die beiden Bobs lieferten sich Berichten zufolge einen »wütenden und erbitterten Kampf«. Sie sollen den Kompromiß vorgeschlagen haben, Nicholson sollte die Regie übernehmen, aber dazu war der nicht bereit. Paramount bemühte sich verzweifelt, ein völliges Fiasko abzuwenden, und forderte die T.E.N.-Partner auf, eine Übereinkunft zu unterschreiben, wonach sie alle nach

Beginn der Dreharbeiten die über den Etat hinaus entstandenen Kosten zurückzahlen würden. Towne und Evans unterschrieben, aber Nicholson weigerte sich.

Sie streckten ihre Fühler nach anderen Regisseuren aus, darunter auch nach John Huston, der aber nicht gerade erpicht darauf war, bei der Fortsetzung eines derart renommierten Kriminalfilms Regie zu führen, und der zudem kränkelte. Schauspieler und Drehteam blieben noch ein paar Tage untätig am Drehort, während Gerüchte wie Lauffeuer durch die Stadt fegten und in den Zeitungsspalten dramatische Schlachten tobten.

Später schien es so, als hätte man Evans unrecht getan und als hätte Nicholson (typisch) über den Dingen gestanden. Für ein Großteil des Geschehens schob man einfach Robert Towne die Schuld in die Schuhe. Harold Schneider, der eher auf Nicholsons als auf Townes Seite stand, erzählte dem »Los Angeles Magazine«, daß Towne angesichts der Regie-Herausforderung von *The Two Jakes* »immer ängstlich zusammengerollt wie ein Fötus unter dem Sofa gekauert« hätte.

Nach einigen Treffen auf höchster Ebene beschloß man bei Paramount, den Verlust zu minimieren und der Produktion kurzerhand den Boden unter den Füßen wegzuziehen. Rechnungen waren offen: Gewerkschaftsverträge, Entwurf und Bau der Kulissen, Kameraausrüstung und Filmmaterial. Der Verlust für Paramount wurde auf 3,5 Millionen Dollar geschätzt. Es gab Gerichtsverfahren, Einigungen sollten erst nach langer Zeit erreicht werden, alle Beteiligten wurden zu absolutem Stillschweigen verdonnert. Die beiden Bobs redeten sowieso schon nicht mehr miteinander.

10

THE SUPER-OBJECTIVE
1985 bis heute

Manchmal fallen einem die einfachsten Entscheidungen in den Schoß. Andere Regisseure mußten sich auf den Kopf stellen; Mike Nichols brauchte im September 1985 nur einmal anzurufen und um einen Gefallen zu bitten. Man hatte Mandy Patinkin nach einem einzigen Drehtag die Hauptrolle in *Heartburn* wieder weggenommen, und jetzt wollte der Regisseur von *Carnal Knowledge* und *The Fortune* Jack bitten, kurzfristig einzuspringen.

Nora Ephron hatte *Heartburn* nach ihrem Besteller-Roman über ihre unglückliche Ehe mit dem Watergate-Journalisten Carl Bernstein geschrieben. Es handelte sich um einen Schlüsselroman, in dem Ephron und Bernstein nur mangelhaft »verkleidet« auftraten und einige Hintergrundgestalten aus der Washingtoner Gesellschaft allzuleicht zu erkennen waren.

Nicholson sagte Ja, als man ihm die Rolle Patinkins anbot, Mark Forman, den Bernstein nachempfundenen Washingtoner Journalisten. Man einigte sich auf die Gage von vier Millionen Dollar (nach seiner oscar-gekrönten Leistung in *Terms of Endearment* hatte es in Nicholsons Honoraren eine saftige Erhöhung gegeben, und einen entsprechenden Sprung nach oben nach dem Erfolg von *Prizzi's Honor*), und Nicholson flog sofort nach New York.

Heartburn schien nach den turbulenten Dreharbeiten zu *The Two Jakes* eine nur zu willkommene Erholung. Der Schauspieler hatte gerade nichts anderes auf dem Plan. Und außerdem würde er einige Szenen mit Meryl Streep zu bestreiten haben, die die auf Nora Ephron basierende Figur der Rachel spielen sollte. Der Regisseur war ein guter Kumpel, Meryl Streep die Spitzenlady ihrer Generation. Der Film war »vielleicht nicht die Rolle, die ich unter anderen Bedingungen angenommen hätte«, gab Nicholson zu.

Ein weiterer guter alter Bekannter, Nestor Almendros, sollte als Kameramann fungieren. Zum Schauspielerteam gehörten unter anderem Jeff Daniels, Maureen Stapleton und Stockard Channing, die Jack schon von einer kleineren Rolle aus *One Flew Over the Cuckoo's Nest* unter Miloš Forman kannte. Die gemütliche, familiäre Atmosphäre solcher Projekte sprach Jack an, als kleine Abwechslung von riskanteren Filmen, die er außerhalb seiner Kreise drehte.

Gemütlichkeit kann allerdings auch ins Auge gehen, und einige von Jacks »Freundschaftsfilmen« gehörten zu seinen schlechtesten Arbeiten der achtziger Jahre. Die Produktions-Probleme von *Heartburn* hatten mit dem Ausscheiden von Patinkin keineswegs ihr Ende erreicht.

Nora Ephrons Ex-Ehemann hatte sich furchtbar über ihr Buch aufgeregt und war nun noch wütender darüber, daß er auch noch in einem wichtigen Film über ihre Ehe als der böse Schurke dargestellt werden sollte. Seine Rechtsanwälte fochten das Drehbuch an, machten sich ganz besonders über alle spezifischen Anspielungen auf Bernstein her. Noch während der Dreharbeiten mußten einige Szenen hastig umgeschrieben, das schlechte Benehmen der Figur des Mark Forman mit dem Weichzeichner abgetönt werden.

»Ich bin ganz speziell angeheuert worden, um ihn (Carl Bernstein) *nicht* zu spielen. Mike und Nora und Meryl waren sehr darauf bedacht, den Film so weit wie möglich von der Wirklichkeit abzurücken. Und da ich auch keine besondere Lust hatte, mit ein paar Tagen Vorwarnung in eine biografische Studie einzusteigen, kam mir das natürlich sehr gelegen«, meinte Nicholson.

Ursprünglich war Mark Forman als »uninteressanter Schuft« (Nicholsons Worte) angelegt gewesen. Jack hatte keinerlei Probleme, sich mit dem häuslichen Zwiespalt zu identifizieren. »Es ist für mich was beinahe Autobiografisches an diesem Typen, der so gemein und gewissenlos ist, einer anderen Frau ein Armband zu kaufen, während seine Frau schwanger ist. Für viele wäre das sicher ein Grund zur standrechtlichen Erschießung, aber wenn diese Hinrichtungen auch alle ausgeführt würden, hätten wir wirklich bald keine Männer mehr.«

Unter Bernsteins Druck entschlossen sich Nichols und Ephron, Mark Forman in einen etwas »liebenswerteren Charakter« umzuschreiben. Nicholson meinte, sie sollten sich keine Sorgen machen, er könnte »die Rolle rückwärts spielen«, die Liebenswürdigkeit betonen, sie könnten das Umschreiben seiner Szenen minimal halten.

Normalerweise wurde Nicholsons Part beim Schreiben eher ausgebaut, sozusagen ein obligatorischer Teil der Star-Behandlung. In *Heartburn* war es gerade umgekehrt: die Figur des Mark Forman wurde abgeschwächt, und so hatte Jack, der Spezialist für feurige Temperamentsausbrüche, ausgerechnet in einem Film über eine schmerzliche und bitter umkämpfte Scheidung keinen einzigen zu spielen. Die Liebesgeschichte entbehrte jeden Zaubers, die Scheidung war zahm. Es fand weder ein Aufbau der Story statt, noch wurde sie konsequent weitergeführt.

Jack war später als die anderen dazugekommen, mußte aufholen, bei der Arbeit lernen. In Interviews hat er später zugegeben, daß er in einigen frühen Szenen »geschwommen ist«, unter anderem auch in der Szene, in der sich Mark Forman mit seiner Frau an einem Brunnen trifft und einen Versöhnungsversuch macht: »Ich glaube, ich wußte da noch nicht mal, wie meine Figur heißt.« Er meinte, seine Mitspielerin hätte ihn durch diese Szene mitgetragen, aber offensichtlich nicht weit genug. Und auch Meryl Streep, die unter dem ständigen Hin und Her mit dem Skript litt, hätte Hilfe gebrauchen können.

Nicholson suchte wieder Augenblicke, in denen er glänzen konnte. Er hat eine wunderbar überschwengliche Szene mit Streep: Rachel ist schwanger, und sie stopfen sich mitten in der Nacht in der halbrenovierten Küche mit Pizza voll. Plötzlich brechen sie in ein Potpourri von Liedern zum Thema Baby aus. Jacks Beitrag ist eine Passage aus »Soliloquy«, dem ultimativen Schmachtfetzen zum Thema Papa-Sein aus dem Musical »Carousel« von Rodgers und Hammerstein.

Meryl Streep hatte eine Gesangsausbildung absolviert, aber in dieser Szene »sang sie in gewisser Weise viel schlechter als ich«, meint Nicholson, »obwohl sie eigentlich als Sängerin beinahe genausoviel Talent hat wie als Schauspielerin. Ich habe sie zum ersten Mal in »Happy End« von Brecht gesehen, einem Stück mit viel Musik, und da fand ich sie ganz hervorragend.

Aber wie die Szene sich dann, hofft man zumindest, in allgemeiner Heiterkeit auflöst, da habe ich einfach versucht so gut zu singen, wie ich nur konnte, ohne ... na ja John Raitt Konkurrenz machen zu wollen. Mike (Nichols) war die Sache mit der Pizza eingefallen, und ich glaube, Meryl hatte vorgeschlagen, daß wir sie vielleicht mit der Maurerkelle essen sollten, denn es spielt in der Geschichte eine große Rolle, daß das Haus jahrelang nicht fertig wird. So geht die Arbeit auf dem Set, so bekommt eine Szene immer mehr Format.«

Die Szene war der einzige Lebensfunke in einem ansonsten tödlich langweiligen Film. Aber die Arbeit mit Meryl Streep hatte Nicholson Spaß gemacht. Keine ihrer Zeitgenossinnen konnte ihr an Vielseitigkeit, Intelligenz und Eleganz nur im entferntesten das Wasser reichen. Sie stammte auch aus New Jersey, ein weiterer Pluspunkt für sie.

Die Klatsch-Kolumnisten bildeten sich gern ein, daß Nicholson Liebesverhältnisse mit allen seinen Filmpartnerinnen hatte, und so dachten sie sich auch eine Affäre zwischen ihm und Meryl Streep aus. Nicholson leugnete energisch. Kein wahres Wort dran, meinte er und wirkte überzeugend. Aus glücklichen Ehen hielt er sich in seinem wildbewegten Liebesleben heraus, genauso wie er sich von unabhängigen Frauen fernhielt, die mit ihm auf gleichem Fuß standen.

Nicholson: »Streep ist mein Idol. Gleich vom ersten Augenblick an hat zwischen uns einfach alles ganz wunderbar gestimmt.«

Streep: »Keiner, aber auch keiner ist im Film so weit gekommen. Eben New Jersey, Baby!«

Trotz der wunderbaren Beziehung war *Heartburn* ein Rohrkrepierer, der unerheblichste Film, den Nicholson in den achtziger Jahren gemacht hat. Es brachte nichts, daß er »die Rolle rückwärts spielte«, der Effekt war einfach nur, daß hier ein Schauspieler seine eigene Persönlichkeit – oder irgendeine andere Persönlichkeit – völlig aus dem Film heraushielt. Einer der größten Provokateure der Leinwand war völlig unsichtbar geworden.

1986 war dann viel zu tun. Jack machte sich wieder hart an die Arbeit und spielte echte »Freistil«-Rollen. Die Ergebnisse waren gemischt, aber die Filme waren alle Qualitätsproduktionen mit unbestrittenem Prestige-Wert.

The Witches of Eastwick wurde im Sommer gedreht. Der Film basierte auf einem Roman von John Updike, in dem der Teufel als Antwort auf die Gebete dreier einsamer Damen – heimlicher Hexen – in einer kleinen Stadt in New England erscheint.

Ursprünglich hatte man die Rolle des menschgewordenen Teufels namens Daryl Van Horne (zwei »r« im Roman, eines im Film) einem ehemaligen Mitwirkenden der Fernsehshow »Saturday Night Live«, Bill Murray, angeboten. Als der ablehnte, landete die Rolle bei Nicholson. George Miller sollte Regie führen; der war früher in Australien Arzt und dann der kluge Kopf hinter den action-geladenen Filmen der *Mad Max*-Serie mit Mel Gibson gewesen.

Nicholson war entzückt über die Idee, den Teufel spielen zu dürfen, er bewunderte die blendende *Mad Max*-Trilogie sehr. »Bei unserem ersten Treffen haben wir über alles mögliche gesprochen, nur nicht über den Film«, erinnert sich Miller, »nur lange, ausufernde, freie Assoziationen, aber von Zeit zu Zeit tauchte ein kleiner Gedanke zur Rolle auf, und den schnappte Jack sofort auf. ›Wie ist das?‹, fragte er dann wohl, drehte sich um und blickte über die Schulter zurück oder verdrehte die Augen oder machte irgendwas mit seinen Haaren. Damals war er dabei, sich von außen an den Charakter heranzuarbeiten. Was in seinem Inneren vorging, habe ich nie erfahren. Darüber haben wir nie gesprochen.

Arbeit mit der Kamera, das können manche Schauspieler einfach. Und er kann's. Vielleicht hat es was damit zu tun, daß man einen Gedanken so lange hält, bis irgendwas davon durch das Gesicht hindurchleuchtet, aber das kann ich nur vermuten. Eins weiß ich: er versucht, nicht zu viel zu lächeln, weil sein Lächeln so sehr bekannt ist. Wie in diesen Preisausschreiben in der Zeitung, wo sie einem nur das Lächeln zeigen, und man muß dann raten, wer es ist.«

Während seiner Vorbereitung für die Rolle des Erzbösen las Jack nicht nur den Roman von Updike, er studierte auch noch Gustave Dorés Illustrationen für Dantes »Inferno« und beschäftigte sich eingehend mit den Werken von Thomas von Aquin. Bei Make-up und Garderobe war eine persönliche Note gefragt. Nicholson entschied sich für einen Samurai-Pferdeschwanz in den Anfangsszenen und trug im ganzen Film schrill zusammengewürfelte Kostüme und seltsame Kopfbedeckungen, die er vielleicht aus seinen eigenen Schränken gekramt hatte (schließlich hatte er sich schon in *Rebel Rousers* als früher Vorläufer des Schmuddel-Looks gezeigt).

Jeder Schauspieler hätte sich mit Begeisterung auf die Verfilmung dieses Updike-Romans gestürzt. Van Horne hatte nicht nur die langen, spektakulären Monologe herauszusprudeln, die Nicholson so gern hatte, er sollte auch all seine teuflischen Register ziehen, um einen männlichen Erben zu zeugen. Wer den Van Horne spielte, durfte drei Frauen verführen, drei tolle Hollywood-Schönheiten: Cher, Susan Sarandon und Michelle Pfeiffer.

Aber wie schon bei *Heartburn* war auch hier nicht alles eitel Glück und Sonnenschein. Schon von Anfang an war *The Witches of Eastwick* eine »problembefrachtete Produktion«, wie Miller berichtet. »Variety« beschreibt sie sogar als »Albtraum-Erfahrung«.

Wenige Tage vor Drehbeginn beschloß Cher, daß sie sich in ihrer Rolle (Cellistin und Musiklehrerin in einer Volksschule) nicht wohlfühlte und lieber Sarandons Part (Bildhauerin) spielen würde. Die außerordentlich zugängliche Sarandon erklärte sich mit dem Tausch einverstanden. Es wurde sowieso pausenlos am Skript rumgemeckert, jetzt mußten bei den Änderungen auch noch die Super-Egos der Stars berücksichtigt werden.

Nicholson schien alles sehr gelassen zu nehmen. Er war an Drehbücher gewöhnt, die kaum mit den Dreharbeiten Schritt halten konnten: das war eben ein Berufsrisiko, konnte einem bei Fremden und bei Freunden gleichermaßen passieren. Seine Seiten waren sowieso unantastbar, er blieb also ganz locker. Half sogar zwischen den Schauspielerinnen und dem Regisseur zu vermitteln. Und gab am Drehort in New England Autogramme und frozzelte mit den neugierigen Zuschauern herum, die sich die Außenaufnahmen ansehen wollten.

Manchmal hatte er etwas hinterfotzige Hilfsmethoden. »Ganz am Anfang bei den Dreharbeiten zu *The Witches of Eastwick* », erinnert sich Miller, »hatte Jack einen viereinhalbminütigen Dialog zu sprechen, die Szene mit dem Bügelbrett, eine große Schlüsselszene. Die Crew war an dem Tag besonders unruhig. Jack kam also an dem fraglichen Tag in die Marmorhalle, nahm sein Skript und pfefferte es mit einem mächtigen Donnerschlag auf den Marmortisch. Dann spulte er einen ellenlangen wütenden Sermon ab, daß er dieses Frühaufstehen haßte und das Textlernen und daß er überhaupt ein Nachtmensch wäre. Er kreischte aus Leibeskräften. Der Raum war totenstill. Und dann zwinkerte er mir zu. Da hat er mir fast meine Arbeit abgenommen, die Crew ›bearbeitet‹. Danach waren sie geradezu ehrfurchtsvoll, und wir hatten die Konzentration, die wir für die Szene brauchten.

Gelassenheit und Würde auch unter Hochdruck, so könnte man wohl seinen Beitrag zusammenfassen. Er war auch hinter den Kulissen fantastisch. Wie sonst kaum jemand in Hollywood hatte er erkannt, daß eine persönliche Leistung durch die kollektive Qualität noch gesteigert werden kann. Susan Sarandon war immer erst beim dritten oder vierten Take am besten, Michelle Pfeiffer beim ersten. Jack konnte seine Leistung fein darauf abstimmen. Cher hat überhaupt keine besonders fantastische Technik. Man wußte nie, wann sie's hinkriegt, aber Jack hat sich darüber nie frustriert gezeigt. Im Gegenteil, er hat damit gespielt, hat ihre kleinen Patzer mit einem kurzen Lachen abgetan und sich blendend amüsiert. Und auch an seinen Stichworten aus dem Off hat er immer hart gearbeitet. Er war immer besessen von dem Gedanken, es gut hinzukriegen, nichts ist ihm zu viel, er liebt seine Arbeit.«

Der Film hatte eine wahre Supertruppe von Produzenten: drei Produzenten plus zwei Ausführende Produzenten, von denen einer, Don Devlin, eigens dazu angeheuert war, Nicholsons Interessen zu wahren. Das wichtigste Dreiergespann waren Neil Canton, Jon Peters (einstmals Barbra Streisands Frisör und Liebhaber) und Peter Guber, der Jack noch aus seinen jungen Jahren in der Chefetage von Columbia kannte.

Besonders Peters trug sein Teil zu den Spannungen auf dem Set bei: Er bestand aufmüpfig auf seinem Standpunkt, hing immer im

Hintergrund herum und gab Miller gute Ratschläge. Nachdem der Regisseur seine Schnittfassung abgeliefert hatte, fügten Guber und Peters noch zehn Minuten hinzu, was die Betonung auf die Spezialeffekte und Nicholsons Turbo-Schau verschob. Im Buch stehen mehr die drei Hexen im Mittelpunkt, im Film beansprucht Van Horne, dessen Darsteller das größte Publikumsgefolge hat, das Rampenlicht.

Er hat einen gewaltigen Auftritt, grunzt und schnauft sich durch eins von Janes (Sarandons) Konzerten. In einigen Szenen grenzt Jack in seiner Darstellung des Van Horne an Selbstironie, wenn er zum Beispiel mit seinem Mercedes durch die Stadt kreuzt und sich beinahe schnurrend über die Vergnügungen von »ein bißchen Muschi zum Dessert« verbreitet, oder wenn er zur Fernseh-Show »Let's Make a Deal« seine Klamotten für den Tag bügelt. Das konnte er hervorragend: dem Publikum seine Persönlichkeit mitteilen und mit den Erwartungshaltungen der Zuschauer spielen.

Die langen, halbverrückten Monologe lagen genau auf Jacks Wellenlänge, besonders seine Tirade gegen den weiblichen Teil der Gattung Mensch zum Ende des Films hin. Da streicht Seine Sündige Hoheit durch die Bankreihen einer Kirche und blafft die Gemeinde an:

> Undankbare kleine Biester, oder? Darf ich Sie mal was fragen? Sie sind doch alle brave Kirchgänger. Ich möcht Sie wirklich was fragen. Glauben Sie, Gott hat gewußt, was er tat, als er die Frauen erschaffen hat? Hä? Kein Scheiß. Das möcht ich wirklich wissen. Oder glauben Sie, das war nur wieder einer von seinen kleinen Ausrutschern – wie Flutwellen, Erdbeben, Überschwemmungen und so? Glauben Sie, Frauen sind so was Ähnliches? Na, was ist denn los? Sie glauben, Gott macht keine Fehler? Na klar doch. Wir machen alle Fehler.
> Klar, die Fehler, die wir machen, nennen sie DAS BÖSE. Und wenn Gott nen Fehler macht, nennen sie das NATUR. Was meinen Sie ... wie ist das mit den Frauen? Ein Fehler? Oder hat er uns das absichtlich angetan? Das will ich wirklich wissen. Denn wenn sie nur ein Fehler sind, dann könnten wir ja vielleicht was dran ändern – irgendein Heilmittel, einen Impfstoff erfin-

den, unser Abwehrsystem aufbauen, bißchen Training machen. So in der Art: zwanzig Liegestütze am Tag, und du mußt dich nie wieder mit Frauen rumärgern.

Es war eine bizarre Komödie, die nicht immer logisch zusammenhing. Die Reaktionen waren gemischt, als der Film im Juni 1987 startete. Das Design (Polly Platt) und die Fotografie (Vilmos Zsigmond[1]) waren wunderbar. Aber der Humor war beunruhigend, besonders die Szenen mit Veronica Cartwright (sie spielt eine nette Kirchgängerin, die wegen Van Horne völlig ausrastet), und einige Spezialeffekte (zum Beispiel die ausgekotzte Kirschkernsalve, die *The Exorcist* geradezu lammfromm erscheinen läßt) waren wirklich grotesk.

Jack legte die Rolle auf Westentaschen-Casanova an, der hinter der Vaterschaft her war wie der Teufel hinter der armen Seele. Interessant ist, daß sich der Star, als er sich in den höheren gesellschaftlichen Sphären bewegte, den Straßenrealismus der sechziger Jahre immer mehr verkniff und sich stattdessen mit größtem Vergnügen auf das Fantastische und Theatralische stürzte, sich auf der Ebene der Fantasie austobte.

Die meisten Kritiker sind sich einig, daß *The Witches of Eastwick* schon allein wegen dieses geschniegelten und daherstolzierenden Satans eine wahre Wonne ist, daß aber zugleich Nicholsons ständige Höchstspannung und mehr als großzügig bemessene Leinwandzeit das Ganze etwas aus dem Gleichgewicht bringen.

Broadcast News wurde zwischen *The Witches of Eastwick* und *Ironweed* geklemmt und von Nicholson nur eben so aus dem Stand hingerotzt. Er hatte in dem Film eine der kürzeren Kurzrollen seiner Karriere, einen Durchmarsch als großmächtiger Nachrichten-Moderator. Jack hat nicht gerade viel zu diesem Film beigetragen, nicht einmal seinen Namen, denn sein Auftritt wurde im Titel

1 Zsigmond hatte auch einige Szenen von *The Border* und *The Two Jakes* gefilmt. Er spielte in den Nicholson-Filmen der achtziger Jahre die gleiche Rolle wie sein ebenfalls emigrierter ungarischer Landsmann Laszlo Kovacs in den sechziger Jahren: gab ihnen stets eine spektakuläre visuelle Note, selbst wenn andere Elemente nicht so erfolgreich waren.

nicht vermerkt. Er hatte nur dem Regisseur von *Terms of Endearment*, James L. Brooks, einen Gefallen tun wollen.

Der Film muß ihm allerdings als kleine Spitze gegen die »Kulturschande Fernsehen«, die er immer wieder in seinen Interviews anprangerte, sehr zugesagt haben. Jack schien sich in seiner Rolle als feist grinsender Walter Cronkite nicht sonderlich wohlzufühlen. Wie auch schon seine Darstellung des Eugene O'Neill in *Reds* war diese Charakterisierung eher klug als überzeugend.

Aber Brooks wußte, was er tat. Und Nicholson sowieso. *Broadcast News* mit Holly Hunter, Albert Brooks und William Hurt war bei den Kritikern ein Hit und erschien gegen Ende des Jahres auf vielen Listen der Besten zehn Filme. Und auch Nicholson konnte ein paar Pluspunkte auf seinem Konto verbuchen: dank seines Professionalismus' hatte er 1987 drei sehr unterschiedliche Filme in den Kinos.

Der dritte und wichtigste dieser Filme, *Ironweed*, steckte 1986 zum größten Teil noch im Produktionsvorlauf. Angefangen hatte alles weit weg vom Schauplatz Albany, nämlich an einem Strand in Brasilien.

Hector Babenco, der in Argentinien aufgewachsene Brasilianer, las in den Ferien William Kennedys Roman, mit dem der 1984 den Pulitzer-Preis gewonnen hatte. Babenco hatte einige Berlitz-Blitzkurse für Englisch belegt, und *Ironweed*, der dritte Band aus Kennedys Albany-Trilogie (nach »Legs« und »Billy Phelan's Greatest Game«), war der erste Roman, den er von Anfang bis Ende ganz auf Englisch gelesen hatte.

Preisgekrönte Romane waren zwar genau das Richtige für Nicholsons hochgestochene Vorstellung von sich selbst, aber *Ironweed* bot sich auf den ersten Blick nicht gerade zur Verfilmung an. Es gab nur wenig Handlung oder Dialoge in Kennedys stimmungsvoller Charakterstudie des Francis Phelan, eines früheren Basketball-Spielers, der völlig heruntergekommen war und in der Gosse von fieberhaften Visionen über die Verfehlungen seines Lebens heimgesucht wird. Hinzu kamen noch die Hürden des Etats: der Roman spielt an einem Herbstwochenende im Jahre 1938 in Albany im Norden des Staates New York. Es würde beträchtliche Summen kosten, diese Epoche stilecht nachzuschaffen.

Davon ließ sich Babenco nicht beirren. Nach seinem ersten Film *Pixote*, einem bildhaften Bericht über einen zehnjährigen Straßenganoven, hatte er bereits einen anderen anspruchsvollen Roman verfilmt: Manuel Puigs *Kiss of the Spider Woman*. *Ironweed* wurde für ihn zu einer Art Mission. »Voller Emotionen, ohne einen einzigen Tropfen Sentimentalität«, nannte er das Buch, »stahlhart und knochentrocken, und so harsch in seiner Moral.«

Es verging einige Zeit, während sich Babenco auf die Suche nach Produzenten machte, die sich auf ein solches Glücksspiel einlassen wollten. Inzwischen fing der Autor William Kennedy, der für den Produzenten Robert Evans bereits zusammen mit Francis Ford Coppola das Drehbuch für *The Cotton Club* geschrieben hatte, schon einmal damit an, seinen Roman in ein Drehbuch umzuarbeiten.

Wer auch immer den Francis Phelan spielte, er würde etwa 85 Prozent der Zeit vor der Kamera stehen. »Wir hatten schon von Anfang an unser Auge auf Jack Nicholson geworfen, denn sein irischer Typ, seine zähe Härte und sein Witz waren perfekt für die Rolle«, erinnert sich William Kennedy. »Es konnte sich zwar niemand daran erinnern, daß Nicholson je die Sensibilität oder Verletzlichkeit gezeigt hätte, die für Phelan unerläßlich war, aber hatte ihm denn bisher je eine seiner Rollen diese Eigenschaften abgefordert?«

Vielleicht löste Shortys Tod die Veränderungen aus, die anfingen, Nicholsons Leben aufzuwühlen – persönliche Veränderungen und auch Entscheidungen über Filmprojekte: wie die Aufmerksamkeit, die er abseits vom stets wachsamen Auge der Öffentlichkeit in zunehmendem Maße seinen Familienangelegenheiten widmete, oder wie die Entscheidung, in einem Film mit derart starken emotionalen Anklängen mitzuwirken, der zudem noch im Jahr nach seiner eigenen Geburt spielt.

Nicholson traf sich nach Drehende von *The Witches of Eastwick* mit Babenco und Kennedy. Er hatte gerade eine seiner Super-Schaunummern abgezogen. Jetzt war es Zeit, sich den Urgründen zuzuwenden. Er wollte wieder einmal einen verinnerlichten Film machen, einen Film ohne »das Lächeln«. Er hatte zwar Mühe gehabt, das Buch zu Ende zu lesen, aber den Film *Ironweed* wollte er unbedingt machen.

»Er interessierte sich dafür, wieder etwas introvertierter zu spielen, eine Rolle, in die er seinen eigenen Schmerz einbringen konnte«, erinnert sich Kennedy. »Er hat dieses öffentliche Image, ironisch und schillernd laut zu sein, aber in Wirklichkeit ist er ein Kind.«

Züge von Nicholson fanden sich überall in *Ironweed*: die schweren Zeiten, der schulddurchtränkte Katholizismus, die familiären Probleme. Francis Phelan war ein Penner und Säufer, wie John J. einer geworden war. Die Hintergrundgeschichte eines Vaters, der in dieser Rolle jämmerlich versagt hatte (vor 22 Jahren hatte er sein dreizehn Tage altes Baby buchstäblich auf den Küchenboden fallenlassen), konnte als Allegorie auf den »Faktor X« stehen – oder vielleicht für Jack selbst.

»Jack ist nicht gerade ein Familienmensch«, meint Kennedy, »eher ein Nicht-Familienmensch, so wie er sich gibt, und ganz sicher ist dieses Element auch in der Psyche von Francis Phelan ganz stark ausgeprägt.«

Nicholson wollte *Ironweed* machen, unbedingt – wenn man nur die Finanzierung zusammenbekäme. Die großen Hollywood-Studios rissen sich nicht gerade darum. Babenco und Kennedy machten sich auf »Schatzsuche« (in Kennedys Worten), versuchten jemand zu finden, der ihnen einen Etat garantieren würde, der hoch genug war, um auch die Honorar-Hürde Nicholson zu überspringen – über fünf Millionen Dollar. Als sie gerade wieder einmal in einer Sackgasse steckten und es ganz so aussah, als würde das Projekt auf Grund laufen, traf sich Kennedy mit Nicholson in einer Kneipe und versuchte ihn dazu zu überreden, vielleicht in seiner unbeugsamen Gagenpolitik nachzugeben. Nicholson zuckte nicht mit der Wimper. »Ich will keinen Pfennig mehr als das, was mir die Bank von England gegen meinen guten Namen leihen würde«, erwiderte er Kennedy grinsend.

Schließlich sprang der unabhängige Produzent Keith Barish in die Bresche. Er hatte schon die sehr werkgetreue Verfilmung von William Styrons Roman *Sophie's Choice* und den kommerzielleren Streifen *9 1/2 Weeks* vorzuweisen und äußerte seine Absicht, so Kennedy, »einen ernstzunehmenden Film nach einer Literaturvorlage zu machen«. Barish schaffte es, als Broker verschiedene andere zusammenzubringen, die für den Film garantierten.

Meryl Streep als Francis Phelans obdachloses Liebchen Helen gab dem ganzen noch zusätzlichen Starglanz und sicherte den potentiellen Kassenerfolg, was die Befürchtungen der Investoren beschwichtigte.

Nicholson engagierte sich persönlich: Er ging nach New York und half Babenco bei den Vorsprechterminen für andere Rollen. Tom Waits bekam den Part von Phelans abgehalftertem Kumpel, Fred Gwynne sollte einen Saloon-Sänger spielen, Carroll Baker Phelans vor langer Zeit verlassene Ehefrau, Michael O'Keefe seinen Sohn und Diane Venora seine Tochter. Babenco begann mit den Proben. Später meinte er in Interviews, er hätte damals gehofft, die Art von Film zu drehen, die Jack überhaupt nicht mehr machte: mit Leseproben in familiärer Atmosphäre, mit Diskussionen, beinahe wie in der »Gruppentherapie«.

Die Produktionsfirma brach im zeitigen Frühjahr 1987 über Albany herein. »Es wurde auf den alten Verladegeländen hinter Watervliet eine künstliche Stadt errichtet«, schrieb Kennedy. »River Street in Troy wurde wie von Zauberhand als Pearl Street in Albany neu erschaffen. Die Straßenbahn kam nach Lark Street in Albany zurück, in einen Block, wo sie nie gefahren war.«

Nach Berichten von Hector Babenco hatten Nicholson und Streep beinahe schon eine Art Seelenverwandtschaft, beschworen aber ihre Leinwand-Charaktere auf ganz unterschiedliche Weise herauf. Meryl Streep erschien bereits als ihre Figur, »in ihren ungepflegten Kleidern und ihrer eigenen konzentrierten Welt«, erinnert sich der Regisseur. »Ich mußte mich mit meinen Anweisungen an ihre Figur wenden, nicht an die Schauspielerin.« Tatsächlich reagierte Streep, als er einmal versuchte, mit der Schauspielerin zu reden, wie eine ungehaltene Stadtstreicherin: »GRRRRRRRR! Verpiß dich bloß!«

Zu den Statisten für Streeps absolute Superszene gehörten auch der Autor William Kennedy und dessen Frau; die Szene wurde in einer ehemaligen Kantine gedreht, die man als Saloon aus den lebenslustigen Jahren der Jahrhundertwende ausgebaut hatte, und die todgeweihte Helen durchlebt hier noch einmal die verlorenen Träume vom musikalischen Ruhm.

»Wir waren alle Zuschauer bei Meryl Streeps Gesangsdebüt«, erinnert sich Kennedy. »Das Lied war ›He's me Pal‹, und sie sang es in sechzehn Proben und Takes, am besten zweifellos im letzten Take, der dann im Film verwendet wurde. Aber schon von der ersten Probe an hatte sie uns völlig in der Hand: Crew, Statisten, alle, wir weinten und lachten mit ihr und beklatschten ihren Auftritt.«

Wie üblich behielt Nicholson seine eigene Meinung für sich, blieb locker, arbeitete instinktiv, wenn er auf das Set kam. Er fügte manches äußere Detail hinzu, während er sich immer tiefer in sich selbst versenkte. Wie gewöhnlich legte er es auf oberflächliche Häßlichkeit an. Er löschte das berühmte Gesicht förmlich aus – die hochgezogenen Augenbrauen, das widerspenstige Haar, das strahlende Lächeln. Er war beinahe unkenntlich in seinem sackartigen Anzug und mit dem bleichen Gesicht, das kaum zwischen Hutkrempe und hochgeklapptem Kragen herauslugte.

Für einen Penner sah Jack ziemlich schwer aus (eine Szene mit dem übergewichtigen Nicholson in der Badewanne ist durch ihre Ungeniertheit besonders überzeugend) und war kaum als er selbst zu identifizieren. Tatsächlich beklagte Janet Maslin von der »New York Times«, daß der Star mit dem grauen Bart und der Pennerkluft manchmal »kaum zu erkennen wäre«.

Nicholson mußte hart arbeiten, um seiner Figur unter die Haut zu schlüpfen. »Am zweiten Drehtag nahmen wir die Szene auf, wo er im Badezimmer den Geist sieht«, erinnert sich Babenco. »Ich sah, wie er sich auf den Boden legte, das Gesicht zwischen Toilette und Wand eingekeilt. Die Toilette war sehr dreckig und roch scheußlich – schließlich drehten wir keinen Schickimicki-Film, was? – und Jack lag da in diese Ecke gepreßt, mit angezogenen Beinen, wie in Fötusposition. Er bereitete sich vor.«

Laut Babenco mußte Nicholson fünfzehn Mal um den Block laufen, ehe er sich der Szene gewachsen fühlte, in der Phelan nach 22 Jahren nach Hause zurückkehrt, um sich seiner Familie zu stellen. »Diese Würde, dieser Schmerz, diese Schuld! Da weiß er nicht, wohin mit seinen Händen. Er fühlt sich wie ein Stück Scheiße, wie ein nasser Lappen. Was geht da im Kopf eines Schauspielers vor? Keine Ahnung. Ich frage nie danach. Das ist seine Sache, müssen Sie wissen.«

In *Heartburn* hatte es nicht geklappt, aber jetzt verstärkten und inspirierten Nicholson und Streep einander. Ihre Figuren, die das

Schicksal in die Knie gezwungen hat, klammern sich aneinander. Und auch die beiden Schauspieler, denen man jeglichen äußeren Reiz genommen hat (Francis Phelan bezeichnet sich ganz ausdrücklich als »sexuell über den Berg«) scheinen sich aneinander zu klammern, sind in den intensiven und erbarmungslos trübseligen Szenen völlig selbstlos.

»Jacks Instinkt und Meryls zwanghafter Perfektionismus vertrugen sich hervorragend miteinander«, kommentiert Babenco. »Bei der Analyse ihrer Szenen in den Tagesmustern kann man sehen, wie Jack sich mal zur Seite bewegt, um das Licht, das über seine Schulter fällt, auf ihr Gesicht zu bringen, oder wie sie ihn mal was fragt, während er sich gerade bewegt, um eine Kontur zu brechen. Sie spielen wie ein Liebespaar zusammen, merken gar nicht, wie die Zeit verstreicht.«

Nicht von allen wurde *Ironweed* als eindeutiges Meisterwerk begrüßt, als es Weihnachten 1987 in die Kinos kam. »Schwunglos und handlungsarm«, lautete die harsche Kritik von Jane Maslin in der »New York Times«. Während sich »Variety« beschwerte, daß *Ironweed* ein unwichtiger Film wäre, nur einfach weinerlich und wichtigtuerisch, und die bizarr-gespenstische Geisterszene einfach als eine Art »Null-Acht-Fünfzehn Jahrmarktsdoktor-Show« verwarf.

Der Film fand aber auch jede Menge Bewunderer. Die New York Film Critics verliehen Nicholson in diesem Jahr den Preis für den Besten Schauspieler (für *Ironweed, The Witches of Eastwick* und *Broadcast News*). Und Meryl Streep und er wurden beide für ihre Arbeit an *Ironweed* für einen Oscar nominiert.

Ironweed sollte für lange Zeit sein letzter Film zum Vaterthema sein. Es war ein Film für die »Zeitkapsel«, eine der persönlichsten Arbeiten Nicholsons und doch auch ein Jedermann-Film, eine unauslöschliche schauspielerische Leistung.

Francis Phelan war sein Jake LaMotta, *Ironweed* sein nach innen gerichteter *Raging Bull.* Genau wie De Niro war Jack seine Rolle *geworden.* Wie Jake LaMotta in seinem Leben hatte auch Francis Phelan den Krieger und die Opfer verwechselt. Wie *Raging Bull* war *Ironweed* auch eine religiöse Allegorie – »über die Vergebung der Sünden«, in Nicholsons Worten. Beide Filme steigen hinab in die Finsternis und verlangen kein Verständnis für ihre nicht gerade ansprechenden Helden. Nur Duldung, Sympathie und uneingeschränkte Liebe.

Obwohl es Jack 1985 inzwischen gelungen war, den Eindruck zu erwecken, daß er seine Privatsphäre zu schätzen wußte und »nur selten Interviews gibt«, wie es die »Los Angeles Times« formulierte, verschaffte er sich den völlig gegensätzlichen Ruf, ständig in der Öffentlichkeit zu erscheinen und inzwischen eines der meistgesehenen und bekanntesten Gesichter der Welt zu haben.

Es sah beinahe so aus, als könnte Nicholson überall gleichzeitig sein, in Paris und in London, mit nacktem Hintern vor den Paparazzi in Südfrankreich, beim Skifahren in der Schweiz oder in Aspen oder beim High-Life in Hollywood.

Dieser Eindruck verstärkte sich noch dadurch, daß Jack immer im Publikum zu sitzen schien, als in den frühen achtziger Jahren die National Basketball League mit der Popularität von phänomenalen jungen Athleten wie Larry Bird, Magic Johnson und Michael Jordan ihren großen Aufschwung nahm und das Fernsehen die Spiele immer öfter übertrug, darunter auch unverhältnismäßig viele aus Los Angeles. Eine Ironie des Schicksals, daß der Schauspieler, der das Fernsehen so verachtete, nun geradezu ein Dauergast in der Glotze geworden war.

Nicholson besaß zwei (oder mehr) 125-Dollar-Plätze für jedes Spiel der Lakers. (Wenn er es einmal nicht zu einem Match schaffte, schickten ihm die Lakers per Post eine Videoaufzeichnung mit dem gesprochenen Kommentar von Chick Hearn.) Als die Clippers nach Los Angeles zogen, nahm Jack gleich noch eine Jahreskarte für die Spiele dieses Teams von der anderen Seite der Stadt, damit er auch dann in der ersten Reihe sitzen konnte, wenn Clippers und Lakers gegeneinander spielten. Da saß Nicholson nun bei den meisten wichtigen Lakers-Spielen, mit ruhig verschränkten Armen, schlug sich mit der Hand an die Stirn, beschimpfte auch schon mal einen Schiedsrichter. Seine auffälligen Auftritte verstärkten seinen Mythos noch: Bei den Lakers-Spielen teilte sich für ihn die Menge unter leisem Murmeln, wie das Rote Meer für Moses.

Er benahm sich nicht immer gut – einmal streckte er nach einem besonders schmerzlichen Verlust der Lakers Tausenden von Celtic-Fans in Boston Garden seinen nackten Hintern entgegen. Es gibt dafür allerdings keinen Beweis auf Video (leider, leider). Aber Red Auerbach, der ehrwürdige General Manager der Celtics beschwerte sich gegenüber »Sports Illustrated«: »Ich hab in meinem Leben schon viele Fans gesehen, und ich kenne den Unterschied zwischen einem Arsch und einem Fan.«

Lakers-Trainer Pat Riley war nicht gerade entzückt über Nicholsons Mätzchen. Nicholson stand zwar auf freundschaftlichem Fuß mit Magic und Kareem und den anderen Starspielern, aber wie schon in der High School kam er mit dem geschniegelten Trainer nicht immer klar. Ihr Verhältnis blieb höflich und reserviert, einer der Gründe, warum Jack nach den Spielen nie im Umkleideraum auftauchte.

Jack entwickelte sich zu einem derart fanatischen Lakers-Fan, daß er gelegentlich einen Jet charterte, damit er und ein paar ausgewählte Kumpel auch Auswärtsspiele sehen konnten. Und nicht nur die Lakers-Spiele, auch andere Mannschaften und Basketball-Begegnungen interessierten ihn.

Als Amerikas Dream Team 1992 zu den Olympischen Spielen fuhr, war Jack in Barcelona hautnah dabei, Amerikas Fan Nummer Eins.

Ihn begeisterten auch andere Sportarten: Mit Vorliebe saß er in Wimbledon und bei den U.S. Open am Platz. Und bei Meisterschaftskämpfen im Boxen in der ersten Reihe. Wenn man ihn da nicht gleich bei der Live-Übertragung im Fernsehen erblickte, die Zeitungsfotos waren kaum zu übersehen, in denen er neben Reverend Jesse Jackson oder dem Immobilienhai Donald Trump hockte. Jack als Gast par excellence – man konnte ihn bei jeder Einladung neben jede andere Berühmtheit setzen, er schien einfach mit allen gut auszukommen.

Die Paparazzi erwischten ihn in Nachtklubs, in Galerien und bei Filmpremieren.

Rock-Konzerte zogen ihn magisch an, wie der Nektar die Biene. Da saß er, wie immer in der ersten Reihe, bei den Eurythmics, bei Neil Young, bei den Rolling Stones. Er schien genau die richtige Person zu sein, um Bob Dylan 1991 den Grammy zu überreichen (*irgendwas* hatte er an diesem Abend mit Sicherheit geschluckt). Vorher hatte er 1985 im Live-Aid-Konzert für die Hungernden in

Afrika die Gruppe U2 angesagt. Hinter den Kulissen sprach er mit Bono und seinen irischen Rock-Kumpels darüber, daß sie mal die Musik für einen seiner Filme machen sollten. Ein Schreiber von »Esquire« meinte, zwar würde Nicholson vielleicht ein bißchen fehl am Platze wirken in diesem sehr auf Jugend ausgerichteten Rockfest, aber »sicherlich hätte man keinem anderen Hollywood-Star einen Auftritt durchgehen lassen, ohne ihn von der Bühne zu buhen«.

Nicholson konnte mit Stolz auf ein triumphales Jahrzehnt zurückblicken – er war weiterhin auf Höchstleistungen abonniert, mindestens vier seiner Filme waren absolut fantastisch und der Rest auch nicht gerade schlecht. Und dann schloß er die achtziger Jahre noch mit einer Superschau ab: als wiehernder Cartoon-Bösewicht in Hollywoods opulenter und lukrativer Verfilmung des Comics *Batman*.

Wieder einmal waren Guber und Peters die Produzenten. 1979 hatten sie die Filmrechte an dieser Comic-Figur erworben, die Bob Kane 1939 geschaffen hatte, als Stallgenossen für den bereits bestens etablierten Superman. Die Arbeiten am Skript über den »Kreuzritter im Cape« hatten beinahe ein Jahrzehnt gedauert, am Wegesrand waren unzählige Drehbuchschreiber, Regisseure und Produzenten zurückgeblieben.

Schließlich stellte sich Tim Burton der gewaltigen Herausforderung, einen Comic-Helden in echtes Film-Material umzuwandeln. Der 30jährige frühere Disney-Trickzeichner hatte in seinem beruflichen Werdegang bereits so skurrile Kassenfüller wie die Komödien *Pee-wee's Big Adventure* und *Beetlejuice* aufzuweisen.

Michael Keaton wurde für die Rolle des Batman und seines Alter ego Bruce Wayne ausgewählt. Er war ein ungeheuer energiegeladener und sehr komischer Schauspieler, der sich mit seinen schaustehlenden Leistungen in *Night Shift*, *Mr. Mom* und Burtons *Beetlejuice* schon einen Namen gemacht hatte.

Kim Basinger als Fotoreporterin Vicki Vale trug ihren Sex Appeal, sonst aber nicht sehr viel bei. Für den Joker hatte man von Anfang an Nicholson im Visier gehabt. Guber war beim Wunder von *Easy Rider* dabeigewesen und vertraute fest auf Jacks Publikumswirksamkeit.

Zwanzig Jahre hatte Jack darauf warten müssen, jetzt konnte er die Lektion, die er hinter den Kulissen mit den Monkees gelernt hatte, endlich zu gutem Effekte umsetzen. Für seinen schauspielerischen Beitrag als Joker bekam er seinen aktuellen Tarif – sechs Millionen Dollar. Aber der Deal enthielt auch noch eine prozentuale Beteiligung an allen Lizenzen und Nebenprodukten. Es gab praktisch hunderte von Lizenznehmern: vom T-Shirt und Batman-Becher bis zum motorisierten Batmobil für 150 Dollar. Dazu mußte man noch die Einnahmen »am Ende« rechnen – Fernseh-Ausstrahlungen, Videorechte, Auslandslizenzen, eine Zeichentrickserie und möglicherweise weitere Folgen.

»Jack ist als Vertragspartner genauso schwierig wie alle anderen Leute in Hollywood«, erinnert sich Guber. »Er hat einen unerschütterlichen Glauben an seinen eigenen Wert, der sich auch über die Jahre bestätigt hat. Aber dann kauft man mit ihm ja jemanden ein, der ein Publikum aus den sechziger, siebziger, achtziger und neunziger Jahren mitbringt.«

Burtons Konzept für den Film lehnte sich stark an Frank Millers 1986 erschienenen bildhaften Roman »Batman: The Dark Knight Returns« an. Mit Hilfe des Kameramanns Roger Pratt, des Production Designers Anton Furst (und meisterhafter Musik von Danny Elfman) schuf er ein Gotham City, das teils Vergnügungspalast, teils Albtraum war, eine moderne Version von Fritz Langs *Metropolis*. Seine grandiose Vision blähte den ohnehin schon gewaltigen Etat zu zitierten 40 bis 57 Millionen Dollar auf.

Nicholson, der ja schon als kleiner Junge begeistert Comics gelesen hatte, brachte seinen Enthusiasmus für den Film dadurch zum Ausdruck, daß er an seinem eigenen Text herumbastelte. Er setzte sich mit dem Ko-Autoren Warren Skaaren zusammen. »Ich warf eine Zeile von Nietzsche ins Gespräch«, erklärte der, »und Jack nahm sie sofort auf und warf dann seinerseits ein Zeile von Nietzsche ein.«

Die Erkennungszeile: »Schon mal im blassen Mondlicht mit dem Teufel getanzt?« stammt allerdings von Nicholson, nicht von Nietzsche. »Das frage ich meine Opfer immer«, meinte er in einem Interview. »Mir gefällt einfach der Klang.« (Die Zeile war eng verwandt mit George Hansons »Schon mal mitten in der Nacht mit nem Ochsenfrosch geplaudert?« aus *Easy Rider*.)

Beim Gespräch mit Bob Kane, dem Schöpfer des »Batman«-Comics, erfuhr Nicholson, daß der Joker an eine Figur angelehnt war, die Conrad Veidt 1927 in dem Film *The Man Who Laughs* gespielt hatte. Veidts Figur hatte ein permanentes Grinsen auf dem Gesicht, weil ihm jemand als kleinem Jungen die Wangenmuskeln durchgeschnitten hatte. Nicholson stöberte den Stummfilm mühsam auf und sah ihn sich an, um Hinweise auf seine Rolle zu bekommen.

Für einen Schauspieler, der sich sonst eher auf einfache Hilfsmittel (wie den Nasenverband in *Chinatown* oder das unter die Oberlippe gestopfte Seidenpapier in *Prizzi's Honor*) verließ, waren das Make-up und die körperlichen Veränderungen, die dieser Film forderte, radikal. Nachdem man den Joker in ein Faß mit giftigen Chemikalien geworfen hat, taucht er mit einem weißen Clownsgesicht und quietschgrünem Haar wieder auf. Der violette Smoking in Überweite ist ein weiteres Zirkus-Accessoire. Das ganze sah verwegen und aufregend aus.

Nicholson entschloß sich bewußt dazu, den Joker »wie im Kurzschluß« zu spielen. »Ich hab einfach alles gemacht, was mir so in den Sinn kam.« Nachdem man den Erzbösewicht in den Schlamm gestürzt hat, erfährt er, daß er für sein Leben gezeichnet sein wird. Da griff Jack der Joker auf einen alten Trick aus der Jeff-Corey-Schule zurück: Er wählte die bizarre Möglichkeit. »Zuerst denkt man, daß er weint; aber in Wirklichkeit lacht er.«

Für die hochgeschraubte Zirkus-Gage schraubte er auch seine Leistung auf Zirkus-Maximus-Niveau herauf. In mancher Beziehung war es Neuland für ihn, in anderer Beziehung die absolute Überhöhung seines Stils. Was könnte respektloser und Sixties-schriller sein als sein Zug durchs Museum, bei dem er im Vorbeigehen boshaft die Meisterwerke mit dem Messer aufschlitzt? Vielleicht war es wirklich der entscheidende Augenblick im amerikanischen Film der achtziger Jahre: Jack als Joker schwingt das Tanzbein zur Musik von Prince.

Kaum ein Film wurde vor seinem US-Start (Juni 1989) so sehnlich erwartet. Kein Film in der Geschichte Hollywoods hatte bis dahin gleich am ersten Wochenende solche Kasseneinnahmen zu verzeichnen. *Batman* füllte die Säle, viele Fans sahen ihn sich mehr als einmal an, und sogar die hartgesottensten Kritiker wurden weich. Tim Burtons Gotham City war brutal, brütend, schrill, die Hölle. Keatons Batman war fesselnd (viele Kritiker lobten seine wache Darstellung über den grünen Klee). Aber was den Film mit vielen unvergeßlichen Augenblicken am Leben hielt, das war Nicholsons Energiebündel – höhnisch und herausfordernd, mit quecksilbrigem Lachen und eleganten Tanzfiguren über den Dächern.

Alles in allem spielte *Batman* weltweit 425 Millionen Dollar ein. Wenn man daraus Jacks prozentuale Bruttobeteiligung und die Lizenzanteile berechnete, schätzte einer der Warner-Chefs, daß der Inhalt von Nicholsons letzter »Lohntüte« wohl irgendwo zwischen 30 und 90 Millionen Dollar gelegen haben müßte. Glaubwürdigen Berichten zufolge enthielt diese Lohntüte dann 60 Millionen Dollar.

Während Jacks Grinsen in *Batman* so breit wurde wie die Brooklyn Bridge, ging seine Beziehung zu Anjelica Huston traurig zu Ende.

Die Romanze mit Anjelica war immer schon eine aufrichtige Farce gewesen. Aufrichtig, weil Jack an sie glauben wollte (er hat einmal ihre Liebe für »ewig« erklärt, wie die Liebe zwischen Sartre und de Beauvoir). Eine Farce, weil es andere Frauen in seinem Leben gab, ständig, und weil er schon lange jegliche konventionelle Vorstellung von Liebe und Ehe weit hinter sich gelassen hatte.

Als der Bruch offensichtlich war, kamen seine Freunde nur zu bereitwillig mit der anderen Seite der Medaille an, mit Obduktionsberichten, die so düster waren, wie einmal die Prognosen sonnig gewesen waren. »Es herrschte eigentlich immer ein Grundton von Hoffnungslosigkeit (in der Nicholson-Huston-Beziehung)«, meinte Bob Rafelson.

Die Farce begann gegen Ende Oktober 1989 zu bröckeln, als die ersten Hefte der Dezemberausgabe von »Playboy« an den Kiosken erschienen. Eine von Nicholson Geliebten hatte sich entschlossen auszupacken, dem »Playboy« alles zu erzählen. Die 28jährige Britin Karen Mayo-Chandler, Rotschopf, ehemaliges Model (91-58-86) aus »Vogue« und »Harper's Bazaar«, sowie Teilzeit-Schauspielerin, deren Schauspielerfahrung unter anderem aus einer Hauptrolle in einem Roger-Corman-Streifen (*Stripped to Kill II*) bestand, packte über ihre Zwölf-Monats-Affäre mit Nicholson aus.

»Er mag Spaß und Spiele im Bett, all die echt geilen Sachen, die mich total anmachen, Züchtigung, Handschellen, Peitschen und Polaroid-Fotos. Ein bißchen so wie der Joker, würde ich sagen; was er sich so unter sexy vorstellt: blaue Satin-Boxer-Shorts und phosphororange Socken und mich dann mit dem Ping-Pong-Schläger durchs ganze Zimmer hetzen.«

In der guten alten Zeit hatten die Enthüllungen über Filmstars an der Tür der Presse-Abteilung eines Studios aufgehört. Ganz sicher aber an der Schlafzimmertür. Aber Nicholson hatte sich das alles selbst zuzuschreiben. Er hatte seine Interviews immer als eine Gelegenheit angesehen, die verklemmten, eng abgesteckten Grenzen des Journalismus in Frage zu stellen. Jetzt belebten seine ganz und gar nicht jugendfreien Bettgeschichten die Klatschspalten der Nation.

Wie sich herausstellte, hatte sich der kleine katholische Bub aus New Jersey zu einem jungenhaft verspielten Bettgesellen gemausert. Der Spitzname, den Mayo-Chandler für ihn hatte, war »Spanking Jack«.

»Ich war wirklich in Jack verliebt, und er hat mich in unserer gemeinsamen Zeit wie eine Prinzessin behandelt. Champagner und Blumen von morgens bis abends. Und dann hat er mich Nacht für Nacht stundenlang geliebt. Welches Mädchen hätte da widerstehen können? Er ist kein egoistischer Liebhaber, wie so viele Männer, die nur auf ihre eigene Befriedigung aus sind. Keiner, und ich meine wirklich keiner, kann sich mit Jack im Bett messen. Er sollte wirklich ein Buch drüber schreiben: ›Wie man mit einer Frau Liebe macht‹ von Jack Nicholson.«

Mayo-Chandlers Bericht zufolge hatten sie sich auf den Pisten von Aspen kennengelernt und viele Monate lang eine heimliche Affäre miteinander gehabt, von der Anjelica Huston nicht das geringste ahnte. Bis zur Nacht vor John Hustons Begräbnis, wo er sie in sein Haus bat, und »ich mich fragte, warum er nicht Anjelica tröstete, anstatt mit mir Liebe zu machen«.

Jack hatte (laut Mayo-Chandler) geheime Bett-Gewohnheiten – genau wie die »Geheimnisse«, die er immer bei seinen Figuren suchte. So aß er im Bett Brote mit Erdnußbutter und Marmelade, um bei Kräften zu bleiben. Und das Model wußte auch zu berichten, daß er »ein sehr lauter Liebhaber war, wenn er einmal richtig in Fahrt gekommen war, ein echter Stöhner, und daß er es gern mag, wenn man ihn lauthals anfeuert. Aber das Merkwürdigste ist doch, daß er es schafft, alle seine Haare endlos lang zu Berge stehen zu lassen. Ich habe nie verstanden, wie er das gemacht hat. Als hätte man ihm einen Elektroschock versetzt!«

Vielleicht hätte Anjelica diese öffentliche Verirrung übersehen können (obwohl »ein Artikel über Jacks sexuelle Großtaten auf dem Gabentisch nicht gerade meine Vorstellung von einem tollen Weihnachtsgeschenk ist«, wie sie sich bei Freunden beschwerte). Nicholson gab sich redlich Mühe, erklärte die Enthüllungen im »Playboy« als »Nicht-Ereignis«, auch wenn »sie mir ein paar Probleme mit Miss Huston gemacht haben«.

Es sollte aber noch schlimmer kommen: Später im Oktober 1989 folgte eine Pressemitteilung in Zeitungen und Klatschspalten, daß Nicholson eine seiner Geliebten geschwängert hätte, ein unbekanntes ehemaliges Model namens Rebecca Broussard, halb so alt wie er, ganze 26 Jahre. Broussard datierte die Empfängnis auf Juli 1989.

Broussard wollte das Kind. Nicholson war gegen Abtreibung. Wie anders? War er doch selbst ein unerwünschtes Baby gewesen. Vielleicht hatten seine mittleren Jahre und all diese Filme über die Vaterschaft auch ihre Spuren hinterlassen. Jack wollte das Baby auch.

»Wie haben Sie Anjelica beigebracht, daß Rebecca und Sie ein Kind bekommen würden?«, fragte die Journalistin Nancy Collins in einem sehr aufrichtigen Interview.

»Als erster, und persönlich.«

»War es schwer?«

»Eigenartigerweise nicht«, antwortete Nicholson phlegmatisch. »Klar war es eine harte Sache, aber Menschen mit Tiefe und Integrität kämpfen nicht gegen Dinge, die einmal als Fakten existieren. Und wie gesagt, Anjelica ist einfach makellos. Das weiß niemand besser als ich, das ist einfach eine Tatsache.«

»Wie hat sie reagiert?«

»Nicht übertrieben schrill oder anspruchsvoll oder irgendwie negativ. Da ist sie mir ziemlich ähnlich. Wo Klarheit herrscht, gibt es keine Wahl; wo es eine Wahl gibt, da gibt es Unglück. Zwischen ehrlichen Menschen gibt es keine politischen Positionen. Ich will keine Einzelheiten erzählen, aber sie hat jedenfalls glänzend reagiert.«

Jacks Lehrsatz: Wo es eine Wahl gibt, da gibt es Unglück. Daraus leitete er die logische Folge ab: Wenn nur die Neuigkeit nicht so ... öffentlich geworden wäre und unbarmherzig Klarheit gefordert hätte.

»Sie (Anjelica) wußte, daß es eine andere Frau und ein Baby gab«, erzählte Nicholson der Zeitschrift »TV Guide«, »und auf einmal war es alles an der Öffentlichkeit, und die Privatsphäre und die Intimsphäre waren dahin.« Laut »TV Guide« sagte er das mit beinahe wehmütiger Stimme.[1]

Der Bruch zwischen Huston und Nicholson hatte sich schon lange angedeutet, und vielleicht war er auch unausweichlich, seit Anjelica ihrer Karriere immer mehr Zeit und Energie widmete. Nicholson behauptete zwar stets daß er ihre Karriere förderte, aber in unbedachten Augenblicken gab er doch auch immer wieder zu, daß eine Beziehung zwischen zwei Top-Stars nicht gerade seiner Vorstellung von häuslicher Harmonie entsprach.

Einige Leute dachten, daß Jacks Äußerungen zu Anjelicas Karriere keineswegs eindeutig gewesen waren. Nachdem man ihr einen Oscar für *Prizzi's Honor* verliehen hatte, bewarb sie sich vergeblich um eine Rolle in *The Witches of Eastwick* – die Rolle, die sie nicht bekam, wurde dann schließlich von Cher gespielt. »Ich war betroffen darüber, denn ich hatte ja gerade einen Oscar bekommen«, erzählte Anjelica Huston der »New York Times«. »Und das gab mir das Gefühl, der Gedanke, daß ich mich nun nie wieder beweisen müßte, wäre zumindest eine Illusion.«

Die Entscheidung erscheint um so eigenartiger, als einer der Produzenten von *The Witches of Eastwick* Don Devlin war. Man

1 Der offizielle Grund für das Interview in »TV Guide« war, daß Nicholson erklären wollte, warum er nicht im Fernsehen auftrat. Das Gespräch geriet etwas vom Thema ab. »An diesem brütend heißen Nachmittag«, berichtet die Schreiberin, »sprach er darüber, wie die Hitze seinen Sexualtrieb anfeuert, und erzählte mir, daß er nichts daran findet, wenn eine Frau gelegentlich übers Knie gelegt werden will.«

hätte meinen können, daß Nicholson einigen Einfluß auf die Sache gehabt hätte. Und man konnte sich wirklich fragen, wieso jemand Cher den Vorrang vor Anjelica Huston geben konnte, besonders nach *Prizzi's Honor* und dem Oscar.

Ja, er hatte die Schauspielerin in dem irrigen Glauben bestärkt, daß er ihretwegen monogam werden könnte, gab Nicholson zu. Aber er wurde ganz wütend, wenn man andeutete, er hätte Anjelica irgendwie beruflich Steine in den Weg gelegt.

»Ich weiß wirklich nicht, ob Miss Huston tatsächlich dran glaubt oder nicht, daß ich sie beruflich unterdrückt habe«, erzählte Nicholson in seinem Interview mit Nancy Collins, »aber mit den Jahren ist das Teil ihres Publicity-Repertoires geworden. In mir sträubt sich alles bei dem Gedanken, daß ich sie je unterdrückt hätte oder daß ich die Karriere dieser Frau verhindert haben soll. In Wirklichkeit war ich es, und nicht ihr Vater oder ihre Freunde, der sie dabei unterstützt hat. Ich habe dieser undisziplinierten jungen Frau die Richtung gewiesen und sie ermutigt, ernsthaft Schauspielunterricht zu nehmen. Und in meinem Film *The Postman Always Rings Twice* hatte sie ihre erste gute Rolle, eine kurze, aber spektakuläre Rolle, von der ich genau wußte, daß sie für sie den Effekt haben würde, der sich dann auch einstellte. Das gleiche gilt für *Prizzi's Honor* und von da an immer wieder. Und dann meine Ratschläge. Hören Sie, mich kann man nicht als Karriereberater anheuern, aber glauben Sie mir, viele Leute würden das liebend gern tun.«

Zweifellos hat der Tod von John Huston ihre Beziehung auf eine harte Probe gestellt. Anjelicas Vater starb am 28. August 1987 im Alter von 81 Jahren in einem gemieteten Haus mit Blick auf Newport Harbor, Rhode Island. Huston arbeitete gerade beim Regiedebüt seines Sohnes mit, *Mr. North.* Das Begräbnis im kleinsten Kreis fand im Hollywood Memorial Park statt. Jack begleitete Anjelica und weinte unverhohlen.

Die Regenbogenpresse berichtete, daß der Regisseur aus dem Goldenen Zeitalter Hollywoods auf dem Totenbett Jack mit feierlichem Schwur verpflichtet hatte, seine Tochter zu heiraten. Vielleicht war es wirklich so. Huston und Nicholson hätten diese Szene spielen können, im vollen Bewußtsein (denn sie waren so gewiefte alte Profis), daß diese Art pathetische Rede kurz vor

Toresschluß sowieso auf dem Boden des Schneideraums landen würde.

Nach den Entdeckungen über Rebecca Broussards Schwangerschaft gingen die Zeitungsbericht hin und her. Vielleicht würden Anjelica und Jack trotz alledem zusammenbleiben. Vielleicht würde sich Anjelica von Jack trennen, aber eine gute Freundin bleiben – wie eine Schwester. Vielleicht würden sich Anjelica und Jack entzweien und nie wieder ein Wort miteinander reden.

»Anjelica wird das nie begreifen, aber sie ruft mich nie an«, erzählte Nicholson Nancy Collins. »Immer rufe ich sie an. In den zwanzig Jahren, die ich sie kenne, hat sie mich vielleicht achtmal von sich aus angerufen. Das war eine Seite unserer Beziehung, daß immer ich den Kontakt aufrechterhalten habe. So ist sie eben. Da können Sie alle ihre Freunde fragen. Anjelica ruft einfach nicht bei Leuten an.«

»Geht sie denn dran, wenn Sie anrufen?«

»Oh ja. Aber ich würde ihr nicht hinterherlaufen und sie anrufen.«

Sie rief nicht an, und er lief ihr nicht hinterher und rief an. Sie brach die Verbindung zu Nicholson völlig ab. Die Dame mit Tiefgang und Integrität ließ diese Zeit ihres Lebens hinter sich zurück. Im Gegensatz zu Nicholson erwies sich Anjelica Huston in Interviews als ziemlich umsichtig: Sie käute nicht in aller Öffentlichkeit die Fehler wieder, die sie in ihrer früheren Beziehung zu Nicholson gemacht hatte. Und innerhalb der nächsten paar Jahre heiratete sie jemanden, der überhaupt nichts mit der Filmindustrie zu tun hatte, den prominenten Bildhauer Robert Graham aus Los Angeles.

Es war nicht ganz klar, wie lange Nicholson Rebecca Broussard gekannt hatte. Und es wurde auch in den weiteren Berichten über das Paar nicht viel klarer. Jack hatte allerdings in den achtziger Jahren die Models aufgegeben und zog mehr mit jungen Schauspielerinnen oder Möchtegern-Schauspielerinnen herum (wenn er als Regisseur arbeitete, war er imstande, von einer Schauspielerin, die im Film irgendwann einmal ein bißchen Haut zeigen sollte, bei den Tests Nacktaufnahmen zu verlangen). Broussard gehörte ganz entschieden in die Möchtegern-Kategorie.

Ein Bericht beschreibt sie als Cocktail-Kellnerin, die Nicholson in Hollywood in einem Nachtklub namens Helena's (wie Kallianiotes) getroffen hatte. Ein anderer wollte wissen, daß Broussard 1985 nach Los Angeles zog, nachdem sie Nicholson dazu angeheuert hatte, in der ersten Runde von *The Two Jakes* seine Sekretärin zu spielen. 1987 heiratete sie den Schallplattenproduzenten Richard Perry, einen der Rock-Musik-Produzenten (neben Terry Melcher, Lou Adler, Phil Spector und Quincy Jones), die zu Jacks Kreis gehörten. Die Ehe hielt zwei Jahre. Broussard und Nicholson hatten sich schon lange gekannt, vor und nach dieser Ehe. »Rebecca und ich hatten gemeinsame Freunde. Ich hab sie oft gesehen«, gab Nicholson zu.

Eine ihrer gemeinsamen Freundinnen war Nicholsons Tochter Jennifer aus der Ehe mit Sandra Knight, die so alt war wie Rebecca, 26 Jahre. Jennifer war nach Los Angeles gezogen, wo ihre Mutter, die von Hawaii pendelte, einen Versuch machte, als Drehbuchschreiberin unterzukommen. Jennifer spielte mit dem Gedanken an eine Filmkarriere (und sie nahm auch Schauspielunterricht bei Jeff Corey). Jack und Sandra standen auf freundschaftlichem Fuß, und Jack hat der Presse oft erzählt, wie nah er seiner Tochter war.

»Als Jennifer von der Schwangerschaft erfuhr, war sie natürlich ein bißchen verstört«, erklärte Nicholson in »Vanity Fair«. »Rebecca hat es ihr erzählt. Ich bin mir nicht sicher, ob sie überhaupt wußte, daß Rebecca und ich ein Verhältnis hatten. Jedenfalls hat mich Jennifer angerufen, und wir haben ausführlich darüber gesprochen. Wir hatten ein gutes Gespräch. Und dann hat sie mit ihrer Mutter gesprochen. Ihre Mutter ist eine tolle Frau. Sie hat nur gesagt: ›Na gut, Jennifer, du mußt das Ganze als einen willkommenen Zuwachs zu unserer Familie sehen. Punkt.‹ Jennifer hat sie sofort verstanden.«

Rebecca Broussard war in Kentucky aufgewachsen, und man hatte sie »aus der University of Louisville herausgepflückt, um sie in New York zum Model zu machen«, wie ein bewundernder Artikel in der Zeitschrift »Life« es formulierte. Ihre einzige Erfahrung als Schauspielerin waren bisher winzige Rollen und Werbespots gewesen. »Life« beschreibt sie weiter als »warmherzig, natürlich und verträumt schön, eine Lady mit zerzaustem, wie aus Licht gesponnenem Haar, himmelblauen, goldgesprenkelten Augen und genau der Art von durchsichtigem Teint, den man nicht in der Tube kaufen kann«.

»Sie ist ein guter Geist, sie ist großherzig, sehr seelenvoll, eine liebevolle Person«, wird Nicholson in »Life« zitiert. »Und was für uns Männer natürlich viel wichtiger ist – sie ist wunderschön.«

Anjelica und Jennifer und wahrscheinlich viele mit ihnen verstanden das sofort. In mehr als einem Interview erklärte Nicholson, wie glücklich er wäre, bedeutete er, wie er sich darauf freute, Vater zu werden, bestand er darauf, bis über beide Ohren in Rebecca Broussard verliebt zu sein.

Die Presse hatte mit Jack eine Art Einverständnis erreicht. Mit der Zeit hatte er bewiesen, daß er ein »großer Mann« war, und sie hatten sich mittlerweile daran gewöhnt, ihn zu akzeptieren, mit allen seinen Widersprüchen, Verrücktheiten und überhaupt. Man stand seinen Problemen mit Sympathie gegenüber, betrachtete seine Pläne mit Optimismus und war eher fasziniert davon, was er mit seinem erstaunlichen Leben anstellte, als daran Kritik zu üben.

Er hatte die hohen Wogen seiner traurigen Berühmtheit überstanden und in den Augen der Presse an Statur gewonnen. Manchmal wurde er sogar als »erstaunlich hochgewachsene« Person beschrieben (in der »Sunday Times«), und inzwischen gehörte es beinahe schon zum guten Ton, auf seine »legendäre sexuelle Anziehungskraft« Bezug zu nehmen. Jack konnte sich äußern, wozu er auch wollte – AIDS als Produkt der unterdrückten Sexualität der Reagan-Ära, als von den Medien gestützte und vom Druck der Gesellschaft geförderte Verschwörung zur Förderung puritanischer Moralvorstellungen –, man nahm ihn immer ernst.

Irgend jemand hat ihm einmal in der Presse den Spitznamen Mr. Hollywood gegeben. Manchmal, so sagte er, fühlte er sich weit bedeutender als Mr. Hollywood, mehr als eine Art Bürgermeister der Welt.

Die amerikanischen Filmkritiker (ein kleiner, aber lauter Verein im Presse-Dschungel) hatten Nicholson mindestens genauso in ihr Herz geschlossen. Manchmal äußerten sie Skepsis, aber im großen und ganzen unterstützten sie die Unternehmungen des Schauspielers. Ganz gewiß galt Nicholson als der Top-Star in den amerikanischen Filmen der siebziger Jahre. In einer Umfrage der Zeitschrift »American Film« bei 54 Filmkritikern, die für führende amerikanische Zeitungen und Zeitschriften schrieben, wurde Nicholson auch als Top-Star der achtziger Jahre ermittelt.

Al Pacino und Warren Beatty hatten einige bemerkenswerte Mißerfolge einstecken müssen und sich beinahe das ganze Jahrzehnt drehfrei genommen. Dustin Hoffman hatte zehn sehr produktive Jahre hinter sich, leicht getrübt durch seinen Big-Budget-Flop *Ishtar* (an der Seite von Warren Beatty). Robert De Niros Film *Raging Bull* hatte mit sicherem Abstand (25 von 54 Stimmen) den Titel Bester Film der achtziger Jahre erworben, und De Niro war auch noch mit drei anderen Filmen in den Top 20 des Jahrzehnts gelandet: *Once Upon a Time in America* (Platz 8), *The King of Comedy* (Platz 10) und *Brazil* (Platz 20). Vergleichsweise hatte Nicholson nur mit zwei Filmen einen Platz unter den ersten 20 ergattert: mit *Prizzi's Honor* (Platz 9) und *Terms of Endearment* (Platz 18)[1].

Aber die Kritiker erwähnten anerkennend, wie produktiv Nicholson gewesen war (noch fleißiger als Dustin Hoffman), und daß er eben in den achtziger Jahren drei absolute Tophits gelandet hatte (*The Shining*, *Terms of Endearment* und *Batman*), mit denen er De Niro an den Kinokassen den Rang abgelaufen hatte.

Die Abstimmung über den Besten Schauspieler des Jahrzehnts war eine knappe Angelegenheit. 16 Kritiker nannten Nicholson. Damit übertrumpfte er De Niro, für den sich in der Umfrage von »American Film« nur 15 Kritiker entschieden hatten. Weder De Niro noch Hoffman verfügten über Jacks Ausstrahlung des Mannes aus dem Volk.

Das Projekt *The Two Jakes* war nicht totzukriegen. In den verschiedenen Streitsachen vor Gericht waren Versprechungen ge-

1 Auch in der etwas elitärer angelegten Umfrage der Zeitschrift »Premiere« lagen De Niro und Nicholson Kopf an Kopf. Hier hatte Nicholson zwei Filme unter den ersten 20 – *Terms of Endearment* auf Platz 10 und *Prizzi's Honor* auf Platz 17 – und einen Beinahe-Hit mit *The Shining* auf Platz 21. Vergleichsweise brachten es drei De-Niro-Filme in die Top 20: *Raging Bull* auf Platz 1, *Once Upon a Time in America* auf Platz 16 und *The King of Comedy* auf Platz 18.

macht worden, und zerbrochene Freundschaften mußten wieder geflickt werden. Es blieb das nagende Gefühl zurück, daß die Fortsetzung von *Chinatown* eine unerledigte Angelegenheit war. Nicholson glaubte, seine eigenen ehrgeizigen Pläne für die Regie ausleben und als führender Kopf *The Two Jakes* durchziehen zu können. Er würde jeden giftigen Angriff, der je im Zusammenhang mit *Drive, He Said* und *Goin' South* geschrieben worden war, vollständig auslöschen, wenn es ihm gelingen würde, als Regisseur eine erfolgreiche Fortsetzung zu einem seiner größten Filme auf die Beine zu stellen. Samuel G. Freedman schrieb 1990 in der »New York Times«: »In den 16 Jahren seit dem Start von *Chinatown* hat sich dieser Film noch weiter entwickelt, als es die glänzenden Kritiken und die elf Oscar-Nominierungen hätten erwarten lassen. Er hat sich einen Platz unter den wenigen amerikanischen Filmen erobert, die man ohne Übertreibung literarisch nennen kann.«

Nicholson behauptet in Interviews, er hätte die Regie von *The Two Jakes* erst übernommen, nachdem sich jede andere Möglichkeit erschöpft hatte (inklusive Anfragen bei Polanski, Nichols und Bertolucci). »Wenn ich nicht Regie geführt hätte, wäre der Film gar nicht gemacht worden. Das ist der Hauptgrund, warum ich's gemacht habe. Punkt.«

Seit den gescheiterten Produktionsplänen früherer Jahre hatte Nicholson viel Zeit und Energie darauf verwandt, die Beziehungen zu den beiden Bobs wieder auf die Reihe zu kriegen. Robert Evans' Karriere war zum Stillstand gekommen. Die polizeilichen Nachforschungen im Zusammenhang mit dem Mord an dem Playboy und Impresario Roy Radin, einem der 1984 im Hintergrund von *The Cotton Club* tätigen Finanziers, hatten dem Ruf des Produzenten großen Schaden zugefügt. *The Cotton Club* war auch der letzte Film, den der früher uneingeschränkte Herrscher der Paramount-Produktionen noch durchziehen konnte.

Evans bedauerte auch seine Fehlentscheidungen während der Streitereien um *The Two Jakes* im Jahre 1985. »Wenn ich so zurückblicke«, erzählte er nachdenklich, »dann hätte ich vor vier Jahren nachgeben sollen, aber dazu war ich zu wütend.«

Nicholson war Evans während dieser Pechsträhnen immer loyal zur Seite gestanden. Einmal sah sich Evans gezwungen, sein

Haus zu verkaufen, eine Villa im Regency-Stil mit Tennisplätzen und Swimmingpool. Nicholson liebte dieses Haus, wo er oft Tennis gespielt und sich Vorpremieren von Filmen angesehen hatte. Er trat in Aktion. Im März 1989 flog er nach Monte Carlo und traf sich dort mit dem Immobilienmakler, der das Haus gekauft hatte. Jack schaffte es, das Anwesen für Evans wieder zurückzubekommen.

Gleichzeitig hatte Nicholson auch versucht, mit Towne ins reine zu kommen. Dessen Karriere war stur unkonventionell geblieben. Seit den ersten Vorbesprechungen für *The Two Jakes* hatte Towne einen zweiten Film geschrieben und als Regisseur betreut. *Tequila Sunrise* war ziemlich gut, schlug aber keine großen Wellen. Früher einmal wäre der zynische Polizist aus Los Angeles, den Kurt Russell darin spielt, ganz offensichtlich für Nicholson in Frage gekommen. »Kurt hat die Bogart-Rolle: er verliert das Mädchen, rettet seinen Freund, und er hat im Film das letzte Wort«, meint Towne.

Während einer Durststrecke hatte Towne noch einmal versucht, *The Two Jakes* mit einem anderen Star in der Rolle des J.J. Gittes (mit Harrison Ford oder Roy Scheider) zu lancieren, und mit Dustin Hoffman als zweitem Jake. Diese schlechte Idee wurde zum Glück nie in die Wirklichkeit umgesetzt. Doch nun war das alles vergessen. Towne und Evans zeigten sich empfänglich für Nicholsons Annäherungsversuche – genausosehr der Not gehorchend wie einer persönlicher Schwäche nachgebend.

Es wurde eine neue Produktions-Gruppierung gebildet: die 88 Production Company, an der auch Paramount beteiligt war. Evans sollte als Produzent fungieren, Harold Schneider als Ko-Produzent. Nicholson würde für fünf Millionen Dollar seinen Starauftritt hinlegen und zum Gewerkschaftstarif Regie führen. Einer für alle und alle für einen, das gab's nicht mehr: Towne würde sich bescheiden müssen, als »bloßer Drehbuchschreiber«.

Harvey Keitel, ein Überlebender aus den ersten Planungen für *The Two Jakes*, schaffte einen Aufstieg im Ensemble: Jetzt würde er den Part des Jake Berman übernehmen, der privat und beruflich von seinem Partner übers Ohr gehauen wird. Berman ertappt seinen Partner in flagranti, schießt ihn nieder und löst so ein verzwicktes Gewirr von Ereignissen aus, die schließlich J. J. Gittes wieder in die Geheimnisse der Vergangenheit verstricken (und in Erinnerungen an *Chinatown*). Die lange Indizienkette erstreckt sich bis hin zu einem ruchlosen Ölmagnaten und seiner gewalttätigen Verhunzung der Landschaft.

Meg Tilly sollte Jake Bermans Frau spielen, die »Schwester-Tochter« von Evelyn Mulwray, deren wahre Identität aber nicht enthüllt wird. Madeleine Stowe war als die traurige Sexbombe, die Ehefrau des toten Partners, vorgesehen. Den Ölmagnaten, der starke Anklänge an Noah Cross hatte, wollte man von Richard Farnsworth darstellen lassen.

Hinter den Kulissen feierten Freunde, Familie und Geliebte ein frohes Wiedersehen. Jennifer, die sich inzwischen zu einer mittelgroßen Blondine mit blauen Augen gemausert hatte und sowohl ihrer Mutter als auch Jack glich, wurde als Assistentin des Production Designers angeheuert. Rebecca Broussard, die zukünftige Mutter des nächsten Nicholson-Sprößlings, sollte die Sekretärin von J.J. Gittes spielen.

(»Wenn ich Regie führe, lege ich die Wurzeln für die Rollen tief an«, erklärte Nicholson der »New York Times«, ohne eine Miene zu verziehen. »Ich habe allen Leuten gesagt, in welcher Beziehung sie zueinander stehen. Ich hab zum Beispiel meiner Sekretärin erzählt, daß ihr Verlobter im Krieg verschollen ist und in meiner Einheit war. Das sieht man natürlich auf der Leinwand nicht, aber es schafft ein emotionales Fundament und nimmt unserer Beziehung von vornherein jeglichen romantischen Aspekt.«)

Der Rest des Ensembles wimmelte nur so vor Schauspielern und Freunden, die Jack noch aus der guten alten Zeit bei Jeff Corey kannte. »Er vergißt Leute nicht, die er gekannt hat, ehe er berühmt wurde«, meint Tracey Walter, ein Stammgast in kleinen Rollen in Nicholsons Filmen. So zum Beispiel als Bob the Goon, die rechte Hand des Jokers in *Batman*.

Nicholsons Fahrer Paulie DeCicco, seine langjährige persönliche Assistentin Anne Marshall, Van Dyke Parks (der auch die Musik für den Film und für *Goin' South* geschrieben hatte) spielten kleine Rollen in *The Two Jakes*. Der alte Freund Bill Tynan mimte den Richter. John Hackett, Nicholsons Ersatzmann und Uraltfreund, war für den abtrünnigen Gatten Bodine vorgesehen, der gleich zu Anfang des Films ermordet wird. Und John Herman Shaner hatte eine Komparsenrolle als einer der Umzugsleute, die Berman dabei helfen, den Revolver zu verstecken, mit dem er schließlich seinen Partner umbringt.

Die Innenaufnahmen sollten meilenweit von Paramount entfernt in Tonstudios in Valencia gedreht werden. Für die Außenaufnahmen ging man in die Gegend von Ojai. Und für eine kurze Szene in J. J. Gittes' Residenz würde Nicholson sein eigenes Haus zur Verfügung stellen.

Wie gewöhnlich waren Nicholsons Vorbereitungen als Schauspieler und Regisseur umfassend. Er trug wie immer seine kleinen Karteikarten mit sich herum, auf denen Einzelheiten zu jeder Szene, zu den Kostümen und Requisiten, aber auch zum »Gefühlsinhalt« verzeichnet waren. Er hatte einige Feinheiten der Regie geplant, die das Publikum vielleicht gar nicht bemerken würde (so sollte das Design der frühen Szenen an Gemälde von Charles Sheeler erinnern, während spätere Sequenzen eher von Maynard Dixon beeinflußt waren), und er hatte einige unterschwellige Charakterzüge der Person eingebaut, die Parallelen zu seinem eigenen Leben aufwiesen.

»Was sich am Charakter geändert hat: Gittes war ursprünglich ein schneller Hecht, mit großer Klappe und schneidend scharfer Zunge«, meinte Nicholson in einem Interview, »aber genau wie Amerika ist er vom Krieg ganz schön angeschlagen, und deswegen geht er nicht mehr gleich in die Luft, ist er ein bißchen entspannter. Jetzt gehört ihm das Gebäude, in dem sein Büro liegt, und er ist Mitglied im Country Club. Er hat eine Verlobte, aber im Grunde beobachtet er, wie sich die neue Moral entwickelt, die sich ja inzwischen wieder um 180 Grad zum Anfang zurückgedreht hat. Denn so kurz nach dem Krieg steigt die Scheidungsrate ganz enorm, er sieht den ganzen Tag, wie unmoralisch andere leben, er glaubt fest an die Scheidung. Er glaubt nicht, daß eine Ehe ein Werk Gottes ist, und er denkt, daß er den Leuten eher hilft…«

Towne hatte das Skript für die Dreharbeiten gegen Ende 1988 abgeliefert. Nicholson forderte eine Neubearbeitung des Buches, das allgemein als »dicht und oft verwirrend« (so in der Zeitschrift

»American Film«) bezeichnet wurde. Zunächst kam man mit den Veränderungen gut voran. Der Dialog zwischen Nicholson und Towne war »eng, einfühlsam und kreativ« (so Nicholson in »Interview«), sie standen ständig in Verbindung, wenn auch hauptsächlich per Fax.

Aber die Dynamik des ersten *Chinatown* fehlte. Es fehlte ein Mann wie Polanski mit seinem scharfen Auge und feinen Gefühl für eine gut erzählte Story; es schien auch keinen Robert Evans mehr zu geben. Der hatte sich in seiner Villa vergraben (die er Nicholson verdankte) – wie das seinerzeit auch Bert Schneider gewollt hatte. Berts Bruder Harold war immer griffbereit, aber der war immer noch eher der Boß-Typ als ein kreativer Produzent, und in brenzligen Situationen stand er immer auf Jacks Seite.

Es gab also nur Bob und Jack, und wenn die beiden sich nicht einigen konnten, nur Jack. Jack hatte uneingeschränkt das Sagen. Wenn er glaubte, recht zu haben, war er ungeheuer unbeugsam – wenn er sich nicht entscheiden konnte, war es fast noch schlimmer, dann schien das Hin und Her kein Ende zu nehmen. Towne hatte schon das große Muffensausen, da wurde ihm ein anderer hochdotierter Job angeboten, das Skript für *Days of Thunder*, einen Film über Autorennen. Er nahm die Arbeit an und teilte seine Energien zwischen den beiden Projekten auf.

Als Mitte Juli 1989 die Dreharbeiten von *The Two Jakes* begannen, stieg Towne ganz auf das andere Skript um. Immer noch wollte Nicholson neue Änderungen haben und machte dann alles noch schlechter oder besser – manchmal war das schwer zu entscheiden –, indem er noch an Townes Änderungen herumbastelte. Wie immer schrieb Nicholson in letzter Minute um, noch in der Nacht vor dem Drehtag. Berichten zufolge blieb er manchmal bis fünf Uhr früh auf, schob Seiten hin und her, schnappte dann schnell drei Stunden Schlaf, und machte sich dann am nächsten Morgen mit völlig verpennten Augen an seine Arbeit als Regisseur.

Die Gespräche zwischen Nicholson und Towne wurden angespannt und immer seltener. Während der letzten Drehwochen verzog sich Towne dann nach Bora Bora, um sich intensiv dem Buch von *Days of Thunder* zu widmen. Typisch für Nicholson, daß er das als Desertion sah, während Towne nur einfach Jack und *The Two Jakes* von ganzer Seele satt hatte und glaubte, daß er alles getan hatte, was in seinen Kräften stand.

Anne Goursaud, die Cutterin von *The Two Jakes*, erzählte der Presse, daß sich Nicholson von Towne »im Stich gelassen« fühlte. »Sowas würde Jack sonst nie sagen. Er ist Ire, und da bringt man derlei nicht zum Ausdruck. Und doch möchte er, daß die Leute seine Gefühle kennen und berücksichtigen. Leider geht es in der Welt nicht immer so zu. Ganz besonders wenn man es mit einem anderen narzißstischen Ego zu tun hat, das die Sache aus seinem Blickwinkel betrachtet.«

Nicholson selbst hat sich in der Öffentlichkeit immer sehr bedeckt gehalten, wenn es um die Geschehnisse zwischen ihm und Towne ging. Er überließ es anderen, den Eindruck entstehen zu lassen, daß der Drehbuchautor ausgestiegen war. Auch Towne äußerte sich kaum zu diesem Thema. Als man für dieses Buch Kontakt mit ihm aufnehmen wollte, gab er über einen Mittelsmann zu verstehen, er hielte es nicht für fair, über Nicholson zu sprechen, während er sich noch so entfremdet von ihm fühlte.

»Man denkt, daß man seine alten Freunde kennt«, erzählte ein enttäuschter Towne in »Premiere«. »Man liest überall über sie, sie sind öffentliche Gestalten. Und sie sind enge Freunde, und ganz rasch wird einem dann klar, daß man mit ihnen höchstens einmal alle halbe Jahre ein paar Tage verbracht hat ... Man bekommt vielleicht ein irriges Gefühl der Vertrautheit, denn tatsächlich wird man ja indirekt genau wie die restliche Öffentlichkeit dauernd mit ihnen konfrontiert.«

Die gequälte Drehbuch-Saga und Nicholsons Reibereien mit Towne waren aber nur die Spitze des Eisbergs. Auch andere Probleme hinter den Kulissen von *The Two Jakes* waren für die stressige und manchmal geradezu düstere Atmosphäre verantwortlich.

Die Enthüllungen im »Playboy«, die Neuigkeit über Rebecca Broussards ungewollte Schwangerschaft, Jacks Trennung von Anjelica Huston, all das spielte sich noch während der Dreharbeiten zu *The Two Jakes* im Herbst 1989 ab.

Jack war schon von Anfang an übel gelaunt gewesen, und diese Laune verschlechterte sich nach den öffentlichen Enthüllungen über sein chaotisches Privatleben. Er war sich des Drucks bewußt, den er sich selbst damit aufgeladen hatte (und den er ganz allein schulterte), daß er einen Film vom Kaliber *Chinatowns* machen wollte, die maßgebliche Aussage: So ist Jack Nicholson.

Wieder einmal machten in Hollywood Gerüchte die Runde, daß er sich nach Feierabend seine Energie mit Drogen aufputschte. Manchmal, berichteten Leute, ging er beim Drehen plötzlich auf die Schauspieler los. Diese Temperamentsausbrüche zeigten besonders deutlich, wie groß die auf ihm lastende Spannung war, denn er spielte ja wirklich gerne und hatte Schauspieler immer mit großem Respekt behandelt. Die meisten Augenzeugen wissen von der dunklen Wolke zu berichten, die über dem Star und Regisseur zu hängen schien.

»Seine schon beinahe legendäre Leutseligkeit glitt von Zeit zu Zeit in Tobsuchtsausbrüche ab«, schrieb ein Beobachter von »The New York Times Magazine«.

»Mr. Nicholson kann mit einem Schnalzen seiner Stimme kochendes Wasser im freien Flug zu Eiswürfeln gefrieren lassen«, berichtete Aljean Harmetz von den Dreharbeiten.

»Die hartnäckige, unglückliche Stimmung, die diesen Film begleitet, geht tief«, meinte »Premiere«.

Seine Verzweiflung ist in vielen Szenen zu sehen: typisch in der Sex-Szene mit Madeleine Stowe. Sie ist höchst erregt, er lustlos und gelangweilt. Das Publikum sieht nur einen wenig enthusiastischen Gittes, wie er ihr Anweisungen gibt, sich vornüber zu beugen, damit er sie von hinten besteigen kann (der eigentliche Geschlechtsakt findet dann im Off statt).

Genausodeutlich ist das auch im Gespräch zwischen Gittes und Khan (James Hong) zu spüren, dem unerschütterlichen Diener der Mulwrays, der zusammen mit einigen anderen Figuren noch aus *Chinatown* übriggeblieben ist.

Khan fragt Gittes, ob er glücklich ist. »Oh, keine Ahnung«, antwortet der. »Wer kann das schon so aus dem Hut beantworten?«

Khan: »Jeder glückliche Mensch.«

Wieder einmal hatte sich Towne für das Ende seines Detektivfilms den außergewöhnlichen kalifornischen Schneesturm gewünscht, wie es ihn im Januar 1949 wirklich einmal gegeben hatte. Diese widersprüchlichen Bilder, ein Schneesturm in Los

Angeles, Passanten, die im Schnee herumtollen, wildfremde Menschen, die einander in die Arme fallen, sollte *The Two Jakes* eine »hoffnungsfrohe, versöhnliche Note geben« (so das »American Film Magazine«). Nicholson filmte die Szene und verwarf sie dann.

Ihm war überhaupt nicht nach Hoffnung und Versöhnung zumute. Statt dessen endet der Film mit Jake Bermans Krebskrankheit im Endstadium (einer der schlimmsten Befürchtungen Nicholsons), einem Erdbeben und einer Gasexplosion. Und mit einem noch von Nicholson selbst überarbeiteten deutlichen Wortwechsel zwischen Gittes und Kitty, der porzellanzarten Tochter Evelyn Mulwrays. Die fragt Gittes: »Geht das je weg? Die Vergangenheit?«

»Mein persönliches Lebensmotto für die achtziger Jahre war immer: ›Du kannst nicht weg‹«, erzählte Nicholson in Interviews. »Du kannst nicht weglaufen. Du kannst nicht mehr weg. Jemand wie ich jedenfalls ganz bestimmt nicht. Und ich hatte das nicht mal bemerkt, daß die letzte Zeile im Film dieses ›Geht das weg?‹ war. Das habe ich bestimmt Tausende von Malen zu meinen Freunden gesagt. Und letzte Woche fiel es mir wie Schuppen von den Augen. Das versuchst du ja als Künstler zu tun. Du bereitest den Boden für das Unterbewußte. Und hoffst, daß es einfließt und deine Arbeit beeinflußt.«

Die Dreharbeiten zu *The Two Jakes* wurden Ende Oktober 1989 abgeschlossen, »pünktlich auf die Minute und genau nach Plan«, wie Nicholsons optimistische Publicity in den Fachzeitschriften Hollywoods verlauten ließ.

Dann begann die altbekannte Quälerei mit dem Schnitt. Zusätzliche Szenen mußten gefilmt werden. Und wie gewöhnlich bei Jacks Regiearbeiten fehlte der rote Faden in der Geschichte beinahe völlig, und irgendwie mußte noch im Schneideraum eine Story zurechtgebogen werden.

Die Story war so verworren, daß man schließlich zu dem Schluß kam, *The Two Jakes* könnte nur durch einen Hintergrund-Erzähler noch etwas Zusammenhalt bekommen. Jack sollte die Geschichte im Voice-Over kommentieren. Trotz anderslautender Publicity hatte Jack nicht die geringste Lust, das zusätzliche Material zu schreiben. Statt dessen holte er einen freundlich gesonnenen Journalisten von einer überregionalen Zeitschrift, der seine eigene hartgesottene Prosa beisteuerte, die zwar sehr clever war (»In dieser Stadt bin ich der Leprakranke mit den meisten Fingern«), aber überhaupt nichts mit irgend etwas zu tun hatte, was Towne je geschrieben hatte.

Towne kam zu ein, zwei Vorführungen der Rohschnittfassung, dann hatte er das Gefühl, man hätte ihm Gewalt damit angetan, wie man sein »Baby« behandelt hatte, und er wollte mit *The Two Jakes* nichts mehr zu tun haben. Man machte weiter mit dem Schnitt, und weiter und weiter und weiter. Der angekündigte Start des Films wurde von Dezember 1989 auf Frühjahr 1990 verschoben, »was ihn aus dem Oscar-Wettbewerb herausnahm«, wie in einem Artikel in »Variety« berichtet wird, doch da war wohl wieder der Wunsch der Vater des Gedanken. Dann wurde bekanntgegeben, der Filmstart wäre auf unbestimmte Zeit verschoben.

Buchstäblich (er war im Film wieder einmal wenig schmeichelhaft gefilmt, mit dreißig Pfund Übergewicht) und bildlich schien eine Zentnerlast von Nicholson gefallen zu sein, als *The Two Jakes* im späten Frühjahr endlich fertig war und man einen Kinostart für Herbst 1990 festgelegt hatte.

Am 16. April 1990 brachte Rebecca Broussard im Cedars-Sinai Medical Centre um 6.35 Uhr Nicholsons Tochter (sechs Pfund, 600 Gramm schwer) auf die Welt. Die Wahl des Namens hatte großen persönlichen Symbolgehalt und hat enge Freunde sehr überrascht: Lorraine Broussard Nicholson, zu Ehren von Jacks »Schwester/Tante«.

Nicholson hatte den Vortag mit seinem alten Freund Don Devlin verbracht. Sie waren zu einem Spiel der Los Angeles Lakers gegangen, hatten sich dann im Haus von Robert Evans einen Film angesehen und waren gerade noch rechtzeitig wieder in Jacks Haus eingetroffen, um die ersten Wehen mitzubekommen.

»Jack war während der gesamten Geburt da (im Krankenhaus)«, erzählte Rebecca Broussard der Zeitschrift »Life«. »Ich hatte sechs Stunden lang Wehen, und ich dachte, ich sterbe. Aber er hat mich durchbekommen.«

»Jetzt habe ich einen neuen Hauptfokus für meine Aufmerksamkeit«, brüstete sich Nicholson gegenüber Nancy Collins. »Das trifft einen in meinem Alter viel elementarer, weil man sich nicht mehr so viel Streß macht. Nicht daß ich die Herausforderung eines Films nicht mehr genieße, aber wenn man da in so einer dämlichen Besprechung sitzt, dann ärgert sie einen um einiges mehr, weil man denkt, wie blöd man ist, daß man die Zeit nicht mit seinem Baby verbringt. Man ist sich seiner Sterblichkeit bewußter. Was ist, wenn ich morgen sterbe? Würde ich dann lieber sagen: ›Meine letzten Stunden habe ich bei einer Besetzungsbesprechung im Valley verbracht‹ oder ›Ich bin noch mal eine Viertelstunde zu ihr gegangen‹?«

Jack unterzog sich einer Flüssigkeitsdiät, er trank Diät-Shakes und unzählige Flaschen Evian-Wasser. Er konsultierte einen Arzt, weil er das Rauchen aufgeben wollte (länger als zehn, fünfzehn Minuten konnte er es ohne Zigarette nicht aushalten). Er redete darüber, auch Marihuana und andere Drogen aufzugeben. Und wirklich hat er kurze Zeit nicht geraucht und bei den anderen Drogen kürzergetreten. Er brüstete sich seinen Freunden gegenüber damit. Aber die Abstinenz hielt nicht lange vor. Er fing bald wieder an.

Rebecca und er fuhren mit dem Baby Lorraine nach Frankreich und verbrachten in Saint-Jean-Cap-Ferrat einen idyllischen Sommer. Dort schien Nicholson völlig entspannt, posierte mit Rebecca und Baby für die französischen Fotografen, obwohl er bis dahin dieses Privileg den Paparazzi in Hollywood nicht gewährt hatte.

In den USA kaufte und veröffentlichte die Fotos als erstes der »National Enquirer«, ein Supermarkt-Klatschblatt.

Gegen Ende des Sommers legte Nicholson einen Zwischenstop in Paris ein, wo man ihm im September als bisher letztem Amerikaner die hohe französische Auszeichnung für hervorragende künstlerische Leistungen, das Ordensband eines »Commandeur des Arts et Lettres« verlieh.

»Mit Ihren eckigen Augenbrauen, Ihrem ironischen Lächeln, Ihrer Neigung zu Übertreibungen haben Sie Charaktere geschaffen, die denkwürdig, manchmal satanisch sind«, erklärte Kultusminister Jack Lang bei der Verleihung des Ordens an Nicholson. »Die französische Öffentlichkeit und auch ich für meine Person, wir haben Sie ins Herz geschlossen.«

Französische Journalisten und alte Freunde, die Nicholson noch von seinem Aufenthalt in Paris Mitte der sechziger Jahre her kannte, waren bei der Zeremonie anwesend. Er hatte eigens eine Namensliste vorgelegt, um sicher zu sein, daß sie zu diesem Anlaß eingeladen wurden. Er spazierte im Raum von einem zum anderen, und mit seinem phänomenalen Gedächtnis begrüßte er alle mit Namen.

Im Herbst 1990 war er dann wieder in den USA, mit einem kurzen Zwischenhalt in New York City. Im Frühsommer hatte er auf dem Weg nach Frankreich einen kleinen Abstecher nach Neptune gemacht und sein Baby der Tante gleichen Namens vorgeführt, und auch jetzt fuhr er wieder in die Gegend, wo er geboren und aufgewachsen war. So viel Zeit hatte Jack Lorraine seit Jahren nicht mehr gewidmet. Sie verstand diese Geste der Versöhnung wohl. Die Entfremdung zwischen den beiden war vergeben und vergessen.

Auch bei Ken Kenneys Haus fuhr Nicholsons chauffeur-gesteuerte Limousine vor. Aber er konnte ›Ant‹, seinen allerältesten Freund (mit dem ihn eine Haßliebe gegenseitiger Abhängigkeit verband, sagen einige Leute), nicht dazu bewegen, zur Tür zu kommen. Sie hatten sich bei den Dreharbeiten zu *The Two Jakes* gestritten, und Kenney hatte Hollywood den Rücken gekehrt. Er war unter Nicholsons Fittichen gut vorangekommen, aber einer der Menschen, die mit der ganzen Film-Szene nicht klarkamen und schließlich Opfer des überkandidelten Lebensstils wurden.

Als Nicholson sich abwandte und zum Auto zurückging, stolperte Kenney betrunken aus dem Haus und trommelte mit den Fäusten an die Autoscheiben. Ein enttäuschter Jack gab dem Chauffeur das Zeichen, nach New York zurückzufahren. Er wußte sehr wohl, daß er ein schwieriger Mensch war und es sich mit einigen alten Freunden verdorben hatte. Aber er hatte immer gehofft, daß er auch Zeit haben würde, diese Zerwürfnisse zu beheben.

Auf dem Rückweg nach New York lag das Haus von Don Furcillo-Rose nur ein paar Blocks entfernt. Der Mann, der sich als Nicholsons Vater ausgab, ging inzwischen auf die achtzig zu. Er hatte jegliche Hoffnung aufgegeben, seinen Sohn je kennenzulernen. Jetzt wußte er, daß er ihn nie sehen würde, denn seine Augen wurden immer schwächer, er war fast blind.

Auf dem Rückflug nach Kalifornien saß Nicholson neben seinem Freund Danny DeVito. Der hatte gerade seine Beliebtheit als Darsteller dazu genutzt, auch ins Regiefach einzusteigen – mit *Throw Momma from the Train* und dann in *The War of the Roses*, zwei sehr skurrilen schwarzen Komödien. Er erzählte Nicholson von einem Skript, das David Mamet geschrieben hatte, von einem ernsten biografischen Film über den amerikanischen Gewerkschaftsboß Jimmy Hoffa.

The Two Jakes kam im Spätsommer 1990 in die Kinos, während Nicholson sich weit weg in Frankreich aufhielt. Die Publicity war enorm gewesen, während die Produktion noch lief, und Nicholsons wild entschlossenes Gesicht starrte einen von unzähligen Titelseiten an.

Es läßt sich wohl ohne Übertreibung sagen, daß die meisten Kritiker nicht gerade begeistert von dem Film waren. Struktur und logisch aufgebaute, stimmige Stories waren nie Nicholsons große Stärke gewesen. Schließlich führte er ja auch kein besonders strukturiertes Leben. Da konnte man wohl auch kaum einen strukturierten Film von ihm erwarten. Aber bei einer Beteiligung von Nicholson, Towne und Evans an der Produktion hatte auch niemand mit einer Fortsetzung von *Chinatown* gerechnet, die derart matt, zerfasert und verworren war.

Jacks visuelle Konzepte waren schon immer äußerst kreativ gewesen, jetzt ging er ins Extrem. Merkwürdige Formen wurden in Nahaufnahmen festgehalten (die ersten Bilder zeigen nur Gittes' Schuhe). Die Sichtweise war viel subjektiver und persönlicher als in *Chinatown*, oft blickte die Kamera Gittes über die Schulter, manchmal zwischen den Beinen des Detektivs durch. Wilde Ideen, die Nicholson noch aus seinen Biker-Film-Zeiten übrig hatte.

Der Film hat auch seine lohnenden Momente, aber hinter die Story ist fast nicht zu kommen. Nicht daß die Kritiker ihn nicht verstanden hätten, sie haben einfach keinen Spaß daran gefunden. *Chinatown* hatte eine mitreißende Story und viele Gefühlsebenen gehabt. *The Two Jakes* hatte nur einen Regisseur und dessen verrückte Ideen. Er hatte den Film nicht aus dem Gefühl geschaffen, sondern im Kopf konstruiert.

Nicholsons Persönlichkeit durchtränkte alle Szenen: seine Ironie, sein sarkastischer Humor und überraschende Augenblicke peinlicher Sentimentalität (Gittes weint zum Beispiel, als er noch einmal die Akte Evelyn Mulwray durchliest). Das Ende – Jake Berman, der sein Leben für seine Frau opfert – ist abgrundtief kitschig. Den Schauspielern fehlte die klare Knappheit, die Polanski diktiert hatte; obwohl man Rebecca Broussard viel Leinwandzeit zugestanden hatte, brachte ihre vielbeschrieene Sekretärinnenrolle die Sache auch nicht viel weiter.

The Two Jakes kam und ging bald wieder. In Amerika spielte er ganze neun Millionen Dollar ein.

Rebecca Broussard und das Baby Lorraine wurden in einem Haus mit zwei Schlafzimmern an einer sich durch einen Canyon schlängelnden Straße im San Fernando Valley untergebracht. Nicholson versorgte sie mit einer Haushälterin und einer Zugehfrau und traf mit ihr Vereinbarungen, die ihm beträchtliche Autorität und Privilegien im Hinblick auf seine uneheliche Tochter gaben.

»Es ist schon ein ungewöhnliches Arrangement«, gestand er der Zeitschrift »Vanity Fair« zu, »aber in den letzten 25 Jahren oder so habe ich gelernt, daß ich für das Zusammenleben nicht besonders geeignet bin.«

»The Star«, eine große US-Supermarkt-Wochenzeitschrift, wußte zu berichten, daß Broussard weder einen Schlüssel zu Nicholsons Haus besaß noch den Geheimcode für die Wechselsprechanlage an der stählernen Sicherheitstür kannte. Sie mußte immer erst anrufen und sich vorher ankündigen, wenn sie zu Besuch kommen wollte.

Obwohl sein Freund Beatty auch gerade Vater werden sollte und in Richtung Ehe driftete, wollte sich Nicholson in dieser Beziehung nicht drängeln lassen. Er wich allen Fragen über eine zukünftige Ehe mit Rebecca Broussard aus. »Eins weiß ich bestimmt«, meinte er in der Zeitschrift »Life«. »Liebe steht im Mittelpunkt des Lebens. Die Liebe zu einer Frau, die Liebe zu einem Kind, die Liebe zu einem Land – das füllt dein Leben aus. Wie Bertrand Russell es formuliert: ›Liebe ist alles – sonst steht man nur am Abgrund und starrt in die Tiefe.‹«

An Thanksgiving versammelte sich immer wieder die gleiche Truppe in Jacks Haus: hauptsächlich Männer, die alten Freunde und Junggesellen und die, die immer noch beruflich mit Nicholson zu tun hatten: ein immer kleiner werdender harter Kern, dem unter anderen Gittes, Devlin, Shaner, Hackett, Tynan und Harry Dean Stanton angehörten.

Vielleicht hatte Nicholson bemerkt, daß er Gefahr lief, seine Ersatzfamilie zu verlieren, nicht durch Todesfälle, sondern durch Unaufmerksamkeit und Vernachlässigung. Ereignisse in der »echten« Familie (Shortys Tod, Lorraines Geburt) erinnerten ihn an seine erfundene Familie: die alten Freunde aus dem Schauspielunterricht bei Jeff Corey waren eine seiner (privaten wie beruflichen) Kraftquellen, die er in den achtziger Jahren stark vernachlässigt hatte.

Nach den Strapazen und Prüfungen von *The Two Jakes*, nach der Trennung von Anjelica und der Wiederentdeckung der Vaterschaft stellte die Ersatzfamilie weichere Wesenszüge bei Jack fest. Nachdem er sich jahrelang ferngehalten hatte, erschien er ihnen wieder zugänglich und um ihr Wohl besorgt. Jahrelang war er telefonisch kaum zu erreichen gewesen, oder zu beschäftigt, um sich mit alten Freunde zu treffen. Jetzt rief er sie an. Bei einigen von ihnen riß er sich beinahe ein Bein aus, um alte Verstimmungen auszubügeln, die Verbindung zu erneuern, seinen Zeitplan so zu arrangieren, daß man sich treffen konnte.

Jetzt lud er alte Freunde wieder zum Abendessen ein, sah gemeinsam mit ihnen Sportsendungen im Fernsehen an (manchmal reine Männerabende, an denen sich die Kumpels um seinen riesigen Fernseher versammelten und er den laufenden Kommentar an sich riß, genau wie in *One Flew Over the Cuckoo's Nest*). Wenn Jack einmal für ein Spiel der Lakers nicht in der Stadt war, dann sorgte er dafür, daß die Eintrittskarten unter seinen alten Freunden die Runde machten.

Don Devlin soll gesagt haben, daß Jack »sich zum ersten Mal in seinem Leben als Star wohlfühlt, und mit seinem Platz in der Geschichte zufrieden ist, ganz entspannt in sein Leben hineingeglitten ist.«

Wieder einmal war sein Haus zum Treff für alle geworden. Wenn Nicholson einen Termin außerhalb hatte, entschuldigte er sich, bestand aber darauf, daß seine Freunde noch dablieben und sich amüsierten, und er ließ sich von ihnen versprechen, bald wiederzukommen. »Kommt ihr am Wochenende?«, fragte er manchmal in geradezu quengeligem Ton.

Alte Freunde von der Manasquan High School warteten jedes Jahr vergeblich darauf, daß der berühmteste aller ehemaligen Schüler bei den Klassentreffen aufkreuzen würde. Nicholson ging nie hin.

Im Winter 1991 überraschte er aber alle, als er bei der Wiedersehensfeier von Jeff Coreys Schauspielkursen aus den Jahren 1958 und 1959 auftauchte. Jack umarmte seinen alten Schauspiellehrer und bewegte sich fröhlich durch die Menge seiner früheren Mitschüler, zu denen er mit wenigen Ausnahmen über die Jahre jeglichen Kontakt verloren hatte.

Als der Autor und Regisseur Henry Jaglom im Frühjahr 1992 heiratete, erschienen zu diesem Anlaß viele aus dem alten Freundeskreis. Es wurden keine Wetten angenommen, ob Jack auch kommen würde. Aber er kam und lungerte stundenlang an einem Tisch herum, schwatzte mit Carole Eastman, Bob Rafelson und Luana Anders.

Seine Freunde kannten ihn als eine Art Mischung aus all den Figuren, die er auf der Leinwand gespielt hatte, als den Helden seiner eigenen Publicity, aber sie sahen ihn auch in vielem anders als die breite Öffentlichkeit. Die meisten fanden es geradezu unmöglich, ihre Freundschaft und seinen Ruhm voneinander zu trennen. Im privaten Bereich sahen sie in ihm – außer seinem Charme und seiner Liebenswürdigkeit – auch den launischen, ruhelosen, überheblichen, geheimniskrämerischen und verletzlichen Menschen.

Sie stellten sich als Freunde schützend vor ihn und halfen ihm in seiner Karriere weiter. In jenen Tagen war der private Vorführraum, wenn einer seiner Filme dort vor der Premiere gezeigt wurde, beinahe wie eine Kirche: es herrschte ein gedämpftes, ehrfürchtiges Schweigen, wenn seine alten Freunde sich zusammenfanden, um den neuesten Film anzusehen. Wenn sein Name auf der Leinwand erschien, wurde applaudiert; wenn Jack eine gute Zeile zu sprechen hatte, erscholl lauter Jubel, ganz so als würde ein Home-Video gezeigt.

Mehr als einer der Freunde hat in Interviews, die für dieses Buch geführt wurden, gesagt, daß er gerührt war von Nicholson, bewegt von seiner Lebensgeschichte. »Was ich immer in ihm sehe, was ich überhaupt bei Menschen am rührendsten finde, und er hat das wirklich im Überfluß, das ist das kleine Kind in ihm«, meint Henry Jaglom. »Ein kleiner Junge, der nicht ganz sicher ist, ob er wirklich gewonnen hat, obwohl es mehr als genug Beweise dafür gibt. Und er macht sich möglicherweise Gedanken darüber, was es wohl noch alles zu gewinnen geben könnte. Es ist was sehr Rührendes an ihm. Ich hab nie genau rausfinden können, was das ist. Aber es ist immer da. Ich mag ihn, ich respektiere ihn, ich hab viel Spaß mit ihm, aber er rührt mich auch sehr.«

Ken Kenney, sein Klassenkamerad aus der Manasquan High School, meinte, nachdem er sich telefonisch wieder mit Jack versöhnt hatte: »Er ist für mich genauso wie immer. Er hat eine Sache behalten, die wir anderen verloren haben, er kann noch Spaß haben. Das kann er wirklich, seinen Spaß haben. Er plant seine Tage immer so, daß er auch irgendwann seinen Spaß kriegt. Mich verblüffen Star-Ruhm und Berühmtheit, aber in meinen Augen ist er in dieser Beziehung stets der gleiche geblieben: ein kleiner Junge, der seinen Spaß hat.«

Carole Eastman, Bob Rafelson und Jack Nicholson, das für einen der höchstgelobten Filme der siebziger Jahre, *Five Easy Pieces*, verantwortliche Team, verbrachten 1991 und 1992 viel Zeit miteinander und machten seit 15 Jahren zum ersten Mal wieder einen gemeinsamen Film.

Nicholson, ziemlich versponnen in der Auswahl seiner Projekte, konnte sich oft lange nicht entscheiden, war manchmal so schwierig bei der Diskussion über die Bedingungen und Verträge, daß er die Chancen, den Film je zu machen, spürbar minderte. Er hatte seine ganz eigene Logik und Motivation, manchmal gut verständlich, manchmal völlig mysteriös.

Sogar unter diesen Umständen war *Man Trouble* eine merkwürdige Angelegenheit. Hielt Jack es wirklich für ein so wunderbares Projekt, oder wollte er nur in diesem Film auftreten, den eine alte Freundin geschrieben hatte, um irgendwas zu beweisen, um denen, die in Hollywood das Sagen hatten, frech eine lange Nase zu drehen?

Eastman hatte in den achtziger Jahren viel Zeit auf den Versuch verwandt, ihr Drehbuch in eine Filmproduktion einzuschmuggeln. Das Skript für *Man Trouble* hatte sich schon einen beinahe legendären Ruf als immer übergangenes Angebot erworben; irgendwann einmal wurde es sogar in »American Film« als das beste nie verfilmte Drehbuch in ganz Hollywood bezeichnet. Eastman (ironischerweise war Nicholsons Spitzname für sie »Speed«) hatte sich im Verlauf der vergangenen zehn Jahre zu einer Einsiedlerin entwickelt und war seit dem Tiefpunkt mit *The Fortune* auch nicht wieder im Vorspann irgendeines Films aufgetaucht.

Rafelson steckte in seinem ganz eigenen Karriere-Schlamassel. Nach dem Rausschmiß bei *Brubaker* hatte er in den achtziger Jahren nur bei drei Filmen Regie geführt. Außer dem ziemlich erfolglosen *The Postman Always Rings Twice* gab es da noch *Black Widow*, einen eleganten Kriminalfilm mit Debra Winger und Theresa Russell (1986), und den Afrika-Schinken *Mountains of the Moon* (1990). *Man Trouble* sollte der fünfte Film werden, in dem Rafelson und Nicholson zusammenarbeiteten, und vielleicht würde der Regisseur dadurch wieder ein wenig mehr Erfolg an den Kinokassen haben.

Eastman erinnerte sich allerdings nur zu gut daran, was das letzte Mal passiert war, als sie ein Drehbuch für Rafelson geschrieben hatte. Und so erhob sie ihr Vertrag in den Status eines Ko-Produzenten, zusammen mit Bruce Gilbert. Nicht nur das, sie bestand auch auf einer schriftlichen Garantie von Seiten des Regisseurs, daß er ihr Drehbuch nicht ohne ihre vorherige Einwilligung verändern würde.

Nicholson hatte zwar nichts dagegen, in *Man Trouble* aufzutreten, aber auf seine üblichen Bedingungen verzichtete er keineswegs. Zu diesem Zeitpunkt war seine »normale« Gage auf etwa sieben Millionen Dollar pro Film plus zehn Prozent von den Brutto-Einnahmen angestiegen. Nachdem man Jacks gewaltige Honorarforderungen zu den sonstigen Produktionskosten addiert hatte, war der Etat auf stolze 30 Millionen angestiegen.

Der Film war eine kleine Liebeskomödie über einen Trainer für Wachhunde, der einen scharfen Hund auf eine klassische Sängerin losläßt. Die fürchtet um ihr Leben. Er wird in ihre Angelegenheiten verstrickt (immer wieder tauchen irgendwelche Schurken und ehemaligen Liebhaber auf) und verliebt sich in sie.

Wie in *The Fortune* war auch in *Man Trouble* die Stimmung übermütig. An der ganzen Sache war nichts Realistisches. Trotzdem sah Nicholson ja in seinen Filmen immer gern die tiefere Bedeutung, auch wenn sie so gut wie gar nicht existierte. Zumindest er schien seine eigene Propaganda wie immer zu glauben, als er beim Kinostart des Films in »Vanity Fair« behauptete, daß *Man Trouble* »thematisch den verheerenden Effekt der filmischen Darstellungen von Gewalt gegen Frauen« aufzeigte.

Ursprünglich sollte Meryl Streep den Part der klassischen Sängerin spielen. Das hätte dem Streifen vielleicht einen gewissen fröhlichen Charme verliehen. Aber sie wurde schwanger und mußte absagen. Also bekam statt ihrer Ellen Barkin die Rolle. Andere Leute waren an winzige Rollen verschwendet: Paul Mazursky in einer leider nur allzu kurzen Nebenrolle, die alten Freunde Veronica Cartwright und Harry Dean Stanton, Rebecca Broussard in einer Statistenrolle als Krankenhaus-Verwalterin.

Die Probleme – vor und hinter der Kamera – begannen, sobald man mit den Hauptdreharbeiten für *Man Trouble* anfing. Rafelson konnte sich einfach nicht beherrschen: Er mußte einfach am Skript herumbasteln. Vielleicht wäre das bei diesem Drehbuch gar keine so schlechte Idee gewesen, aber Rafelson waren ja durch Verträge die Hände gebunden. Jede Änderung, ganz gleich wie läppisch, führte sofort zu Meinungsverschiedenheiten und Debatten.

Rafelson hatte laut einem Produktionsbericht auch die Tendenz, Komödienszenen in großangelegten Totalen zu filmen, während die Produzenten intimere Nahaufnahmen und mehrere Optionen für den Schneideraum vorzogen. Es gab ständig Verhandlungen mit Eastman und Gilbert. Rafelson mußte erbitterte Schlachten für seine Ideen schlagen. Zeitweise weigerte sich der erzürnte Regisseur, überhaupt noch mit den Produzenten zu sprechen.

Auf wessen Seite stand Nicholson? Der Star war auf dem Set für *Man Trouble* der reinste »Joker«, soll Gilbert gesagt haben. »Er hat oft versucht, Bob dazu zu bringen, sich zu entspannen, sich nicht immer verfolgt und angegriffen zu fühlen.«

»Ohne Zweifel ist Bob ein stachliger Typ«, erzählte Nicholson der »Los Angeles Times«. »Bin ich auch. Wenn ich also mit ihm arbeite, dann weiß ich, ich kann eine große Klappe riskieren, und er kann's verkraften, der hat ein breites Kreuz. Manchmal, das weiß ich, gehe ich ein bißchen zu weit. Bob will eigentlich von mir nur, daß ich vor anderen Leuten nicht zu viel Krach schlage, die vielleicht nicht so gut verstehen, worum es bei uns beiden geht.« Laut »Los Angeles Times« machte Nicholson nach diesem Satz eine Pause, zündete sich eine Zigarette an und fügte dann hinzu: »Obwohl ich nach dieser ganzen Zeit eigentlich nicht so sicher bin, ob wir das selbst so gut verstehen.«

Man Trouble war ein Rückfall in die Zeit von *Head*, als Rafelson und Nicholson einen Film mit den Monkees machten, gerade als die dabei waren, sich aufzulösen. Damals war Rafelson der böse Bulle gewesen, Jack der gute. Jetzt war Rafelson so gut wie machtlos, und Jack mußte den bösen und den guten Bullen in Personalunion spielen. Das schien ihn alles nicht zu stören; die üble Lage schürte sein Lächeln noch. Je schlimmer alles wurde, desto kregeler schien er.

Auch im Schneideraum gingen die Streitereien und Debatten weiter. Der Filmstart wurde angekündigt, dann wieder verschoben. Szenen wurden neu gedreht. Der Filmstart wurde erneut angekündigt und wieder verschoben.

Schließlich war *Man Trouble* ein beinahe totaler Flop. Rafelson fiel in sein Schwert. Normalerweise war er gar nicht schüchtern, wenn es um Publicity ging, aber zum Kinostart im Sommer 1992 gab er keinerlei Interviews. Nicholson und er hatten auf unerwartete Weise eine Neuauflage von *Head* geschaffen: Sie hatten wieder einmal eine völlig humorlose Komödie gedreht.

Als Ende 1992 die Zeitschrift »American Film« eine Umfrage bei 106 Kritikern machte, lag *Man Trouble* als Schlechtester Film des Jahres in Führung (war auf den »Schlechtester-Film«-Listen von 20 Kritikern vertreten).

Zu Zeiten konnte sich Nicholson in lyrischen Erinnerungen an die Vergangenheit ergehen – nicht so sehr an die Vergangenheit in New Jersey, eher an die Tage am Sunset Strip, als ein Kreis junger, enthusiastischer Filmemacher davon träumte, eines Tages den Durchbruch zu der Art Film zu schaffen, den sie bei den ausländischen Regisseuren so bewunderten. Noch lange nach *Easy Rider* gab es hier und da in seinem Leben Reliquien, die an seine bescheidenere Vergangenheit erinnerten: den uralten VW, den er noch jahrelang fuhr, als er schon längst ein Star war, seine zerlumpte Lebensretter-Weste an einem Kleiderhaken an der Wand.

Aber bei all den teuren Gemälden, die er inzwischen aufzuhängen hatte, ging ihm langsam der Platz an den Wänden aus, und außerdem war er vor allem Pragmatiker. *The Two Jakes* und *Man Trouble* hatten ein paar liebgewordene Illusionen der Vergangenheit zertrümmert.

»Ich habe Jack neulich angerufen, um mit ihm über alte Zeiten zu plaudern«, wurde Carole Eastman in der »Los Angeles Times« zitiert. »Wir haben darüber geredet, wie toll es war, daß wir damals von diesen Filmen so überwältigt waren, wie sie uns ein Gefühl der Bewunderung einflößten. Und dann war da eine Stille in der Leitung. Und schließlich sagte Jack: ›Weißt du, diese Zeiten sind ein für allemal vorbei.‹«

1992 war auch das Jahr, in dem am 20. Februar Raymond Nicholson (sechs Pfund, 800 Gramm) geboren wurde, das zweite Kind von Jack Nicholson und Rebecca Broussard. Auch Warren Beatty war gerade einen Monat zuvor Vater geworden, zum ersten Mal: Die Schauspielerin Annette Bening hatte ihm ein Kind geboren.

Freunde versuchten herauszufinden, woher der Name Raymond, ein Name wie aus dem New Jersey der dreißiger Jahre, gekommen sein könnte. Es gab einen alten Freund der Familie Nicholson namens Ray. Aber Jack hatte auch einen Lieblingshund mit Namen Ray gehabt, einen Lhasa Apso, den (klingt wie ein Ausschnitt aus *Man Trouble*) Schäferhunde getötet hatten.

In den Presseagenturen wurde der Nachname als Doppelname angegeben: Broussard-Nicholson. Vielleicht hatte Broussard dem Star dieses Zugeständnis abgerungen. Aber andererseits mag ja die Sippe Nicholson Namensspiele nur zu gern.

Nicholson verwandte nicht zuviel Zeit darauf, sich über *Man Trouble* zu ärgern. Er schüttelte in schneller Folge zwei weitere Filme aus dem Ärmel, Rob Reiners Gerichtsdrama *A Few Good*

Men und Danny DeVitos *Hoffa*, ein biografisches Porträt von Jimmy Hoffa, dem Boß der LKW-Fahrer-Gewerkschaft.

In *The Last Detail* hatte Jack einen Berufssoldaten in der Marine gespielt. Kennzeichnend für seinen Status als Großer-Alter-Mann-des-Films übernahm er in *A Few Good Men* die Rolle des Marinekommandanten im US-Stützpunkt Guantanamo Bay auf Kuba, eines knüppelharten, ab und zu auch mal die Regeln etwas beugenden Patrioten, der eine gewisse Ähnlichkeit mit Oliver North hatte. Nicholson spielte für seine lockeren fünf Millionen Dollar nicht mehr als vier kurze Szenen in zwei Wochen.

Das Ensemble, das sich fast nur aus der jungen Garde Hollywoods zusammensetzte, zeigte sich ehrfürchtig vor dem Schauspieler, der gerade sein drittes Jahrzehnt als großer Star begann. Als sie sich zur ersten Leseprobe trafen, gerieten alle in Bewegung, als Nicholson in den Raum kam. Jeder huschte an seinen Platz.

»Das war so komisch«, erzählte Jack später dem Regisseur Rob Reiner. »Ich kam mir vor wie das gottverdammte Lincoln Memorial. Ich bin wirklich rot geworden.«

Der Zeitschrift »Today« erzählte er: »Wie im Klassenzimmer, wenn der Lehrer reinkommt. Ich hatte das Gefühl, als würde ich mich auf der Stelle in eine Bronze-Statue verwandeln.«

Die Geschichte war eine David-gegen-Goliath-Story: ein junger, unerfahrener Lieutenant (Tom Cruise) im Zweikampf mit dem abgebrühten Colonel Jessep vor einem hochrangigen Kriegsgericht, das den verworrenen Mord an einem US-Matrosen aufklären soll. In einigen Szenen – wie zum Beispiel, als Jessep den Lieutenant Kaffee lautstark auffordert, sich glücklich zu preisen, daß er eine weibliche Vorgesetzte (Jo Calloway, gespielt von Demi Moore) hat – kehrt Nicholson auf altvertrautes Terrain zurück, zu den Lobgesängen auf »Die wunderbare Welt der Muschi«:

> Ist mir gerade klar geworden. Sie ist ja ranghöher als du, Danny. Da will ich dir mal was erzählen, und hör gut zu, denn das mein ich ernst. Du bist wirklich der glücklichste Typ der Welt. Nichts auf der ganzen Welt ist so sexy, das können Sie mir glauben, meine Herren, wie eine Frau, vor der man am Morgen

zu salutieren hat. Ich sag nur, befördert sie alle! Denn wenn euch nicht mal eine Ranghöhere einen geblasen hat, Leute, dann habt ihr das Beste im Leben verpaßt. Mein Problem ist, daß ich ja leider Colonel bin. Da muß ich mich eben so lange weiter kalt duschen, bis sie mal ein Mädel zur Präsidentin wählen.

Der weiche Mann aus *Ironweed* und *The Two Jakes* mußte für diesen Typ wieder stahlhart werden. Jack zeigte ein Gesicht wie ein Vorschlaghammer, sein Haar wie kurzgeschorenes Gras, die Augen Blöcke von purem Haß. Die herausgesprudelte Schuld in der Höhepunktsszene im Gerichtssaal wirkte nicht ganz glaubwürdig, erinnert ein bißchen zu sehr an *The Caine Mutiny*. Aber Nicholsons Charakterdarstellung war außerordentlich: Jack in Reinkultur, ein Mann wie ein Überbleibsel aus längst vergangenen Zeiten, ein Erz-Macho, eine scharf geladene Kanone, die Amok schießt.

In Hollywood riß man sich um den Zugang zu den Tonstudios von *A Few Good Men*, als Nicholson seine atemberaubende Gerichtsszene aufnahm. »Nicholson ist ein Schauspieler, und er liebt das Spielen«, berichtete Rob Reiner der Zeitschrift »Premiere«. »Da ist diese achtzehnminütige Szene im Gerichtssaal, und seine Rede ist, na sagen wir mal zwei Seiten lang. Und er steigert sich da voll rein. Er kommt rein und hämmert das runter. Dazu ist er da, er macht seinen Job. Und dann mußten wir die anderen im Saal filmen, während er im Off alles nochmal machte. Er hat das Ding vielleicht fünfzig Mal gebracht, immer mit der gleichen Begeisterung, jedes einzelne Mal mit der genau gleichen Energie. Ich war wirklich überrascht. Denn man hatte ja so seine Vorstellungen von Leuten dieses Kalibers. Und ich sagte: ›Jack, das ist wirklich toll, was du machst ...‹ Und da sagt er einfach zu mir: ›Raaab, ich spiele für mein Leben gern. Ich krieg nicht oft die Chance, so eine gute Rolle zu spielen.‹ Das ist es: Er spielt für sein Leben gern.«

So sehr die Kritiker *Man Trouble* verrissen hatten, als er im Sommer 1992 in die Kinos kam, so sehr mochten sie Nicholson und *A Few Good Men*, als der an Thanksgiving startete. Vincent Canby von der »New York Times« lobte die Schauspieler im allgemeinen und fügte dann hinzu: »Mr. Nicholson ist eine Klasse für sich.« Mit Jacks Beitrag als Hauptattraktion wurde *A Few Good Men* zu einem Super-Publikumserfolg.

Am Anfang seiner Karriere war Jack nie gewerkschaftlich organisiert gewesen und hatte sich oft verächtlich über die Unions geäußert, die damals die Produktionen in Hollywood beherrschten. In *The Last Tycoon* spielte er den knallharten Gewerkschaftsboß. Und nun in *Hoffa* war er die Personifizierung der Gewerkschaft: als James R. Hoffa, Führer der LKW-Fahrer-Gewerkschaft, der 1967 wegen Schiebereien ins Gefängnis gewandert war, seit 1985 vermißt wird und inzwischen als verstorben gilt.

Nicholson hatte schon früh im Rennen sein Geld auf den Schauspieler und Regisseur Danny DeVito gesetzt, bereits in dessen Schauspiel-Debüt in *One Flew Over the Cuckoo's Nest.* Nach *One Flew Over the Cuckoo's Nest* hatte Nicholson beinahe jedem Regisseur, mit dem er zu tun hatte, auch DeVito empfohlen (manche, wie zum Beispiel Arthur Penn, waren dieser Empfehlung nicht gefolgt). Jack selbst hatte in *Goin' South* bei ihm Regie geführt und mit ihm in *Terms of Endearment* gespielt (wo DeVito in einer Nebenrolle auftaucht, als einer der erfolglosen Freier Auroras).

Die beiden hatten eine Art New-Jersey-Kameraderie, denn auch DeVito war in Neptune geboren und in Asbury Park aufgewachsen, und eine der Gelegenheitsarbeiten in seiner Jugend war eine Zeit als Frisör im Schönheitssalon seiner Schwester gewesen. Während der strapaziösen vier Monate, in denen *Hoffa* an Drehorten wie Detroit, Chicago und Pittsburgh gefilmt wurde, tauschten DeVito und Nicholson Erinnerungen an »die gleichen Typen aus der Nachbarschaft und die gleichen Insider-Witze« aus, wie »Vogue« in einem Porträt DeVitos berichtet.

»Wir kannten uns als Kinder nicht, aber eine Kusine von mir war eine gute Freundin seiner Schwester (Lorraine)«, erzählte DeVito einem Interviewer. »Ich hab immer von ihm gehört. Da saßen wir irgendwo im Café, und dann kam öfter mal das Gespräch auf diesen Jungen, der nach Kalifornien gegangen war und Schauspieler werden wollte.« Der Name von DeVitos Produktionsfirma: Jersey Films.

Jersey bedeutete »Familie«. Das Ensemble wimmelte nur so vor Nicholsons Leuten: John Ryan (der zuerst in *Five Easy Pieces* aufgetreten war und mit den Jahren wahrscheinlich in mehr Nicholson-Filmen als jeder andere, außer Jack selbst, aufgetaucht war) als einer von Hoffas Rivalen in der Gewerkschaft und John Hackett in einer kleinen Nebenrolle. Jacks Tochter Jennifer gab ihr Leinwanddebüt in einer kurzen Szene als Nonne, im Dialog mit ihrem Vater. Don Devlin hatte sich so gut wie zurückgezogen, aber Harold Schneider gehörte immer noch zum Team hinter den Kulissen.

Andere Mitwirkende in diesem weit ausgreifenden 40-Millionen-Dollar-Film, der fünf Jahrzehnte in Hoffas Leben nachzeichnete, von seinen frühen Gewerkschaftstagen bis zur nationalen Berühmtheit und dem Verrat und der Hinrichtung (wie David Mamet sie sich vorstellte), waren Armand Assante, J.T. Walsh, Robert Prosky, Cliff Gorman und DeVito. Der führte nicht nur Regie, sondern spielte auch ganz hervorragend den Chuckie O'Brien, Hoffas rechte Hand und Pflegesohn.

In seiner Darstellung des Hoffa veränderte Jack mit subtilem Make-up sein Gesicht: mit einer Nasenplastik und Haar im Hoffa-Stil. Dies waren nur Kleinigkeiten, aber sie schufen eine derart überzeugende optische Illusion, daß man die Maske von *Hoffa* für einen Oscar nominierte (in der gleichen Klasse wie seine Oscar-Rivalen, die knalligeren Make-ups von *Batman Returns* und *Bram Stoker's Dracula*). Nicholson las Bücher, sah sich die TV- und Filmberichte über Hoffa an (er konnte »ein vollständiges Dick-Cavett-Interview mit Hoffa von vorne bis hinten nachspielen«, berichtet »Vogue«) und traf sich mit Hoffas Verwandten, dem Vertreter der Anklage und seinen Gewerkschafts-Freunden.

Psychologisch konnte sich Nicholson mit Hoffa identifizieren. Hoffa war vielleicht den teuflischen Pakt mit der Mafia eingegangen, war von der Presse diffamiert worden, hatte sich zum Opfer eines Rachefeldzugs der Familie Kennedy entwickelt, aber für seine normale Umgebung war er praktisch ein Heiliger. Wurde er, Nicholson, nicht auch von vielen Leuten mißverstanden, die ihn zu kennen glaubten?

»Also sehen Sie, die meisten Leute halten mich für einen kompletten Idioten, der jederzeit bereit ist, von einem Gebäude herunterzuhüpfen oder sowas. Ich für mein Teil versuche, mein Privatleben und meine Arbeit zu trennen, aber bei Hoffa, da waren viele sehr daran interessiert, daß ein Eindruck über ihn entstand, der alles andere als positiv war.«

Mamet, DeVito und Nicholson waren dagegen an etwas ganz anderem interessiert: Sie wollten einen guten Eindruck von Jimmy Hoffa vermitteln. DeVito trat auch in Interviews für Hoffa ein. »Wenn ein Kerl wie Hoffa die Geschäfte in unserem Land führen würde, dann wäre mir viel wohler«, wird DeVito zitiert. Der Film schwärmte in Heldenverehrung für den knallharten Typen, dessen Vorstellung von »organisieren« es war, Tante-Emma-Läden in Brand zu stecken und sich an den Pensionen seiner Mitglieder zu bereichern. Hoffas Verbindungen zur kriminellen Unterwelt wurden im Film wohlwollend betrachtet, während Robert Kennedy, der einen Feldzug gegen Hoffa führte (und der für viele aus der Generation der sechziger Jahre seinerseits eine Heldenfigur war), als verzärteltes Muttersöhnchen dargestellt wird (eine Tendenz, die mehr über die Filmemacher als über Kennedy verrät).

Geschichtlich also total blödsinnig, aber ein gefundenes Fressen für einen Schauspieler. Bereits zu Anfang seiner Karriere hatte man Nicholson für einen neuen Henry Fonda gehalten. Siskel und Ebert verglichen in einer ihrer Fernsehsendungen seine Karriere mit der Bogarts. Regisseure, die mit ihm gearbeitet hatten, nannten seinen Namen im gleichen Atemzug mit Spencer Tracy, wegen seines geradlinigen Profi-Ansatzes, seiner Beherrschung der Schauspieltechnik und seinem wachsenden, beinahe mythischen Ruf bei anderen Schauspielern.

Aber hier spielte Nicholson seinen Part, wie das außer ihm nur Cagney gekonnt hätte. Wie er immer wieder die Hose hochzog, wie sein Hals zuckte, dieses weiche Staccato seiner Stimme, das wie ein Vulkan ausbrechen konnte. Wie immer steckte in dem glänzenden Äußeren ein geheimnisvoller Kern. Hoffa war Jacks atemberaubendste Tyrannen-Nummer, wobei einige der besten Szenen die etwas weniger feurigen sind, die im Rahmen von Mamets »Rückblick-Struktur« in der Gegenwart spielen: wie Hoffa alt und trotzig auf dem Parkplatz eines Trucker-Cafés hockt und auf die tödliche Kugel wartet.

Der Film landete dann 1992 auf den Listen der Kritiker für den Besten *und* den Schlechtesten Film des Jahres. David Mamet hatte ein paar wunderbare Szenen geschrieben, aber der Aufbau der Story stand *The Two Jakes* in Verworrenheit an nichts nach. DeVitos Kameraführung war manchmal wunderbar leicht beweglich, bisweilen aber auch völlig überkandidelt. Es schien, als wäre er der irrigen Meinung aufgesessen, er hätte höchstpersönlich die Kranaufnahme von oben erfunden.

Aber dann war da noch Nicholson: wie ein Mann, der immer noch aufrecht geht, steif und stolz, durch eine Tür gestolpert kommt, nachdem ein Orkan ihm sein Haus um die Ohren geschmettert hat. Der Film war wie sein Leben, ein bißchen Lüge, ein bißchen Chaos, aber im großen und ganzen wunderbar. Jack spielte einen sehr Jack-ähnlichen Jimmy Hoffa – hart, gerissen, einsam, paranoid, verloren.

Das war nun endlich das große biografische Thema, das ihm bisher immer entgangen war: The Big Mombassa. Er spielte seinen eigenen Ruhm, das war geradezu sein Markenzeichen, etwa so, wie er seine eigene Intelligenz spielte. Jetzt könnte sich ein cleverer Regisseur vielleicht Nicholson vorstellen, wie er mit etwas geschicktem Make-up in andere prominente Leben schlüpfte: Richard Nixon, Jackson Pollock, Henry Miller, Fidel Castro – alles knallharte, wild entschlossene Typen, die sich durch nichts aufhalten ließen und die auch nicht gerade dafür bekannt waren, daß sie Verwirrung eingestanden oder sich leicht von ihrer Meinung abbringen ließen.

Während im September 1992 noch die letzten Stadien der Post Production von *Hoffa* abgespult wurden, machte ein Gerücht die Runde, daß sich Rebecca Broussard und Jack Nicholson getrennt hätten, weil er nicht bereit war, die Mutter seiner Kinder zu heiraten.

Es war nur Klatsch und schwer zu belegen. Army Archerd von »Variety«, der immer loyal alle Nicholson-Versionen kolportierte, nannte das Gerücht »dämlich« und berichtete seinen Lesern, daß Rebecca und Jack gemeinsam die Debatten zwischen Clinton und Bush angesehen hätten und auch zusammen zu Basketball-Spielen gegangen wären.

Aber das Gerücht hielt sich hartnäckig. »Entertainment Weekly« schrieb (8. Januar 1993), das berühmte Paar hätte sich endgültig getrennt. Eine Woche später (19. Januar 1993) lautete die neueste Neuigkeit im Supermarkt-Käseblatt »Star«, daß sie sich tatsächlich getrennt hätten, aber inzwischen wieder miteinander versöhnt wären und nun für immer zusammenbleiben wollten.

Freunde meinen, das Ironische an der ganzen Situation sei, daß Nicholson Rebecca Broussard wirklich liebt. Aber seit er ein Star geworden war, machten alle Frauen in Jacks Leben Kniefälle vor ihm, weil er eben Jack Nicholson war. Zuerst kann er das akzeptieren, findet es sogar wunderbar. Später dann verdirbt es ihm jegliche Lust. Aus Mißtrauen wird Feindseligkeit. Nicholson kann nicht sicher sein, daß sie ihn um seiner selbst willen lieben. Er kann seinen eigenen Gefühlen nicht trauen.

Das wichtige für ihn ist die Vaterschaft, seine ganz persönliche Dornenkrone. Sein Haus ist mit Babybildern gepflastert. Die Winzlinge tapsen mitten durch die Interviews. Rebecca wurde verpflichtet, sie regelmäßig zu Besuchen zu ihm zu bringen.

Außer Raymond und Lorraine gibt es noch eine anderes »Kind«, das die Beziehung Broussard-Nicholson überleben wird, ganz gleich, wie sie aus- oder weitergeht. Zum ersten Mal seit langer, langer Zeit hat Jack sein eigenes Geld in einen Film investiert – um der Mutter seiner Kinder eine Karriere zu lancieren.

Im Sommer 1991 wurde *Blue Champagne* (Skript und Regie: Blaine Nowak[1]) unter strengster Geheimhaltung in der Umgebung von Nicholsons Haus gedreht. Eingeweihte beschreiben ihn als *film noir* mit einem Drehbuch vom Typ Wie-die-Kunst-das-Leben-nachahmt: eine psychologische Romanze über eine Frau, die ihre rachsüchtige Eifersucht nicht beherrschen kann. Zum Ensemble gehören außer Rebecca Broussard auch noch Diane Ladd und Jacks Tochter Jennifer. Die unabhängige Produktion wurde von Richard Sawyer und Alan Finkelstein, langjährigen Mitarbeitern Nicholsons, produziert. In frühen Presse-Verlautbarungen hat sich Nicholson als Ko-Produzent bezeichnet.

1 Autor und Regisseur Blaine Nowak ist am ehesten durch seine Nebenrolle als Schauspieler in Peter Bogdanovichs Komödie *They All Laughed* bekannt.

Ein kleines Problem tauchte auf, als sich Broussard während der Post Production auf eine Kurzaffäre mit ihrem Partner Jonathan Silverman einließ (bekannt für seine komischen Auftritte in *Brighton Beach Memoirs* und *Weekend at Bernie's*).

Sie hatte genug davon, immer und immer wieder Meldungen über Nicholson zu lesen, wie er die 22jährige französische Schauspielerin Julie Delpy in die feinsten Lokale ausführte, und sie hatte auch die Nase voll von den »Gerüchten, daß er regelmäßig alte Freundinnen in seiner Junggesellen-Residenz in den Hollywood Hills zu Besuch hatte«. Rebecca verließ Jack, nicht er sie. Die bisher letzte in der langen Reihe von Frauen, die sich diese Ehre teilen.

Im Herbst 1992 stritten und trennten sich Rebecca und Jack zwei Monate lang. Die Presseagenturen berichteten, daß Nicholson ungeheuer wütend war, aber seine ganz eigene Art der Rache hatte: Er verzögerte einfach den Start von *Blue Champagne*, weil Rebecca ihm zugunsten eines jüngeren Mannes den Laufpaß gegeben hatte.

»Nur ein dummes kleines Zwischenspiel«, blaffte Nicholson, als ihm der »Star« Anfang 1993 Informationen über Broussards Affäre abringen wollte.

»Ich bin sehr launisch, das Zusammenleben mit mir ist wirklich schwer«, erklärte er. »Und ich bin ein Exzentriker und werde ganz rastlos, wenn ich zu lange die gleichen Kulissen habe. Aber Rebecca hat das anders gesehen. Und als sie mich für diesen anderen Typen sitzengelassen hat, da ist mir klar geworden, daß ich sie mit meiner alten Masche völlig verunsichert habe. Das war nicht fair, denn sie ist wirklich eine wunderbare Frau.«

Alles inzwischen vergeben und vergessen. Wenn man der Handvoll Leute Glauben schenken kann, die *Blue Champagne* bisher gesehen haben, dann ist der Grund, warum er bisher nicht in den Kinos herausgebracht wurde, daß er »unherausbringbar« ist, nicht schlecht, nur mittelmäßig.

Nachdem *Blue Champagne* zwei Jahre nacheinander beim Auswahlkomitee des Sundance Film Festival vorgelegt und abgelehnt, dann neu geschnitten, wieder vorgelegt und wieder abgelehnt wurde, fristet er im Augenblick sein Dasein in den Regalen einer Produktionsfirma in Hollywood.

Zumindest hatte Nicholson diesmal dafür gesorgt, daß man ihm nicht vorwerfen konnte, er würde die Karriere seiner Freundin behindern.[1]

1992 gab es beim Start von drei Filmen – *Man Trouble*, *A Few Good Men* und *Hoffa* – die übliche Flut von Interviews in »Los Angeles Times«, »Entertainment Weekly«, »Premiere« und »USA Today«. Dem Jack Nicholson aus der *Easy Rider*-Zeit hätte das Titelbild von »Vanity Fair« die Sprache verschlagen, auf dem Annie Leibovitz ihn porträtiert, wie er drei Babies (keins davon sein eigenes) auf dem Schoß schaukelt. Aber der Nicholson von 1992 hatte es ja inzwischen weit gebracht.

Er gab weiterhin häufig Interviews, schien sie zu genießen. Er mochte Gespräche, Kontroverse, noch viel lieber Monologe, und er setzte seine Augenbrauen, seine Hände, seine Zigaretten wie Stichwaffen ein.

Im Dezember 1992 sprach der 55jährige mit der »Los Angeles Times«. Während der ausufernden Diskussion rauchte er vier Camel Lights (für solche öffentlichen Anlässe trug er eigens einen Aschenbecher mit sich herum). Obwohl er laut Hillary DeVries »im Gespräch weniger offen ist als früher«, schien sich Nicholson doch »ungeheuer wohl zu fühlen in seiner einzigartigen Position in der Filmindustrie und ließ sein Ego mehr als einmal durchblitzen. Unter anderem in seiner Tendenz, direkte Antworten zu umgehen, indem er sich in eine geschwätzige, auswuchernde, beinahe herrische Tirade stürzte – über Schauspielerei, Politik oder Philosophie –, die einen noch dann atemlos an den Stuhl fesselt, wenn sie schon lange völlig zusammenhanglos, aber immer noch unterhaltend ist, bis dann endlich auch er merkt, daß sein Publikum auf der Strecke geblieben ist«.

Als ihn ein Interviewer fragte, ob die Figuren, die er in *A Few Good Men* und *Hoffa* spielte, »Extremtypen« von der Art wären,

1 Ehe der Start von *Blue Champagne* gefährdet war, hatte man sogar schon von einer Fortsetzung geredet. »Love Me If You Dare« wurde als finstere romantische Komödie bezeichnet und hätte die gleichen Stars (Broussard und Silverman) und Produzenten (inklusive Nicholson) gehabt. Die Voraus-Publicity behauptet, daß die Story »sich auf die Affäre eines Mannes mit einer mißhandelten Frau und eine turbulente Bruder-Schwester-Beziehung konzentriert«. Im Augenblick liegt »Love Me If You Dare« im Dornröschenschlaf.

die er einmal zu spielen geschworen hatte – die BBS-Typen, die das Publikum »angriffen« – da meinte er, er könnte für Marine Colonel Nathan Jessep oder Jimmy Hoffa »schon als Extrem-Typen argumentieren, aber sie wären beide eigentlich bilderstürmerische Anachronismen«. Jack bezeichnete auch sich selbst als »anachronistisch« in einer »postalphabetischen« Hollywood-Umgebung.

Er verteidigte *A Few Good Men* und *Man Trouble*. Er dachte, keinem der beiden Filme hätten die Studios die Chance gegeben, die sie verdient hätten. Es warf den Studio-Bossen vor, zu viel über Probleme bei den Dreharbeiten geredet und so die Atmosphäre für die Aufnahme der Streifen von vornherein vergiftet zu haben. »Roman Polanski war der Meinung, daß *The Two Jakes* eine perfekte Fortsetzung zu einem seiner besseren Filme war«, erzählte Nicholson der Zeitschrift »Today«. »Über diese Art von Kritik würde ich gerne mal reden...« Trotz der überwältigend negativen Kritiken hielt Nicholson auch weiterhin *Man Trouble* für »zauberhaft, wirklich zauberhaft«.

Er gab zu, daß er mit *Batman* sehr viel Geld verdient hatte, wieviel genau, hat er nie verlauten lassen. Die Produzenten fragten ihn nicht, ob er in der Fortsetzung, *Batman Returns*, wieder mitspielen wollte, meinte Nicholson gegenüber der »Los Angeles Times«, aber sie hatten sich ehrenhaft an ihre Abmachung gehalten und ihm die geforderten Prozente an Lizenzen und Nebenrechten des Originalfilms ausbezahlt.

»Ich mußte ab und zu mal hingehen, und hier und da was nachprüfen, aber das ist ja nur normal«, bemerkte Nicholson.

Anfang 1992 hatte er eine zweijährige Ruhepause vom Film verkündet. Er hatte sich in Südfrankreich auf die Suche nach einem Haus gemacht und wollte sich nur entspannt zurücklehnen und seine Kinder heranwachsen sehen. Aber nun war die Zukunft seiner Beziehung zu Rebecca Broussard völlig ungewiß, und seine hochgeschraubten Erwartungen über Familie und Vaterschaft (keine Spur davon in *Hoffa*) hingen in der Luft.

Da könnte er auch gleich wieder weiterarbeiten.

»Wenn ich weiterarbeite – also wenn ich das mache, und ich arbeite sowieso schon mehr als alle anderen in meiner Position –, dann gibt es da ein paar Punkte, die mir am Herzen liegen. Daß ich zum Beispiel echte, heiße Sinnlichkeit auch für einen Schauspieler mittleren Alters entdecken möchte.«

Es gab Gerüchte, daß Nicholson eine Neuauflage des Francis Phelan, der Figur aus *Ironweed*, plante, als eine kleine Miniatur in einem Film nach einem anderen Roman von William Kennedy mit dem Titel »Legs«. Shirley MacLaine hoffte, daß man Nicholson dazu breitschlagen könnte, in *The Evening Star*, der Fortsetzung von *Terms of Endearment* mitzuspielen. Robert Towne hatte angeblich einen ganzen Packen Notizen für einen dritten Teil der Jake-Gittes-Saga. Peter Fonda und Dennis Hopper redeten ab und zu mal von einer Fortsetzung von *Easy Rider*. Die würde allerdings in himmlischen Gefilden spielen müssen, denn alle Hauptfiguren waren ja im Film ums Leben gekommen.

In Hollywood machte ein Gerücht die Runde, daß der Exil-Regisseur Roman Polanski versuchte, Jack Nicholson und Anjelica Huston zu einem Film auf der Basis von Ariel Dorfmans »Death and the Maiden« zu überreden (bei dem Mike Nichols am Broadway Regie geführt hatte). So unwahrscheinlich es klang, es war auch nicht völlig auszuschließen. Vielleicht konnte es sogar von einer Liebe eine Neuauflage geben.

Und dann kursierten da noch zuverlässige Informationen, Nicholson würde unter der Regie von Mike Nichols in einem hochgelobten Skript von Dichter-Schriftsteller Jim Harrison (»Legends of the Fall«) einen modernen Werwolf in New York City spielen. All die alten Namen waren wieder aufs Tapet gekommen, aber Nicholson entschied sich für Nichols. Für ihn wollte er einen Mann unserer Zeit spielen, dessen Rückzug aus dem Stadtleben und symbolische Verfolgung eines Wolfes als Aufhänger dafür dient, den klassischen Werwolf-Mythos noch einmal neu zu erzählen.

Mit der alten Clique fühlte Nicholson sich wohl. Sein Radikalismus hatte sehr konservative Nadelstreifen bekommen. Er arbeitete fast nie mit Leuten, die ihm das Wasser reichen konnten – mit den Bruce Derns oder Nurse Ratcheds dieser Welt –, und auch nicht mit Regisseuren, die ihn einmal auf die Probe stellen oder konfrontieren könnten. Er arbeitete lieber immer wieder mit den gleichen Leuten. Er ließ sich nicht von ein bißchen frischem Blut anregen und aufregen. Er schlug keine Brücken zu großen amerikanischen Regisseuren wie Coppola, Scorsese, Altman, Oliver Stone und anderen. Warum?

Wolf versprach, wieder einmal eine Mischung aus der alten, erdgebundenen und der neueren, fantastischen Zeit in Jacks Leben zu werden. Unter dem Strich kamen mit den vielen Spezialeffekten und den wilden Wolfmasken für den Produktionsetat mindestens 40 Millionen Dollar heraus. »Variety« berichtet, daß Nicholson (über dem Strich) wieder einmal einen »einmaligen Deal« gemacht hatte. Army Archerd fügte hinzu: »Dieser Deal muß schon allein deswegen einzigartig sein, weil Nicholson mir gesagt hat, daß er schon jetzt mehr Geld verdient hat, als er je hoffen könnte, zu besitzen oder auszugeben.«

Alle Zeitungen und Zeitschriften befragten ihn immer wieder über seine ständig steigenden Gagen – nach *A Few Good Men* und *Hoffa* war man inzwischen bei staunenswerten zehn Millionen Dollar pro Film angekommen. Nicholson stellten sich bei der Andeutung, er triebe so die Produktionspreise in die Höhe, immer die Nackenhaare auf: »Wollen wir mal so sagen: Sie zahlen's dir nicht, wenn du's nicht wert bist. Punkt.«

Obwohl *Hoffa* mit seinem Produktionsetat von 42 Millionen Dollar an den Kinokassen enttäuschend schlecht abschnitt, kletterten die Einnahmen für den Rob-Reiner-Film auf über 100 Millionen Dollar. Kein anderer Schauspieler seiner Generation (mit Ausnahme von Clint Eastwood) hatte über zwei Jahrzehnte hinweg einen derartigen Schnitt beim Publikum zu verzeichnen, von *Easy Rider* bis *A Few Good Men*. Es war auch kein anderer Schauspieler so gut dafür entlohnt worden. Quellen nennen Nicholson als einen der beiden reichsten Schauspieler in Hollywood. Der andere ist Arnold Schwarzenegger. Sein Gesamtvermögen wird auf 300 bis 400 Millionen Dollar geschätzt.

Für seine Rolle in *A Few Good Men* erhielt er eine Oscar-Nominierung als Bester Schauspieler in einer Nebenrolle, seine zehnte Oscar-Nominierung. Nur Katharine Hepburn war öfter nominiert worden (zwölfmal), und nur Bette Davis und Laurence Olivier ebenso oft. 1992 war aber das Jahr, in dem Clint Eastwoods gefeierter revisionistischer Western *Unforgiven* in der Konkurrenz war, und Gene Hackman gewann den Oscar für die Beste Nebenrolle in diesem Film.

Was Nicholson weit mehr ärgerte: daß man ihn nicht für die Hauptrolle in *Hoffa* als Besten Schauspieler nominiert hatte. Er meinte, hier weiter gegangen zu sein und tiefer gewühlt zu haben als in allen seinen Rollen der vorangegangenen Jahre, und doch schienen es die Leute nicht zu bemerken. Einige Kritiker hatten seine Leistung hochgelobt. Andere hatten sich auf sie eingeschossen. Er hatte geglaubt, ein tolles Tor geschossen zu haben, aber immer wenn er das dachte, hatten »sie« die Pfosten wieder versetzt.

Sein Privatleben war wieder ziemlich in Unordnung geraten, Nicholson war deprimiert. »Sie« ließen ihn nie die Sachen machen, die er wirklich gern tat – »sie«, die Anzugtypen, die das Sagen hatten. Privat fing er wieder an, von »Moon Trap« zu sprechen, und daß er nach *Wolf* Napoleon spielen wollte. Diese Projekte konnte er einfach nicht loslassen. In diesen Filmen würde er wirklich seine Seele entblättern. Diesmal würden »sie« ihn nicht aufhalten. Nichts konnte ihn mehr aufhalten.

1994 wurde ein ereignisreiches Jahr: der 25. Geburtstag von *Easy Rider*, Jacks vierzigstes Jahr im Filmgeschäft, sein 57. Geburtstag.

Im Februar machte Jack ungewohnte Schlagzeilen: Er wurde wegen Körperverletzung und Vandalismus angeklagt, nachdem er in Toluca Lake ein Auto mit seinem Golfschläger traktiert hatte. Nicholsons Rechtsanwälte erreichten einen außergerichtlichen Vergleich mit finanzieller Entschädigung; später ließ man die Anklage gegen den Schauspieler fallen. In Interviews erklärte Jack, daß er an diesem Tag »völlig von der Rolle« gewesen wäre, teilweise weil er noch unter dem Schock der Nachricht vom plötzlichen Tod seines langjährigen Freundes Harold Schneider stand.

Im März ereilte ihn eine andere Hiobsbotschaft. June Nicholsons Tochter Pamela Hawley war in Nordkalifornien ermordet worden. Ihre Familienbeziehung zu ihm wurde im Polizeibericht zum ersten Mal öffentlich bekanntgegeben. Bis zuletzt hatte Jack als großzügiger Beschützer bei seiner Halbschwester die Rolle des »Onkel Jack« gespielt.

Im April erschien eine junge Frau, eine wunderschöne Hollywood-Kellnerin, überall in der Regenbogenpresse und behauptete, von Jack schwanger zu sein – noch ein Kind der Liebe. Wenn man ihn in Interviews dazu befragte, erhielt man keinerlei Kommentar.

In späteren Interviews für *Wolf* bestätigte Nicholson jedoch, daß die Romanze zwischen ihm und Rebecca Broussard endgültig aus war.

Aber es gab auch positivere Aspekte. Im Frühjahr 1994 ehrte das American Film Institute (AFI) Nicholson mit der Auszeichnung dieser prestige-trächtigen Organisation für sein Lebenswerk. Er reihte sich in die lange Liste vergangener Leinwandlegenden ein, die aber meist schon abgedankt hatten, als ihnen diese AFI-Ehre zuteil wurde: unter anderem Barbara Stanwyck, Fred Astaire, Bette Davis, Orson Welles, Henry Fonda, John Huston und Alfred Hitchcock. Diesmal hatte sich das AFI entschlossen, einmal einen Schauspieler auf der Höhe seiner Leistungsfähigkeit auszuzeichnen.

Die Verleihung wurde für eine spätere landesweite Ausstrahlung vom Fernsehen aufgezeichnet. Zum ersten Mal spielte Jack in einer Fernsehshow eine dominierende Rolle. Die Zuschauer an den Bildschirmen sahen einen ganz offensichtlich völlig entspannten Jack, der an seinem Tisch saß, von vielen schillernden Filmpartnerinnen umringt: Cher, Candice Bergen, Faye Dunaway, Madeleine Stowe, Shirley MacLaine und anderen. Dennis Hopper und Peter Fonda, Warren Beatty und andere Uralt-Kumpel stiegen auf das Podium, neckten Jack und sangen sein Lob in den höchsten Tönen. Harry Dean Stanton und Art Garfunkel sangen sogar buchstäblich eine Jack gewidmete Version des Everly-Brothers-Hits »Dreams«.

Als schließlich ein übers ganze Gesicht strahlender Jack aufs Podium stieg, erwähnte er unter den vielen Berühmtheiten ganz besonders seine »Schwester-Tante« Lorraine, und grüßte unter den erschienenen Gästen speziell Rebecca Broussard als die Mutter »einiger seiner Babies«.

Nach monatelanger Post Production, die wieder Anlaß zu wilden Spekulationen gab, erschien *Wolf* im Sommer 1994 in den Kinos der USA und wurde sofort als einer der reiferen, komplizierteren Filme des Jahres gepriesen. »Einen Riesenheuler« nannte Michael Wilmington von der »Chicago Tribune« den Film in einer wilden Rezension, die typisch für die vielleicht manchmal ein bißchen übertriebenen Reaktionen war. *Wolf* hatte auch zunächst sehr gute Kassenergebnisse und spielte etwa 60 Millionen Dollar ein, ehe der Besuch ziemlich abflaute.

Der Besuch war nicht das einzige, was abflaute. Nach einer präzise kontrollierten und komischen ersten Hälfte war den Drehbuchautoren (Jim Harrison und seinen Mitarbeitern Wesley Strick und Elaine May) einfach nichts mehr eingefallen, und sie hatten den Spezialeffekten das Feld geräumt. Aber Nicholson ist natürlich als sanftmütiger Verlagslektor, der sich allmählich in einen Wolfsmann verwandelt, in seinem Element: ein tosender Hormonsturm. Zunächst ist er hinreißend komisch und vollzieht dann eine dramatische und eindrucksvolle Kehrtwende zum Pessimismus. Und er stellt – so war es wohl auch geplant – alle anderen Schauspieler des fähigen Ensembles in den Schatten: Kate Nelligan, Christopher Plummer, James Spader und seine Wiederholungs-Partnerin Michelle Pfeiffer.

A propos Wiederholungs-Partnerinnen: Während dies geschrieben wird, hat Nicholson schon wieder einen neuen Film im Kasten, der nächstens in die Kinos kommen soll: Diesmal ist Jack in *Crossing Guard* unter der Regie von Sean Penn zumindest auf der Leinwand wieder mit Anjelica Huston vereint. Der Vorab-Publicity zufolge spielen sie ein Paar, das sich auseinandergelebt hat und dessen Kind bei einem Unfall ums Leben kommt, den ein betrunkener Fahrer verursacht hat.

Die wenigen Augenzeugen, die Anfang 1994 bei den hermetisch abgeriegelten Dreharbeiten dabeisein durften, berichten, die Atmosphäre sei emotionsgeladen gewesen. Es ist typisch für Jack, daß er alles mögliche versucht hat, Anjelica Huston die Hand zu reichen und sich wieder zu versöhnen. Aber gleichzeitig ist ihre Annäherung wohl eher höflich, beruflich. Und unter den vielen Schauspielerinnen, die Jack anläßlich seiner AFI-Ehrung umrahmten, glänzte eine durch Abwesenheit: Anjelica Huston.

Sich selbst immer neu zu erfinden, das ist Tradition in Hollywood. Im weitesten Sinne ist es eine amerikanische Tradition.

Es ist der Mythos von den Bauern, die sich zu Fuß durch die Steppen Rußlands quälten und mit nichts als den Kleidern auf dem Leib in Ellis Island ankamen. Diese Leute benutzten die Namen aus ihrer Vergangenheit nicht, denn bei der Ankunft des Schiffes traten sie einem überarbeiteten Einwanderungs-Beamten gegenüber, der ihren Akzent nicht verstand, kurzweg einen Namen erfand und bestimmte: »Sie sind Schwartz«, und das wurden sie dann: Schwartz. Sie bauten ihr Leben in Amerika auf und erfanden dabei auch so einiges andere. Sie erfanden immer weiter, und schließlich landeten ein paar besonders unternehmungslustige Köpfe in Hollywood und erfanden Träume für eine ganze Nation. Alle hörten ihnen zu, alle ahmten sie nach, und vielleicht waren die Schwartzes insgeheim ein bißchen überrascht, zu welch wichtigen Berühmtheiten sie sich inzwischen gemausert hatten.

Sie erfanden sich selbst im Gewühl der Ehrgeizigen, mit ihrer scharfen Intelligenz, dem Willen, einen bleibenden Eindruck zu hinterlassen. Sie erfanden eine Industrie, einen Lebensstil, eine Weltanschauung, die Kunstform und das große Geschäft des Films. Sie feierten ihre Erfolge, indem sie sich Alte Meister über den Kamin hängten und Rolls Royce Corniches in die Einfahrt stellten, indem sich sich mit wunderschönen, blonden, sonnengebräunten Frauen umgaben.

Knapp neben dem goldenen Rahmen ihrer Selbstbildnisse, ihrer größten Schöpfung, lauerte noch der alte Einwandererhunger, die Zwangsvertreibung, die verlorene Kindheit, die öde Leere des Zurückgelassenen.

Vielleicht hießen sie Schwartz. Oder zeitgemäßer Nicholson. Oder Furcillo-Rose, King oder Doe. Der Vorname war vielleicht John J., Jackie, Buck, Chubs, Jocko, the Kid, the Great Seducer, the Weaver, Johnny Hunger, the Jackser, Happy Johnny, Spanking Jack, G.P.W. oder sonst einer von den Namen, die Jack und seine Freunde an ihm ausprobiert haben.

Vielleicht lautete der Name Jack Nicholson. Vielleicht wurde er auch neu erfunden als George Hanson, Bobby Dupea, Jonathan Fuerst, David Staebler, Billy »Bad-Ass« Buddusky, J.J. Gittes, David Locke, Randle P. McMurphy, Henry Lloyd Moon, Jack

Torrance, Frank Chambers, Garrett Breedlove, Charley Partanna, the Devil, the Joker, Colonel Nathan Jessep, Jimmy Hoffa oder Wolfman.

Diese Figuren werden auf immer wie spitze Glasscherben im amerikanischen Bewußtsein stecken. Sie sind Teil des Mythos Nicholson. Typen, die sich wie er selbst – trotz seines Ruhms und Reichtums, trotz seiner fabelhaften Erfolgsstory – mit Familie und Liebe herumquälen, allergisch auf Happy Endings sind und den amerikanischen Traum nur mit Skepsis sehen.

Jacks Leben (bis jetzt).

Nachwort

Die Geschichte hinter einem Buch ist wie der Schatten eines sich bewegenden Gegenstandes.

»Warum haben Sie sich entschlossen, über Jack Nicholson zu schreiben?« »Wird Jack beim Buch kooperieren?« (Restlos alle, auch Wildfremde, scheinen ihn beim Vornamen zu nennen, diesen berühmtesten aller Filmstars). »Wie kannst du eine Biografie über einen Menschen schreiben, der noch quicklebendig und aktiv ist?« Diese und andere Fragen hat man mir gestellt, als ich während der letzten zweieinhalb Jahre herumgereist bin und bei der Vorarbeit für ein Buch über Jacks Leben Informationen ausgegraben, enge Freunde, Verwandte und Kollegen von Mr. Hollywood interviewt habe.

Neugierige Geister haben ein Recht auf Wissen. Ich denke, daß ich langsam anfing, mich für Jack zu interessieren, als ich vor 25 Jahren wie Millionen andere *Easy Rider* sah und ganz fasziniert war von dem Mann, der George Hanson spielte, den versoffenen Südstaaten-Anwalt und Märtyrer des Films. Irgendwas an dem Schauspieler, dessen Namen ich zum ersten Mal hörte (denn wie die meisten wußte ich natürlich nichts über seine früheren Auftritte in den Filmen von Roger Corman, die ihm in Frankreich bereits eine Kultgefolgschaft gesichert hatten), schien über die Leinwand hinauszuwachsen und mich direkt anzusprechen. Ich las aufmerksam alle Interviews, die man mit ihm führte, und verfolgte voller Bewunderung seine Lebensgeschichte.

Mit den Jahren ist vieles hinzugekommen, was meine Bewunderung für Jack noch gefestigt hat: natürlich zunächst einmal seine Arbeiten seit *Easy Rider* und in gewissem Maße auch die

Art, wie er sein Leben gestaltet. Für mich ist es wichtig, eine Biografie vom Standpunkt der Bewunderung anzugehen. Ich kann mir nicht vorstellen, was Leute dazu bewegt, Bücher über Prominente aus einer Position der Überlegenheit oder des Hasses zu schreiben.

In den Jahren seit *Easy Rider* habe ich an der Atlantik- und an der Pazifikküste, in Boston und Los Angeles (und irgendwo dazwischen) für verschiedene Zeitungen, Zeitschriften und Filmpublikationen geschrieben. Ich hatte das große Glück, Jack mehrmals persönlich zu begegnen und für verschiedene Zeitschriften über ihn zu schreiben: Für »Boston Globe«, »American Film«, »Focus on Film«, »Playgirl«. In gewisser Weise waren das oft schon grobe Vorstudien für Abschnitte in diesem Buch.

Mich hat Jack immer interessiert, unterhalten und bezaubert, als Person und im Film. Ich habe unsere Treffen und Interviews sehr genossen. Seine ungeheure Liebenswürdigkeit wirkt sich stets zu seinem Vorteil aus, von Angesicht zu Angesicht genauso wie auf der Leinwand. Und sie trägt ihren Teil zum »Drückt-Jack-die Daumen«-Faktor bei, der alle seine Unternehmungen zu begleiten scheint.

Ich gehörte zu den Glücklichen, die an einem sonnigen Tag im Jahre 1974 in Santa Paula auf dem sonst hermetisch abgeriegelten Set für *The Fortune* mit dabeisein und beobachten durften, wie Jack und Warren Beatty eine komplizierte Stelle aufdröselten. Der Artikel, den ich damals für die Sonntagsausgabe des »Boston Globe« schrieb, gefiel der Produktionsgesellschaft so gut, daß man mich von Columbia Pictures anrief und um die Erlaubnis bat, ihn vorab als Werbung auszusenden. Ich erinnere mich noch daran, wie der Werbeboß merkwürdigerweise sehr darauf beharrte, eine mehr so nebenbei angebrachte Bemerkung über einen von Jacks kleinen körperlichen Mängeln, die den Schauspieler sehr gekränkt hätte, unbedingt aus dem Text zu entfernen. Ich fand es seltsam, daß ein so berühmter und erfolgreicher – und aus meiner Sicht auch schillernder – Mensch eine schlicht hingeworfene Zeile über seinen zurückweichenden Haaransatz überhaupt bemerkt hatte.

Ein anderes Mal war ich einer der Journalisten, die man im Herbst 1975 nach New York City zu einer dieser Gala-Veranstaltungen einflog, die damals geradezu ein Presseritual waren: zur amerikanischen Premiere von *One Flew Over the Cuckoo's Nest.* Ich saß zusammen mit vielen anderen in einem großen Konferenzraum, während die Produzenten Saul Zaentz und Michael Douglas, der Regisseur Miloš Forman und Nicholson ungeheuer weitgefächerte und manchmal ziemlich harsche Fragen mit spielerischer Leichtigkeit und Humor annahmen (und abschmetterten). Später hockte ich in der Oscar-Nacht 1976, als Nicholson und *One Flew Over the Cuckoo's Nest* die höchsten Auszeichnungen abräumten, hinter den Kulissen und schrieb die Antworten der Gewinner mit. Noch ehe er seinen ersten Oscar verliehen bekam, war Jack als großer Gewinn für die Filmindustrie weithin bekannt. Immer wenn ich in Los Angeles war, zu Besuch oder kurzzeitig als Einwohner, immer sah ich ihn bei Veranstaltungen, öffentlichen Ansprachen und Sondervorführungen.

1980 bekam ich einen etwas engeren Kontakt zu ihm: Ich verbrachte eine Nacht am Drehort in der Nähe von Santa Barbara, wo das Remake von *The Postman Always Rings Twice* gedreht wurde. Ich führte Interviews mit Darstellern und anderen Mitarbeitern für die Zeitschrift »American Film«. Nicholson zierte sich bis spät nachts. Dann gab ihm der Pressemann einen Stoß, und er schlich heran, um ein Gespräch anzufangen. Er schien sich von früheren Begegnungen noch an mich zu erinnern, und wir redeten lange, immer wieder mal zwischen den Aufbauten und den Aufnahmen. Ich entsinne mich, daß seine Laune damals ziemlich stachelig war – seine Schimpfkanonaden kommen oft aus heiterem Himmel –, daß er aber ganz aufgeräumt wurde, als wir auf *Drive, He Said* zu sprechen kamen. Er wußte es zu schätzen, daß ich den ersten Streifen, bei dem er Regie geführt hatte, sehr mochte und für einen der wenigen ehrlichen Filme über das Campus-Leben der sechziger Jahre hielt.

Als *The Postman Always Rings Twice* anlief, hatte ich gerade eine neue Stelle: als Chefredakteur für Kunst und Unterhaltung bei der Zeitschrift »Playgirl«. Eine meiner Aufgaben bestand darin, Interviews mit Berühmtheiten und Fototermine für das Titelbild zu arrangieren. Jack hatte zwar den Nackedei-Zeitschriften immer bereitwilligst Interviews gegeben, als er gerade mit *Easy Rider* frisch auf der Szene erschienen war, aber mit den Jahren war er in Sachen Publicity doch etwas vorsichtiger geworden (er hält wahrscheinlich den ungeschlagenen Rekord in selbstverherrlichenden »Rolling-Stone«-Interviews). »Playgirl« jedenfalls gab er kein Interview. Einer unserer Journalisten schrieb aber einen lobenden Essay über seine Karriere, und wir brachten auf der Titelseite ein Foto von Jack im Smoking. Nicholson ließ uns auf dem Umweg über seinen Pressemann wissen, daß er sich geschmeichelt fühlte und höchst erfreut wäre. Er lud eine Handvoll Leute von »Playgirl« in seine Suite in einem Beverly Hills-Hotel ein. Dort signierte er ein paar Titelseiten; eine davon ziert bis heute mein Wohnzimmer. Seine Einstellung zur Publicity – letztlich seine Einstellung zu seinen Fans und der breiten Öffentlichkeit – war schon immer sehr klug.

»Wie ist Jack denn so?« Eigentlich eine komische Frage, wenn jemand eine beinahe schon zu öffentliche Persönlichkeit ist. Aber die Leute haben mich das bei meiner Arbeit immer wieder gefragt, ganz so, als zweifelten sie an ihrer eigenen Einschätzung von Jack und als fragten sie sich – wie im Klischee –, welche schwarzen Geheimnisse da wohl hinter der dunklen Sonnenbrille lauerten. Nicht nur Taxifahrer und Kellnerinnen, Zufallsbegegnungen, sondern seine eigenen Freunde erkundigten sich, überprüften meine »Lesart« von Jacks Charakter, manchmal geradezu argwöhnisch. Und nicht nur Amerikaner, auch Leute, die ich bei meiner Arbeit für dieses Buch in anderen Ländern, besonders in England und Frankreich, getroffen habe.

Nach der ersten harten Zeit und dem wundersamen Durchbruch mit *Easy Rider* war seine Karriere eine der am klügsten geplanten der Hollywood-Geschichte. Aber niemand würde sich weiter groß dafür interessieren, wenn nicht auch seine Lebensgeschichte mit den Erfolgen seiner Karriere in gewisser Weise Schritt halten könnte. Jack war immer faszinierend, liebenswert, einfach *populärer* als die weniger in der Öffentlichkeit präsenten Persönlichkeiten und eher bescheiden im Hintergrund verharrenden Kollegen wie Dustin Hoffman und Robert De Niro.

Würde Jack bei meinem Buch kooperieren? Das wollte auch mein Verleger wissen. Meine ursprünglich Ahnung bestätigte sich: Jack hatte eigentlich keinen Grund zur Zusammenarbeit. Wie der Leser bereits weiß, hat Nicholson selbst früher ein bißchen geschrieben, obwohl sich das Schreiben mit der Zeit schon beinahe zu einer Art Komplex entwickelt hat. Vielleicht könnte er, wenn er denn wollte, seine eigene Autobiografie verfassen. Aber seine Lebensgeschichte ist unordentlich, gar nicht so leicht auf Papier zu bringen. Und er hat mehr als deutlich gemacht, daß er es vorzieht, einige wichtige Bereiche seines Lebens eher zu verstecken, als sie dem Licht der Öffentlichkeit preiszugeben.

Würde sich Jack aktiv gegen das Buch stellen? Ich schickte ihm einen Brief, in dem ich ihm offen und ehrlich meine Absicht anzeigte, eine Biografie über ihn zu schreiben. Ich dachte, er würde sich bei seinem phänomenalen Gedächtnis an mich und meine Arbeiten erinnern und wissen, daß er in mir einen wohlgesonnenen Biografen erwarten könnte. Ich bin gar nicht sicher, daß er den Brief überhaupt bekommen hat. Ich habe nie direkt von ihm gehört. Jedenfalls war mir von Anfang an sonnenklar, daß Jack sich in luftigen Bergeshöhen aufhält und uns bloße Bergwanderer weiter unten nur verschwommen wahrnimmt.

Nicht, daß ich ihn unbedingt interviewen wollte. Das passiert mir immer und immer wieder: Gleich nach den ersten Fragen, die ich dem potentiellen Gegenstand einer Autobiografie stelle, rennt der aus dem Zimmer – oder springt mir an die Kehle. Autorisierte Biografien sind oft gereinigte Fassungen, und mich interessiert gewöhnlich das, wovon die Leute nicht gerne sprechen – ihre Geheimnisse. Als ich an der Biografie des MGM-Regisseurs George Cukor saß, fragte mich einer der Interviewten, welche Grenzen ich mir auferlegt hätte, ehe er mir ein Gespräch gewährte. Ich könnte mich doch unmöglich dafür interessieren, was sich hinter den Schlafzimmertüren in Cukors Leben abgespielt hätte, meinte er. Ich antwortete, erst einmal müßte er mir erzählen, was hinter diesen geschlossenen Schlafzimmertüren geschehen wäre, dann würde ich mich entscheiden, ob es mich interessierte oder nicht.

Ich kann es nicht leugnen: Mich interessiert die Privatsphäre anderer Leute – ihre Religion, ihre politischen Ansichten, ihre Lebensgewohnheiten, ihre Fimmel und Vorlieben, und ja, auch der Sex, denn das Sexleben ist oft eine wahre Landkarte ihrer Seelen. Im Falle Nicholson begibt sich dieses Buch immer wieder hinter die Schlafzimmertüren, weil schließlich auch Nicholson uns in zahlreichen Interviews dorthin geführt hat.

Aber die Geheimnisse, die mich am meisten interessieren, sind die psychologischen und Gefühlsgeheimnisse, normalerweise mit Familienbanden und dem Hunger nach Liebe verbunden, die die Künstlerseele motivieren und nähren. Was bewegt Menschen? Woher rührt Jacks ganz besondere Faszination? Woher stammt sein ungeheures Talent? Was sind seine Schwächen und Stärken, als Person und als Schauspieler? Diese Fragen sind immer vielschichtig und wahrscheinlich zutiefst geheimnisvoll. Aber einige Leute lesen Biografien (und ich schreibe sie), um über die Antworten auf diese Fragen nachzugrübeln.

Besonders in Hollywood-Biografien ist vieles unauffindbar, unter einem Wust von Publicity und Mythos begraben, oder tiefgefroren in den Herzen von Menschen, die es nicht wagen, darüber zu reden. Die meisten Biografien beginnen bei der Geburt und enden mit dem Tod. Jacks Lebensgeschichte fängt mit einer nicht genau belegbaren Geburt an und ist glücklicklicherweise noch nicht durch den Tod beschlossen. Es ist erstaunlich, in wie weiter Ferne seine Geburt und Kindheit zu liegen scheinen, wie schwer es war, diese relativ junge Vergangenheit wieder ans Tageslicht zu befördern. Vieles aus seiner Kindheit – die familiären Probleme, der Konformitätsdruck in der High School, das Faulenzen am Strand, die Arbeit als Lebensretter – wird manchem, besonders Menschen aus dem Amerika der Kleinstädte, sehr bekannt vorkommen. Wer in den Biografien prominenter Menschen nach Anklängen aus dem eigenen Leben sucht, wird in Jacks sehr amerikanischer Vita viele finden.

Jacks frühe Vorgeschichte in den Filmen Roger Cormans lag in ebensoweiter Ferne, erwies sich in mancher Hinsicht als ebensoschwierig zusammenzuklauben wie die Entstehungsgeschichte von *Gone With the Wind* aus dem Goldenen Hollywood-Zeitalter. Corman war auch ein großer Geheimnistuer und eifriger Bastler seiner eigenen Mythen. Seine Billigfilme erhielten nie viel Publicity und waren damals nicht gerade weit verbreitet (zudem hat sich inzwischen herausgestellt, daß Corman mit einigen von Jacks frühesten Filmen, die ihm immer zugeschrieben wurden, eigentlich gar nichts zu tun hatte). Die Zeit – oder die Drogen – haben den Schleier des Vergessens über die Erinnerungen gebreitet. Es war gar nicht einfach, die Schlüsselpersonen aufzutreiben, und wenn ich sie dann einmal gefunden hatte, wollten sie alle erst mal »bei Jack nachfragen«.

Eine nagende Sorge waren für mich die Jahre nach *Easy Rider*, die ersten Jahre des Ruhms. Hatte man Jacks Leben damals nicht in unzähligen Artikeln bereits zu Tode geritten? Würde seine Lebensgeschichte nach 1969 nicht völlig abgedroschen klingen? Ja, man hatte sie zu Tode geritten. Aber es ist doch überraschend, wie kontrolliert die offizielle Lesart der Ereignisse war, wieviele Sets für alle Außenstehenden (außer den allerwohlwollendsten) zur Sperrzone erklärt waren, wieviele der Geschichten über das Leben hinter den Kulissen sich als fabriziert oder zumindest geschönt herausstellten. Wer dieses Buch zu Ende gelesen hat, weiß, daß Jacks Leben bis auf den heutigen Tag aufregend geblieben ist. Beinahe zwanghaft sorgt er selbst immer wieder für seine eigenen erregenden Lebenshöhepunkte, im privaten wie im beruflichen Bereich. Dieses Buch hört im Privatleben mit Höchstspannung auf, im Berufsleben mit dem Doppeltreffer von *A Few Good Men* und *Hoffa*. Nicholson konnte das Jahr 1994, das 25. Jubiläum von *Easy Rider*, im ungebrochenen Glorienschein eines Mr. Hollywood beginnen – und sein Ruhm setzt sich mit dem eben in die Kinos gekommenen *Wolf* weiter strahlend fort.

Jack hat zwar nie direkt mit mir über das Buch gesprochen, aber ich hatte das Gefühl, daß er durch Gespräche mit Freunden sehr wohl Bescheid wußte und zweischneidige Gefühle darüber bekundete. Einerseits ist er intellektuell ausgerichtet und liberal, glaubt an den Wert von Filmliteratur. Andererseits ist er starrsinnig auf seinen eigenen Standpunkt eingeschworen und hängt mit ganzem Herzen an den Mythen über sich, sein Leben und seine Karriere, die er mit den Jahren aufgebaut hat und die für ihn eine nützliche Aufgabe erfüllen: Sie isolieren ihn und umgeben ihn gleichzeitig mit einem psychologischen Schutzpanzer.

Zu keiner Zeit hatte ich das Gefühl, Jack könnte je rachsüchtig sein. Und doch hatten einige Leute sichtlich Angst, ohne seine Erlaubnis mit mir zu sprechen. Viele Menschen in seinem Leben – auch in seiner unmittelbaren Umgebung – sind auf die eine oder andere Weise finanziell von ihm abhängig. Wenn Freunde oder Kollegen an ihn herantraten und sich fragten, ob sie an dieser nicht autorisierten Biografie mitarbeiten sollten, gab er zu verschiedenen Zeiten die unterschiedlichsten Antworten, die wohl auch die jeweilige Ebene der Freundschaft austesten sollten.

Manche Leute begingen den Fehler, sich an seinen Rechtsanwalt, Agenten, Werbemanager oder persönlichen Assistenten zu wenden. Sie bekamen immer die gleiche schnelle und unzweideutige Anrwort: Jack hat dieses Buch nicht abgesegnet. Wenn sich jemand die Mühe machte und Jack direkt fragte, pflegte er wohl zu antworten: Ist mir egal. Das mußt du selbst für dich entscheiden. So fiel die Last der Verantwortung auf den Frager selbst zurück. Manche redeten mit mir, andere nicht.

Warum arbeiten manche Leute an einem Buch wie diesem mit und andere nicht? Spiegelt dann das Ergebnis nicht ungerechterweise nur die Meinungen der Leute wider, die mitgewirkt haben? Ja, die Gefahr besteht immer. Und ein Autor muß ihr begegnen, indem er seine Netze so weit wie möglich auswirft, die unterschiedlichsten und ungewöhnlichsten Quellen aufsucht und gegensätzliche und herausfordernde Sichtweisen mit einbezieht. Wie bei meinen anderen Büchern bedeutete dies, daß ich nicht nur soviele Leute wie irgend möglich interviewen, sondern außerdem auch die Bibliotheken, Archive und Gerichtsakten sowie alle anderen Artikel und Bücher nach Informationen durchkämmen mußte. Eine Ironie: Im Falle Nicholson waren wesentlich mehr Artikel und Interviews durchzulesen als bei George Cukor, der ja immerhin schon im Hollywood der zwanziger Jahre seine Karriere begonnen und sechzig Jahre im Filmgeschäft durchgehalten hatte.

Einige Bekannte von Jack redeten mit mir, weil sie aus längst vergangenen Zeiten stammten (obwohl manche dank Jacks Allgegenwart in den Medien doch lieber »bei Jack nachfragten«, nur für den Fall, daß er ihnen über die Schulter linste). Einige Freunde aus vergangenen Zeiten hatten dankbar die Karrieresorgen Hollywoods weit hinter sich gelassen; andere mußten zumindest abwägen, ob sie vielleicht irgendwann einmal wieder die Möglichkeit bekommen könnten, mit Nicholson zu arbeiten. Einige wenige redeten meiner Meinung nach nur, um sich und mir zu beweisen, daß sie Jack gegenüber völlig gleichberechtigt waren und seine Einwilligung zu einem Gespräch nicht brauchten. Und schließlich sprachen einige aus purer Neugierde mit mir, wollten herausfinden, was andere mir erzählt hatten, und was ich selbst entdeckt hatte.

Einige gaben nur anonym Auskunft; das ist zwar schade, aber bei einer so einschüchternden Gestalt wie Jack nicht weiter verwunderlich (manchmal wurden die Leute nach dem Gespräch mit mir bei Nicholson zu Hause erwartet). Ich habe versucht, so selten wie möglich »enge Freunde« zu zitieren, aber natürlich hatten gerade diese Leute oft die interessantesten Einsichten und waren sehr gut informiert und hilfsbereit. Nur ganz wenige sprachen mit mir, weil sie Nicholson verachteten oder noch ein Hühnchen mit ihm zu rupfen hatten. Das gleiche war mir übrigens auch bei meinen Recherchen zu George Cukor aufgefallen, der wie Jack allgemein ungeheuer beliebt war. Ich versuche immer, die Hühnchenrupfer mit Vorsicht zu genießen, aber natürlich trägt auch ihre Sichtweise interessante Aspekte bei.

Es ist wahrscheinlich keine sensationelle Enthüllung, daß Jacks Freunde ihn lieben. Interessant ist aber, daß sie sich in einer beinahe brüderlichen (oder schwesterlichen) Art schützend vor ihn stellen. Ich hatte das überwältigende Gefühl, daß seine Macht und seine Position unzweifelbar sind, aber in ihren Augen dieser wichtige Star gleichzeitig eine verletzliche, beinahe zerbrechliche Person ist.

Die Wagenburg zum Schutz von Jack wurde geschlossen: in New Jersey genauso wie in Hollywood. Kindheitsfreunde und Familienmitglieder erbaten alle erst einmal Bedenkzeit, ehe sie »für die Akten« Auskünfte über Jack geben wollten. Und anscheinend mußten alle auch erst einmal »bei Lorraine nachfragen«. Deren Netz von Freunden und Kontakten an der Nordküste erwies sich als genauso beeindruckend wie Jacks Netz in Hollywood. Sie schien einfach Gott und die Welt auf ihrer Liste zu haben. Auch wenn es mir gelungen war, Leute als erster aufzustöbern, kurz danach hatte auch Lorraine sie gefunden und den Informationshahn zugedreht. Eine ältere Dame aus North Carolina schrieb mir ein paar kleine Klatschgeschichten; sie war vor Jacks Geburt eine Freundin und Nachbarin der Nicholsons gewesen und erinnerte sich an Einzelheiten von Junes abgebrochener Tanzkarriere. Bis ich ihren Brief bekommen und mit ihr gesprochen hatte, war sie auch schon mit Lorraine in Verbindung getreten, und die hatte ihr geraten, nicht über den familiären Hintergrund der Nicholsons zu reden, der stets in den Mantel des Schweigens gehüllt war.

Jack verbindet eine Haßliebe mit New Jersey, und es sieht ganz so aus, als werde diese Haßliebe erwidert. Alte Bekannte sind nachtragend, weil sie weit zurückgelassen wurden, finden seinen hedonistischen Lebensstil anstößig. Manche hatten sich mit Investitionsvorhaben an Nicholson gewandt und waren über vage Unverbindlichkeiten nicht hinausgekommen. Die Stadtverwaltung wollte eine Plakette an Jacks Geburtshaus anbringen (als sie denn endlich herausgefunden hatte, welche von den vielen Adressen dafür in Frage kam), die Schulbehörde murmelte, man wollte einen neuen Flügel der Manasquan High School nach ihm benennen. Aber in beiden Fällen hatten brave Bürger Bedenken geäußert, ob denn Jack Nicholson wirklich ein passendes Vorbild für die heutige Jugend wäre.

Ryta O'Brien Kroeger war die Kuratorin der Stadtmuseen in Neptune. Ihr widerfuhr ein merkwürdiges Schicksal. Sie nutzte ihr Hintergrundwissen und ihre Quellen, um einige Nachforschungen zu Jacks Herkunft und zu seiner Verbindung mit der Gegend anzustellen, meist in ihrer Freizeit und in den Mittagspausen. Sie ist selbst keine fanatische Filmfreundin, kein großer Nicholson-Fan, aber sie ist – wie ich – der Meinung, daß Jack zu den Top-Persönlichkeiten in der Gegend von Asbury Park gehört. Er ist mindestens so wichtig wie Bruce Springsteen oder Norman Mailer, und seine Lebensgeschichte müßte also auch von beträchtlichem lokalem Interesse sein.

Dann tauchten auf einmal bei einer Bürgerversammlung Leute auf, die sich beklagten, Ms. Kroeger verschwendete zuviel wertvolle Arbeitszeit auf ihre Recherchen in Sachen Nicholson. Ihre Vorgesetzten verboten ihr, sich öffentlich zu diesen Anschuldigungen zu äußern, und hofften, daß sich dieser Sturm im Wasserglas bald legen würde. Kleine Geister schürten die Kontroverse immer wieder, bis sie schließlich sogar in einem Artikel der »New York Times« verewigt wurde, der Ms. Kroeger als äußerst nachlässig darstellte und (typisch für den schlampigen Journalismus) meinen Namen als Patrick Gilligan – wie in »Gilligan's Island« – angab. Schließlich und endlich kündigte Ms. Kroeger. War hier der lange Arm von Lorraine am Werk gewesen? Oder einfach nur New Jersey, wie es leibt und lebt, in Sachen Jack in zwei sture Lager gespalten? Oder beides?

Lorraine Nicholson Smith steht ganz oben auf der langen Liste von Leuten, die nicht mit mir reden wollten; sie hat keinen einzigen Brief beantwortet, mir über Mittelsleute ihr Mißfallen an meinem Buchprojekt zu verstehen gegeben, hat auch das schriftlich formulierte Angebot, das fertige Manuskript zu lesen, ignoriert. Andere wichtige Persönlichkeiten, die nicht interviewt werden wollten (oder auf meine Annäherungsversuche überhaupt nicht eingingen), waren unter anderen Don Devlin, Robert Towne, Mike Nichols, Robert Evans, Bob Rafelson, Millie Perkins, Dennis Hopper, Carole Eastman, Sandra Knight, Mimi Machu und Anjelica Huston. Sie und viele andere Menschen aus Jacks Leben sind zwar immer wieder gern bereit, das eine oder andere nützliche Zitat für einen Artikel zu liefern, der über Jacks neuesten Film berichtet, aber im Zusammenhang mit diesem Buch waren sie wesentlich zurückhaltender.

Peter Fondas Sekretärin rief mich an, um mir mitzuteilen, daß Jacks Sekretärin ihr zu verstehen gegeben hätte, daß er dieses Buch nicht offiziell billigte. Toby Carr Rafelson rief an und weigerte sich höflich, mir ein Interview zu geben (obwohl sie netterweise die Veröffentlichung eines Fotos erlaubte). Ich hatte ein langes Telefongespräch mit Luana Anders, in dem sie viele Einwände vorbrachte, weil ihre Erinnerung an die sechziger Jahre mehr als verblaßt wäre. B.J. Merholz und ich wurden richtig gute Freunde, wir sahen uns oft in Los Angeles. Einmal verschaffte sich B.J. tatsächlich Jacks Lakers-Eintrittskarten und lud mich zu einem Spiel ein. Er dachte, es würde Jack vielleicht amüsieren, wenn er den Fernseher einschaltete und in seiner Privatloge den »Schreiberling aus Milwaukee« sähe. Aber ich schaffte es zeitlich nicht ganz und habe das Spiel verpaßt. B.J. und ich redeten übrigens aus Prinzip nie über Jack, das war Ehrensache.

Ich hatte jedoch im Lauf der letzten 25 Jahre das große Glück, viele Menschen zu interviewen, die eng mit Nicholsons Karriere verbunden sind. Darunter die beiden Bobs (Evans und Towne) und auch den dritten Bob (Rafelson); dann Carol Kane, Stockard Channing, Louise Fletcher, Karen Black, Shelley Duvall, Mike Medavoy, Miloš Forman, John Huston, Michelangelo Antonioni, Ken Russell, David Mamet, Warren Beatty, Dean Stockwell, Harry Dean Stanton, Harold Schneider und Harry Gittes. Durch diese Interviews hat sich direkt und indirekt mein Bild von Jack immer weiter vervollständigt.

Ich hatte auch großes Glück, weil sich eine Vielzahl der verschiedensten Leute bereit erklärte, mit mir zu reden: Familienmitglieder wie Ersatzfamilienmitglieder; Freunde aus allen Epochen in Jacks Leben; schillernde Persönlichkeiten, die irgendwann einmal Jacks Wege gekreuzt hatten und sich anekdotisch an ihn erinnerten (so rief mich zum Beispiel der frühere Bandenchef der Hell's Angels, Sonny Barger, mit einem R-Gespräch aus dem Gefängnis an).

Ganz gleich, wie vertraut sie mit Jack waren, sie hatten alle etwas mit mir gemeinsam: Alle dachten wie ich, daß ein ernstes und gründliches Buch über Jacks Leben hier und jetzt eine lohnende Aufgabe sein würde. Und daß es besonders wichtig wäre, ein solches Buch zu einem Zeitpunkt zu schreiben, da die Erinnerungen noch nicht zu sehr verblaßt und die wichtigsten Personen noch am Leben waren. Daß man so Quellen nutzen könnte, die heute zuverlässiger sind, als sie das in zehn, zwanzig oder fünfzig Jahren wären.

Außer einem saftigen Vorschuß und einer gewissen halsstarrigen Methodik braucht der Schreiber einer Biografie als grundlegende Voraussetzung den festen Glauben daran, daß sein Projekt einen Wert hat. Wenn der Vorschuß aufgegessen ist, wenn alle Briefe unbeantwortet bleiben, wenn Interviews abgesagt werden, wenn Leute mit dem Anwalt drohen, wenn das Manuskript längst überfällig ist, dann ist dieser Glaube der einzige Antrieb zur Arbeit. Dieses Buch ist aus vielen sehr unterschiedlichen Teilen zusammengesetzt. Manchmal schien es, als hätte ich es mit einem Mosaik aus mehreren tausend Steinchen zu tun. Die Menschen, die auf allen Ebenen an diesem Projekt mitgewirkt haben, teilten alle meine Meinung, daß schließlich alles zu einem Ganzen zusammenwachsen und ich ein gutes und wahrhaftiges Buch über Jack schreiben würde.

Filmografie

1958. The Cry Baby Killer
Regie: Justus Addis. *Buch:* Leo Gordon und Melvin Levy, nach einer Story von Leo Gordon. *Kamera:* Floyd Crosby. *Musik:* Gerald Fried, mit einem Song von Dick Kallman.
Darsteller: Harry Lauter, Carolyn Mitchell, Brett Halsey, Lynn Cartwright, Ralph Reed, John Shay, Barbara Knudson, Jordan Whitfield, Claude Stroud, Ruth Swanson, William A. Forester, John Weed, Frank Richards, Bill Erwin, James Fillmore, Ed Nelson, Mitzi McCall, Leo Gordon, Roger Corman.
Jack Nicholson als Jimmy Walker.
Produktion: David Kramarsky und David March für Roger Corman/Allied Artists. *Länge:* 62 min.
»Nicholsons Film-Debüt ist ein Corman-Quickie über einen jungen Kriminellen, der in Panik gerät, weil er glaubt, einen Mord begangen zu haben. Wenn's hochkommt, eine Kuriosität, mit Ko-Autor Gordon und Corman höchstpersönlich in kleinen Nebenrollen.«
Leonard Maltin: »TV Movies and Video Guide«.

1960. Too Soon to Love (Die Sünde lockt)
Regie: Richard Rush. *Buch:* Laszlo Gorog und Richard Rush, nach ihrer Originalvorlage. *Kamera:* William Thompson. *Musik:* Ronald Stein.
Darsteller: Jennifer West, Richard Evans, Warren Parker, Ralph Manza, Jacqueline Schwab, Billie Bird, William Keen.
Jack Nicholson als Buddy.
Produktion: Richard Rush und Mark Lipsky für Dynasty/Universal-International. *Länge:* 85 min. *Deutsche Erstaufführung:* 26.10.1962.
»... guter Versuch, ein schwieriges Thema anzugehen – freizügiger Sex bei Teenagern, die von ihren Eltern vernachlässigt werden – ein reifer Film, der Eltern ernsthaft zum Nachdenken anregen sollte ...«
Saul Ostrove: »Motion Picture Herald«.

1960. The Wild Ride
Regie: Harvey Berman. *Buch:* Marion Rothman und Ann Porter, nach einer Story von Burton Topper. *Kamera:* Taylor Sloan.
Darsteller: Georgianna Carter, Robert Bean, Carol Bigby, John Bologni,

Gary Espinosa, Judith Trezise, Wesley Tackitt, Sydene Wallace, Donna Dabney, Garry Korpi, Leonard Williams, John Holden, Raymond O'Day.
Jack Nicholson als Johnny Varron.
Produktion: Harvey Berman für Roger Corman/Filmgroup. *Länge:* 63 min.
»Die Art von Film, wo es nichts ausmacht, wenn man erst nach der Hälfte kommt. Hat seine Karriere nicht gerade vorangebracht.«
David Downing: Jack Nicholson.

1960. Studs Lonigan (Kein Stern geht verloren)
Regie: Irving Lerner. *Buch:* Philip Yordan, nach einer Erzählung von James T. Farrell. *Kamera:* Arthur H. Feindell. *Musik:* Gerald Goldsmith.
Darsteller: Christopher Knight, Frank Gorshin, Venetia Stevenson, Carolyn Craig, Helen Westcott, Robert Casper, Dick Foran, Katherine Squire, Jay C. Flippen, Kathy Johnson, Jack Kruschen, Suzi Carnell, Mme. Spivy, James Drum, Rita Duncan, Opal Eurard, Mavis Neal, Phil Arnold, John Graham, Val Hidey, Brian O'Hara, Snub Pollard, Marty Crail, Stanley Adams, Steven Ritch, George Keymas, Darlene Hendrix, Josie Lloyd, Suzanne Sidney, Kathie Browne, Judy Howard, Elaine Walker, Lorelei Vitek, Casey MacGregor, Don Garrett.
Jack Nicholson als Weary Reilly.
Produktion: Philip Yordan für Longridge Enterprises/United Artists. *Länge:* 103 min. *Deutsche Erstaufführung:* 27.1.1961 (94 min.).
»Drehbuchautor und Produzent Philip Yordan und Regisseur Irving Lerner mußten vor den gedanklichen und filmischen Problemen klein beigeben, die ihnen Farrells weitschweifiger und beinahe handlungsloser Roman über Studs' ziellose Wanderschaft durch die Sackgassen Sex und Alkohol gestellt hat. Ihr Film zeigt bloß eine unwirkliche Figur in einer ahnungslos falsch dargestellten Umgebung. Kein Wunder, daß Farrell sich öffentlich von diesem Film distanziert hat.«
Robert C. Roman: »Films in Review«.

1960. Little Shop of Horrors (Kleiner Laden voller Schrecken)
Regie: Roger Corman. *Buch:* Charles B. Griffith. *Kamera:* Archie Dalzell. *Musik:* Fred Katz.
Darsteller: Jonathan Haze, Jackie Joseph, Mel Welles, Dick Miller, Myrtle Vail, Tammy Windsor, Toby Michaels, Leola Wendorff, Lynn Storey, Wally Campo, Jack Warlord, Merri Welles, John Shaner, Dodie Drake.
Jack Nicholson als Wilbur Force.
Produktion: Roger Corman für Filmgroup-American International Pictures A.I.P. *Länge:* 70 min. *Deutsche Erstaufführung:* 22.3.1978 (WDR/NDR).
»... die Krönung von Cormans früher Regiekarriere.«
Howard H. Prouty: »Magill's Survey of Cinema«.

1962. The Broken Land
Regie: John Bushelman. *Buch:* Russ Bender & Edith Pearl und Edward Lakso. *Kamera:* Floyd Crosby. *Musik:* Richard LaSalle.
Darsteller: Jody McCrea, Kent Taylor, Dianna Darrin, Gary Snead, Robert Sampson. **Jack Nicholson** als Will Broicous .
Produktion: Leonard Schwartz für Lippert Productions/Twentieth Century-Fox. *Länge:* 60 min.

»...ein pseudopsychologischer Western im Predigerstil, produziert von Lippert Productions. Er (Nicholson) spielte Will Broicous, den gesetzesfürchtigen Sohn eines verblichenen Revolverhelden. Der Dialog war grausig geschrieben: Jacks Figur sprach im Slang eines Soziologen der sechziger Jahre.«
Donald Shepherd: Jack Nicholson.

1963. The Raven (Der Rabe – Duell der Zauberer)
Regie: Roger Corman. *Buch:* Richard Matheson, nach Edgar Allan Poe. *Kamera:* Floyd Crosby. *Musik:* Les Baxter.
Darsteller: Vincent Price, Peter Lorre, Boris Karloff, Hazel Court, Olive Sturgess, Connie Wallace, William Baskin, Aaron Saxon.
Jack Nicholson als Rexford Bedlo .
Produktion: Roger Corman für American International Pictures A.I.P. *Länge:* 85 min. *Deutsche Erstaufführung:* 4.7.1980.
»Ein Film für Kleinkinder und Spatzenhirne. Sie dürfen mich zitieren!«
Bosley Crowther: »The New York Times«.

1963. The Terror (The Terror – Schloß des Schreckens)
Regie: Roger Corman. *Buch:* Leo Gordon und Jack Hill. *Kamera:* John Nicholaus, Jr. *Musik:* Ronald Stein.
Darsteller: Boris Karloff, Sandra Knight, Richard Miller, Dorothy Neumann, Jonathan Haze.
Jack Nicholson als André Duvalier .
Produktion: Roger Corman für Filmgroup-American International Pictures A.I.P. *Länge:* 81 min.
»Nicholson überzeugt in keiner Weise als Lieutenant André Duvalier. Er hat sich an der Ostseeküste verirrt, folgt der wunderschönen Frau (einem Geist?) Sandra Knight zum Schloß des Baron von Leppe (Karloff). Nicholson und Knight waren damals verheiratet. Weitere Corman-Stammgäste: Dick Miller als Diener Stephan und Jonathan Haze als Schwachkopf Gustan, der mit einer Hexe zusammenlebt. Klar, es hängt alles nicht zusammen, es ist wohl eher eine Trainingseinheit in Sachen Sparsamkeit und Tempo. Ein sagenhaftes Durcheinander.«
Michael Weldon: »The Psychotronic Encyclopedia of Film«.

1963. Thunder Island
Regie: Jack Leewood. *Buch:* **Jack Nicholson,** Don Devlin.
Kamera: John Nicholaus, Jr. *Musik:* Paul Sawtell/Bert Shefter.
Darsteller: Gene Nelson, Fay Spain, Brian Kelly, Miriam Colon, Art Bedard, Antonio Torres Martino, Esther Sandoval, Jose De San Anton, Evelyn Kaufman, Stephanie Rifkinson.
Produktion: Jack Leewood für Associated Producers/Twentieth Century-Fox. *Länge:* 65 min.
»Frischer Krimi. Besser als die übliche B-Kost. Geschicktes Design, tolle Ausführung, wenn man die begrenzten Möglichkeiten eines äußerst bescheidenen Etats bedenkt. Ein lobenswertes Beispiel für ehrliches B-Handwerk – ohne jeden Anspruch über seine Funktion hinaus, aber für die Minilänge Pfund für Pfund, Dollar für Dollar weit über dem Durchschnitt.«
Tube: »Variety«.

1964. Ensign Pulver (Operation Pazifik)
Regie: Joshua Logan. *Buch:* Joshua Logan und Peter S. Feibleman, nach einem Stück von Thomas Heggen und Joshua Logan (basierend auf Charakteren aus Thomas Heggens Roman »Mister Roberts«). *Kamera:* Charles Lawton. *Musik:* George Duning.
Darsteller: Robert Walker, Burl Ives, Walter Matthau, Millie Perkins, Tommy Sands, Kay Medford, Larry Hagman, Gerald O'Loughlin, Sal Papa, Al Freeman Jr., James Farentino, James Coco, Don Dorrell, Joseph Marr, Peter L. Marshall, Diana Sands, Robert Matek, Richard Gautier, George Lindsey, Adam Roarke.
Jack Nicholson als Dolan.
Produktion: Joshua Logan für Warner Brothers. *Länge:* 104 min. *Deutsche Erstaufführung:* 29.1.1965.
»Fadenscheinige Marinekomödie mit jedem Klischee, das man sich nur denken kann.«
Leslie Halliwell: »Halliwell's Film Guide«.

1965. Back Door to Hell
Regie: Monte Hellman. *Buch:* Richard A. Guttman und John Hackett, nach einer Story von Richard A.Guttmann. *Kamera:* Mars Rasca. *Musik:* Mike Velarder.
Darsteller: Jimmie Rodgers, John Hackett, Annabelle Huggins, Conrad Maga, Johnny Monteiro, Joe Sison, Henry Duval, Ben Perez, Vic Uematsu.
Jack Nicholson als Burnett.
Produktion: Fred Roos für Lippert-Medallion/Twentieth Century-Fox. *Länge:* 68 min.
»Obwohl die Action-Szenen, insbesondere der Überfall auf das japanische Camp, überzeugend sind und die Eingeborenen und Kulissen sehr von (Monte) Hellmans scharfem Auge für den richtigen Drehort zeugen, verbringt der Film doch einen zu großen Teil seiner relativ kurzen Länge damit, Antikriegsgefühle wie ein Feigenblatt als Gegengewicht gegen seine seichten Hau-Ruck-Helden zu stellen. Das gelingt schon allein deswegen nicht besonders gut, weil das Drehbuch bemüht und unoriginell ist. Nicholson hob sich von den beiden anderen Hauptdarstellern nicht ab. Hätte man 1964 gefragt, wer von diesem Trio das größte Star-Potential besäße, dann wäre in keiner Weise garantiert gewesen, daß die Antwort automatisch Jack gelautet hätte.«
Derek Sylvester: Jack Nicholson.

1966. Flight to Fury
Regie: Monte Hellman. *Buch:* **Jack Nicholson**, nach einer Story von Fred Roos und Monte Hellman. *Kamera:* Mike Accion.
Darsteller: Dewey Martin, Fay Spain, Joseph Estrada, Vic Diaz, Jaclyn Hellman, John Hackett, Lucien Pan, Serafin Sicat, Robert Arevalo, Juliet Pardo, Vic Uematsu, Henry Duval, Joe Dagumboy, Jennings Sturgeon.
Jack Nicholson als Jay Wickam.
Produktion: Fred Roos für Lippert-Medallion/Twentieth Century Fox. *Länge:* 62 min.
»An der Oberfläche hat Nicholsons Drehbuch um eine Jagd nach gestohlenen Diamanten keine Überraschungen zu bieten – außer wenn es um seinen

eigenen Charakter geht, den Schurken Jay Wickam. Er versucht sich wieder einmal als halbirrer Bösewicht und gibt der Rolle eine Tiefe (im Drehbuch wie in seiner Darstellung), die man sonst in den ›Wühltisch-Sonderangebots‹-Filmen der B-Kategorie selten findet.«
Barbara and Scott Siegel: Jack Nicholson. The Unauthorized Biography.

1966. The Shooting
Regie: Monte Hellman. *Buch:* Adrien Joyce (Carole Eastman). *Kamera:* Gregory Sandor. *Musik:* Richard Markovitz.
Darsteller: Will Hutchins, Millie Perkins, Warren Oates, Charles Eastman, Guy El Tsosie, Brandon Carroll, B.J. Merholz, Wally Moon, William Mackleprang, James Campbell. **Jack Nicholson** als Billy Spear.
Produktion: **Jack Nicholson** und Monte Hellman für Proteus/Santa Clara Films. *Länge:* 82 min.
»... die beiden außergewöhnlichsten Western der sechziger Jahre. Die klaustrophobische, traumartige Atmosphäre wird den ganzen Film über beibehalten, trotz der weiten Landschaften, in denen sich die Handlung abspielt. Es scheint, daß der knappe Text ebensosehr wegen seines Rhythmus' und seines Klangs wie wegen seines Dialoggehaltes gesprochen wird. Er deutet an, daß jeder/jede einzelne in ihrer oder seiner Einzel-Isolierung gefangen ist, und daß der Versuch, in diese Isolation einzudringen, sinnlos, vielleicht sogar gefährlich wäre. Hellman verweigert jede Idealisierung und Sentimentalität und zeigt eine barbarische und zynische Welt, in der man nur hoffen kann, daß man so lange wie möglich überlebt. Der Film wurde von den Kritikern und vom Publikum damals in den USA vehement abgelehnt, genau wie sein weniger finsterer Beifilm.«
Edward Buscombe (Hrsg.): The BFI Companion to the Western.

1966. Ride in the Whirlwind (Ritt im Wirbelwind)
Regie: Monte Hellman. *Buch:* Jack Nicholson. *Kamera:* Gregory Sandor. *Musik:* Robert Drasnin.
Darsteller: Cameron Mitchell, Millie Perkins, Katherine Squire, George Mitchell, Rupert Crosse, Dean Stanton, Tom Filer, Brandon Carroll, William A. Keller, James Campbell, John Hackett, B.J. Merholz, Peter Cannon, Neil Summer, Walter Phelps, Gary Kent.
Jack Nicholson als Wes.
Produktion: **Jack Nicholson** und Monte Hellman für Proteus/Santa Clara Films. *Länge:* 82 min. *Deutsche Erstaufführung:* 26.1.1969 (ARD).
»Beide (Monte)-Hellman-Filme sind sehr interessant, aber am besten sieht man sie im Vergleich, als doppelläufige Gewehrsalve in der existentiellen Hintersinnigkeit im besten Sixties-Stil, aber im Gewand der romantischen Dichtung des 19. Jahrhunderts. Die Filme sind weder Fisch noch Fleisch, sie sind zu eigenartig und zu subtil für das Publikum in den Drive-In-Kinos und zu offensichtlich mit einem Supersparetat gedreht, als daß sie viel Aufsehen beim großen Kinopublikum erregen könnten. Die Filme fielen in Amerika glatt durch, erregten aber einiges Interesse und beträchtliche Kontroversen in Europa, insbesondere in Frankreich, wo die hochintellektuellen Fans der absolut unintellektuellen Filme den Western-Helden bereits als eine Art amerikanischen Pop-Prototypen des entfremdeten Mannes im Stile von Camus sahen.«
Douglas Brode: The Films of Jack Nicholson.

1967. Hell's Angels on Wheels (Die wilden Schläger von San Francisco)
Regie: Richard Rush. *Buch:* R. Wright Campbell. *Kamera:* Leslie Kovacs (d.i. Laszlo Kovacs). *Musik:* Stu Phillips.
Darsteller: Adam Roarke, Sabrina Scharf, Jana Taylor, Richard Anders, John Garwood, I.J. Jefferson (Mimi Machu), James Oliver, Jack Starrett, Bruno Vesota, Robert Kelljan, Kathryn Harrow, Bud Cardos, Tex Hall, Garry Littlejohn, Sonny Barger, The Hells Angels of Oakland, San Francisco, Daly City und Richmond sowie The Nomads of Sacramento, California.
Jack Nicholson als Poet.
Produktion: Joe Solomon für Fanfare Films/American International Pictures A.I.P. *Länge:* 95 min. *Deutsche Erstaufführung:* 30.5.1968.
»Dreck, aber genialer Dreck. ***Hell's Angels on Wheels*** *ist für das Motorrad, was* ***The Endless Summer*** *für das Surfbrett war. Laszlo Kovacs hat Irrsinniges mit der Kamera gemacht: seine Fotografie war so flüssig, daß Roger Cormans* ***The Wild Angels*** *aus dem Vorjahr dagegen wie eine Studioaufnahme ohne Studio aussieht. Der ganze Film war eine einzige flüssige Bewegung. Er schwingt sich mit einer Leichtigkeit durch die Biker-Konventionen, wie sie früher nur die Warner-Brothers-Gangsterfilme hatten. Wenn ein Genre-Film mit dem Konventionen so gekonnt umgeht, dann bekommt er die Echtheit, die es den Schauspielern erlaubt, alle möglichen interessanten Sachen zu machen. Und in* ***Hell's Angels on Wheels*** *machen Jack Nicholson, Adam Roarke und Jack Starrett alle möglichen interessanten Sachen.«*
Roger Ebert: Kings of the Bs.

1967. Rebel Rousers (Rebel Riders)
Regie: Martin B. Cohen. *Buch:* Abe Polsky, Michael Kars und Martin B. Cohen. *Kamera:* Leslie Kovacs (d.i Laszlo Kovacs) und Glen Smith. *Musik:* William Loose.
Darsteller: Cameron Mitchell, Bruce Dern, Diane Ladd, Dean Stanton, Neil Burstyn, Lou Procopio, Earl Finn, Phil Carey, Robert Dix, Sid Lawrence, Jim Logan, Frankie O'Brien, Candee Earle, Bud Cardos, Helena Clayton, Rita Rienhardt, Maria Cove und die Einwohner von Chloride, Arizona.
Jack Nicholson als Bunny.
Produktion: Martin B. Cohen für Paragon International Pictures. *Länge:* 78 min. *Deutsche Erstaufführung:* 26.8.1977.
»Dieser Drive-In-Biker-Film aus den späten sechziger Jahren wäre keinen zweiten Blick wert, wenn sich in ihm nicht ein ganzer Haufe zukünftiger Filmgrößen und Top-Charakter-Darsteller tummelte. Die Story Marke rüpelige Jung-Biker gegen verklemmte Establishment-Typen ist uninteressant, verglichen mit den aufsehenerregenden Charakterdarstellungen in diesem Streifen.«
Mick Martin & Marsha Porter: Video Movie Guide, 1991.

1967. The St. Valentine's Day Massacre (Chikago-Massaker)
Regie: Roger Corman. *Buch:* Howard Browne. *Kamera:* Milton Krasner. *Musik:* Lionel Newman.
Darsteller: Jason Robards, George Segal, Ralph Meeker, Jean Hale, Clint Ritchie, Frank Silvera, Joseph Campanella, Richard Bakalyan, David

Canary, Bruce Dern, Harold J. Stone, Kurt Kreuger, Paul Richards, Joseph Turkel, Milton Frome, Mickey Deems, John Agar, Celia Lovsky, Tom Reese, Jan Merlin, Alex D'Arcy, Reed Hadley, Gus Trikonis, Charles Dierkop, Tom Signorelli, Rico Cattani, Alex Rocco, Leo Gordon.
Jack Nicholson als ein Fahrer (ungenannt).
Produktion: Roger Corman für Twentieth Century-Fox. *Länge:* 100 min. *Deutsche Erstaufführung:* 6.10.1967.
»Die 1929er Chicago-Kulisse ist halbwegs glaubwürdig, aber Jason Robards, komplett mit Narben und italienischem Akzent, kann nicht einmal ernst bleiben, wenn er seinen Al Capone gibt. Genauso lächerlich sehen George Segal und Ralph Meeker aus, in dieser 1967er Bombe, die gereicht hätte, um das gesamte Genre des Gangsterfilms für immer in die ewigen Jagdgründe zu sprengen.«
Judith Crist: Judith Crist's TV Guide to the Movies.

1967. The Trip (The Trip)
Regie: Roger Corman. *Buch:* **Jack Nicholson**. *Kamera:* Arch R. Dalzell. *Musik:* »The Electric Flag«.
Darsteller: Peter Fonda, Susan Strasberg, Bruce Dern, Dennis Hopper, Salli Sachse, Barboura Morris, Judy Lang, Luana Anders, Beach Dickerson, Dick Miller, Caren Bernsen, Katherine Walsh, Michael Nader, Barbara Ransom, Michael Blodgett, Tom Signorelli, Boyd Santell, Mitzi Hoag, Luree Holmes, Earl Finn, Roger Arroyo.
Produktion: Roger Corman für American International Pictures A.I.P. *Länge:* 85 min. *Deutsche Erstaufführung:* 31.1.1969.
*»**The Trip** ist ein genialer, amüsanter Drogen-Trip, dank Cormans Low-Budget-Surrealismus, der geschickt rote Folien, Nahaufnahmen von Kaleidoskopen und Ausschnitte aus alten Poe-Filmen mit Zwergen und Trollen einsetzt. Der oft kritisierte Fonda überzeugt als der entfremdete Aussteiger aus der Fernsehwelt. Unter LSD-Einfluß sieht er eine Orange in seiner Hand an, als sei sie ein Himmelskörper und murmelt ganz trocken: ›... fließt über vor Energie ... die Sonne in meiner Hand‹. Jack Nicholsons Drehbuch für **The Trip** ist eine wunderbare Schöpfung der Blumen-im-Haar-Sixties.«*
Gerald Peary: American Film.

1968. Psych-Out
Regie: Richard Rush. *Buch:* E. Hunter Willett und Betty Ulius, nach einer Story von E. H. Willett. *Kamera:* Laszlo Kovacs. *Musik:* Kronald Stein.
Darsteller: Susan Strasberg, Dean Stockwell, Bruce Dern, Adam Roarke, Max Julien, Henry Jaglom, I.J. Jefferson (Mimi Machu), Madgel Dean, Tommy Flanders, William Gerrity, Susan Bushman, Robert Kelljan, John Cardos, Ken Scott, Gary Kent, Gary Marshall, Beatriz Monteil, Geoffrey Stevens, Linda G. Scott, David Morick, The Strawberry Alarm Clock, The Seeds.
Jack Nicholson als Stoney .
Produktion: Dick Clark für American International Pictures A.I.P. *Länge:* 101 min.
»Schlägereien, Drogen-Halluzinationen, Morde, alles da, was gut und teuer ist. Der beste Biker-und-Drogen-Film, den A.I.P. in dieser Zeit gemacht hat.

Nie war Strasberg so reizvoll. Nicholson und Dern toben sich aus. Außerdem ist interessant, wie Hollywood Haight-Ashbury gesehen hat, als dort das Mekka der Gegenkultur war.«
Danny Peary: Guide For the Film Fanatic.

1968. Head
Regie: Bob Rafelson. *Buch:* Bob Rafelson und **Jack Nicholson**. *Kamera:* Michel Hugo.
Darsteller: Peter Tork, David Jones, Mickey Dolenz, Michael Nesmith, Annette Funicello, Timothy Carey, Logan Ramsey, Abraham Sofaer, Vito Scotti, Charles Macaulay, T.C. Jones, Charles Irving, William Bagdad, Percy Helton, Sonny Liston, Ray Nitschke, Carol Doda, Frank Zappa, June Fairchild, Terry Garr, I.J. Jefferson (Mimi Machu), Victor Mature.
Produktion: Bob Rafelson und **Jack Nicholson** für Raybert/Columbia. *Länge:* 86 min.
*»**Head** ist nur einer Erweiterung des lächerlichen Schwachsinns, der uns volle zwei Jahre in der Screen Gems Fernsehserie vorgesetzt wurde und der ›The Monkees‹ gemacht hat. Er folgt dem gleichen Schema und soll die gleiche Kundengruppe ansprechen. Der Film ist eine hirn-erweichende Collage aus wirren Schnitten und den verschiedensten Medien, der sich ohne irgendeine erkennbare Richtung in rasendem Tempo fortbewegt, bar jeder Handlung und mit einem ausgerasteten Getöse von Rock-Musik und psychedelischen Farb-Klatschern. Es ist der erste Spielfilm der Monkees, die Zielgruppe scheinen die jungen Filmfans zu sein, die einen Film lieber »erfahren«, als von ihm unterhalten zu werden.«*
Edwa.: »Variety«.

1969. Easy Rider (Easy Rider – Die wilden jungen Männer)
Regie: Dennis Hopper. *Buch:* Peter Fonda, Dennis Hopper, Terry Southern. *Kamera:* Laszlo Kovacs.
Darsteller: Peter Fonda, Dennis Hopper, Luana Anders, Luke Askew, Toni Basil, Karen Black, Warren Finnerty, Sabrina Scharf, Robert Walker, Antonio Mendoza, Phil Spector, Mac Mashourian, Tita Colorado, Sandy Wyeth, Robert Ball, Carmen Phillips, Ellie Walker, Michael Pataki, George Fowler Jr., Keith Green, Hayward Robillard, Arnold Hess Jr., Buddy Causey Jr., Duffy LaFont, Blase M. Dawson, Paul Guedry Jr., Suzie Ramagos, Elida Ann Hebert, Rose LeBlanc, Mary Kaye Hebert, Cynthia Grezaffi, Colette Purpera, Lea Marmer, Cathe Cozzi, Thea Salerno, Anne McClain, Beatriz Monteil, Marcia Bowman, David C. Billodeau, Johnny David.
Jack Nicholson als George Hanson.
Produktion: Peter Fonda für Pando Company-Raybert/Columbia. *Länge:* 94 min. *Deutsche Erstaufführung:* 19.12.1969.
*»Mitten im Zentrum von **Easy Rider** steht ein tolles Porträt: ein junger Südstaaten-Anwalt, früherer Sportler, stadtbekannter Säufer, ein gutmütiger, lustiger Typ. Praktisch schon ein Roman für sich. Die Biografie dieses Kerls wird aus allen Richtungen wunderbar zusammengestrickt (Sohn eines Rechtsanwaltes mit einer wackeligen, aber immerhin etablierten Position in der Stadt, mit unverhohlener Verachtung für seine eigene Mittelmäßigkeit) und kommt ohne ersichtliche Quellen auf einmal auf der Leinwand zusam-*

men. Jack Nicholson stellt den ›George‹ mit unordentlichen, schrägen Kleinstadtgesten dar, und mit einer sonnigen Wärme, die sich durch den ganzen Film zieht.«
Manny Farber: »Negative Space«.

1970. On a Clear Day You Can See Forever (Einst kommt der Tag ...)
Regie: Vincente Minnelli. *Buch:* Alan Jay Lerner, nach einem Musical von A. J. Lerner und Burton Lane. *Kamera:* Harry Stradling. *Musik:* Burton Lane.
Darsteller: Barbra Streisand, Yves Montand, Bob Newhart, Larry Blyden, Simon Oakland, John Richardson, Pamela Brown, Irene Handl, Roy Kinnear, Peter Crowcroft, Byron Webster, Mabel Albertson, Laurie Main, Kermit Murdock, Elaine Giftos, John Le Mesurier, Angela Pringle, Leon Ames, Paul Camen, George Neise, Tony Colti.
Jack Nicholson als Tad Pringle.
Produktion: Howard W. Koch für Paramount. *Länge:* 123 min. *Deutsche Erstaufführung:* 25.12.1980 (BR).
»Von seiner Rolle wurde soviel weggeschnitten, daß man sich fragt, warum man ihn überhaupt noch dringelassen hat.«
John Parker: The Joker's Wild.

1970. Five Easy Pieces (Five Easy Pieces – Ein Mann sucht sich selbst)
Regie: Bob Rafelson. *Buch:* Adrien Joyce (Carole Eastman), nach einer Story von Bob Rafelson und Adrien Joyce. *Kamera:* Laszlo Kovacs. *Musik:* Tammy Wynette u.a.
Darsteller: Karen Black, Susan Anspach, Lois Smith, Ralph Waite, Billy "Green" Bush, Irene Dailey, Toni Basil, Lorna Thayer, Richard Stahl, Helena Kallianiotes, William Challee, John Ryan, Fannie Flagg, Marlena MacGuire, Sally Ann Struthers.
Jack Nicholson als Robert Dupea.
Produktion: Bob Rafelson, Richard Wechsler für BBS/Columbia. *Länge:* 98 min. *Deutsche Erstaufführung:* 25.3.1971.
»Normalerweise bringen Filme ihre Charaktere in irgendwelche Gefahren – emotionale oder körperliche, in eine Art Treibhausatmosphäre, in der sie dann als Stereotypen heranwachsen können. Hier jedoch gibt es keine Krise. Die hat schon stattgefunden, ehe der Film überhaupt anfängt. Es gibt nur eine Reihe von Vorkommnissen – zornige Momente, komische Augenblicke, Zeiten der Nostalgie, der vorübergehenden Traurigkeit – die uns zeigen, daß die Hauptfigur (wunderbar gespielt von Jack Nicholson, den man mittlerweile für einen der wenigen wirklich begabten Schauspieler halten muß, die wir haben) nicht das ist, was wir am Anfang des Films dachten, und schon gar kein Stereotyp! Er ist ein echtes Individuum, und bis zum Schluß bleibt er uns ein Rätsel. Er erinnert nicht an andere Filme, er erinnert uns ans wirkliche Leben, an die Freunde und Geliebten, die wir auch nie ganz verstehen und vorausahnen können.«
Richard Schickel: Second Sight.

1971. Drive, He Said
Regie: **Jack Nicholson.** *Buch:* Jack Nicholson, Jeremy Larner, nach einem Roman von Jeremy Larner. *Kamera:* Bill Butler. *Musik:* David Shire, Titelthema von Louis Hardin.
Darsteller: William Tepper, Karen Black, Michael Margotta, Bruce Dern, Robert Towne, Henry Jaglom, Mike Warren, June Fairchild, Don Hammer, Lynn Bernay, Joey Walsh, Harry Gittes, Charles Robinson, Bill Sweek, David Stiers, B.J. Merholz, I.J. Jefferson (Mimi Machu), Kenneth Payne, Cathy Bradford, Eric Johnson, Bill Kennedy, Lenny Lockabaugh, Clyde Crawford, Mark Malinsuskee, Douglas McKenzie, Robert Page, Oliver O'Ferrall, Douglas Ryan, Cindy Williams, Gunnar Malm, Bill Duffy.
Produktion: Steve Blauner, **Jack Nicholson** für BBS/Columbia. *Länge:* 95 min.
*»**Drive, He Said** ist mutig und als Film aufregend anzusehen. Nicholson hatte die Courage, seine Geschichte mit all den Klischee-Gesichtern aus den ›revolutionären‹ Filmen der jüngsten Vergangenheit zu bevölkern, dann aber einen Schritt zurückzutreten und die romantische revolutionäre Lösung zu verweigern … Und dann sieht der Film auch noch wunderbar aus. Die Leistungen der Schauspieler sind immer mindestens gut, das Tempo ist aufregend, die Bilder sehr variiert und interessant in ihrer körnigen Dokumentar-Art. Und immer ist der Regisseur völlig offen und ehrlich. Der Film hat als Film alles, was man von einem Film erwarten kann.«*
Jon Stewart: Ramparts.

1971. Carnal Knowledge (Die Kunst zu lieben)
Regie: Mike Nichols. *Buch:* Jules Feiffer. *Kamera:* Guiseppe Rotunno. *Musik:* Mitchell Parish, Glenn Miller u.a.
Darsteller: Candice Bergen, Arthur Garfunkel, Ann-Margret, Rita Moreno, Cynthia O'Neal, Carol Kane.
Jack Nicholson als Jonathan.
Produktion: Mike Nichols für Joseph E. Levine/Avco Embassy. *Länge:* 97 min. *Deutsche Erstaufführung:* 17.2.1972.
»Hochinteressant, aber deprimierend.«
Leonard Maltin: TV Movies and Video Guide.

1971. A Safe Place
Regie: Henry Jaglom. *Buch:* Henry Jaglom. *Kamera:* Dick Kratina. *Musikberatung:* Jim Gitter.
Darsteller: Tuesday Weld, Orson Welles, Philip Proctor, Gwen Welles, Dov Lawrence, Fanny Birkenmaier, Rhonda Alfaro, Sylvia Zapp, Richard Finnochio, Barbara Flood, Roger Garrett, Jordon Hahn, Francesca Hilton, Julie Robinson, Jennifer Walker.
Jack Nicholson als Mitch.
Produktion: Harold Schneider für BBS/Columbia. *Länge:* 94 min.
»Ein impressionistischer Film. Eine Röntgenaufnahme unserer Psyche, die sofort Einblicke ins geheime Ich gibt. Davon werden nur die irritiert, die schon immer Angst vor der Tiefe gehabt haben und die trotz so vieler Gegenbeweise immer noch glauben, daß wir in einer rationalen Welt leben. Besser, man blickt dem Minotaurus seiner Träume ins Antlitz und weiß, wie

zerbrechlich diese Träume sind, und gewinnt tieferes Verständnis für das menschliche Dilemma.«
Anaïs Nin: »The Los Angeles Free Press«.

1972. The King of Marvin Gardens (Der König von Marvin Gardens)
Regie: Bob Rafelson. *Buch:* Jacob Brackman, nach einer Story von Bob Rafelson und Jacob Brackman. *Kamera:* Laszlo Kovacs.
Darsteller: Bruce Dern, Ellen Burstyn, Julia Anne Robinson, Benjamin "Scatman" Crothers, Charles LaVine, Arnold Williams, John Ryan, Sully Boyar, Josh Mostel, William Pabst, Gary Goodrow, Imogene Bliss, Ann Thomas, Tom Overton, Maxwell "Sonny" Goldberg, Van Kirksey, Tony King, Jerry Fujikawa, Conard Yama, Scott Howard, Henry Foehl, Frank Hatchett, Wyetta Turner.
Jack Nicholson als David Staebler.
Produktion: Bob Rafelson für BBS/Columbia. *Länge:* 103 min. *Deutsche Erstaufführung:* 3.3.1976 (BR).
»... ein eigenartiger, sehr kunstvoller, kompliziert aufgebauter und intensiv stimmungsvoller neuer Film ..., der immer gescheit ist – wunderbar gescheit. Was an den schauspielerischen Leistungen so triumphal ist: Sie gehen weit übers spielerische Verstellen hinaus, sie lassen uns in atemberaubenden Augenblicken echte Sorge um Menschen empfinden. Ich beneide die Auswahlgremien der Academy Awards nicht. Nicholson zeigt in seinem sorgfältig zurückhaltenden Porträt einen Mann, der liebt, aber gehemmt ist und mühsam versucht, seine wacklige geistige Gesundheit zu bewahren, und er ist absolut wunderbar. Dern aber auch, der versucht, seine Träume am Schweben zu halten.«
Charles Champlin: »The Los Angeles Times«.

1973. The Last Detail (Das letzte Kommando)
Regie: Hal Ashby. *Buch:* Robert Towne, nach einem Roman von Darryl Ponicsan. *Kamera:* Michael Chapman. *Musik:* Johnny Mandel.
Darsteller: Otis Young, Randy Quaid, Clifton James, Carol Kane, Michael Moriarty, Luana Anders, Kathleen Miller, Nancy Allen, Gerry Salsberg, Don McGovern, Pat Hamilton, Michael Chapman, Jim Henshaw, Derek McGrath, Gilda Radner, Jim Horn, John Castellano.
Jack Nicholson als Buddusky SM1.
Produktion: Gerald Ayres für Acrobat/Columbia. *Länge:* 103 min.
Deutsche Erstaufführung: 16.5.1975.
»Das beste an ***The Last Detail*** *ist, daß er Jack Nicholson die Gelegenheit gibt, die Rolle des Bordfunkers Erster Klasse Buddusky zu spielen, der zusammen mit dem Bordschützen Maat Mulhall (Otis Young) die wohlmeinende Eskorte spielt, die einen erstaunlich gefügigen Gefangenen begleiten darf.*
Obwohl der Film an seiner Einstellung zu Buddusky völlig unnötig Zweifel läßt (ich glaube, letzen Endes sollen wir ihn und seinesgleichen durchaus für belächelnswert halten, obwohl ich das persönlich nicht schaffe), gibt es nicht den geringsten Zweifel an Nicholsons schauspielerischer Leistung. Er ist großartig, intensiv, mit so vielen verschiedenen Schattierungen und Launen, daß er praktisch schon eine Art Leitfaden für verwirrtes, im Grunde gutgemeintes Benehmen ist.«
Vincent Canby: »The New York Times«.

1974. Chinatown (Chinatown)
Regie: Roman Polanski. *Buch:* Robert Towne. *Kamera:* John A. Alonzo. *Musik:* Jerry Goldsmith.
Darsteller: Faye Dunaway, John Huston, Perry Lopez, John Hillerman, Darryll Zwerling, Dianne Ladd, Roy Jenson, Roman Polanski, Dick Bakalyan, Joe Mantell, Bruce Glover, Nandu Hinds, James O'Reare, James Hong, Beulah Quo, Jerry Fujikawa, Belinda Palmer, Roy Roberts, Noble Willingham, Elliott Montgomery, Rance Howard, George Justin, Doc Erickson, Fritzi Burr, Charles Knapp, Federico Roberto, Allan Warnick, John Holland, Jesse Vint, Jim Burke, Denny Arnold, Burt Young, Elizabeth Harding, John Rogers, Cecil Elliott, Paul Jenkins, Lee Debroux, Bob Golden.
Jack Nicholson als J. J. Gittes.
Produktion: Robert Evans für Long Road/Paramount. *Länge:* 130 min. *Deutsche Erstaufführung:* 19.12.1974.
»Mag sein, daß nach so vielen Antihelden und verherrlichten Kriminellen das Publikum vielleicht wieder reif für einen Helden ist, für jemanden, der einmal für die Tugend die Fantasie einsetzt, die so lange nur für die Bösen da war. Aber es ist für diese Art Helden wichtig, daß er sich, wenn er denn kommt, nicht als Held zu erkennen gibt, nicht die Tugend am Revers trägt. Vielleicht sollte er sich als Zyniker verkleiden, noch besser als schäbiger kleiner Detektiv, der von den kleinen Fehltritten anderer lebt. Und vielleicht sollte er sich wie J.J.Gittes selbst dann, wenn er der Wahrheit auf der Spur ist, als völlig wirkungslos erweisen, weil die Mächte des Bösen, die ihn umzingelt haben, so groß sind. Vielleicht trägt er wirklich einen Verband über der Nase, wenn er eine Frau in seine Arme schließt, und vielleicht zeigt sich sein Heldentum darin, daß er am Schluß bis über beide Ohren drinsteckt, von den Ereignissen völlig verwirrt, unverletzt und doch lächerlich gemacht, und daß er sich trotzdem in seiner Männlichkeit nicht bedroht fühlt; daß er nicht glaubt, daß er ›sein Gesicht wahren‹ kann, indem er es verliert; und daß er sich in eine Frau verlieben kann, die weder ein Kätzchen noch eine süße Schlummerpuppe ist, noch eine Femme Fatale vom üblichen gurrenden Kaliber.«
Molly Haskell: »The Movie Star«.

1975. Professione: Reporter (The Passenger/Beruf: Reporter)
Regie: Michelangelo Antonioni. *Buch:* Mark Peploe, Peter Wollen und Michelangelo Antonioni; nach einer Story von Mark Peploe. *Kamera:* Luciano Tovoli. *Musikberatung:* Ian Vardor.
Darsteller: Maria Schneider, Jenny Runacre, Ian Hendry, Stephen Berkoff, Ambroise Bia, Jose Maria Cafarel, James Campbell, Manfred Spies, Jean Baptiste Tiemele, Angel Del Pozo, Chuck Mulvehill.
Jack Nicholson als David Locke.
Produktion: Carlo Ponti für Metro-Goldwyn-Mayer/Champion/Concordia/C.I.P.I (Italien/Frankreich/Spanien). *Länge:* 123 min. *Deutsche Erstaufführung:* 16.5.1975.
*»**The Passenger** ist das schonungslose Porträt eines völlig ausgelaugten Mannes, dessen einziger verbleibender Ansporn ist, daß er immer wieder sein Glück auf die Probe stellt. Immer und immer wieder sehen wir ihn in diesem Film, wie er die Gefahr geradezu herausfordert. Er balanciert gerne am Rande des Risikos. Er macht das passiv, als wäre er Teilnehmer an*

einem ausdruckslosen Glücksspiel mit dem Leben. Jack Nicholsons Darstellung ist wunderbar in ihren Einsichten. Wie kann man eine Persönlichkeit zum Leben bringen, die kaum anwesend ist? Er schafft es, indem er jegliche Schattierung aus seiner Stimme nimmt, sehr langsam spricht, willkürliche Bewegungen macht. Speziell eine Geste ist besonders ausdrucksstark und leidenschaftlich: ein leichtes Flattern mit den Armen, als versuche er zu fliegen.«
Penelope Gilliatt: »The New Yorker«.

1975. Tommy
Regie: Ken Russell. *Buch:* Ken Russell, nach der Rockoper von »The Who«. *Kamera:* Dick Bush und Ronnie Taylor.
Darsteller: Oliver Reed, Ann-Margret, Roger Daltrey, Elton John, Eric Clapton, John Entwistle, Keith Moon, Paul Nicholas, Robert Powell, Pete Townshend, Tina Turner, Arthur Brown, Ben Aris, Gary Rich, Barry Winch, Victoria Russell, Mary Holland, Dick Allan, Eddie Stacey.
Jack Nicholson als ›der Spezialist‹.
Produktion: Robert Stigwood und Ken Russell für Columbia. *Länge:* 111 min.
»Diese ›Oper‹ wurde viel beschrieen als Meilenstein der Popmusik und mit dem zusätzlichen Gütesiegel versehen, daß sie auch mit dem London Symphony Orchestra und in der Metropolitan Opera in New York aufgeführt wurde, trotzdem ist das Original doch ein bruchstückhaftes Werk, eher eine Kantate als eine Oper, denn sie hat keinerlei unabhängige dramatische Struktur. Zwischendurch hat sie einmal ein paar Einfälle, lebendig ist sie, aber sie bleibt doch eine Reihe von nicht miteinander verbundenen Einheiten, die nur den uneinheitlichen, wenn auch lebensstrotzenden Stil gemeinsam haben. So kann man mit Fug und Recht auch den Stil beschreiben, in dem (Regisseur Ken) Russell seinen Film gemacht hat. Eigentlich keine Überraschung, denn ***Tommy*** *zeigt besten und schlechtesten Ken Russell, und das manchmal sogar in einer einzigen Szene.*
David Wilson: »Sight & Sound«.

1975. The Fortune (Mitgiftjäger)
Regie: Mike Nichols. *Buch:* Adrien Joyce (Carole Eastman). *Kamera:* John A. Alonzo. *Musik:* David Shire.
Darsteller: Warren Beatty, Stockard Channing, Florence Stanley, Tom Newman, Richard B. Shull, John Fiedler, Scatman Crothers, Dub Taylor.
Jack Nicholson als Oscar.
Produktion: Mike Nichols und Don Devlin für The Fortune Company/ Warner-Columbia. *Länge:* 88 min. *Deutsche Erstaufführung:* 20.2.1976.
»Beatty schlägt in seiner Rolle wild um sich, versucht Witze an sich zu reißen, wie jemand, der Fliegen fängt. Nicholson ist erfolgreicher, denn er fühlt sich wohler als Charakterdarsteller. Er neigt zwar dazu, schmerzverzerrte komische Grimassen zu schneiden, aber er hat mindestens eine tolle Szene: wie er sich ohne jedes Zögern in die beiläufigste Polizeibefragung fügt und gleich ein Mordgeständnis herausplappert, wo doch gar kein Mord stattgefunden hat. Neuling Stockard Channing erscheint auch im Bild, zeigt aber weder das Selbstbewußtsein von Nicholson und Beatty – das

sicher mit der Erfahrung kommt – noch deren Charme – der nicht mit der Erfahrung kommt.«
Jay Cocks: »Time«.

1975. One Flew Over the Cuckoo's Nest (Einer flog über das Kuckucksnest)
Regie: Miloš Forman. *Buch:* Lawrence Hauben und Bo Goldman, nach einem Roman von Ken Kesey. *Kamera:* Haskell Wexler und Bill Butler. *Musik:* Jack Nitzsche.
Darsteller: Louise Fletcher, William Redfield, Michael Berryman, Peter Brocco, Dean R. Brooks, Alonzo Brown, Scatman Crothers, Muako Cumbuka, Danny DeVito, William Duell, Josip Elie, Lon Fendors, Nathan George, Ken Kenney, Mel Lambert, Sydney Lassick, Kay Lee, Christopher Lloyd, Dwight Morfield, Ted Morkland, Louisa Moritz, Phil Roth, Will Sampson, Mimi Sarkisian, Vincent Schiavelli, Marya Small, Delos V. Smith Jr., Jim Welch, Brad Dourif.
Jack Nicholson als Randle P. McMurphy.
Produktion: Saul Zaentz und Michael Douglas für Fantasy Films/United Artists. *Länge:* 133 min. *Deutsche Erstaufführung:* 18.3.1976.
»Die Kanonisierung von Nicholsons ›homme moyen sensuel‹ fiel mit ***One Flew Over the Cuckoo's Nest*** *zusammen. Es war einer jener seltenen Augenblicke, in denen ernsthafte, schmerzliche Bedeutung, großartige Unterhaltung und Geld und Ruhm für alle Beteiligten einmal zusammenfallen. Ohne Nicholson wäre dieser Film vielleicht nicht einmal gemacht worden. Sein Glanz machte ein schwieriges Thema leichter, und seine Bereitschaft, sich in ein Ensemble einzufügen, ist für die atemberaubende ›Anstalts‹-Atmosphäre verantwortlich. Den Schritt von der Komödie zur Tragödie macht der Film aber in Nicholsons gefährlichem Anarchismus, und es ist ihm hoch anzurechnen, daß Millionen erkannten, welche Würde McMurphys lässige, subversive Vitalität hat.«*
David Thomson: A Biographical Dictionary of Film.

1976. The Missouri Breaks (Duell am Missouri)
Regie: Arthur Penn. *Buch:* Thomas McGuane. *Kamera:* Michael Butler. *Musik:* John Williams.
Darsteller: Marlon Brando, Kathleen Lloyd, Randy Quaid, Frederic Forrest, Harry Dean Stanton, John McLiam, John Ryan, Sam Gilman, Dan Ades, R.L. Armstrong, Vern Chandler, Virgil Frye, Hunter Von Leer, Luana Anders, Richard Bradford, Steve Franken, Danny Goldman, Dorothy Neumann, Charles Wagenheim.
Jack Nicholson als Tom Logan.
Produktion: Elliott Kastner und Robert M. Sherman für United Artists. *Länge:* 126 min. *Deutsche Erstaufführung:* 16.9.1976.
»Den Publicity-Fritzen bei United Artists muß es als der Coup des Jahrzehnts erschienen sein. Laß den alten Bär gegen den jungen Fuchs antreten, und die braven Bürger werden die Arenen stürmen und nach Blut schreien. Leider haben die Denker in ihrer Verliebtheit in diesen Gedanken versäumt, irgend etwas anderes als nur Kassenmagneten in dieses Unternehmen zu stecken. Das Skript von ***The Missouri Breaks*** *stammt von Thomas McGuane, der Film ist einer von denen, die man heutzutage einfach nicht*

mehr machen sollte. Arthur Penn ist ein geschickter Regisseur, und er hat sich viel Mühe gemacht und viel Geld ausgegeben, für herrliche Kulissen und wunderbare Landschaftsaufnahmen; sein Timing ist lebendig, die Nebenrollen sind flott. Aber Schauspiel-Virtuosen wie Brando und Nicholson geraten außer Rand und Band, wenn der Stoff dünn ist. Brando ist jedenfalls beinahe völlig von der Rolle.«
Robert Hatch: »The Nation«.

1976: The Last Tycoon (Der letzte Tycoon)
Regie: Elia Kazan. *Buch:* Harold Pinter, nach dem Roman von F. Scott Fitzgerald. *Kamera:* Victor Kemper. *Musik:* Maurice Jarre.
Darsteller: Robert De Niro, Tony Curtis, Robert Mitchum, Jeanne Moreau, Donald Pleasance, Ray Milland, Dana Andrews, Ingrid Boulting, Theresa Russell, Peter Strauss, Tige Andrews, Morgan Farley, John Carradine, Jeff Corey, Diane Shalet, Seymour Cassell, Anjelica Huston, Bonnie Bartlett, Sharon Masters, Eric Christmas, Leslie Curtis, Lloyd Kino, Brendan Burns, Carrie Miller, Peggy Feury, Betsy Jones-Moreland, Patricia Singe.
Jack Nicholson als Brimmer.
Produktion: Sam Spiegel für Horizon/Paramount. *Länge:* 122 min. *Deutsche Erstaufführung:* 11.3.1977.
»Ein außergewöhnlich gut gemachter Film. Aber es fehlt was. Es fehlt eine gewisse vitale Wärme, die leuchtende Verschmelzung von Stil und Gefühl. Es fehlt Fitzgeralds tapferer Schmerz, das elegante Weh seines Griffs nach den Sternen.«
Jack Kroll: »Newsweek«

1978. Goin' South (Der Galgenstrick)
Regie: **Jack Nicholson**. *Buch:* John Herman Shaner & Al Ramrus, Charles Shyer & Alan Mandel, nach einer Originalstory von John Herman Shaner und Al Ramrus. *Kamera:* Nestor Almendros. *Musik:* Van Dyke Parks, Perry Botkin Jr.
Darsteller: Mary Steenburgen, Christopher Lloyd, John Belushi, Richard Bradford, Danny DeVito, Veronica Cartwright, Jeff Morris, Gerald H. Reynolds, Luana Anders, George W. Smith, Lucy Lee Flippin, Ed Begley Jr., Maureen Byrnes, B.J. Merholz, Britt Leach, Georgia Schmidt, Barbara Ann Walters, Ann Ramsey, Marsha Ferri, Lin Shaye, Don McGovern, Dennis Fimple, Anne T. Marshall, Robert L. Wilson, Carlton Risdon, May R. Boss, Loren Janes, Nancy Coan Kaclik, R.L. Armstrong.
Jack Nicholson als Henry Moon.
Produktion: Harry Gittes und Harold Schneider für Paramount. *Länge:* 109 min. *Deutsche Erstaufführung:* 15.6.1979.
*»Dies ist nicht der Film, den die meisten Nicholson-Fans erwarten. Drollig, süß und ein bißchen desinteressiert, eine breitgewalzte Story ohne große Pointe, und Nicholson walzt fröhlich mit. Der Film stellt alle Western-Konventionen auf den Kopf, nicht etwa aus satirischer Wut, sondern einfach, um das Publikum rumzukriegen. Und dank der wunderbaren Fotografie von Nestor Almendros (**Days of Heaven**) und Nicholsons herrlich knurriger Erscheinung gelingt ihm das auch beinahe.«*
David Ansen: »Newsweek«.

1980. The Shining (Shining)
Regie: Stanley Kubrick. *Buch:* Stanley Kubrick und Diane Johnson, nach einem Roman von Stephen King. *Kamera:* John Alcott. *Musik:* Bela Bartok, Krzysztof Penderecki, György Ligeti, Wandy Carlos, Rachel Elkind.
Darsteller: Shelley Duvall, Danny Lloyd, Scatman Crothers, Barry Nelson, Philip Stone, Joe Turkel, Anne Jackson, Tony Burton, Lia Beldam, Belle Gison, Barry Dennen, David Bart, Manning Redwood, Lisa Burns, Louise Burns, Robin Pappas, Alison Coleridge, Burnell Tucker, Jana Sheldon, Kate Phelps, Norman Gay.
Jack Nicholson als Jack Torrance.
Produktion: Stanley Kubrick für Hawk Films/Warner Brothers. *Länge:* 146 min. *Deutsche Erstaufführung:* 16.10.1980.
»Der Film gehört Jack Nicholson, wenn man überhaupt ein so wucherndes Etwas in den Griff kriegen kann. Ganz egal, was Sie von ***The Shining*** *selbst halten, Nicholson wird Sie einfach blenden. Er fördert den haarsträubenden Humor in Kubricks und Diane Johnsons Drehbuch zutage, und er hält ihn in zunehmend bizarren Umständen bis zum Schluß durch.«*
Kevin Thomas: »The Los Angeles Times«.

1981. The Postman Always Rings Twice (Wenn der Postmann zweimal klingelt)
Regie: Bob Rafelson. *Buch:* David Mamet, nach dem Roman von James M. Cain. *Kamera:* Sven Nykvist. *Musik:* Michael Small.
Darsteller: Jessica Lange, John Colicos, Michael Lerner, John P. Ryan, Anjelica Huston, William Traylor, Christopher Lloyd, Tom Hill, Jon Van Ness, Brian Farrell, Raleigh Bond, William Newman, Albert Henderson, Ken Magee, Eugene Peterson, Don Calfa, Louis Turenne, Charles B. Jenkins, Dick Balduzzi, John Furlong, Sam Edwards, Betty Cole, Joni Palmer, Ron Flagge, Lionel Smith, Brion James, Frank Arno, Virgil Frye, Kenneth Cervi, Chris P. Rellias, Theodoros A. Karavidas, Basil J. Fovos, Nick Hasir, Demetrios Liappas, James O'Connell, William H. McDonald, Elsa Raven, Kopi Sotiropulos, Tom Maier, Glenn Shadix, Tani Gutherie, Carolyn Coates, Jim S. Cash.
Jack Nicholson als Frank Chambers.
Produktion: Charles Mulvehill und Bob Rafelson für Lorimar/Paramount. *Länge:* 123 min. *Deutsche Erstaufführung:* 13.8.1981.
»Leider haben Rafelson, Mamet, Nicholson, Lange und Konsorten den Sex so wunderbar gemacht, daß er Cains ziemlich lächerliche, melodramatische Story völlig schafft. Fast alles an dieser neuen Produktion ist letztlich total verzerrt, weil man zugelassen hat, daß die Details das Gesamtdesign zuschütten.«
Andrew Sarris: »The Village Voice«.

1981. Reds (Reds)
Regie: Warren Beatty. *Buch:* Warren Beatty und Trevor Griffiths. *Kamera:* Vittorio Storaro. *Musik:* Stephen Sondheim, Dave Grusin.
Darsteller: Warren Beatty, Diane Keaton, Edward Herrmann, Jerzy Kosinski, Paul Sorvino, Maureen Stapleton, Nicolas Coster, M. Emmet Walsh, Ian Wolfe, Bessie Love, Gene Hackman, MacIntyre Dixon, Pat Starr, Eleanor D. Wilson, Max Wright, George Plimpton, Harry Ditson, Leigh

Curran, Kathryn Grody, Brenda Currin, Nancy Duiguid, Norman Chancer, Dolph Sweet, Ramon Bieri, Jack O'Leary, Gerald Hiken, William Daniels, Dave King, Joseph Buloff, Stefan Gryff, Denis Pekarev, Roger Sloman, Stuart Richman, Oleg Kerensky, Nikko Seppala, John J. Hooker, Shane Rimmer, Jerry Hardin, Jack Kehoe, Christopher Malcolm, Tony Sibbald, R.G. Armstrong, Josef Sommer, Jan Triska, Ake Lindman, Pertti Weckstrom, Nina Macarova, Jose De Filippo, Andreas La Casa.
Augenzeugen: Roger Baldwin, Henry Miller, Adela Rogers St. John, Dora Russell, Scott Nearing, Tess Davis, Heaton Vorse, Hamilton Fish, Isaac Don Levine, Rebecca West, Will Durant, Will Weinstone, Oleg Kerensky, Emmanuel Herbert, Arne Swabek, Adele Nathan, George Seldes, Kenneth Chamberlain, Blanche Hays Fagen, Galina Von Meck, Art Shields, Andrew Dasburg, Hugo Gellert, Dorothy Frooks, George Jessel, Jacob Bailin, John Ballato, Lucita Williams, Bernadine Szold-Fritz, Jessica Smith, Harry Carlisle, Arthur Mayer.
Jack Nicholson als Eugene O'Neill.
Produktion: Warren Beatty für Paramount. *Länge:* 200 min. *Deutsche Erstaufführung:* 23.4.1982.
»O'Neill, von Jack Nicholson brillant gespielt, ist des Teufels Advokat unter den Bohemiens. Er rebelliert gegen alle orthodoxen Lehren, ob sie nun ›reaktionär‹ oder ›progressiv‹ sind. Und wenn auch seine eigene Sichtweise der menschlichen Möglichkeiten beschränkt ist, so hat er doch die reinigende Ehrlichkeit, die erst wahren Fortschritt möglich macht. Nicholson wirkt erleichtert darüber, endlich einmal einen präzisen, scharf formulierten Text zu haben; er wirkt nicht so aufgeblasen für ›die große Vorstellung‹ wie in ***The Shining*** *oder* ***The Postman Always Rings Twice****. Er ist entspannt und glitschig, eine charmante Schlange für Louise Bryants Schöne-Neue-Welt-Eva.«*
Michael Sragow: »Rolling Stone«.

1982. The Border (Grenzpatrouille)
Regie: Tony Richardson. *Buch:* Deric Washburn, Walon Green und David Freeman, nach einer Story von Deric Washburn. *Kamera:* Ric Waite, Vilmos Zsigmond. *Musik:* Ry Cooder.
Darsteller: Harvey Keitel, Valerie Perrine, Warren Oates, Elpidia Carrillo, Shannon Wilcox, Manuel Viescas, Jeff Morris, Mike Gomez, Dirk Blocker, Lonny Chapman.
Jack Nicholson als Charlie.
Produktion: Edgar Bronfman für Universal/RKO. *Länge:* 107 min. *Deutsche Erstaufführung:* 30.4.1982.
*»Regisseur Richardson hat sich meilenweit von seinem alten Terrain, den Spülküchen (****A Taste of Honey****) und den feinen Salons (****Tom Jones****) entfernt. Er läßt ein paar Ungereimtheiten durchgehen und mutet dem Zuschauer vielleicht einen flotten Muchacho zuviel zu. Aber trotzdem kann man diesen Einfall ins Peckinpah-Territorium als Erfolg bezeichnen, wo das falsche Flitterleben und der plötzliche häßliche Tod nur zu nah beieinander stehen. Das quicklebendige Feeling des Films wird durch Ric Waites geschmeidige Zooms, Schwenks und Verfolgungsfahrten und durch die wunderbare Musik von Ry Cooder noch verstärkt. Und was Nicholson betrifft, so zeigt er einmal mehr, daß er den amerikanischen Mann des*

20. Jahrhunderts – sexy, psychotisch, verzweifelt, heldenhaft – verkörpern kann wie kaum ein anderer Filmstar unserer Tage.«
Richard Corliss: »Time«.

1983. Terms of Endearment (Zeit der Zärtlichkeit)
Regie: James L. Brooks. *Buch:* James L. Brooks, nach dem Roman von Larry McMurtry. *Kamera:* Andrzej Bartkowiak. *Musik:* Michael Gore.
Darsteller: Shirley MacLaine, Debra Winger, Danny DeVito, Jeff Daniels, John Lithgow, Lisa Hart Carroll, Betty R. King, Huckleberry Fox, Troy Bishop, Shane Serwin, Megan Morris, Tara Yeakey, Norman Bennett, Jennifer Josey, Kate Charleson, Tom Wees, Paul Menzel, F. William Parker, Amanda Watkins, Buddy Gilbert, David Wohl, Shelley K. Nielsen, Bette Croissant, Charles Beall, Lelise Folse, Sharisse Baker, Judith A. Dickerson, Devon O'Brien, Dana Vance, Alexandra O'Karma, Nancy E. Mette, Holly Beth Holmberg, Lear Levin, Lanier Whilden, Helen Stauffer, Barbara Bauk, Michelle Watkins. John C. Conger, Sandra Newkirk, Elaine McGown.
Jack Nicholson als Garrett Breedlove.
Produktion: James L. Brooks für Paramount. *Länge:* 130 min. *Deutsche Erstaufführung:* 6.4.1984.
»Breedlove, ein stolpernder Trunkenbold mit Bierbauch und geilem Grinsen, ist zu sehr verwöhnt worden, zu oft gefeiert worden, zu viel gevögelt worden. Wirklich, er hat sich so oft daneben benommen, daß es ihm völlig schnuppe ist, was mit ihm geschieht. Nicholsons Grinsen hat noch nie so viele ätzende kleine gemeine Ecken freigelegt, soviel Selbstekel, und doch auch mehr Wärme, als er je in der Vergangenheit gezeigt hat. Sein Breedlove ist eine Person mit vielen Facetten – eitel und kindisch, aber so völlig zügellos, daß er auf Aurora (MacLaine) einen befreienden Einfluß hat. In seinen rauhen, aber erfahrenen Händen schafft sie den allmählichen Übergang von der flirtenden Prüden zur glücklichen Liebenden.«
David Denby: »New York«.

1985. Prizzi's Honor (Die Ehre der Prizzis)
Regie: John Huston. *Buch:* Richard Condon und Janet Roach, nach einem Roman von Richard Condon. *Kamera:* Andrzej Bartkowiak. *Musik:* Alex North.
Darsteller: Kathleen Turner, Anjelica Huston, William Hickey, John Randolph, Lee Richardson, Robert Loggia, Michael Lombard, Lawrence Tierney, Joseph Ruskin, Ann Selepegno.
Jack Nicholson als Charley Partanna.
Produktion: John Foreman für Twentieth Century-Fox. *Länge:* 129 min.
»Nicholsons Schauspielerei ist eine virtuose Folge von Variationen zum Grundthema Verblüffung und langsames Kapieren. Manchmal ist Charley (Partanna) wie Jackie Gleasons eitler Ralph Kramden in ***The Honeymooners:*** *er sieht aus, als wolle er watscheln und mehr Speckröllchen durch die Gegend schwenken, als er eigentlich hat (möchte wie auch Kramden in der Welt mehr Raum einnehmen). Dann wird er ganz schlaff und farblos, wie Art Carneys Ed Norton. Nicholsons Charley steckt die gewöhnliche Normalheit der ›Honeymooners‹ in die Mafia-Umgebung. Und als er sich in das Mädchen von der Westküste verliebt – die polnische Blondine Irene (Kathleen*

Turner), die er bei der Prizzi-Hochzeit am Anfang des Films kennenlernt, da ist er plötzlich ein Mann, der an einer Lastwagenladung Glitzerglamour beinahe zugrunde geht. Er ist völlig von der Rolle. Aber Nicholson übertreibt seinen verschwimmenden Gesichtsausdruck und sein fassungsloses Starren nicht. Er ist ein gewitzter Schauspieler, der einen immer mit angehaltenem Atem darauf warten läßt, was er wohl als nächstes macht. Es hat schon seinen Grund, daß ihn das Publikum so mag: für die Rolle, die er spielt, würde er alles tun, und er hat einen beinahe schon untrüglichen Instinkt dafür, wie weit er das Publikum dabei mitnehmen kann.«
Pauline Kael: »State of the Art«.

1986. Heartburn (Sodbrennen)
Regie: Mike Nichols. *Buch:* Nora Ephron, nach ihrem Roman. *Kamera:* Nestor Almendros. *Musik:* Carly Simon.
Darsteller: Meryl Streep, Jeff Daniels, Maureen Stapleton, Stockard Channing, Richard Masur, Catherine O'Hara, Steven Hill, Miloš Forman, Natalie Stern, Karen Akers, Aida Linares, Anna Maria Horsford, Ron McLarty, Kenneth Welsh, Kevin Spacey, Mercedes Ruehl, Joanna Gleason, R.S. Thomas, Jack Gilpin, Christian Clemenson, John Wood, Sidney Armus, Yakov Smirnoff, Caroline Aaron, Lela Ivey, Tracey Jackson, Libby Titus, Angela Pietropinto, Cynthia O'Neal, Susan Forristal, Dana Ivey, John Rothman, Elijah Lindsay, Jack Neam, Kimi Parks, Salem Ludwig, Patricia Falkenhain, Margaret Thomson, Charles Denney, Gregg Almquist, Garrison Lane, Ryan Hilliard, Dana Streep, Mary Streep, Cyrilla Dorn, May Pang, Michael Regan, Ari M. Roussimoff, Luther Rucker.
Jack Nicholson als Mark.
Produktion: Mike Nichols und Robert Greenhut für Paramount. *Länge:* 108 min. *Deutsche Erstaufführung:* 29.1.1987.
»Mr. Nicholson ist ein Rätsel. Was seine Erscheinung angeht, so ist er als der Fremde, auf den jeder an einem verzauberten Abend quer durch einen gedrängt vollen Raum sofort aufmerksam würde, völlig falsch besetzt. Und dann sehen wir ihn, weil es ein Frauenfilm ist, immer nur in häuslichen Szenen. Hier hat jede Reaktion – wie er seine Zuneigung zeigt, wie er verschämt vernimmt, daß er Vater wird, die peinliche Sequenz, in der er populäre Lieder über Babies singt –, hat all dies die Kälte eines leblosen, vorgeschützten Enthusiasmus. Weiß Mr. Nicholson, daß er hier der Kamera diese beinahe schon finstere Seite zeigt, oder kann er einfach nicht anders?«
Quentin Crisp: How to Go to the Movies.

1987. The Witches of Eastwick (Die Hexen von Eastwick)
Regie: George Miller. *Buch:* Michael Cristofer, nach einem Roman von John Updike. *Kamera:* Vilmos Zsigmond. *Musik:* John Williams.
Darsteller: Cher, Susan Sarandon, Michelle Pfeiffer, Veronica Cartwright, Richard Jenkins, Keith Jochim, Carel Struycken, Helen Lloyd Breed, Caroline Struzik, Michele Sincavage, Nicol Sincavage, Heather Coleman, Carolyn Ditmars, Cynthia Ditmars, Christine Ditmars, Craig Burket, Abraham Mishkind, Christopher Verrette, Becca Lish, Ruth Maynard, Lansdale Chatfield, Carole Ita White, Babbie Green, Jane A. Johnston, Merrily Horowitz, Harriet Medin, Margot Dionne, James T. Boyle, John Blood, Ron Campbell, Eugene Boles.

Jack Nicholson als Daryl Van Horne.
Produktion: Neil Canton, Peter Guber und Jon Peters für Warner Brothers. *Länge:* 118 min. *Deutsche Erstaufführung:* 29.10.1987.
»Die Frauen besitzen ›die Quelle‹, die geheime Kraft des Hexentums, die alle Männer – ob sie nun naiv oder zynisch sind – allen Frauen zuschreiben. Diese Kraft wird aber erst völlig freigesetzt, als in Eastwick – vielleicht als Erfüllung der kollektiven Fantasien dieser Frauengruppe – ein ›dunkler Prinz‹ eintrifft, ›der unter einem finsteren Fluch reist ..., sehr attraktiv ..., mit einem Schwanz, der nicht zu groß ist und nicht zu klein, sondern genau in der Mitte‹: Daryl (ein ›r‹) Van Horne. Na, Nicholson ist vielerlei, aber ›attraktiv‹ ganz bestimmt nicht. Das Gesicht ist einfach zu nudelig. Und doch sind wir – genau wie die drei fantastischen Frauen – bereits nach wenigen Minuten dem Schwindel aufgesessen und glauben Nicholson und Van Horne, daß er genau dieser ›dunkle Prinz‹ ist. Und ohne allzuviel Butter gelingt es ihm, alle drei zu verführen. Mehr zu erzählen, das hieße, Ihnen etwas zu stehlen, was Ihnen zusteht: das pure Vergnügen, von diesem satanischen Parforce-Ritt aller Beteiligten eins übergezogen zu bekommen.«
Harlan Ellison: Harlan Ellison's Watching.

1987. Broadcast News (Nachrichtenfieber – Broadcast News)
Regie: James L. Brooks. *Buch:* James L. Brooks. *Kamera:* Michael Ballhaus. *Musik:* Bill Conti.
Darsteller: William Hurt, Albert Brooks, Holly Hunter, Robert Prosky, Lois Chiles, Joan Cusack, Peter Hackes, Christian Clemenson, Robert Katims, Ed Wheeler, Stephen Mendillo, Kimber Shoop, Dwayne Markee, Gennie James, Leo Burmester, Amy Brooks, Jane Welch, Jonathan Benya, Frank Doubleday, Sally Knight, Manny Alvarez, Luis Valderrama, Francisco Garcia, Richard Thomsen, Nathan Benchley, Marita Geraghty, Nicholas D. Blanchet, Maura Moynihan, Chuck Lippman, Nannette Rickert, Tim White, Peggy Pridemore, Emily Crowley, Gerald Ender, David Long, Josh Billings, Richard Pehle, James V. Franco, Jimmy Mel Green, Raoul N. Rizik, Mike Skehan, Franklyn L. Bullard.
Jack Nicholson als ›Anchorman‹.
Produktion: James L. Brooks für Twentieth Century-Fox. *Länge:* 131 min. *Deutsche Erstaufführung:* 14.4.1988.
»Dieser Film ist eigentlich zwei Filme, eine große amerikanische Satire, die versucht, mit einem sensiblen, sehr persönlichen Film Marke Eric Rohmer als Ballast die Straße entlang zu wandern. Nicholson ist nichts als perfekt in seiner nicht einmal im Vorspann vermerkten Miniatur-Rolle als populärer Moderator der Nachrichtensendung.«
Jamie Malanowski: »Premiere«.

1987. Ironweed (Wolfsmilch)
Regie: Hector Babenco. *Buch:* William Kennedy, nach seinem Roman. *Kamera:* Lauro Escorel. *Musik:* John Morris.
Darsteller: Meryl Streep, Carroll Baker, Michael O'Keefe, Diane Venora, Fred Gwynne, Margaret Whitton, Tom Waits, Jake Dengel, Nathan Lane, James Gammon, Will Zahrn, Joe Grifasi, Hy Anzell, Bethel Leslie, Laura Esterman, Richard Hamilton, Black-Eyed Susan, Louise Phillips, Marjorie Slocum, Lena Spencer, Lola Pashulinski, Paul A. DiCocco Jr., Priscilla

Smith, James Dukas, Jared Swartout, Ted Levine, Martin Patterson, Terry O'Reilly, Michael O'Gorman, Frank Whaley, Jordan Valdina, Louis St. Louis, John Wright, Robin Wood-Chappelle, Nicole Weden, Peter Pryor, Duan Scholz, Matt McGrath, Lois Barden Stilley, Cori Irwin, Pamela Payton-Wright, Boris McGiver, Phyllis Gottung, James Yoham, Ean Egas, Nebraska Brace, Jeff Morris, William Duell, George Rafferty, Robert Manion, Pat Devane.
Jack Nicholson als Francis Phelan.
Produktion: Keith Barish und Marcia Nasatir für Taft Entertainment/Tri-Star. *Länge:* 144 min. *Deutsche Erstaufführung:* 8.12.1988.
»In ***Ironweed*** *spielt Jack Nicholson einen knurrigen Alkoholiker und Penner, der den Kopf voller Schnaps und halbvergorener Schuld-Halluzinationen hat, und er beherrscht die Leinwand mit einer ruhigen, sturmerprobten Autorität, die man sonst eher mit den Filmgrößen der Vergangenheit vom Schlage eines Bogart oder Tracy in Verbindung bringt. Sein Charisma hat nichts mit Glanz und Glitzern zu tun, sondern mit Seele. Er ist der perfekte Schauspieler für William Kennedys Figur Francis Phelan, den Obdachlosen, der in den kalten, trostlosen Straßen von Albany, New York, um 1938 herum mühselig ums Überleben und um Vergebung ringt. Zwar hat Francis so gut wie alles verloren – Familie, Träume, das Dach über dem Kopf – aber tief innen bleibt ihm eine felsenfeste Würde, eine Art angefressene Galanterie, die ihn anders macht als andere, die ihn am Leben hält, und die es ihm möglich macht, die Frau, die er liebt, am Leben zu halten.«*
David Ansen: »Newsweek«.

1989. Batman (Batman)
Regie: Tim Burton. *Buch:* Sam Hamm und Warren Skaaren, nach einer Story von Sam Hamm (basierend auf den Comic-Charakteren von Bob Kane). *Kamera:* Roger Pratt. *Musik:* Danny Elfman, Prince.
Darsteller: Michael Keaton, Kim Basinger, Robert Wuhl, Pat Hingle, Billy Dee Williams, Michael Gough, Jack Palance, Jerry Hall, Tracey Walter, Lee Wallace, William Hootkins, Richard Strange, Carl Chase, Mac MacDonald, George Lane Cooper, Terence Plummer, Philip Tan, John Sterland, Edwin Craig, Vincent Wong, Joel Cutrara, John Dair, Christopher Fairbank, George Roth, Kate Harper, Bruce McGuire, Richard Durden, Kit Hollerbach, Lachelle Carl, Del Baker, Jazzer Jeyes, Wayne Michaels, Valentino Musutti, Rocky Taylor, Keith Edwards, Leon Herbert, Steve Plytas, Anthony Wellington, Amir Korangy, Hugo E. Blick, Charles Roskilly, Philip O'Brien, Michael Belfour, Liza Ross, Garrick Hagon, Adrian Meyers, David Baxt, Sharon Holm, Clyde Gatell, Jon Soresi, Sam Douglas, Elliott Stein, Dennis Lill, Paul Michael, Carl Newman.
Jack Nicholson als Joker.
Produktion: Jon Peters und Peter Guber für Warner Brothers. *Länge:* 126 min. *Deutsche Erstaufführung:* 26.10.1989.
»Nicholson ist sicher für viele der Dreh- und Angelpunkt. Und was den Film am Leben hält, ist seine Energie, die wie eine Arterie sprudelt; sicherlich nicht die Special Effects oder der Schnitt, der keinem erkennbaren Rhythmus folgt, oder gar das schlappe Drehbuch. Nicholson hält alles am Laufen, immer schneller und schneller, bis hin zu seiner Interpretation der Zeile ›Zeit, sich zurückzuziehen‹, in der er seiner Stimme

einen Original-John-Huston-Ton gibt. Aber sein Auftritt ist auch von so auslaugender Intensität, hat so erbärmlich wenig zitierbaren Text (das meiste davon im Nachspann!), daß wir erschöpft in den Seilen hängen und um Gnade winseln, lange bevor der Joker auf seinen Höhepunkt zutanzt. Für einen begeisterten Nicholson-Fan war es nahezu undenkbar, daß einmal der Tag kommen würde, wo man im Kino sitzt und sich nur wünscht, daß er doch bloß bald von der Leinwand verschwinden möge, damit der Kopfschmerz einmal eine Minute lang nachläßt. Batman hat das geschafft. Der reinste Giftmüll ...«
Sheila Benson: »The Los Angeles Times«.

1990. The Two Jakes (Die Spur führt zurück – The Two Jakes)
Regie: **Jack Nicholson.** *Buch:* Robert Towne. *Kamera:* Vilmos Zsigmond. *Musik:* Van Dyke Parks.
Darsteller: Harvey Keitel, Meg Tilly, Madeleine Stowe, Eli Wallach, Ruben Blades, Frederic Forrest, David Keith, Richard Farnsworth, Tracey Walter, Joe Mantell, James Hong, Perry Lopez, Jeff Morris, Rebecca Broussard, Paul A. DiCocco Jr., John Hackett, Rosie Vela, Allan Warnick, Susan Forristal, Will Tynan, Van Dyke Parks, William Duffy, Sue Carlton, Don McGovern, Luana Anders, Dean Hill, Pia Gronning, John Herman Shaner, Michael Shaner, Lee Weaver, Malek Abdul-Mansour, Ken Cervi, Anne Marshall, Ian Thorpe, Colette Northrop, Patricia Durham, Randi Ingerman, Joy Wayman, Bob George, Suzanne Mitchell, Alan Chaffin, Wyn Costello, Usa Regina Croisette, Jessica Z. Diamond, Scott Flynn, Ronnie R. Rondell, Benaard Ighner, Earl Palmer, Simeon Piluch, Herman Ailey.
Jack Nicholson als J.J. Gittes.
Produktion: Robert Evans und Harold Schneider für Paramount. *Länge:* 138 min. *Deutsche Erstaufführung:* 12.12.1991.
»Von vorne bis hinten Nicholsons Film – der Schauspieler führt selbst Regie, er spielt eine Rolle, mit der er bereits identifiziert wird. Nicholsons Begabung als Schauspieler ist abhängig davon, wie sehr er den gegenwärtigen Augenblick damit anfüllt, uns in Spannung zu halten, was er wohl im nächsten Moment tun wird. Was er nie andeutet ist, wo er herkommt. Nicholson ist seit ***Chinatown*** *älter geworden, aber geändert hat er sich nicht – wie sehr er auch seine dicker gewordenen Oberschenkel oder seinen ständig zunehmenden Taillenumfang ins Bild rückt. Sogar die Unterstellung, daß er ihn nicht mehr immer so leicht hochbringt, perlt von ihm ab. Emotional ist er am Ende der* ***Two Jakes*** *der gleiche Jake, der er am Anfang von* ***Chinatown*** *war. Das Zusammentreffen mit Evelyn Mulwray hat ihn nicht wesentlich und spürbar verändert. Und gerade darum ist es äußerst pervers, daß er sich selbst einige längliche Monologe zugeschustert hat, in denen er sich damit herumplagt, daß er seiner Vergangenheit nicht entrinnen kann. Wenn man die beiseite nimmt – dann handelt der Film nicht von einem psychologischen Trauma – und wo er das macht, gelingt es ihm nicht. Was an den* ***Two Jakes*** *so ganz besonders ist: es ordnet das Persönliche der unentrinnbaren Dynamik der Geschichte unter. Gittes ist ein Geschöpf der Depression, des Kalten Krieges, der Landnahme und des Sankt-Andreas-Grabens. Wir sind ihm gegenüber im Vorteil. Ein halbes Jahrhundert später können wir ihn sehen, wie er sich selbst nicht sehen konnte.«*
Amy Taubin: »The Village Voice«.

1991. Blue Champagne (nicht fertiggestellt)
Regie: Blaine Novak. *Buch:* Blaine Novak. *Kamera:* ? *Musik:* ?
Darsteller: Rebecca Broussard, Jonathan Silverman, Diane Ladd, Jennifer Nicholson, Jeff East, Kristen Hocking.
Produktion: Alan Finkelstein, Richard Sawyer, Jack Nicholson.
*»Im Mittelpunkt von **Champagne** steht eine verschmähte Frau, die weder ihre Eifersucht noch ihr Verlangen nach Rache zügeln kann.«*
Pressemitteilung, zitiert aus: »Screen International«.

1992. Man Trouble (Man Trouble)
Regie: Bob Rafelson. *Buch:* Carole Eastman. *Kamera:* Stephen H. Burum. *Musik:* Georges Delerue.
Darsteller: Ellen Barkin, Harry Dean Stanton, Beverly D'Angelo, Michael McKean, Saul Rubinek, Viveka Davis, Veronica Cartwright, David Clennon, John Kapelos, Lauren Tom, Paul Mazursky, Gary Graham, Betty Carvalho, Mark J. Goodman, Robin Greer, Sandy Ignon, Rustam Branaman, Lenny Citrano, Christopher Garr, Rob LaBelle, Raymond Cruz, Ed Kerrigan, Daniel J. Goojvin, Thomas Griep, June Christopher, Matt Ingersoll, Rebecca Broussard, Mary Robin Redd, John D. Russo, Anthony Frederick, Max Delgado, Jeff Record, Mary Pat Gleason, Gordon Reinhart, David St. James, Susan Bugg, Virgil Frye, Ken Thorley, Gerrielani Miyazaki, Jennifer Yang, Suzanne Lodge, Suzanne Q. Burdeau, Ginger LaBrie, Charles A. Tamburro, Michael Tamburro.
Jack Nicholson als Harry Bliss.
Produktion: Bruce Gilbert und Carole Eastman für Penta Pictures/Twentieth Century-Fox. *Länge:* 100 min. *Deutsche Erstaufführung:* 26.11.1992.
*»... eine fantastische Enttäuschung, wenn man bedenkt, wieviele Begabungen mitgearbeitet haben, das gleiche Drehbuch-, Regie- und Schauspieler-Team, das vor 22 Jahren die klassischen **Five Easy Pieces** gemacht hatte. Scheinbar wollte Jack Nicholson seinen Freunden Bob Rafelson und Carole Eastman helfen. Klar, er ist ihnen einiges schuldig, und jetzt, wo ihre Karrieren in der Flaute sind, wäre die richtige Zeit, um die Schuld abzutragen. Aber der größte Liebesdienst, den Nicholson seinen Freunde hätte erweisen können, wäre ein Wunsch nach einer völligen Überarbeitung des Drehbuchs gewesen. Was soll dieses Durcheinander?«*
Gene Siskel: »The Chicago Tribune«.

1992. A Few Good Men (Eine Frage der Ehre)
Regie: Rob Reiner. *Buch:* Aaron Sorkin, nach seinem Bühnenstück. *Kamera:* Robert Richardson. *Musik:* Marc Shaiman.
Darsteller: Tom Cruise, Demi Moore, Kevin Bacon, Kiefer Sutherland, Kevin Pollak, James Marshall, J.T. Walsh, Christopher Guest, J.A. Preston, Matt Craven, Wolfgang Bodison.
Jack Nicholson als Colonel Jessep.
Produktion: David Brown, Rob Reiner und Andrew Scheinman für Castle Rock Entertainment/Columbia. *Länge:* 138 min. *Deutsche Erstaufführung:* 14.1.1993.
*»Jack Nicholson tritt in **A Few Good Men** nur in einigen wenigen Szenen auf. Der Film ist ein glitzerndes Gerichtsdrama, in dem er den Colonel Nathan Jessep spielt, den Kommandanten des Marinestützpunktes auf Cuba,*

der ohne mit der Wimper zu zucken schnell en passant den rotzfrechen jungen Marine-Rechtsanwalt Lieutenant Daniel Kaffee (Tom Cruise) niederstreckt. Aber seine Gegenwart elektrisiert den Film. Nicholson ist ein wahres Wunder – wild, lustig, und immer auf dem Sprung. Mit Sicherheit läßt Oscar grüßen.«
Peter Travers: »Rolling Stone«.

1992. Hoffa (Jimmy Hoffa)
Regie: Danny DeVito. *Buch:* David Mamet. *Kamera:* Stephen H. Burum. *Musik:* David Newman.
Darsteller: Danny DeVito, Armand Assante, J.T. Walsh, John C. Reilly, Frank Whaley, Kevin Anderson, John P. Ryan, Robert Prosky, Natalija Nogulich, Nicholas Pryor, Paul Guilfoyle, Karen Young, Cliff Gorman, Joanne Heer, Joe V. Greco, Jim Ochs, Joe Quasarano, Don Brockett, Nicholas Giordano, Dale Young, Jennifer Nicholson, Don Vargo, Anthony Cannata, Valentino Cimo, Willy Rizzo, Tom Finnegan, Kirk Palmer Anderson, Sam Nicotero, John Malloy, Louis Giambalvo, Robin Eurich, Robert Maffia, Gerry Becker, Shirley Prestia, John Hackett, Peter J. Reinemann, Joey Del Santo, Kevin Crowley, Tomasino Baratta, Angela Block, Anna Marie Knierim, Staci Marie Marcum, Alton Borchard, Dennis Tolkach, John Judd, Jeffrey Howell, Fred Scialla, Christopher Otto, Annette DePetris, William Cameron, Rudy E. Morrison, Joanne Deak, Richard Schiff, Allison Robinson, Steve Witting, Kathy Hartsell, Richard Perlman, Sean P. Bellow, Robert Feist, Peter Spellos, Steven E. Goldsmith, Marty Perlow, Tim Gamble, Judge Thomas A. Van Tiem Sr., Thomas D. Mahard, Gary Houston, Dinah Lynch, Jillian Alyse Cardillo, Jacqulyne Marie Cardillo, Chet Badalato, David Regal, Paul M. White, James "Ike" Eichling, Dean Wells, Bill Dalzell III, Samson Barkhordarian, Alex A. Kuassy, Larry John Meyers, Cha Cha Ciarcia, Sherri Mazie, Dave Shemo, David Calvin Berg, David Sconduto.
Jack Nicholson als James R. Hoffa.
Produktion: Edward R. Pressman für Jersey Films/Twentieth Century-Fox. *Länge:* 140 min. *Deutsche Erstaufführung:* 4.3.1993.
»Hoffas Überzeugungen, Aufbrausen, Egoismus, Bulldoggen-Brutalität und Bulldoggen-Zähigkeit sind alle im Film – die Courage, die Derbheit, die Gescheitheit, kombiniert mit der Blindheit eines Top-Mannes dafür, daß sich inzwischen das Blatt der Geschichte gewendet hat. Welcher amerikanische Schauspieler könnte am besten all diese Eigenschaften verkörpern? Genau der Mann, der Hoffa spielt: Jack Nicholson. Mit einigen kleinen kosmetischen Veränderungen – vor allem einer Hoffa-Frisur – sieht Nicholson genau richtig aus; und er wohnt geradezu in dem Mann. Um es einmal gewagt zu formulieren: Er spielt die Rolle nicht, er suhlt sich in ihr. Wenn das ab und zu ein wenig überzogen aussieht, dann entschuldigen wir ihn nur zu gerne, weil das große Ganze so wunderbar ist, und weil dieses Überziehen unter Umständen ja auch Hoffas Übertreibung sein könnte. Und es gibt noch einen dritten Grund: Nicholson, der meines Wissens noch nie im Theater auf der Bühne stand, hat trotz alledem Theaterstatur, manchmal Überstatur (man hat ja auch schon von stimmgewaltigen Sängern gehört, die Weingläser zersingen!)«
Stanley Kauffman: »The New Republic«.

1994. Wolf (Wolf – Das Tier im Manne)
Regie: Mike Nichols. *Buch:* Jim Harrison, Wesley Strick. *Kamera:* Giuseppe Rottuno. *Musik:* Ennio Morricone.
Darsteller: Michelle Pfeiffer, Kate Nelligan, Richard Jenkins, Christopher Plummer, Eileen Atkins, David Hyde Pierce, Om Purl, Ron Rifkin, Prunella Scales, Brian Markinson, Shirin Devrim, Peter Gerety, Bradford English, Kirby Mitchell, Madhur Jaffrey, William Hill, Cynthia O'Neal, Eva Rodriguez, Allison Jannet, Tom Oppenheim, Starletta Dupols, Thomas F. Duffy, Star Jasper, Erik Anderson, Michelle Hurd, John Hackett, Stewart J. Zully, Marvin Chatinover, Howard Erskine, Garrison Lane, Irene Forrest, Timothy Thomas, Joanna Sanchez, Kaity Tong, Jose Soto, Van Bally, Lisa Emery, Lia Chang, James Saito, Osgood Perkins, Leigh Carlson, Alice Liu, Max Weitzenhoffer, Dwayn McClary, Michael Raynor, Jennifer Nicholson, Arthur Rochester, Jack Nesbit, Dale Kasman, Jeffrey Allen O'Den, Neil Machlis, Kenneth Eblin, Keith Campbell, Kell Johnson, Cindy Folkerson. **Jack Nicholson** als Will Randall.
Produktion: Douglas Wick, Robert Greenhut und Neil Machlis für Columbia. *Länge:* 120 min. *Deutsche Erstaufführung:* 15.9.1994.
»Die geschliffenste New Yorker Grusel-Show seit ***Rosemary's Baby*** *...* «
Mike Clark: »USA Today«.

1994. The Crossing Guard.
Regie: Sean Penn.
(in Vorbereitung)

Anmerkungen
Dank

Quellen und Korrespondenz: Howard Browne, Robert W. Campbell, June Carroll, Dick Clark, Bertha M. Grookett, Fred Klemack, Charley Krause, Edward Lakso, Robert L. Lippert, Chester O'Brien, Mrs. John O'Brien, Viola Quinn, George Hawley Singleton, A. W. Smedley, Robert J. Tompa, Frederick Traverso, Betty Deborah Ulius, Al Wallace, William Witney, Chuck Yeager.

Interviews: Gerald Ayres, Sonny Barger, Harvey Berman, Lynn Bernay, Jacob Brackman, Ellen Burstyn, John Bushelman, Edd Byrnes, Lefty Callahan, Donn Cambern, Martin B. Cohen, Jeff Corey, Roger Corman, Pierre Cottrell, Robert J. Craig, Gail P. Dawson, Samson DeBrier, Gail Dippel, Jonathan Epaminondas, Jules Feiffer, Sandra Hawes Frederick, Kathleen Freeman, Bill Gordon, Byron Griffith, John Hackett, Nancy Wilsea Hawley, Monte Hellman, Will Hutchins, Henry Jaglom, Conrad Janis, Davy Jones, Allan Keith, Ken Kenney, Terence Kilburn, David Kramarsky, Irving Kumin, Jeremy Larner, Pinky Lee, Jack Leewood, Harold E. Manson, Richard Matheson, Jody McCrea, Thomas McGuane, Cameron Mitchell, Harry Morris, Joseph "Dutch" Nichols, Michael Nesmith, Leo Paquet, Arthur Penn, Jimmie Rodgers, Pierre Rissient, Adam Roarke, Fred Roos, Donna Rose, Dorothy Rose, Richard Rush, Georgianna Carter Sampler, Leonard Schwartz, John Herman Shaner, Alan Sharpe, Edgar M. Sherman, Irven L. Spence, Dick Stoner, Susan Strasberg, Robert Walker, Dale Wilbourne, Philip Yordan.

Unschätzbare Hilfe und Ratschläge: Pat Battle, John Baxter, Douglas Brode, Bill Carlos, E. Jean Carroll, Ned Comstock, Sheilagh Cooney, Candy Cooper, Robert David Crane, Jim Dunbar, Bernard Eisenschitz, David Eliscu, Edward Eliscu, Bernadette Fay, Lawrence Grobel, Stephen Harvey, Celeste Fremon, David Goodrich, Charles Higham, Richard Lamparski, James Lowder, Ron Mandelbaum, Dave Martin, Todd McCarthy, Tony Mechele, Nollaig O Muraile, James Robert Parish, Charla Reetz, Margy Rochlin, Dan Schwartz, David Stenn, Gillian Taylor, Robert Taylor, Brian Thomsen, David Thomson, Tise Vahimagi, Jean Van Der Pyl, Harry Wasserman.

Ganz besonders: A.W. Smedley, Ethel Mays Cousin, der mir über die Zeit zum Brieffreund wurde und viele, äußerst wertvolle Anhaltspunkte lieferte. Helen M. Imburgia erforschte die Familiengeschichte der Rhoads in Pennsylvania und unterstützte mich unermüdlich an diesem Buch. Ryta Kroeger, Kuratorin der Museen in Neptune, war meine einzige Rettung in New Jersey. Mehr Glück als Verstand, daß ich vor drei Jahren in ihrem Büro aufkreuzte. Frau Kroeger erwies sich als überaus findige Detektivin in Sachen Familienstammbaum, Kindheit und Jugend Nicholsons; darüber hinaus gab sie mir wertvolle Schreibhinweise.

Gast- und andere Freundschaft: John Baxter, Michel Ciment und Bertrand Tavernier in Paris; Alison Morley, Barry Brown, Marty Spanninger und Regula Ehrlich in New York City; Ken Mate, Joan Scott, Thomasine Lewis, Mark Rowland, Rosemary Aguayo und last but not least, B.J. Merholz in Los Angeles.

Ganz besonders: Will Winburne, der mir Unterkunft gewährte und Spezialfotos anfertigte, sowie Nat Segaloff, der mir ein Dach über dem Kopf bot und wie immer großzügig Informationen und Einsichten beisteuerte.

Außerplanmäßige Aktivitäten: Ein Dankeschön an meine Redakteure, die mir immer mal wieder Arbeiten für ihre Zeitschriften vermittelt haben, so daß ich mich in der Zwischenzeit über Wasser halten konnte: Ann Martin von »Film Quarterly«; Richard Porton von »Cineaste«; Wolf Schneider von »American Film« und Richard Jameson von »Film Comment« .

Vorführungen von Nicholsons TV-Episoden und seinen selteneren Filmen: The Big Reel; Boyd Magers' Video West; M & M Enterprises (David Miller); WCGV-TV Fox-24, Milwaukee; J. Fred MacDonald; Kim Miller und Jim Clark ("The Andy Griffith Show" Re-Run Watchers Club); Sinister Cinema; Shock Theatre; und besonders Dave Martin.

Archive, Einrichtungen, Organisationen: Academy of Motion Picture Arts and Sciences (Margaret Herrick Library); Ann Arbor Public Library, Ann Arbor, Michigan (Don Callard, Reference Librarian); Arthur Murray International Inc. (George B. Theiss, President); Asbury Park Free Library; »The Asbury Park Press« (Molly Graham, Library); Boston University Special Collections (Karen Mix); Bridgeport Public Library, Bridgeport, Conn. (Mary Witkowski); British Film Institute; California Air Reserve (Bruce Roy, National Guard); Chicago Public Library (Lauren Bufferd, Special Collections); City of Ann Arbor (Robert M. Scott, Personnel); »The Coast Star«, Manasquan, New Jersey (James Manser); »Equity News« (Dick Moore & Associates); »Fall River Herald-News« (Jim Dunbar); Fall River Public Library, Fall River, Mass. (Anne Klegraefe, Local Reference Librarian); The Huntington (Susan Naulty, Assistant Curator, Rare Book Department); Lincoln Center Library for the Performing Arts; Manasquan High School (Jeff Osborn, Principal, und Mrs. Tully, Librarian); Manasquan Town Historian, Westley V. Banse Sr.; Miami Dade Public Library, Miami, Florida (Sam Boldrick, Local History); Museum of Modern Art,

Stills Archive (Mary Corliss and Terry Geesken); NBC Television (Jan Kreher); Neptune, New Jersey Historical Museum (Ryta Kroeger, Curator); New York Public Library for the Performing Arts (Bob Taylor, Billy Rose Theatre Collection); Ocean County Library, Toms River, New Jersey; University of Southern California Cinema-TV Library (Leith Adams und Ned Comstock); State Historical Society of Wisconsin, Wisconsin Center for Film and Theater Research (Maxine Fleckner Dulcey); Yankee Air Museum, Willow Run (Harold W. Sherman, Library), Westport Historical Society, Westport, Conn. (Barbara Clark), Westport Public Library, Westport, Conn. (Kathy Breidenbach, Head of Information Services), The Ziegfield Club (Elizabeth Rae Lamont).

Ganz besonders: Dank meiner zweiten Heimat, der Milwaukee Public Library, speziell den Bibliothekaren der Präsenzbibliothek und der Fernleihe.

Mein Verleger und ich haben uns einige Schrei-Duelle geliefert – ein besonders denkwürdiges während eines Sushi-Essens. Aber Gerald Howard hat fest an dieses Buch geglaubt, er schob, stubste und drängelte mich immer weiter. Ihm lag auch sehr am Gegenstand des Buches, an einem Schauspieler, dessen Leistungen er ebenfalls sehr bewunderte. Ich bin ihm und W.W. Norton dankbar, daß sie dem Buch in allen Stadien seines Entstehens großzügige, ermutigende Unterstützung zuteil werden ließen. In England haben mir Paul Sidey und Hutchinson ebenso geduldig und hilfreich zur Seite gestanden.

Aufrichtigen Dank und Anerkennung an Ulrike Seeberger, die trotz widriger Umstände die deutsche Übersetzung mit außergewöhnlicher Einsatzbereitschaft, großem Einfühlungsvermögen, Einfallsreichtum und der nötigen Portion Humor besorgte.

Ich kann mir nicht mehr vorstellen, wie mein Leben ohne Gloria Loomis, meine Agentin, ausgesehen hat. Ohne sie gäbe es dieses Buch nicht. Nicht nur hat sie den Vertrag ausgehandelt, ihre stets vernünftigen Ratschläge haben mich auch in den drei langen und manchmal schwierigen Jahren des Recherchierens und Schreibens bei der Stange gehalten.

Ganz besonders: Danke – Tina, Clancy, Bowie und Sky.

HINWEISE

Wenn nicht anders angegeben, stammen die Zitate aus Interviews mit dem Autor oder aus Briefen an ihn.
Bücher über Nicholson, auf die ich Bezug nehme, sind unter anderen:

Derek Sylvester: Jack Nicholson. New York, Proteus 1982.
David Downing: Jack Nicholson. New York, Stein & Day 1984.
Douglas Brode: The Films of Jack Nicholson. Secaucus, N.J., Citadel Press 1987.

Barbara and Scott Siegel: Jack Nicholson: The Unauthorized Biography. New York, Avon 1991.
Donald Shepherd: Jack Nicholson. New York, St. Martin's Press 1991.
John Parker: The Joker's Wild. London, Pan 1991.

Zwei besonders wichtige Bücher werden sehr häufig zitiert, manchmal ohne genaue Quellenangabe. Da ich Robert David Crane schon seit mehr als zehn Jahren kenne (seit meiner Zeit als Redakteur bei »Playgirl«), fühle ich mich doppelt verpflichtet, sein Werk: »Jack Nicholson: Face to Face« (New York, M. Evans 1975), dessen Autor er gemeinsam mit Christopher Fryer ist, zu zitieren. Dieses erste Buch über den Schauspieler ist eine einzigartige Sammlung transkribierter Interviews mit Nicholson, seinen Kollegen und Freunden, ehe sie sich daran gewöhnten, ihre Worte sorgfältiger zu wählen und abzuwägen.

Das vergriffene Buch »Jack Nicholson: The Search For A Superstar« von Norman Dickens (New York, Signet 1975) ist gleichfalls eine wahre Wonne und große Hilfe für jeden, der über Nicholson schreiben will.

Da über die Jahre Hunderte von Zeitschriften- und Zeitungsartikel Nicholson immer wieder porträtiert, beschrieben oder zitiert haben, soll an dieser Stelle auf eine überlange Bibliografie einschlägiger Beiträge oder entsprechender Querverweise verzichtet werden.

Kapitel 7 und 8 basieren auf Rohübersetzungen von Kris Amegee.

Dank auch an Clare Beresford und Hans-Michael Bock für ihre Bemühungen um die deutschsprachige Ausgabe.

Die zitierten Textstellen aus den Nicholson-Filmen folgen nicht den deutschen Synchronisationen, sondern sind Übersetzungen der Originalpassagen.

Im Text wurden die Filmtitel im Original belassen; die deutschen Verleihtitel finden sich in der Filmografie.

Index

(Das Register erfaßt alle im Textteil – einschließlich Prolog und Nachwort – aufgeführten Titel von TV- und Kinofilmen, Theaterstücken, Revuen, Songs sowie die Namen von Personen und Gruppen.)